BRONZEFUNDE AUS RUMÄNIEN

PRÄHISTORISCHE ARCHÄOLOGIE IN SÜDOSTEUROPA

BAND 10

Herausgegeben
von

BERNHARD HÄNSEL

Seminar für Ur- und Frühgeschichte
der Freien Universität Berlin

WISSENSCHAFTSVERLAG VOLKER SPIESS · BERLIN 1995

PRÄHISTORISCHE ARCHÄOLOGIE IN SÜDOSTEUROPA
BAND 10

BRONZEFUNDE AUS RUMÄNIEN

bearbeitet und redigiert
VON
TUDOR SOROCEANU

WISSENSCHAFTSVERLAG VOLKER SPIESS·BERLIN 1995

Gedruckt mit Unterstützung der Gesellschaft für Archäologische Denkmalpflege e.V., Berlin

Die Deutsche Bibliothek – CIP-Einheitsaufnahme

Soroceanu, Tudor:
Bronzefunde aus Rumänien / bearb. von Tudor Soroceanu. –
Berlin: Wiss.-Verl. Spiess, 1995
  (Prähistorische Archäologie in Südosteuropa; Bd. 10)
  ISBN 3-89166-182-7
NE: GT

© 1995 Wissenschaftsverlag Volker Spiess GmbH, Berlin
Druck: Color-Druck Dorfi GmbH, Berlin
ISBN 3-89166-182-7

Inhaltsverzeichnis

Vorwort des Herausgebers 7

Einleitung
von *Tudor Soroceanu* 9

Die Fundumstände bronzezeitlicher Deponierungen
- Ein Beitrag zur Hortdeutung beiderseits der Karpaten
von *Tudor Soroceanu* 15

Der Hortfund von Arpăşel, Kr. Bihor
von *Carol Kacsó* 81

Der Hortfund von Lăschia, Kr. Maramureş
von *Carol Kacsó* 131

Der Bronzefund von Bogdan Vodă, Kr. Maramureş
von *Ion Motzoi-Chicideanu* und *Georgeta Iuga* 141

Der Bronzefund von Galoşpetreu, Kr. Bihor
von *Nicolae Chidioşan* † und *Tudor Soroceanu* 169

Der zweite Depotfund von Dragu, Kr. Sălaj.
Zu den Tüllenbeildepotfunden in Rumänien
von *Tudor Soroceanu* und *Éva Lakó* 187

Der Bronzefund von Gîrbău, Kr. Cluj
von *Tudor Soroceanu* 197

Der dritte hallstattzeitliche Depotfund von Vinţu de Jos,
Kr. Alba, Siebenbürgen
von *Ioan Aldea* und *Horia Ciugudean* 213

Archäologische Metallfunde aus der Schulsammlung
Beliu, Kr. Arad
von *Nikolaus Boroffka* und *Sabin Luca* 225

Ein urnenfelderzeitlicher Depotfund von bronzenen
Werkzeugen in Fratelia, bei Timişoara, Kr. Timiş
von *Florin Medeleţ* 229

Der Hortfund von Gioseni, Kr. Bacău, in der Moldau
von *Alexandru Vulpe* und *Viorel Căpitanu* 237

Archäologische Funde aus Brădiceşti, Kr. Iaşi (I)
von *Constantin Iconomu* 245

Bronzene Einzelfunde aus der Moldau und Siebenbürgen
von *Ion Ioniţă* und *Octavian Liviu Şovan* 255

Der Bronzefund von Străoşti, Kr. Prahova
von *Ion Motzoi-Chicideanu* und *Dan Lichiardopol* 261

Der Bronzefund von Dridu, Kr. Ialomiţa
von *Viorica Enăchiuc* 279

Literaturverzeichnis 311

Tafeln 333

Vorwort des Herausgebers

In der jüngeren Geschichte der prähistorischen Archäologie ist Bewegung in die Erforschung der Hortfunde gekommen. Niederlegungen kleinerer und größerer Ansammlungen von schönen Bronzegegenständen werden zunehmend systematisch in Kompendien ediert, sie werden immer facettenreicher in ihrer religionsgeschichtlichen Bedeutung behandelt. Bronzedepots gibt es nahezu in ganz Europa, wenn man von einigen mittelmeerbezogenen Regionen absieht; der südosteuropäische Raum zwischen den Nordkarpaten und dem Balkangebirge bis zur Ebene von Tirana stellt innerhalb der erstaunlich einheitlichen Welt der Wertedeponierungen eine der reichsten Hortfundlandschaften dar, die ihrerseits in einzelne Provinzen zu gliedern ist. Horte gehören hier zu einer der wichtigsten Quellengruppen, sie sind wahrscheinlich auch die attraktivste, wenigstens vom musealen Standpunkt. Es gibt so viele Depots in den Museen Südosteuropas, daß es längst für den einzelnen Forscher unmöglich geworden ist, sie zu überblicken. Zusammenfassende Editionen mit der für jeden einzelnen Hort und für jedes Stück gebotenen Sorgfalt sind nötig, wenn man über chronologische und chorologische Sortierungen hinauskommen will.

Diese Aufgabe hat sich T. Soroceanu vorgenommen, der von seinem neuen Tätigkeitsort in Deutschland aus bedeutende Kollegen aus seiner alten Heimat Rumänien zur Mitarbeit an diesem Band gewinnen konnte. So hat er eine Sammlung von Hortfundbeschreibungen unterschiedlicher Autoren sowie persönlicher Beiträge, die vorwiegend siebenbürgische Fundkomplexe, aber auch einige aus Altrumänien umfassen, zusammengestellt. Die vorliegende Veröffentlichung ist als aktuell ergänzende, aber auch weiterführende Arbeit zu den beiden Monographien vom M. Petrescu-Dîmbovița angelegt. Sie enthält Funde, die entweder unpubliziert, partiell oder ungenügend vorgelegt worden sind. T. Soroceanu hat sich darüber hinaus im ersten Beitrag mit der Auffindungsgeschichte und den für die Hortinterpretation bedeutsamen, aber häufig vernachlässigten Fundumständen aller bisher in Rumänien geborgenen Horte beschäftigt, so daß das Werk über den Rahmen einer kommentierten Fundvorlage hinausgeht. Dankbar bin ich ihm, daß er sich der Mühe der Übersetzung fast aller Beiträge und deren Angleichung an ein von ihm geschaffenes Schema unterzogen hat.

So hoffen wir, daß sich die vorgelegte Sammlung in die Reihe der Hortveröffentlichungen Südosteuropas einfügt und die Aufmerksamkeit für diese wichtige Quellengattung wach hält. Möge der Band in anderen Teilen des bewegten Subkontinents Nachahmung finden.

Die Reihe "Prähistorische Archäologie in Südosteuropa" erweitert mit ihrem Band 10 also den Katalog ihrer bisherigen Themen - eine erfolgreiche Entwicklung.

Dank den Autoren zu sagen, ist auch für den Herausgeber eine Selbstverständlichkeit, er schließt damit auch alle an der Herstellung des Buches Beteiligten ein. T. Soroceanu, der sie alle im einzelnen nennt, gilt der größte Dank des Herausgebers für seine langjährige geduldige Arbeit an dem Buch. Ohne seinen, zum guten Teil von der Humboldt-Stiftung finanzierten Arbeitseinsatz wäre diese Zusammenstellung wichtiger bronzezeitlicher Hortfunde nicht zustande gekommen. Genauso wenig wäre das Buch ohne die Satzherstellung wie Redaktionsleistung von Frau M.-L. Dunkelmann fertig geworden.

Daß der Druck finanziert werden konnte, verdanken wir der Förderungsbereitschaft der "Gesellschaft für Archäologische Denkmalpflege e. V. Berlin.

Einleitung

Der vorliegende Sammelband, in dem überwiegend Bronzefunde der Urnenfelderzeit beiderseits der Karpaten, also aus dem heutigen Rumänien, veröffentlicht werden (Abb. 1), ist der erste seiner Art, zumindest für den betreffenden Raum. Er entstand nicht als Folge irgendwelcher Tagungen oder als Fest- bzw. Gedenkschrift, seine enge thematische und chronologische Abgrenzung entspricht vielmehr einer wissenschaftlichen Notwendigkeit. Der ursprüngliche Anstoß geht auf eine Idee von A. Vulpe zurück, der bereits 1982 erkannte, wie mangelhaft dort die Erforschung der Bronzefunde betrieben wird.

Der Bearbeiter betrachtet den Band als den Abschluß einer Forschungsetappe. Fast zwei Jahrhunderte sind verflossen, seitdem der erste Depotfund in Siebenbürgen 1796 veröffentlicht worden ist[1]. Von da ab begann eine lange Zeitspanne einer fleißigen Veröffentlichungstätigkeit, doch mangelte es an Versuchen einer Deutung der Depotfunde. Dieses Arbeitsfeld wurde nur sparsam und einseitig bestellt. Seit der Zeit Hampels wurde kaum Neues über den Sinn der Bronzenniederlegungen geäußert, vielmehr wurde wiederholt die These von einem Verstecken von Wertgegenständen in Notfällen oder deren Verlieren (vgl. dazu Kapitel zur Forschungsgeschichte) variiert. Statt dessen erlebte das Bemühen um eine Verfeinerung der chronologischen und typologischen Systeme eine lange Blütezeit, ohne daß die meisten Grundfragen zu den Depotfunden im Karpatenbecken beantwortet werden konnten. Auch Fragen zur Erforschung der Bronzemetallurgie und der damaligen Handelsbeziehungen wurden meistens nur oberflächlich angesprochen.

Lange Zeit und voller Hoffnungen hatte die Fachwelt auf die zusammenfassenden Arbeiten von M. Petrescu-Dîmbovița gewartet, die 1977 und 1978 erschienen sind. Die vielen Mängel der beiden sehr ähnlichen, aber dennoch in Teilen voneinander abweichenden Bände und ihr Deutungsniveau lassen sie bedauerlicherweise als nicht besonders vertrauenswürdige Arbeitsinstrumente und keinesfalls als Höhepunkte der Hortfundforschung beiderseits der Karpaten erscheinen. Streben nach einer gründlicheren Bearbeitung des Materials war demzufolge eine wahre Pflicht: einerseits haben wir uns bemüht, für die Veröffentlichung die besten Beispiele auszusuchen, andererseits neue Erkenntnisse aufgrund der hier editierten Hortfunde zu erarbeiten.

Der vorliegende Band setzte sich infolgedessen das Ziel, einen speziellen Kurs zur Erforschung von Deponierungen im Karpatenland einzuleiten. Das gilt einmal für die besondere Sorgfalt, die aufzubringen die Hortfunde verdienen, zum anderen muß vor allem die Untersuchung der Fundumstände so akkurat und penibel wie möglich durchgeführt werden. Die Anordnung der Gegenstände zueinander im Rahmen der einzelnen Depotfunde (kreisförmig, gekreuzt) sowie die Positionierung der einzelnen Gegenstände (senkrecht, umgekippt) sind bereits wichtige Merkmale, die bisher kaum beachtet worden sind. Diese Untersuchung erleichtert nicht nur die unmittelbare Deutung der Depotfunde, sondern läßt auch die künstliche und willkürliche Zusammensetzung der Depotfunde (vgl. z.B. die Arpășel-Funde) besser und in einem anderen Licht als bisher erscheinen. Künstlich und willkürlich zusammengesetzt sind z.B. ebenfalls die Gattungsdepotfunde (in diesem Band besonders die Depotfunde von Lăschia, Dragu II und Strâoști), für die sich zeigen läßt, daß sie keine besondere typologische oder metallurgische Bedeutung aufweisen. Sie waren vielmehr eine chronologisch und geographisch bedingte Zusammenstellung einer bestimmten Kategorie von Fundstücken, die schon früher bekannt war. Logischerweise soll auch die vernunftwidrig gezogene Grenze zwischen den Depotfunden ("ab zwei Gegenständen ...") und den Einzelstückfunden ("verlorene Bronzegegenstände") verschwinden. Die letztgenannten dürfen als getrennte Fundgattung behandelt werden, jedoch nur innerhalb der Quellengruppe der

---

[1] Es handelt sich um den 1793 entdeckten Depotfund von Arcalia: "Die schönsten Antiquitäten sind diese zwei schönen Kupferräder, die vor drei Jahren in Arokallya, ebenfalls im Komitat Doboka, entdeckt wurden, als eine gerodete Fläche bestellt wurde. Eines davon blieb beim örtlichen Gutsbesitzer, Herrn Graf Bethlen János, das andere bekam Seine Exzellenz der Hofrat Graf Eszterházi János. Von der Größe her sind sie den vorderen Kutschenrädern sehr ähnlich; sie haben je vier Speichen in Form eines Kreuzes, die Wände sind aus gehämmertem Kupferblech. Sowohl die Wände als auch die Speichen und die Naben sind aus reinem Kupfer." (Magyar 1796, 138; vgl. die Buchbesprechung des ungarischen Bandes in Siebenbürgische Quartalsschrift 5, 1797, 273).

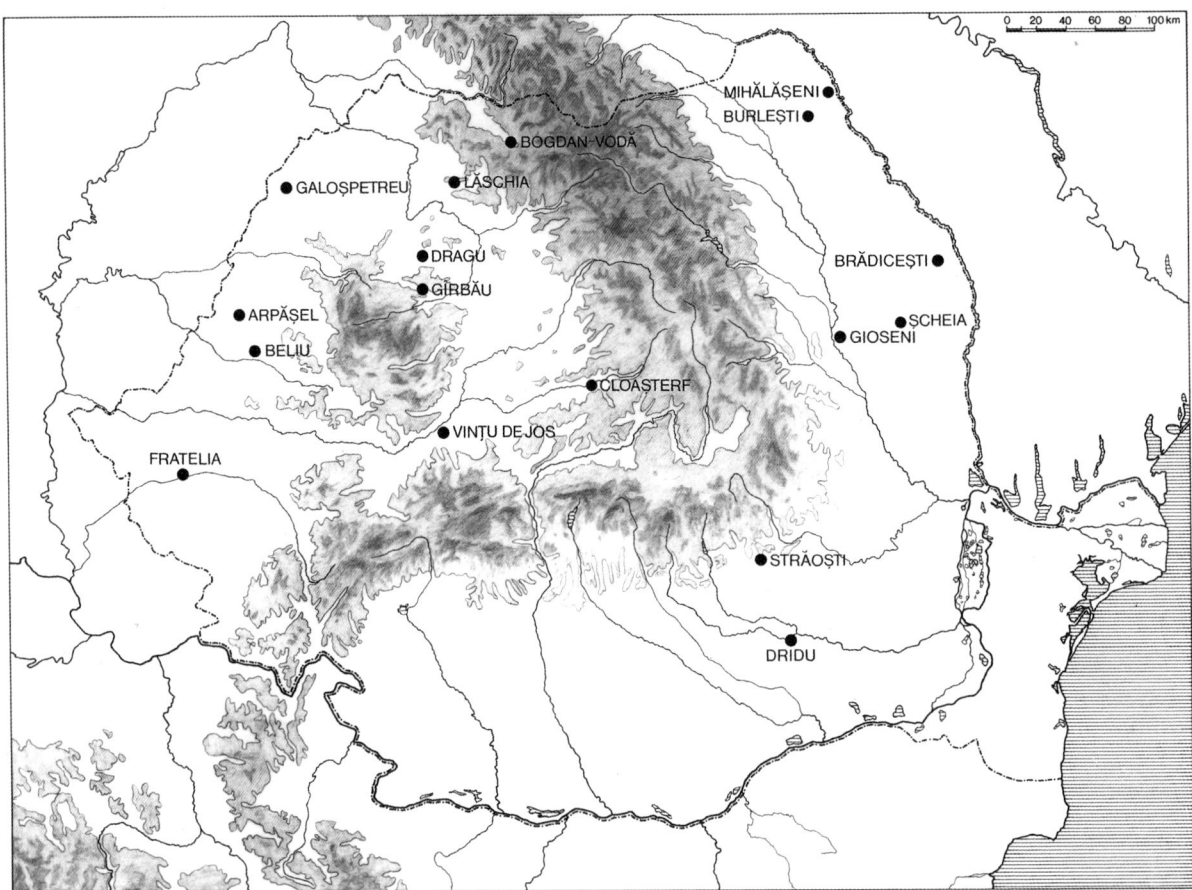

Abb. 1. Karte der im Band veröffentlichten Depotfunde

Depotfunde. Bemüht man sich um die Fundumstände, so kann man für die Mehrheit der Streufunde mit guten Gründen die Bezeichnung "Einzelstückdeponierung" geltend machen.

Nimmt man diese teilweise schon früher angedeuteten, jedoch nie durch eine ausführlichere Untersuchung begründeten Begriffe in Anspruch und übernimmt sie in das Gedankengut der alltäglichen Depotfundforschung, so können die weiteren Schritte zu Erkenntnisfortschritten führen.

Fast jede Veröffentlichung von Depotfunden innerhalb des vorliegenden Bandes läßt in unterschiedlicher Weise die oben erwähnten Forschungsansätze verfolgen. Es soll unterstrichen werden, daß hier eine vielseitige Analyse des vorgelegten Materials versucht worden ist. Jeder Beitrag beginnt mit einer monographischen Vorlage der einzelnen Depotfunde, in jedem Fall sprechen die Teilveröffentlichungen eine spezifische Problematik an, auch wenn diese nicht immer im Zentrum des Interesses steht. Es sollen Ansätze für ein weiteres Arbeiten geboten werden. Darin liegt die Hauptbegründung für diesen Band.

Hier soll auch nicht über Chronologie gesprochen werden, weil dieses Kapitel einer viel großräumigeren Materialbasis bedarf, als es einige Hortfunde aus Rumänien bieten. Die zeitliche Ordnung der Horte basiert heute weitgehend auf dem Konsens der beteiligten Forscherpersönlichkeiten, die sich weitgehend und stillschweigend darauf geeinigt haben, das von v. Brunn (1968) am griffigsten formulierte System der zwei Hauptstufen (ältere und jüngere Typengesellschaft) mit einer jeweiligen einmaligen Unterteilung (Stufe I bis IV) anzuwenden. Dabei wurden Leitformen definiert, deren typologische Entwicklung zu einem guten Teil nicht gründlich verfolgt worden ist. Für keinen der abschnitts- oder phasendefinierenden Typen gibt es eine den gesamten Fundstoff berücksichtigende Ausarbeitung der Leitformenrolle im Sinne einer Auswertung vorkommender bzw. fehlender Kombinationen in geschlossenen Funden. Kaum eine der Leitformen ist sorgfältig

Einleitung

aufgelistet und kartiert, so daß sich das bis heute nicht weiter hinterfragte System der zeitlichen Einteilung auf eine Auswahl von Fundstücken mit stufenbestimmendem Charakter beschränkt, die zwar auf einem gewissen Erfahrungswert und auch mancher intuitiver Zuordnung basiert, dringend aber einer kombinationsstatistischen Überprüfung bedarf. Hier in diesem Band wird das Dilemma der vorläufig gültigen und brauchbaren, letztlich aber nicht mehr als eine Arbeitshypothese darstellenden chronologischen Einteilung der südosteuropäischen Hortfunde deutlich.

Das ungelöste Problem sollte aufgezeigt, von einem Lösungsversuch in diesem Rahmen aber Abstand genommen werden.

Der vorliegende Band enthält 14 Beiträge. Die meisten beziehen sich auf Bronzefunde aus Siebenbürgen (Arpășel, Lăschia, Bogdan-Vodă, Galoșpetreu, Gîrbău, Dragu II, Vințu de Jos III, Beliu, Soroștin, Cîțcău, Giurtelecu Șimleului), einer stammt aus dem Banat (Fratelia), zwei aus der Moldau (Gioseni, Brădicești) und zwei aus der Walachei (Străoști, Dridu) (vgl. Abb. 1). Diese Auswahl entspricht keinesfalls einer Vorliebe oder Präselektion, sondern einer archäologischen Realität, dem überproportionalen Reichtum des vorgeschichtlichen Siebenbürgens an Metallprodukten.

Alle hier veröffentlichten Depotfunde sind klein (Dragu II, Fratelia, Beliu) - sogar Einzelstückfunde kommen vor (siehe Fundumstände, die Einzelstücke aus der Moldau sowie Anhang zu Dragu II, Vințu de Jos III und Beliu) - bis mittelgroß. Mit 227 und 354 Gegenständen sind die Depotfunde von Bogdan Vodă und Dridu die umfangreichsten. Was die Größe betrifft, zeigt die Depotfundauswahl ziemlich charakteristische Werte. Nicht vertreten sind die großen Funde wie etwa Uioara, Aiud oder Bicaz.

Die redaktionelle Bearbeitung der Beiträge erfolgte in zweierlei Hinsicht: einerseits wurden die technischen Angaben (Inv. Nr., Abbildungshinweise, Dimensionen nur in cm) in den verschiedenen Manuskripten angeglichen, andererseits wurde die verwendete Fachliteratur einheitlich abgekürzt und aus Raumgründen und um unnötige Wiederholungen zu vermeiden als eine für alle Beiträge gemeinsame Literaturliste zusammengestellt. Wir haben versucht, die Erstveröffentlichung der Depotfunde zu zitieren und weniger die Synthesen von Petrescu-Dîmbovița (1977; 1978), da diese manche bibliographische und inhaltliche Unsicherheit enthalten.

Der Band hätte ohne die hilfreiche Unterstützung von Frau Marie-Luise Dunkelmann, die die redaktionelle Überarbeitung und die Herstellung des Layouts übernahm, nicht Gestalt bekommen können; ferner wäre die Anfertigung des Abbildungsteiles ohne den Graphiker Peter Kunz und meiner Frau, Alina Soroceanu, nicht möglich gewesen. Während ihres kurzen Aufenthaltes in Berlin hat sich die Archäologenfamilie Ion und Monica Chicideanu freundlicherweise Zeit genommen, sich bei den letzten Überarbeitungen zu beteiligen. Zu Dank sind wir auch der Alexander v. Humboldt-Stiftung, Bonn-Bad Godesberg, für ihre ständige Unterstützung während der Arbeiten an dem vorliegenden Band (Reisekosten, Bücherspenden, Verlängerung des Stipendiums) verpflichtet. Die Gesellschaft für Archäologische Denkmalpflege e.V., Berlin, hat die Finanzierung der Arbeit großzügigerweise gesichert. Die Aufnahme in die Reihe PAS ist Herrn Prof. Dr. Bernhard Hänsel zu verdanken, der neben seiner wissenschaftlichen Beratung auch durch die Bereitstellung technischer Hilfsmittel die Arbeiten förderte.

Berlin, Juni 1994   Tudor Soroceanu

Allgemeine Abkürzungen

B. = Breite
Bez. = Bezirk
D. = Dicke
Dm. = Durchmesser
dt. = deutsch
Gem. = Gemeinde = comună
Gew. = Gewicht
H. = Höhe
Kom. = Komitat
Kr. = Kreis = judeţ
L. = Länge
pl. = polnisch
Prov. = provincia = Provinz
r. = rumänisch
Reg. = regione = Region
T. = Tiefe
u. = ungarisch

Bö. = Böhmen
Bt. = Banat
D. = Deutschland
Dk. = Dänemark
E. = England
G. = Griechenland
Großwa. = Großwalachei
I. = Italien
Kleinwa. = Kleinwalachei
Kro. = Kroatien
KU = Karpatukraine
Mä. = Mähren
Mo. = Moldau
NÖ = Niederösterreich
NOU = Nordostungarn
NU = Nordungarn
Ö = Österreich
OU = Ostungarn
P. = Polen
R. = Rumänien
Sb. = Siebenbürgen
Schl. = Schlesien
Schw. = Schweden
Schz. = Schweiz

Serb. = Serbien
Slkei. = Slowakei
Slow. = Slowenien
SWU = Südwestungarn
Tsch. = Tschechien
Tr. = Transsilvanien
U. = Ungarn
Vojv. = Vojvodina
WU = Westungarn

MGS = Museum für Geschichte Siebenbürgens, Cluj/Klausenburg

Die Fundumstände bronzezeitlicher Deponierungen - Ein Beitrag zur Hortdeutung beiderseits der Karpaten[1]

Tudor Soroceanu, Berlin

"Nirgends tritt der Zusammenhang religiöser Vorstellungen und körperlicher Dinge so auffallend zutage, als bei den Votiven".
R. Andree, Corrbl. Dt. Ges. f. Anthrop. 36,1905,115

"Uns genügt die Feststellung, daß die Desakralisierung das Gesamterlebnis des nicht religiösen Menschen der modernen Gesellschaften kennzeichnet, und daß es für diesen infolgedessen immer schwieriger wird, die existentiellen Dimensionen des religiösen Menschen der archaischen Gesellschaften wiederzufinden"
M. Eliade, Das Heilige und das Profane (Hamburg 1957)

Inhalt

1. Zum Ziel der Studie - Zum geographischen Rahmen - Zum forschungsgeschichtlichen Rahmen, S. 15; 2. Die Lage der Depotfunde im geomorphologischen Raum. Ein Beitrag zur Syntax der Depotfunde - Höhenfunde - Depotfunde und Höhensiedlungen - Depotfunde auf Abhängen - Depotfunde und erratische Blöcke - Depotfunde in Felsspalten - Depotfunde in Höhlen - Die Höhlen als Kultplätze - Depotfunde und Bergpässe - Depotfunde und Gewässer (Quellen-, Bach-, Fluß-, Moor-, Teichfunde), S. 21; 3. Zur Morphologie der Depotfunde. Die Lage der Gegenstände im Rahmen der einzelnen Niederlegungen - Die Hauptlage der Gegenstände (senkrecht, waagerecht, umgestülpt) - Die Anordnung der Gegenstände (kreisförmig, gekreuzt, nebeneinander in kleinen Abständen), S. 35; 4. Fundumstände und Struktur der Depotfunde, S. 49; 5. Zusammenfassendes, S. 56; Katalog, S. 58; Anhang I-VI, S. 78.

1. Zum Ziel der Studie

Der Aufsatz behandelt die Fundumstände von Deponierungen[2]. Die Beleuchtung der Fundumstände ist für das umfangreiche Projekt, das sich zum Ziel setzt, die vorskythischen Deponierungen im Karpatenbecken erschöpfend zu untersuchen und - gegebenenfalls - auch religionsgeschichtliche Folgerungen zu ziehen, unabdingbar. Ausgangspunkt und Kern dieser vorläufigen Untersuchungen sind die Bronze- und die Frühhallstattzeit[3] im innerkarpatischen Raum. Frühere oder spätere Beispiele wurden nur gelegentlich berücksichtigt, weil für die vorbronze- und die nachfrühhallstattzeitliche Periode die Fundumstände bei der Bergung noch weniger beachtet und dokumentiert wurden. Auch die Analogien aus anderen Teilen Europas können nicht vollständig sein.

Es stellt sich die Frage, warum müssen die Fundumstände zu Anfang der umfassenden Studie über die Depotfunde analysiert werden bzw. wie haben wir begonnen, das Stiefkind dieses Forschungskapitels zu

---

[1]Der Verfasser möchte an dieser Stelle denjenigen danken, die diese Arbeit unterstützt haben. Vor allem schulde ich Prof. Dr. B. Hänsel großen Dank, weil er dem Verfasser nicht nur ein wissenschaftliches Milieu (besonders die Bibliothek und die Gesprächsmöglichkeiten) zugänglich gemacht hat, sondern ihm auch den Alltag in menschlicher Weise erleichtert hat. Prof. Dr. B. Hänsel, Dr. S. Hansen und Dr. N. Boroffka haben den Text der vorliegenden Studie gelesen und mein Manuskript mit wertvollen kritischen Bemerkungen zurückgegeben. Ferner seien den Damen und Herren Dr. I. Andriţoiu, Dr. T. Bader, Dr. J. Bátora, Dr. W. Blajer, Dr. V. Bočkarev, Prof. Dr. J.J. Butler, I. Chicideanu, Pfarrer Dr. H. Gillessen, R. Jung, Dr. N. Kalicz, Dr. I. Kilian-Dirlmaier, Dr. B. Kull, F. Medeleţ, Dr. A. Mozsolics, Dr. S. Needham, Dr. I. Németi, Dr. L. Pauli, Prof. Dr. M. Petrescu-Dîmboviţa, Dr. F. Prendi, Dr. K.-H. Rittershofer, Dr. C. Rohrbacher-Sticker, Dr. M. Salaš, Dr. E. Studeníkova, Prof. Dr. B. Teržan, Dr. B. Wanzek, D. Westendorf und Dr. R. Wyss für Hinweise, Kritik und Offenheit bei den geführten Diskussionen ausdrücklich gedankt. Die Übersetzungen aus der ungarischen Fachliteratur verdanken wir den Damen Ana Maria Szőke und Éva Cordoş.

[2]Die Materialaufnahme begann 1978. Die Grundzüge der Forschungen ließen sich jedoch bereits 1986 konkretisieren, so daß z.B. das Kapitel "Zur Morphologie" in seinen Grundzügen schon vor Jahren geschrieben werden konnte. Aber erst die Möglichkeit, in Berlin zu arbeiten, hat uns die Gelegenheit geboten, diese Vorarbeit niederschreiben zu können.

[3]Es handelt sich um eine Zeitspanne, die vom Anfang des 2. Jahrtausends v. Chr. bis ungefähr in das 8./7. Jh. v. Chr. hineinreicht. Der Leser, der mit der Materie weniger gut vertraut ist, kann Näheres über die chronologischen Systeme und die verschiedenen zeitlichen Einteilungen bei Hänsel 1968, 8 ff.; ders. 1973, 5-47, bes. 25 ff. finden.

betreuen? Blickt man kurz in die Forschungsgeschichte der "klassischen" Depotfunde (vgl. unten), so wird schnell deutlich, daß gerade diese so primären Beobachtungen in der Vergangenheit überraschenderweise häufig vernachlässigt wurden.

Im Vergleich mit der Typengliederung und der Chronologie der metallenen Gegenstände sind die Fundumstände weniger als subjektiv zu bezeichnen. Selbstverständlich sind die Berichte der zunächst nicht-professionellen Entdecker nicht im gleichen Maße vertrauenswürdig wie die der modernen Forschung, doch wurde trotzdem sehr viel Wichtiges über die Fundsituation der Gegenstände überliefert. Viele Forscher halten die älteren, besonders aus dem 19. Jh. stammenden Fundberichte (z.B. die Kreisdeponierungen, die Gegenstände in vertikaler Lage usw.) als nicht vertrauenswürdig, dennoch bestätigen die in den letzten Jahren entdeckten Depotfunde (mit gut beschriebenen Fundumständen) die alten bibliographischen Quellen.

Der bisherige Umgang mit den Depotfunden hat gezeigt, daß nur eine strenge Überprüfung und Einordnung aller Fundumstände der Objekte, die mit Absicht niedergelegt worden sind, zu einer richtigen und umfassenden Definition der Deponierungen führen können. Eine Begriffsbestimmung der Deponierungsweise ist für eine Systematik der Horte von großer Bedeutung: es gilt als selbstverständlich, daß nur gut definierte Begriffe richtig systematisiert werden können. Eine Systematik ist beim Aufbau einer möglichst korrekten Typengliederung und der daraus resultierenden Chronologie unvermeidbar.

Dieser logischen Kette müssen wir also mehr Beachtung schenken und uns von vielen archäologischen Vorurteilen und übernommenen Fehlern befreien. Deshalb sollen die Studien mit typologischem und chronologischem Inhalt erst an zweiter Stelle kommen, da wir uns endlich um ein neues Gleichgewicht zwischen den verschiedenen Forschungsbereichen bemühen müssen. Solange die Urveröffentlichungen und das Archivmaterial nicht untersucht, solange die noch lebenden Entdecker oder Zeugen nicht befragt und mindestens die wichtigsten Fundstellen nicht besucht worden sind, solange sollte man weitere Forschungswege nicht gehen. Zumindest bei der Aufarbeitung der Depotfunde aus dem Karpatenbecken verursachten diese primären Forschungslücken erhebliche Mißverständnisse und Deutungsfehler, die übernommen und in geometrischer Progression weiter verbreitet wurden.

Ferner muß darauf hingewiesen werden, daß die Fundumstände auch einen vereinheitlichenden Faktor zum Verstehen der urgeschichtlichen Phänomene darstellen. So ist z.B. die senkrechte Deponierung der Schwerter aus verschiedenen Zeitstufen (Mittelbronzezeit bis Ha C) bekannt, was belegt, daß manche Bräuche über die chronologischen Zäsuren hinweg üblich waren und daß diese unter Umständen vielleicht keinen so unterschiedlichen Bevölkerungsgruppen zugeschrieben werden können[4].

Anhand einer sorgfältigen Überprüfung der Fundumstände kann man z.B. die Existenz von Einstückdeponierungen nicht nur behaupten, sondern auch demonstrieren. Damit sind wir zum Schlüsselwort dieser Studie gekommen, und zwar zu dem Wort **"demonstrieren"**. Es wurden in den letzten Jahrzehnten öfter Behauptungen, Vermutungen oder Hypothesen formuliert und als Tatsachen demonstriert, aber nicht durch Fakten belegt, sogar in Fällen, wo das möglich gewesen wäre. Eine gewisse Eile, immer neue Themen zu erörtern, immer der erste zu sein, etwas Bestimmtes geäußert zu haben, hat in vielen Fällen zu einer unerwünschten Oberflächlichkeit geführt, die weitere Oberflächlichkeiten verursacht hat.

Diese Studie soll der Ausgangspunkt für ein späteres grundlegendes Buch über "les religions préscythiques aux Carpathes après l'introduction des métaux" sein.

---

[4] Die unlängst von N. Boroffka (1992, 341-354) geäußerten Ansichten über die vormetallzeitlichen Deponierungsarten hat für die vorliegende Arbeit eine große Bedeutung, weil sie Wichtiges zum gemeinsamen religiösen Gedankengut der gesamten Vorgeschichte beitragen. Das bedeutet nicht, daß es keine zeitlichen und regionalen Unterschiede gab, sondern daß viele Grundzüge der religiösen Vorstellungen über eine lange Zeit fortdauerten, was z.B. bei übernommenen Niederlegungsarten von Depots sichtbar wird. N. Boroffka, der mir damals einen Einblick in sein Manuskript ermöglichte, soll hier noch einmal gedankt werden.

Zum geographischen Rahmen

Die bisherige Erfahrung zeigt, daß die Verwendung der heutigen politischen Einheiten bzw. Grenzen als chorologische Basis zur Untersuchung der prähistorischen Phänomene - obwohl manchmal unvermeidlich - nicht zu empfehlen ist. Der Titel der Arbeit "Die Depotfunde in Rumänien" verknüpft z.B. zwei Begriffe, die nur oberflächlich miteinander zu tun haben; die erzwungene Erforschung eines vorgeschichtlichen Begriffes im Rahmen eines modernen verwaltungsamtlichen Territoriums läßt oft Unstimmigkeiten, sogar Verwirrung entstehen.

Wir haben also nicht versucht, von vornherein ein festes Arbeitsgebiet zu bestimmen, sondern gehen davon aus, daß im Laufe unserer Untersuchung das Arbeitsgebiet allmählich abgesteckt werden kann, ohne aber jemals mit genau tracierten "Grenzen" zu tun zu haben. Der Kern des Arbeitsgebietes wurde von den Karpaten und deren Ausläufern geprägt; ähnliche archäologische Ballungsgebiete kommen im allgemeinen an Flußläufen, wie z.B. Theiß, Donau und gelegentlich Pruth und Dnestr, vor, die oft sowohl als große natürliche **limites** als auch als Verbindungsmöglichkeiten betrachtet werden können; sie werden in unterschiedlichem Maße berücksichtigt, je nachdem, ob die jeweiligen Gebiete unter dem Einfluß des sog. "siebenbürgischen" metallurgischen Zentrums standen.

Zum forschungsgeschichtlichen Rahmen

Erstaunlich wenig und inhaltsleer wurde über die Fundumstände und die Fundverhältnisse[5] der Depotfunde an den Karpaten geschrieben. Mit Ausnahme der einzelnen Fundberichte ist in der Fachliteratur keine Arbeit bekannt, die sich mit dieser Problematik zusammenfassend beschäftigt. Auch die seltenen Äußerungen kamen spät und zurückhaltend, so daß es sich in der Tat mehr um Bedauern als um Erörterungsversuche handelt. M. Petrescu-Dîmbovița bedauert also viermal zwischen 1977 und 1987 den Mangel an Untersuchungen zu den Fundumständen[6], ohne aber das Thema wenigstens in einer Vorsystematisierung eingehender zu bearbeiten, obwohl die von ihm zitierten Werke (Geißlinger 1967; v. Brunn 1968; Stein 1976) als anregendes Vorbild hätten zurückwirken können.

Neben der Habilitationsschrift von v. Brunn (1968) sind die Arbeiten von B. Hänsel (1968; 1976) die einzigen, die die Fundumstände der Deponate im Karpatenbecken angesprochen haben[7].

Da über die Fundumstände an den Karpaten konkret bisher ziemlich wenig in der Fachliteratur steht[8], ist es kein Wunder, daß die Hortdeutung so vernachlässigt wurde. Bereits in der zweiten Hälfte des 19. Jh. wurde

---

[5] Zum Inhalt der beiden Begriffe vgl. Geißlinger 1967, 12 f., 20 ff.; ders. 1984, 320 ff., mit älteren Literaturhinweisen.

[6] Petrescu-Dîmbovița 1977, 26; ders. 1978, 94; ders. 1986, 175 f.; ders. 1987, 17. Es soll hier betont werden, daß Petrescu-Dîmbovița nicht prinzipiell eine rituelle Bedeutung der Depotfunde (wie z.B. der Flußfunde oder derjenigen unter einem erratischen Block, vgl. ders. 1978, 94) ablehnt. Betrachtet man seine auf fast vier Jahrzehnte verteilten Äußerungen, bekommt man den Eindruck, er mache sich eher zum Echo der neuen Theorien, statt eine Analyse der vorhandenen Fakten zu unternehmen.

[7] Neuerdings hat E. Ruttkay (1983, 1 ff.) für die Depotfunde vom Typ Tolnanémedi auf eine nicht-profane Deutung - im Gegensatz zu den eingebürgerten Meinungen von Mozsolics, Bóna u.a. (genauere bibliographische Angaben und ausführlichere Zitate bei Ruttkay 1983) - hingewiesen. Als eine hervorragende chronologische und inhaltliche Erweiterung dieser Idee (natürlich selbständig entwickelt) darf auch die Synthese von G. Schumacher-Matthäus (1985) gelten, indem neue Deutungsmöglichkeiten dem traditionellen Rahmen neue Anstöße vermittelten. Beide messen aber den tatsächlichen Fundumständen der deponierten Gegenstände kaum eine Bedeutung bei.

[8] Obwohl die modernen politischen Einheiten nicht den vorgeschichtlichen Realitäten entsprechen, sind wir gezwungen, am Beispiel Rumäniens in einer derartigen Einheit eine gezielte Untersuchung der Fundumstände vorzunehmen. Von den 451 Depotfunden, die 1977 (Petrescu-Dîmbovița) corpusartig veröffentlicht wurden, sind nur für wenige (ungefähr 10%) die korrekten Fundumstände angegeben. Weitere Überprüfungen ließen die Liste bis auf ca. 800 Depotfunde ergänzen (vgl. Abb. 1-2, 4-10, 13-14, Auswahl neuer Depotfunde), wovon für 25 % (ca. 200) ziemlich klare Fundumstände vorliegen. Da jetzt die "Suche" nach "rumänischen" Fundumständen größtenteils (90%) beendet ist, können wir feststellen, daß von den für die Deutung verwendbaren 200 Entdeckungen sehr viele für eine nicht-profane Vergrabungsart sprechen. Eine sorgfältige Überprüfung aller Fundumstände würde auch in den Nachbarländern zu neuen Erkenntnissen führen.

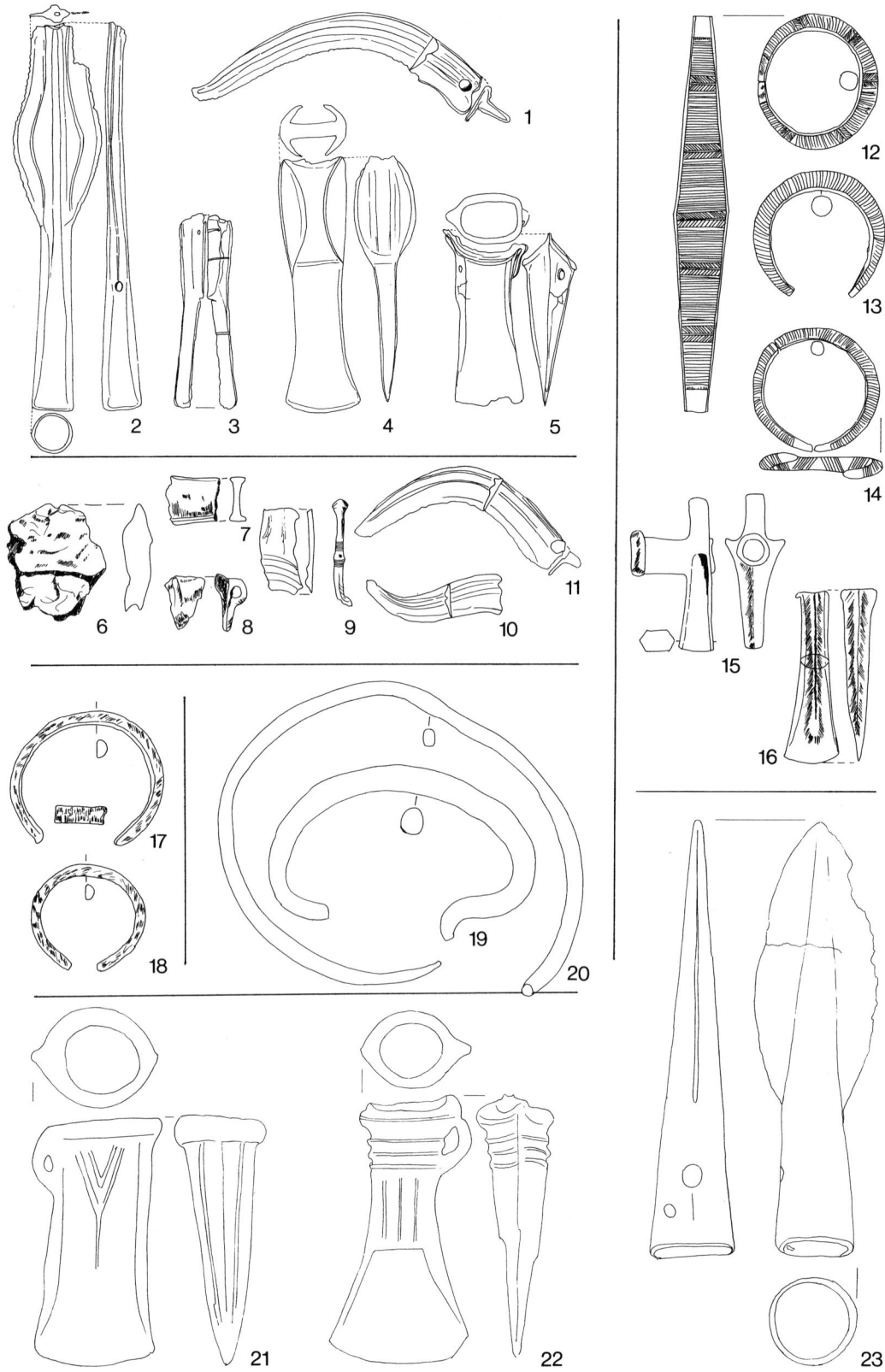

Abb. 1. 1-5 Bronzefund von Salonta (nach Lazin 1969); 6-11 Bronzefund von Țigău (nach Marinescu 1979 c); 12-16 Bronzefund von Căianu Mic (nach Marinescu/Retegan 1974); 17-18 Bronzefund von Sărățel (nach Marinescu/Dănilă 1974); 19-20 Bronzefund von Săliștea (vormals Cioara) (nach Skizzen von Petrescu-Dîmbovița); 21-23 Bronzefund von Alba Iulia (nach Skizzen von Andrițoiu). 1-23 verschiedene Maßstäbe

Fundumstände

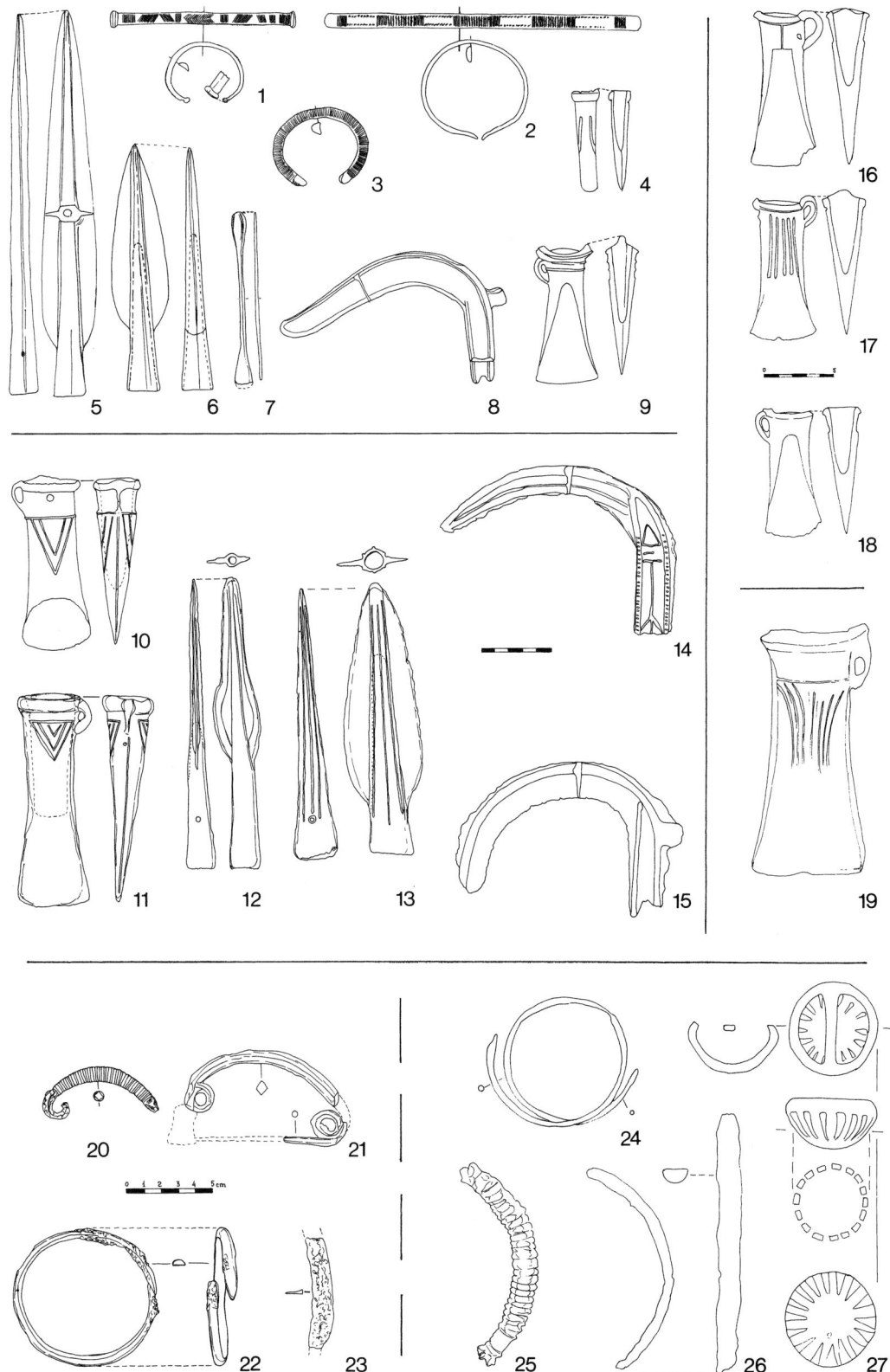

Abb. 2. 1-9 Bronzefund von Cozla (nach Săcărin 1979); 10-15 Bronzefund von Sicheviţa III (nach Lazarovici 1977); 16-18 Bronzefund von Pescari II (nach Săcărin 1977); 19 Bronzefund von Sicheviţa I (nach Lazarovici 1977); 20-27 Depotfund (?) von Siniţa II, Auswahl. 20-23 (nach M. Gumă 1982), 24-27 (nach den Originalgegenständen). 1-27 verschiedene Maßstäbe

die Meinung vertreten, daß die bronzenen "heidnischen Alterthümer" eine Art "aes collectanaeum"[9] oder in unruhigen Zeiten versteckte Funde[10] seien, es wurde also für die bronzenen Depotfunde auf eine streng profane Deutung hingewiesen[11]. Persönlichkeiten wie Reinecke[12], Pârvan (1926, 291, ohne ältere Literaturhinweise) und Holste (1936, 161) haben weiter die These einer nicht-sakralen Deutung eingebürgert, so daß die nachkriegszeitlichen politischen Veränderungen in den Karpatenländern eine Modifizierung dieser wissenschaftlichen Denkart nicht ermutigen konnten. Bis heute blieb die Hauptmeinung über die Verbergungsgründe der Depotfunde eine vorwiegend materialistische[13], egal, ob es sich um syntheseartige[14] oder um einfache[15] Materialveröffentlichungen handelt[16]. Ergo überrascht nicht, daß neue Deutungswege nur mühsam gebahnt werden konnten: bei einer fast zweihundertjährigen Forschungsgeschichte sind lediglich etwa die letzten zwei Jahrzehnte für neue Interpretationsmöglichkeiten wichtig. Abgesehen von den sehr wenig bekannten Äußerungen von A. Alexandrescu[17], ist es das Verdienst von Al. Vulpe, eine Deutung der vorgeschichtlichen Metallgegenstände als Votive in Erwägung gezogen zu haben. Obwohl nicht systematisiert und belegt[18] und deshalb mitunter übertrieben[19], sind seine ständig vorgelegten Ideen bahnbrechend, indem der wissenschaftliche Pluralismus zu realistischeren Ergebnissen führen kann. Spärlich sind auch die Meinungen anderer Kollegen, die einen Votivcharakter der Deponate an den Karpaten vermutet haben. L. Oancea[20], C.

---

[9]Bereits Müller 1858, 333 ff.; Gooß 1876 b, 515; ders. 1877, 53-58. Der Vorwurf Pârvans (1926, 318), Gooß (1876 b, 526) habe **alle** Depotfunde als aes collectanaeum und **alle** neuen Gegenstände als Importe aus Italien oder aus dem Südwesten betrachtet, ist unbegründet; Gooß spricht von der "Hauptmasse aller **fraglichen** Gegenstände...". Auch die folgende Seite hätte Pârvan lesen müssen. Vgl. zusammenfassend für jene Zeit Undset 1880, 50-51; Pulszky 1883, 194 ff.

[10]Z.B. Dömötör 1891, 257 (auf der Flucht eingegrabenes Vermögen); Mailand 1908, 60-61 (die Bronzen als münzartige Einheiten); Pârvan 1926, 4, mit älteren Literaturhinweisen (Hampel, Reinecke).

[11]Es handelt sich nur um die äußeren Ursachen der Vergrabung der Depotfunde und nicht um ein Leugnen der vorgeschichtlichen Religion, denn Gooß 1876 b, 503 ff. widmete ihr bereits damals ein Kapitel ("Gegenstände sakraler Natur, Amulette...").

[12]Reinecke 1930, 115 Anm. 15; ders. 1932, 20 f.; ders. 1941, 134 f.; vgl. auch Anm. 4-5.

[13]Die Depotfunde an den Karpaten wurden traditionell fast ausschließlich als Spuren einer materiellen Tätigkeit betrachtet, sei es eine metallurgische, sei es eine kaufmännische; auch die Verbergung während sozialer oder politischer Unruhen bleibt auf einer materialistischen Interpretationsebene.

[14]Z.B. Rusu 1963, 182 ff. (Gießereifunde, versteckte Funde in unruhigen Zeiten; vermischte Funde); ders. 1972 b, Bd. I, 1 ff. Hier muß betont werden, daß in dieser letzten, leider nicht veröffentlichten Monographie, M. Rusu nuanciert seine Ansichten darlegt, indem er für Stoboru eine religiös bedingte Deponierung vermutet; Mozsolics 1967, 9; dies. 1973, 11; dies. 1988, 44 f.; vgl. auch Anm. 4 ff.

[15]Siehe z.B. Rusu 1959, 277 ff.; ders. 1960 b, 485 ff.; ders. 1964, 237 ff.; ders. 1966, 17 ff. (Ein Formulierungsbeispiel ebd. 31 f.: "Die zwei bronzenen Gußfladen sowie die übrigen, beschädigten Gegenstände plädieren dafür, daß der Depotfund von Balşa einem wandernden Handwerker gehören sollte, der aus dem zur Verfügung stehenden Rohstoff, neue Gegenstände auf Wunsch des Einkäufers herstellte." ..."Die Ursachen, die den Besitzer dieses Depotfundes zur Verbergung zwangen, sind nicht so einfach zu präzisieren, scheinbar sind sie aber eng mit den inneren Unruhen und den zwischenstämmigen Kämpfen...verbunden".).
Übrigens fühlte sich fast jeder Forscher, der einen Depotfund veröffentlicht, dazu verpflichtet, etwas über die Ursachen der Depotverbergung zu äußern, was größtenteils zu konventionellen Meinungen geführt hat.

[16]Ganz zu schweigen von den sachlichen Diskussionen, vgl. zuletzt Mozsolics 1987, 93-98, mit zahlreichen Literaturhinweisen.

[17]In einer praktisch unbekannten Arbeit äußert sich Alexandrescu (1968, bes. 22 ff.) sehr eindeutig für die religiöse Deutung vieler Schwertdepotfunde und -einzelfunde. Außerdem ist die besondere Lage der Gegenstände von Drăuşeni (Kat.) und Buneşti (Kat.) sowie der Schwertdeponierungen in Höhlen berücksichtigt und ausgewertet worden. In ihren gedruckten Arbeiten ist leider keine Spur von diesen erneuernden Ideen zu finden.

[18]Davidescu/Vulpe 1968, 511; Vulpe 1970, 96; Nistor/Vulpe 1970, 630; Vulpe 1971, 305; Căpitanu/Vulpe 1977, 499-500.

[19]Vgl. Vulpe 1981, 428: "Rez. neigt dagegen zu der Annahme, daß den meisten (wenn nicht allen) Depots ein Votivcharakter zuzuschreiben ist."

[20]1973, 109 ff. Umso verdienstvoller ist die Stellungnahme, da es sich um einen Einstückdepotfund handelt.

Kacsó[21], N. Chidioşan und I. Emödi[22] sowie I. Chicideanu[23] - die meisten aus dem Kollegenkreis von Al. Vulpe - zählen zu den wenigen, die unter verschiedenen Gesichtspunkten andere Gründe als die streng materialistischen für die Ansammlung und Niederlegung der Deponate in Erwägung gezogen haben. Hervorragend ist die Klarheit, mit der I. Emödi (bereits 1978) auf den Votivcharakter des Depotfundes von Cioclovina hingewiesen hat[24]. Neue Meinungen vertritt nun auch T. Bader[25], indem er die Veröffentlichung der Schwerter in Rumänien ausnutzte, Deutliches über den Votivcharakter einiger Schwertdeponierungen (Gewässerfunde, besondere Positionen der Schwerter) zu äußern. Erst langsam hat der Verf. selbst eine Ahnung von der Vielfalt der Deponierungen gewonnen[26]. Schließlich soll auch auf die Feststellung hingewiesen werden, daß im allgemeinen die Forschungsgeschichte der Depotfunde ein unattraktives Forschungskapitel darstellt[27].

2. Die Lage der Depotfunde im geomorphologischen Raum. Ein Beitrag zur Syntax der Depotfunde (Abb. 3)

Der erste Schritt einer Untersuchung der Fundumstände soll aus einer Analyse der Beziehungen zwischen den Depotfunden und dem natürlichen Milieu bestehen. **Wo** der vorgeschichtliche Mensch Gegenstände niedergelegt hat, kann für uns aufschlußreich sein, denn ihm war keinesfalls gleichgültig - egal aus welchen Gründen Dinge deponiert wurden - was mit diesen Gegenständen geschehen würde oder geschehen konnte.

Die Erforschung der geomorphologischen Lage, in der die Deponate auftauchen, wurde hier gezwungenerweise vereinfacht und didaktisch durchgeführt, damit die Hauptrichtungen klar definiert bleiben. Eine verflochtene und eingehendere Analyse wird später als umfassendes Kapitel eines Buches vorgelegt werden.

Höhenfunde - Depotfunde und Höhensiedlungen

Seit langem ist die Höhe (Berge, Hügel usw.) als der Ort bekannt, den die Menschen als besonders günstig für ihre Verbindungen mit den Göttern ansahen[28]. Da in den benachbarten Regionen dieses Phänomen als solches

---

[21]Kacsó/Bura 1980, 417 ff., wo die Auffassung von v. Brunn, die Waffendepotfunde seien in einem kultischen Zusammenhang niedergelegt worden, auf die rumänischen Funde übertragen wurde. C. Kacsó nuanciert seine Meinungen im vorliegenden Band, besonders bei der Veröffentlichung des Depotfundes von Lăschia.

[22]1981, 166-167. Leider ist die Mitteilung von N. Chidioşan, Complexe cultice hallstattiene timpurii din Crişana, Timişoara 1979 - soweit bekannt - unveröffentlicht geblieben.

[23]1983, 11 ff.; ders. 1988, 159 ff. Vgl. auch in diesem Band die Veröffentlichung der Depotfunde von Bogdan Vodă und Strãoşti.

[24]1978 b, 481 ff. (besonders für die in der Nische gefundenen Gegenstände).

[25]1991, 4. Der Verf. gestattete uns freundlicherweise einen Einblick in die Korrekturfahnen seiner damals noch nicht erschienenen Arbeit.

[26]Soroceanu 1974, 367 ff. (wo eine Einreihung in die Deponate überhaupt nicht vermutet wird); ders. 1981, 249 ff.; Soroceanu/Buda 1978, 99 ff.; Soroceanu/Lakó 1981, 145 ff.; Soroceanu/Retegan 1981, 211, sogar Soroceanu 1982, 363 ff. In diesen Aufsätzen wird der Votivcharakter der Entdeckungen höchstens vermutet, obwohl schon damals deutlichere Äußerungen gestattet worden wären. Dasselbe gilt für fast alle von uns in diesem Band publizierten Depotfunde (Galoşpetreu, Gîrbău, Dragu II). Erst nach der Zusammenstellung der Literatur zu den Depotfunden aus Rumänien (rund 1000 Titel) bzw. nach der Überprüfung der meisten Fundumstände ist uns klar geworden, wie mannigfaltig sich die Problematik der Deponate an den Karpaten darstellt.

[27]Sogar ein flüchtiger Einblick in die großen Synthesen von Hampel, Milleker, Pârvan, Nestor, Åberg, Rusu und Mozsolics zeigt, wie uninteressant die Forschungsgeschichte an sich für die einzelnen Autoren blieb. Deshalb sind die betreffenden Kapitel bei Hänsel 1968 u. 1973 hervorragend, obwohl die Metallgegenstände nur einen Teil der Untersuchung darstellen. Rusu 1972 b blieb leider unveröffentlicht; die Einleitung zu Petrescu-Dîmboviţa 1977, 15-37 (und teilweise zur deutschen Variante in der PBF-Reihe) ist also der einzige veröffentlichte Versuch, der sich ausschließlich die Forschungsgeschichte der bronzenen Depotfunde in Rumänien zum Ziel setzte.

[28]Es kann sich dort um die Verehrung der Götter im allgemeinen sowie der Ortsgottheiten (eine Art genius loci) oder um einen Rückzugsplatz handeln. Vgl. ganz allgemein v. Andrian 1891, ein noch heute interessantes und ideenreiches Buch. Min, ein ägyptischer Priapus, wird immer in Kapellen verehrt, die in einem spitzigen Felsen eingebaut wurden (Erman 1934, 18). Olympus ist der wohlbekannte Sitz der griechischen Götter; es gibt bei den Römern I.O.M. Culminalis

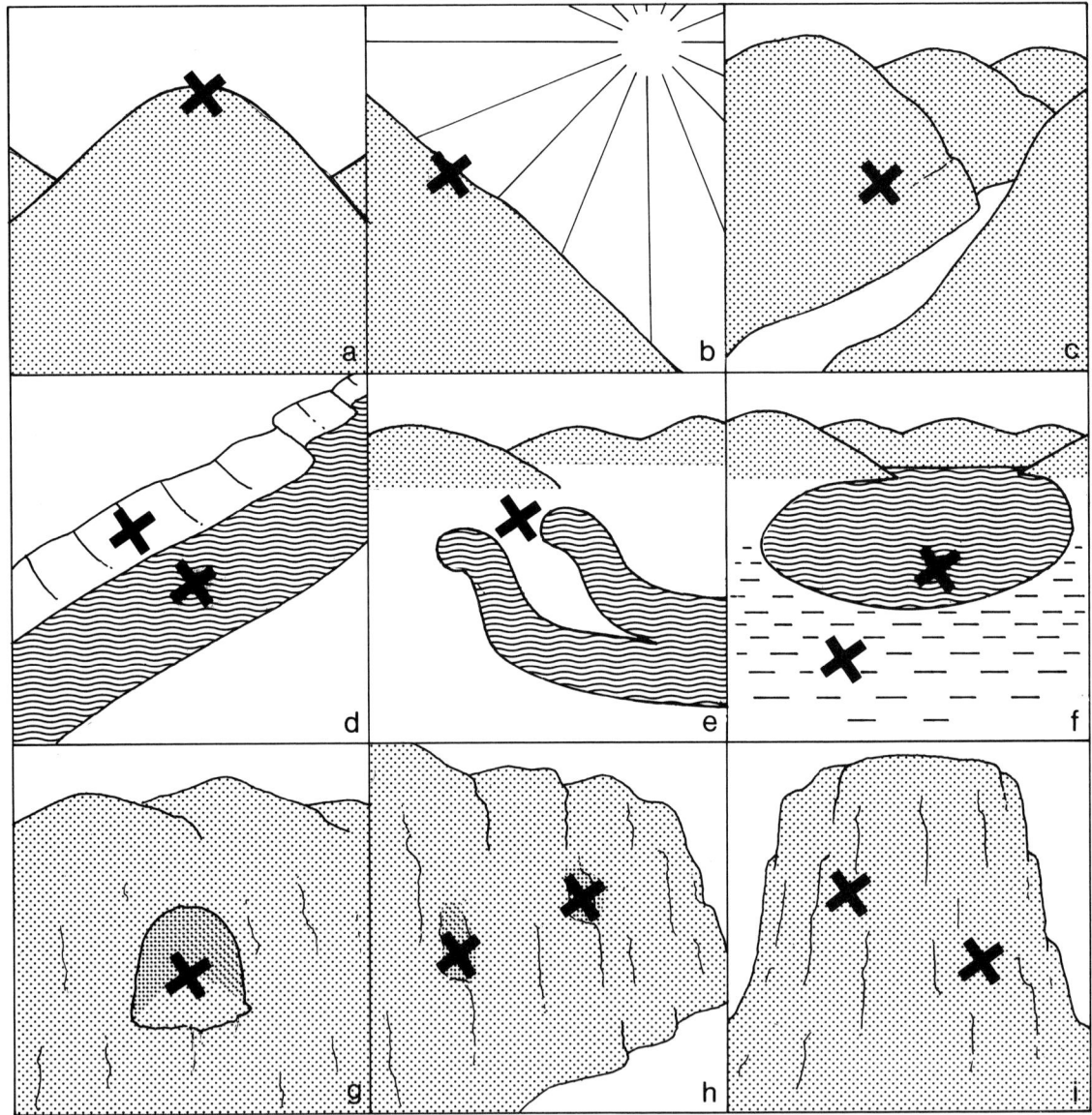

Abb. 3. Lage der Depotfunde im geomorphologischen Milieu (schematische Darstellungen). a) Höhenfund; b) Abhangdepotfund; c) Paßfund; d) Flußfund; e) Quellenfund; f) Moor- bzw. Seefund; g) Depotfunde in Höhlen; h) Depotfunde in Felsnischen; i) Depotfunde an erratischen Felsen

nicht untersucht wurde, können wir uns nur auf die Situation in den Karpaten stützen, wenn wir die Gebirge und die (hier vorwiegend) bronzezeitliche Religion in Korrelation analysieren wollen. Darüber hinaus haben die in den letzten Jahren zunehmenden Entdeckungen von religiösen Denkmälern, die der Bronzezeit zugewiesen

---

oder Poeninus (vgl. Preller 1865, 241). Auch in der Heiligen Schrift hat der Berg immer eine transzendentale Bedeutung als Ort des Bundes mit dem Gott (Zehren, Die biblischen Hügel [Berlin 1961]). Damit in der Mentalität der im frühen Mittelalter christianisierten Heiden auf dem Gebiet des heutigen Deutschland eine friedliche Mutation geschehe, wurden die Kapellen von St. Michael sehr häufig auf Anhöhen errichtet. Vom religionsgeschichtlichen Standpunkt ist eine weitgehende Zusammenstellung der verschiedenen Götterverehrungen auf Anhöhen bei Eliade 1959, 94 ff. zu finden, dort auch wichtige Literaturhinweise.

Neuerdings möchten wir auf die Arbeiten von Wyss 1971, 130 ff.; Stein 1976, 20 ff.; Pauli 1980, bes. 181 ff. und die Beiträge von Mayer 1978, 181 ff.; Bianco Peroni 1978, 321 ff.; Müller-Karpe 1980 hinweisen.

werden können[29], eine neue Sicht für die Auswertung der aus den Gebirgen bekannt gewordenen Depotfunde ermöglicht. Zwar sind die Höhenfunde von Predeal I (Kat.), Păltiniş (Kat.), Braşov (Kat.), Uroi (Kat.), Deva (Kat.), Sovata (Kat.), Bogdan Vodă (im vorliegendem Band mit Taf. VII a-b), um nur die wichtigsten zu nennen, anders zu verstehen, wenn das vorgeschichtliche religiöse Leben in komplexer Weise untersucht wird. Der Begriff "vorgeschichtlich" ist hier auch deshalb benutzt worden, weil anscheinend bereits in früheren Zeiten Steinäxte auf den Berggipfeln niedergelegt wurden[30], was aber nur einen Teil der steinzeitlichen Deponierungen darstellt[31].

Obwohl in Mitteleuropa der Votivcharakter der Depotfunde auf Höhensiedlungen meistens anerkannt wird[32], kann die Lage im innerkarpatischen Raum nicht gründlich untersucht werden, da nur zwei eindeutige Fälle bekannt sind: Sărăţel (Abb. 1,17-18; Kat.) und Tuşnad (Kat.) (beides Armringdepotfunde), viele weitere Entdeckungen - weil nicht durch Nachgrabungen gesichert - sind als Deponierungen in Höhensiedlungen nur zu vermuten (z.B. Cioara, heute Săliştea, Kr. Alba, Abb. 1,19-20).

Depotfunde auf Abhängen

Im Zusammenhang mit den Höhenfunden ist auch die umfangreiche Kategorie der Abhangdepotfunde[33] zu erwähnen. Nur einige, wie z.B. Sinaia (Kat.), Drajna de Jos (Kat.), Bîlvăneşti (Kat.) und eventuell Vadul Izei (Nistor/Vulpe 1970, 623 ff.) oder Pescari II (Săcărin 1977, 111-116 und unsere Abb. 2,16-18) sind mit den alpinen Regionen in Verbindung zu bringen. Es ist doch wichtig festzustellen, daß auf steilen, nicht bewohnbaren Abhängen besonders Bronzewaffen niedergelegt wurden, die nicht etwa vor Feinden verborgen werden sollten. Dafür spricht, daß die Schwerter jeweils mit der Spitze zum Griff des folgenden wiesen und in der Nähe einer Quelle lagen (vgl. Zsujta, Kat.). Doch erst die Untersuchung aller Einzelfälle kann zeigen, inwieweit die sog. Abhangfunde einen einheitlichen Charakter besitzen[34]. Auch Einzelstücke, wie etwa das mykenische Schwert von Dobricel (Kat.), wurden auf einem ziemlich steilen Abhang (30°-40°) deponiert, und zwar in einem Zwischenstromgebiet (vgl. auch unten "Depotfunde und Gewässer").

---

[29]Obwohl umstritten, sind die in der letzten Zeit gemachten Entdeckungen (Cârciumaru 1987, 236 ff.; Naum u.a. 1988, 143 ff.; Cârciumaru/Brijan 1989, 73 ff.) von großer Bedeutung.

[30]v. Kimakovicz 1913, 15-16 berichtet über eine bruchstückhafte (nur die Schneide) Steinaxt aus Augitporphirit, die in der Nähe einer 1954m hohen Bergspitze, "in den dort abgelagerten Gehängeschutt eingeschnitten" gefunden wurde; er weiß, daß die Steinart nicht in dieser Region vorkommt und folgert, daß die Albwiesen der Zibinsgebirge im Neolithikum als Sommerweide benutzt wurden.

[31]Das Thema kann hier nicht näher erörtert werden; in einem erweiterten Rahmen ist es aber nötig, die steinzeitlichen Deponierungen sachlich zu untersuchen, denn mehrere Hauptkategorien von Deponierungen sind bereits zu dieser Zeit gebräuchlich. Eine riesige Literatur, von Ackner 1851, 31 bis Lipovan 1985, 17 ff., und zahlreiche unedierte Funde warten auf die entsprechende Bearbeitung. Ein Anfang ist schon Boroffka 1992.

[32]Neuerdings Jockenhövel 1984, 264, 266; Diemer 1985, 63; Winghart 1986, 135; Salaš 1989, 113 ff., bes. 124 f., alle mit älterer Literatur (Schuchhardt, Stein, Jockenhövel, v. Brunn u.a.).

[33]Im allgemeinen muß der Hang so steil sein, daß ein Besiedeln nicht möglich ist. Sehr oft kommen Abhangdepotfunde in der Nähe einer Quelle (z.B. Popeşti, vgl. Orosz 1907, 73 ff.) oder eines Felsens sowie in einer Felsspalte vor, oder es wird darüber berichtet, daß die Bronzen in einem Steinbruch entdeckt wurden. Ein vereinheitlichender Faktor ist die vorwiegend südliche (mit Variationen) Exposition der Abhänge, auf denen die Depotfunde ans Tageslicht kamen (schon von Undset 1880, 50 bemerkt; vgl. Bill 1984, 32, mit Bezug auf den Schwertdepotfund von Oberillau, Kat.; Wanzek 1989 b, 79). Noch interessanter ist es, daß im Laufe der Zeit (besonders in der Ha B-Stufe) die nördliche (mit Variationen) Exposition der Abhänge im Karpatenbecken für die Deponierungen an Bedeutung gewinnt, was - endgültig erst nach einer vollständigen Untersuchung - auf eine Änderung der Denkungsart hindeuten könnte (siehe Anhang VI).

[34]Vgl. auch Anm. 33. Es ist bekannt, daß viele heilige Stätten auf unerwartet steilen Abhängen erbaut wurden (vgl. Rutkowski 1985, 345 ff.; Townsend Vermeule 1974, 32 [in Mykenä, an den Südhängen] oder in unserem Gebiet die latènezeitlichen Heiligtümer in der Nähe von Sarmizegetusa Regia auf dem Südhang [siehe die ursprünglichen Grabungsberichte von Daicoviciu u. Mitarb. in der Reihe Mat. şi Cerc. Arh.]). Es wäre interessant, und unserem Thema näher, für den karpatischen Raum Beispiele wie das von Dittenheim (Stein 1976, 25), wo ein Depotfund in einer regelmäßigen Pfostensetzung am Südhang einer befestigten Siedlung entdeckt wurde, zu finden.

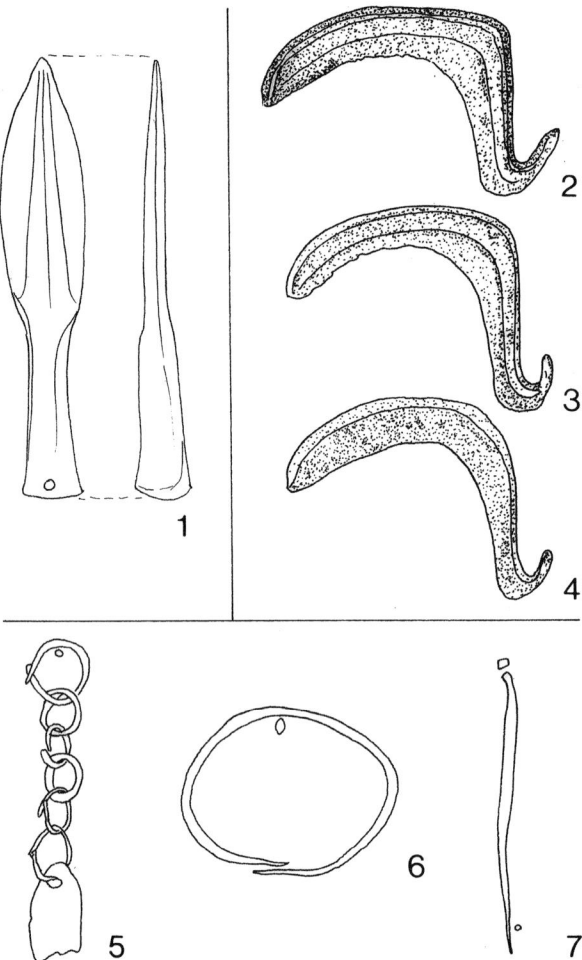

Abb. 4. 1 Lanzenspitze von Stuhuleţ (nach Coman 1980); 2-4 Bronzefund von Budeşti, Kr. Vaslui (nach Coman 1980); 5-7 Bronzefund von Valea Lupului (nach Dinu 1955). 1-7 verschiedene Maßstäbe

Depotfunde und erratische Blöcke

"Unterhalb einer markanten Felskuppe", "unter erratischen Blöcken" oder "am Fuß eines Felsturmes" sind im allgemeinen die Ausdrücke, mit denen schon im vergangenen Jahrhundert die Archäologen auf die Fundstellen einer bestimmten Kategorie von Depotfunden verweisen wollten[35]. Daß manchen solchen imponierenden Steinen ein magischer Charakter zugewiesen worden ist[36], kann durch den antiken Namen **Bet-El, baitylos**[37]

---

[35] Es handelt sich um die Depotfunde, deren Niederlegung als Weihegabe für die großen heiligen Felsen betrachtet wurde. Es gibt aber immer kleinere Felsen, in einer Serie, die mit den üblichen Steinplatten endet, die von einem einzigen Menschen transportiert werden können. (Jakob [Genesis 28, 12-19] kann z.B. den Stein, den er zu einem Betyl konsekrieren will, allein transportieren).
Eine interessante kultische Anlage wurde 1940 in Święchowo (Wojw. Słupsk) entdeckt: es wurde eine Steinpackung (auf verbrannter Erde) aus Pflastersteinen und immer größeren (bis 1,30 m im Durchmesser) Felssteinen gefunden; Steine unterschiedlicher Größe umgaben die Steinpackung (Blajer 1990, 141, mit älterer Literatur). Wir glauben, daß das Verhältnis Depotfund - Stein auch ein Bindeglied zwischen der Synthax und der Morphologie der Depotfunde bilden könnte. Vgl. am Ende der Studie (Zusammenfassendes) auch die Betrachtungen über die Deponate als Hierophanie.

[36] So auch im vorgeschichtlichen Europa, vgl. Eliade 1959, 191 ff., mit zahlreichen Literaturhinweisen. Vgl. auch Dehn 1981, 373-384; Maier 1984, 204 ff., mit älterer Literatur.

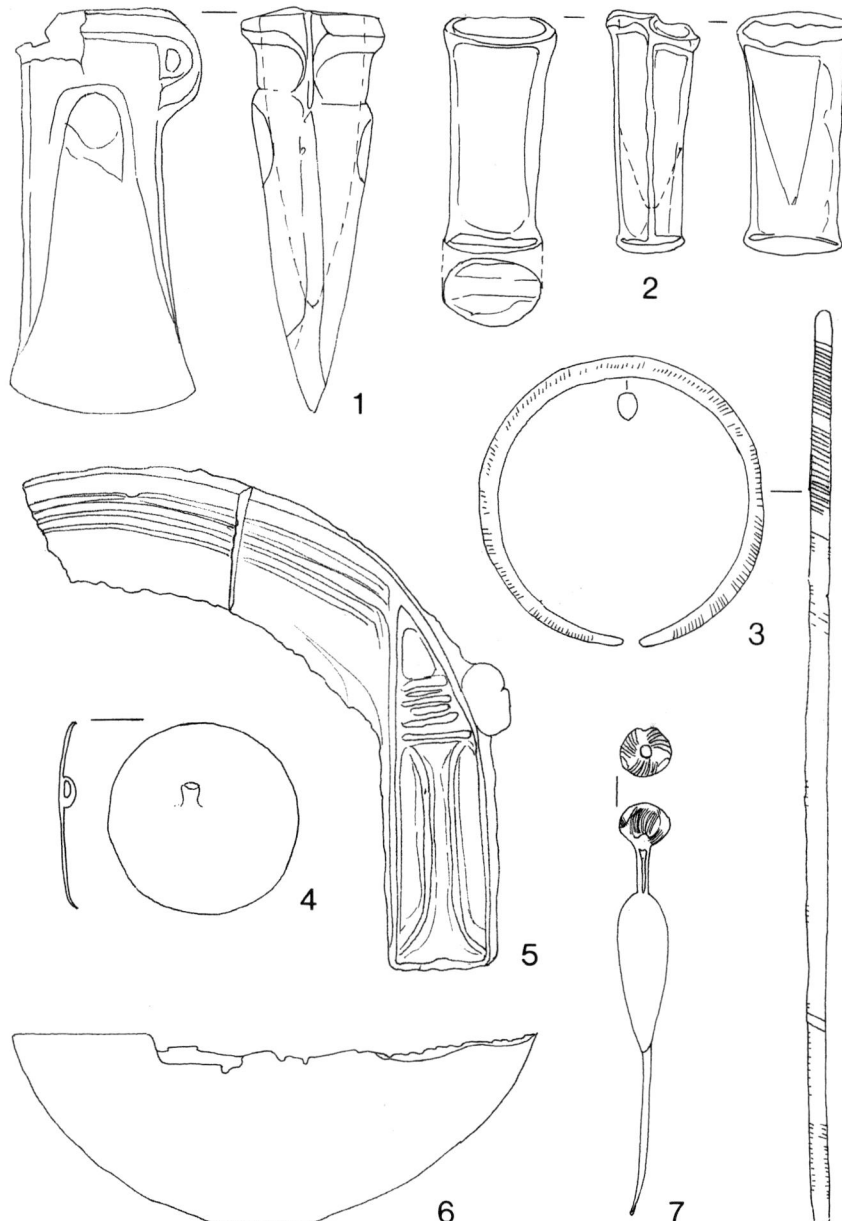

Abb. 5. 1-7 Bronzefund von Tătărani (nach Iconomu 1977). 1-7 verschiedene Maßstäbe

belegt werden; damit bezeichnete man die großen Steine (ursprünglich nur "Aerolithe", Meteorsteine), denen man Weiheopfer darbrachte. Bereits am Anfang der ethnographischen Untersuchungen wurde Interessantes zu diesem Komplex beigetragen (Bastian 1868, 1 ff.) und die Behauptungen der Vorgeschichtler somit glaubhafter gemacht.

---

[37]Das griechische Wort kommt vom hebräischen **Bet-El** (=Haus des Herrn, vgl. Genesis 28, 12-19), was nochmals auf den heiligen Charakter dieser großen Steine hinweist. Es wurde später nicht nur für die archaischen griechischen und römischen heiligen Felsen benutzt, sondern wurde von den Archäologen auch für die Megalithen und die druidischen heiligen Felsen übernommen (vgl. Déchelette 1924 I, 438-439, mit Literatur; Eliade 1959, 191 ff. im erweiterten Sinne, mit Literatur).

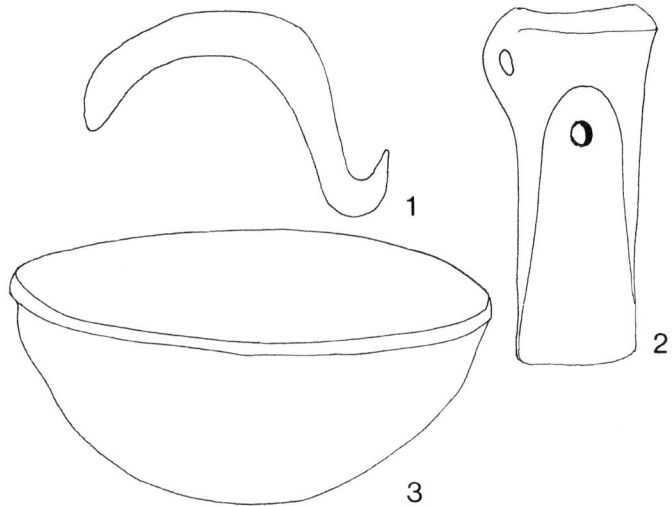

Abb. 6. 1-3 Bronzefund von Pîhneşti (nach Voloacă 1975). 1-3 verschiedene Maßstäbe

Die bronzezeitlichen Beispiele aus der Schweiz[38], Süd-[39] und Mitteldeutschland (Schwanefeld, Kat.), Mähren (Křenůvky, Kat.), der Slowakei[40], Siebenbürgen (Cetea, Kat.; Balşa II, Kat.), dem Banat (Bocşa, Kat.) und der Kleinwalachei (Govora-Sat, Kat.) sprechen für eine rituelle Vergrabung oder Niederlegung der Funde, die nicht ausschließlich aus Bronzen bestanden, "unter einer markanten Felskuppe". Die Sonderposition vieler Gegenstände aus den oben erwähnten Deponaten bekräftigt diese Annahme.

Depotfunde in Felsspalten

In enger typologischer Verwandtschaft stehen auch die Depotfunde aus Felsspalten oder aus kleinen, vollkommen vom Tageslicht beleuchteten Abris (Bălnaca-Piatra Roşie [Vörös Kő], Kat.; Vadul Crişului I, Kat.); die Felsspalte kann sich aber auch in unmittelbarer Nähe eines Flusses befinden, wie bei Buru, im Arieşufer (Kat. und Taf. I,1-4). Die Deponierungen in Felsspalten sind auch in der Slowakei[41], Ungarn[42] oder Süddeutschland[43] belegt. Noch wichtiger ist die Kreisdeponierung in einer Felsspalte (vgl. Carhan, Kat.), weil das, auch bei anderen ähnlichen Entdeckungen, den Votivcharakter unterstreichen könnte[44].

---

[38]Bereits Heierli 1901, 236 ff. sammelte und systematisierte diese Fundgattung (vgl. zusammenfassend auch Pauli 1980; Bill 1984, 25 ff.; ders. 1985, 26; Bocksberger 1964, 87 [mit älterer Literatur]) und erwähnt die Funde von Oberillau (Lieli), Kat., Ollon (Kat.) und Bunzen (Kat.).

[39]Stein 1976, 25-26 u. Kat. Nr. 319 (Esslingen, Schmuckhort, unterhalb einer markanten Felskuppe - Teufelskanzel -, von einer sehr dünnen Schicht bedeckt).

[40]Zvolen, 35-100 cm tief, an dem NW-Abhang, "knapp unterhalb eines etwa 8 m hohen Felsens" (Novotná 1970 a, 124; vgl. auch Trencianske Bohuslavice, dies., ebd. 120). Unter einem großen Stein wurde (an einem Bach) auch die Fibel von Krivoklát (Kat.) entdeckt.

[41]Novotná 1970 a, 89 (Beloveza, Besenova), 123 (Vysny Sliac = sechs Schwerter in einer Spalte zwischen zwei Travertinblöcken).

[42]Kemenczei 1984, 118 (Kisgyőr-"Várvölgy" = am Bergabhang, in einer Felskluft, wo der Regen eine dünne Erdschicht über den Gegenständen abgetragen hat).

[43]Stein 1976, 26-27 ("in einem Spalt, zwischen zwei großen Steinblöcken, auf denen ein dritter lag" oder "Hort ... der in einer nur 1 m tiefen und nur 0,25 m breiten Felsspalte gefunden wurde").

[44]Man muß natürlich vor Übertreibungen warnen; ein gewisses Mißtrauen gegenüber den alten Berichten ist manchmal gerechtfertigt, nicht aber wenn mehrere neue Entdeckungen die alten Überlieferungen bestätigen (siehe auch "Depotfunde in Höhlen"). Lebendige Bilder für in der Vorgeschichte in Felsspalten deponierten Ofranden können wir anhand der ethnographischen Parallelen finden, vgl. z.B. die Photographien von Solberg 1905, 48 ff., die auch für andere Deponiegattungen wichtig sind.

Depotfunde in Höhlen - Die Höhlen als Kultplätze

Untersucht man eingehender die geomorphologische Lage der Deponierungen, kommt einem der Gedanke, daß die Felsspaltendeponierungen eine Art Bindeglied zwischen der Deponierung (oder einem nicht tiefen Eingraben) auf einem Abhang und der Niederlegung in einer Höhle sind. Immer tiefer in die Erde, in die Felsen, wo immer verehrbare Götter, Geister usw. wohnen, einzudringen, um dort Votivgaben (Metall, Keramik, Tiere u.a.) darzubringen, scheint mit der prähistorischen und antiken Mentalität[45] in vollem Einklang zu sein. Wenn auch nicht ausschließlich[46], sind die Höhlen - den archäologischen Spuren nach - vorwiegend für das nichtalltägliche Leben genutzt[47] worden. Das bronzezeitliche Europa kennt das Phänomen der Deponierungen in Höhlen[48], und auch im Karpatenbecken ist es recht häufig zu finden[49]; dabei ist es wichtig, daß die Fundum-

---

[45]Pârvan 1926, 153; Ebert 1924, 5, 337 s. v. Höhle (mit Literaturhinweisen), Nilsson, MinMicRel. 53...; Picard 1948, 58, 130-131. Townsend Vermeule 1974, 37 f. Eine historisch-archäologische Analyse des Phänomens bei Hansen 1991 b, 461 ff., wo viele Pro- und Contra-Argumente berücksichtigt worden sind.
Auch die Benutzung der Höhlen als Familienbestattungsplätze ist nicht zu vergessen, vgl. Genesis 23,1-20, wo berichtet wird, wie Abraham ein Grundstück mit Höhle vom Hetiter Efron gekauft hat, um zuerst die vor kurzem verstorbene Sara begraben zu können. Auch Judith wurde in der Grabhöhle ihres Mannes begraben (Judith 16,23). In der Zeit vor dem babylonischen Exil (zweite Hälfte des 7. Jh.) wurden auch kultische Gegenstände in einer Höhle, deren Eingang vom Propheten Jeremia verschlossen wurde, versteckt. (vgl. Anhang II).

[46]Winghart 1986, 136. Obwohl räumlich beschränkt, scheint uns die Assertion, die Höhlen wären in der Bronzezeit nur für rituelle Zwecke bestimmt gewesen, ein wenig zu kategorisch, da eine Han- (Mariën 1964) oder Aggtelek-Höhle (Kemenczei 1984, 144, mit älterer Literatur) existiert. Auch die nachbronzezeitliche kultische Verwendung der Höhlen scheint im Karpatenraum belegbar zu sein (vgl. weiter unten).

[47]In der letzten Zeit wurden in den Westkarpaten auch schwer zugängliche Höhlen entdeckt, in denen kupferzeitliche Leichen mit Beigaben deponiert (und nicht eingegraben !) worden sind, vgl. Emödi 1984, 405 ff.; sogar die bekannten bronzezeitlichen Funde aus der Igriţa-Höhle (Kat.) plädieren dafür, daß die westkarpatischen Höhlen selten einfache Zufluchts- oder Verbergungsplätze waren (vgl. zuletzt Kacsó 1990, 96 f.). Damit wollen wir nicht behaupten, daß die bronzezeitlichen Menschen nicht doch für eine längere oder kürzere Zeit hie und da in den Höhlen gelebt hätten. Die unveröffentlichten systematischen Ausgrabungen von N. Vlassa in der Turdaer Schlucht sprechen dafür, obwohl Einzelheiten nicht bekannt sind. Auch die Situation in der Mereşti-Höhle ist unklar, vgl. Boroffka 1991a, Kat. 271, 273, mit älterer Literatur. Teilweise anderes scheint es in den Höhlen der Banater Gebirge gewesen zu sein (Petrovszky 1979, 229 ff., mit wichtigen Literaturhinweisen), wo zur Zeit nur eine kultische Verwendung während der Latènezeit belegt ist (ebd. 240-242).

[48]Vgl. auch die vorangehenden Anm. und Müller-Karpe 1959, 276; Claus 1964, 153 ff.; Podborský 1970, 30; Behm-Blancke 1976, 80 ff.; Stein 1976, 28; Maier 1977, 21 ff.; ders. 1984, 204 ff.; Müller-Karpe 1980, 685; Schauer 1981, 403 ff.; Kunkel (apud Dehn 1981). Walter 1985, bes. 77-80. Man darf auch die berühmten Funde von Sankt-Kanzian (Szombathy 1937, 127 ff.) nicht außer acht lassen. Auch Österreich kennt die Deponate in Höhlen, vgl. im allgemeinen Pittioni 1954 passim. Sogar manche französischen Archäologen behaupten, daß etliche Höhlenfunde einen religiösen Charakter haben könnten (z.B. Chevillot 1989, 191: "Le dépôt de la grotte de Calévie, aux Eyzier, qui ne contient que des bracelets, déposé dans une diaclase difficilement accessible, pourrait faire penser à une offrande rituelle ou à caractère religieux".). Die Entdeckungen aus der Höhle von Arkalochori (Kat.) zeigen, wie die Fundlage der Gegenstände mit der Fundstelle in Verbindung stehen kann. (Vgl. auch "Die vertikale Lage der Gegenstände").

[49]Es muß betont werden, daß die unterschiedliche Verbreitungsdichte der Höhlendeponate sich nur aus einer Forschungslücke ergibt. Es genügte z.B. die enthusiastische speläologisch-archäologische Höhlenforschung von I. Emödi und seinen Freunden, um die betreffenden Funde in den Westkarpaten in kurzer Zeit zu vermehren. Vgl. einstweilen Gooß 1876a, 55 (Rimetea); G. Téglás 1887, 75, Nr. 73 (Balşa I-"Piatra Şincoiuşului"-Höhle, verlorengegangen); Neustupný 1938, 201 ff. (Schlucht bei Spisske-Podhradie, eigentlich eine tiefere Felsspalte); Roska 1942, 15, Nr. 19 (Geoagiul de Jos), 32, Nr. 20 (Balşa I, vgl. aber auch S. 186, Nr. 6), 79, Nr. 35 (frühere Funde aus Igriţa), 144, Nr. 337 (Cuşma); Comşa 1966, 169-174 (Cioclovina); Novotná 1970 a, 91 (Brezno u. Hronom); dies. 1987, 325-330; Emödi 1978 b, 481-495 (Cioclovina); Chidioşan/Emödi 1981, 161-168 (Şuncuiuş I); Chidioşan/Emödi 1983, 17-32 (Şuncuiuş II); Gábori-Csánk 1983, 255 (Remete); Kemenczei (vgl. Anm. 51); Mozsolics 1988, 27-64 (Remete); Dumitraşcu/Crişan 1989, 17 ff. (Şuncuiuş III); Bader 1991, 160, Nr. 375, mit älterer Literatur (Vadu Crişului III [Zichybarlang]).

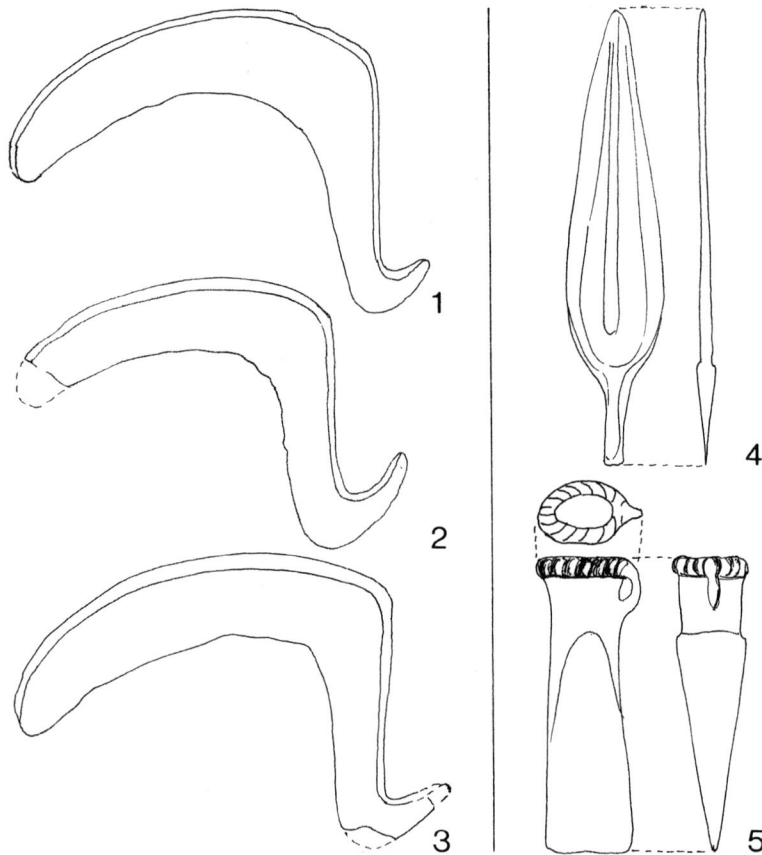

Abb. 7. 1-3 Bronzefund von Ştefan cel Mare (vormals Şerbeşti) (nach Petrescu-Dîmboviţa 1953); 4-5 Bronzefund von Copăceana (nach Coman 1980). 1-5 verschiedene Maßstäbe

stände, die uns für die Bronzezeit bekannt sind (vgl. weiter unten), auf keine einfache Verbergung eines Vermögens hinweisen[50].

Die Art der Deponierung der Gegenstände in den Höhlen ist unterschiedlich, z.B. zerstreut auf dem Boden[51], angehäuft in einer Nische der Höhle[52], in einem Tongefäß[53] oder eingegraben am Eingang der Höhle[54], und

---

[50]Das Gegenteil wird weiter heftig verteidigt, obwohl die Argumente nicht immer überzeugend sind; man kann manchmal sogar von Vor-Urteilen sprechen, zumal die vor Jahrzehnten tracierten chronologischen Straßen in dieselbe Richtung führen müssen, wenn auch die archäologische Landschaft eine andere geworden ist (vgl. zuletzt Mozsolics 1987, 93 ff.). Ein sehr wichtiges Argument für religiös bedingte Deponierungen in Höhlen sind die Niederlegungen aus der vormetallischen Zeit, wobei nicht selten eine außergewöhnliche Lagerung der verschiedenen Skelettreste und Gegenstände vorkommt (vgl. zusammenfassend Boroffka 1992).

[51]Şuncuiuş II, Cioclovina (hier auch eine gruppierte Deponierung in einer Nische); die Gegenstände von Şuncuiuş I waren nicht zerstreut, aber auch nicht angehäuft, aber auf jeden Fall deponiert, wobei die Verfasser vermerken, daß das große Tongefäß im voraus zerbrochen wurde und nicht als Depotgefäß dienen konnte. Der kultisch-magische Charakter der Deponierung von Şuncuiuş I (Kat.) ist von Chidioşan/Emödi 1981, 166-167 unterstrichen worden.

[52]Fraglich ist die Deutung der zahlreichen, zerstreut aufgefundenen Gegenstände aus der Igriţa-Höhle (Emödi 1980, 229-273), die die Höhle als Verbergungstelle nicht eindeutig erkennen lassen. Weitere Beispiele: Cioclovina (Kat.), Aggtelek-Höhle (für die Goldgegenstände vgl. Kemenczei 1984, 144) und auch Štramberk I (Podborský 1970, 30).

[53]Die Tongefäße sind im Rahmen der Höhlenfunde nicht nur als Behälter für die metallenen Gegenstände (Remete), sondern auch als mehr oder weniger zerbrochene Beigaben (Şuncuiuş I-II, sogar Igriţa, vgl. Kat.) oder als Behälter für organische Deponate aufzufassen.

zugleich über weite Räume hinweg gleich, d.h. dieselbe Sitte, Gegenstände in Höhlen zu deponieren, war in unterschiedlichen Regionen üblich. Die Lage der Einzelstücke im Inneren der Höhlen ist schwer zu beurteilen, weil die wenigen Entdeckungen[55] unserer Meinung nach nicht aufschlußreich genug sind.

Unbeachtet blieb bisher auch die Tatsache, daß die meisten Metalltypen, die in den Höhlen des innerkarpatischen Raumes gefunden wurden, Schmuckgegenstände sind. Es ist egal, ob die Höhlenfunde von Remete bis Cioclovina einer einheitlichen Kulturfazies zugeschrieben werden können oder nicht. Die Tatsache, daß unter den Höhlenfunden[56] Schmuckgegenstände vorherrschen (von "Koszider" bis "Gyermely"), deutet doch eher auf eine langgeübte Sitte als auf "Katastrophenhorizonte", die Verbergungen von Wertgegenständen in Notzeiten widerspiegeln.

Schließlich spricht für die besondere Rolle der Höhlen und demzufolge der Höhlenfunde die öfter nicht beachtete Bemalung der Wände mit Figuren und Symbolen, die der Bronze- und der Frühhallstattzeit zugeschrieben wird[57]. Ihre Untersuchung steht erst am Anfang. Es ist aber wichtig, daß mindestens eine speläologische Registrierung, die als Basis für die archäologische dienen kann, existiert[58].

Depotfunde und Bergpässe

Eine Depotfundkategorie könnte im Karpatenraum eine Sondergattung bilden: es handelt sich um die in anderen Regionen[59] seit langem bekannten Paßfunde[60]. Für die Karpaten sind in diesem Zusammenhang vorläufig nur hypothesenartige Äußerungen gestattet, umsomehr, da die Einzelfunde nicht im Zusammenhang untersucht wurden. Aus unerklärbaren Gründen wurden auch die nicht bronzenen Gegenstände (Gold-, Silber-, Keramikfunde usw.) nicht zu den Paßfunden gerechnet. Die "obligatorischen" chronologischen Abstufungen haben dazu beigetragen, daß viele Phänomene, darunter auch das hier besprochene Thema, diffus geworden sind.

Wege, die jahrhundertelang betreten worden sind, sind teilweise nicht mehr so deutlich erkennbar. Gut ist

---

[54]Der Hortfund von Şuncuiuş III (Kat., dort auch zusätzliche Informationen) wurde am Eingang der Höhle entdeckt. Diese besondere Vergrabungsstelle ist auch durch die Entdeckung in der Paulushöhle bei Beuron, Baden-Württemberg, (Brucherzhort) belegt. Am Eingang zur Höhle wurden ein Männerskelett und eine Lanzenspitze (Ha B) gefunden, und man behauptet, daß dort der Besitzer des Metallschatzes beigesetzt wurde, vgl. Stein 1976, 28. Unklar ist, was Bianco-Peroni 1978, 329 unter "im Außenteil der Höhle" versteht. Sogar für die Latènezeit wurden 1982 am Eingang einer Höhle (Sohodol-Tal, Gem. Runcu, Kr. Vîlcea) sieben dakische Eisensensen entdeckt (Calotoiu 1987, 62).
Obwohl einstweilen nicht zu belegen, kann theoretisch die Vergrabung von Opfergaben am Eingang zur Höhle mit den Altären, die vor einer Kulthöhle existierten (z.B. in Kreta vor der Zeushöhle, vgl. Ebert 1924, Bd. 5, 337), in Beziehung gebracht werden.

[55]Ein Bronzeschwert und angeblich auch ein Goldring bei Cuşma, aus der Peştera Tîlharilor (vgl. Marţian 1920, 16, Nr. 217; Roska 1942, 144, Nr. 337; Bader 1991, mit älterer Literatur); Grabfunde (Beltz 1899, 43) zeigen, daß in der Bronzezeit Schwert und Goldringe sich nicht ausschließen (vgl. auch Sperber 1992, 63 ff.). Vielleicht ist zu den Einzelfunden in Höhlen auch die bekannte Gußform von Geoagiul de Sus - "Peştera de sub stîncă = Kőalja" (vgl. Rusu 1965, 199-200, mit älterer Literatur: Zs. Torma, G. Téglás, M. Roska) zu rechnen. Für den Votivcharakter der Schwertdeponierungen in Höhlen (Cuşma, Vadu Crişului) hat sich schon Alexandrescu (1968, 23) ausgesprochen. Sie erwähnt auch die Analogie von Visny Sliač (Hralá 1954, 215 ff.). Auch die Schwerter aus der Arkalochori-Höhle (Kat.) bekräftigen u. E. den Votivcharakter dieses Fundtyps.

[56]Und nicht nur in Höhlen; teilweise hat diese Frage C. Kacsó, Der Bronzefund von Arpăşel, im vorliegenden Band, erörtert. Vgl. auch die erste Zusammenstellung der Materialien und der Problematik bei Schumacher-Matthäus 1985 a.

[57]Cârciumaru 1987, bes. 63 ff.; vgl. dazu auch die Bemerkungen von Petre Diaconu, Stud. Cerc. Ist. Veche 41, 1991, 55-66; Cârciumaru/Nedopaca 1988, 181 ff.

[58]Goran 1982. Eine Kartierung der Höhlen im Karpatenbecken, in denen Deponate gefunden wurden, scheint zwar nicht verfrüht zu sein, sie sprengt aber den vorliegenden Rahmen bei weitem. Aus Rumänien wurden einige von Dumitrescu/Orghidan 1959, bes. 60 ff. erwähnt.

[59]Am besten untersucht ist die Alpenzone; sie ist die am meisten und am beständigsten durchwanderte alpine Region Europas und bildet somit ein Modell für die Erforschung gleichartiger Verhältnisse in den Karpaten, wobei aber die vorhandenen Eigentümlichkeiten gesondert zu erfassen sind. Zusammenfassend zur Alpenzone vgl. Pauli 1980.

[60]Die Namen von Forrer, Heierli, Kyrle, Pittioni, Wyss, Hell, Vonbank, Innerebner, Lunz, Courtois (vgl. eingehender Mayer 1978, 179 ff. und Bianco-Peroni 1978, 331 ff.) sind in erster Linie mit der Erforschung der Alpenregion verbunden.

jedoch der Verkehr vom Süden nach Norden durch den Predeal-Paß zu verfolgen: Depotfunde wie Boldeşti, Drajna, Olteni, Perşinari, Sinaia, Predeal I-II, Braşov, Cristian sowie viele vereinzelte Fundstücke markieren eine der wichtigsten Straßen, die unter anderen die Beziehungen mit dem süddanubischen Raum sicherte. Besondere Gegenstände, wie die mykenischen Schwerter - egal ob Nachahmungen oder Originalstücke -, bezeugen die norddanubischen Zwischenstationen von Medgidia, Roşiorii de Vede, Bucureşti-Tei, Drajna und die ziemlich intensiven Beziehungen zum siebenbürgischen Zentrum[61]. Ein anderes Beispiel, aus einer späteren Zeitstufe, ist die Präsenz siebenbürgischer Elemente in den Depotfunden, die zwischen Donau und dem Schwarzen Meer (vgl. Aricescu 1965, 17-42; ders. 1970, 25-76; zusammenfassend Irimia 1982, 329-351) entdeckt wurden. Auch in diesem Falle spielte der Predeal-Paß eine wichtige Rolle. Anläßlich einer Analyse der Eisenverwendung in der Vorgeschichte kommt N. Boroffka zu ähnlichen Schlußfolgerungen[62].

Es stellt sich die Frage nach der Benutzung der ostkarpatischen Pässe, besonders in der BD-Stufe, einer Zeit, in der die bronzenen Erzeugnisse aus dem Land zwischen Karpaten und Pruth stark vom siebenbürgischen Zentrum geprägt waren. Da große Umwege nicht realistisch scheinen, müssen z.B. der Tulgeş- und Ghimeş-Palanca-Paß in Erwägung gezogen werden. Die wenigen bekannten Depot- und Einzelfunde[63] beweisen, daß diese Wege benutzt worden sind. Die vielen Deponate am siebenbürgischen Abhang der Karpaten erübrigen eine Argumentation.

Der "Korridor" zwischen der sog. "Câmpia Transilvaniei" und dem Gebiet an der oberen Theiß, über die Westkarpaten, ist am besten belegt. Wenn die Vor-Ha B1-Zeit eine beträchtliche Dichte an Deponaten zeigt, so daß die tatsächlichen Wege doch immerhin zu vermuten sind (z.B. entlang der Crişul Repede, Bereteu, über die Meseş-Tore, entlang des Someş usw.), läßt sich später lediglich eine "Streife" erkennen[64], die den Verkehr zwischen den beiden siebenbürgischen Gruppen und der Tiefebene an der oberen Theiß bestätigt.

Eine Ha B-Handelsstraße entlang des Someş über Ţibleş bis in die Maramuresch-Niederung ist zwar möglich, aber bisher nicht belegbar (vgl. Soroceanu 1982, 366 und Kacsó, Der Depotfund von Groşii Ţibleşului, i. Vorb.).

Vergleicht man die oben dargestellten Paßfunde (sei es nur als Belege für Verkehrswege) und ihre Fundumstände mit denjenigen aus anderen Regionen Europas, so kann man mühelos die religiöse Bedeutung (z.B. als Wegeopfer) auch auf die karpatischen Depotfunde erweitern.

Depotfunde und Gewässer

Als Sennacherib, König von Assyrien, 694 seine Flotte zur Eroberung des Landes Nagitu schickte, beschreibt er folgendermaßen das feierliche Opfer: "Dem Gotte Ea, dem König der Meerestiefe, ließ ich seine Opfer anrichten. Mit einem goldenen Schiff, einem goldenen Fisch, einem goldenen Krebs ... warf ich (sie) hinein ins Meer und ließ meine Schiffe nach der Stadt Nagitu zu eilends hinüberfahren"[65]. Zeitlich und geographisch ist uns der homerische Nestor näher: er opfert an den Ufern von Alpheios, und zwar nicht nur dem Fluß, sondern auch Zeus, Athene und Poseidon oder dem letzten "einfach am Strand auf dem Sand" (Townsend

---

[61] Die früheren Arbeiten von K. Horedt, Vl. Dumitrescu, B. Hänsel, M. Irimia und seine eigenen sowie die ganze Problematik und die dazugehörige Literatur sind bei Bader 1991, 17 ff., bes. 29 zusammengefaßt.

[62] Boroffka 1991a, bes. 5 ff.; für die gekürzte rumänische Fassung siehe Boroffka 1987, 55 ff.

[63] Petrescu-Dîmboviţa 1964, 251 ff.; Buzdugan 1970, 487 ff; siehe auch Cucoş 1970, 559 ff. Einige weiter östlich in der Moldau gelegenen Depotfunde (unsere Abb. 4-7) lassen eher an Verbindungen mit den Regionen östlich des Pruth denken.

[64] Es handelt sich in der Tat um einen Weg über die Meseş-Tore, die danach den Flußtälern von Bereteu und Crasna eng folgen; (bereits Roska 1934, 187; ders. 1938, 164-165 nimmt diese Straßen ausschließlich als Handelswege in Anspruch; vgl. zur Orientierung Soroceanu 1982, 366 Abb. 5 und die Lage auf der anderen Seite der heutigen Grenze; Kemenczei 1984, Abb. 1-2). Als Beispiel sind bei uns die Depotfunde von Giurtelecu Şimleului (Abb. 8) und Vadu Crişului IV (Abb. 9) zu nennen.

[65] D. Luckenbill, The Annals of Sennacherib (Chicago 1924) 74 f., Z. 79-81, apud Closs 1952, 84, wo auch viele andere Beispiele von Versenkungsopfern besprochen werden. Weber 1905, 15-16 läßt den Krebs ausfallen, sonst ist die Beschreibung und die Deutung der Opfergabe identisch.

Vermeule 1974, 67, 155). Solche Beschreibungen der Opfergaben an Götter in der Nähe der Gewässer enthalten etwas Allgemeineres. Die Notwendigkeit, das Wasser als eines der Hauptelemente zu verehren und ihm Votivgegenstände darzubringen, hinterließ überall mythologische, literarische und archäologische Spuren. Überall gab es Götter, Geister und Nymphen, die mit den verschiedensten Gewässern verbunden waren, und überall ließen die unterschiedlichen Formen der Verehrung charakteristische Spuren zurück[66].

Bis auf wenige Ausnahmen (z.B. Griechenland[67]) ist die Untersuchung der Kulthandlungen im Zusammenhang mit Gewässern bzw. der Deponate im feuchten Milieu des vorgeschichtlichen Europa durch die Archäologie geprägt. Obwohl man sich seit fast einem Jahrhundert mit dem Thema beschäftigt[68], gibt es erst seit den letzten drei Jahrzehnten zusammenfassende Überblicke[69].

Bei der Untersuchung der Beziehungen zwischen dem Wasser und den dort oder in der Nähe deponierten Gegenständen sind mehrere wichtige Abschnitte getrennt zu erforschen: 1. Quellen und Brunnen; 2. Der Flußlauf; 3. Der Mündungsbereich; 4. Stehende Gewässer.

1. Der Bereich, in dem das Wasser entspringt ist besonders heilig[70], umsomehr da es sich oft um Heilquellen handelt (z.B. St. Moritz, Kat.; Pigorini 1908, 169 ff.). Auch in der vorbronzezeitlichen Periode wurden die Quellen verehrt (Rech 1979, 66 f.; Kubach 1978, 210 f.), obwohl in ungleich intensiverer Weise (Winghart 1986, 134-135).

Die Situation im Karpatenbecken ist ähnlich. Viele Deponate wurden im Bereich der Quellen gefunden, bei einigen, wie Zsujta (Kat.), spricht die besondere Lagerung der Gegenstände deutlich für eine Opfergabe. Der alten Beschreibung von Orosz (1907, 73 f.) ist zu entnehmen, daß der Bronzefund von Popeşti auf einem Abhang, unterhalb zweier mächtiger Quellen ans Tageslicht kam. Dasselbe gilt für Sighetul Marmaţiei IV (Kat.), Fînaţe (Rusu 1960 b, 485), Cîţcău (Abb. 10; Kat.) und Ghineşti (Mozsolics 1943, 84) (siehe Abb. 3). Sicherlich waren auch die Heileigenschaften der hydrotioninhaltigen Mineralwasser von Ieud bekannt, in dessen Nähe ein Depotfund entdeckt wurde (Mihályi Ms. erwähnt bei Kacsó 1977, 141). Auch bei Bădeni (Petrescu-Dîmboviţa 1977, 126 und Mitt. Gh. Lazarovici) ist der Flurname "Sósviz" (Salzwasser) aussagekräftig. Es wäre auch nicht ausgeschlossen, daß die vertikal deponierten Schwerter von Orosháza-Gyopáros (Kat.) in Beziehung mit den dortigen Heilquellen stünden. Nicht unwichtig sind die Einstückdeponierungen, wie z.B. das

---

[66] Es ist nicht am Platz, eine ausführliche Namenliste der einzelnen Götter, von Nil und Neptun bis zur aztekischen Wassergöttin Chalchiuhtlicue, zu erwähnen. Wir werden die nötigen Beispiele nur dann heraussuchen, wenn unser Material das verlangt. Immerhin bleibt die Schilderung von Eliade 1959, 168 ff. beispielhaft für das Verständnis des Problems.

[67] Sogar in diesem Land ist von den literarischen Quellen wenig über das Thema zu erwarten, vgl. Townsend Vermeule 1974. Aus dem Freilichttheiligtum von Kato Simi sind drei Schwerter (SM II = zweite Hälfte des 15. Jdts.) bekannt, die in der klassischen Zeit wieder deponiert worden sind (Lebessi 1981, 15 ff., Taf. 28).

[68] In forschungsgeschichtlicher Hinsicht können z.B. noch die Arbeiten von Caetani-Lovatelli 1896 und Weinhold 1898 erwähnt werden. Bereits 1907 ist die Quellfassung von St. Moritz entdeckt und von Heierli (1907a, 120-121; ders. 1907 b, 265 ff.) veröffentlicht worden. Auch die Arbeiten von Pigorini 1908, 169 ff. und Pettazzoni 1912, 13 ff., 97 ff. (hier ein Überblick der Wasserverehrung im vorgeschichtlichen Westeuropa, mit der damals bekannten Literatur) sind noch interessant.

[69] Wenn auch seit Jahrzehnten viele andere "Wasserfunde" einzeln oder zusammenfassend veröffentlicht worden sind, begann ihre moderne systematische Erforschung erst in den fünfziger Jahren mit den Arbeiten von Closs 1952, 66 ff.; Müller-Karpe 1958, 4 ff.; Jankuhn 1958, 243 ff.; Stjernquist 1963, 5-64 und noch intensiver mit denen von Torbrügge 1959; 1960, 16 ff.; 1965, 71 ff. und ders. 1970, 1 ff. Die "neue Welle" besteht aus Büchern oder Studien z.B. von Zápotocký 1969, 361 ff.; Zimmermann 1970, 53 ff.; Geschwendt 1972; Maringer 1974, 309 ff.; Wegner 1976; Kubach 1978, 189 ff.; Müller-Karpe 1980, 684-685; Pauli 1980, bes. 178 ff.; Spindler 1980, 105 ff.; 1984, 212 ff. Wichtige Hinweise sind auch in sehr vielen anderen Beiträgen zu finden, die sich nicht nur mit Deponaten im feuchten Milieu befassen (z.B. Winghart 1986, 134 ff.; Erbach-Schönberg 1985, 163 ff. und neuerdings Hansen 1991a, 165 ff.). In allen diesen Studien ist ältere Literatur zu finden. Vgl. auch die folgenden Anmerkungen.

[70] Vgl. bereits Weinhold 1898; die allgemeine Analyse von Stjernquist 1970, 78 ff. bezieht sich teilweise auch auf die Bronze- und Eisenzeit. Siehe zusammenfassend Geschwendt 1972; Muthmann 1975; neuerdings Maier 1988, 150, alle mit Literatur. Nicht metallene Opfergaben wurden im Brunnen des Raumes XLI (Palast von Kato Zakros, SM I b = Mitte des 15. Jdts.) entdeckt, vgl. Platon 1974, 184 f.

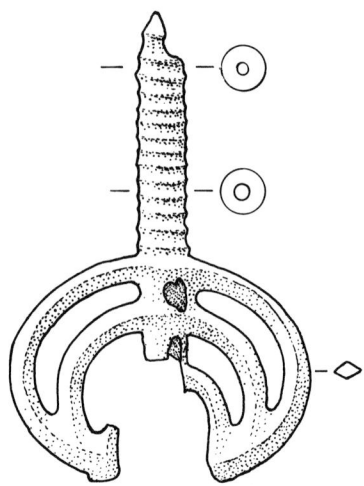

Abb. 8. Bronzefund von Giurtelecul Șimleului (nach dem Originalgegenstand)

Schwert von Alma (Teutsch 1880, 109), das im Bereich einer Quelle entdeckt wurde.
Eine sorgfältig errichtete und gut erhaltene Brunnenanlage wie etwa Berlin-Lichterfelde (v. Müller 1964) ist bis jetzt im Karpatenraum unbekannt.

2. Von entlang des Wasserlaufes, im Flußbett, im Ufer oder ganz allgemein "am Ufer" geborgenen Gegenständen wurde so häufig berichtet, daß man an reine Zufälle nicht denken kann. Darüber hinaus plädiert die besondere Art der Niederlegung der Gegenstände (z.B. Schwerter in vertikaler Lage) in ziemlich vielen Fällen für keine profane Deponierung[71].

Es ist noch nicht klar, ob die im Wasser entdeckten Steinartefakte (vorwiegend Beile) schon in die Bronzezeit gehören und ob sie unbedingt mit Deponierungen zu tun haben[72]. Zweifelsohne gibt es vorbronzezeitliche Gewässerfunde, in denen kupferzeitliche Metalläxte entdeckt wurden[73].

Im Ufer oder in unmittelbarer Nähe (aus dem Kies oder dem Sand des Flusses, jedenfalls von der niederen Terrasse) kamen sowohl Depotfunde, wie Blăjenii de Jos (Kat.), Dîrja (Kat.), Stoboru (Kat.), Sîrbi I und III (Kat.), Sîngeorgiu de Pădure I (Kat.), Roșia de Secaș (Kat.), Răscruci (vgl. unten Nr. 3, Einmündungsbereich), Magyartés (Kat.), Viss b (Kat.), Podkonice (Kat.), Putreda (Kat.), Oradea III (Kat.) und V (Kat.), Mociu (Kat.), Mintiu Gherlei II (Kat.), Solca (Kat.), Sîngeorgiu de Mureș (Kat.), Săcel (Kat.), Liborajdea (Kat.), Svinița II (Abb. 2,20-27), Jabenița II (Kat.), Giurtelecul Șimleului (Abb. 8; Kat.), Hășmaș (Kat.), Foieni I (Kat.) und II (Kat.), Dragu II (vgl. die Veröffentlichung im vorliegendem Bd.), Jupalnic (Kat.), Drăguțești (Kat.), Coslogeni (s. See- und Moorfunde), Căpleni II (Kat.), als auch Einzelstücke, wie Budești (Kr.

---

[71]Für die Schwertfunde aus Flüssen des Karpatenbeckens hat neuerdings auch Chicideanu 1988, 159 ff. eine votive Interpretation angedeutet. Auch Bader 1991, 4 vertritt die Meinung, daß manche Schwertfunde aus Gewässern als Votivgaben betrachtet werden können.

[72]Bereits 1854 wurden "mehrere Streitkeulen und Streitäxte von Serpentin, Presnit und schwarzem Kieselschiefer im Bette der Bäche von Csörgid und Reussmarkt vom Wasser herausgewaschen und dem Bachufer entrissen, besonders zeichnet sich dabei eine beschädigte Streitaxt durch angebrachte Verzierungen, welches sonst seltener der Fall ist, aus" (Ackner 1856, 132). Drei Steinäxte wurden auch im Dorfe Galați, Kr. Alba, auf der Flurwiese am Ufer des Baches "Sfîrciului" gefunden, dort wo ein Regenbach sich darin ergießt (Lipovan 1985, 17).

[73]Dragomir 1979, 591 ff. (kreuzschneidige Kupferaxt aus dem Kies eines Flusses); Petre-Govora 1983, 287 ff. (Racovița); Dumitrașcu/Manea 1978, 433 (Dobriceni, Jászladány-Axt geborgen aus dem Kies des Jghiaburi-Baches); Andrițoiu 1971 b, 34 ff. (Vinerea "Zăvoi", zwei Jászladány-Äxte aus dem Wasser).

Bistriţa-Năsăud) (Kat.), Şuncuiuş[74], Sîntimbru[75], Gothatea[76], Valea Voivozilor (Kat.), Livada (Kat.), Spermezeu (Kat.), Grinţieş[77], Strózewo (Kat.), Acîş[78], Krivoklát (Kat.), ans Tageslicht.

Es ist heute fast unüberprüfbar, ob die Depot- (Beltiug I, Kat.; Satu Mare[79]; Românaşi, Kat.; Carei I, Kat.) und die Einzelfunde ("aus dem Fluß Crasna", Kat. unter Crasna; Ighiel[80]; Pîclişa[81]; Ciugud[82]; Daia, Kat.; Cheia Kat.; Socol[83]; Eisernes Tor[84]), die im Flußbett sogar im Wasser entdeckt wurden, dort mit Absicht deponiert oder vom Ufer abgewaschen worden sind[85]. Sicher ist, daß auch diese Funde eng mit rituellen Bräuchen um die Wasserläufe verbunden sind[86]. Nicht zufällig wurde die Votivbarke von Satu Mare im Wasser (ursprünglich am Ufer ?) deponiert.

3. Der Einmündungsbereich kann als besonders bevorzugter Ort bei der Wasserverehrung betrachtet werden[87]. Hinweise dafür sind die Funddichte von Schwertern im Einmündungsbereich der Loire (Briard 1965, 153), die

---

[74]Emödi/Hadnagy 1982, 386: "Auf dem rechten Ufer von Crişul Repede wurde 1964 ein geschnäbeltes Tüllenbeil mit abgebrochener Öse gefunden (S. 385 Abb. 4)".

[75]Eine Dumbrăvioara-Axt aus einer Kiesgrube im Mureş-Bett (Aldea/Ciugudean 1988; vgl. auch den vorliegenden Band).

[76]Im Ufer des Baches kam eine Lanzenspitze als Einzelstückfund ans Tageslicht (Andriţoiu 1979, 15 ff.). Auch für die Lanzenspitze von Stuhuleţ (Abb. 5,1) ist eine Deponierung im feuchten Milieu nicht auszuschließen. Allgemeineres zu den Lanzenspitzen aus Flüssen bei Hansen 1990, 387 ff., mit Literatur.

[77]"Einzelfund aus dem Sandbett eines Baches. - Spitze, wohl von einer Hakensichel". (Petrescu-Dîmboviţa 1978, 68, Nr. 1493, mit älterer Literatur).

[78]Es handelt sich um die berühmte "Goldspange, 5 1/2 Loth schwer", die "am 22. März 1855...am Ufer des Krásznaflusses gefunden wurde" (Ackner 1856, 153).

[79]Hampel 1886 a, 99; ders. 1886 b, Taf. 69,7 a-b; II, 139. Die anderen Zitate sind bei Petrescu-Dîmboviţa 1977, 105 und Bader 1983, Nr. 427 zu finden.

[80]Eine Balşa-Axt wurde im Flußbett des Baches Ighiel gefunden. Aldea/Ciugudean 1988, 73, Nr. 3 behaupten, daß dieses Stück mit dem bekannten Depotfund von Ighiel in Verbindung gebracht werden kann. Vgl. auch Aldea/Ciugudean, im vorliegenden Band.

[81]Ein Tüllenbeil siebenbürgischen Typs stammt aus der Kiesgrube im Mureş-Bett (dies. 1988, 73, Nr. 6). Auch im vorliegenden Band ist das Stück publiziert.

[82]Ein bronzener Tüllenmeißel aus dem Mureş-Bett (dies., ebd. 74, Nr. 11). Vgl. den vorliegenden Band.

[83]Ein Schwert wurde hier 1878 in der Donau gefunden (Roska 1942, 277, Nr. 245; Bader 1991, 103, Nr. 254 [als Baziaş] zählt den Fund zu den Gewässerfunden).

[84]Schwert vom Boiu-Typ aus der Donau (vor 1904), heute Kr. Mehedinţi. Die ältere Literatur (Nestor, Popescu, Foltiny, Holste, Alexandrescu, Cowen, Hänsel, Schauer) ist bei Bader 1991, 60, Nr. 35 zu finden.

[85]Leider sind die Beispiele aus Süddeutschland (Stein 1976, 28), Mähren (Podborský 1970, 27), der Slowakei (Novotná 1970 a, 112) oder Ungarn (siehe die vielen Flußfunde, bes. Schwerter, bei Mozsolics 1975, 3-24) wenig hilfreich. Mozsolics, ebd., macht sogar die interessante Beobachtung, daß viele Schwerter dort gefunden wurden, wo Überquerungsmöglichkeiten der Flüsse bestanden und sich Siedlungen befanden. Selbstverständlich wurde die profane Deutung vorgezogen, ohne die Kausalität in beiden Richtungen untersucht zu haben. (Zu den Flußüberquerungen und zu den dort deponierten Gegenständen vgl. Kubach 1978, 259).
Viel systematischer ist die Darstellung von Zápotocký 1969, 361 ff. für die Funde aus der Elbe und von Erbach-Schönberg (1985, 163 ff.) für die Flußfunde (bes. Schwerter) aus Oberösterreich.

[86]Gute Analogien sind in Nordeuropa zu finden, wo ziemlich viele Schwerter im oder am Ufer der Flüsse, Moore oder Seen in senkrechter Lage entdeckt worden sind. Auch die Kreisdeponierung der Beile von Schkopau 1, die bei der Vertiefung des Flußbettes zutage kamen, unterstützt die Hypothese, daß viele von den Depot- und Einzelstückfunden keine profane Deutung erlauben. Näheres und Literatur dazu im Kapitel "Die Hauptlage der Gegenstände"; vgl. auch "Stehende Gewässer".

[87]In vielen Einmündungsbereichen wurden ganz dicht beieinander bronzene Gegenstände entdeckt, was nicht nur auf die mechanische Aktion des Wassers zurückzuführen ist. Vgl. dazu Butler/Sarfatij 1970, 301 ff.

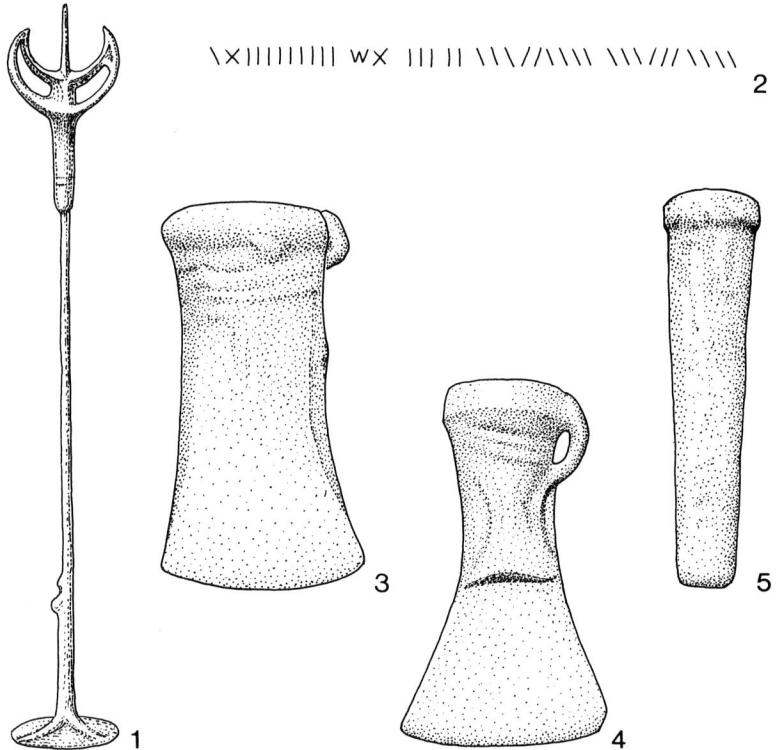

Abb. 9. 1-2 Bronzefund von Vadu Crişului I (nach Kenner 1863); 3-5 Bronzefund von Şoroştin. 1-5 verschiedene Maßstäbe

Depotfunde von Blaze II[88], Răscruci[89], Dragu II und Lăschia (beide im vorliegenden Band) sowie der Steinbeile von Galaţi (Lipovan 1985, 17 ff.) oder die Einzelfunde von Scărişoara (Kat.), Găujani (Kat.), Dobricel (Kat.).

4. Die Untersuchung des Verhältnisses von Weihegaben (vorwiegend Bronzen) zu stehenden Gewässern befindet sich für den karpatischen Raum noch im Anfangsstadium, jedoch kann die umfangreiche wissenschaftliche Erfahrung im übrigen Europa mit Gewinn ausgenutzt werden[90].

Am Ufer der Seen wurden bisher nur sehr wenige Funde entdeckt. Das Depot von Techirghiol[91] und die

---

[88] Zwölf Gegenstände am Zusammenfluß der Bäche Cremosné und Bursová (Novotná 1970 a, 90).

[89] Von der umfangreichen Literatur ist für die Fundumstände Ackner 1856 a, 36 wichtig: "Von Klausenburg, fünf Stunden abwärts bei Valászut, am Borsabache, eine halbe Stunde vor seiner Vereinigung mit dem kleinen Szamos, wurden neulich durch den Bezirksvorsteher mehrere ausgegrabene Alterthümer dem Gouvernement in Hermannstadt eingesendet". Vgl. auch Seidl 1854, 135-136. Ein Überblick der Literatur bei Petrescu-Dîmboviţa, 1977, 104, mit den üblichen Fehlern.

[90] Die umfangreiche Literatur zu diesem Thema und die Problemdiskussion sind bei Geißlinger 1967; Stein 1976, 20 ff.; Kubach 1978, 189 ff., bes. S. 190-191 zusammengefaßt, wo Kubach auch den Unterschied zwischen den Depotfunden von stehenden und fließenden Gewässern erörtert. Auch die Überlegungen von Schmidt 1978, 319 ff. über das Verhältnis Flußfunde - Moorfunde und über einen möglichen Wandel im Ritus können uns weiterhelfen. Vgl. Maier 1988, 150 ff., mit Literatur. Bei den vielen senkrecht aufgefundenen Schwertern sei auch der Depotfund von Groß Graglow (Kat.) erwähnt, wobei die Laboranalysen gezeigt haben, daß die stehenden Gegenstände teilweise im Moor, teilweise im Sand deponiert wurden.
Nicht uninteressant sind für diese Deponierungsplätze auch die vormetallzeitlichen Entdeckungen, vgl. zusammenfassend Boroffka 1992.

[91] Aricescu 1965, 23-26; ders. 1970, 32 ff. (die wichtigste Literatur für die Fundumstände); Petrescu-Dîmboviţa 1977, 121.

Einzelstücke von Coslogeni, Ulmu und Roseti[92] können derzeit dazu gerechnet werden. Aus Hódmezővásárhely[93] und noch weiter entfernt aus Wenecja (Kat.) und Otanów (Kat.) können einige Analogien zitiert werden. Über die Moorfunde ist ebensowenig zu berichten, wobei vielleicht die Entdeckungen von Galoşpetreu (die Veröffentlichung im vorliegenden Band) und Tiream (Kat.) in diese Kategorie gehören[94]. Eine große Forschungslücke muß also noch mit Funden ausgefüllt werden, weil die heutige Fundsituation u.E. nicht der vorgeschichtlichen Realität entsprechen kann.

Abschließend einige Feststellungen zu diesem Kapitel: Es ist nicht nur die Anzahl der Gegenstände, die in Gewässern oder in deren Nähe entdeckt wurden, von Bedeutung; die Art ihrer Deponierung (z.B. die senkrechte Lage der Gegenstände) zeigt uns, daß am Ufer der Bäche, Flüsse, Seen oder Moore in Krisenzeiten keine Wertsachen vor den Feinden verborgen worden sind, sondern rituelle Opfer- und Weihehandlungen mit Bezug auf die Gewässer stattfanden, wobei die Metallgegenstände eine nicht unwichtige Rolle spielten. Darüber hinaus wird eine vollständige Kartierung dieser Funde bestimmte Wasserläufe[95] oder nur Strecken davon als heilig oder irgendwie hochwichtig für das damalige Leben[96] erkennen lassen.

3. Zur Morphologie der Depotfunde. Die Lage der Gegenstände im Rahmen der einzelnen Niederlegungen (Abb. 11)

Allgemeines: Die Art und Weise, wie ein Gegenstand oder mehrere deponiert wurden, ist Ausgangspunkt für eine morphologische Analyse der Deponate. Ist bei den Deponaten eine absichtliche Positionierung zu bemerken, kann man davon ausgehen, daß es sich nicht um eine Verbergung von materiellen Gegenständen vor Feinden in Zeiten der Gefahr usw. handelte[97]. Diese morphologische Analyse ist schließlich der unmittelbarste Beitrag zum Studium der vorgeschichtlichen Votive.

Die Hauptlage der Gegenstände

Im ersten Teil dieses Kapitels, werden die am häufigsten vorkommenden Positionen der verschiedenen Gegenstände analysiert; es kommen folgende Möglichkeiten vor: a) die senkrechte Lage; b) die waagerechte Lage; c) die umgestülpte Lage.

a) Schwerter, Beile, Nadeln, Lanzen, sogar Keramik wurden im Karpatenbecken in senkrechter Lage deponiert.

---

[92]Culică 1975, 521-527 berichtet über mehrere Einzelstückfunde, die wir als Deponate betrachten: 1. am Ufer des Sees Mostiştea (ein fragmentarisches Tüllenbeil und eventuell eine Ahle); 2. am Ufer des ehemaligen Sees Călăraşi und des Donauarmes Borcea zwei Dolche und eine Sichel.

[93]Kemenczei 1984, 173 spricht von "Überresten einer Gießerei der Gáva-Kultur" im Uferabhang des Fehér tó (= Weißer Teich).

[94]Etwas später soll der Fund von Mérk datiert werden (Gáva-Kultur); für uns ist es wichtiger, daß er in einem Moorland, 60 cm tief im Torfboden lag (Kemenczei 1984, 176).

[95]Es könnte beispielsweise für Crasna ("in fluuio Craszna", Acîş, Căpleni II, Giurtelecu Şimleului), Someş (Carei, Cluj) oder Valea Popii (vgl. Sîrbi) gelten, ganz zu schweigen von den großen Flüssen wie Donau, Theiß, Mureş.

[96]Man wird sicherlich feststellen können, daß an manchen Stellen Überquerungsmöglichkeiten der Flüsse bestanden haben, wo man als Opfer bestimmte Gegenstände deponierte, wie z.B. für Neckar und Rhein schon behauptet wurde (Wegner 1976, 24 ff., bes. 28 bei Kubach 1978, 259). Vgl. auch die Meinungen von Mozsolics (vgl. oben, Anm. 16).

[97]Hier sollen die wenigen Arbeiten erwähnt werden, die der Positionierung der Gegenstände eine gewisse Bedeutung beigemessen haben. Bereits Sprockhoff (1931; 1932; 1934; 1937; 1956) macht sehr sachliche Bemerkungen über die Morphologie der Deponate. Sehr treffend, doch zu knapp, skizziert Hundt 1955, 118 die Bedeutung der senkrechten Lage der Schwerter und gibt lediglich drei Beispiele (Seddin, Sachsenwald [Schwerter] und Hjörthede [Dolch]) an. Müller-Karpe 1961 führt bei den einzelnen Typen ständig die Fundumstände an, die vielleicht zu summarisch (ebd. 91-92) ausgewertet wurden. Aufgrund des Materials aus Dänemark hat Levy 1982 bei jedem Depotfund zu vermerken versucht, ob die Gegenstände auf eine besondere Art hingelegt worden sind. Unseres Wissens nach ist Rech (1979, bes. 15 ff.) der erste, der versucht hat, auch graphisch (ebd. Abb. 2) eine Systematisierung der verschiedenen Anordnungen von Gegenständen innerhalb der einzelnen Depotfunde darzustellen. Für die vormetallzeitliche Vorgeschichte Europas stellt Boroffka 1992 einen guten Anfang dar.

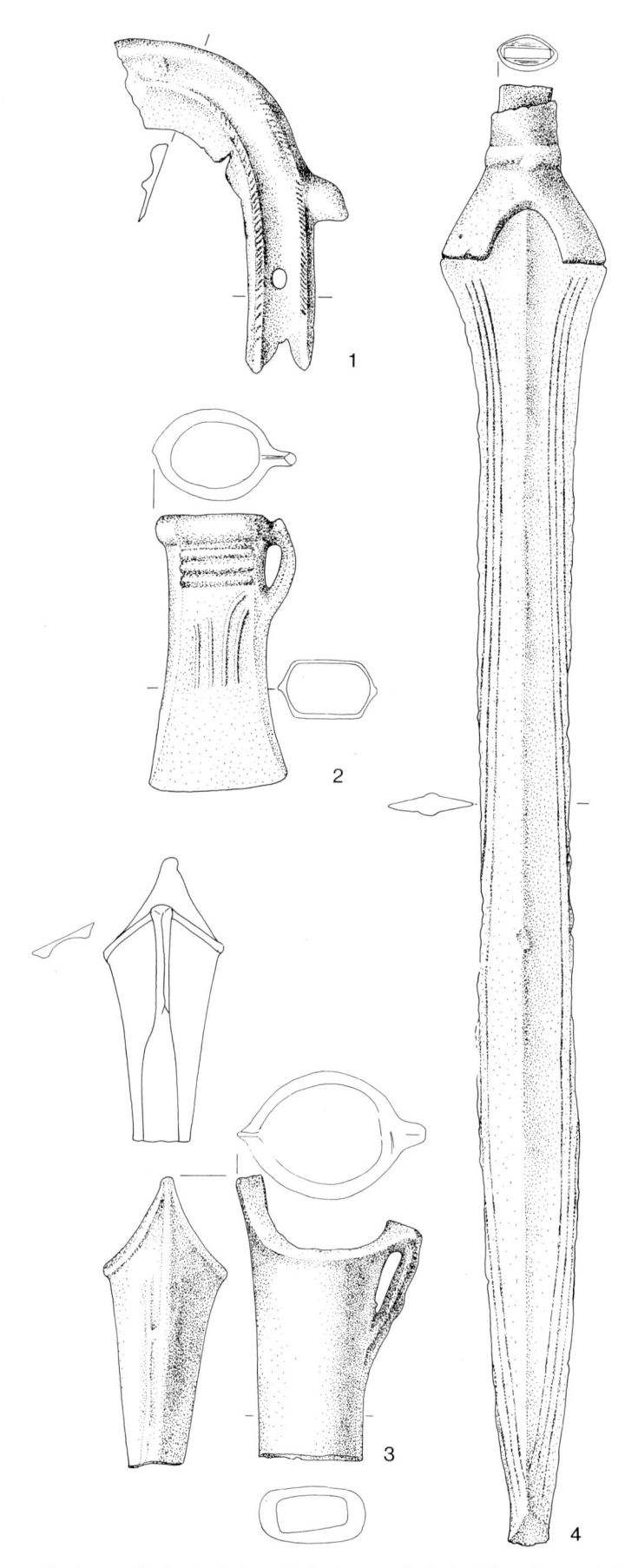

Abb. 10. 1-4 Bronzefund von Cîţcău (nach den Originalgegenständen). 1-4 = M. ca. 1:2

Die Palette der Gegenstandstypen kann mit Dolchen[98], Messern (Arkalochori, Kat.), Armstulpen (Křenůvky, Kat., und den umgestülpten bzw. umgestürzten Gegenständen, Groß Graglow, Kat.; Tiszaladány, Kat.; Holtum-Geest, Kat.), verschiedenen Ringen[99], Gußkuchen[100], Sicheln[101], Schilden (Coles 1962, 156 ff.) und Bronzeplatten (vgl. Tved, Kat.) vervollständigt werden, die allerdings einstweilen nur außerhalb dieses Raumes entdeckt wurden, so daß wir sie nur zur Information erwähnen können.

Das Schwert ist die wichtigste und häufigste Gattung, die im Karpatenraum[102], aber besonders nördlich und westlich davon, in vertikaler Lage gefunden worden ist. Bei der Länge des Gegenstandes kann eine zufällige Senkrechtlage kaum in Frage kommen. So sind die mehrstückigen Schwertdepotfunde vertikaler Lagerung (bis jetzt meistens je aus drei Exemplaren bestehend; Abb. 12), wie Stoboru (Kat.), Orosháza (Kat.), Buzica (=Buzita)[103], Dąbrowa (=Damerow) (Kat.) und Ewart Park (Kat.), oder die vermischten (Schwerter und andere Fundgattungen) Depofunde, wie Whittingham (Kat., vgl. aber auch die Kreisdeponierung), Saint Moritz (Kat.), Drăușeni (Kat.), Sachsenwald (Kat.), Seddin (Kat.), Verucchio (Kat., die letzten drei sind Grabfunde) abermals eine Bestätigung dafür, daß es sich bei dieser Sonderlage um keinen Zufall handelt. Aussagekräftig sind die Höhlenfunde von Arkalochori (Kat.), wobei die Syntax und Morphologie der dortigen Entdeckungen sich wiederum gegenseitig unterstützen. Die Einstückdeponate tauchen besonders in Nord- und Osteuropa auf: mit wenigen Ausnahmen[104], z.B. Hinterriß (Kat.), Cherasco (Kat.), sind sie auf den Britischen Inseln (Carnpessack, Kat.; Crieff, Kat.; Leannan Buidhie, Kat.; Oxborough, Kat.; Oystermouth, Kat.), im Norden (Allatorp-Bleckinge, Kat.; Simris, Kat.; Tranum, Kat.) aber mehr noch im Zwischenstromland von Oder - Wistula (Stróżewo, Kat.; Jastrowie, Kat.; Otanów, Kat.; Sulibórz, Kat., Wenecja, Kat., dieser etwas östlicher von Wistula), weiter westlich und südwestlich davon (Lohme, Kat.; Österborßel, Kat., - diese zwei sind Grabfunde -, Barkow, Kat.; Schwanefeld, Kat.) und im innerkarpatischen (Inlăceni, Kat.; Livada, Kat.) und außerkarpatischen (Marvila, Kat.) Raum verbreitet. Die Stücke aus Verucchio, Mykenä[105] und Arkalochori (alle Kat.) scheinen die südlichsten Exemplare zu sein.

Man darf auch das ans Ende des 7. Jh. datierte Eisenschwert aus dem ersten Grabhügel von Romaja nicht außer acht lassen: es wurde senkrecht in den Tumulus eingestochen, und die Richtung seines oberen Teiles deutet auf

---

[98]Es handelt sich um den Depotfund von Granowo: (Montelius 1898, 478, mit älterer Literatur) "die Gegenstände lagen nebeneinander in einer gewissen Ordnung, und die Dolche steckten in gerader Linie mit der Spitze nach unten im Boden". Vgl. auch Hjortede, Kat. Schon frühbronzezeitliche nichtmetallene Dolche wurden in vertikaler Lage deponiert, z.B. im 1823 entdeckten Depotfund aus Wakendorf, Kr. Wismar, Mecklenburg-Vorpommern, D.: "Ein einfacher Fischschwanzdolch steckte aufrecht im Moor, umgeben von vier Flintsicheln mit annähernd gerader Schneide" (Westendorf 1988, Kat. Nr. 306, mit älterer Literatur Lisch, Beltz).

[99]Wichtig ist die Entdeckung von fünf aufrecht stehenden, mit Birkenrinde umwickelten Armspiralen bei Bohmstedt, Kr. Husum, die beim Torfstechen im Moor gefunden wurden (Sprockhoff 1937, 6, mit älterer Literatur). Vgl. auch die Funde von Aschering, Surheim-Rent, Hechendorf am Pilsensee (Stein 1976, 22, mit weiteren topographischen und bibliographischen Hinweisen).

[100]"Von den Gußkuchen des Hortes aus Feldkirch wird berichtet, daß sie aufrecht im Lehmboden standen, wobei jeweils zwei mit den Flachseiten aneinander gestellt waren" (Stein 1976, 22).

[101]"...daß die Sicheln wie zusammengepackt aufrecht in einer Spalte standen" (Stein 1976, 24). Erwähnenswert ist auch die bronzene Sichel aus dem Depotfund von Groß-Graglow (Kat.). In Wustrow, Kr. Bad Doberan, Mecklenburg-Vorpommern, D., wurde eine frühbronzezeitliche Sichel aus Feuerstein bei Erdbewegungen von einem Arbeiter gefunden. "Das Stück steckte senkrecht im Boden, mit der spitzen Seite nach unten" (Westendorf 1988, Kat.).

[102]Die Besonderheit dieser Lage wurde schon von Alexandrescu 1968, 22 f. bemerkt. Leider wurden die Einstückfunde von Inlăceni und Livada in diesem Sinne nicht berücksichtigt.

[103]Drei Schwerter angeblich in senkrechter Lage (Hampel 1892, 19; Novotná 1970 a, 92).

[104]Da das Zitat falsch ist (Stein 1976, 113 mit Anm. 267, wo sie sich auf Kimmig, Jahrb. Röm. Germ. Zentralmus. Mainz 2, 1955, 71 ff., bezieht), kann man diese Waffenart aus Süddeutschland nur vermuten; eine Anfrage an F. Stein blieb ohne Antwort. Aus Italien sind Schwerter in vertikaler Lage so gut wie unbekannt, freundliche. Mitt. Prof. R. Peroni, Rom, vgl. Kat. Cherasco, eventuell Verucchio.

[105]Für dieses Exemplar kann vielleicht eine Schwertdarstellung in ähnlicher Lage auf Siegeln aus Naxos oder Hagia Triada (Kat.) als Parallele gebracht werden (vgl. Townsend Vermeule 1974, 39 f. [und S. 58 "damit man es sehen kann"]; Kilian-Dirlmeier 1990, 159 Abb. 2 b und briefliche Mitt. I. Kilian-Dirlmeier vom 17. August 1992).

eine Art "Konsekration" des Grabplatzes hin, wie bereits bei der Veröffentlichung hervorgehoben wurde[106]. Ähnlich ist auch die Lage Gedinne, Namur (Belgien, auf Abb. 12 nicht kartiert), wo "ein eisernes Schwert, angeblich senkrecht unter der Brandschicht" stand (Gerdsen 1986, 106, mit älterer Literatur). Schräg in der Erde stehende Eisenschwerter wurden auch in den Grabhügeln von Court-Saint-Étienne, 2 Ex., und Harvé, 1 Ex. (Belgien, vgl. Gerdsen 1986, 105-106 mit älterer Literatur, bei uns nicht kartiert) zutage gefördert.

Nicht unerwähnt bleiben darf das Schwertopfer bei den Skythen. Unter anderem wurde bei Zeremonien "ein Schwert aufgestellt" (Smirnow 1979, 134 ff.), eine Information, die das Bild der "senkrechten Schwerter" vervollständigen kann[107].

Beile in senkrechter Lage wurden viel seltener gefunden[108]. Sie sind auch weniger "unabhängig", da die Beile ziemlich selten als Einzelstücke in dieser Position[109] vorgefunden wurden, sondern als Mehrstückdepotfunde[110], d.h. mit anderen Beigaben zusammen[111], oder aber nicht richtig senkrecht eingesteckt[112]. Besondere Deponierungen von Tüllenbeilen wurden in der Bretagne entdeckt, wobei nicht nur die Lage, sondern auch die Anzahl einiger Fundstücke auf neue Deutungsmöglichkeiten hinweisen[113]. Auch die Tatsache,

---

[106] Đurić u.a. 1975, 36, 145 (freundlicher Hinweis Prof. Dr. B. Teržan).

[107] Die literarische Hauptquelle zur kultischen Bedeutung der eingestochenen Schwerter scheint Herodot, Hist. 4,61, zu sein. Dort sind Menschenopfer sowie das Übergießen der aufrechtstehenden Schwerter mit menschlichem Blut erwähnt. Wegen der großen chronologischen und geographischen Entfernung kann das Zitat aber nur als Ergänzungsbeispiel herangezogen werden. Die herodotische Information wurde u.a. von A. Ipolyi, A Magyar Mythologia... (2. Aufl., Bp. 1929) bereits im vergangenen Jahrhundert ausgewertet (freundliche Mitt. A. Mozsolics).

[108] Die Bedeutung der Beile in vertikaler Lage besteht auch darin, daß ziemlich viele vorbronzezeitliche Fundstücke, aus Stein oder aus Kupfer hergestellt (vgl. die folgenden Fußnoten), auf eine ältere Niederlegungssitte und damit auch auf ihre Ursprünge hinweisen könnten. Zusammenfassend zu den besonderen Deponierungsarten in den vormetallischen Epochen Europas vgl. Boroffka 1992, 341 ff., mit Literatur.

[109] Uns sind nur wenige Ausnahmen bekannt, darunter das Grab von Moot Low, wo bei einer männlichen Erdbestattung ein einziges Randleistenbeil als Beigabe am Kopf, mit der Schneide nach oben, ans Tageslicht kam; vgl. Schmidt 1978, 312, mit älterer Literatur (Evans). Für den Fund von Troldebjerg vgl. unten die folgenden zwei Anmerkungen. Auch aus Ungarn ist ein vorbronzezeitliches Beispiel zu erwähnen: Aszód, Grab 111, ein Steinbeil in vertikaler Lage (freundliche Mitt. Dr. N. Kalicz).

[110] Anders ist die Situation für die Flintbeile im Rahmen der Trichterbecherkultur, für die viele Beispiele von eindeutigen Beilen in senkrechter Lage, und zwar in verschiedenen Anordnungen, z.B. nebeneinander, hintereinander, im Viereck, sogar einen Trichterbecher umstehend, bekannt sind (Material und Bedeutung zusammenfassend bei Rech 1979, 17 ff. u. Abb. 2 erörtert).
Ebenso klar ist auch die Fundlage in Dänemark: "Wenn man in Søring Skov und der Gegend von Århus vier vollständig gleiche Absatzbeile unter einem großen Stein vereinigt aufrecht stehend fand, alle noch unfertig, mit den Gußrändern auf Schneide und Schmalseiten und alle senkrecht hingestellt mit der Schneide nach oben - dieselbe charakteristische Kultstellung wie in Troldebjerg (Bd. I, 240) - so haben wir hier zweifellos eine Opfergabe vor uns" (Brøndsted 1962, 87; vgl. aber auch ders. 1938, 193 ff.).

[111] Z.B. das Grab von Dederstedt (Kat.). So müssen auch die Fundumstände des Hortfundes von Satu Mare (Arad) ("welcher in einen Herd hineingesteckt war", so Milleker 1940, 25) oder Troldebjerg (vgl. die vorangehende Anmerkung) verstanden werden. Hier weichen wir von dem simplen Interpretationsversuch von Mozsolics 1988, 55 ab. In Schlesien wurden sowohl flache Äxte (Wrocław, Kat.) als auch Tüllenbeile mit der Schneide nach unten (Pilszcz, Kat.) senkrecht in die Erde eingestochen und mit anderen Fundgattungen vergesellschaftet entdeckt. Das Lappenbeil von Groß Graglow (Kat.) steckte mit der Schneide nach unten.

[112] So die Entdeckung von Schifferstadt: "An den Körper des Goldgefäßes gelehnt, sollen die drei Absatzbeile gestanden haben" (Stein 1976, 27, mit älterer Literatur). Zwei weitere Beispiele sind die Funde aus Riedl (Kat.) und Węgliny (Kat.). Die absichtlich zu klein ausgewählten Gefäße wie bei Dragu II (drei Tüllenbeile, vgl. den vorliegenden Band, Tiszaladány (Kat.) oder Linowno (= Woltersdorf, Beile senkrecht im Tongefäß stehend Kersten 1958, 82, Mitt. W. Blajer) wurden sicher nicht als Verbergungsgefäße verwendet, da größere und passendere für derartig profane Zwecke reichlich zur Verfügung standen. Nicht richtig eingestochen, aber deutlich in vertikaler Lage, sind auch die Äxte (mit einem Schwert mit der Spitze nach oben zusammen gefunden) von Mykenä (Kat.). Leider sind für die meisten griechischen Depotfunde so gut wie keine Fundumstände angegeben.

[113] "Les 360 haches de Désert en Calorguen étaient enfouies, verticalement, tranchant en bas, dans une cavité cylindrique en forme de puits" (Briard 1965, 110). In ähnlicher Weise waren auch diejenigen von Tourboureau in La Chapelle-Heulin und Bellière in Loudéac (Briard 1965, 110 f. bzw. 243) angeordnet (siehe auch die Kreisdeponierung der Beile).

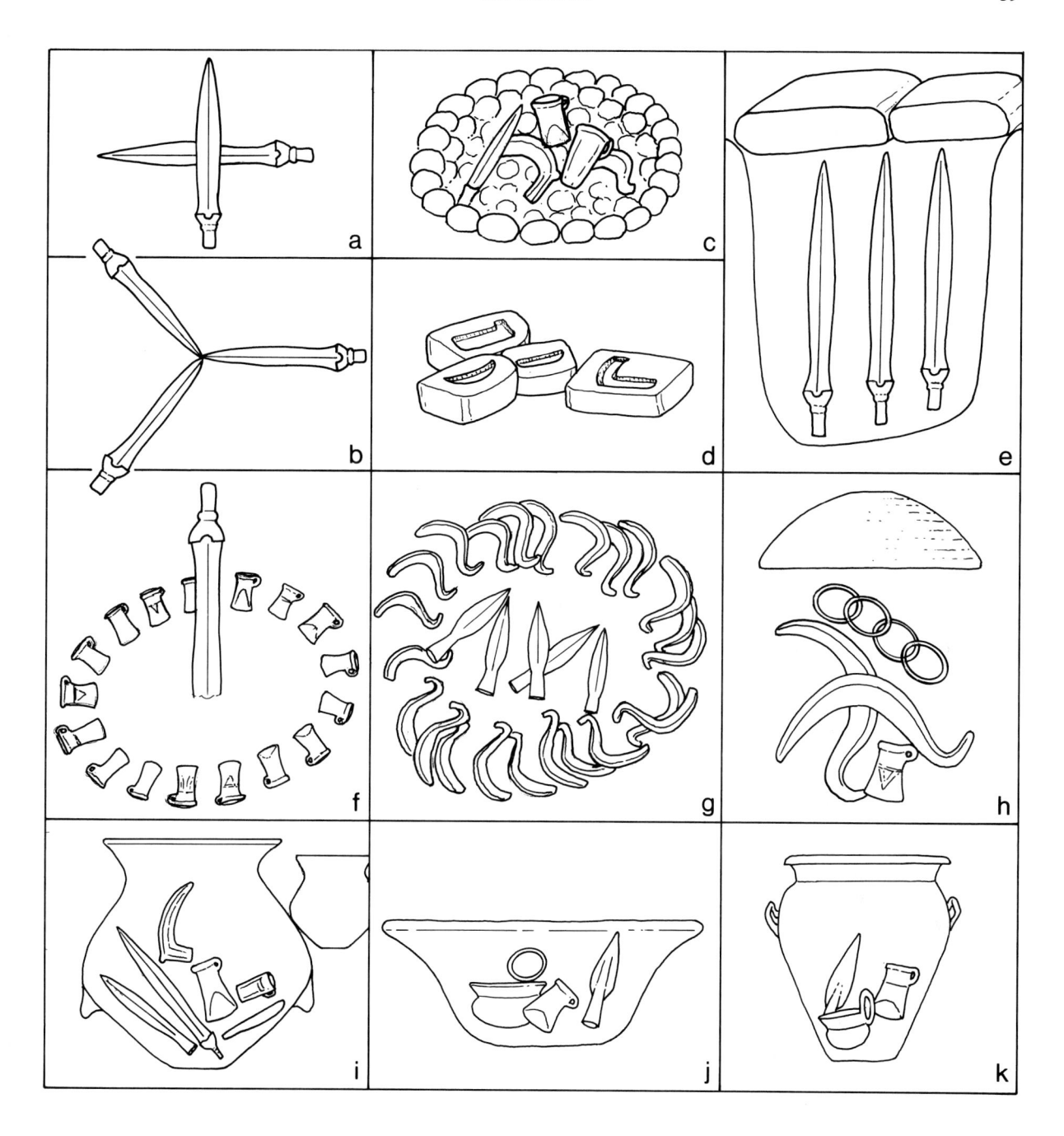

Abb. 11. Lage der Gegenstände im Rahmen der einzelnen Depotfunde (schematische Darstellungen). a) gekreuzte Gegenstände; b) sternförmig angeordnete Gegenstände; c) mit Gußfladen gefütterte Depotfundgrube; d) Gußformendepotfund; e) Gegenstände in senkrechter Lage; f) kreisförmig angeordnete Gegenstände mit senkrechten vergesellschaftet; g) kreisförmig liegende Gegenstände; h) gekreuzte Gegenstände, umgestülpte Gefäße; i) Depotfund im Tongefäß, im Gräberfeld; j) Depotfund im Tongefäß, vereinzelt; k) Depotfund in Metallgefäß

Ebenfalls in der Bretagne - und das kann die vorherige Behauptung unterstützen - sind schon seit langem Steinbeile bekannt, die in den Megalithgräbern (vgl. "Depotfunde und Totenwelt") oder am Fuß eines Menhirs (fünf kleine Beile in Men Er Hroek) mit der Schneide nach oben senkrecht in die Erde gesteckt worden waren.

daß auf vielen megalithischen Steindenkmälern oder Felszeichnungen (Kivik, Stonehenge, Men Er Hroek) Beile in senkrechter Position und mit der Schneide nach oben dargestellt worden sind, läßt eine Einordnung der Fundkategorie als Votivgaben als sicher gelten[114]. Es muß unterstrichen werden, daß die Beile und die Äxte in vertikaler Lage kontinuierlichere Deponierungsbräuche belegen als andere Gegenstände (vgl. auch Boroffka 1992, 341 ff.), vielleicht weil sie als Gattung an sich die ununterbrochenste Entwicklung hatten.

Nur von wenigen Lanzenspitzen wissen wir genau, daß sie in vertikaler Lage gefunden wurden: je eine aus Süddeutschland[115], aus Niederschlesien (Drzonków, Kat.), aus der Slowakei[116] und aus Siebenbürgen (Brădești, Kat.). Nicht unwichtig sind die drei Lanzenspitzen von Whittingham (Kat.), die nicht nur vertikal, sondern auch im Kreis mit den Schwertern zusammen angeordnet worden waren. Obwohl aus Eisen hergestellt und chronologisch später ansetzbar, spielten vielleicht die zwei "mit der Spitze nach unten ganz in den gewachsenen Boden eingetrieben, knapp nebeneinander [befindlichen] Eisenlanzen" von Forstwald sowie diejenigen von Tschonggerwald und Dolné Janiky eine Rolle bei der Konsekration der Grabhügel (Radimský/Szombathy 1885, 122, 124).

Bei den Nadeln ist der umstrittene Fund von Vácszentlászló (Kat.) zu erwähnen, wobei aber die genau beschriebenen Fundumstände bei Registrierungs- und Chronologiefragen überhaupt nicht berücksichtigt oder kritisch ausgewertet wurden. Eine Bekräftigung, daß die Beschreibung von Varsányi keine Phantasie ist, bringt auch die Entdeckung von Radłowice (Kat.)[117]. In diesem Zusammenhang möchte Verf. unterstreichen, daß die Nadeln (besonders die langen) nicht nur als Schmuckstücke dienen sollten. Eingehendere Gedanken darüber werden bei "Gattungsdepotfunden" erörtert.

Sogar die Keramik ist teilweise in einer außergewöhnlichen Lage deponiert worden. So wurde in Teleac, in der Grube Nr. 4, übrigens in einem kultischen Zusammenhang, neben umgestürzten Gefäßen (vgl. unten Punkt c) eine Schüssel, die auf der Kante stand (Vasiliev 1985, 85-86; ders. u.a. 1991, 151), entdeckt. Auch im mittelbronzezeitlichen Grab 55 von Klein Jauer 6 war eine Schüssel absichtlich auf der Kante stehend deponiert worden (Bönisch 1988, 142 Abb. 2).

Ein einstweilen ungeklärtes, aber keinesfalls zufälliges Phänomen, das an dieser Stelle erwähnt werden muß, ist die Richtung des aktiven Teiles der stehenden Deponate, besonders das der Waffen. Ob die Spitze oder die Schneide nach oben oder nach unten zeigt, z.B. bei den Schwertern oder Beilen, deutet sicherlich auf zwei unterschiedliche intentionelle Sachverhalte hin. Hypothesen aufzustellen - wie etwa die Konsekration einer Stelle durch das Einstechen -, scheint augenblicklich nicht genug durch die Fakten gestützt zu sein. Ebenso zu voreilig wäre auch die Aufstellung einzelner Gegenstandsgruppen (z.B. die Schwerter von Livada, Hinterriß oder Carnpessack, vgl. Kat., aber auch diejenigen von Court-Saint-Étienne, 2 Ex., Harvé, alle drei Belgien, vgl. Gerdsen 1986, 105-106, mit älterer Literatur), die absichtlich schräg deponiert worden wären. Dagegen ist die Anlehnung der Schwerter und anderer Objekte (in vertikaler Lage) an die Urne (z.B. Seddin, Verucchio, Kat.) fester Bestandteil der Grabzeremonie gewesen. Auch die Tatsache, daß der Brauch der vertikalen Deponierung von Gegenständen (besonders der Schwerter) eng mit dem feuchten Milieu (Moore, Bäche usw.), seltener mit Höhlen (Arkalochori, Kat.) zusammenhängt, muß unterstrichen werden, eine Beobachtung, die auch für das Karpatenbecken zuzutreffen scheint.

Kartiert man alle Fundplätze mit in vertikaler Lage deponierten Gegenständen, so zeigt sich, daß diese Deponierungsart im Karpatenbecken dem südöstlichen Verbreitungsareal entspricht und zugleich nur in einem

---

[114]Vor Jahrzehnten wurde schon auf die rituelle Bedeutung mancher Beildeponierungen in vertikaler Lage hingewiesen (vgl. Le Rouzic 1932). Eine zusammenfassende Arbeit ist uns nicht bekannt.

[115]F. Stein 1976 (mit einer Pinzette).

[116]In einem Hügel von Dolné Janiky, okr. Bratislava Vidiek, wurde bei systematischen Ausgrabungen in einem Hügel eine bronzene Lanzenspitze in vertikaler Lage gefunden. Freundliche Mitt. E. Studeniková.

[117]Zu erwähnen ist auch ein Grabfund, dessen Fundumstände für unser Thema nicht eindeutig genug sind (Olshausen 1886, [487]-[488]: "man sieht hier deutlich die beiden Nadeln einander parallel und in geringem Abstand schräg von unten und aussen her mit den Spitzen nach oben gerichtet liegen auf einem Skelett ...").

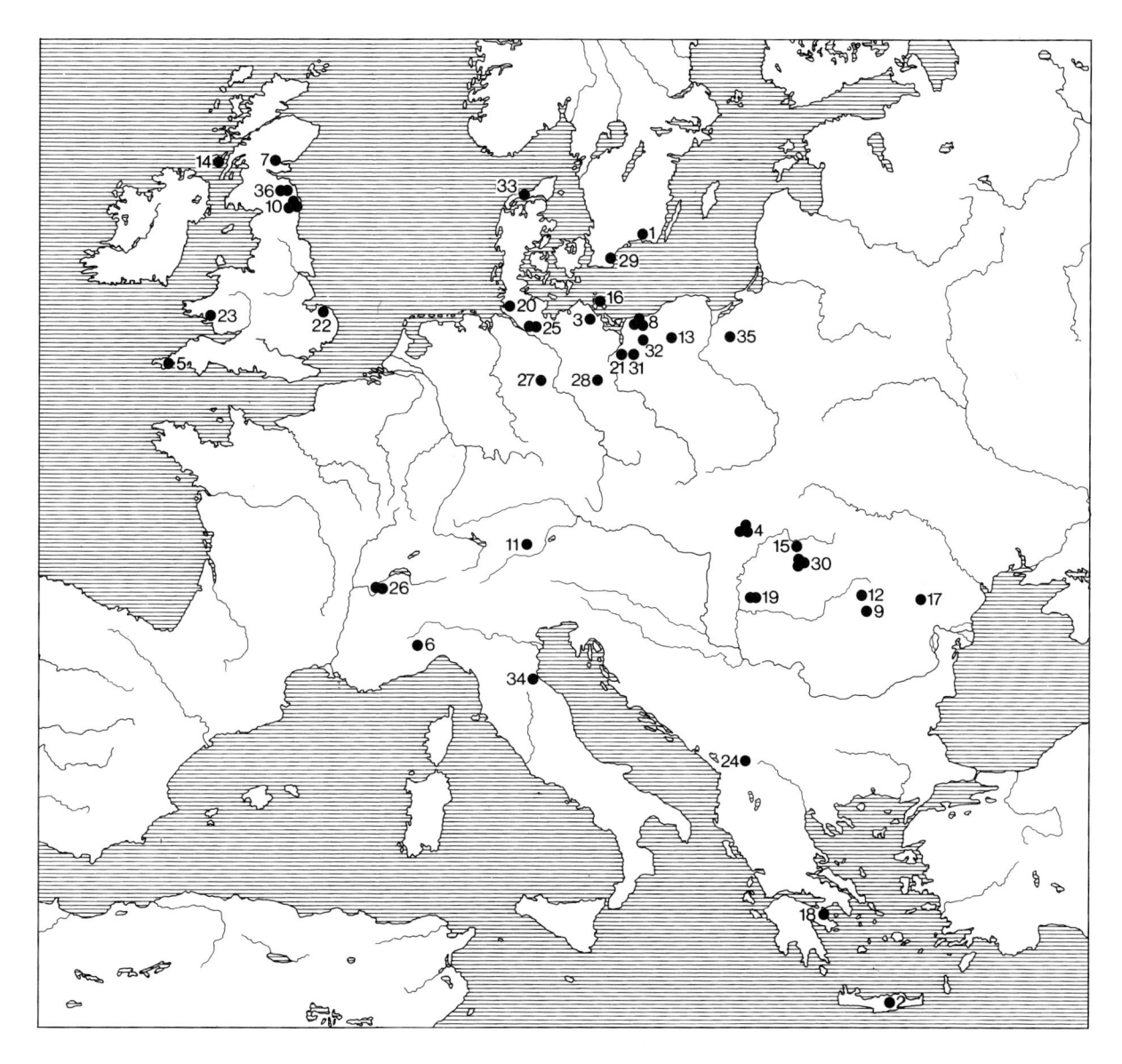

Abb. 12. Verbreitung der Schwerter in senkrechter Lage in Europa. Vgl. Fundliste

europäischen Kontext zu verstehen ist. Die wenigen Deponierungen in senkrechter Lage etwa im tschechischen (vgl. Buzica und Dolne Janiki) und ungarischen[118] Raum sind vermutlich Ausdruck einer Forschungslücke und gehen weniger auf unsere Informationsmöglichkeiten zurück.

Ebenfalls muß betont werden, daß die unterschiedlichen Objekte, die in vertikaler Lage deponiert worden sind, für den Opferbringer nicht alle dieselbe Bedeutung und denselben Sinn hatten. Die Zahl der Funde und deren Verbreitungsdichte zeigen, daß in diesem Zusammenhang die Schwerter z.B. viel wichtiger als die Nadeln waren. Die Untersuchung der künstlerisch dargestellten Gegenstände in senkrechter Position (auf Siegeln, Menhiren oder als Kleinplastik) unterstützt die Votivdeutung der Gegenstände.

b) Die waagerechte Lage der deponierten Gegenstände spräche nicht so deutlich für eine kultische Niederlegung, wären nicht die verschiedenen absichtlichen Kombinationen feststellbar. Die Kreisdeponierung, die Kreuzlage, das Anordnen nebeneinander in bestimmten Positionen und eine regelmäßige Schichtung (Näheres

---

[118]Gazdapusztai 1959, 13 ff. und ebd. der interessante Überblick über viele Analogien und Auswertung von literarischen Quellen.

bei "Die Anordnung der Gegenstände") und die Deponierung in bestimmten Behältern sind fast ausnahmslos Hinweise auf kultische Handlungen oder Intentionen.

Alroth (1988, 195 ff.) hat auf die Anordnung der griechischen Votivkleinplastiken auf den Altären aufmerksam gemacht, die auch für die daneben deponierten Gegenstände bedeutungsvoll ist. Das gilt auch für die prähistorischen Votivgaben, indem für kultische Zwecke auch eine einfache Niederlegung der dargebotenen Gegenstände ausreichen konnte.

c) Die umgestülpte oder umgestürzte Position von Gegenständen enthält eine über Jahrtausende überlieferte Symbolik: von der Vorgeschichte bis zum Spätmittelalter, wo adelige Wappen am Familienmausoleum bei der Bestattung des letzten Abkömmlings eines Geschlechts umgestürzt wurden, sollen Äußerungen dieser Art auf eine endgültige Verschließung, auf eine Besiegelung hinweisen.

Bei den vorgeschichtlichen Deponaten ist besonders die Art der Lagerung der Gefäße aufschlußreich[119]. Bronzeschalen wie die von Pîhneşti (Abb. 6; Kat.), die umgestürzt auf zwei gekreuzten Hakensicheln lag, oder die von Pavlovka (Kat.), die im Rahmen einer Hügelbestattung (?) umgestürzt über einem Tüllenbeil deponiert wurden, können ohne weiteres als rituelle Abdeckungen interpretiert werden. Schon in der Monteoru-Kultur findet man umgestürzte Keramikgefäße, die sicherlich mit religiösen Bräuchen zu tun hatten[120]. Dasselbe gilt für die spätere Periode, in die das Gräberfeld von Bistreţ[121] und die Gruben von Tăşad gehören (siehe beides Kat.), sowie für den Keramikdepotfund von Valea lui Mihai (Kat.). Die kultische Anlage von Teleac (vgl. oben die senkrechte Lage) bietet mehrere Beispiele von umgestürzten Gefäßen (Grube Nr. 4; Vasiliev u.a. 1991, 151). Ebenfalls aus einem Siedlungsareal stammt das hallstattzeitliche Keramikdepot von Hartmannshof, wobei alle Gefäße mit der Mündung nach unten niedergelegt wurden (Koschik 1986, 71 ff., mit weiterer Literatur). Deshalb liegt die Vermutung nahe, daß die Niederlegungen der Bronzegegenstände von Tiszaeszlár b (Kemenczei 1984, 187) "in einem mit der Mündung nach unten gekehrten Tongefäß" oder von Holtum-Geest (Kat.) unter einem Metallgefäß auf kultische Handlungen zurückzuführen sind.

Sehr wichtig zum Verständnis der vorgeschichtlichen kultischen Handlungen ist der Depotfund von Křenůvky (Kat.), eine wahre "Konstruktion", die uns erahnen läßt, wie kompliziert das Ritual manchmal war. Die umgestürzten Metallgefäße spielen in diesem Falle allem Anschein nach eine ganz besonders große Rolle.

Ebenfalls eine "rituelle Abdeckung" wurde bei dem Gefäßdepot von Ehingen beobachtet, wo die Becher von großen Tellern bedeckt waren. In unserem Falle ist es unwichtig, ob die ganze Anlage freigelegt wurde oder nicht (Holste 1939; Stein 1976, 26). Auch die beiden Kurd-Eimer (H. 33 bzw. 23,8) des Depotfundes von Püspökladány (Kat.) standen ineinander und mit der Mündung nach unten. Andere Beispiele, die auf eine klare sakrale Deutung hinweisen, wurden schon vor Jahren vorgelegt (Hundt 1955, 99, 105). Die Fundumstände des Deponats von Somotor könnten ähnliche, aber vereinfachte Handlungen vermuten lassen[122].

Nicht nur Gefäße wurden in umgestürzter Lage entdeckt. Die Reibsteine bzw. Getreidemühlen spielten eine magische Rolle[123], was in der Literatur bereits analysiert wurde (Makkay 1978, 13-36; Kubach 1978, 254-55; vgl. auch Kacsó 1987 b, 82; ders. 1990, 97, mit weiteren Beispielen). So wurden beim Bestattungsritual Reibsteine verwendet, was Funde in Grabgruben belegen (Bönisch 1988, 144 Abb. 4; Kalmar SCIVA 38, 1987, 166 ff.; Petrescu-Dîmboviţa SCIV 4, 1953, 766; Vasiliev u.a. 1991, 151-152). Es ist also nicht verwunderlich, daß als "Verschließung" der Deponierung von Fîntînele (Kat.) ein umgestürzter Reibstein diente. Ähnlich war

---

[119]Eine zusammenfassende Darstellung dieser Sitte bei Åström 1987, 7-16, wo viele in situ-Funde abgebildet sind.

[120]M. Florescu 1979, 65 ff.

[121]Ebenfalls in einem Gräberfeld (Klein Jauer 6; vgl. Bönisch 1988, 144 Abb. 4) wurde eine vollständige Getreidemühle mit zerbrochenem Läuferstein und umgestülptem Tongefäß zwischen Gräbern entdeckt.

[122]Novotná 1970 a, 118: "Angeblich befanden sich in einer der Tassen, die mit einer zweiten zugedeckt war, auch Aschenreste. Die restlichen Bronzen lagen nebeneinander". 50 m weiter wurden eine steinerne Gußform für Tüllenbeile und metallenes Rohmaterial (?) gefunden.

[123]Schon früh wurde die Lebensnotwendigkeit dieser Haushaltsgeräte erkannt und daher sogar religiös-gesetzlich geschützt: "Man darf nicht die Handmühle oder den oberen Mühlstein als Pfand nehmen; denn dann nimmt man das Leben selbst als Pfand." (Deut. 24,6).

die Situation - leider ohne die Position des Reibsteines heute noch feststellen zu können - bei dem Deponat um einen Herd von Nicoleni (Kat.). Unter diesen Umständen ist die Deponierung von Reibsteinen auch im feuchten Milieu (Kubach 1978, 254-255) oder zusammen mit Bronzen[124] nicht als ungewöhnlich zu betrachten. Wichtig ist der Depotfund von Berlin-Spandau, der angeblich im Innenraum einer Konstruktion niedergelegt wurde und bei dem nahe der Bronzegegenstände zwei Mühlsteine gefunden wurden[125].

Die Anordnung der Gegenstände (Abb. 11)

Die K r e i s d e p o n i e r u n g[126] der Gegenstände ist nur eine besondere Widerspiegelung einer allgemeinen Denkart. Die runden Sakralbauten[127] oder -anlagen[128] und die dort gefundenen kreisförmig angeordneten Opfergaben zeigen, daß auch in vorgeschichtlicher Zeit diese Art der Deponierung[129] einen religiösen Sinn hatte.

Am häufigsten wurden Beile in kreisförmiger Lage gefunden[130], und zwar in unterschiedlichen geomorphologischen Milieus, wie z.B. im Flußbett (Schkopau I, Kat.), auf einer Anhöhe (Wallerfangen II, Kat.), unter einem erratischen Felsen (Bunzen, Ollon, beide Kat.), sogar in einer Felsspalte (Carhan, Kat., vgl. auch oben Depotfunde in Felsspalten). Eine besondere kreisförmige Niederlegung (couches rayonnantes superposées oder la forme en "coin" des haches) ist aus der Bretagne bekannt[131]. Das karpatische Beispiel aus Drăuşeni (Kat.) ist dem von Wallerfangen II (Kat.) sehr ähnlich, indem 30 Beile um einen zentralen Gegenstand (Schwert oder Tüllenbeil) gelegt worden waren[132].

Einen ziemlich großen Ring bildeten auch die Sicheln aus Drajna de Jos (Kat.), wofür im Augenblick nur die Analogie von Dancu (Kat.) zitiert werden kann.

Einen außergewöhnlichen Fund stellen die stehenden Armstulpen von Křenůvky (Kat.), die zu einer komplizierten, durchdachten Anordnung gehörten, dar. Einfach kreisförmig wurden die Barrenringe des Depotfundes von Roßdorf-Ufering, Kr. Reichenhall[133], und die Ringe von Hechendorf am Pilsensee, Kr. Starnberg (Stein 1979, 44, Nr. 81), deponiert.

---

[124]So in Detva, beim Erdaushub in Mai 1929 entdeckt, Bronzebeile, Bronzemesser und ein Mahlstein (Novotná 1970 a, 92-93), und auch in Frankreich, wo "la cachette du Plessis en Saint-Marc-le-Blanc (I.-et-V.), était dissimulée sous une meule." (Briard 1965, 201). Vgl. auch oben, bei "umgestülpten Gefäßen" den Fund von Klein Jauer 6.

[125]Bohm 1935, 38-47; Sprockhoff 1931, Taf. 6,1,4-5; v. Brunn 1954, 54 ff.; freundlicher Hinweis B. Hänsel. Vgl. zusammenfassend auch Vogt 1991, 81-99.

[126]Vgl. auch die speichenförmige Deponierung, besonders weil es sich manchmal um gekoppelte Deponierungsvarianten handelt.

[127]Zur Symbolik vgl. Allcroft 1927; Müller 1938; Robert 1939; Dumézil 1954, 27 ff. (Aedes rotunda Vestae), mit weiterer Literatur.

[128]Neben den europäischen Beispielen (z.B. Riedl bei Passau; vgl. Winghart 1986, 174, Nr. 48, mit älterer Literatur [Menke]) sind auch die kaukasischen (Pizchelauri 1984) hochinteressant, umsomehr, als im Inneren der runden Anlagen Deponate in Tongefäßen gefunden worden sind.

[129]Es gibt sogar Beispiele aus der Altsteinzeit: Bärenschädel (Grotte des Furtins), Mammutschädel (Jelisejevič); vgl. zusammenfassend Boroffka 1992, mit älterer Literatur.

[130]Das Grab von Dederstedt (Kat.) zeigt, daß manchmal auch in Gräbern eine Kreisdeponierung von senkrecht stehenden Beilen vorgenommen wurde. Dieselbe Situation scheint in Wustrow vorzuliegen (Rech 1979, 17, mit älterer Literatur), wo fünf Flintbeile einen Trichterbecher umstanden. Die Gegend von Carnac bietet mindestens ein Beispiel an (Le Rouzic 1932).

[131]Grundsätzlich aus streng profaner Sicht interpretiert: "Plus qu'une disposition symbolique, c'est un procédé éminemment pratique (fig. 87, 4)." (Briard 1965, 243). Es ist erstaunlich, daß ein so éminemment pratique procédé so wenig den anderen "Tüllenbeilproduzenten" Europas bekannt war und benutzt wurde. Auch die beträchtlichen (15-60 %) Bleianteile dieser Tüllenbeile (Briard, Problèmes métallurgiques..., 93), die übrigens ihre praktische Benutzbarkeit sehr gering machen, unterstützen die Briardschen Vermutungen nicht weiter.

[132]Der Depotfund von Tauberbischofsheim, der aus brillenförmigen Spiralen besteht (Wamser 1984, 23-40), hatte vermutlich einen Holzpfahl als Zentralstück.

[133]Waagerecht (Stein 1976, 22) oder halbstehend (Stein 1979, 61, Nr. 124).

Erwähnenswert ist auch der Depotfund von Whittingham (Kat.), wo die stehenden Schwerter und Lanzenspitzen einen Kreis bildeten, sowie die Fundkomplexe von Pilszcz (Piltsch) und Wrocław-Pilczyce (Breslau-Pilsnitz), bei denen die Beile ebenfalls kreisförmig angeordnet waren (vgl. für beide Kat. und "Die senkrechte Lage").

Auch Knochen wurden kreisförmig gruppiert, und zwar in der Nähe der Hauswände. Das ovale Gebäude (Nr. 25) von Teleac war sicher kein gewöhnliches, sondern höchstwahrscheinlich eine Kultanlage (Vasiliev 1985, 88; Vasiliev u.a. 1991, 153-154). Die Annahme wird durch die Tierknochen von Valea lui Mihai (Kat.) bestätigt.

Eine Mittelform zwischen Kreisdeponierung und Kreuzlage ist die s p e i c h e n f ö r m i g e (manchmal s t e r n f ö r m i g e genannt) Anordnung der Votivgaben. Aus Vețel sind nicht nur einfach eine Lanzenspitze und vier Äxte[134], sondern - unter anderen - "4 Aexte speichenförmig dargestellt, von Bronze"[135] bekannt. Sternförmig wurde scheinbar auch ein Teil der Schwerter von Oberillau (Kat.) deponiert, was eine Näherung zum Depotfund von Bunești (Kat.) ermöglicht.

Strahlenförmig im Kreis bzw. Halbkreis angeordnet wurden ebenfalls Steinamulette und -beile[136], Goldblättchen[137] oder Nadeln[138] gefunden. Daß sie auch aus früheren Depotfunden[139] und auch aus späteren, hallstattzeitlichen Gräbern als Beigaben zutage gefördert worden sind, bestätigt nur die sehr langlebige und sittengeschichtlich weite Verbreitung einiger Bräuche. Im Grab 299 von Hallstatt (vgl. oben) und in Drăușeni (Kat.) bildet jeweils ein Schwert das Zentrum für eine strahlenförmige Anordnung der anderen (Nadeln bzw. Beile) Gegenstände[140].

Die K r e u z u n g der Votivgegenstände vervollständigt das Gesamtbild[141]. Nicht nur die alten Entdeckungen vom Rainberg bei Salzburg (Kat.), Leubingen bei Erfurt (Kat.) oder Bunești (Kat.), sondern auch die neueren wie Pîhnești bei Vaslui (Abb. 6; Kat.) beweisen, daß bei der Niederlegung mehrerer Gegenstände in Siedlungen, Gräbern oder Depots die Kreuzung der Gegenstände, sogar der Skelette, etwas Besonderes und zugleich Gemeinsames bedeutete.

Das Bild wird im Westen durch die gekreuzten Dolche aus dem "Tumulus d'Armorique" (z.B. Briard 1984, 94) ergänzt. In Italien sind nicht nur Höhlenfunde (Cetona: "spade con le punte incrociate"), sondern auch Gräberfunde (Terni, Gr. X), wo das Schwert und seine Scheide gekreuzt lagen, bekannt (Bianco-Peroni 1970, 62, Nr. 135 bzw. 89, Nr. 234, mit älterer Literatur). Von einem Grab aus Wittelsheim (Frankreich, Ausgrabungsjahr 1951) heißt es: "das in der Mitte durchgebrochene Schwert (alter Bruch) soll mit beiden Teilen überkreuzt unter der Urne gelegen haben" (Reim 1974, 16, Nr. 28, mit älterer Literatur). Ebenfalls im heutigen Frankreich und ebenfalls in einer Grabanlage wurde eine ähnliche Lage getroffen ("ein eisernes

---

[134]Petrescu-Dîmbovița 1977, 160 und ders. 1978, 158-159 meint zu dem unsicheren Depotfund gehörten eine Lanzenspitze und vier Äxte. Im Inventarbuch des Museums in Cluj ist unter Inv. Nr. 5020 nur die Lanzenspitze, aber keine Äxte erwähnt. Dagegen ist unter Inv. Nr. 4816 = P 7826 ein unbekannter Bronzearmring aus Vețel registriert.

[135]Neigebaur 1851, 61. Unter Nr. 74 sind "eine Fibula von Bronce, 1 Zoll im Durchmesser" und die vier Äxte und unter Nr. 72 ist allein die Lanzenspitze erwähnt. Es besteht also kein Grund, nur die Lanzenspitze dem Axtdepotfund zuzuschreiben, solange wir nicht genau wissen, was die Römer bei der Errichtung des dortigen Lagers vernichtet haben.

[136]Heiderich 1910, 13 Abb. 10 (die Stücke waren rund [radial] um ein Brandgrab gestellt).

[137]Kromer 1959, 84-85 Abb. 55, Gr. 299. Um den Griff eines Schwertes - so auf dem alten Plan - haben zwölf Stück Goldblättchen gelegen.

[138]Kromer 1959, 86 Abb. 57, Gr. 307 - 18 Bronzenadeln mit der Spitze nach innen kreisförmig gelegen; halbkreisförmig um den Kopf (ebd. 94 Abb. 69, Gr. 360; 96 Abb. 72, Gr. 376).

[139]Als Beispiel sei einer von den vielen Depotfunden von Bjurselet genannt (ca. 1827 entdeckt), wo sechs Feuersteinäxte und eine Schieferaxt sternförmig deponiert worden waren (Boroffka 1992, mit älterer Literatur - C. Becker).

[140]Kromer 1959, 84-85 Abb. 55, Gr. 299 (so auf dem alten Plan), 86 Abb. 57, Gr. 307; halbkreisförmig ebd. 94 Abb. 69, Gr. 360; 96 Abb. 72, Gr. 376). Bereits Gooß 1876 b, 485 lenkte die Aufmerksamkeit auf die Entdeckung aus Hallstatt, obwohl es ihm um äußerliche Ursachen ging.

[141]Schon bei den Steinbeilen von Egmere (Norfolk, England) ist die gekreuzte Lage nachgewiesen; vgl. Smith 1921, 114-115; die gekreuzten Flintbeile der Trichterbecherkultur (Rech 1979, 16) ergänzen das Bild (freundlicher Hinweis N. Boroffka; vgl. auch Boroffka 1992, 341, mit anderen vormetallzeitlichen Beispielen).

Schwert ... in zwei Teile zerbrochen und gekreuzt [in Form des Andreas-Kreuzes] auf die Beine eines N-S ausgerichteten Skelettes gelegt", vgl. Gerdsen 1986, 154, mit älterer Literatur).

Es ist schwer erklärbar, welche Rolle die zwei gekreuzten Eichenstücke bei der Deponierung der Bronzen (gruppiert) von Rosnoën gespielt haben[142]. Die gekreuzten Tüllenkopfnadeln von Klęczany (Kat.), die im Torfboden gefunden wurden, zeigten, daß diese Anordnungsart im feuchten Milieu nicht unüblich war.

Die regelmäßige S c h i c h t u n g weist - wenn nicht unmittelbar auf religiöse Handlungen - nicht auf unruhige Zeiten hin. Es gibt eine einfache Schichtung, wobei die Gegenstände (besonders Waffen) nebeneinander liegen. So ist es bei den bekannten Funde von Hajdúböszörmény (Kat.), Zsujta (Kat.), Viss (Kat.), Křtenov (Kat.), vielleicht auch Somotor (vgl. oben "Die umgestülpte Lage der Deponate") und aus Norddeutschland (Rundhof, Kat.) und Schweden[143]. Eine andere, "technischere" Schichtung erlaubt, eine möglichst große Menge von Gegenständen in einem möglichst kleinen (Bill 1985, 28), oft sorgfältig vorbereiteten Raum zusammenzupacken.

Es handelt sich in erster Linie um G r u b e n, die mit Steinen[144] oder Bronzekuchen[145] ausgelegt waren, eine Sachlage, die keinesfalls auf eine eilige Verbergung hinweist. Ferner ist die Aufbewahrung der Deponate meistens[146] in hölzernen K i s t e n oder B e h ä l t e r n[147] erfolgt, eine geographisch ziemlich weit verbreitete Sitte, so im Raum südlich[148] und nördlich[149] der Alpen, östlich der Elbe[150] und an der Wistula[151], so daß die nicht beachtete Entdeckung von Treznea II als glaubwürdig betrachtet werden muß[152].

---

[142]"Le dépôt de Rosnoën était enfoui sous 1,30 m de tourbe, les épées et poignards à l'est, les haches et autres objets à l'ouest, sous deux morceaux de chêne entrecroisés; quelques traces noirâtres sous les objets étaient peut-être les residus d'un coffret de bois." (Briard 1965, 153).

[143]Es handelt sich um die besondere Lage der Steinsicheln, worauf bereits Montelius 1874 (als Votivfunde) aufmerksam machte (vgl. Boroffka 1992, mit Diskussion).

[144]Stein 1976, 22: "Außergewöhnlich ist die Niederlegung der Ringe von Salching, Kr. Straubing-Bogen (125), in einer quadratischen mit Steinen ausgelegten und von einer Steinplatte bedeckten Grube, deren Ausmaße nicht überliefert sind".

[145]So bei den Depotfunden von Aiud und Bicaz. Der erste (Rusu 1972 b, 474; ders. 1982, 375 ff.; ders./Chiţu 1982, 33 ff.) wurde in einer kesselförmigen Grube gefunden, die gänzlich mit Gußfladen ausgefüttert war. (Bei Petrescu-Dîmboviţa 1977, 80-81 ist die Sachlage fälschlich beschrieben). Mit Gußfladen wurde nach der Niederlegung der Bronzen auch die Grube bedeckt. Ähnlich ist die Situation bei den Depotfunden von Bicaz I-II (Kacsó 1980, 295 ff.).

[146]Manchmal in Bronzekästen. Ein Beispiel aus Ägypten ist dadurch gerechtfertigt, da es sich um rituell vergrabene Metall- (Gold)ofrande handelt. Sie befanden sich im Fundament eines Tempels von Amenemhets II "wohl als Grundsteinopfer bei der Restaurierung des Tempels eingemauert" (Helck 1979, 17 = Depotfund von El Tôd).

[147]Abgesehen von den angegebenen Beispielen, plädiert Hundt 1955, 106 auch mit logischen Argumenten gegen eine profane Deutung der sog. "Händlerdepotfunde" in hölzernen Behältern.

[148]In Savignano sul Panaro wurden mehrere "coltelli-ascia" angeblich in einer Holzkiste gefunden; Bill 1985, 28, mit älterer Literatur (Crespillani).

[149]Stein 1976, 25: "Bei dem Hort von Nattenhausen, Günzkreis (108), wurden die Verfärbungen einer Holzkiste beobachtet, und für den Hort von Ravensburg (45) ist aus einem Photo [Fundber. a. Schwaben 19, 1911, 7 Abb. 2], daß einen Teil der Spiralen noch in situ zeigt, eine ähnliche Verpackung zu erschließen".

[150]Bischofswerda (v. Brunn 1959, 9, mit wichtigen Hinweisen zur möglichen Verpackung der Depotfunde).

[151]Pieczyska. Zwei Randleisten(?)beile gegenüber liegend in einer Kiste aus zwei kleinen ausgemeißelten Holzklötzen. Die Enden der Holzklötze wurden zugespitzt und mit Hilfe von zwei darauf gelegten Bronzearmbändern zusammengehalten (Glosik 1976, 225-240, bes. 231). Andere Beispiele: Jelenie, Kopaniewo, Korlino, Proszew; Hinweis W. Blajer.

[152]Petrescu-Dîmboviţa 1977, 61 übernimmt die unklare Aussage von Roska 1942, 208, Nr. 19, wonach der Depotfund von Horoatu Cehului (Oláh Horvát) in einem Holzkästchen gefunden worden sein soll. J. Fetzer (1897, 358 ff.), der alle Antiquitäten aus der Zone zusammenfassend veröffentlichte, spricht bei Treznea (Ördögkút)-"Dosu Boznii" von einem Kästchen aus Buchenholz, worin ein 17 cm langer Meißel mit hochgezogenen Kanten am Oberteil gefunden wurde (wiederholt bei Roska 1942, 216, Nr. 78). Von einem Holzkästchen aus Horoatu Cehului spricht Hampel 1886 a, 88: "D'après la communication du propriétaire M. Szikszay Lajos, les objets formant ce trésor ont été trouvés en 1874 dans une armoire de bois enfouie dans la terre". In unserem Falle ist es wichtig, daß die Existenz eines solchen Kästchens mit vorgeschichtlichen Bronzen belegbar ist.

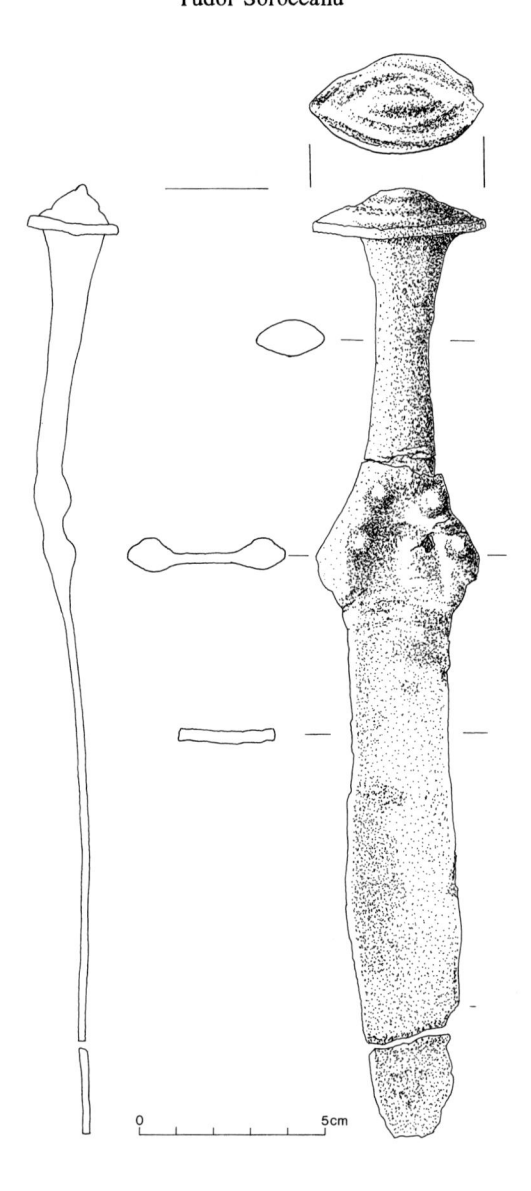

Abb. 13. Bronzedolch von Căianu Mic (nach dem Originalgegenstand)

Die bisherige Analyse - besonders die Morphologie der Depotfunde - erlaubt, zwei Arbeitshypothesen aufzustellen.

Die erste betrifft die Idee einer allmählichen Deponierung der Gegenstände, selbstverständlich nur bei bestimmten Kategorien von Depotfunden. Neben "verschlossenen" Deponaten, wie Fîntînele, gibt es eine Reihe von Depotfunden, die sozusagen für eine bestimmte Zeit "offen" blieben. Depots wie Drăușeni (Kat.), Zsujta (Kat.), Hajdúböszörmény (Kat.) und viele andere, die offensichtlich einfach auf die Erde niedergelegt worden waren, lassen vermuten, daß - nachdem z.B. das Schwert von Drăușeni in die Erde eingesteckt worden war - die Niederlegung der übrigen Gegenstände (alleine, aber meist gruppenweise) in bestimmten Zeitabständen erfolgte. Man kann nicht ausschließen, daß viele Einzelfunde (z.B. die Schwerter in vertikaler Lage) ursprünglich als Ausgangspunkt für weitere Deponierungen gedacht waren.

Zur selben Idee führt auch die Verwendung von zu kleinen, aber besonders von zu großen Tonbehältern im Vergleich mit der Anzahl der enthaltenen Metallgegenstände. Bei der Reichhaltigkeit der Formen und der Größen war es unmöglich, ständig größere Tongefäße als nötig zu verwenden. War der heute leere Raum mit vergänglichen Opfergaben gefüllt, so sind diese spurlos verschwunden.

Exkurs I: Depotfunde und Totenwelt

Die Morphologie der Depotfunde läßt auch Gemeinsamkeiten zwischen den "klassischen" Hortfunden und den Grabbeigaben bzw. der Totenwelt erkennen[153]. Dieselbe Anordnung der Gegenstände[154] im Rahmen der beiden Fundkategorien kann kein Zufall sein und spiegelt ähnliche rituelle Bräuche wider. Logischerweise kommt das Problem der Zenotaphe in die Diskussion. Stellten vielleicht einige der sog. Depotfunde oder die "Grabbeigaben" materielle Spuren der Zeremonien für die damals nicht mehr auffindbaren Leichen dar?[155] Eine Reihe von metallenen (Berzasca II-"Cracul cu toaca", Kat.; Liubcova-"Țiglărie"[156]; Hinova[157]) oder keramischen (Bistreț, Kat.) Deponaten, die im Rahmen der Gräberfelder auftauchten[158], sowie die kaum bekannten Entdeckungen ohne klare Fundverhältnisse, wie Mihai Viteazul (vormals Sînmihaiul de Jos)[159], Ciuc Sîngeorgiu[160] oder Valea Viilor[161], lassen an einen weiteren Zusammenhang der beiden Kategorien denken. Obwohl beide viele Gemeinsamkeiten haben (Niederlegungsarten, Votivgegenstände usw.), bleiben sie aufgrund der Hauptintentionen getrennt (vgl. auch "Zusammenfassendes"). Eine endgültige Lösung ist aber unmöglich zu finden, besonders da schriftliche Quellen fehlen.

---

[153]Es geht um eine rein archäologische Interpretation und nicht um Korrelationen wie Aner 1956, 31 ff. sie aufgrund der literarischen Quellen und auf dem deduktiven Weg festgestellt hat. Vgl. auch Hundt 1955, 107 ff.

[154]Z.B. strahlenförmige Kreis- oder Halbkreisdeponierung, vertikale Lage, Kreuzung, speichenförmige Deponierung siehe oben z.B. die mehr- oder einstückigen Depotfunde von Drăușeni, Stoboru, Pîhnești und die Grabfunde von Dedersstedt, Leubingen, Sachsenwalde, Seddin und Hallstatt.
Einen besonderen Platz nehmen die aufrechtstehenden Steinbeile in den Megalithgräbern ein, von denen die aus der Bretagne am bekanntesten sind. Z. Le Rouzic 1932 hat in sechs von sieben untersuchten Megalithgräbern solche Fundstücke entdeckt, und in der Grabkammer Nr. 1 von St. Michel bei Carnac wurden 39 Steinbeile, senkrecht mit der Schneide nach oben gesteckt, gefunden. Die Situation ist noch komplexer, weil am Fuß (Men Er Hroek) oder unter den Menhiren senkrecht deponierte Gegenstände (Kerlescan, Kupferbeil) aufgetaucht sind. Weil die Menhire selbst eine senkrechte Position und das Aussehen eines großen Beiles hatten, stellt sich fast automatisch die Frage nach dem Verhältnis von Menhire und Miniatur(Beil).

[155]Eine klare Darstellung schon bei de Coulanges 1895, 8 Anm. 2, wo auch Zitate von den antiken Autoren (Pindar, Euripides, Vergilius) angegeben sind. Das ganze Kapitel ist übrigens sehr wichtig zum Verständnis der "Croyances sur l'âme et sur la mort". Eine Ausführliche Diskussion dieser Überlegung zuletzt bei Rittershofer 1983.

[156]Săcărin 1985, 91 ff. Im Jahre 1981 wurde auf der zeitweise überschwemmten Donauterrasse im Rahmen einer systematischen Ausgrabung am NW-Rand einer Ha A1-Nekropole eine Urne entdeckt, die keineswegs menschliche Knochen, sondern Bronzegegenstände enthielt. Als Analogie kann der Depotfund von Fizeșul de Banat (Abb. 4,1-7) genannt werden.

[157]Davidescu 1981, 7-22. Anläßlich der systematischen Ausgrabungen im dortigen römischen castellum wurde 1980 eine Gîrla Mare-Nekropole entdeckt. Eine der Urnen enthielt fast fünf Kilo Gold und keine Knochen.

[158]Beispiele in diesem Sinne und eine kurze Darstellung der Problematik auch bei Hundt 1955, 119-120.

[159]Gooß 1876a, 37 gibt unter Alsó-Szent-Mihályfalva (Aranyoscher Stuhl) an: "Beim Bau der reformierten Kirche stiess man auf ein Urnenfeld. Vom selben Ort besitzt das Klausenburger Museum einen Meissel, Armring und eine Sichel von Bronze (Orban V.156)". Petrescu-Dîmbovița 1978, 17, Nr. 158 spricht für dieselbe Sichel fälschlicherweise von Sînmihaiu de Cîmpie, Kr. Bistrița-Năsăud, mit dem einzigen Literaturhinweis "Mitt. M. Rusu". Hampel, Roska und Marțian weisen ebenfalls auf Alsó-Szent-Mihályfalva = Sînmihaiul de Jos hin.

[160]Gooß 1877, 174-175: "In Siebenbürgen sind Urnenfelder bisher sehr wenig constatiert, keines systematisch untersucht worden. Der vorrömischen Zeit scheint anzugehören dasjenige, welches in der Nähe der Kirche von Csik-Szent-György entdeckt wurde. Die Urnen sind 11-13 cm H. die Wände derselben, welche von einem engen massiven Fusse weit ausladen, werden im letzten Fünftel ihrer Höhe scharf eingezogen und gehen in den cylindrischen Hals aus. Auf der Einziehung sind beiderseits kleine Henkel angesetzt. Als Beigaben fanden sich Bronzekelte und in der Umgebung sind Barbarenmünzen gefunden worden (Orbán II.39)". Die übrige Literatur bei Roska 1942, 60, Nr. 61.

[161]Gooß 1876 a, 63 unter Wurmloch, Mediascher Stuhl: "In der «Hall» fand im Jahre 1875 der Organist Stefan Pelger beim Pflügen zwei Töpfe, von denen der untere auf einer Steinplatte stand, der obre auf der Deckplatte des untern und selbst mit einer dritten Steinplatte bedeckt war. Auf der untern Platte lag als Beigabe eine Bronzeaxt von der heutigen Form (Nach dem Bericht Pfarrer Schusters aus Haschagen)".

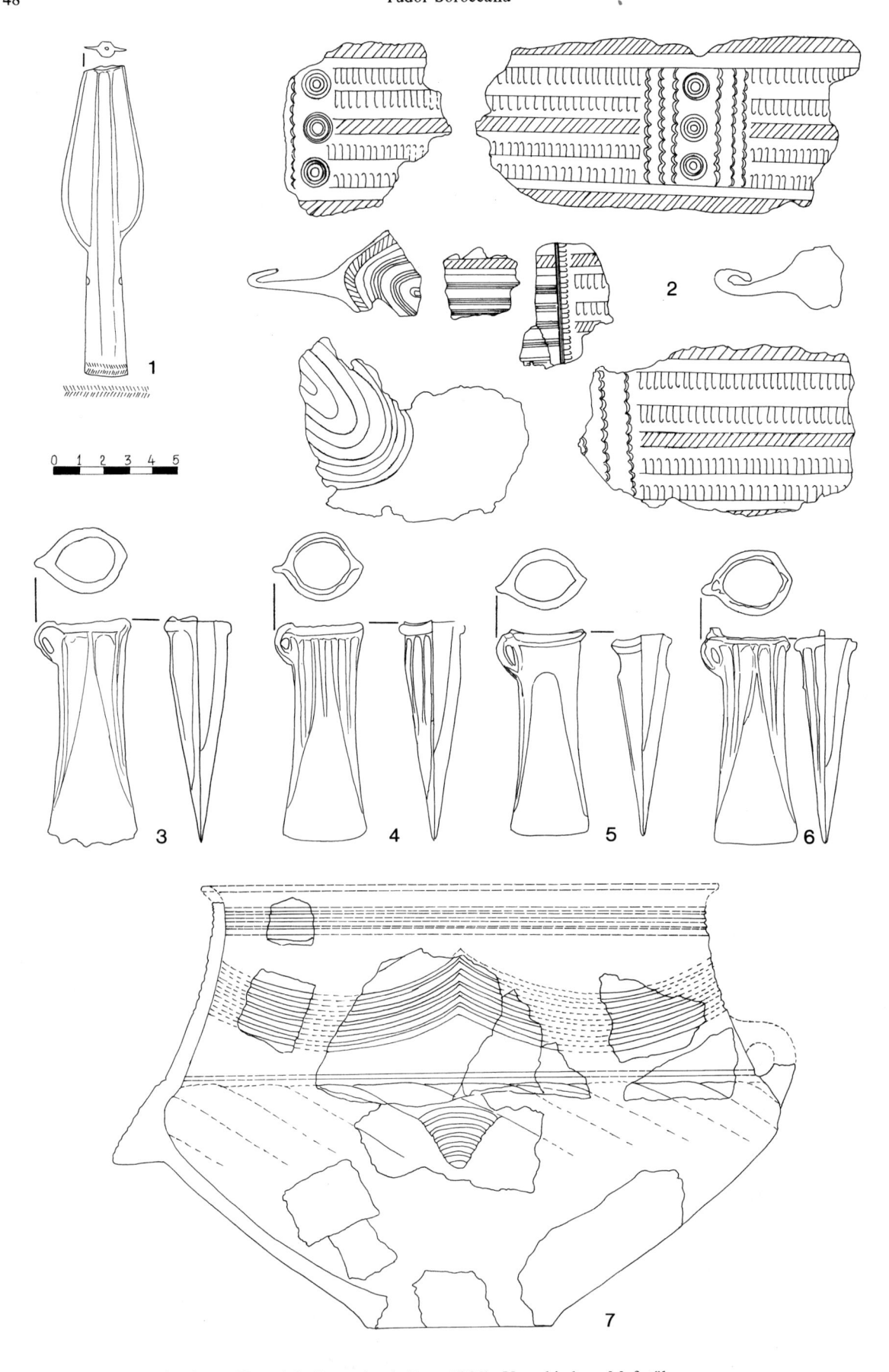

Abb. 14. 1-7 Bronzefund von Fizeşul de Banat (nach Bozu 1982). Verschiedene Maßstäbe

Diese letzten Entdeckungen sind auch deshalb wichtig, weil aus den vorskythischen Brandgräbern aus Siebenbürgen bis heute keine eindeutigen Bronzegrabbeigaben bekannt sind. Die sehr vielen Mehr- und Einstückdeponate und die sehr wenigen Grabfunde im innerkarpatischen Raum lassen immerhin gemeinsame Riten und Rituale als Folge einer Glaubensgemeinschaft[162] vermuten. Die Wertvernichtung der Beigaben durch den (Toten)kult ist vielleicht nur ein Aspekt dieser Gemeinschaft, die seit langer Zeit erörtert wird[163]. Das kann uns bei der Begriffsabgrenzung des Deponates helfen (vgl. "Zusammenfassendes")[164]. Auch fragliche Anhäufungen von Metallgegenständen, wie in Somotor (Anm. 122) und Plesany[165], können dazu gezählt werden.

Die inhaltsreiche Korrelation Depotfunde - Totenwelt wird auch durch die Höhlenfunde der Igriţa-Gruppe bestätigt: vergleicht man die Funde und die Fundumstände von Cioclovina, Şuncuiuş I, II, III, Igriţa usw. versteht man immer besser die tiefe Beziehung zwischen den beiden zwar unterschiedlichen, aber verwandten Deponierungsarten (vgl. auch "Depotfunde in Höhlen"). Eine eingehendere Untersuchung dieses Themas scheint nicht sinnlos, sie sprengt aber den Rahmen der vorliegenden Vorarbeit. Im allgemeinen ist das Auftauchen der "klassischen" Depotfunde innerhalb der Nekropolen als ein Zeichen dafür zu werten, daß dem heiligen Raum eines Gräberfeldes eine solche Entität nicht fremd war, und damit ist auch der Votivcharakter der Depotfunde verstärkt[166].

4. Fundumstände und Struktur der Depotfunde

Die vorletzte Stufe der vorliegenden Untersuchung besteht darin, über die Möglichkeiten zu reflektieren, wie die Fundumstände und der Inhalt der Deponate zusammen analysiert werden können. Mit anderen Worten, es geht um die Definierung der Gattungsdepotfunde im Zusammenhang mit ihrer rituellen Bedeutung und ihrer chronologischen und chorologischen Einstufung.

Ausgangspunkt der Überlegungen ist die 1987 gemachte Feststellung, daß bei der Bevölkerung innerhalb der Karpaten das Tüllenbeil nicht nur ein alltägliches Gerät war, sondern daß es auch eine gewisse Symbolik darstellte[167]. Besonders während der Ha B-Zeit gewinnen die Tüllenbeildepots an Zahl und Bedeutung; die besondere Art der Niederlegung (Gewässerfunde, Kreisdeponierung) der einzelnen und der gehorteten Exemplare läßt weiter an eine nicht-profane Deponierung der Tüllenbeile, hauptsächlich in der Nach-Ha A-Zeit, denken. Es sind damit zum ersten Mal Beweise für die Existenz einer bestimmten Gattung von kultischen Depotfunden gegeben und sie wurden als solche definiert[168].

Eine interessante Sachlage, deren Bedeutung noch nicht in genügendem Maße geklärt werden kann, ist die

---

[162] Die Lage und Anordnung der Deponate, die sehr oft in Gräbern und Depotfunden dieselben sind, zeigen, daß die Trennung der beiden Kategorien bei weitem nicht so scharf ist wie bis jetzt vermutet wurde. Die besonderen Befunde, die wir zur Kenntnis nehmen können, stellen nur die materiellen Reste einiger geistiger und geistlicher Vorschriften dar. Die Lage der Schwerter in den Grabanlagen von Sachsenwald, Seddin, Verucchio (vgl. Kat.) plädiert für dieselbe Glaubensgemeinschaft.

[163] Schurtz 1898, 41-52; Bradley 1982, 106 ff., mit älterer Litaratur; Chicideanu/Iuga, im vorliegenden Band.

[164] Zuletzt in diesem Sinne auch Hansen 1991a, 183, 191.

[165] Novotná 1970a, 111: ein Grab, in welchem sich ein Menschenschädel sowie der eines Pferdes befanden, in einer Tiefe von 30-40 cm. Angeblich gehörte zu diesem Grab auch ein Tongeschirr, das mit Bronzen angefüllt war. Zweifel am Zusammenhang.

[166] Zuletzt hat Kacsó 1990, 79 ff. eine Analyse der Beziehungen Grab (bes. aufgrund der Grabhügel) - Totenrituale - Deponate (bes. aufgrund der Keramik) unternommen und ist dabei zu ähnlichen Ergebnissen gelangt. Vgl. "Depotfunde und Höhlen", Kreisdeponierung (bes. Knochen).

[167] Bereits Müller 1858, 338-339 schenkte dieser Kategorie Beachtung, wobei er eine erstmalige Übersicht der Tüllenbeile (als Waffe betrachtet) lieferte. Damals hatte er Kenntnis von 130 Exemplaren und ungezählten Bruchstücken aus 21 Orten. Die übrigen Bearbeitungen des Themas, die von Hampel, Petrescu-Dîmboviţa, Rusu, Kacsó/Mitrea 1976, 541 (bei den letzten zwei auch die genauen Zitate) vorgenommen wurden, nehmen nur die typologischen Aspekte in Anspruch. Die Ansicht von F. Medeleţ, der die Möglichkeit erörtert, das Tüllenbeil sei vorwiegend ein Pflugschar, blieb u. W. unveröffentlicht.

[168] Die eingehende Analyse erscheint im vorliegenden Band: Soroceanu/Lakó, Der zweite Depotfund von Dragu. Eine Vorinformation wurde auf der Tagung der Archäologen in Cluj/Klausenburg im Mai 1988 gegeben.

Entdeckung von Tüllenbeilen als Ein- oder Mehrstückdeponate in der Nähe von Herden oder Brandspuren, manchmal auch zusammen mit anderen Beigaben. Derartige Funde sind bekannt von Archita[169], Albeștii Bistriței[170], Cubleșul Someșan[171], aus der Umgebung von Tazlău[172], Copăcelu[173], alles Funde um oder in Herden[174], die auf eine Votivdeponierung hinweisen.

Eine weitere Untermauerung dieser Hypothese lieferte eine ähnliche Analyse, diesmal der Nackenscheibenäxte, durch C. Kacsó[175]. Im Gegensatz zu den Tüllenbeildepotfunden ist die größte chorologische Dichte der Depotfunde mit Nackenscheibenäxten etwa nördlich der Someș zu finden. Diesem geographischen Schwerpunkt entspricht eine ungefähr auf die BD-Zeit beschränkte Datierung. Man könnte sagen, die beiden Depotfundgattungen (Tüllenbeil- und Nackenscheibenaxtdepotfunde) haben den chronologischen und den chorologischen Raum gewechselt.

Eine bislang nicht unter diesem Gesichtspunkt untersuchte Kategorie sind die Schwertdepotfunde an den Karpaten[176]. Ungeachtet davon, daß es sich um Einstück- oder Mehrstückdepotfunde (manchmal mit wenigen anderen Gegenstandstypen gemischt) handelt, haben die Schwertdepotfunde vorwiegend votiven Charakter[177].

Vor allem sind die oft vorgefundene Sonderposition der Schwerter innerhalb der einzelnen Depotfunde (vgl. oben die Anordnung der Gegenstände), die Lage der Schwertdepots im geomorphologischem Milieu (bes. "Depotfunde und Gewässer") und sogar die Anzahl der Stücke (vgl. Exkurs II "Die Anzahl der Gegenstände...") aussagekräftig und plädieren für ihre rituelle Deponierung. Das absichtliche Zerbrechen der

---

[169] "Am Fuße derselben [der Burg] beobachtete man beim Eisenbahnbau mehrmals 5' tief unter der Erdoberfläche Feuerplätze mit Asche und Kohlen und ebenda fand sich ein Bronzekelt" (Gooß 1976 a, 11).

[170] "Etwa eine Viertelstunde oberhalb der Gemeinde befindet sich in der Ebene, welche sich in nordöstlicher Richtung bis zur Gemeinde Selyk erstreckt..." ..."Auf der nördlich von dieser Stelle etwa 500 Schritte sich erhebenden Hochfläche «Ebend» genannt, wohin Volkssage den Stand eines längst untergegangenen Dorfs versetzt, finden sich deutliche Spuren ausgebrannter Feuerstellen, auch sind daselbst durchlöcherte gebrannte Lehmkugeln (O) und zwei Kelte gefunden worden" (Notizzen 1871, 498-499). In diesem Fall ist es unwichtig, ob der Depotfund von Albeștii Bistriței mit demjenigen von Domnești (Roska 1942, 42, Nr. 124; Mozsolics 1973, 122; Petrescu-Dîmbovița 1977, 148) gleichgesetzt werden kann oder nicht. In der alten Lieferung (Notizzen 1871, 498 f.) sind doch wichtige Fundumstände beschrieben, die von den jüngeren Autoren vollkommen unbeachtet blieben.

[171] Aus diesem Dorf ist ein Bronzetüllenbeil bekannt, das in der Nähe eines vorgeschichtlichen Herdes gefunden wurde. Das Objekt lag auf dem Grundstück des Schenkers (Pinczés Lajos) in der Hauptstraße und befindet sich im MGS unter der Inv. Nr. IV 2142 (= P 7525). Veröffentlicht von Roska 1942, 153, Nr. 42, Abb. 177.

[172] "Die Spuren der vorgeschichtlichen Siedlungen in der Umgebung von Tazlău sind desgleichen spärlich. So .... auf Dealul Fluturelui (Schmetterlingshügel), bei Straßenarbeiten, hat man eine Brandschicht und Scherben, ovale Reibsteine und Feuersteine gefunden. Unter anderen Gegenständen, haben die Arbeiter auch ein bronzenes Tüllenbeil ... gebracht." (Mătasă 1938, 127 Abb. 72).

[173] 1969 wurde auch eine ovale "Hütte", die im Innenraum einen Herd hatte, entdeckt. Auf dem Herd und um den Herd herum wurden Tonscherben, große Herduntersätze [sic!] und ein bronzenes Tüllenbeil geborgen (Berciu 1976, 175-176). Für das Tüllenbeil aus Vulturești (ebd. 174-175) sind die Fundumstände unklar ("aus der Zone der Siedlung").

[174] Satu Mare, Kr. Arad (Milleker 1940, 13-14); Bancu (Ásatások 1910, 63-64; Roska 1942, 58-59, Nr. 44; Petrescu-Dîmbovița 1977, 126); Cernatu (Székely 1966, 209; Rusu 1974, 354 Anm. 16; unsere Rekonstruktion auf Abb. 15).

[175] Der Depotfund von Lăschia, im vorliegenden Band, bes. die Fundlisten und diese Studie, vgl. den Exkursus "Die Anzahl der Gegenstände".

[176] Die Hauptarbeiten, die sich gänzlich oder nur teilweise die Bearbeitung der Schwerter zum Ziel setzten (Tocilescu 1880; Hampel, bes. 1896, 62 ff.; Alexandrescu 1966; Mozsolics 1967, 49 ff.; Rusu 1972 b; Mozsolics 1973, 24 ff.; dies. 1985), sind von typologischen und chronologischen Prinzipien geprägt. Eine glückliche Ausnahme bildet die Arbeit von Bader 1991, 8, deren Einleitung wichtige Hinweise auf eine neue Deutung der Schwertfunde enthält.

[177] Vgl. zuletzt die Aussagen von Kilian-Dirlmeier 1990, 157 ff., wo gerade die "Non-military Functions of Swords in the Mycenaen Argolid" analysiert wird. Siehe auch Townsend Vermeule 1974, 58, die eine Pylostafel zitiert, auf der Votivschwerter erwähnt sind. Aus späteren Zeiten kann auch die Verehrung der Schwerter bei den Skythen erwähnt werden (Smirnow 1979, 134 ff.).

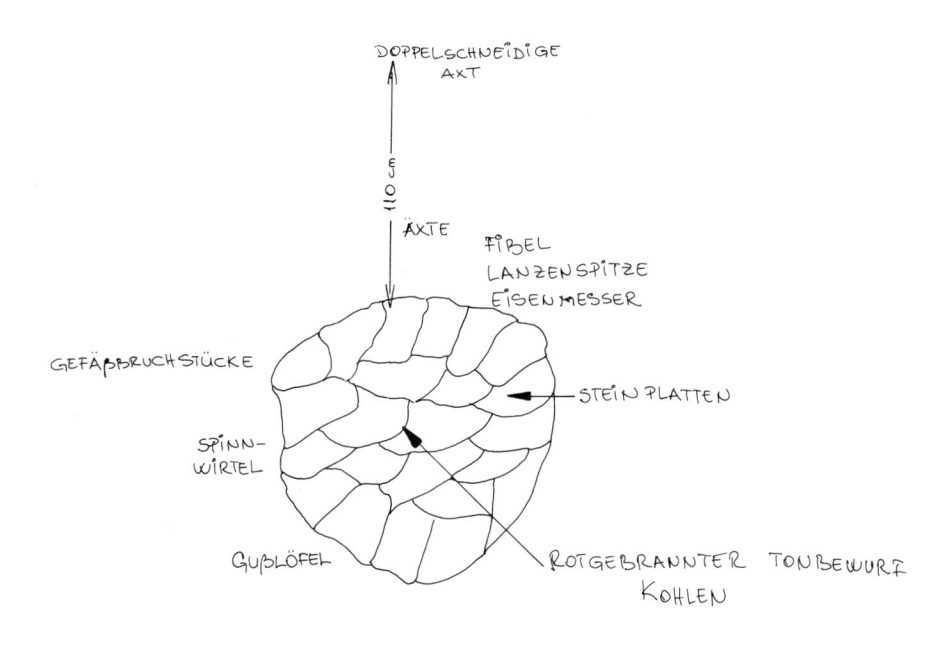

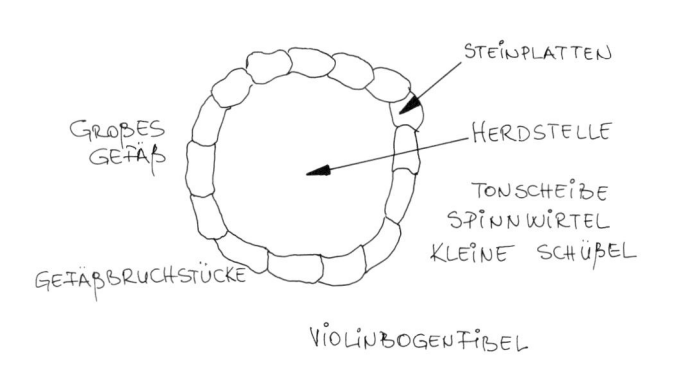

Abb. 15. Rekonstruktionsversuch der beiden Herdstellen von Cernatu (vgl. Katalog)

Schwerter (zuletzt Chicideanu 1988)[178] sowie ihre Deutung als Waffendepotfunde sprechen nicht gegen einen kultischen Charakter der Depots. Desgleichen besteht eine Korrelation zwischen den Schwertdepotfunden und ihrer Chronologie und Verbreitung[179].

---

[178]Bader 1991, 4 betrachtet die Zerstörung der Schwerter als ausschließlich unter metallurgischen Gesichtspunkten verursacht. Da die meisten Bruchstücke für eine Wiedereinschmelzung unnötig klein sind (ebd.: "bis 5 cm Länge haben 41 Stücke [13,6%], 5-10 cm 117 Stücke [38,9%], 10-20 cm 82 [27,2%]"), ist Verf. der Meinung, daß es sich um eine rituelle Vernichtung handelte.

[179]Es ist interessant, daß die sechs reinen Schwertdepotfunde (Slimnic - 11 ?, Bunești - 3 Stück, Stoboru - 3 Stück, Silivașu de Cîmpie - 6 Stück, Șimleu Silvaniei - 2 ?, Vadu Crișului III - 3 Stück; vgl. Bader 1991, 3) in dem Verbreitungsgebiet der Ha B-Depotfunde auftauchten; vielleicht ist eine Parallele mit den Tüllenbeildepotfunden zu ziehen.

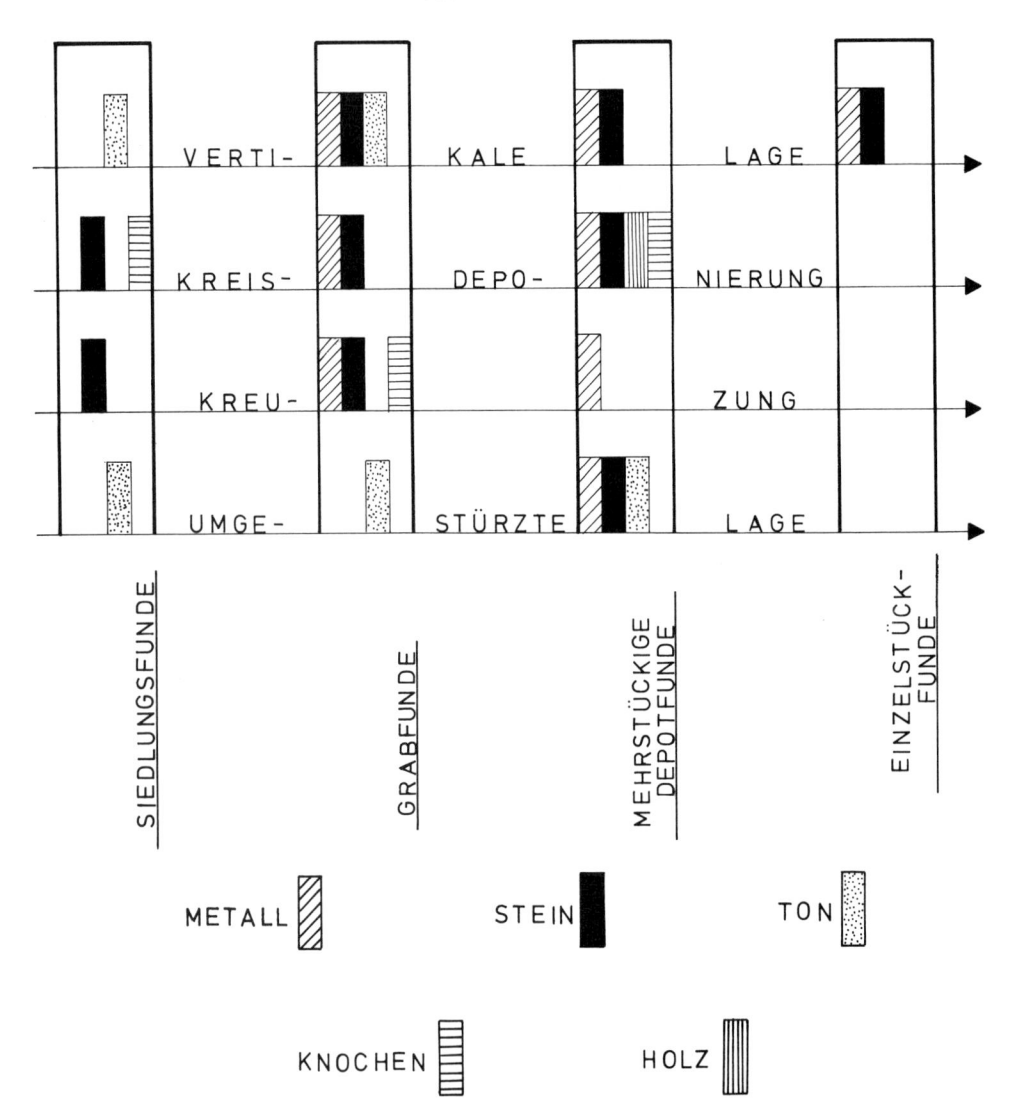

Abb. 16. Zusammenstellung ausgewählter Fundumstände von verschiedenen Materialgruppen in Siedlung, Grab und Depot

Exkurs II: Die Anzahl der Gegenstände und die Deutung der Depotfunde

Es wurde schon vor Jahren bemerkt[180], daß die Anzahl der Gegenstände, die einen Depotfund bilden, nicht irrelevant für die Deutung dieser Fundkategorie ist. Auch später wurde darauf hingewiesen (Wamser 1984, 39-40), ohne sich aber zusammenfassend mit dem Thema zu beschäftigen. Die Bearbeitung des karpatenländischen Materials gab Anlaß zu einer eingehenderen Analyse dieses Problems.

Vor allem die "reinen" Gattungsdepotfunde lassen die besondere Rolle der Stückzahl klarer als sonst erkennen. Die Zahl **Drei** oder das **Vielfache** von drei scheint dabei am bedeutsamsten zu sein. Von den sechs "siebenbürgischen" Schwertdepotfunden (vgl. Fundumstände und Struktur der Depotfunde) haben drei je drei Stücke (zweimal in einer Sonderposition: Stoboru in vertikaler Lage, Buneşti sternförmig gekreuzt) und der vierte, Silivaşu de Cîmpie, sechs.

Die "slowakischen" Schwertfunde (17 nach Novotná 1970 a) zeigen das folgende Bild: fünf Depotfunde mit je zwei Stück (Horná Ves, Kračúnovce, Martinček B, Pozdišovce, Partizánska Lupča unsicher 2), drei mit drei

---

[180]Müller-Karpe 1961, 92: "Bei den Depots mit unbeschädigten Bronzen verdienen beispielsweise solche Funde Beachtung, die ausschließlich aus drei Schwertern bestehen [.. Beispiele ..]. Hier kann über die Deutung als Opferfunde kein Zweifel bestehen."

Stück (Buzica, in vertikaler Lage, Spišská Belá, Ždaňa), zwei mit sechs Stück (Podkonice; Vyšný Sliač), einer mit sieben Stück (Gemer B), zwei mit acht Stück (Opatová, unsicher 8, Veľká A), einer mit 15 Stück (Martinček B). In zwei Fällen wurde den typologisch einheitlichen dreistückigen (Gemer B) und achtzehnstückigen (Komjatna B) Depotfunden noch ein typologisch fremdes Exemplar hinzugefügt. Bei Blaze I ist die Anzahl nicht bestimmbar. Es wird also recht deutlich, daß die Hauptzahl, nach der die Schwertdepotfunde "augebaut" wurden, die **Drei** mit ihren Vielfachen ist. Es sei betont, daß auch die nördlich bei Damerow (Kat.), Kielcza (Kat.) und Trzebiechowo (Kat.) entdeckten Drei-Stück-Schwertdepotfunde das allgemeine Bild ergänzen.

Etwas anders gestaltet (trotzdem nicht willkürlich) scheinen die reinen karpatenländischen Nackenscheibenaxtdepotfunde zu sein. Aufgrund der Liste von C. Kacsó (Lăschia, im vorliegenden Band, Liste 1) kann man feststellen, daß von den 28 Nackenscheibenaxtdepotfunden 13 aus zwei Stück, drei aus drei, einer aus vier, einer aus fünf, sechs aus sechs, einer aus acht, einer aus neun, zwei aus zwölf, einer aus 13, einer aus 17 bestehen. In diesem Fall ist die Zahl **Zwei** (13 Funde) und nicht ihr Vielfaches (zwei Funde) wichtig, während bei **Drei** (drei Funde) ihr Vielfaches (neun Funde) bedeutend ist.

Obwohl seit langem in Erwägung gezogen[181] und monographisch behandelt (für das heutige Rumänien, vgl. Petrescu-Dîmboviţa 1978), muß die Deutung der Sichelfunde bezüglich ihrer zahlenmäßigen Zusammensetzung bis zu einer neuen, korrekten Gesamtbearbeitung zurückgestellt werden[182]. Vorläufig, aber nur ganz allgemein, kann jedoch das Vorkommen der Sicheldepotfunde[183] im Karpatenbecken bestätigt werden, und

---

[181]Vor fast 70 Jahren erläuterte Pârvan 1926, 294 f. die Bedeutung der Sicheln beiderseits der Karpaten. Obwohl ein wenig einseitig (nur als Beweis für eine blühende Landwirtschaft), hat er doch das Phänomen richtig dargestellt. Neue Depotfunde wie Drajna und Suseni halfen ihm damals bei seiner Analyse.
Eine einseitige Deutung der Sicheln ist leider im allgemeinen ziemlich üblich. Ihre bedeutende Rolle für die Landwirtschaft wurde natürlich oft betont, ohne aber auch die religiöse oder die kriegerische (besonders für die großen Exemplare) Verwendung zu berücksichtigen. Miniaturstücke wie aus Galoşpetreu oder Exemplare aus reinem Kupfer widersprechen u.a. einer derartig einseitigen Erörterung der Sicheln. Sicheln aus Edelmetall wurden bis jetzt im Karpatenbecken noch nicht gefunden. In diesem Zusammenhang ist die Arbeit von Sommerfeld (1988, 140 ff.) sehr wichtig, in der der rein landwirtschaftlichen Nutzung der Sicheln widersprochen wird.

[182]Abgesehen von den (bisher) über tausend allgemeinen Fehlern sehr unterschiedlichen Kalibers, die der PBF-Band, XVIII, 1 (München 1978) enthält, erlaubt sich Verf. drei Beispiele zur Begründung seiner Behauptung vorzutragen:
a) Petrescu-Dîmboviţa 1978, 58, Nr. 1409-1418; 104, Nr. 50 veröffentlicht unter **Micăsasa** einen reinen Sicheldepotfund (neun Hakensicheln und eine zehnte, die nicht sicher zum Depotfund gehört). Dasselbe erscheint in der rumänischen Variante (1977, 63), inklusive der vollkommen falsch angegebenen Literatur, indem der Aufsatz von Şt. Manciulea, Cultura creştină 20, 1940, H. 1-2, 56-70; H. 3-4, 188-201 (ohne Abbildungen) nur ganz vage als "Sicheln aus den Kreisen Alba und Tîrnava Mare" erwähnt wird, ohne irgendeine Beziehung auf eine Ortschaft oder auf einen Depotfund. Beim sog. Depotfund von Micăsasa handelt es sich wohl um Reste des Depotfundes von **Valea Lungă**, Kr. Alba (einige Kilometer von Micăsasa entfernt): "Während einer Reise nach Valea Lungă hat der Museumskustos [Dr. Coriolan Suciu] vom Bauer Ioan Tutelea 24 dakische Kupfersicheln (ganze und bruchstückhafte) sowie sieben Stück Rohstoff aus Kupfer erhalten" (vgl. Cronica 1927, 36).
b) Petrescu-Dîmboviţa 1978 veröffentlicht drei Sichelfunde von **Aluniş**, Kr. Mureş (S. 80, Nr. 3358-3362; 155, Nr. 326), **Măgherani**, Kr. Mureş (S. 104, Nr. 49) und **Maioreşti** (S. 157, Nr. 344), mit wenigen Abweichungen auch in ders. 1977, 153, 63 bzw. 156 wiedergegeben. Überprüft man über Roska 1942, 154, 205, 269, 164 (diesmal bei vier Ortschaften [!]: Magyaró, Nyárádmagyaros, Székelymagyaros und Maroslaka) die ursprünglichen Literaturangaben, so stellt man fest, daß es sich um einen lapsus calami von Téglás 1888, 70, Nr. 25 handelt, indem er in diesem Aufsatz gelegentlich der Ersterwähnung des mykenischen Schwertes von Aluniş = (Székely)magyaros noch einmal die Information von Téglás 1887, 87, Nr. 140 (hier Magyaros, Kom. Maros-Torda) automatisch wiederholt. Es geht also nicht um drei oder vier Sicheldepotfunde, sondern um **einen einzigen**, sehr wahrscheinlich von **Aluniş, Kr. Mureş**, weil 1887 Téglás von "a Maros menti Magyarosról" (=aus demjenigen Magyaros, das dicht an der Maros liegt) spricht.
c) Von **Ştefan cel Mare** (vormals Şerbeşti) stammt ein Sicheldepotfund, der von Petrescu-Dîmboviţa 1953, 463, Nr. 6, Abb. 8,3-5 (Mitt. C. Mătasă; Aufbewahrungsort Mus. Piatra Neamţ) veröffentlicht und bis 1964 von ihm mehrmals (1960, 153 Anm. 49; 1964, 252, 255) erwähnt wurde. Später, sogar im PBF-Band und in der rumänischen Variante, verschwindet der Depotfund, ohne irgendeine Erklärung, spurlos aus der Literatur. Morintz 1978, 183 erwähnt ihn als letzter.

[183]Bereits von Stein 1976, 24 als Gattungsdepotfund anerkannt: "zwei bis sieben Sicheln, unterschiedlich stark abgenutzt, aber gebrauchsfähig deponiert". Auch die dort beobachteten verschiedenen Deponierungsarten plädieren für differenzierte Deutungen. Vulpe 1981, 428 ff. schlägt auch für die Sicheldepotfunde (einschließlich die Einzelfunde) einen Votivcharakter vor, dem wir grundsätzlich zustimmen.

zwar im östlichen innerkarpatischen Raum und in der Moldau[184], mit chronologischem Schwerpunkt in der BD-Zeit. Daneben soll die Vergesellschaftung Sichel - Tüllenbeil besonders im Rahmen der kleinen oder mittelgroßen Depotfunde aus der Moldau (z.B. Bozia, Ciorani, Crivești, Doljești, Negrești, Ruginoasa) erwähnt werden, die ebenfalls eine bestimmte ideelle Bedeutung vermuten lassen.

Bemerkenswert ist die Tatsache, daß praktisch keine reinen Lanzenspitzendepotfunde an den Karpaten zu vermerken sind; das steht in einem gewissen Widerspruch zu den ziemlich vielen Fundstücken (Bader, PBF, i.D.) und deutet vielleicht darauf hin, daß die Lanzenspitzen eine andere Bedeutung sowohl als Waffe als auch als Symbol hatten. Es gibt trotzdem Depotfunde wie Drajna de Jos (Kat.) oder Einzelfunde wie Gothatea (vgl. "Flußfunde") und Brădești (Kat.), die dafür sprechen, daß die Lanzenspitzen für die vorgeschichtlichen Menschen mehr als nur ein Gebrauchsgegenstand waren.

Reine Metallgefäßhorte gibt es wenige, aber sehr wichtige, wie z.B. Brîncovenești[185], Buza[186], u.v.a., wobei die Metallgefäße einen kennzeichnenden Anteil haben, z.B. Fizeșul Gherlei II, Visuia, Buru (in einer Felskluft, vgl. Kat.), Moigrad I, Sîg[187], hinzu kommen die Einstückdeponate, besonders die Situlen von Oradea, Gîrbova, Remetea Mare. Wenn auch Metallgefäße bereits in der Ha A-Zeit in Depotfunden auftauchen[188], sind diese (meist zerstörten) Fundstücke typologisch und prozentual unbedeutend für das Gesamtbild der einzelnen Depotfunde, so etwa Uioara, Șpălnaca II, Gusterița II, Cincu, Suseni, Galoșpetreu, Vîlcele II. Eine Ausnahme bilden die zwei Situlen von Brîncovenești. Die "Sets" allein (wie etwa Biernacice; vgl. Koszańska 1947, 106 ff.), aber meistens im Rahmen der Depotfunde, erscheinen erst und nur in der Ha B-Zeit, was unserer Meinung nach auf eine bewußte votive Zusammensetzung der Depotfunde mit Metallgefäßen hinweist, und zwar in einer ganz bestimmten Zeitspanne. Ob eine genaue Zweckbestimmung der Metallgefäße aus unterschiedlichen Zeitperioden auch für den Karpatenraum korreliert werden könnte, das läßt sich noch weiter erörtern. Sogar für den viel besser untersuchten griechischen Raum hält man eine solche präzise Bestimmung für zu einfach. Tatsache ist, daß ein Linear B-Täfelchen von der Verwendung der Goldgefäße als Weihegaben für verschiedene Gottheiten spricht[189] und daß im Karpatenbecken deutliche typologisch-chronologische Unterschiede zu erkennen sind.

Im Vergleich zu den vielversprechenden Anfängen in den vorbronzezeitlichen Perioden[190] sind später, besonders mit den benachbarten Regionen verglichen[191], die Nadelindustrie und deren Produkte im inner- und außerkarpatischen Raum aus dieser Zeit wenig bekannt. Lediglich in der östlichen Hälfte dieses Raumes (etwa die Verbreitungszone der Igrița-Gruppe, geographisch gesehen) stellt sich die Lage anders dar. Nicht nur Depotfunde wie Vadul Crișului I (Kat. und Abb. 9,1-2) oder Șuncuiuș III-"Peștera Ungurului" (Kat.), sondern

---

[184]Eine Erweiterung und Nuancierung dieser Behauptung bei Chicideanu/Lichiardopol, Der Bronzefund von Strãoști, im vorliegendem Band.

[185]Korrekte Zeichnung und Photographie bei Soroceanu/Buda 1978, 103 Abb. 5-6.

[186]Soroceanu/Buda 1978, 99 ff., bes. 105, wo die Möglichkeit einer rituellen Vergrabung kaum in Erwägung gezogen wird.

[187]Ungefähr sieben Bronzegefäße (darunter eine Hajdúböszörmény-Situla) von insgesamt 40 Gegenständen, vgl. die monographische Veröffentlichung bei Soroceanu/Lakó 1981, 145 ff., mit älterer Literatur.

[188]Für die innerkarpatischen Depotfunde wurden bislang keine sicheren BD-Metallgefäße belegt, weil die im Augenblick bekannten Bruchstücke (so aus Crăciunești, vgl. Nistor/Vulpe 1974, 5 ff.) nicht relevant sind.

[189]Vgl. Laffineur 1977, 86-87, dort auch die Besprechung der Hypothese von Strong und weitere Informationen.

[190]Horedt 1976b, 175-181. Die meisten Gegenstände in den betreffenden Zeiten sind Äxte und Nadeln oder nadelähnliche Werkzeuge. Eine interessante Nadeldeponierung sowie ein Überblick zur Verbreitung dieser Gattung im Rahmen der Gumelnița-Kultur und weitere Literatur sind von Comșa 1965 b, 361-371 veröffentlicht.

[191]Vgl. Mozsolics 1967, 81 ff.; dies. 1973, 64 ff. (als Trachtschmuck); dies. 1985; Novotná 1970 a, bes. 104, 110 (Malá Vieska und Ovcarsko B); Kemenczei 1984, bes. 20 ff., 31 ff., 47 ff., 73 ff. Vgl. auch die PBF-Bände mit Nadeln (Carancini, Audouze/Courtois) und Kubach 1978, 189.

auch interessante Siedlungsfunde[192] weisen auf eine deutliche, zur Zeit nicht erklärbare Vorliebe für die Nadeln hin.

Eine gewisse Kurzsichtigkeit, wenn nicht Vorurteile, haben im allgemeinen die Meinungen über die Verwendung der Nadeln dominiert. Verf. schließt sich der Auffassung an, die die Nadeln nicht nur als Schmuckstücke betrachtet. Seit langem werden besonders die langen Nadeln aus dem Karpatenbecken auch als Waffe angesehen[193]. Auch Funde aus Jugoslawien[194], aus der Nekropole von Hallstatt[195] und die von F. Medeleț[196] in außergewöhnlicher Position gefundene Nadel beweisen, daß der Gegenstand, den die Archäologen pauschal als Nadel bezeichnen, bei weitem nicht nur eine dekorative Schmuckrolle spielte, sondern gleichfalls als Waffe oder in der primitiven Therapeutik oder Tätowierung Anwendung fand.

Bleibt übrig die Analyse der Gattungsdepotfunde, wie z.B. der Dolch- (Kacsó/Vulpe, PBF, i. Vorb.), Armring-[197], Fibel-[198], Gußfladen-[199], Gußformdepotfunde, für die die Materialbasis noch nicht erschöpft ist.

Am Ende dieses kurzen Überblickes scheint es doch gerechtfertigt zu sein, den Fachausdruck **Gattungsdepotfund** für viele Depots der karpatenländischen Bronzezeit zu benutzen. Darüber hinaus weisen die Synthax und die Morphologie bestimmter Depotfunde auf eine größtenteils votive Zweckbestimmung dieser Fundgattung hin. Auch die Gattungsdepotfunde an sich[200] sprechen eher für eine votive Niederlegung, denn die Gattungsdepotfunde - eine Vorliebe für gewisse Kategorien zu bestimmten Zeiten und unter bestimmten Niederlegungsverhältnissen - sind doch mehr Ausdruck einer zweckbestimmten ideellen Zusammenstellung als Verbergungshorte von Händlern oder Kaufleuten.

Deutlicher als die üblichen Depotfunde zeigen die Gattungsdepotfunde, daß die Karpaten in der Bronzezeit, besonders für die Metallprodukte, eher eine Grenze als eine "Wirbelsäule" der Kultur waren. An den Karpaten endet größtenteils die mitteleuropäische Welt der Bronzezeit und es beginnt eine archäologische Landschaft, die

---

[192]In Suplacu de Barcău wurde ein Wohnhaus entdeckt, in dem überraschend viele Nadeln ans Tageslicht kamen, was auf einen Sonderfall hinweist (Ignat 1984, 9-26); dasselbe gilt für die verhältnismäßig vielen Nadelfunde der Otomani-Siedlung von Crasna, vgl. Lakó 1987, 77 ff.

[193]Bereits Rómer, AÉ 4, 1871, 196 kommentiert in diesem Sinne den bekannten Fund von Vác(z)szentlászló, vgl. Kat. Sogar die Nadelfunde von Klęczany und Radłowice weisen auf eine besondere Rolle der Nadeln hin.

[194]Bei Paraćin wurde eine lange Nadel (1,20 m) gefunden, die den menschlichen Körper von der Anuszone bis zum Nacken durchstach. Bibliographischer Hinweis F. Medeleț.

[195]Vgl. Kromer 1959, der **lange** Nadeln erwähnt, die mit Waffen (Schwertern, Dolchen usw.) vergesellschaftet gefunden wurden, z.B. S. 78 Abb. 47, Gr. 260; 128 Abb. 112, Gr. 573; 132 Abb. 119, Gr. 600.

[196]Es handelt sich um eines von den zwei Skelettgräbern aus der Urnenfeldernekropole von Peciu Nou (Kr. Timiș), in dem eine in den Nacken gestochene Nadel (mit diskusförmigem Kopf) gefunden wurde. Freundliche Mitt. des Ausgräbers F. Medeleț.

[197]Es kämen die Armringdepotfunde von Vadul Izei, zwölf Stück (Nistor/Vulpe 1970, 423 ff.), Tușnad, drei Stück (Horedt 1976, 397 ff.), Sărățel, zwei von mehreren Stücken erhalten (Marinescu/Dănilă 1974, 71 ff.), Pojejena, elf Stück (Oprinescu 1990, 81 ff.), Sîntana, zwei Stück (Mureșan 1987, 313 ff.), Tiream, zwei Stück (freundliche Mitt. I. Németi), Lelei, vermutlich 25 Stück (Petrescu-Dîmbovița 1977, 62, mit älterer Literatur) in Frage, doch sind ihre Fundumstände und die Depots an sich zur Zeit noch nicht allzu aussagefähig. Es kann festgestellt werden, daß viele der Armringdepotfunde innerhalb oder in unmittelbarer Nähe der Siedlungen entdeckt wurden. Petrescu-Dîmbovița 1990, 59 ff. (ein Auszug in rumänischer Sprache aus dem im Druck befindlichen PBF-Band) zieht leider nur typologische und chronologische Aspekte in Betracht.
Neben den bekannten Deutungsmöglichkeiten der Ringdepotfunde kann auch eine Stelle aus der Genesis (35,1-4) erwähnt werden: "Dort [in Bet-El] will ich [Jakob] einen Altar für den Gott errichten, der mich am Tag meiner Bedrängnis erhört hat und der auf meinem Weg mit mir war. Sie übergaben Jakob alle fremden Götter, die sie hatten, und die Ringe an ihren Ohren. Jakob vergrub sie unter der Eiche bei Sichem.".

[198]Obwohl Einstückdeponat ist unserer Meinung nach Krivoklát (Kat.) ein gutes Beispiel für die Fibel als Votivgabe.

[199]Teilweise von Mozsolics 1984 a, 19-72 dargelegt.

[200]Man darf nicht außer acht lassen, daß die eindeutigen Einstückdeponate ebenfalls Gattungsdepotfunde sind. Die Analyse des Verhältnisses Mehrstückdepotfund - Einstückdepotfund kann die Frage klären helfen, sie sprengt aber den vorliegenden Rahmen.

sowohl vom "siebenbürgischen Zentrum" als auch von den östlichen und südöstlichen Phänomenen beeinflußt wurde. Sogar die quantitative Diskrepanz der metallenen Produkte beiderseits der Karpaten sowie deren "Permeabilität" unterstreichen den Grenzcharakter dieser Gebirgskette. Eine "Wirbelsäule" - wie oft aus politischen Gründen behauptet wurde - sind die Karpaten in der Bronzezeit nicht gewesen. Man hätte ein viel ausgeglicheneres Produkten- und Gedankengut beiderseits der Karpaten "constatiren" müssen, um von einem vereinheitlichenden Faktor sprechen zu können. Es ist bei weitem nicht der Fall.

5. Zusammenfassendes

Abschließend stellt sich die Frage, welche Erkenntnisse sich aus den oben dargelegten Überlegungen zu den Depotfunden für die weitere Erforschung der Bronzezeit im Karpatenbecken und allgemein in Europa ergeben.

Vor allem hat sich gezeigt, daß eine klare **Definition der unterschiedlichen Deponierungen** erforderlich ist. Zwar können wir nun unter **Deponierung** alle Gegenstände verstehen[201], von denen der vorgeschichtliche Mensch sich bewußt trennte, sei es für immer, sei es für eine bestimmte Zeit; zu deponierende Gegenstände konnten in die Erde vergraben oder gestochen werden, auf die Erde niedergelegt, im feuchten Milieu versenkt oder zum Davonschwimmen hineingeworfen werden und schließlich in Bäume gehängt werden. Die bis zur Entdeckung vergangene Zeit hat diese ursprünglich unterschiedlichen Fundverhältnisse[202] weitgehend uniformisiert, so daß der heutige Archäologe sie nur mühsam unterscheiden kann[203].

In zwei große Kategorien sind die Depotfunde **aufgrund der beabsichtigten Zielvorstellungen** einzuteilen:

I. Deponierungen, die unmittelbar mit der Totenwelt verbunden sind (Grabbeigaben, Zenotaphe, bestimmte Bestattungszeremonien oder deren Wiederholungen usw.), vgl. auch oben "Deponate und Totenwelt".

II. Deponierungen, die nichts oder nur mittelbar mit der Totenwelt zu tun haben (Weihe- und Opfergaben für verschiedene irdische oder himmlische Gottheiten, aus verschiedenen Anlässen).

Alle diese Deponierungen sind eigentlich Gegenstände, die von den vorgeschichtlichen Menschen mit der Absicht niedergelegt wurden, das Heilige, das Übernatürliche durch sie symbolisch zu ehren: Ein Schwert, ein Stein, ein Tongefäß stellen also **Hierophanien** dar (Eliade 1959, bes. 20 ff.), weil die sakrale Denkart des archaischen Menschen diesen Gegenständen - bei bestimmten Lebensereignissen - eine sakrale Deutung beimaß[204]. Da wir für unser Arbeitsgebiet keine direkten Beweise für urgeschichtliche religiöse Handlungen haben, ist die Untersuchung der Fundumstände sehr wichtig; die Syntax (z.B. Gegenstände im feuchten Milieu) kann uns das allgemein Religiöse enthüllen, während die Morphologie der Niederlegungen (z.B. senkrecht gestochene Waffen) dieses allgemein Religiöse bestätigen und nuancieren kann. Die Morphologie kann uns also das unmittelbar Religiöse mitteilen. Was wir gezwungenerweise getrennt studieren, ist in der alltäglichen

---

[201] Es gibt aufgrund der Werkstoffe die folgenden Deponierungskategorien: **1. metallene Deponierungen** (Gegenstände aus Bronze, Gold, Silber, Eisen usw.); **2. nichtmetallene dauerhafte Deponierungen** (Keramik, Knochen, Harze, Steine usw.); **3. nichtmetallene vergängliche Deponierungen** (Holzartefakte, Textilien, Blumen usw.); **4. vermischte Deponierungen**, die sich aus den drei obigen Kategorien zusammensetzen können. Man sollte unbedingt jeweils alle Stoffe berücksichtigen, denn dieselben oder ähnliche religiöse Vorstellungen sind aus allen Deponierungen zu vermuten. Man muß sich unbedingt ständig vergegenwärtigen, daß die viel untersuchten Bronzefunde, egal wie gewichtig als Kategorie, nur einen äußerlichen Ausschnitt einer Gedanken- und Vorstellungswelt repräsentieren. Die preferentiale und isolierte Erforschung (sehr oft an sich und für sich) dieser Fundgattung hat eher zu Vorurteilen geführt.

[202] Im Sinne Geißlingers 1967, 20 ff.

[203] Diese allmähliche äußerliche Uniformisierung der Fundumstände bewirkt leider einen sehr großen Verlust an Informationen über die geistige Welt (Mythen, Riten, Rituale), die Anlaß für die Niederlegungen (manchmal in einer bestimmten Anordnung) der Gegenstände war. Eliade 1976, Kap. 1,3, unterstreicht ganz deutlich, daß ein Begräbnis der Naturvölker, das ausschließlich vom archäologischen Standpunkt betrachtet wird, nur noch wenig über Zeremonien und Glaubensvorstellungen der Menschen aussagt.

[204] Ein Zitat aus dem Neuen Testament macht dies vielleicht besser begreifbar: "Ihr sagt: Wenn einer beim Tempel schwört, so ist das kein Eid; wer aber beim Gold des Tempels schwört, der ist an seinen Eid gebunden. Ihr blinden Narren! Was ist wichtiger: das Gold oder der Tempel, der das Gold erst heilig macht? Auch sagt ihr: Wenn einer beim Altar schwört, so ist das kein Eid; wer aber bei dem Opfer schwört, das auf dem Altar liegt, der ist an seinen Eid gebunden. Ihr Blinden! Was ist wichtiger: das Opfer oder der Altar, der das Opfer erst heilig macht?" (Matth. 23,16-19).

Realität durchaus verwoben. Unsere Aufgabe ist es also auch, die Bedeutung der Morphologie im Rahmen der Syntax zu unterstreichen.

Wollen wir von Deponierungen aus profanen Gründen sprechen, so müssen wir diese auch beweisen. Unruhige Zeiten, Gefahrensituationen, ob gesellschaftlicher[205] oder privater Natur (vgl. Anhang IV), gab es immer. Solange jedoch eine religiöse Denkart alle Lebensbereiche beeinflußt, kann man wohl sehr schwer von **rein** profanen Beweggründen für das Verbergen materieller Werte sprechen[206]. Es darf nämlich nicht außer acht gelassen werden, daß für die archaischen Gesellschaften der religiöse Hintergrund doch sehr stark prägend war[207]: wenn der Handwerker z.B. eine rituelle Vorbereitung braucht, bevor er bronzene Waffen herstellt (Eliade 1990, 45 ff.), dann ist es sehr schwer vorstellbar, daß die Produkte einer solchen Tätigkeit einfach in eine gemeine Grube geworfen worden sein sollen[208]. (Vgl. auch die folgende Fußnote).

Mit anderen Worten: selbst wenn ein mächtiger Feind angreift und wenn während dieser Ereignisse z.B. bronzene Gegenstände vergraben werden, ist auch dann die **rein** profane Motivation kaum in Erwägung zu ziehen. Metallene Produkte, bei deren Herstellung Fasten, Abstinenz und andere Riten zu erfüllen waren von

---

[205]Vgl. Anhang II. Die Unsicherheit zwingt Jeremia, erstmal heilige Geräte zu verbergen. Mag sein - obwohl nichts darüber berichtet wird -, daß auch private Vermögen in Sicherheit gebracht worden sind.

[206]Verf. möchte hier auf eine bis jetzt nicht genug hervorgehobene Idee aufmerksam machen. Man versteht nur allzu oft unter **profanen** Gründen die **Nützlichkeits**gründe (Akkumulierung von Rohstoffen oder Wertgegenständen, die Verbergung derselben usw.) und vergißt, daß die (sogar unmittelbare) **Nützlichkeit** ebenso gut in einem **sakralen** wie auch in einem **profanen** Milieu - **nur mit unterschiedlichem Ideengehalt** - existiert. Eine ausführliche Erörterung dieses Gesichtspunktes besonders von archäologischer Seite wird in naher Zukunft vom Verf. angestrebt.

[207]Man kann einen allgemeinen Eindruck über diese grundsätzliche Religiösität durch die Lektüre des Deuteronoms (bes. 6,4-9, vgl. unten, Anhang III) bekommen.

[208]Zusammenfassend und aussagekräftig scheint gerade für das hier erörterte Thema ein alttestamentliches Fragment aus dem Buch Josua zu sein, auf das bisher noch nicht hingewiesen wurde (vgl. den biblischen Text, Jos. 6-7, im Anhang I). Um klarer argumentieren zu können, empfiehlt sich eine Trennung der Geschehnisse, wobei die Rede von "depotartigen" Funden ist.
a) Das ganze Metall (Gold und Silber sowie die Geräte [oder Gegenstände oder Gefäße; vgl. Anhang I, Anm.] aus Bronze und Eisen) aus Jericho sollte dem Herrn geweiht werden und nach der Eroberung zum Altar gebracht werden. Es entstand damit für die Archäologen ein sehr großer "Depotfund", der überhaupt keine wirtschaftlichen oder sozialgeschichtlichen Motivationen hatte.
b) Aus egoistischen Gründen nimmt Achan einige Gegenstände aus dem, was dem Untergang und dadurch dem Gott geweiht war. Er ist sich aber der Tatsache bewußt, daß sein Benehmen gottwidrig ist, und er gräbt sie ("das Silber an unterster Stelle") in seinem Zelt im Erdboden ein. Diesmal entsteht ein kleiner "Depotfund", wobei die menschliche Habgier und die religiöse Angst verwoben sind; aus welchen Gründen das Silber ganz nach unten gelegt wurde, berichtet der biblische Verfasser nicht.
c) Der Täter, seine ganze Familie und die Habe sowie die gestohlenen Sachen werden vernichtet. Für die Archäologen entsteht eine Art "Kollektivbestattung" mit vielen "Grabbeigaben", alles ungeordnet niedergelegt.
Einige Schlußfolgerungen sind wichtig und lassen vielleicht die Niederlegungsursachen während der europäischen Bronzezeit besser verstehen. Nicht unbedeutend kann für uns auch die Datierung (um 1230 v. Chr.) der erwähnten Ereignisse sein.
1) Im Grunde genommen ist die Niederlegung und oft auch die Akkumulierung der Metallgegenstände vom Religiösen geprägt und bedingt. Andere Überlieferungen der Heiligen Schrift lassen ebenfalls eine enge Verbindung zwischen den Metallprodukten, ihrer Herstellung und dem religiösen Denken erkennen.
2) Die diebische Tat von Acham spiegelt ziemlich genau den Anteil des "Profanen" bei dem ganzen Geschehen wider. Wenn auch der Entzug der dem Gott versprochenen Weihegaben rein menschlich ist, spielt bei der Vergrabung die Angst vor der im voraus angekündigten Strafe eine wichtige Rolle. Es darf nicht vergessen werden, daß das Gebot "Du sollst nicht stehlen" von Gott über Mose den Menschen befohlen wurde.
3) Archäologische Niederschläge von Bestrafungen könnten vielleicht viele ungeklärte archäologische Entdeckungen in Europa deuten helfen. Dasselbe gilt auch für andere biblische Überlieferungen. Die sog. Kollektivbestattungen, Spuren von Anthropophagie, ungeklärte Opferrituale (mit menschlichen Skeletten) usw. können auch so erklärt werden.
4) Nicht unwichtig ist die Deponierung der aus der eroberten und zerstörten Stadt stammenden Metallgegenstände für das Verständnis europäischer Deponate. Oft wurde den Anhängern der profanen Niederlegungen - und nicht zu Unrecht - vorgeworfen, daß die Deponierung (besonders) der Waffen gerade in unruhigen Zeiten unwahrscheinlich ist. Wenn nicht von den Herstellern in normalen Zeiten als Ofrande niedergelegt, dann erscheint als mögliche Veranlassung, daß besonders die erbeuteten Waffen von den Eroberern als Danksagung für den Sieg deponiert worden sind.

einer Menschenschicht, die immer mit dem Übernatürlichen zu tun hatte (vgl. Eliade 1990, bes. 45 ff.)[209], solche Produkte können in einer archaischen Gesellschaft wie die der Bronzezeit nicht so einfach und profan wie die industriellen Produkte der Archäologenzeit in der Erde versteckt werden, nur um später etwa den materiellen Wert zu rekuperieren (vgl. auch Anm. 206).

Darüber hinaus muß hier unterstrichen werden, daß - im Gegensatz zu der religiösen - für die profane Deutung die materiellen, direkten Beweise sehr schwer erkennbar sind. Auch die Tatsache, daß viele "klassischen Depotfunde" des bronzezeitlichen Europa nicht in einer Sonderlage niedergelegt worden sind, ist kein Beweis für eine ausschließlich profane Verbergung[210]. Die Anhänger einer exklusiven oder präponderenten profanen Hortung müssen mehr konkrete Fakten erbringen.

Die Erforschung der Deponate erlebt gegenwärtig eine "Vor-Champollion-Zeit": wir haben zwar viel an Material und Deutungen akkumuliert, es fehlt aber der geniale Funke, der uns die Beweggründe der vorgeschichtlichen Menschen zu "lesen" ermöglichen wird. Erst dann werden unsere Hieroglyphen einen gewissen Namen tragen und werden uns verraten, was Unikum und was Allgemeines in sich trägt, welche "Persönlichkeit" jedes hat. Dann können wir Phrasen aus einem Handbuch der bronzezeitlichen Religionen lesen[211].

Katalog

ALLATORP-BLECKINGE (Nättraby sn., Medelstad hd., Schw.). Ein Mörigerschwert, angeblich Einzelfund, das "aufrecht stehend in der Erde beim Grabenbau" ans Tageslicht kam (Sprockhoff 1934, 114, Nr. 1 mit älterer Lieratur).

Alsóbalázsfalva, s. Blăjenii de Jos

Alsóegregy, s. Românaşi

Alsóhadymás, s. Hăşmaş

Altwerk, s. Bocşa Montană

Arany, s. Uroi

ARKALOCHORI (G.). In der dortigen Höhle wurden Schwerter und Messer, "die aller Wahrscheinlichkeit nach aufrecht in die Erde oder in Holzstücke gesteckt waren", gefunden (Marinatos 1935, 251). Marinatos

---

[209]Ein archäologisches Argument wäre die Sonderstellung der Metallurgengräber im Rahmen der Nekropolen. Mohen 1991, 131-136 faßt die kupferzeitlichen zusammen, ohne aber anhand der archäologischen Merkmale auf eine soziale und religiöse Trennung dieser Kategorie schließen zu können. Seine materialistisch-mechanische interpretatorische Unsicherheit ist leider für die meisten Vertreter der zeitgenössischen französischen Bronzezeitforschung (Briard, Coffyn usw.) charakteristisch. Auf einem anderen Niveau und in einem anderen Kontext beschäftigen sich J. Lichardus 1982, 197 ff. und Lichardus-Itten 1991, 757 mit diesem Thema.
Für die Bronzezeit kann der Aufsatz von Jockenhövel 1982a, 293-301 zitiert werden. Sogar Mozsolics 1967, 107-108 gibt zwei berühmte Beispiele von Metallurgen (Beseleel und Hephaistos) an, wobei aber genau das Göttliche ("et implevi eum [Beseleel] spiritu Dei sapientia, et intelligentia, et scientia in omni opere, ad excogitandum quidquid fabrefieri potest ex auro, et argento, et aere, marmore, et gemmis...") nicht genug unterstrichen wurde.
Zu plausibleren Ergebnissen kommt M. Salaš 1989, 124 ff., wenn er sich zur Signifikanz der Depotfunde von Cezavy bei Blučina äußert.

[210]Aus historischen Zeiten und aus gut erforschten Milieux (Alroth 1988, 175 ff., mit Literatur) sind Votivgaben bekannt, die ausschließlich aufgrund der Deponierung auf einem Altar als solche anerkannt werden können.

[211]Das Schwerste unserer Arbeit bestand darin, weder "den Buchstaben" noch "den Geist" unseres Themas zu vernachlässigen. Als Archäologen haben wir "dem Buchstaben" mehr Raum freigehalten, während wir "den Geist" zu Unrecht irgendwie marginalisiert haben. Mit anderen Worten, der archäologische Teil wurde so sachlich wie möglich erfaßt, der religionswissenschaftliche aber nur insofern wie die archäologische Dokumentation vernünftige Arbeitshypothesen und Rückschlüsse rechtfertigte.

1935, 428 meinte, sie wären in dieser Lage geweiht worden, später hat er die Höhle als Bronzewerkstatt interpretiert (Kadmos 1, 1962), was an sich nicht der ersten Hypothese widersprechen würde.

BĂLNACA (Kr. Bihor, Sb., R.) [r. Bănlaca; u. Bánlaka, Körösbánlaka]. "Der rote Stein", manchmal mit "Die rote Höhle" übersetzt. Es handelt sich in der Tat um einen kleinen Abri, auf dessen Felsboden direkt zwei Sicheln, eine Nadel und ein Fragment "d'une attache", alle aus Bronze, niedergelegt wurden. Die Entdeckung fand 1853 statt, wobei Prof. János Kovács selbst die oben erwähnten Gegenstände ausgegraben hat. Sie lagen unter einer Kalksteinschicht; Hampel 1886 a, 3 berichtet auch, daß in dieser "caverne ... découverte par les chevriers de la contrée, des têts et des objets en bronze ont été déterrés à diverses reprises sous la couche de stalagmite formée par l'eau dégouttant de la voûte.". N. Chidioşan (briefliche Mitt.) spricht ebenfalls von einer direkten Deponierung, die Gegenstände seien lediglich von Vogelmist bedeckt gewesen, und bestätigt die südöstliche Orientierung des Abri. Nur unter den Einzelfunden ist die Fundstelle bei Petrescu-Dîmboviţa 1978, 16, Nr. 97 erwähnt; offensichtlich hat der PBF-Verf. die von ihm selbst zitierten Arbeiten (Hampel - übrigens fälschlich angegeben - und Roska) nicht berücksichtigt.

BALŞA (Kr. Hunedoara, Sb., R.) [u. Balsa]. In Balşa wurden zwei Depotfunde entdeckt: **1. Balşa I**, um 1870 in der Höhle "Piatra Şincoiuşului", dessen Gegenstände (auch Scherben darunter !) verloren gingen (Téglás 1887, 75, Nr. 73 b); **2. Balşa II**, am 3. Februar 1955, an der Oberfläche, in der Nähe von "Stînca Şincuiuşului" (wohl nicht weit vom ersten), bei der Jagd von I. und A. Boca (Rusu 1966, 18) entdeckt. Die Fundumstände, die Literatur und der Inhalt der beiden Depotfunde sind bei Petrescu-Dîmboviţa 1977, 52 falsch angegeben und im PBF-Band, 98, Nr. 6 weiter verwirrt.

Balsa, s. Balşa

Bănlaca, s. Bălnaca

Bánlaka, s. Bălnaca

BARKOW (Kr. Grimmen, Mecklenburg-Vorpommern, D.). Ein Griffzungenschwert wurde "senkrecht in der Erde" steckend gefunden (Sprockhoff 1931, 92, Nr. 118).

Belchiugul Codrului, s. Beltiug

Béltek

BELTIUG (Kr. Satu Mare, Sb., R.) [r. Belchiugul Codrului, u. Béltek, Krasznabéltek, dt. Bildegg]. Vor 1913 kam aus dem Flußbett des Baches Boldad ein Depotfund ans Tageslicht (Roska 1939, 44; Rusu 1960, 35; Vulpe 1970, 82 f., 93, 97; Mozsolics 1973, 152; Petrescu-Dîmboviţa 1977, 53; Bader 1978, 120).

Berszászka, s. Berzasca

BERZASCA II (Kr. Caraş-Severin, Bt., R.) [r. Bîrzasca, u. Berzászka, Berszászka]. Daicoviciu/Miloia 1930, 19, Nr. 9: "An der «Cracul cu toaca» genannten Fundstelle findet man - so der sehr verehrte Pfarrer Arsenie Golumba - viele «Scherben» und Bronzegegenstände. Eine schöne Serie von Armringen, eine Lanzenspitze, eine Axt haben wir bei ihm gesehen. Sie wurden zusammen gefunden - wahrscheinlich ein «Depot». An der erwähnten Fundstelle wurde auch eine Urne mit gebrannten Knochen entdeckt". Bei "Noi achiziţii", Analele Banatului III,4, 1930, 131-132 sind die Bronzen (mit kleinen Unstimmigkeiten) erwähnt und abgebildet. Moga 1941, 262 ff. gibt weder die Existenz des Depotfundes Berzasca I noch die Fundumstände des Depotfundes Berzasca II an. Auf jeden Fall haben wir es mit zwei verschiedenen Depotfunden von Berzasca zu tun, der zweite wurde sehr wahrscheinlich im Rahmen einer kleiner Brandgräbergruppe entdeckt, vgl. z.B. auch Liubcova-"Ţiglărie".

Berzászka, s. Berzasca

Bildegg, s. Beltiug

BÎLVĂNEŞTI (Kr. Mehedinţi, Kleinwa., R.). Vgl. Bărcăcilă 1915, 170 ff. (mit einer Photographie aus dem Entdeckungsjahr, die wichtig für den Erhaltungszustand der Stücke ist). Lediglich hier wurde genau die Fundstelle angegeben: "Ciocul [die Spitze] Gubăucii, im Tale «Valea Rea»".

Bîrzasca, s. Berzasca

BISTREŢ (Kr. Dolj, Kleinwa. R.). Im Rahmen einer Gîrla Mare-Nekropole hat I. Chicideanu, Bukarest, eine

Anhäufung von mehreren umgestürzten Tongefäßen gefunden, die zu keinem Grab gehörten und auch nicht als Urnen dienten. Freundliche Mitt. des Ausgräbers.

BLĂJENII DE JOS (Gem. Şintereag, Kr. Bistriţa-Năsăud, Sb., R.) [r. Blaşfalăul de Jos, u. Alsóbalázsfalva, dt. Unterblasendorf]. Petrescu-Dîmboviţa 1954, 277 ff. berichtet über einen 1952 "im Ufer eines Baches", auf der Flurwiese "Pe Şes" entdeckten Depotfund.

Blaşfalăul de Jos, s. Blăjenii de Jos

BOCŞA (MONTANĂ) (eingemeindet in die Stadt Bocşa, Kr. Caraş-Severin, Bt., R.) [r. Bocşa Vasiovei, Bogşa Montană, u. Németbogsán, Bogsánbánya, Boksánbánya, dt. Altwerk, Neuwerk]. Südwestlich von Bocşa Montană (Német Bogsán), nicht weit von der Stadt, wurden am Ufer der Bîrzava am Fuß des Colţan(i)-Felsens (Nordabhang) zwei Kalköfen gebaut. Beim Bau der Grundmauer des zweiten kamen die Bronzen (übernommen vom Dipl.-Ing. Spaeth) ans Tageslicht. Wichtig für das hier behandelte Thema ist, daß nicht nur am Fuße des Felsens (wo allerdings hunderte von Gegenständen "aus der Steinzeit" mehrfach entdeckt wurden), sondern auch oben auf der unbewohnbaren kleinen Terrasse, die das "Dach" dieses "heiligen" Felsens bildet und die in das Gebirge führt, Funde gemacht wurden (Halaváts 1887, 49 ff.).

Bocşa Vasiovei, s. Bocşa Montană

Bodendorf, s. Buneşti

Bogşa Montană, s. Bocşa Montană

Bogsánbánya, s. Bocşa Montană

Boksánbánya, s. Bocşa Montană

Borév, s. Buru

Borrév, s. Buru

BRĂDEŞTI (Gem. Rîmeţ, Kr. Alba, Sb., R.) [r. Rîmeţi-Brădeşti, u. Bredesty, Remete-Bredesty]. Angeblich ein Einzelstück, denn Téglás 1887, 80, Nr. 92 berichtet folgendes: "Remete, ein zerstreutes Gebirgsdorf, um die Anhöhe Pilis; auffallend ist [der Fund] einer bronzenen Lanzenspitze von 40 cm Länge, welche der nach Brădiceşti reisende Herepey, eingesteckt in die Erde, gefunden hat". Marţian 1920, 32, Nr. 541 (unter Râmeţi, Kr. Alba) übernimmt die Information kommentarlos von Téglás. Höchstwahrscheinlich handelt es sich um das unter Şpălnaca II angegebene Fundstück (so Petrescu-Dîmboviţa 1978, Taf. 151,403). Auch die Länge entspricht fast genau dem von Téglás erwähnten Exemplar, vgl. Bader, PBF V, i. Vorb. unter Brădeşti.

Braşău, s. Braşov

Braşeu, s. Braşov

BRAŞOV (Kr. Braşov, Sb., R.) [r. Braşău, Braşeu, u. Brassó, dt. Kronstadt]. Unabhängig davon, daß die beiden Gegenstände (Tüllenbeil siebenbürgischen Typs und Tüllenmeißel) zusammen gefunden wurden oder nicht, spricht die Fundstelle "Tâmpa", eine für die dortige Landschaft ganz charakteristische Anhöhe, für eine absichtliche Deponierung in einer solchen Reliefform. (Marinescu/Dănilă 1974, 71-72, 76).

Brassó, s. Braşov

Bredesty, s. Brădeşti

Breslau-Pilsnitz (vormals Schlesien), s. Wrocław-Pilczyce

Budatelec, s. Budeşti

Budatelke, s. Budeşti

BUDEŞTI (Kr. Bistriţa-Năsăud, Sb., R.) [r. Budatelec, u. Budatelke]. Verf. hält die vier Tüllenbeile, die auf einem räumlich beschränkten Areal (Fundstelle "Hîrtoape"), entlang eines Torrentes, bei verschiedenen Gelegenheiten gefunden wurden, für sehr wichtig, da sie als Bindeglied zwischen den sog. Depotfunden und den sog. Einstückfunden betrachtet werden können. Es ist durchaus möglich, daß die einzelnen Tüllenbeile von "Hîrtoape" in zeitlichen Abständen einzeln deponiert worden sind; ebenfalls ist eine Zerstreuung eines geschlossenen Depotfundes durch das Bachwasser nicht vollkommen auszuschließen (Marinescu/Dănilă 1974, 67-68; dies. 1976, 25).

Bundorf, s. Buneşti

BUNEŞTI (Kr. Braşov, Sb., R.) [r. Bundorf, u. Szászbuda, dt. Bodendorf]. "Auf der sogenannten «Ebene» südöstlich von der Gemeinde...von einem Landmann aus Deutschkreuz am 12. Juni 1883 ausgeackert...die Schwerter beisammen **sternförmig gekreuzt lagen**", so das Inventarbuch des Baron Brukenthalischen Museums, zitiert nach Bader 1991, 134, Nr. 327, dort auch die vollständige Literatur. Zusätzlich soll auch die Anzahl (3) der Schwerter und die geringe Tiefe ("ausgeackert") hervorgehoben werden. Dieselbe Quelle hat wohl auch A. Alexandrescu (1968, 23) geholfen, die Sonderlage der Schwerter aus Buneşti in kultischem Zusammenhang auszuwerten.

BUNZEN (Gams, Schz.). Bill 1985, 26: Die Überlieferung (von F. Keller) berichtet von acht Beilklingen vom Typ "Möhlin", die im Kreis unter einem erratischen Block standen (vgl. auch Stein 1979, 92 Taf. 68,8; 69,1-2 [dort auch F. Keller zitiert] und das Kapitel "Depotfunde und erratische Blöcke"). Heierli 1899, 36: "Unter einem erratischen Block im «Hasli» auf der Bettelmatt der Bunzener Allmend fand man 4 Flachbeile aus Bronze. Schon früher wird ein Fund von 8 Leistenkellen aus Bunzen gemeldet (Gehören alle Beile vielleicht zum gleichen Funde ?)...". Bosch 1932, 67: "... Dies nennt man ein Votivdepot. So hat man einmal in der Gegend von Bunzen unter einem Stein 4 Bronzebeile gefunden. Sie waren speichenförmig hingelegt, was auf eine religiöse Handlung (Sonnenkult) deutet.".

BURU (Gem. Iara, Kr. Cluj, Sb., R.) [u. Borév, Borrév]. "... kam dieser Fund in der Felskluft zum Tageslicht, die der Fluß Aranyos [=Arieş] durchfließt, bevor er in die Ebene von Torda eintritt. ... Alle [Gegenstände] waren in einer Felsspalte verborgen". (Roska 1932 b, 540; vgl. auch Petrescu-Dîmboviţa 1977, 127). Es handelt sich wohl um den Fels "Colţul Fetei", der ca. 1,3 km vor dem Eintritt der Flusses in die Ebene noch steht, vgl. Taf. I. (Freundliche Mitt. M. Bărbulescu, Klausenburg/Cluj).

Căplani, s. Căpleni

CĂPLENI II (eingemeindet in die Stadt Carei, Kr. Satu Mare, Sb., R.) [r. Căplani, u. Kaplony, dt. Kappelan]. Am Ufer des Flusses Crasna wurde 1972 ein Depotfund entdeckt, der inhaltlich und wissenschaftlich verteilt wurde. Die Fundstelle entspricht dem Randgebiet des ehemaligen Ecedea-Moores und liegt nicht weit von einer großen Siedlung vom Typ Pişcolt-Hajdúbagos entfernt (Németi 1978, 115-117,119; Bader 1978, 122, Nr. 19 und Taf. 79,6-11; ders. 1983 a, 31-32; briefliche Mitt. I. Németi vom 25. Juli und 7. Nov. 1985).

CAREI I (Kr. Satu Mare, R.) [Careii Mari, Nagykároly, dt. Karol]. "Zwei «csákány»..., die aus dem Fluße «Szamos» zutage gefördert wurden", vgl. Gönyei 1871, 234, aber auch Arch. Ért. 4,12, 1871, 305. Die Funde werden oft als "aus dem Flußbett der Someş" geborgen (z.B. Mozsolics 1973, 178 Taf. 28, 5-6) erwähnt, ohne Hinweis auf die primäre Literatur.

Careii Mari, s. Carei

CARHAN (E.). Es geht um "elf Flachbeile ... in einer Felsspalte gefunden, abgedeckt mit einer Steinplatte. Die Beile waren mit der Schneide nach außen, kreisförmig um einen Haufen Holzasche mit verbrannten Rehknochen angeordnet. ...die besondere Art der Anordnung läßt auf einen rituellen Zusammenhang, eventuell als Votivgabe schließen" (Beschreibung zugänglich über Schmidt 1978, 319; vgl. Harbison 1969, 19, mit älterer Literatur ab 1847).

CARNPESSACK (Cornwall, E.). "The sword was found by the tenant, Mr. W.J. Carlyon, in boggy ground near the drinking trough, fully buried with the exception of the point, which attracted the finder's attention; it was lying diagonally in the bog, July 1923" (Colquhoun/Burgess 1988, 20, Nr. 39).

CERNATU (Kr. Covasna, Sb. R.). Es handelt sich um zwei Herdstellen, die nicht weit voneinander entdeckt worden sind und deren zeichnerischen oder photographischen Vorlagen nicht veröffentlicht worden sind. Der Versuch einer ideellen Rekonstruktion läßt gewisse Wiederholungen erkennen (Fibel, Spinnwirtel usw.), die die beiden Befunde nicht nur als "normale" Produktionsstätte erklären lassen. (Unser Rekonstruktionsversuch auf Abb. 15 stützt sich auf die Beschreibung von Székely 1966).

CETEA (Gem. Galda de Jos, Kr. Alba, Sb., R.) [u. Csáklya]. Bei der Fundstelle "Băile romane", am Fuße eines Felsens, wurden ein Tüllenbeil und eine Speerspitze (?) entdeckt, die in eine Privatslg. gelangten (Mitt. I. Lipovan, Zlatna). Es soll weiter überprüft werden, wie fern "Băile romane" von den "Cascade" (=Zuhatag, vgl. Roska 1942, 55, Nr. 9) liegen und von den Fundorten "Gruiul Lucăi" und "Picuiata", wo immerhin Bronzefunde ans Tageslicht kamen (Mitt. M. Takács).

CHEIA I (eingemeindet in Mihai Viteazul, Stadt Turda, Sb., R.) [r. Mischiu, u. Mészkő]. Orosz 1906, 368 berichtet über Bronzefunde, die "links der Pferdwagenstraße, die von Torda [=Turda] zur Tordaer Schlucht führt", gefunden wurden. "Vor dem Eingang in die Schlucht, auf dem Ackerboden der Anhöhe "Farkasőre" [= Wolfswacht], hat ein Hirt aus Mészkő mehrere kleine Bronzen, die von ihm 1901 erworben worden sind. Die Gegenstände sind die folgenden: 1. kleiner Gußkuchen, mit Patina bedeckt, in Form einer unregelmäßigen Ellipse. L. 20 mm. Analogie bei Hampel III, Taf. CCXXXII,1; 2. Bruchstück einer Stecknadel, L. 38 mm, deren Spitze fehlt. Der runde Knopf ist ein wenig zugespitzt und von fünf parallelen Linien umkreist. Der im Querschnitt runde Stiel ist unverziert. Dunkelgrüne Patina. Analogie bei Hampel II, Taf. CXXXVI,8 aus dem Urnengräberfeld von Novák; 3. Nadelknopf, Dm. 17 mm, wobei der Stiel vom Entdecker abgeschnitten wurde. Der Nadelknopf ist eine 1 mm dicke Scheibe die mit zwei konzentrischen Rippen verziert ist. Mit Patina bedeckt. ... Von derselben Fundstelle stammt ein weiterer kleiner Gußfladen, der vom Mechaniker Kiss György aus Torda angekauft wurde. Seinen Aussagen nach, wurde das Fundstück auf einem Hof in Mészkő entdeckt.". Dem Museum in Cluj hat Kiss György am 4. Sept. 1901 zwei bronzene Gußfladen (I 856-7 = P 54299, P 46046) und eine Lanzenspitze (I 858 = P 975) - alle drei in Mészkő gefunden - verkauft. Im Mus. Turda wird auch ein Tüllenbeil aus Mészkő aufbewahrt. Roska 1942, 181, Nr. 223 erwähnt alle diese Entdeckungen (mit älterer Literatur). Marțian 1920, 27, Nr. 443 bezieht sich wohl auf andere Fundstücke, deren reelle Existenz ist heute kaum zu überprüfen.

CHEIA II (wie oben). Schalenknaufschwert mit unverziertem Griff: "Flußfund (1940); in der Schlucht Cheile Turzii, an der Stelle «Baltă cotită», etwa in der Mitte der Schlucht, im Bett des Baches Hăjdate, etwa 2 m tief, beim Suchen nach einem ins Wasser gefallenen Messer von I. Tömöri gefunden" (Mitt. I. Tömöri bei Bader 1991, 154, Nr. 365, dort auch die älteren Arbeiten von M. Rusu und A. Alexandrescu zitiert).

CHERASCO (Reg. Roncaglia, Prov. Cuneo, Piemonte, I.). Ein Griffzungenschwert vom Typ Treviso: "Dal letto del fiume Stura: infitta nel greto, 400 m a monte del ponte di Cherasco." (Bianco-Peroni 1970, 60, Nr. 133, mit älterer Literatur).

Ciclovina, s. Cioclovina

CÎȚCĂU (Kr. Cluj, Sb., R.) [u. Kackó]. Persönliche Überprüfung von T. Soroceanu. Die Bronzen sind auf Abb. 10,1-4 illustriert. Der Depotfund ist auch bei Soroceanu 1982, 374, Nr. 15; Boroffka 1987, 67 mit Abb. 4,1; ders. 1991 b, 8, Nr. 11 mit Abb. 4,3 und Bader 1991, 163-164 Taf. 73 D erwähnt und abgebildet. Die Laboranalyse (vgl. Anhang V) bestätigte, daß die Griffstange mit Eisen im Inneren des Vollgriffes befestigt wurde.

CIOCLOVINA (Weiler des Dorfes Boșorod, Kr. Hunedoara, Sb., R.) [r. Ciclovina]. Eine vermischte (metallene und nicht-metallene Gegenstände) Höhlendeponierung, die in zwei Etappen entdeckt und veröffentlicht wurde (Comșa 1966, 169-174; Emödi 1978b, 481-495). Es handelt sich um ca. 7500 Fundstücke, die in mehreren Anhäufungen deponiert wurden.

CRASNA ("aus dem Fluß Crasna", R.) [u. Kraszna]. Die älteste Erwähnung eines Flußfundes aus dem Karpatenbecken, der uns bekannt ist: "Aliud [dolabrum] priori plene affine, duntaxat, quod ex bractea longior cuspis promineat. Inventum in fluuio Kraszna. Museo dicauit Mich. SZÉKELY de Killyen, S.C. et R.A.M. Camer. Consiliar. Aul. et ad excel. Cancell. Reg. Aul. Transsiluan. Referendarius" (Cimeliotheca 1825, 143, Nr. 19). Es handelt sich wohl um eine Nackenscheibenaxt mit Dorn (vgl. mit der ausführlicheren Beschreibung der Nr. 17). Siehe auch Hampel 1892, 73, wo er Nr. 13 zitiert.

CRIEFF (Perth, E.). "Said to have been «found in a grave in Crieff, where it was found sticking in a skull». Single find." (Colquhoun/Burgess 1988, 95, Nr. 518 mit älterer Literatur).

Csáklya, s. Cetea

DĄBROWA (Wojw. Słupsk, P.) [vormals Damerow, Kr. Schlawe, D.]. Bei Forstarbeiten wurden drei Schwertklingen unbekannter Form senkrecht im Moorgrund gefunden. Per. V (?). Sprockhoff 1956, 17 ff. mit älterer Literatur; Fogel 1988, 26.

DAIA (Gem. Apold, Sb., R.) [r. Sas-Daia, u. Szászdalya, dt. Denndorf]. Teutsch 1884, 125 erwähnt unter anderen Bronzegegenständen, die auf der Gemarkung der Gemeinde Denndorf gefunden wurden, auch "eine Broncesichel im Keisder Bach"; Petrescu-Dîmboviţa 1978, 80 spricht (mit Bezug auf Teutsch !) vom "Saschiz Bach", ohne zusätzliche Erklärungen.

Damerow, s. Dąbrowa

DANCU (Bessarabien). Kürzlich wurde hier (Zwischenstromland Pruth-Dnestr) in einer Tiefe von 50-70 cm ein Depot entdeckt, wobei "die Mehrheit der Fundstücke (d.h. Sicheln) kreisförmig übereinander gelegt waren, so daß in der Mitte ein schmaler zylindrischer Raum entstand, wo sich die übrigen Gegenstände: Tüllenbeile, Armringe, Messer usw. befanden" (Dergacev 1991, 39). Die Ähnlichkeit der Lagerung mit anderen Fundorten und deren Bedeutung für die votive Niederlegung wurden bereits von I. Chicideanu hervorgehoben (Chicideanu/Lichiardopol, Der Depotfund von Strãoşti, im vorliegenden Band).

Daroc, s. Drăuşeni

DEDERSTEDT I (Kr. Eisleben, Thüringen, D.). Von hier ist ein Grab bekannt, in dem 14 Randbeile paarweise mit der Schneide nach oben, aufrechtstehend ins Erdreich gesteckt worden waren (v. Brunn 1959, 55 mit älterer Literatur).

Denburg, s. Deva

Denndorf, s. Daia

Deutschendorf, s. Mintiul Gherlei

DEVA (Kr. Hunedoara, Sb., R.) [u. Déva, dt. Schlossberg, Dimrich, Denburg]. Der Burgberg bei Deva war u.E. ein wichtiger Opferplatz auf einer eindrucksvollen Anhöhe. Obwohl durch die mittelalterliche Festung und die dakische Niederlassung stark beeinträchtigt, belegen die dort entdeckten Depotfunde (Deva I, II, IV) und die vielen Einzelstücke eine jahrhundertelange Deponierungstätigkeit. Vgl. die genauen Fundumstände bei Barthos 1907, 136; Mailand 1908, 60-61; Balász 1911, 59 und teilweise Nestor 1941, 165 ff. Petrescu-Dîmboviţa 1977, 40 verwechselt (unter anderem) ständig die Zeitschriften Hunyad. Tört. Rég. Társ. Évk. mit Arch. Ért. bzw. er überträgt die Jahrgänge und die Seitenangaben von der ersten auf die zweite. Vgl. auch ebd., 57, 92.

Dimrich, s. Deva

DÎRJA (Gem. Panticeu, Kr. Cluj, Sb., R) [r. Dîrjea, u. Magyarderzse]. Die ersten drei Fundstücke wurden am "Intre pîraie" genannten Ort, im Ufer eines Baches, am 4. Juni 1966 vom Schüler Crişan Ioan aus Dîrja gefunden. Am 5. Juni, unter der Leitung des Lehrers Liviu Costea, wurden etwa 3 m weiter, doch im selben Ufer, weitere 15 Gegenstände geborgen. Am 11. Juni erfolgte die Probegrabung von M. Rusu, die 21 Fundstücke in einer Tiefe von 0,25 cm, aber keine Siedlungsspuren ans Tageslicht brachte. M. Rusu behauptet, die bronzenen Gegenstände wurden ursprünglich in einer Grube niedergelegt, aber das Bachwasser hat sie auf ungefähr 4 m zerstreut (Rusu 1972 b, 554).

Dîrjea, s. Dîrja

DOBRICEL (Gem. Căianu Mic, Kr. Bistriţa-Năsăud, Sb., R.) [u. Kisdebrek]. Das mykenische Schwert wurde eigentlich zwischen Dobric und Dobricel entdeckt, als 1969 auf der Anhöhe "Pleşa" Forstarbeiten durchgeführt wurden. Die Waffe lag in der Humusschicht, 300 m östlich von "Valea Dobricelului", unweit vom Zusammenfluß mit der "Valea Pomilor". Die Suchgrabung und die damit verbundenen Begehungen von G. Marinescu brachten keine weiteren archäologischen Spuren; vgl. Marinescu 1983, 57.

Draas, s. Drăuşeni

Drăguşeni, s. Drăuşeni

DRĂGUŢEŞTI (eingemeindet in Tîrgu Jiu, Kr. Gorj, Kleinwa., R.). Frühling 1970, auf der linken Terrasse der Jiu, ca. 30 m vom Flußbett entfernt, in 30 cm Tiefe entdeckt. Wie Oancea u. Gheorghe 1981, 265 ff. berichten, wurden außer den siebenbürgischen Tüllenbeilen (drei von sechs sichergestellt) und den Hakensicheln (vier von elf) keine anderen archäologischen Reste aufgespürt.

DRAJNA DE JOS (Gem. Drajna, Kr. Prahova, Großwa., R.). Wichtig für diesen Abhangfund ist die

Kreisdeponierung der Sicheln (vgl. oben "Die Anordnung der Gegenstände"), was sicherlich nicht auf eine Notbergung deutet. Außerdem wurden manche wichtigen Hinweise von Andrieșescu 1925, 348 nicht berücksichtigt; es handelt sich um die Tatsache, daß die präzise Fundstelle "derrière la maison seigneuriale ...Cretzulescu" liegt, was den Abhang als südlich oder südwestlich bestimmen läßt. Weiter ist es wichtig, daß "pas la moindre trace de tessons, de maisons, de cendres ou de pierres de clôture" ans Tageslicht kamen. Die anderen Angaben wurden von Petrescu-Dîmbovița 1977, 78-79 und (weniger vollständig) ders. 1978, 111-112 korrekt übernommen. Von den nicht zitierten Aufsätzen sind Butescu 1928, 177 ff.; Canarache 1950, 87-90 (Abb.); Hänsel 1982, 15 nicht unwichtig.

Draos, s. Drăușeni

Drass, s. Drăușeni

DRĂUȘENI (Gem. Cața, Kr. Brașov, Sb., R.) [r. Draos, u. Daroc, Homoroddaroc, dt. Drass, Draas]. "Im zweiten Jahrzehnt unsres Säkulum zwischen 1810-12 fand der damalige Notär Matthiä gegen 30 Bronzekelte in seinem Hausgarten [in Draas, Repser Stuhl] c. 1 1/2' tief, regelmässig im Kreise um ein mit der Spitze in die Erde gestecktes Bronzeschwert gelegt, wofür ein grosser Mörser und zwei Leuchter eingetauscht wurden". (Gooß 1876 a, 19, nach mündlichem Bericht des Herrn Königsrichters Matthiä; bei Gooß 1877, 55 schon etwas unterschiedlich dargestellt). Die anderen Arbeiten (Hampel, Tocilescu, Téglás, Marțian, Roska, Alexandrescu, Petrescu-Dîmbovița) sind für die Fundumstände unwichtig, wenn nicht irreführend. Beim letzten (1977, 148) ist der Fund unter Drăgușeni zu finden, was auf eine kurze Verwendungszeit dieses Ortschaftsnamens zurückzuführen ist (Suciu 1966, 210). Petrescu-Dîmbovița 1978 erwähnt diesen Depotfund überhaupt nicht. Vgl. auch Bader 1991, 169, Nr. 424, mit vollständiger Literatur.

Drentkau (Kr. Grünberg, vormals Schlesien), vgl. Drzonków

DRZONKÓW (P.; dt. Drentkau). "Ende Februar 1927 stieß der Schüler Paul Lange beim Ausheben eines Grabens längs eines den väterlichen Acker begrenzenden Waldrandes bei 0,10 bis 0,15 m Tiefe in gelbsandigem Boden auf dunkle Holzspuren, die sofort zerfielen, und bei 0,25 m Tiefe auf eine bronzene Lanzenspitze, die senkrecht, mit der Spitze nach unten, in der Erde steckte. Den Holzspuren nach muß bei ihrer Versenkung der Schaft noch vorhanden gewesen sein und aufrecht gestanden haben. Um sie herum lagen, einen Ring von etwa 0,30 m bildend und nur durch kleine Zwischenräume voneinander getrennt, 5-6 flache, reichlich handgroße, hellgraue Feldsteine. Von Knochenresten, Tonscherben oder anderen Andeutungen eines Grabes war nichts bemerkt worden. Auch sprach die hellsandige, trockene Bodenbeschaffenheit gegen die Annahme, daß der Speer etwa bei einem Jagdwurf im moorigen Gelände verlorengegangen sein könnte. Vielmehr lassen die offenbar besonders ausgesuchten abgesprengten Steinscheiben in ihrer Anordnung eine planmäßige Anlage, d.h. ein vielleicht dem Jagdgotte dargebrachtes Opfer, erkennen." (Seger 1936, 140-141); Hinweis W. Blajer.

Enlaca, s. Inlăceni

Enlaka, s. Inlăceni

Erdeo-Sîngeorgiu, s. Sîngeorgiu de Pădure

Erdőszentgyörgy, s. Sîngeorgiu de Pădure

Érmihályfalva, s. Valea lui Mihai

EWART PARK (Northumberland, E.). "Found on a grassyknoll ploughed for the first time. The sword blades were forced vertically into the ground. Found in 1814." [...] Associations: two other swords (nos. 486 and 531)". (Colquhoun/Burgess 1988, 97, Nr. 542, mit älterer Literatur).

Fiend, s. Foieni

Fienen, s. Foieni

FÎNTÎNELE (Gem. Matei, Kr. Bistrița-Năsăud, Sb., R.) [r. Iuș, u. Szászújös, Újös]. Im Rahmen der keltischen Nekropole auf "Dîmbul popii" wurde 1971 eine vereinzelte bronzezeitliche Grube entdeckt. In der Mitte der Grube wurde ein ovaler Herd gefunden, der wenig benutzt worden war. In der Nähe eines aus grauem Basalt hergestellten Reibsteins kam noch ein Feuerbock ans Tageslicht. Die absichtlich zerbrochenen

Töpfe und Gußformen waren verstreut, doch unter dem Niveau des Reibsteins (Soroceanu 1974, 367 ff.).

Foeni, s. Foieni

FOIENI I (Kr. Satu Mare, R.) [r. Foeni, u. Mezőfény, dt. Fiend, Fienen]. Der Hort wurde im Frühling 1974 an der "Moară" (= "Mühle") genannten Stelle, am Ufer des "Schwarzen Baches" ("Fekete Patak") entdeckt. Der Fund besteht aus einer Dolchklinge, Anhänger, zwei Bernsteinperlen. Die Gegenstände wurden sehr wahrscheinlich in einem tragbaren Öfchen gefunden. Aufbewahrt im Mus. Carei. Németi 1978, 103-104, 118-119; Bader 1978, 124, Nr. 38 betrachtet die Gegenstände als Einzelfunde; in einer brieflichen Mitt. vom 25. Juli 1985 meint Németi dann, es könnte sich eventuell auch um ein Grab handeln.

FOIENI II (wie oben). 1983, in einer Entfernung von 500 m von Foieni I, auf derselben Flußterrasse, wurden zwei bronzene Armringe, wahrscheinlich Teile eines größeren Depots, entdeckt. "Aus der Gegend können zwei kleine Gáva-Siedlungen (Ha A)" erwähnt werden. Briefliche Mitt. J. Németi, 25. Juli 1985.

GĂUJANI (Kr. Vîlcea, Kleinwa., R.). Stürmische Regenfälle haben im Sommer 1972 eine Dumbrăvioara-Axt vom Ufer des Bratu-Baches ausgewaschen, wobei kein anderes archäologisches Material gefunden wurde. Die Fundstelle liegt 100-150 m weit von der Einmündung des "Bratu"-Baches in den "Găujani"-Bach (Petre 1976, 261 ff.).

GIURTELECU ŞIMLEULUI (Gem. Măierişte, Kr. Sălaj, Sb., R.) [u. Somlyógyörtelek]. Kleiner Depotfund (nur ein Tutulus und ein halbmondförmiger Anhänger wurden sichergestellt, vgl. Abb. 8), der 4 m tief im Geschiebe der "Valea Crasnei" an der Eisenbahnbrücke von Giurtelec entdeckt wurden (MGS, Cluj, Inv. Nr. IN 20156-57 = P 7340-41, Geschenk des Dipl.-Ing. Ladislau Sicher). Der Tutulus ist zur Zeit nicht auffindbar.

Görgénysóakna, s. Jabeniţa

GOVORA SAT (Gem. Mihăieşti, Kr. Vîlcea, Kleinwa., R.). Nicht weit vom Kloster Govora wurden 1958 17 Tongefäße (13 davon gerettet) der Verbicioara-Kultur entdeckt, die am Fuße eines abschüssigen Abhanges einer Kalksteinhöhe in einer Grube deponiert worden waren. Sowohl in der ungefähr 1 m in das Gestein eingemeißelten Grube als auch in deren Nähe sind keine anderen archäologischen Spuren gefunden worden. Bei der Veröffentlichung (Berciu u.a. 1961, 134 ff.) wurden irgendwelche rituellen Deponierungsgründe entschieden abgelehnt, doch bereits Hänsel, 1976, 59 hat den zweifellosen kultischen Charakter dieses Fundes erkannt.

GROß GRAGLOW (Kr. Cottbus, Brandenburg, D.). Am 13. April 1992 wurde nach dem Ausheben der Baugrube für ein Eigenheim in einem Lehmklumpen neben der Baugrube ein Depot entdeckt: Beil und Sichel steckten noch in der Armspirale. Die eine Hälfte der Gegenstände zeigt eine Moorpatina, die andere Spuren vom Sand, was annehmen läßt, daß die Knopfsichel (mit der Spitze) und das Lappenbeil (mit der Schneide) in der Armstulpe stehend senkrecht am Rande des Moores deponiert wurden, so daß die drei Gaben sehr wahrscheinlich noch sichtbar waren. In Ausgr. u. Funde erfolgt eine Vorstellung des Fundes durch D. Westendorf, desser Freundlichkeit es uns ermöglicht hat, die Fundumstände in diesem Rahmen auswerten zu können.

Grosswardein, s. Oradea

HAGIA TRIADA (G.). Auf einem Siegelabdruck sind Schwerter oder Dolche auf einem Altar senkrecht stehend zu erkennen (D. Levi, ASAtene 8-9, 1925-26, 139, Nr. 136 Abb. 152 Taf. 14, 136 [als Kulthörner bezeichnet; 3 Schwerter und ein Dolch]). Freundlicher Hinweis I. Kilian-Dirlmeier.

HAJDUBÖSZÖRMÉNY (Kom. Hajdú-Bihar, U.). Hier die Fundumstände nach F. Kenner 1860, 372 ff., der auch einen Bericht von v. Graffenried eingearbeitet hat: "... fand sich Franz Horváth veranlaßt, um das Mittagmahl zu kochen, zwei Herde in die Erde zu graben. Beim Beginn dieser Arbeit stieß er mit dem Messer auf einen harten Gegenstand, der sich als Bronzehelm erwies; dadurch zu weiteren Nachforschungen angefeuert, fand er daneben einen zweiten, nebst sechs großen bronzenen Gefäßen, und unter diesen etwas tiefer vergraben, nach seiner Angabe gegen 30 bronzene Schwerter, welche sämtlich neben einander in bester Ordnung gelegt waren und zwar so, daß immer die Spitze des einen herüber, die des anderen hinüber stand." Zu weiteren Einzelheiten vgl. Mozsolics 1984, 81 ff. und auch Hampel 1892, 49 ff.; Kemenczei 1984, 172.

HĂŞMAŞ (Gem. Rus, Kr. Sălaj, Sb., R.) [u. Alsóhadymás]. Wichtig für die Fundumstände ist allein der

Bericht von Orosz 1906, 370-372: "Am 18. Sept. 1903 unternahm der Verf. eine Reise nach Alsó-Csobánka [=Ciubanca], um die Fundumstände zu überprüfen. Bevor er dort ankam, hat er im Dorfe Nagymező [= Pruni] Csobankan Péter getroffen, der ihn nach Hause eingeladen und ihn mit vier aneinander geketteten Ringen beschenkt hat; Cs. P. berichtete, daß 1898 er auf der Gemarkung der Gem. Alsóhagymás [=Hăşmaş], im Walde Czigle [=Ţigle], in der Abrutscherde eines Bachufers, mehrere grünliche Gegenstände gefunden hat, die er folgendermaße so verteilte: zwei Ringe dem Telegdy, dem Pope Krecsunás [=Crăciunaş] vier Ringe und vier Sicheln und mir [Orosz] vier Ringe. Seinem Bericht zufolge waren 23 Ringe gekettet, wovon 16 verlorengegangen sind. Ursprünglich hat Telegdy Béla zwei offene Ringe und der gr.-ort. Pope Krecsunás Gergely (Pope in Alsó Csobánka) eine in zwei Teile zerbrochene Bronzesichel, aus dem Fundort Alsó-Csobánka [?] dem Mus. in Dées [=Dej] geschenkt."

HINTERRISS (Bez. Schwaz, Nordtirol, Ö.). Ein Vollgriffschwert des Typus Wörschach wurde mit dem Griff schräg nach unten im Boden steckend gefunden (Müller-Karpe 1961, 33, 108, mit älterer Literatur).

HJORTEDE (Jütland, Dk.). "Die Stelle ist ein heidebewachsener Höhenrücken, der sich von Süden her gegen einen Wiesenzug «Tuekjær» vorschiebt, ein schwerzugänglicher, abseits gelegener Heideplatz. Während der Arbeit der Steinsprengung fand man an der Nordwestseite des Steines, dicht daran, aber nicht darunter, die ... Sammlung von Bronzen. Die Gegenstände lagen etwa 1/2 m tief unter der Oberfläche auf gewachsenem Sandboden, ohne besondere Unterlage oder Bedeckung, in der Weise angeordnet, daß die 12 Halsringe übereinandergestapelt, und von ihnen umrahmt die Spiralarmringe lagen, mit der lotrecht in die Erde eingestochenen Dolchklinge in der Mitte." (Brønsted 1934, 160).

Hohe Rinne, s. Păltiniş

HOLTUM-GEEST (Niedersachsen, D.). Unter einem umgestürzten Hängegefäß wurden mehrere Bronzen entdeckt. Links und rechts davon, in einer Entfernung von je 2 Zoll, standen zwei Manschettenarmbänder, daß eine mit einem kleinen Deckel bedeckt. Die kultische Handlung ist auch dadurch deutlicher, weil ein geflochtener Kranz von Menschenhaar ringsum oben im Gefäß lag. (Sprockhoff 1932, Nr. 6, Taf. VIII-IX).

Homoróddaroc, s. Drăuşeni

IGRIŢA-HÖHLE (Dorf Peştere, Gem. Aşchileu, Kr. Bihor, R.). Es handelt sich um über 100 Gruppen von verschiedenen deponierten Gegenständen (hauptsächlich Bronzen und Keramik), wobei keine menschlichen Knochenreste beobachtet werden konnten (vgl. Einzelheiten bei Emödi 1980, 229-273).

INLĂCENI (Kr. Harghita, Sb., R.) [r. Enlaca, ung. Enlaka]. 1952 wurde von einem Hirten ein mykenisches (?) Schwert in senkrechter Lage mit der Spitze nach oben auf der Weide gefunden (Székely 1953, 19).

Ispánmező, s. Spermezeu

Iuş, s. Fîntînele

Izaszacsal, s. Săcel

JABENIŢA II (Gem. Solovăstru, Kr. Mureş, Sb., R.) [u. Görgényóakna, dt. Salzbrunnen, Salzhau]. Drei Tüllenbeile, drei Hakensicheln und eine Nackenknaufaxt (wohl ein BD-Depotfund) wurden bei "In lunci" in der Nähe des Flusses in einem "großen Topf" (beim Pflügen vernichtet) mit anderen Bronzen, die nicht mehr rekuperiert werden konnten, vom Bauer Dumitru Mărcuş aus Jabeniţa entdeckt (Lazăr 1980, 3).

Jastrow, s. Jastrowie

JASTROWIE (Woiw. Piła, ehem. Kr. Wałcz, P.) [vormals dt. Krone; pl. Jastrow]. Einzelfund, Schwert mit geschlitzter Griffzunge, "senkrecht in kiesigem Untergrund des Moores". Per. V. (Sprockhoff 1931, 106; Fogel 1988, 42; freundliche Hinweise W. Blajer).

JUPALNIC (eingemeindet in Orşova, Kr. Mehedinţi, Bt., R.) [u. Ózsupánek-Újsupánek, Nagyzsupány]. Herbst 1899, auf der Uferwiese des Baches Aluniş, am "Balta cu rogoz" [= der Schilfteich] genannten Ort haben Hirten 22 bronzene Gegenstände in einem später verlorengegangenen Tongefäß entdeckt. 14 davon wurden vom Pfarrer Pavel Magdescu dem Gymnasialmuseum geschenkt, zwei andere sind zum Pfarrer in Vîrciorova gelangt; die übrigen sechs sind spurlos verschwunden (Mihalik 1908, 12 ff.; Milleker 1940, 26 ff.; Laitin 1942, 7; Rusu 1972 b, 556-557; Petrescu-Dîmboviţa 1977, 123.

Kackó, s. Cîţcău

Kaplony, s. Căpleni

Kappelan, s. Căpleni

Karol, s. Carei

Keltsch, s. Kielcza

KIELCZA (Gem. Zawadzkie, Woiw. Opole, P.) [vormals dt. Keltsch, Kr. Strzelce Opolskie = Groß Strelitz]. Drei Schwerter dicht beieinander gefunden. Per. V. Pfützenreiter 1936, 78-81 Abb. 3 Taf. VI,3,5.

Kisdebrek, s. Dobricel

KLĘCZANY (Gem. Sedziszów Malopolski, Woiw. Rzeszów, P.). 1941 wurden im Torfboden, in einer Tiefe von 130 cm zwei große Tüllenkopfnadeln, die gekreuzt lagen ("ulozone na krzyz"), entdeckt. Die Fundstücke können wahrscheinlich BC 2(?)-BD datiert werden (Krauss 1968, 167), freundliche Mitt. W. Blajer.

Körösbánlaka, s. Bălnaca

Kraszna, Fluß, s. Crasna

Krasznabéltek, s. Beltiug

KŘENŮVKY (Mä., Tsch.). Podborský 1970, 28: "Am Fuße des Felsens 'v Nivkách' wurde im Jahre 1925 ein in einer Tiefe von 60 cm in einer Grube verwahrter Depotfund entdeckt". Die Beschreibung von A. Gottwald (nach Podborský 1970): "Den Mittelpunkt des Schatzes bildeten 3 umgestürzte Schüsseln, die je nach Größe ineinander lagen; darauf lag umgestürzt noch eine vierte Schüssel, die am kleinsten war. Unter den Schüsseln befanden sich 2 Schildbuckeln, 1 großer Knopf und 2 massive Armbänder. Diese im allgemeinen geringfügige Gruppe wurde vor einer Beschädigung durch ringsum aufgestellte elastische, röhrenförmig gebogene Armbänder (insgesamt 9 Stück) geschützt, von denen sie auch oben überdeckt war. In einer Entfernung von fast 1,5 m von diesem Depot fanden die Arbeiter unter angehäuften Steinen in einer Tiefe von 50 cm noch 2 große, nebeneinanderliegende Schildfibeln". Wir folgen der Behauptung Podborsky's, es handelt sich um eine einheitliche Deponierung.

KRIVOKLÁT (Bez. Považská Bystrica, Slkei.). Eine Posamenteriefibel (L. = 37 cm) wurde als Einzelfund unter einem Felsen neben einem Bach gefunden (Furmánek 1992, 17-27). Wir halten diese Entdeckung für eine Votiveinstückdeponierung.

Krone, s. Jastrowie

Kronstadt, s. Braşov

KŘTENOV (Tsch.). "1884 wurde auf dem Felde «Na dolní Jablonce», als die Pflugschar tiefer in den Erdboden eindrang, ein Beilhort gefunden. Die Äxte waren sorgfältig geschichtet, und zwar so, daß abwechselnd immer der Kopf einer Zieraxt auf der Schneide der anderen ruhte...; die so geordneten und knapp zusammengelegten Bronzeartefakte waren unter den Tüllenöffnungen beiderseits mit Bronzedraht umwickelt und zusammengeschnürt". (Die Arbeiten von Richlý, Woldrich, Eisner, Hájek, Hachmann, sowie SAM sind bei Stein 1976, 102 zitiert). Eine ähnliche Deponierungsart ist auch für die Trichterbecherkultur belegt, vgl. Rech 1979, 16 u. Abb. 2 b.

LEANNAN BUIDHIE (Lower Coilabus Farm, Oa, Islay, Argyll, E.). "Found while cutting a drain through peat in a hollow called Leannan Buidhie. The sword was about 85 cm below the surface, with the point facing downward. - Complete sword." (Colquhoun/Burgess 1988, 99, Nr. 578, mit älterer Literatur).

LEUBINGEN (Thüringen, D.). Das bekannte Fürstengrab der Aunjetitzer Kultur enthält unter anderem vier Dolche, die paarweise Kreuze darstellend niedergelegt wurden. Wichtig sind auch die ebenfalls gekreuzten Äxte und die Tatsache, daß sich sogar die Skelette in derselben Lage befanden. Nebeneinander liegende Bronzemeißel, eine kreisförmige Anordnung der Steine um ein Tongefäß und steinerne Werkzeuge ergänzen das Gesamtbild und die Bedeutung der Position der Gegenstände auch mit Bezug zu den sog. Depotfunden (Höfer 1906, 16 ff. u. Taf. i, Abb. 3).

LIBORAJDEA (Gem. Sicheviţa, Kr. Caraş-Severin, Bt., R.) [r. Liuborajdia, Liuboraşdia, u. Lyubarasdia].

Gumă/Dragomir 1985, 107 ff. berichten über einige Nov. 1983 in unmittelbarer Nähe der Donau gefundene Bronzen. Die ungefähr 20 m breite Terrasse war mit angeschwemmtem Sand bedeckt und liegt jetzt unter den Wassern des Stausees des Wasserkraftwerkes "Porţile de Fier".

Liuborajdia, s. Liborajdea

Liuboraşdia, s. Liborajdea

Livada (Kr. Buzău, Mo.), vgl. Putreda

LIVADA (Kr. Satu Mare, Sb., R.) [r. Sarchiuz, u. Sárköz]. Mitte August 1959 wurde ein Kanal flußabwärts der Holzbrücke Richtung Livada vertieft. Aus diesem Anlaß wurde in einer Blausandschicht in 1,80 m Tiefe ein ganz erhaltenes Schwert - schräg gestellt - gefunden. Horedt behauptet, es handelt sich um eine sekundäre Lage, das Schwert wäre vom Wasser zur Fundstelle getragen worden (Horedt 1962, 105). Verf. vertritt die Meinung, daß das Schwert in den Ufersand eingestochen wurde und sich nur wenig von dieser ursprünglich senkrechten Lage neigte. Zusätzliche Angaben zu den Fundumständen konnten schon zur Zeit der Entdeckung nicht mehr von den Ortsbewohnern erhalten werden (briefliche Mitt. K. Horedt 1991).

LOHME (Kr. Rügen, Mecklenburg-Vorpommern, D.). "Das [Kegel]grab mit Erde umdeckt, bestand aus zusammengehäuften Geröllsteinen von mäßiger Größe, zwischen welchen das [Griffzungen]schwert steckte" (Sprockhoff 1931, 92, Nr. 131).

Lyubarasdia, s. Liborajdea

Magyarderzse, s. Dîrja

Magyaregregy, s. Românaşi

MAGYARTÉS (eingemeindet in Szentes, Kom. Csongrád, U.). Aus einem Uferbruch der Körös kam die folgende wichtige Zusammensetzung von Gegenständen zutage: sieben Tüllenbeile, eine Lanzenspitze und ein gebogenes Schwert (vgl. Kemenczei 1984, 176, Nr. 30 b, mit älterer Literatur).

Máramarossziget, s. Sighetul Marmaţiei

Marosszentgyörgy, s. Sîngeorgiu de Mureş

MARVILA (Kr. Bacău, Mo., R.). Fundstelle "Dealul Cantonului". Nach dem Finder, dem Bauern A. Pîrîiac, stand das Schwert im Lehmboden, mit der Spitze nach oben, wofür Căpitanu/Vulpe 1977, 497 den Erdrutsch verantwortlich machen.

Mészkő, s. Cheia

Mezőfény, s. Foieni

Mezőterem, s. Tiream

Mihaifalău, s. Valea lui Mihai

MINTIUL GHERLEI II (Kr. Cluj, Sb., R.) [u. Szamosújvárnémeti, dt. Deutschendorf]. Teilweise widersprüchliche Angaben bei Şteiu 1955, 277 ff. und Petrescu-Dîmboviţa 1977, 145. Sicher ist, daß die Bronzen in der Nähe des Flusses Fizeş entdeckt wurden, angeblich 3 m tief, was aber über die ursprüngliche Tiefe nichts aussagen kann. Sieben Gegenstände wurden von den zwölf entdeckten Fundstücken erworben (vgl. den Mss.-bericht von M. Macrea, am 20. Mai 1951), sie werden im MGS, Inv. Nr. IN 6033a-b, 6034-38, aufbewahrt.

Mischiu, s. Cheia

MOCIU (Kr. Cluj, Sb., R.) [u. Mócs]. Die einzigen wichtigen Angaben zu den Fundumständen des Depotfundes von Mociu sind den Berichten von Toth 1878, 326, aber bes. 405-406 zu entnehmen. Die bronzenen Gegenstände wurden am 16. Juli 1878 am "Ocoliş" genannten Ort von einem Bauern während der Hackarbeit gefunden. "Ocoliş" befindet sich 1/4 Stunde von Mociu entfernt, in NO-Richtung; der Ackerboden wird im Ostteil von einem kleinen Bach durchquert und nicht weit von seinem Ufer entfernt wurden die Bronzen gefunden. Die Gegend ist reich an archäologischen Spuren aus verschiedenen Epochen, und ohne eine Nachgrabung ist es schwer zu sagen, in welchem Zusammenhang sie miteinander stehen.

Mócs, s. Mociu

MYKENÄ (G.). "Hoard of bronzes in retainig wal of Main Road A, 1959". Ein Schwert wurde mit der Spitze nach oben deponiert, neben Äxten, die ebenfalls in senkrechter Lage standen (Mylonas 1966, Abb. 67).

Nagykároly, s. Carei

Nagyvárad, s. Oradea

Nagyzsupány, s. Jupalnic

Némethbogsán, s. Bocşa Montană

Neuwerk, s. Bogşa Montană

NICOLENI (Gem. Şimoneşti, Kr. Harghita, Sb., R.) [r. Sînmicloş, u. Szentmiklós, Székelyszentmiklós]. "Im Schnitt Nr. 1, in einer Tiefe von 0,70 m, wurden die Reste eines ovalen Wohnhauses gefunden, in dessen Mitte ein runder Herd mit viel Asche stand. Um den Herd herum entdeckte man keramische Bruchstücke, einen Reibstein und die Gußschale für ein Schmuckstück mit Spiralenden (ähnlich den in Siebenbürgen bekannten Schläfenringen). Die Reste dieses Wohnhauses sehen wie ein kleiner Hügel (zolniki) aus." (Székely 1961, 187). Auf der S. 188 sind **zwei** Gußschalen erwähnt und auf der S. 186 Abb. 10,4,6 abgebildet.

OBERILLAU (Schz.). Schwertdepotfund (25 Schwertklingen), unter einem großen Stein (ca. 1 Tonne) im sumpfigen Milieu 1861 gefunden. Teilweise waren die Schwerter sternförmig (mit den Spitzen zum Zentrum), teilweise aufeinandergestapelt, an der südlichen Steinseite (Bill 1984, 25 ff., mit älteren Literatur, u.a. Buhlmann 1862, 226-255 Taf. II).

OLLON (Kt. Waadt, Schz.). Flur Charpigy. "Mr. Taylor-Gaudin, en faisant sauter un bloc erratique dans sa campagne de Charpigny, près d'Aigle, a découvert dessous, onze celts, trois grands anneaux et une pointe de lance en bronze, qui étaient disposés en cercle." (Bocksberger 1964, 87 mit Abb. 28).

ORADEA III (Kr. Bihor, Sb., R.) [r. Oradea Mare, u. Nagyvárad, dt. Grosswardein]. Auf dem linken Ufer der Crişul Repede wurde 1900 (damals auf dem Grundstück der Ziegelei Knapp Sándor) ein kleiner Depotfund entdeckt (Apa-Schwert, Dolch und vielleicht auch eine Steinkeule, vgl. Cseplő 1900, 78-79; Roska 1942, 198). Es handelt sich um die erste Flußterrasse, einen leichten Abhang nach Norden (Mitt. N. Chidioşan). Vgl. auch Popescu/Rusu 1966 R 2; bei Petrescu-Dîmboviţa 1977 ist das Schwert zweimal abgebildet (Taf. 5,1 als Oradea und Taf. 19,1 als Kr. Bihor), vgl. auch Kacsó, Arpăşel, im vorliegendem Band.

ORADEA V (wie oben). Auf dem Ufer der Crişul Repede, im Oradeaer Viertel "Velenţa", wurde vor 1906 ein zweistückiger Depotfund entdeckt (Roska 1942, 198, Nr. 88; Chidioşan 1981 a, 65). Verbleib: MGS, Inv. Nr. I 6698 = Tüllenbeil siebenbürgischen Typs; I 6699 = zerbrochenes Bronzebeil; Der Erwerb wurde am 6. Nov. 1906 eingetragen, Verkäufer war Samuel Leitner, Hermannstadt.

Oradea Mare, s. Oradea

OROSHÁZA - "Gyopáros"; Zwei Schwerter in vertikaler Lage deponiert. Gazdapusztai 1959, 13-29; bibliographphischer Hinweis A. Mozsolics.

ÖSTERBORSTEL (Kr. Norderdithmarschen, Schleswig-Holstein, D.). Ein Griffzungenschwert "steckte in einem großen Haufen von Handsteinen im Inneren des [Grab]hügels. Berlin, Staatsmus. I m 2049" (Sprockhoff 1931, Nr. 9).

OTANÓW (Woiw. Gorzów Wielkopolski, P.) [vormals Wuthenow, ehem. Kr. Myślibórz = Soldin]. Einzelfund, Antennenschwert, "am Ufer des Kloppsees, senkrecht mit der Spitze nach unten im Moorboden stekkend". Per. V. Sprockhoff 1934, 94 Taf. 16,16; Fogel 1988, 78; freundliche Hinweise W. Blajer.

OXBOROUGH (Norfolck, E). Ein Schwert in vertikaler Lage (Needham i.D., Abb. 1,1. Durch seine Freundlichkeit hatten wir Zugang zum noch nicht gedruckten Manuskript seines Aufsatzes; wir möchten ihm auf diesem Wege auch für andere wertvolle Hinweise danken.).

OYSTERMOUTH (Gower, Glam., E.). "Found sticking out of the mud on the beach in August 1979. - Complete sword" (Colquhoun/Burgess 1988, 124, Nr. 775).

Ózsupánek-Újzsupánek, s. Jupalnic

PĂLTINIŞ (Kr. Sibiu, Sb., R.) [dt. Hohe Rinne]. Es handelt sich um vier Bronzegegenstände, die 1947 in der

Nähe der Höhe 1315 bei "Vălari" gefunden wurden. Ein Höhendeponat ist zu vermuten. Allerdings veröffentlichte ihn auch K. Horedt in Zusammenhang mit der Benutzung der alpinen Weiden in den Karpaten (Horedt 1947, 156-157; Rusu 1972 b, 515 Taf. 226; Petrescu-Dîmbovița 1977, 101; ders. 1978, 123-124). Die anderen bibliographischen Hinweise (D. Berciu, M. Rusu, A. D. Alexandrescu) sind für die Fundumstände nicht wichtig.

PAVLOVKA (Odesskaja oblast', Ukraine). Unter einer umgestülpten bronzenen Tasse wurden einige wenige Bronzen gefunden (Raskopki v Bessarabskoi gubernii, Otčet Rossiiskogo arheologičeskogo obščestva za 1891 g., 1892, 82-85; bibliographischer Hinweis V. Bočkarev).

PÎHNEȘTI (Kr. Vaslui, Mo., R.). Der Geschichtslehrer I. Voloacă, damals Pîhneşti, berichtet, daß 1969 auf der Dorfgemarkung (westlich vom Dorf) ein Depotfund als Streufund gemacht wurde. Der Depotfund - angeblich zur Gänze sichergestellt - bestand aus einer bronzenen Schale, zwei Hakensicheln, einer fragmentarisch erhaltenen Kette und aus einem Tüllenbeil südöstlichen Typs (Abb. 6,1-3). Die umgestürzte Schale bedeckte die gekreuzten Hakensicheln. Von der genauen Lage der anderen Gegenstände wurde nichts berichtet. Eine Sichel und die Kette gingen inzwischen verloren (Voloacă 1975, 44 Taf. 38,10-12; Mitt. I. Voloacă bei Iconomu 1977, 221 Anm. 12; Soroceanu 1982, 375, Nr. 41).

PILSZCZ (Gem. Kietrz, Woiw. Opole, P.) [dt. Piltsch, Kr. Leobschütz, vormals Schl.]. Hier "wurde ... im November des Jahres 1884 beim Pflügen eine Bronzespirale an die Oberfläche gebracht. Der Pflügende ... grub nun sofort nach und fand noch 7 Bronzespiralen, 20 Schaftcelte und 17 offene Halsringe. Die Gegenstände waren etwa in der Weise angeordnet, daß sich unten die Ringe befanden und darüber die Spiralen, je 2 mit den Enden in einander gedreht, während die Celte ringsherum mit der Schneide in den Boden gesteckt waren. Dieser bestand in einer Tiefe von ca. 0,5 m aus einer ca. 2 Handbreit hohen, weißen Knochenasche, die schon ganz zerfallen war und sich auf einen Kreis von ca. 1 m Durchmesser verbreitete. Darin lagen die Reste eines Gefäßes, von denen Oberstlieutenant Stöckel aus Ratibor bald nach der Entdeckung des Fundes einige Scherben ....." (Mertins 1896, 314).

Piltsch, s. Pilszcz.

PODKONICE (Slkei.). 1911 am Bach Lupcica, auf dem Hang "Drndáce", kamen sechs Bronzeschwerter zutage (Novotná 1970 a, 112, vgl. auch S. 119).

PREDEAL (Kr. Brașov, Sb., R.). Andrieșescu 1916, 9 (Sonderheft) spricht von der Anhöhe "Vâlcelu Gârliciului"; Nestor 1941, 177 ff. (Anhöhe "Zambroi", worauf sich "l'endroit Vâlcelu Gârliciu" befindet); Mozsolics 1967, 155 (Anhöhe "Zambroi", nicht abgebildet); Petrescu-Dîmbovița 1977, 42 (Anhöhe "Zambroi", ohne Andrieșescu zu zitieren). Laut Andrieșescu, der den begleitenden Brief des Bürgermeisters von Predeal zitiert, wurden "einige von diesen [Gegenständen] auf der Erde, andere ein wenig von Erde bedeckt" von zwei Knaben gefunden. Es geht höchstwahrscheinlich um eine Niederlegung der Gegenstände auf der Erdoberfläche oder in einer sehr geringen Tiefe. Nestor 1960, 117-118 verwechselt pauschal die Inhalte der Depotfunde von Predeal I und Sinaia.

Die Arbeiten von C. Moisil, M. Ebert, I. Nestor, v. Brunn und E. Schubert bringen nichts Neues zu den Fundumständen.

PÜSPÖKLADÁNY (Kom. Hajdú-Bihar, U.). "Die beiden [Kurd]-Eimer standen ineinander und mit der Mündung nach unten in einer 90 cm tiefen und im Durchmesser 5-6 cm mehr als der größere Eimer messenden Grube" (Patay 1990, 38-39, Nr. 55-56).

PUTREDA (heute Livada, Kr. Buzău, Mo., R.). Die bronzenen Gegenstände wurden 1926 im westlichen Teil des Dorfes (Flur "La Canton") vom Regenwasser aus dem Ufer eines Baches, der die Anhöhe "Coasta lui Avram" durchfließt, herausgewaschen, so das Ergebnis der 1955 durchgeführten Nachgrabung von Isăcescu (1967, 327); die Gegenstände wurden von Vieh hütenden Kindern gefunden und gelangten 1936 in die Sammlungen des "Muzeul Militar Central" (Mozsolics 1973, 213; Petrescu-Dîmbovița 1977, 79).

RADŁOWICE (P.). Während der Ausgrabungen in einer mehrperiodigen Siedlung wurden 1987 zwei lange (50-60 cm) Bronzenadeln entdeckt. Sie befanden sich außerhalb des Objekts, senkrecht in der Erde steckend (Lasak, Slaskie Sprawozdania Archeologiczne 30, Wrocław 1988, 49 Abb. 1 a-b); bibliographischer Hinweis W. Blajer.

Rainberg, vgl. Salzburg

REMETE (U.). Dieser Höhlenfund ist für die Forschung sehr wichtig, da der Vergrabungspunkt im Höhleninneren nicht zufällig gewählt wurde. Wie nur Gábori-Csánk 1983, 255 sehr treffend bemerkte, erreicht das Tageslicht ihn lediglich an einem herbstlichen Nachmittag. Eine andere Meinung vertritt Mozsolics 1988, 27 ff., wenn sie von den Bemerkungen Gábori-Csánk's glaubt: "Wichtig ist ihre Feststellung, daß der Fund nicht von einem entfernten Ort hierher gebracht wurde".

Remete-Bredesty, s. Brădești

Reussen, s. Sărățel

Rév, s. Vadu(l) Crișului

RIEDL (Bayern, D.). "Nach dem Fundbericht, lagen die 15 Ösenhalsringe aufeinander, darin standen die zwei Armspiralen, in diesen wiederum steckten die [2] Beile." (Winghart 1986, 174, Nr. 48, dort Menke, Stein zitiert).

Rîmeț, s. Brădești

Rîmeți-Brădești, s. Brădești

Românaș, s. Românași

ROMÂNAȘI (Kr. Sălaj, Sb., R.) [r. Românaș, u. Magyaregregy, Alsóegregy]. 1959 haben zwei Kinder im Flußbett eines Baches, der nicht weit vom Dorf fließt, einen größeren Depotfund entdeckt, von dem drei Sicheln und zwei Gußfladen vom Lehrer T. Pop für das dortige Schulmuseum gerettet worden sind (Mitt. Tiberiu Pop bei Rusu 1972 b, 570 mit Taf. 253,6-10; Mitt. T. Pop u. M. Rusu bei Petrescu-Dîmbovița 1977, 150 mit Taf. 365,1-5).

Roșia, s. Roșia de Secaș

ROȘIA DE SECAȘ (Kr. Alba, Sb., R.) [r. Roșia, u. Veresegyháza, Szekáségyháza, dt. Rothkirch]. Die Bronzen wurden 1910 gefunden, und zwar am Fuße einer kleinen Anhöhe auf dem Ufer eines Baches, der einen Acker durchfloß. Man sagt, die Finder haben lange Zeit nachgesucht, aber mehr kam nicht ans Tageslicht. (MGS, ins Inventarbuch eingetragen am 15. Febr. 1911, Verkäufer Wallenstein Manó). Die Arbeiten von Roska, Rusu, Mozsolics und Petrescu-Dîmbovița (alle zitiert beim letzten 1977, 67) sind unwichtig für die Fundumstände.

Rothkirch, s. Roșia de Secaș

RUNDHOF (Schleswig-Holstein, D.). Drei Schwerter wurden als Moorfund geborgen, "1 Fuß tief unter dem Rasen. Beide ganze Schwerter lagen dicht aneinander mit den Spitzen in entgegengesetzter Richtung." (Sprockhoff 1931, 61, mit älterer Literatur).

SĂCEL (Kr. Maramureș, Sb., R.) [u. Szacsal; Izaszacsal]. "Aus einem größeren Hortfund, 1968 entdeckt in der Nähe des Baches «Valea Largă» wurde nur eine Schaftlochaxt gerettet. Schulsammlung Săcel". Kacsó, i. Vorb.

SACHSENWALD (Schleswig-Holstein, D.). "Einen merkwürdigen Befund ergaben die Fundumstände des Bronzedepots aus dem Sachsenwald. Man hatte zwei Bronzeschwerter senkrecht in den Hügel gesteckt und ein Bronzemesser vom Pfahlbautyp dazwischen gelegt" (Kersten 1951, 76).

SAINT MORITZ (Schz.). Es handelt sich um den bekannten Quellfund, von dem besonders die zwei senkrecht eingestochenen Bronzeschwerter wichtig sind; vgl. Heierli 1907 a, 120-121; ders. 1907 b, 265 ff.; ders. 1909, 126; Geschwendt 1972, 16-17 Abb.).

Salzbrunnen, s. Jabenița

SALZBURG (Ö.). "Bei einer Notgrabung auf dem Rainberg bei Salzburg (189) wurden offenbar innerhalb einer Siedlung drei Beile unter einem Stein entdeckt. Zwei Beile lagen parallel nebeneinander, das dritte quer darüber" (Stein 1976, 23, mit Literatur).

Salzhau, s. Jabenița

SĂRĂȚEL (Gem. Șieu-Măgheruș, Kr. Bistrița-Năsăud, Sb., R.) [r. Serețel, u. Szeretfalva, dt. Reussen].

Mehrere Armringe (davon zwei im Mus. Bistriţa und in einer Privatsammlung aufbewahrt) wären zwischen 1926 und 1930 in der hallstattzeitlichen Siedlung auf dem "Burgberg" (= rum. "Dealul Cetăţii") gefunden worden (Marinescu/Dănilă 1974, 71,76, 82 mit Taf. 4,6-7; in vorliegender Studie Abb. 1,17-18).

Sarchiuz, s. Livada

Sárköz, s. Livada

Sas-Daia, s. Daia

SCĂRIŞOARA (Kr. Bacău, Mo., R.). Die Axt wurde 90 cm tief im gelben Lehm von einem Bauern gefunden, als er eine Grube für einen Brunnen graben wollte. Die Fundstelle liegt 2 km östlich von Siret, in der Zone zwischen den Bächen Răgoaza und Fulgeriş. Keine anderen archäologischen Spuren wurden ermittelt (Buzdugan 1974, 431).

SCHKOPAU I (Kr. Merseburg, Sachsen-Anhalt, D.). 1821 wurden im Flußbett der "Schwarzen Lache" bei Vertiefungsarbeiten des Flußbettes mehrere Beile gefunden. Sie sollen im Kreise mit der Schneide nach innen gelegen haben (v. Brunn 1959, 66).

Schlossberg, s. Deva

Schorosten, s. Soroştin

Schorsten, s. Soroştin

SCHWANEFELD (Kr. Neuhaldensleben, Sachsen-Anhalt, D.). Ein Mörigerschwert, angeblich Einzelfund, wurde "unter einem großen Stein senkrecht in der Erde stehend", unweit von einem Grab, entdeckt (Sprockhoff 1934, 120, Nr. 40, mit älterer Literatur).

SEDDIN (Mecklenburg-Vorpommern, D.). A. Kiekebusch 1928. In dem hiesigen Kammergrab wurde das Schwert an der Urne in vertikaler Lage angelehnt, und zwar mit der Spitze nach oben, was an die Lage der Beile von Schifferstadt erinnerte (vgl. auch Anm. 112).

Sereţel, s. Sărăţel

Sighet, s. Sighetul Marmaţiei

Sighetul Maramurăşului, s. Sighetul Marmaţiei

SIGHETUL MARMAŢIEI IV (Kr. Maramureş, Sb., R.) [r. Sighet, Sighetul Maramurăşului, u. Máramarossziget]. Im Sommer 1985 wurden in der NW-Zone des Solovan-Hügels, ganz in der Nähe der Quellen des "Spicu"-Baches, ungefähr in einer Höhe von 615 m und in einer Tiefe von 10-15 cm, drei Nackenscheibenäxte und ein Hakensichelfragment gefunden. Ergebnislose Kontrollgrabung (Kacsó, i. Vorb. und mündliche Mitt.).

SIMRIS (Jerrestad, Schonen, Schw.). Ein Griffangelschwert, angeblich ein Einstückdeponat, "stand 30 cm tief in der Erde" (Sprockhoff 1934, 78, Nr. 9, mit älterer Literatur).

SINAIA (Kr. Prahova, Großwa., R.). Am 13.-14. April 1890, auf einem Grundstück, das damals amtlich zur Straße Poiana Florilor gehörte, wurden mehrere Äxte entdeckt. Die meisten Äxte wurden in einer Tiefe von 10 cm, zwei entweder bei 15-20 oder 40 cm geborgen (vgl. Andrieşescu 1916, 6, wo auch Tocilescu, Dosar MNA, 1890, 55-60; ders. Catalog, 1906, 43 u. Moisil, Bul. Com. Mon. Ist. 3, 1910, 121 zitiert sind). Nicht unwichtig sind die zwei Metallanalysen (präziser als die modernen) und die Kommentare von Nicolescu-Otin 1913, 412 u. Abb. 11; 12, die bis heute außer acht gelassen wurden; dasselbe gilt für die Ersterwähnung des Depotfundes von Sinaia (Much 1893, 59, dort auch die erste chemische Analyse von Dr. Köhler aus Grönningen); die Fundumstände und die meisten Literaturangaben sind Petrescu-Dîmboviţa 1977, 47 leider unbekannt geblieben.

Sîngeorgiu, s. Sîngeorgiu de Mureş

SÎNGEORGIU DE MUREŞ (eingemeindet in Tîrgu Mureş, Kr. Mureş, Sb., R.) [r. Sîngeorzul de Murăş, Sîngeorgiu, u. Marosszentgyörgy]. Bei Arbeiten in der Sandgrube von "Bercul Mic" (gegenüber dem Dorf Chinari) wurden 1984 acht oder neun Nackenkammäxte (drei davon sichergestellt) "in Tongußschalen" (?) und Gußreste, alle in einem schon im Altertum nicht mehr verwendbaren Gefäß, auf der unteren Mureş-Terrasse (ob im damaligen Flußbett ?) entdeckt. Die Nachuntersuchung von M. Grozav erbrachte nur Informationen zu den Fundumständen, aber keine weiteren Gegenstände (Lazăr 1987, 41-46).

SÎNGEORGIU DE PĂDURE I (Kr. Mureş, Sb., R.) [r. Erdeo-Sîngeorgiu, Sîngeorzul de Pădure, Sîngeorgiu Pădureni, u. Erdőszentgyörgy]. Für die Fundumstände des von Mozsolics 1941, 100 ff. veröffentlichten Depotfundes, ist die 1958 von Z. Székely durchgeführte Nachgrabung von großer Bedeutung (1961, 182); er spricht eigentlich über zwei Depotfunde (in den Museen von Cluj und Tîrgu Mureş aufbewahrt), die auf "Panta lui Cseh" von Szöcs Ferencs (sic !) und Tar Jozsef gemacht worden sind. "Der letzte Depotfund, 1928 entdeckt, besteht aus zwei bronzenen Becken. Die Fundstelle befindet sich nordöstlich von S. d. P., auf dem rechten Ufer der Tîrnava (Kokel), jenseits der Eisenbahnlinie und der Straße, die nach Praid führt. Die Anhöhe zeigt einen bestellten Abhang gen Kokental; ein kleiner Bach, «Der ruhige Bach» durchfließt den Abhang, und in der Mitte, wo sich das Grundstück von Tar J. befindet, existiert auch eine kleine Terrasse". Diese ist angeblich die Fundstelle des Depotfundes, und die Nachgrabung lieferte hallstattzeitliche Scherben und etwas höher (auf dem Grundstück von Gagyi Ferencz) die Reste einer kreisförmigen Wohngrube (mit Inventar). Nicht weit davon, bergaufwärts, kam auch ein Tüllenbeil als Einzelstück zutage.

Sîngeorgiu Pădureni, s. Sîngeorgiu de Pădure

Sîngeorzul de Murăş, s. Sîngeorgiu de Mureş

Sîngeorzul de Pădure, s. Sîngeorgiu de Pădure

Sînmicloş, s. Nicoleni

SÎRBI I (Gem. Fărcaşa, Kr. Maramureş, Sb., R.) [u. Szerfalva]. Der kleine Depotfund Sîrbi I wurde 1849 am Bach "Valea Popii" entdeckt (Rómer 1868, 189, Nr. 1021: "1849-ben egy keltet találtak Szerbfalván [Mármarosban] a valea Popei [Papvölgye] fő dülőben, egy fokos társaságában, mely Mihályi ur birtokában van."). vgl. auch Sîrbi III.

SÎRBI III (wie oben). Der Depotfund kam 1947 auf dem rechten Ufer der "Valea Popii" unter einem Haufen von Steinen ans Tageslicht (weitere Informationen bei Nistor/Vulpe 1969, 182 ff.).

SOLCA (Kr. Suceava, Bukowina, R.). Weil der kleine Depotfund seit 1863 überhaupt nicht mehr berücksichtigt worden ist, geben wir den Urtext in extenso wieder: "Solka und Glit [heute Clit, Gem. Arbore] (Bezirk Solka), 1848. - Am Ufer eines Baches fand man beim Abtragen desselben in der Tiefe von einer Klafter [ungefähr zwei m] folgende Bronzegeräthe: 1. Kelt mit Schaftloch und Öhr (3'' 11''' lang, an der Schneide 5'' 10''' breit, das Schaftloch hat Durchmesser der Länge von 1'' 4''' und der Breite 1'' 1'''), von ziemlich roher Arbeit, mit einem Wulst um das Schaftloch, ohne Ornament; das Metall war röthlich (Kupfer). 2. Sichel, vorne neugebrochen, das Bruchstück 3'' 9''' lang, 1'' 2''' grösste Breite, am Rücken 4''' dick, ohne Zapfen, das Griffende in der Höhe umgebogen, von ziemlich roher Arbeit und röthlichem Metall (Kupfer). Herr Consistorialrath R. v. Stupnicki schenkte die beiden Objekte dem ruthenischen Nationalinstitute in Lemberg. - (Hr. Eman. v. Graffenried.)" (Kenner 1863, 283-284). Es handelt sich wohl um zwei übliche Gegenstände der dortigen BD-Zeit: ein einfaches Tüllenbeil (siebenbürgischen Typs ?) und eine Hakensichel.

Somlyógyörtelek, s. Giurtelecul Şimleului

Sorostély, s. Soroştin

SOROŞTIN (Gem. Şeica Mică, Kr. Sibiu, Sb., R.) [r. Şoroştin, u. Sorostély, dt. Schorsten, Schorosten]. Ungefähr 1944 wurde nicht weit vom Bach, der das "Valea Hreanului" (= Tal des Meerrettichs) durchfließt und in die Secaş einmündet, ein Depotfund entdeckt. Die meisten von den annähernd 40 Fundstücken gingen verloren, so daß I. Mitrofan am 8. Sept. 1984 beim Bauer Nicolaie Gînţă nur noch zwei Tüllenbeile und einen -meißel photographieren konnte (s. Abb. 9,3-5). Obwohl die Aufnahme bzw. die Umzeichnungen nicht qualitätsvoll sind, gilt eine Ha B-Datierung als sicher. Unveröffentlicht. Freundliche Mitteilung I. Mitrofan.

SOVATA (Kr. Mureş, Sb., R.) [u. Szováta]. Téglás 1888, 70-71, Nr. 29 berichtet: "Szóváta: Egy tokos füles broncvésö a Sóhegyről, hol lándzsa is fordult elé, de elveszett. Ezen tárgyak egy részét Jeremiás Ferencz községi biró közbenjárásával meg is szereztük. A utóbb említett tokos füles vésöt épen Jeremiás biró is volt szíves ideajándékozni". Roska 1942, 278, Nr. 256 erwähnt auch andere Einzelstücke, während Marţian 1920, 36, Nr. 632 nichts Neues bringt, außer den falschen Literaturhinweisen.

Spermezău, s. Spermezeu

SPERMEZEU (Kr. Bistriţa-Năsăud, Sb., R.) [r. Spermezău, u. Ispánmező]. Marinescu 1983, 61 berichtet über seine 1976 in der "Valea Ursului" unternommene Nachforschung, wobei er festgestellt hat, daß das Schwert ca. 40 cm tief im Ufer eines Torrentes mit veränderlichem Bett zutage gefördert worden ist. Eine tatsächliche Nachgrabung war zwar nicht mehr möglich, jedoch konnten keine anderen archäologischen Spuren vermerkt werden.

STOBORU (Gem. Cuzăplac, Kr. Sălaj, Sb., R.) [r. Stobor; u. Vásártelke]. Der Depotfund wurde im Garten von Vais (und nicht Vacă = Kuh) Laurenţiu von dem Besitzer und Viorel Sîncrăian im Mai 1970, nach Rückgang des Hochwassers, das das Terrassenufer abgewaschen hatte, entdeckt. Die Nachgrabung erfolgte am 12. Juni 1970. Der Grubenboden liegt jetzt bei einer Tiefe von 2,70 m, aber eine 1-1,20 m dicke Schicht wurde nach der Deponierung der Schwerter bzw. nach der Verschließung der Grube mit zwei Sandsteinplatten durch spätere Überschwemmungen noch darüber abgelagert. Die Grube wurde in den gelben Lehm bis zum eisenoxydreichen Kies eingetieft. Die vertikale Position der Schwerter (mit der Spitze nach oben) und das Fehlen jeglicher Siedlungsspuren zeigen, daß es sich um einen Votivfund in der Nähe eines Baches handelt, was auch M. Rusu 1972 b, 558-559 behauptet. Die Schwerter werden im MGS (und nicht in Muzeul Sălaj !) unter den Inv. Nr. IN 23179-181 aufbewahrt (Rusu 1972 b, 558-559, Nr. 93 u. Taf. 246; Rusu u.a. 1977, R 42; die Fehler sind bei Petrescu-Dîmboviţa 1977, 124 zu finden). Lakó 1983, 67 ff. spricht von zwei Schwertern aus Cuzăplac und gibt nur die neuen Inv. Nr. an. Eindeutig über den Votivcharakter des Schwertdepotfundes von Stoboru äußert sich zuletzt auch Bader 1991, 4.

STRÓŻEWO (Woiw. Szczecin, P.) [dt. Strohsdorf, ehemals Kr. Pyrzyce = Pyritz]. Einzelfund 1912-13. Griffzungenschwert am linken Plöneufer, im Boden senkrecht stehend entdeckt; es hatte einen Holzgriff, bei der Auffindung noch vorhanden. Per. III (Kersten 1958, 71; Fogel 1988, 103; Per. V., mit älterer Literatur).

SULIBÓRZ (Woiw. Gorzów Wielkopolski, P.) [dt. Groß-Silber, ehemals Kr. Stargard Szczecinski = Saatzig]. Einzelfund eines Nierenknaufschwertes, "aufrecht stehend im Torfmoor ... gefunden". Per. V. Kunkel 1932, 57-62; Fogel 1988, 106; freundliche Hinweise W. Blajer.

ŞUNCUIUŞ I (Kr. Bihor, Sb., R.) [u. Vársonkolyos]-"Peştera Mişidului". Die in der Höhle niedergelegten Gegenstände (Bronzen, Bernsteinperlen, Keramik) wurden 1967 entdeckt. Sie waren auf einer kleinen Fläche (ca. 1 m²) verstreut. Chidioşan/Emödi 1981, 161-168 weisen auf den Votivcharakter der Deponierung hin.

ŞUNCUIUŞ II (wie oben)-"Peştera Izbîndiş". In einer schwer zugänglichen Höhle wurden zwischen 1964 und 1970 viele Keramikgefäße (über 60), Bronzen (vorwiegend Nadeln und Schmuck) und Gegenstände aus anderen Materialien geborgen, hauptsächlich von zwei Stellen in der Höhle. Über die Fundstücke der ersten Fundstelle meinen die Verf. (Chidioşan/Emödi 1983, 17-32), es handele sich "wahrscheinlich um mehrere Gruppen von Gegenständen, die zu verschiedenen Zeiten niedergelegt worden sind.

ŞUNCUIUŞ III (wie oben)-"Peştera Ungurului". Am Eingang der Höhle wurden 1988 mehrere Bronzegegenstände (meistens Schmuckstücke) bei Sprengarbeiten gefunden. (Dumitraşcu/Crişan 1989, 17 ff.; wichtige zusätzliche Informationen [z.B. die Entdeckung von drei Nadeln unter dem Herd] bei Kacsó, Der Hortfund von Arpăşel, im vorliegenden Band).

Szacsal, s. Săcel

Szamosújvárnémeti, s. Mintiul Gherlei

Szászbuda, s. Buneşti

Szászdalya, s. Daia

Szászújös, s. Fîntînele

Szekásegyháza, s. Roşia de Secaş

Székelyszentmiklós, s. Nicoleni

Szentmiklós, s. Nicoleni

Szeretfalva, s. Sărăţel

Szerfalva, s. Sîrbi

Szováta, s. Sovata

TĂŞAD (Gem. Drăgeşti, Kr. Bihor, Sb., R.) [u. Tasádfő]. Der kultische Komplex aus der Frühhallstattzeit besteht aus einem großen Steinpflaster mit einem Feuerherd, der genau eine der in das Gestein eingemeißelten Gruben bedeckte; (vorläufige Veröffentlichungen Chidioşan 1979, 85-90; ders. 1983, 138-142).

Tasádfő, s. Tăşad

Terem, s. Tiream

TIREAM (Kr. Satu Mare, Sb., R.) [u. Mezőterem, dt. Terem]. Die zwei Armringe, wahrscheinlich aus einem größeren Depotfund stammend, wurden auf einem höheren Ufergelände der "Valea Eriului" am "Hodos tó" (=der Teich des Bibers) gefunden. Im allgemeinen ist hier eine Moorzone. Nicht weit davon, am "Grădinărie-Solarii", wurde eine spätbronzezeitliche Siedlung der Phase Pişcolt-Hajdúbagos entdeckt. Briefliche Mitt. I. Németi. Der Depotfund wird auch bei Petrescu-Dîmboviţa 1977, 113 und Bader 1978, 129, Nr. 92 kurz erwähnt.

TISZALADÁNY (Kom. Borsod-Abaúj-Zemplén, U.). Zwei Nackenscheibenäxte mit der Schneide nach oben, durch eine Armschutzspirale gesteckt, zusammen mit anderen Bronzen in einem kleinen Gefäß eingesteckt (Koós 1989, 31-32, bes. Abb. 1).

TRANUM (Osterhan, Amt Hjörring, Schw.). Ein Griffzungenschwert, Einzelfund, "stand senkrecht in der Erde" (Sprockhoff 1931, 100, Nr. 25).

TRZEBIECHOWO (Gem. Szczecinek, Woiw. Koszalin, P.) [dt. Buchwald, ehemals Kr. Szczecinek = Neustettin]. Drei Schwerter lagen in einer (?) Lederumhüllung, die beim Herausnehmen auseinanderfiel. Per. V. Sprockhoff 1956, I, 16, mit älterer Literatur.

TUŞNAD (Kr. Mureş, Sb., R.) [r. Tuşnad Sat; Tusnad-község]. Es handelt sich um vier gerippte Armbänder, die während der systematischen Ausgrabungen (1963) der frühhallstattzeitlichen Siedlung, an der Fundstelle "Vârful Cetăţii" (= "Burgspitze"), geborgen wurden; K. Horedt (1976 a, 399 ff. Abb. 3,1-4) datiert den Depotfund in die Ha A-Zeit, obwohl die Siedlung erst in der Ha B-Zeit ihr Ende findet.

Tuşnad Sat, s. Tuşnad

Tusnad-község, s. Tuşnad

TVED (Fünen, Dk.). "In einer Tiefe von etwa 40 cm unter dem Flachen Feld stieß der Spaten auf ein großes Tongefäß, daß auf seinem Boden, halb in den Schutt des Untergrundes eingegraben, aufrecht dastand. Um das Gefäß befand sich keine Steinsetzung, auch keinerlei Reste von Holz, Stoff, Leder oder irgendeiner anderen Bedeckung. In dem Tongefäß lagen nicht weniger als 24 Bronzen, u. zw., in der Mitte ein Hängebecken und teils darin, teils außen herum 23 runde Platten; die Platten außen um das Hängebecken waren auf ihre Kante gestellt und ein paar der größten waren als Bedeckung über die anderen gelegt. Der Fundort ist ein flacher, natürlicher Hügel, der südwärts allmählich gegen ein kleines Moor abfällt." (Brøndsted 1934, 164).

Újös, s. Fîntînele

Unguraş, s. Românaşi

Unterblasendorf, s. Blăjenii de Jos

UROI (eingemeindet in Simeria, Kr. Hunedoara, Sb., R.) [u. Arany]. Eine noch auffallendere Anhöhe als Tâmpa, im Verhältnis zu der sie umgebenden Landschaft. Scheinbar wurde die Anhöhe Uroi (= ung. Arany) nicht nur in der Bronzezeit verehrt, und es wurde dort wahrscheinlich nicht nur Metall niedergelegt (vgl. Roska 1942, 27, Nr. 101). Auf jeden Fall bilden die am Platze gefundenen Bronzegegenstände kein einheitliches geschlossenes Depot, wie Petrescu-Dîmboviţa 1977, 72 meint. So wurde das eine Tüllenbeil, (Geschenk von Györffy Dénes [Inv. Buch MGS, Inv. Nr. 119]) auf dem Ostabhang und das andere (Geschenk von Dr. Koch Antal [vermutlich Inv. Nr. 120]) im südlichen Bereich der Anhöhe, "gegenüber der Einmündung der Strei in die Mureş" (Téglás 1889, 57-58) gefunden. Obwohl nicht näher bekannt, können auch die Stein- (Roska 1942) und die Keramikfunde (Téglás 1902, 13) für unser Thema von Bedeutung sein. Es muß betont werden, daß die Anhöhe weder als ständige Ansiedlung, noch als Zufluchtsort geeignet war.

VÁCSZENTLÁSZLÓ (Kom. Pest, U.). Varsányi 1871, 196 spricht von den vier Nadeln (59 cm lang), die um das die anderen Gegenstände beinhaltende Gefäß im Erdboden herum gesteckt worden waren. Auch die dortige Stellungnahme von R(ómer) Fl(orian) ist sehr einleuchtend. Obwohl schon Gooß (1877 b, 485) und Hampel (1892, 168) die besondere Anordnung bemerkten, berücksichtigte sie Mozsolics (1973, 187) und Kemenczei (1984, 122, Nr. 41) nicht einmal andeutungsweise. Vgl. dagegen Patay 1990, 17, wo er den Opfercharakter dieses Befundes unterstreicht.

Váczszentlászló, vgl. Váczszentlászló

Vad, s. Vadu(l) Crişului

VADU(L) CRIŞULUI I (Kr. Bihor, Sb., R.) [r. Vad, u. Rév]. Die einzige wichtige Quelle zu den Fundumständen von Vadu Crişului I, Kenner 1863, 304-305, ist den meisten Archäologen so gut wie unbekannt, vielleicht weil sie bei Roska 1942, 237, Nr. 31 falsch zitiert ist (Bd. 24 statt 29). Seite 304: "Rév (Comitat Südbihar, Bezirk Élesd), Herbst 1858 - Ein walachischer Bauernknabe fand in einer Sandsteinhöhle an der Sebes-Körös, 30° ober dem Flussbette, in welcher sich auch Spuren von Feuerbränden und Knochen befanden, g e g e n   1 2   B r o n z e n a d e l n, die ziemlich gleich waren..". [folgt eine genaue Beschreibung der Nadeln]. Seite 305: "Ebendort wurde ein bronzener Armring mit offenen dünneren Enden von 3'' Durchmesser gefunden, der an der äußeren Fläche folgender Art mit gravirten Linien geschmückt war". Unsere Abb. 9,1-2 ist nach Kenner 1863, Fig. 57 umgezeichnet. Die Mitteilung an Kenner kam von dem bekannten Sammler E. v. Graffenried. Hampel 1886 a, 31 spricht ebenfalls von "os humains", was - auch wegen der anderen Fehler - nicht glaubhaft ist. Hampel 1892, 126 gibt aber nach Kenner die korrekte Beschreibung, einschließlich die Verzierung des Armringes wieder.
Statt "unsicher" wie bei Petrescu-Dîmboviţa (1977, 160 = ders. 1978, 158, Nr. 363, beide nicht abgebildet) oder etwa Opályi Horizont wie bei Mozsolics (1973, 171, nicht abgebildet), scheint für die ostsiebenbürgischen Gegebenheiten eine Ha A 1-Deponierungszeit als am wahrscheinlichsten. Aufgrund der präzisen Zeichnungen von Kenner ist auch eine Einreihung des Fundes in die Igriţa-Gruppe gesichert (Allgemeines zur Verbreitung der "Nadelschützer" bei Nestor 1932, 126 Anm. 513; zur Igriţa-Gruppe vgl. Chidioşan/Emödi 1982, 61-86, dort auch V. C. I erwähnt; Kacsó, Arpăşel, im vorliegenden Band; vgl. auch unsere Abb. 9,1-2).

VALEA LUI MIHAI (Kr. Bihor, Sb., R.) [r. Mihaifalău; u. Érmihályfalva]. Ordentlich 1965, 181 ff. berichtet von 28 Tongefäßen, die in umgestürzter Lage übereinander deponiert worden sind. Auch die ringsum gelegten Tierknochen und die Asche plädieren für eine kultische Niederlegung (vgl. unten die Kreisdeponierung).

VALEA VOIVOZILOR (eingemeindet in Tîrgovişte, Kr. Dîmboviţa, Großwa., R.). Am Ufer des Flusses Ialomiţa wurde ein völlig erhaltenes Griffzungenschwert als Einzelstück gefunden. Mit Bezug auf die Schwerter von Mateeşti (Einzelstückfund), Slimnic, Silivaşul de Cîmpie, Buneşti usw. (Depotfunde) vermutet L. Oancea (1973 a, 109 ff., aber bes. dies. 1973 b, 48) eine rituelle Vergrabung des Schwertes. Auch andere von L. Oancea erwähnte Gegenstände sollten in Erwägung gezogen werden.

Vársonkolyos, s. Şuncuiuş

VERUCCHIO (Prov. Forlì, Emilia-Romagna, I.). "Tomba a cremazione con segnacolo. L'ossuario era contenuto nel grande vaso biconico «arrovesciato». La spada era «adagiata sulla parete esterna» di quello (Bianco-Peroni 1970, 110, Nr. 298, mit älterer Literatur).

VISS b (Kom. Borsod-Abaúj-Zemplén, U). Depotfund b), in der Nähe des Bächleins Törökér: "Nach ihrer [der Arbeiter] Mitteilung lagen zutiefst die Schwerter, darüber die übrigen Fundgegenstände und das Bronzegefäß zuoberst". Tiefe 50 cm (Kemenczei 1984, 127 b).

Vásártelke, s. Stoboru

Veresegyháza, s. Roşia de Secaş

WALLERFANGEN II (Saarland, D.). "In den 40er Jahren des 19. Jhdts. wurde auf dem Han selber ein Beilhort gefunden. Die Beile sollen im Kreis um ein Tüllenbeil herum angeordnet gewesen sein". Zusammensetzung: ein Tüllenbeil und 30 Lappenbeile (Stein 1976, 23; dies. 1979, 194, Nr. 444, mit älterer Literatur).

WĘGLINY (Gem. Gubin, Wojw. Zielona Góra, P.) [dt. Oegeln, ehemals Kr. Gubin = Guben]. Dort wurden Beile und Bronzebarren (?) in die Spirale gesteckt (Lausitzisches Magazin 5, 1826, 211-216; Bohm 1935, 26, 103, 107; Sarnowska 1969, 352; Blajer 1990, 143).

WENECJA (Wojw. Bydgoszcz, P.) [ehemals Kr. Żnin]. Einzelfund, um 1955. Das Griffzungenschwert steckte bis drei Viertel der Länge im Boden des Skrzynka-Sees, ca. 1 km vom Burgwall in Biskupin entfernt. Montelius III (Rajewski/Adamczak 1959, 261-265; Fogel 1988, 118; freundlicher Hinweis W. Blajer).

WHITTINGHAM (Northumberland, E.). "Found sticking in a moss on Thrunton Farm, with the points all downwards and arranged in a circle (Evans), 60 cm below the surface. [...] Associations: sword; spearhead with lunate openings in the blade; two other spearheads." (Colquhoun/Burgess, 94, Nr. 509, mit älterer Literatur).

WROCŁAW-Pilsnitz (P.) [dt. Breslau-Pilsnitz]. "Der Fund ... wurde 1908 an der Ostseite des Gutshofes, dicht am linken Loheufer, gemacht. Polnische Arbeiter ... nahmen die Bronzesachen heraus und lieferten einen Teil an ... Dr. Klausa ab. ... Nach Aussage der Arbeiter waren die Gegenstände in eigentümlicher Weise, die Beile im Kreise stehend, angeordnet." (Seger 1922-26, 8-9). Dazu die Bemerkung Seger's (ebd. 9, Anm. 2): "Zwei der Äxte sind jedoch mit den Halsringen zusammengebacken, können also nicht aufrecht gestanden haben."

Wutenow, s. Otanów

ZSUJTA (Kom. Borsod-Abaúj-Zemplén, U.). Die Schwerter lagen abwechselnd je mit der Spitze zum Griff des anderen auf einem steilen Abhang im Bereich einer Quelle (Csoma 1885, 9 ff.; Hampel 1896, Taf. 101-102; Kemenczei 1984, 152). Auch die Zahl der Gegenstände (7 + 1 Schwerter; 7 Armringe + 1 Fragment; 7 Lanzenspitzen) ist aussagekräftig.

zu Abb. 12, Soroceanu, Fundumstände

Fundliste 1. Schwerter in senkrechter Lage (falls nicht vermerkt, sind alle Funde aus Bronze; siehe Abb. 12. Kartiert sind nicht die eisernen Schwerter von Court-Saint-Étienne, 2 Stücke in zwei verschiedenen Grabhügeln, Gedinne und Harvé, alle aus Belgien)

1. Allatorp (Schwertdpfd., 1 Stück)
2. Arkalochori (Dpfd., vermischt)
3. Barkow (Schwertdpfd., 1 Stück)
4. Buzica (Schwertdpfd., 3 Stück)
5. Carnpessack (Schwertdpfd., 1 Stück)
6. Cherasco (Schwertdpfd., 1 Stück)
7. Crieff (Schwertdpfd., 1 Stück)
8. Dąbrowa (Schwertdpfd., 3 Stück)
9. Drăușeni (Dpfd., vermischt, 1 Schwert)
10. Ewart Park (Schwertdpfd., 3 Stück)
11. Hinterriß (Schwertdpfd., 1 Stück)
12. Inlăceni (Schwertdpfd., 1 Stück)
13. Jastrowie (Schwertdpfd., 1 Stück)
14. Leannan Buidhie (Schwertdpfd., 1 Stück)
15. Livada (Schwertdpfd., 1 Stück)
16. Lohme (Grabhügel, 1 Stück)
17. Marvila (Schwertdpfd., 1 Stück)
18. Mykenä (Dpfd., vermischt, 1 Stück)
19. Orosháza (Schwertdpfd., 2 Stück)
20. Österborßel (Grabhügel, 1 Stück)
21. Otanów (Schwertdpfd., 1 Stück)
22. Oxborough (Schwertdpfd., 1 Stück)
23. Oystermouth (Schwertdpfd., 1 Stück)
24. Romaja (Grabhügel, 1 Eisenschwert)
25. Sachsenwald (Grabhügel, 2 Stück)
26. Saint Moritz (Dpfd., vermischt, 2 Schwerter)
27. Schwanefeld (Schwertdpfd., 1 Stück)
28. Seddin (Kammergrab, 1 Stück)
29. Sirmis (Schwertdpfd., 1 Stück)
30. Stoboru (Schwertdpfd., 3 Stück)
31. Stróżewo (Schwertdpfd., 1 Stück)
32. Suliborz (Schwertdpfd., 1 Stück)
33. Tranum (Schwertdpfd., 1 Stück)
34. Verucchio (Grabfund, 1 Stück)
35. Wenecja (Schwertdpfd., 1 Stück)
36. Whittingham (Dpfd., vermischt, 2 Schwerter)

78   Tudor Soroceanu

Für alle Zitate aus der Heiligen Schrift wurde die "Illustrierte Hausbibel. Altes und Neues Testament in der Einheitsübersetzung" (Stuttgart-Freiburg 1980-1981) verwendet.

Anhang I (Josua 6-7)

"Die Stadt mit allem, was in ihr ist, soll zu Ehren des Herrn dem Untergang geweiht sein. Nur die Dirne Rahab und alle die bei ihr im Haus sind, sollen am Leben bleiben, weil sie die Boten versteckt hat, die wir ausgeschickt hatten. Hütet euch aber davor, von dem, was dem Untergang geweiht ist, etwas zu begehren und wegzunehmen; sonst weiht ihr das Lager Israels dem Untergang und stürzt es ins Unglück. **Alles Gold und Silber und die Geräte**[212] **aus Bronze und Eisen sollen dem Herrn geweiht sein und in den Schatz des Herrn kommen**" (6,17-19). "Die Israeliten aber veruntreuten etwas von dem, was dem Untergang geweiht war. Denn Achan ... nahm etwas von dem, was dem Untergang geweiht war. Da entbrannte der Zorn des Herrn über die Israeliten" (7,1). "Da sagte der Herr zu Josua: ... Israel hat gesündigt. Sie haben sich sogar gegen meinen Bund vergangen, den ich ihnen auferlegt habe. Sie haben etwas weggenommen von dem, was dem Untergang geweiht war; sie haben es gestohlen; sie haben es unterschlagen und zu ihren eigenen Sachen getan. ... Du kannst dem Angriff deiner Feinde nicht standhalten, solange ihr nicht alles, was dem Untergang geweiht ist, aus eurer Mitte entfernt habt" (7,10-11,13). "Josua ließ also früh am Morgen Israel Stamm für Stamm antreten. ... Acham antwortete Josua: Es ist wahr, ich habe mich gegen den Herrn, den Gott Israel versündigt. Das und das habe ich getan: Ich sah unter der Beute einen schönen Mantel aus Schinar, außerdem zweihundert Schekel Silber und einen Goldbarren, der fünfzig Schekel wog. Ich wollte es haben und nahm es an mich. **Es ist in meinem Zelt im Boden vergraben, das Silber an unterster Stelle.** Josua schickte Boten, und sie liefen zum Zelt, und wirklich die Sachen waren im Zelt Achans vergraben, das Silber an unterster Stelle. Sie holten alles aus dem Zelt heraus, brachten es zu Josua und allen Israeliten und breiteten es vor dem Herrn aus. Da nahm Josua Achan, den Sohn Serachs, ebenso das Silber und den Mantel und den Goldbarren, seine Söhne und Töchter, seine Rinder, Esel und Schafe, sein Zelt und seine ganze Habe. Er und ganz Israel brachten alles ins Tal Achor. Dann sagte Josua: Womit du uns ins Unglück gestürzt hast, damit stürzt dich der Herr heute ins Unglück. Und ganz Israel steinigte Achan. (Sie verbrannten sie im Feuer und steinigten sie). Man errichtete über ihm einen großen Steinhaufen, der bis zum heutigen Tag zu sehen ist, und der Herr ließ ab von seinem glühenden Zorn. Deshalb nennt man diesen Ort bis heute Achortal (Unglückstal)" (7,16,19-26).

Anhang II (2. Makk. 2,4-8)

"In dem Buch stand weiter zu lesen, daß der Prophet einen Gottesspruch empfangen habe und daraufhin das Zelt und die Lade hinter sich hertragen ließ. Er sei hinausgegangen zu dem Berg, auf den Mose gestiegen war, um das von Gott verheißene Erbteil zu sehen. Dort fand Jeremia eine Höhle wie ein Haus. Er trug das Zelt, die Lade und den Rauchopferaltar hinein; dann verschloß er den Eingang. Einige von seinen Begleitern gingen hin, um sich den Weg zu markieren; aber sie konnten ihn nicht finden. Als Jeremia davon hörte, schalt er sie und sagte: Die Stelle soll unbekannt bleiben, bis Gott sein Volk wieder sammelt und ihm wieder gnädig ist. Dann aber bringt der Herr alles wieder ans Licht, und die Herrlichkeit des Herrn wird erscheinen und auch die Wolke, genauso wie sie sich in den Tagen des Mose gezeigt hat und in der Zeit, als Salomo betete, daß der Ort hochheilig werden möge.".

Anhang III

"Höre, Israel ! Jahwe, unser Gott, Jahwe ist einzig. Darum sollst du den Herrn, deinen Gott, lieben mit ganzem Herzen, mit ganzer Seele und mit ganzer Kraft.

---

[212] Andere Übersetzungsmöglichkeiten: Gegenstände oder Gefäße. Gegenstände (objets) wurden von den Übersetzern der Bible de Jérusalem, Gefäße (vasa) dagegen von denjenigen der Nova Vulgata bevorzugt. Die Unsicherheit wurde durch die vielen Deutungen des Wortes verursacht; vgl. dazu bes. Genesius, Hebräisches und Aramäisches Handwörterbuch zum Alten Testament (Berlin, Göttingen, Heidelberg 1962, Nachdruck). Für die vielseitigen Informationen zu dem Fragment aus Jos. 6,18-19 sind wir Frau Dr. Claudia Rohrbacher-Sticker (Institut für Judaistik, FU Berlin) zu Dank verpflichtet.

Diese Worte, auf die ich dich heute verpflichte, sollen auf deinem Herzen geschrieben stehen. Du sollst sie deinen Söhnen wiederholen. Du sollst von ihnen reden, wenn du zu Hause sitzt und wenn du auf der Straße gehst, wenn du dich schlafen legst und wenn du aufstehst. Du sollst sie als Zeichen um das Handgelenk binden. Sie sollen zum Schmuck auf deiner Stirn werden. Du sollst sie auf die Türpfosten deines Hauses und in deine Stadttore schreiben" (Deut. 6,4-9).

Anhang IV

Obwohl anekdotisch und aus moderner Zeit, sind die Überlegungen von Ackner (Mitth. der Central-Comm. 1, 1856, 101) eine Erwähnung wert: [Jahr 1849] - "Nach solchen thatsächlichen Vorgängen und durch die täglich immer häufiger sich wiederholenden Gerüchte von Raub, Brand und Zerstörung musste ich besorgt werden um meine eigene archäologische Sammlung, die ich mit einer gewissen Vorliebe, nicht ohne Aufopferung und Kostenaufwand seit mehr als vierzig Jahren rastlos zusammengebracht, und die dadurch mit lieb und besonders auch in geschichtlicher Hinsicht werth und theuer geworden ist. Was war zu thun? Meine antike, besonders numismatische Sammlung, gegen 2000 altrömische und griechische, grösstentheils silberne Münzen, dazu noch die reichsten und kostbarsten Gold- und Silberstufen, dem treuen Schosse der Erde vertrauend, bei Nacht und Nebel von mir selbst im Hausgarten vergraben". Zu diesen erneuten, nicht unbedingt neuzeitlichen Vergrabungen von Gegenständen, vgl. auch Sprockhoff 1956, 6. Beachtenswert ist, daß diese Fälle nur einen unwichtigen Teil der Deponate - keinesfalls die besonders angeordneten - ausmachen.

Anhang V

Analyse Nr. 9/14.04.83

Gegenstand: Bronzeschwert, im Dorfmuseum Cîțcău (vgl. Kat.)

Thema: Bestimmung des Füllmaterials des Vollgriffes

Durchgeführte Analyse	Angewendete Reagentien	Ergebnis der Analyse
Mikroskopische Beobachtung	Stereomikroskop; metallographisches Mikroskop	metallische Oberfläche mit charakteristischem blutrotem Glanz; bei Berührung entstehen Splitter (verrostetes Eisen)
Aufschließung der Probe	HCl konzentriert	gelbe Lösung
Identifizierung des Eisens	Lösung + Lösung NH$_4$SCN	Fe(SCN)$_3$ blutrote Färbung
	Lösung + K$_4$[Fe(CN)$_6$] Lös.	Fe$_4$[Fe(CN)$_6$] Berliner Blau
	Lösung + K$_3$[Fe(CN)] (H$^+$)	Fe$_3$[Fe(CN)$_6$]
	Lösung + KJ (H$^+$)	braunes Gas J$_2$
	Lösung + KCN Lösung	K$_3$[Fe(CN)$_6$]
	Lösung + Dimethylglyoxime (NH$_3$)	karminrote Färbung
Holztest	H$_2$SO$_4$	Verkohlt nicht, die Probe löst sich auf

Schlußfolgerung: Das Füllmaterial besteht aus stark oxydiertem Eisen

Dipl.-Chemikerin, Doina Boroş (Zonallaboratorium, MGS)

Anhang VI

Die Orientierung der Abhänge, auf denen Depotfunde entdeckt wurden. Vorläufige tabellarische Darstellung.

BD		Ha A		Ha B	
Agrieş	S	Bicaz I	S	Bădeni	S
Băbeni	S	Bicaz II	S	Buza	N?
Căuaş I	SO	Biharia	O	Cămin	NW
Căuaş II	SO	Căuaş III	SO	Căpleni II	NO
Cehăluţ I	S				
Dolješti	SSW?	Ciumeşti	W	Ciceu-Corabia II	S
Duda	S?	Cluj IV	S	Cîţcău	S
Fîntînele	S	Fizeş Bt.	SW	Giurgiova	S
Foieni I	W	Foieni II	W	Groşii Ţibleş.	NO
Ghermăneşti	S	Gîrbău	S	Sîntimreu	S
Lăpuş	N?	Liubcova	S		
Perişor	S	Pescari II	N		
		Tătărani	S		
		Vîlcele II	SO		
Mittelbronzezeit:		Borleşti	SW		
Mittelhallstattzeit:		Coldău	S?		

Gesamtzahl - 36; S - 19; SO - 4; SW - 3; O - 1; W - 3; N - 3; NO - 2; NW - 1

Der Hortfund von Arpăşel, Kr. Bihor

Carol Kacsó, Baia Mare

Im Jahre 1908 erwarb das Museum für Völkerkunde in Berlin von dem Antiquitätenhändler L. Mauthner aus Budapest einen Bronzehortfund, der aus der Ortschaft Arpăşel, Kr. Bihor (Rumänien) stammte. Die Bronzegegenstände wurden am 13. Februar 1909 unter Nummer IV d 2373 a-s in das Inventarbuch IV d Ungarn aufgenommen[1]. Gegenwärtig befinden sie sich im Museum für Vor- und Frühgeschichte in Berlin unter der ursprünglichen Inventarnummer.

Obwohl sich der Fund aus Arpăşel seit nahezu acht Jahrzehnten in einer bedeutenden Sammlung befindet, wurde er in der Fachliteratur bloß in wenigen Zeilen erwähnt, ohne jemals vollständig veröffentlicht zu werden.

Als erster beschrieb A. Götze (1913, 163 ff.) einzelne Fundstücke. Etwas eingehender hat er nur die technologischen Fragen des Gusses eines einzigen Gegenstandes erörtert, der auch photographisch wiedergegeben wurde. Aufgrund dieser Veröffentlichung hat I. Nestor (Stand, Anm. 513) im Zusammenhang mit der Verbreitung der sog. Nadelschützer die Entdeckung von Arpăşel erwähnt. In jüngster Zeit hat auch L. v. Károlyi (1968, 80 Taf. 6.10; 7.1-10) ein Verzeichnis der Fundstücke samt Abbildungen von elf Fundstücken veröffentlicht. Diese neuere Beschreibung wurde jedoch von der Forschung übergangen, so daß der Fund von Arpăşel in keinem der monographischen Synthesewerke über die Bronzemetallurgie im Karpatenbecken verzeichnet wird. Von Nestors Arbeit ausgehend, nennt neuerdings auch I. Emödi (1980, 262) den Fund im Zusammenhang mit der Verbreitung der "Nadelschützer".

Der Hortfund von Arpăşel bereichert zahlenmäßig die Bronzefundliste aus dem westlichen Transsilvanien. Er liefert zugleich auch Angaben, die eine genauere Diskussion zur typologischen und chronologischen Eingliederung eines Teiles des bronzezeitlichen Fundmaterials ermöglichen. Um den Fund in den wissenschaftlichen Meinungsstreit einzubringen, ist es notwendig, ihn vollständig zu veröffentlichen[2].

Über die Fundumstände des Hortes wurde nur vermerkt, daß die Gegenstände beim Ackern zum Vorschein kamen und daß sie sich in einem verlorengegangenen Tongefäß befanden[3]. Weder die genaue Stelle noch das Datum der Entdeckung sind bekannt; ungewiß ist auch, ob der ganze oder nur ein Teil des Fundes im Museum aufbewahrt wird.

Beschreibung der Gegenstände

1. Kettengehänge (Inv. Nr. IV d 2373 p; Abb. 1; Taf. II,4), bestehend aus 22 Zweiringgliedern, hergestellt aus Ringen mit rhomboidalem Querschnitt, zusammengehalten durch mit schrägen Rillen verzierte Zwischenstege, die miteinander durch fast runde, im Querschnitt rhombusförmige Zwischenringe verbunden sind, sowie acht durchbrochenen Dreieckanhängern mit Ringösen, deren Unterkante in drei Zinnen enden und die auf dem Ergreifungsstiel der Öse mit schrägen und waagerechten Rillen verziert sind. Das Kettengehänge ist folgendermaßen gefertigt: die Außenringe der beiden oberen Zweiringglieder bilden durch je einen Zwischenring zwei Reihen, jedes der fünf Zweiringglieder wurde in Doppelklappenformen, die Zwischenringe in Vierklappenformen gegossen. Die ersteren sind gut ausgeformt. Das Gießen der letzteren war entweder

---

[1] Der Fundort wird hier mit dem ungarischen Namen Arpád bezeichnet. Mit demselben Datum wurde auch ein Schwert inventarisiert (IV d 2374), das vermutlich bei einer Weinrebenpflanzung in derselben Gegend entdeckt worden ist. Die Skizze aus dem Inventarbuch läßt erkennen, daß das verschollene Stück ein Griffzungenschwert mit je zwei Nietlöchern am Griff und am Heft war.

[2] Über das Vorhandensein des Hortfundes erfuhr ich gelegentlich eines Studienaufenthaltes, der mir im Winter 1983 vom DAAD ermöglicht wurde. Mit der freundlichen Einwilligung von Herrn Dr. K. Goldmann, dem ich auch hier meinen Dank ausspreche, habe ich die Aufnahme des Materials durchgeführt. Die Tuschezeichnungen wurden von mir angefertigt. Die Photos wurden mir von dem Museum für Vor- und Frühgeschichte in Berlin zur Verfügung gestellt.

[3] Vgl. die von Hubert Schmidt angelegten Akte Nr. 2581/08, deren Original sich in demselben Museum befindet.

schwieriger oder es erfolgte mit geringer Sorgfalt, so daß sich mehr oder weniger großer Abweichungen der beiden Hälften bei allen Ringen ergaben. Einer von ihnen ist seit alters her gebrochen. Die Anhänger wurden ebenfalls in Doppelklappenformen gegossen. Ihre Ausfertigung ist nicht einheitlich. Einige von ihnen weisen auch Zerstörungsspuren auf.

L. der Zweiringglieder 8,8; D. der Zwischenringe 2,9; Di. der Zwischenringe 0,25; H. der Anhänger 11,5; Gesamtgew. 518.

2. Kettengehänge (Inv. Nr. IV d 2373 q, r, s; Abb. 2; Taf. II,1-3), bruchstückhaft erhalten, identisch mit dem vorigen. Es sind 15 Zweiringglieder, 13 Zwischenringe und vier Anhänger erhalten. Von den letzteren ist nur einer völlig identisch mit den Anhängern des ersteren Kettengehänges. Sein Paarstück, mit dem Zwischenring durch tordierten Draht verbunden, ist etwas kleiner und nur mit waagerechten Rillen verziert, während die beiden anderen einfache dreieckige, mit Ringösen versehene Anhänger sind, deren Unterkanten ebenfalls in drei Zinnen enden. Sie sind mit dem Zwischenring durch einen größeren Drahtring, mit rhombusförmigem Querschnitt und mit offenen, zugespitzten und überstehenden Enden, verbunden.

H. der Anhänger 11,5; 10,5; 8,5; 8,5; D. des großen Ringes 3,8; Gesamtgew. 311,9.

3. Zwei Dreiringglieder (Inv. Nr. IV-d-2373 o; Abb. 4,7; Taf. III,8), die durch einen Drahtring verbunden sind. An einigen Stellen sind im Innern der Ringe Überreste vom Guß sichtbar.

L. 6,5; Gew. 14,5.

4. Sanduhrförmiger Anhänger (Inv. Nr. IV-d-2373 n; Abb. 3,4; Taf. III,7) mit doppelter Ringöse. Kante verdickt. Die kurzen Seiten sind gerade, die langen konkav. Verziert mit einer Rippe, die entlang des Stückes verläuft. Am Rande und in den Ösen sind Gußspuren sichtbar.

H. 6,5; Gew. 14,7.

5. Anhänger (Inv. Nr. IV-d-2373 m; Abb. 3,5; Taf. III,6) vom gleichen Typ mit doppelter Ringöse. Kante verdickt. Die kurzen Seiten sind konvex, die langen konkav. Verziert durch zwei Rippen, die entlang des Stückes verlaufen.

H. 7,3; Gew. 11,1.

6. Anhänger (Inv. Nr. IV-d-2373 k; Abb. 3,1; Taf. III,3) vom gleichen Typ, mit kleiner Ringöse, die mit einem gerillten Stiel versehen ist. Kante verdickt. Die obere kurze Seite ist fast gerade, die untere kurze leicht konvex, die langen Seiten sind konkav. Verziert durch eine Rippe, die entlang des Stückes verläuft, und sechs kleinen Rosetten in Reliefform mit je einem Punkt in der Mitte.

H. 7; Gew. 15.

7. Anhänger (Inv. Nr. IV-d-2373 i; Abb. 3,2; Taf. III,2). Identisch mit Nr. 6.

H. 7,1; Gew. 16.

8. Anhänger (Inv. Nr. IV-d-2373 l; Abb. 3,3; Taf. III,1) vom gleichen Typ mit kleiner Ringöse, die mit einem gerillten Stiel versehen ist. Kante verdickt. Die kurzen Seiten sind leicht konvex, die langen konkav. Verziert mit einer Rippe, die entlang des Stückes verläuft. In der Öse ist ein im Querschnitt halbkreisförmiger, doppeltgedrehter Draht angebracht.

H. 7; Gew. 17.

9. Durchbrochener halbmondförmiger Anhänger (Inv. Nr. IV-d-2373 f; Abb. 3,6; Taf. III,10), mit vertikal durchlochtem gerripptem Stiel. Fehlguß- und Abnutzungsspuren. Weißbronze.

H. 6,5; Gew. 15,3.

10. Anhänger (Inv. Nr. IV-d-2373 e; Abb. 3,7; Taf. III,11) vom gleichen Typ. An einem der Arme abgebrochen. Weißbronze.

H. 5,3; Gew. 10,8.

11. Anhänger (Inv. Nr. IV-d-2373 d; Abb. 3,8; Taf. III,9) vom gleichen Typ. Beschädigt am Stiel. Weißbronze.

H. 5,1; Gew. 12,3.

12. Kegelförmiger Anhänger (Inv. Nr. IV-d-2373 g; Abb. 3,14; Taf. III,4) mit vier dreieckigen Durchbrechungen, oben und unten gerippt, Basis rund. Unten teilweise zerbrochen. Mit Gußnähten an beiden Seiten. Weißbronze.

H. 6,3; Gew. 24,5.

13. Anhänger (Inv. Nr. IV-d-2373 h; Abb. 3,13; Taf. III,5) vom gleichen Typ mit zwei dreieckigen Durchbrechungen. Weißbronze.

H. 6,3; Gew. 24.

14. Bronzeknopf (Inv. Nr. IV-d-2373 c; Abb. 4,3; Taf. III,13) mit abgetreppter Mitte und Knopf. Unterseite mit Steg.

H. 2,6; Dm. 5,3; Gew. 25,6.

15. Bronzescheibe (Inv. Nr. IV-d-2373 b; Abb. 4,1; Taf. III,14). Ein großes, leicht kegelförmiges Exemplar mit zwei Kreisrillen am Rand, auf der Unterseite Öse.
Dm. 10,9; Gew. 98.

16. Armring (Inv. Nr. IV-d-2373 a; Abb. 4,6; Taf. III,12). Massives, offenes Stück mit halbkreisförmigem Querschnitt. Die Verzierung, teilweise verwischt, besteht aus nebeneinander stehenden schraffierten Dreiecken, welche durch Linienmuster abgesondert sind. Den Enden zu befinden sich Register von parallelen Linien, von denen je zwei schraffiert sind.
Dm. 6,8 x 7,8; Gew. 248.

Das Gesamtgewicht der Gegenstände beträgt 1412,65 g. Die meisten Stücke wurden von der Patina gereinigt, die übriggebliebene ist hellgrün.

In dem geographischen Raum des Fundes von Arpășel kamen auch andere Hortfunde zum Vorschein, die aus gleichen oder ähnlichen Stücken bestehen. Über die Zusammensetzung einiger dieser Funde gehen die Angaben auseinander, wobei auch die jeweilige Illustration in einigen Fällen nicht entsprechend ist.

Einer davon ist der ursprünglich in der Fachliteratur als aus der Ortschaft Micskepuszta stammende Fund. Die lautliche Ähnlichkeit dieses Ortsnamens mit jenem von Mișca, Kr. Bihor, hat zu Verwirrungen geführt, denn in mehreren späteren Veröffentlichungen über diesen Fund wird der letztgenannte Ort als Fundort angegeben[4], obwohl dieser vom eigentlichen Fundort ziemlich weit entfernt liegt.

Entsprechend den ersten Angaben über den Fund (Roska 1942, 181 f., Nr. 226, Abb. 219) befand sich ein Teil dieses Hortes im Museum von Oradea, ein anderer Teil in der Sammlung von Dr. E. Andrássy in Valea lui Mihai. Roska zählt folgende Stücke auf: zwei Tüllenbeile (eines von ihnen mit halbmondförmigem Rand), zwei Bruchstücke von Sichelklingen, zwei Knopfsichelbruchstücke, eine kleine Lanzenspitze, ein Messer oder ein Dolch mit Ringende, zwei massive Armringe mit offenen Enden, drei Bruchstücke von Spiralen, ein Ring aus spiralenförmigem Draht, zwei "hallstattzeitliche" Ösennadeln, Nadelbruchstücke mit geschwollenem Hals, ein Warzennadelbruchstück, ein massiver verzierter Armring mit offenen Enden, biskottförmige Anhänger, Pferdeschmuck aus Stücken, die untereinander mit Kettenringen verbunden waren, von deren Enden Anhänger hingen, halbmondförmige Anhänger, vier Knöpfe mit Ösen, welche Speichenräder nachahmen, kegelförmige Schmuckstücke mit dreieckigen Durchbrechungen, Knöpfe mit Ösen und größere Knöpfe, Gegenstände mit Reliefverzierung und Schwertbruchstücke. Nur ein Teil der beschriebenen Gegenstände ist auch abgebildet.

Der Hort ist auch in der Fundliste von A. Mozsolics (1973, 157 Taf. 73 B) angegeben, und zwar als in der Ortschaft Mișca entdeckt. Die Beschreibung der Stücke erfolgte z.T. nach Roska, z.T. nach ihren eigenen Abbildungen. Einige Bronzegegenstände werden jedoch übergangen. Sie erwähnt auch die Tatsache, daß es sich, nach mündlicher Mitteilung von I. Ordentlich, um zwei untereinander vermischte Funde handeln könne.

Petrescu-Dîmbovița (1977, 64 Taf. 55, 12-25; 56,1-19; ders. 1978, 104, Nr. 53, Taf. 39 B) behält als Fundort ebenfalls Mișca bei, vermerkt aber, daß er der Stadt Oradea eingemeindet wurde, und beschreibt eine gewisse Anzahl von Gegenständen, die sich im Nationalmuseum für Geschichte der ehem. SR Rumänien (Bukarest) befänden, nachdem sie vom Museum aus Oradea übernommen worden wären. Die beschriebenen Stücke entsprechen aber nur z.T. den sich tatsächlich im Besitz dieses Museums befindenden Stücken, die übrigen Beschreibungen wurden von Roska und Mozsolics übernommen, einige allerdings wurden ausgelassen. Die Illustrationen sind ebenfalls kombiniert: einige nach den vorhandenen Originalen, andere wurden nach Roska, jedoch auch mit Änderungen, wiedergegeben (so ist z.B. das Kettengehänge weder nach der von Roska veröffentlichten Zeichnung noch nach dem vorhandenen Original abgebildet worden). Petrescu-Dîmbovița erwähnt noch entsprechend der Auskunft von I. Ordentlich, daß im Inventar der Sammlung Dr. E. Andrássy die von Roska beschriebenen Stücke fehlen.

N. Chidioșan (1977, 57 Anm. 4, Abb. 2,1) korrigiert ebenfalls den Fehler bezüglich der Lokalisierung des Fundes indem er vermerkt, daß er von Oradea-"Pusta Mișca" stammt. Ohne den Fund umfassend und in jeder Hinsicht genau zu beschreiben, führt Chidioșan trotzdem eine Reihe von Gegenständen an, die in der älteren

---

[4] Während bei Kossack 1954, 98; Foltiny, 1960, 109; Jósa/Kemenczei 1964, 34; Kemenczei 1965, 129 als Fundstelle des Hortes noch Micskepuszta genannt wird, nennen Rusu 1960a, 162 Anm. 3; ders. 1963, 206; Comșa 1966, 170 Anm. 4; Alexandrescu 1966a, 175, Nr. 77, Taf. 20,1; Florescu 1967, 75 Abb. 11,7; v. Brunn 1968, 34, 38, 46, 55, 72 f. u. 280; Ordentlich 1968, 401; Bader 1969, 79; ders. 1978, 167; Emödi 1978b, 488; ders. 1980, 261, den Fundort schon Mișca.

Fachliteratur nicht erwähnt wurden, mit dem Hinweis, wiederum ohne genaue Angaben, daß sie sich im Museum von Oradea und im Nationalmuseum in Bukarest befinden. Das Kettengehänge entspricht, so wie es abgebildet wurde, eher, aber noch immer nicht genau dem Original. Derselbe Verfasser (1981a, 65) führt unter den Forschern, welche eine falsche Fundlokalisierung vorgenommen haben, auch Roska an und fügt dem Hortfund noch eine Trense hinzu, von der aber keine weitere Information existiert. Dieser Gegenstand gehört aber sehr wahrscheinlich nicht zu dem Hortfund.

Der Irrtum über die Lokalisierung des Hortfundes geht mit Sicherheit nicht auf Roskas Repertorium zurück. Er hatte als Fundort richtig ein Gut in der Nähe von Oradea angegeben, das vormals eine eigenständige Verwaltungseinheit bildete. Im übrigen sind in derselben Arbeit (181, Nr. 225, Abb. 218) gesondert auch Funde aus dem eigentlichen Ort Mişca angeführt, so daß eine Verwechslung kaum möglich war. Ich erwähne dieses darum, weil auch Petrescu-Dîmboviţa den Irrtum Roska zugewiesen hatte[5].

Durch die Ausdehnung der Stadt Oradea verschwanden das Gut Micskepuszta und mit der Zeit auch die Ortsansässigen, die die Fundstelle kannten. Aus diesem Grunde und um neuen Verwechslungen vorzubeugen, glaube ich, daß es am besten ist, auf diese Benennung bei der Erwähnung der Fundstelle des Hortes vollkommen zu verzichten, vor allem auch weil die herangezogenen Appellative für die nähere Auskunft bezüglich der Fundstelle (Mişca, Pusta Mişca oder Pusta lui Mişca) ziemlich ungenaue Übersetzungen sind, die in dieser Weise weder in der Verwaltung noch von Ortsbewohnern je verwendet wurden. Man muß ebenfalls die Tatsache beachten, daß vor kurzem ein Hortfund auch in der Ortschaft Mişca zum Vorschein gekommen ist (Chidioşan 1977, 55 ff.).

Da in unmittelbaren Umgebung der Stadt Oradea weitere fünf Bronzefunde entdeckt wurden, schlage ich die folgende Nummerierung vor: **Oradea I** = der im Jahre 1870 entdeckte Fund (Hampel 1886 a, 251; 1892, 101); **Oradea II** = der Hortfund aus dem Jahre 1896 (Chidioşan 1981b, 70); **Oradea III**, 1900 entdeckt (Popescu/Rusu 1977, R 2; Petrescu-Dîmboviţa 1977, 44 Taf. 5,1-2[6]); **Oradea IV** = der hier behandelte Fund; **Oradea V** = der im MGS aufbewahrte Fund (Roska 1942, 198, Nr. 88); **Oradea VI** = 1958 entdeckt (Chidioşan 1981b, 70).

Wie auch I. Ordentlich feststellen konnte, fehlen im Inventarregister der Sammlung Dr. E. Andrássy[7] Funde, die aus Micskepuszta herrühren. Sie fehlen auch im Orts- und bibliographischen Verzeichnis, das nach Fundgattungen geordnet ist, wo Dr. Andrássy die Titel sämtlicher Veröffentlichungen eingetragen hatte, die auf seine Sammlung Bezug nehmen; so wird das archäologische Repertorium aus dem Jahre 1942 von Roska öfter zitiert. Dieselbe Feststellung bezieht sich auch auf den Fund von Dragomireşti, von dem Roska ebenfalls behauptete (ebd. 69, Nr. 64), daß er sich in dieser Sammlung befunden hätte. Aus dieser letztgenannten Ortschaft besaß Andrássy, laut demselben Inventarregister, nur zwei Gegenstände, und zwar mittelalterliche Pulverhörner. Beachtet man die besondere Sorgfalt, mit der das Register erstellt wurde, in das alle Gegenstände, auch solche von geringfügiger Bedeutung, eingetragen wurden, so wäre das Fehlen der Funde von Micskepuszta und Dragomireşti, auch wenn diese nur sehr kurze Zeit im Besitz von Andrássy gewesen wären, unerklärlich. Und trotzdem hat Roska beide Hortfunde beschrieben und abgebildet, so daß ihr Vorkommen in einer Sammlung - jedoch in einer anderen, keineswegs der aus Valea lui Mihai - nicht bezweifelt werden kann. Bekannt ist, daß das Nationalmuseum in Budapest drei Stücke vom Fund aus Dragomireşti aus der Sammlung J. Fleißig erhielt (Mozsolics 1973, 129). Vielleicht befanden sich in derselben Sammlung auch die zum Hortfund von Oradea (IV) gehörenden Stücke. Über ihr späteres Schicksal fehlen jedoch gesicherte Anhaltspunkte.

Beurteilt man die Zusammensetzung des Hortfundes, so muß man den Satz, mit welchem Roska die Beschreibung der Gegenstände abschließt, berücksichtigen: "Der Rest des Hortfundes ist im Museum von

---

[5] Es stimmt, daß M. Roska in einer früher veröffentlichten Arbeit (1938, 8), die weniger bekannt ist und kaum zitiert wird, zu den Fundorten mit Bronzefunden im Bihor-Gebiet auch Mişca (Micske) anführt. Demnach hat er, zu einer gewissen Zeit, die beiden Ortschaften verwechselt, ein Fehler, den er später korrigierte.

[6] Ich mache darauf aufmerksam, daß das bei Petrescu-Dîmboviţa 1977, 48 Taf. 19,1 als Dolch aus dem "jud. Bihor" bezeichnete Stück identisch ist mit dem Schwert aus dem Hortfund von Oradea, abgebildet ebd., Taf. 5,1.

[7] Jetzt im Archiv des Museums Oradea, Inv. Nr. 1932 a und b.

Oradea". Daraus geht hervor, daß Roska nicht den ganzen Fund bekannt gemacht hat, sondern nur den Teil, der sich in Privatbesitz befand; dieser erschien auch teilweise abgebildet. Infolgedessen kann die Zusammensetzung des Hortfundes erst bestimmt werden, wenn man zu den von Roska beschriebenen Funden auch jene, die sich im Museum von Oradea befanden, hinzuzählt. Der Versuch, den Petrescu-Dîmboviţa in diesem Sinne unternommen hat, führte zu keinem endgültigen Ergebnis, da er - wie oben erwähnt - nicht alle Gegenstände aufzählte.

Anhand der Inventarregister konnte leider weder das Datum, an welchem das Museum aus Oradea die Gegenstände des Hortfundes erhielt, noch ihre ursprüngliche Anzahl festgelegt werden. Bekannt ist nur, daß nach dem Zweiten Weltkrieg eine Anzahl von 39 Bronzegegenständen unter den Nummern 2032-2070 neu inventarisiert wurden, mit der Angabe, daß sie aus Micskepuszta stammen. Davon ist ein Stück (Inv. Nr. 2069) ein keltisches Armbandbruchstück, das demnach nicht zum Hortfund gehört. Ebenfalls im Museum von Oradea, gesondert von den oben erwähnten Gegenständen, wurde noch ein Kettengehänge mit der Nummer 5044 inventarisiert, von dem behauptet wird, daß es aus demselben Fundort stammt. Seine Zugehörigkeit zum besprochenen Hort ist wahrscheinlich, jedoch nicht völlig sicher. Später wurden 37 Stücke (Inv. Nr. 2032-2055, 2057-2068, 2070) dem Nationalmuseum in Bukarest überwiesen, während die Stücke mit den Inventarnummern 2056 und 5044 im Oradaer Museum verblieben, wo sie inzwischen neue Inventarnummern erhielten. Außer diesen befinden sich im Bukarester Museum noch zwei Gegenstände, die ebenfalls aus Oradea überwiesen wurden, wo sie jedoch nicht registriert waren, die aber heute als demselben Hortfund zugehörig betrachtet werden; ein ungewisser Sachverhalt, worauf ich in der nachfolgenden Beschreibung noch hinweisen werde.

1. Kettengehänge (Mus. Oradea Inv. Nr. 8733; Abb. 6). identisch mit jenem von Arpăşel.
Gew. 492,50.

2. Dreieckförmiger Anhänger (Mus. Bukarest Inv. Nr. 82724; Abb. 5,6), identisch mit jenen auf dem Kettengehänge, Oberteil zerbrochen.
H. 6,1; Gew. 11,08.

3. Dreieckförmiger Anhänger (Mus. Bukarest Inv. Nr. 82721; Abb. 5,7; Taf. IV,9), mit Öse. Unterkante endet in drei Zinnen.
H. 8,3; Gew. 11,55.

4. Sanduhrförmiger Anhänger (Mus. Oradea Inv. Nr. 12327; Abb. 5,14) mit kleiner Ringöse, die mit einem gerillten Stiel versehen ist. Kante verdickt. Die kurzen Seiten sind konvex, die langen konkav. Verziert mit zwei Rippen, die entlang des Stückes verlaufen. Beschädigt.
H. 9,1.

5. Durchbrochener halbmondförmiger Anhänger (Mus. Bukarest Inv. Nr. 82704 a; Abb. 5,15; Taf. IV,3) mit vertikal durchlochtem, gerippem Stiel, der beschädigt ist. Gußspuren.
H. 4,1; Gew. 5,78.

6. Anhänger (Mus. Bukarest Inv. Nr. 82704 b; Abb. 5,16; Taf. IV,2) vom gleichen Typ, dessen Stiel nur am Oberteil gerippt ist. Die Zugehörigkeit zum Fund unsicher.

7. Kegeliger Anhänger (Mus. Bukarest Inv. Nr. 82726; Abb. 5,27; Taf. IV,6) mit vier dreieckigen Durchbrechungen, oben und unten gerippt, Basis rund.
H. 7,4; Dm. 4,1; Gew. 29.

8. Anhänger (Mus. Bukarest Inv. Nr. 82730; Abb. 5,26; Taf. IV,1) vom gleichen Typ, Oberteil zerbrochen.
H. 3,8; Dm. 4,1; Gew. 18,49.

9. Anhänger (Mus. Bukarest Inv. Nr. 82727; Abb. 5,25; Taf. IV,11) vom gleichen Typ. Oberteil teilweise zerbrochen, oben waagerecht, unten schräg gerillt, Zwischensteg kantig, Basis spitzoval.
H. 4,7; Dm. 3,6; Gew. 13,69.

10. Anhänger (Mus. Bukarest Inv. Nr. 82729; Abb. 5,23) vom gleichen Typ. Oberteil rhombusförmig, eines der markierten Dreiecke undurchbrochen, Basis spitzoval.
H. 4,3; Dm. 2,7; Gew. 14,8.

11. Anhänger (Mus. Bukarest Inv. Nr. 82732; Abb. 5,22) vom gleichen Typ. Oberteil rhombusförmig, Unterteil teilweise zerbrochen, Basis spitzoval.
H. 4,3; Dm. 2,6; Gew. 5,57.

12. Anhänger (Mus. Bukarest Inv. Nr. 82731; Abb. 5,20) vom gleichen Typ. Oberteil leicht ausgebuchtet, Zwischensteg kantig, Basis spitzoval.

H. 3,7; Dm. 2,3; Gew. 8,71.

13. Anhänger (Mus. Bukarest Inv. Nr. 82728; Abb. 5,21) vom gleichen Typ. Oberteil leicht ausgebuchtet, Zwischensteg kantig, Basis spitzoval. Die dreieckigen Durchbrechungen erstrecken sich bis zur Nähe des Oberteiles.
H. 4,3; Dm. 2,2; Gew. 11,08.

14. Anhänger (Mus. Bukarest Inv. Nr. 82733; Abb. 5,24) vom gleichen Typ mit zwei dreieckigen Durchbrechungen. Oberteil leicht ausgebuchtet und gerippt, Basis rund.
H. 4,8; Dm. 3; Gew. 17,27.

Die Stücke Nr. 7-14 zeigen fehlerhaften Guß besonders an den Durchbrechungen, manchmal auch an anderen Stellen.

15. Vierspeichiger Radanhänger (Mus. Bukarest Inv. Nr. 82711; Abb. 5,10). Auf einer Seite eine schwach profilierte Warze, auf der anderen eine dreieckige Öse. Eine der Speichen zerbrochen.
Dm. 3,3; Gew. 4,34.

16. Anhänger (Mus. Bukarest Inv. Nr. 82715; Abb. 5,9; Taf. IV,10) vom gleichen Typ mit halbovalförmiger Öse.
Dm. 3,7; Gew. 5,23.

17. Anhänger (Mus. Bukarest Inv. Nr. 82702; Abb. 5,8) vom gleichen Typ mit gut profilierter Warze und halbkreisförmiger Öse.
Dm. 4,1; Gew. 3,99.

18. Anhängerbruchstück (Mus. Bukarest Inv. Nr. 82703; Abb. 5,11) vom gleichen Typ.
Gew. 2,39.

19-27. Bronzescheiben (Mus. Bukarest Inv. Nr. 82701, 82734, 82705, 82706, 82699, 82713, 82714, 82716, 82712; Abb. 5,31-40; **19** = Taf. IV,8; **27** = Taf. IV,12) mit waagerecht aufliegendem Rand, kleinem kegeligem Dorn und halbkreis- oder dreieckförmiger Unteröse. Alle sind mehr oder weniger beschädigt.
Dm. 4,6; 7,1; 7,2; 6,8; 7,2; 6,7; 6,5; 6,6; 7; Gew. 9,05; 31,15; 33,72; 27,34; 27,63; 18,8; 20,29; 26,98; 22,15.

28. Gewölbte Bronzescheibe (Mus. Bukarest Inv. Nr. 82719; Abb. 5,30) mit halbkreisförmiger Unteröse.
Dm. 5; Gew. 14,93.

29. Leicht kegelige Bronzescheibe (Mus. Bukarest Inv. Nr. 82709; Abb. 5,13; Taf. IV,5) mit drei Kreisrillen, die mit drei Ösen am Unterteil mit einem Ring verbunden ist.
H. 2,1; Dm. 4,4; Gew. 40,35.

30. Bronzeknopf (Mus. Bukarest Inv. Nr. 82725; Abb. 5,5) mit abgetreppter Mitte und Knopf, Unterseite mit Steg.
H. 1,4; Dm. 3,3; Gew. 11,22.

31-34. Ähnliche Bronzeknöpfe, etwas kleiner (Mus. Bukarest Inv. Nr. 82723, 82720, 82698, 82717; Abb. 5,1-4; **31** = Taf. IV,4).
H. 1,4; 1,5; 1,2; 1,2; Dm. 2,6; 2,1; 1,8; 1,8; Gew. 5,57; 4,41; 2,12; 2,17.

35. Scheibenkopfnadel mit Öse (Mus. Bukarest Inv. Nr. 82707; Abb. 5,40). Bruchstückhaft erhalten.
Dm. der Scheibe 6,8; Gew. 52,59.

36. Nadelschaftbruchstück (Mus. Bukarest Inv. Nr. 82718; Abb. 5,28), dreimal gebogen.
Gew. 17,52.

37. Zwei Armringbruchstücke (Mus. Bukarest Inv. Nr. 82710; Abb. 5,18; Taf. IV,7) mit Rippenverzierung.
Gew. 4,89.

38. Kleiner offener Ring (Mus. Bukarest Inv. Nr. 82734 a; Abb. 5,29), mit ovalem Querschnitt. Die Zugehörigkeit zum Fund unsicher.
Gew. 1,98.

39. Kegelförmige Drahtspirale (Mus. Bukarest Inv. Nr. 82700; Abb. 5,12).
Gew. 16,55.

40. Gürtelhacken (Mus. Bukarest Inv. Nr. 82722; Abb. 5,17).
Gew. 7,37.

41. Sichelbruchstück (Mus. Bukarest Inv. Nr. 82708; Abb. 5,19).
Gew. 26,56.

Um die Zusammensetzung des IV. Hortfundes von Oradea festzulegen, muß man außer den oben beschriebenen Gegenständen sowohl die Beschreibung als auch die Illustration von Roska in Betracht ziehen.

Nach dem Vergleich aller Angaben enthielt der Hortfund folgende Gegenstände: **1.** ganzes Kettengehänge; **2.**

halbes Kettengehänge; **3.** Zweiringglieder; **4.** dreieckförmige Anhänger (2 Stück); **5.** sanduhrförmige Anhänger (wenigstens 5 Stück); **6.** durchbrochene halbmondförmige Anhänger mit vertikal durchlochtem Stiel; **7.** kegelige Anhänger mit dreieckigen Durchbrechungen (wenigstens 9 Stück); **8.** vierspeichige Radanhänger mit Unteröse (8 Stück); **9.** Bronzescheiben mit waagerecht aufliegendem Rand, kleinem kegeligen Dorn und Unteröse (wenigstens 11 Stück); **10.** gewölbte Bronzescheibe mit Unteröse; **11.** flache Bronzescheibe mit Unteröse (wenigstens 2 Stück); **12.** leicht kegelige Bronzescheibe, die mit drei Ösen am Unterteil mit einem Ring verbunden ist; **13.** Bronzeknöpfe mit abgetreppter Mitte und Knopf, Unterseite mit Steg (wenigstens 8 Stück); **14.** Armringbruchstücke mit Rippenverzierung (wenigstens 3 Stück); **15.** gekerbter Armring mit offenen Enden; **16.** Armringe mit offenen Enden (2 Stück); **17.** kegelförmige Drahtspiralen (2 Stück); **18.** Bruchstücke von Spiralen (3 Stück). **19.** Fingerspirale; **20.** kleiner offener Ring; **21.** Scheibenkopfnadelbruchstück; **22.** Ösenhalsnadel (2 Stück). **23.** Nadelbruchstücke mit geschwollenem Hals; **24.** Warzennadelbruchstück; **25.** Nadelschaftbruchstück; **26.** Gürtelhaken; **27.** Tüllenbeil mit halbmondförmigem Rand; **28.** Tüllenbeil mit Pseudolappen; **29.** Sichelklingenbruchstücke (3 Stück); **30.** Knopfsichelbruchstücke (2 Stück); **31.** Messer- oder Dolch mit Ringende; **32.** kleine Lanzenspitze; **33.** Griffzungenschwertbruchstück; **34.** Schwertklingenbruchstücke (wenigstens 3 Stück); **35.** unbestimmbare Bruchstücke (= Roska 1942, Abb. 219, 14.15.18). (Vgl. auch Nachtrag I).

Der Hortfund aus Ciocaia wurde zuerst in der Fachliteratur von Z. Nánási (1974, 179) erwähnt. Laut seinen Ausführungen wurden von dem im Jahre 1957 entdeckten Hortfund fünf Gegenstände gerettet: ein Kettengehänge, eine Nackenscheibenaxt, ein Halsring und zwei Armringe. Er führt desgleichen auch einen Anhänger an, der in derselben Ortschaft unter nicht näher bekannten Umständen aufgefunden wurde.

M. Petrescu-Dîmbovița (1977, 55 Taf. 33,2-7) behauptet, daß man 1958 beim Ackern in Ciocaia einen Hortfund entdeckt hat, von dem das Museum von Săcuieni folgende Gegenstände angekauft hat: eine Nackenscheibenaxt, eine Zierkette mit Anhängern sowie drei Armringe, von denen einer größer und unverziert, die anderen zwei kleiner und verziert sind. Seiner Formulierung nach schließt der Verfasser die Möglichkeit nicht aus, daß zu dem Hortfund auch ein "Nadelschützer" gehörte. Von den veröffentlichten Zeichnungen widerspiegeln vier getreu die Originale, während eine (der Armring, Taf. 33,4) unvollständig und eine weitere (das Gehänge, Taf. 33,3) vollkommen falsch ist.

N. Chidioșan (1977, Abb. 2,3) veröffentlicht auch eine Zeichnung des Kettengehänges von Ciocaia, die entsprechender ist, aber dem Original noch immer nicht ganz gleicht.

T. Bader (1978, 123, Nr. 27, Taf. 81,1-5) behauptet, ohne jeglichen Quellennachweis, daß im Jahre 1949 in Ciocaia ein Bronzehortfund entdeckt worden sei, bestehend aus einer Nackenscheibenaxt, drei fast runden Armringen und einem Anhänger. Vier von den erwähnten Gegenständen sind auf den Zeichnungen genau wiedergegeben, vom Kettengehänge jedoch, von dem er an anderer Stelle (ebd. 107) behauptet, daß es eine quadratische Platte mit Ringen sei, werden nur die Platte und zwei Anhänger graphisch dargestellt, ohne die genaue Angabe, daß es sich um einen einzigen Gegenstand handele. Bader (ebd. 123, Nr. 27, Taf. 86,5) führt, Nánási folgend, noch an, daß in Ciocaia ein Anhänger isoliert zum Vorschein kam, er illustriert ihn aber als zum Hortfund von Sînnicolau de Munte gehörend.

Wie wir gesehen haben, liegen drei verschiedene Angaben über die Entdeckungszeit des Fundes von Ciocaia vor. Auch seine Zusammensetzung wurde unterschiedlich angegeben, während das wichtigste Fundstück - das Kettengehänge - fehlerhaft oder unvollständig abgebildet wurde.

Weil Nánási derjenige war, der den Fund für das Museum von Săcuieni geborgen hat, sind die von ihm angeführten Informationen über die Zusammensetzung des Fundes, selbst im Falle einer fehlerhaften Benennung eines Gegenstandes, wie auch bezüglich des Entdeckungsjahres die wahrscheinlichsten. Aus seinen Ausführungen geht hervor, daß vom Hortfund bloß fünf Stücke aufbewahrt werden. Das sechste Stück muß, obwohl seine chronologische Einordnung die Zugehörigkeit zu diesem Hortfund nicht ausschließt, bei fehlenden Angaben bezüglich der Fundumstände als Einzelfund betrachtet werden.

Im Museum von Săcuieni werden folgende Gegenstände des Hortfundes von Ciocaia aufbewahrt:

1. Kettengehänge (Inv. Nr. 1240; Abb. 4,8) aus einer viereckigen Platte (L. 4,6/5,9; D. 0,2), die an den Ecken je eine Ringöse und in der Mitte der Unterseite noch eine halbkreisförmige Öse hat, dazu runde und ovale, untereinander verkettete Ringe sowie dreieckige Anhänger mit Ringösen. Das Kettengehänge ist auf solche Weise verfertigt, daß an die beiden oberen Ösen der Platte je zwei Ringe angekettet wurden, ein ovaler und ein runder, verbunden durch zwei ovale Ringe, während an jede der drei unteren Ösen je zwei Reihen mit ineinander verketteten Ringen angebracht wurden - abwechselnd ovale mit runden - wobei am letzten Ring jeder einzelnen Reihe je zwei Anhänger herabhängen. Ursprünglich hatte jede Reihe 19 Ringe. Diese Anzahl ist nur an drei Ringreihen erhalten, von zweien fehlt je einer, vom dritten aber fünf Ringe. Von den Anhängern sind neun gänzlich und einer bruchstückhaft erhalten. Die vorhandenen Stücke ermöglichen trotzdem eine ziemlich genaue Rekonstruierung des ganzen Kettengehänges, bloß die Anordnung der Anhänger nach Reihen könnte geringfügig vom hier dargestellten Vorschlag abweichen. Die Anhänger gehören zwei verschiedenen Varianten an: a) mit Ösenring von kleineren Ausmaßen, mit schlankem Körper, der in drei Zinnen endet, am oberen Teil mit waagerechten Rippen verziert (H. 10,7); b) mit Ösenring von größeren Ausmaßen, mit kräftigerem Körper, der in vier Zinnen endet, verziert mit fünf waagerechten und drei eckigen Rippen (H. 10). Von der ersten Variante sind sieben Exemplare (an einem von ihnen fehlt ein geringer Teil am unteren Ende) sowie ein Bruchstück erhalten, wobei die meisten beschädigt sind, von der zweiten Variante sind drei erhalten, von denen eines an einer Seite beschädigt ist. Alle Anhänger wurden in Doppelklappenformen gegossen. Die ovalen Kettenringe (Dm. 2,5/2,8; D. 0,3-0,4) haben rhomboidalen oder ovalen Querschnitt und wurden in Vierklappenformen gegossen, wobei die beiden Hälften allgemein voneinander etwas verschoben sind. Die runden Kettenringe (Dm. 2,3; D. 0,4) sind rhombusartig im Querschnitt und wurden in Doppelklappenformen gegossen, die meisten davon haben Gußspuren. Es ist nicht auszuschließen, daß das Kettengehänge ursprünglich nur gleiche Anhänger hatte, während die Ersetzung einiger auf eine erhebliche Beschädigung zurückzuführen ist. Nach den Abnutzungsspuren zu urteilen, scheinen die Anhänger der ersten Variante die älteren zu sein. Ein Beweis dafür, daß das Kettengehänge zu einem gewissen Zeitpunkt ausgebessert wurde, ist der größere Ring mit offenen, zugespitzten und überstehenden Enden, der einen ovalen Ring ersetzt hat.

2. Gekerbter Armring (Inv. Nr. 1244; Abb. 8,9) mit offenen Enden und rundem Querschnitt.
Dm. 8,3.

3. Armring (Inv. Nr. 1243; Abb. 8,10) vom gleichen Typ, verziert mit Gruppen von Linien in Form von Tannennadeln, die mit Gruppen von Einkerbungen abwechseln.
Dm. 7,7.

4. Fußring mit offenen Enden (Inv. Nr. 1242; Abb. 8,11).
Dm. 12,3.

5. Nackenscheibenaxt Typ B 3 (Inv. Nr. 1241; Abb. 8,12). Der Querschnitt der Nackenstange ist oval, der der Klinge sechseckig. Der Gußansatz ist erhalten.
L. 22.

Der Einzelfund von Ciocaia (Inv. Nr. 581; Abb. 8,8) ist eigentlich ein hufeisenförmiger Anhänger mit einem vertikal durchlochten Stiel, an dem Spuren von fehlerhaftem Guß sichtbar sind.
L. 3,3.

Der Hortfund von Răbăgani wurde in der Fachliteratur öfter erwähnt (Kuzsinsky 1888, 342; Hampel 1892, 127; Roska 1942, 238, Nr. 27; Rusu 1963, 207; v. Brunn 1968, 291; Mozsolics 1973, 172; Petrescu-Dîmboviţa 1977, 104 Taf. 180,26-38; 181, 1-2; ders. 1978, 125, Nr. 165, Taf. 131 B; Bader 1983 a, 48 Taf. 8,53), ohne vollständig veröffentlicht zu werden.

Der Fund gelangte 1872 ins Museum von Oradea und wurde 1877 ins Inventarregister aufgenommen. Dieses ist die einzige gesicherte Angabe über den Inhalt des Hortfundes, denn in der Folgezeit ging ein Teil der Gegenstände verloren, so daß diese bei der Festlegung der Stücke nicht mehr in Erwägung gezogen wurden. Darüber hinaus konnte gelegentlich einer kürzlich vorgenommenen Restaurierung festgestellt werden, daß einige Bruchstücke, die eigentlich zusammenhängend sind, gesondert betrachtet wurden (freundliche Mitteilung N. Chidioşan), so daß sich selbstverständlich eine andere Anzahl von Gegenständen ergeben hat.

1. Kegeliger Anhänger (Inv. Nr. 1817 u. 1831; Abb. 7,23) mit vier dreieckigen Durchbrechungen, oben und unten gerippt, Basis spitzoval. Teilweise zerbrochen. Rekonstruiert aus zwei Bruchstücken.
H. 8,9.

2. Anhänger vom gleichen Typ (Inv. Nr. 1825 u. 1835; Abb. 7,22). Teilweise zerbrochen. Rekonstruiert aus zwei Bruchstücken.
H. 9,1.

3. Anhänger vom gleichen Typ (Inv. Nr. 1829 u. 1834; Abb. 7,24). Teilweise zerbrochen. Rekonstruiert aus zwei Bruchstücken.

H. 9,3.
4. Anhänger vom gleichen Typ (Inv. Nr. 1818; Abb. 7,18), nur oben gerippt. Basis spitzoval. Teilweise zerbrochen.
H. 6.
5. Anhänger vom gleichen Typ (Inv. Nr. 1862; Abb. 7,14). Oberteil leicht ausgebuchtet, unten gerippt, auf dem Zwischensteg eine T-förmige Rippe, Basis spitzoval.
H. 4,8.
6. Anhänger vom gleichen Typ (Inv. Nr. 1822; Abb. 7,25), oben gerippt, unten nur zwei Rippen, Basis rund.
H. 4,4.
7-10. Anhänger vom gleichen Typ (Inv.Nr. 1819, 1821, 1820, 1836; Abb. 26,28-30), ähnlich verziert. Alle teilweise zerbrochen.
H. 4,4; 4,3; 4,3; 4,3.
11. Anhänger vom gleichen Typ (Inv. Nr. 1827; Abb. 7,21), auf der ganzen Oberfläche gerippt. Stark eingedrückt und teilweise zerbrochen.
H. 5,6.
12. Anhänger vom gleichen Typ (Inv.Nr. 1823; Abb. 7,20), mit zwei ungefähr dreieckigen Durchbrechungen, oben und unten gerippt, Basis rund.
H. 6.
13-18. Anhänger vom gleichen Typ (Inv. Nr. 1812, 1816, 1811, 1828, 1810, 1830; Abb. 7,12-13,15-17,19), mit zwei Durchbrechungen, oben gerippt, Basis ungefähr rund. Alle teilweise zerbrochen.
H. 5,3; 4,7; 4,6; 5,2; 5,2; 5,9.
19. Anhänger vom gleichen Typ (Inv. Nr. 1813; Abb. 7,19), unverziert, Oberteil sowie ein Teil des Körpers zerbrochen.
H. 3,8.
20. Gerippter Oberteil eines Anhängers vom gleichen Typ (Inv. Nr. 1849; Abb. 7,27).
21-24. Bruchstücke von Anhängern vom gleichen Typ (Inv. Nr. 1815, 1814, 1824, 1832; Abb. 7,31-34).
Alle Stücke Nr. 1-24 zeigen fehlerhaften Guß, besonders an den Durchbrechungen, aber auch an anderen Stellen.
25-31. Anhänger vom gleichen Typ mit vier dreieckigen Durchbrechungen (infolge der unvollständigen Endbearbeitung hatte einer nur drei Durchbrechungen). Verschollen.
H. 4,5; 4,5; 4,4; 4,2; 6,2; 5,1; 5.
32-37. Durchbrochene, halbmondförmige Anhänger (Inv. Nr. 1846; 1837; 1838; 1845; ? ; 1840; Abb. 7,1-6) mit vertikal durchlochtem, geripptem Stiel. Alle mehr oder weniger beschädigt.
H. 4,6; 4,2; 3,8; 4,1; 4,5; 4,5.
38-41. Anhänger vom gleichen Typ. Verschollen.
H. 4,5; 4,2; 4,2; 4,6.
42. Trichterförmiger Anhänger (Inv. Nr. 1841; Abb. 7,7), Basis spitzoval.
H. 2,4.
43. Bruchstück von dreieckigem Anhänger mit Ringöse (Inv. Nr. 1844; Abb. 7,9), Oberteil gerippt, profilierte Krempen.
H. 4,2.
44. Bruchstück von nicht näher bestimmbarem Anhänger. Verschollen.
45-49. Bronzescheiben (Inv. Nr. 1851; 1835; 1850; 1842; 1852; Abb. 7,35-36,38-40) mit kleinem kegeligem Dorn und Unteröse. Alle mehr oder weniger beschädigt.
Dm. 5; 6,3; 6,6; 6,6; 6,6.
50. Bruchstück von gewölbter Bronzescheibe mit Unteröse (Inv. Nr. 1856; Abb. 7,37).
51. Bronzeknopf mit abgetreppter Mitte und Knopf (Inv. Nr. 1847; Abb. 7,41), Unterseite mit Steg, am Rand beschädigt.
H. 2,1.
52-53. Armringe mit offenen Enden. Verschollen.
54. Armringbruchstück mit rundem Querschnitt (Inv. Nr. 1843; Abb. 7,8).
55. Große, rundstäbige Spiralscheibe mit Schrägstrichgruppen verziert (Inv. Nr. 1848; Abb. 7,42).
Dm. 9,5.
56. Verzierte Gürtelbruchstücke (Abb. 7,43).
57. Dreieckförmiges Bruchstück einer Dolchklinge (Inv. Nr. 1855; Abb. 7,10).
L. 7,2.

Mit Ausnahme der Gürtelbruchstücke, die weiterhin im Museum von Oradea verblieben sind, befinden sich gegenwärtig alle vorhandenen Gegenstände im Museum von Beiuș. Sie tragen aber die Inventarnummern, mit denen sie nach dem Zweiten Weltkrieg im Museum von Oradea wiederaufgenommen wurden.

Über die Bronzefunde von **Cubulcut** sind die Angaben in der neueren Fachliteratur ebenfalls widersprüchlich. Während M. Rusu (1963, 205) einen Bronzehortfund aus dieser Ortschaft nur im Verzeichnis der Gruppe Uriu-Domănești (BD) anführt und W.A. v. Brunn (1968, 34, 72, 193, 289), dieser Angabe folgend, ohne nähere Details noch zwei weitere Arten von hier gefundenen Gegenständen (Kettengehänge und halbmondförmiger, durchbrochener "Nadelschoner") erwähnt, behauptet M. Petrescu-Dîmbovița (1977, 90 f.; 1978, 118, Nr. 132), daß von dem im Jahre 1889 aufgefundenen Hort folgende einzelne Stücke von verschiedenen Personen erworben wurden und im Jahre 1900 vom Museum von Oradea übernommen werden konnten: Lanzenspitze, Bruchstück einer Gürtelplatte, "Nadelschützer", zwei Tutuli (210 Ex. verschollen), zehn meist durchbrochene Ampyxen, drei dreieckige Anhänger, Anhänger in der Form eines böotischen Schildes, Bruchstück einer Zierkette. Von diesen Gegenständen wurden zehn in der rumänischen und 17 in der deutschen Fassung abgebildet und nur in der rumänischen Arbeit wurde angeführt, daß der Verfasser sie 1946 im Museum von Oradea gesehen hat und daß heute nur noch ein Teil davon aufbewahrt wird. T. Bader (1978, 123, Nr. 30) spricht von einem im Jahre 1899 entdeckten Hortfund, bestehend aus 22 Ampyxen (von denen zwei gerettet wurden) und einem halbmondförmigen Anhänger sowie von einigen Stücken, die im Jahre 1900 ins Museum von Oradea aufgenommen wurden: eine Lanzenspitze, ein halbmondförmiger Anhänger, zwei kegelige, dreieckig durchbrochene Ampyxen, ein Anhänger mit kleinen Rillen und sechs Arkaden verziert, ein Anhänger mit drei Kettenringen.

Aus den oben erwähnten Berichten ist ersichtlich, daß erhebliche Unterschiede zwischen den angegebenen Entdeckungsjahren und, was viel bedeutender ist, zwischen den Angaben betreffs der Zusammensetzung des Hortfundes von Cubulcut bestehen.

Die ältesten Nachrichten über die Bronzegegenstände aus Cubulcut stammen von Gy. Középesy (1901, 363 ff.). Er beschreibt eine ansehnliche Anzahl archäologischer Funde, die im Weichbild dieses Ortes zum Vorschein kamen und 1900 ins Museum von Oradea gelangten. Darunter werden auch einige bronzezeitliche aufgezählt: ein Bruchstück einer Lanzenspitze, das 1899 an einer nicht genannten Stelle gefunden wurde, sowie zwei kegelige durchbrochene Anhänger und ein halbmondförmiger Anhänger. Die letzteren wurden 1889 vermutlich zusammen mit 20 anderen durchbrochenen kegeligen Anhängern gelegentlich von Ackerungen an der "Iszalagos" genannten Stelle entdeckt. Die übrigen beschriebenen Gegenstände datieren aus anderen Epochen.

Aus diesen Daten geht hervor, daß zu dem im Jahre 1889 entdeckten Hortfund nur 22 kegelige durchbrochene Anhänger, von denen nur zwei gerettet wurden, sowie ein halbmondförmiger Anhänger gehörten. Zieht man die ausführlichen Beschreibungen von Középesy in Betracht, so wäre das Übergehen weiterer bronzezeitlicher Gegenstände von Cubulcut, falls diese ebenfalls im Jahre 1900 vom Museum von Oradea erworben wurden, unerklärlich. Das Inventarregister des Museums aus diesem Jahr ist fast unleserlich, so daß daraus keine sicheren Schlüsse gezogen werden können. Die neuen Eintragungen nach dem Zweiten Weltkrieg erwähnen das Entdeckungs- bzw. Erwerbungsjahr der Funde nicht mehr. In den neuen Inventarregistern sind außer den drei erwähnten Gegenständen des Hortfundes von 1889 und dem Lanzenspitzenbruchstück von 1899 nur noch zwei weitere Bronzestücke aufgezählt, also viel weniger als Petrescu-Dîmbovița angibt. Die näheren Umstände ihrer Entdeckung werden nicht angegeben. Die letzteren könnten von einem zweiten in Cubulcut entdeckten Hortfund stammen, es ist auch nicht ausgeschlossen, daß es sich um Einzelfunde handelt.

Von den aus Cubulcut abgebildeten Stücken ist bei Petrescu-Dîmbovița bloß das Gehängebruchstück originalgetreu wiedergegeben, während die kegeligen durchbrochenen Anhänger und der halbmondförmige Anhänger von den Originalen ganz abweichen, wobei einige Abbildungen (zwei dreieckförmige Anhänger, sanduhrförmiger Anhänger, Bronzeknopf, Gürtelbruchstück) Gegenständen des IV. Hortfundes von Oradea ähnlich sind.

Die erwähnte Ähnlichkeit kann aber nur zufällig sein; es ist trotzdem möglich, daß infolge der Übernahme falscher Angaben, die nicht unbedingt vom Verfasser ausgehen müssen, eine Verwechslung zwischen den Gegenständen aus Cubulcut und Oradea stattgefunden hat. Es bleiben noch immer einige Gegenstände

(Lanzenspitze, kegelige Anhänger mit dreieckigen Durchbrechungen, die letzteren in der deutschen Fassung abgebildet), deren Vorhandensein von keiner anderen Quelle belegt ist. Sie werden weder in den älteren noch in den neueren Inventarregistern des Museums von Oradea angeführt (freundliche Mitteilung N. Chidioşan).

Die drei geborgenen Stücke vom Hortfund des Jahres 1889 aus Cubulcut werden auch gegenwärtig im Museum von Oradea aufbewahrt:

1. Kegeliger Anhänger (Inv.Nr. 2127; Abb. 8,4) mit zwei dreieckigen Durchbrechungen, oben gerippt, Basis rund. Weißbronze.
H. 6,8; Dm. 3.
2. Anhänger vom gleichen Typ (Inv. Nr. 2128; Abb. 8,5). Beschädigt an einer der Durchbrechungen. Weißbronze.
H. 7,2; Dm. 3.
3. Durchbrochener halbmondförmiger Anhänger (Inv. Nr. 2129; Abb. 8,3), mit vertikal durchlochtem, gerippten Stiel. Fehlgußspuren. Weißbronze.
H. 4.

Die anderen Bronzegegenstände von Cubulcut, die ebenfalls in diesem Museum aufbewahrt werden, sind:

1. Kettengehängebruchstück (Inv. Nr. 2106; Abb. 8,6). Davon ist eine rechteckige Platte (3,4 x 8,3) erhalten, verziert mit drei Längsrippengruppen und versehen mit sechs halbovalen Ösen, je drei auf einer Langseite; an einer der mittleren Ösen sind drei verkettete Ringe, zwei große (Dm. 3,5) und ein kleinerer (Dm. 3), angebracht.
2. Lanzettanhänger (Inv. Nr. 2132; Abb. 8,1), mit geritzten Punkten und Linien verziert. Die Ringöse seit alters her zerbrochen.
H. 7,3.
3. Lanzenspitzenbruchstück (Inv. Nr. 2131; Abb. 8,2). Es ist ein Teil des Klingenblattes erhalten.
H. 7,8.

Noch zwei Depotfunde, die zum Typ Arpăşel gehören, wären im vorliegendem Rahmen zu besprechen. Der eine wurde schon in der zweiten Hälfte des letzten Jahrhunderts entdeckt und wird in der Sammlung des Museums in Szolnok aufbewahrt, während der zweite 1988 entdeckt und vom Museum in Oradea erworben wurde.

Der erste stammt, nach der Meinung von Csányi (1982, 45 Abb. 37) aus **Umgebungen** der Ortschaft **Tiszafüred**; Hampel (1876, 45) meinte ursprünglich, der Depotfund wäre in einer anderen Ortschaft - leider nicht näher angegeben - ans Tageslicht gekommen, er befände sich nur in der Sammlung von M. Tariczky Endre aus Tiszafüred. Das Depot besteht aus den folgenden Fundstücke: **1.** konischer Anhänger mit zwei dreieckigen Durchbrechungen, oben gerippt, Basis oval. H. 5,2; Inv. Nr. 52.654.1; **2.** Bronzeknopf mit abgetreppter Mitte, unten mit Steg. H. 1,5; Dm. 2,1; Inv. Nr. 52.655.1; **3.** ähnlicher Bronzeknopf. H. 1,3; Dm. 1,7; Inv. Nr. 52.656.1; **4.** ähnlicher Bronzeknopf, etwas größer, der Mittelknopf fehlt. Erhaltene H. 1,5; Dm. 3,7; Inv. Nr. 52.653.1; **5.** Bronzescheibe mit Mitteldorn und zwei Kreisrillen am Rand, Unteröse. An der unteren Oberfläche Spuren von Hammerschlägen. H. 1,5; Dm. 8,4; Inv. Nr. 52.639.1; **6.** Bronzescheibe mit Mitteldorn, Unteröse. H. 1,3; Dm. 5,7. Inv. Nr. 52.644.1; **7-16.** ähnliche Bronzescheiben. H. 1,2; 1,3; 1,2; 1,3; 1,2; 1,2; 1,3; 1,2; 1,3; 1,2; Dm. 5,8; 5,9; 5,5; 5,8; 5,4; 5,8; 6; 5,5; 5,7; 5,8. Inv. Nr. 52.647,642,646,648,640,645,643,650,641,,649.1; **17.** gewölbte Bronzescheibe mit konzentrischen Rillen. H. 1; Dm. 4,8. Inv. Nr. 52.651.1; **18.** Bronzescheibe mit gepunztem Rand und abgetreppter Mitte, unten mit Steg. H. 1,5; Dm. 6,2. Inv. Nr. 52.652.1. Alle Stücke sind mehr oder weniger beschädigt.

Der zweite Depotfund wurde in einer der Höhlen entdeckt, die sich zwischen den Ortschaften Şuncuiuş und Bălnaca befinden. Aus den von Dumitraşcu und Crişan (1989, 17 ff.) überlieferten Angaben geht hervor, daß der Depotfund nicht weit vom Höhleneingang ans Tageslicht kam und zwar infolge von Sprengarbeiten. Außer den Bronzen wurden aus der gesprengten Erde auch mehrere Keramikfragmente sichergestellt. Es wurden hier auch Steine gefunden, deren Plazierung nicht mehr festgestellt werden kann.

Nach den Angaben der Verfasser, nennen die Ortsbewohner die Höhle "Lesiana". Überprüft man die Beschreibung und die bibliographischen Hinweise, so stellt sich heraus, daß diese Höhle identisch mit einer der bekanntesten Höhlen der dortigen Gegend ist, eine Höhle, die bereits im vergangenen Jahrhundert entdeckt wurde und die in der speläologischen Fachliteratur meistens unter dem Namen Peştera Ungurului (= Höhle des Ungarn), aber auch unter anderen Namen - keinesfalls aber als "Lesiana" - bekannt ist (vgl. neuerdings

Vălenaş/Iurkiewicz 1980, 343 ff.: Peştera Ungurului, P. de la Bolhac; Goran 1982, 272, Nr. 3726/30: Peştera Ungurului, P. Ungureşti, P. de la Bălnaca, P. de la Bolhac, Magyar Barlang).

Die korrekte Angabe des Höhlennamens ist auch deshalb wichtig, weil aus dieser Höhle schon früher archäologische Funde zum Vorschein kamen. Manche davon sind sogar mit dem 1988 entdeckten Depotfund gleichaltrig und demzufolge in die archäologische Fachliteratur zur Bronzezeit eingegangen (s. Repertoriul 1974, 386 f.; Emödi 1980, 262). Die Einführung eines neuen Namens, der durch die bibliographischen Quellen nicht bestätig werden kann, ohne den bereits bekannten Namen zu erwähnen, führt zu Verwechslungen, besonders bei denen, die mit der Materie nicht vertraut sind.

Laut Dumitraşcu und Crişan besteht der Depotfund von Peştera Ungurului aus vier Knopfsicheln, einem Meißel, einem Tüllenhammer, einem Tüllenbeil, zwei Lanzenspitzen, zwei Handschutzspiralen, einer Gürtelplatte, sechs Spiralröhrchen, 18 Bronzeknöpfen mit abgetreppter Mitte, 53 durchbrochenen, halbmondförmigen Anhängern mit vertikal durchlochtem Stiel, zwei Bronzescheiben, einem Bronzeknopf mit zwei Löchern, einem Fußring, 15 Armringen, einem Blecharmring mit eingerollten Enden, einer Ringöse. Es muß unterstrichen werden, daß der Depotfund nur 48 ganze oder fragmentarische Anhänger beinhaltet, weil in diesem Falle - wie übrigens auch bei Răbăgani - Fragmente vorhanden sind, die Bruch an Bruch zusammenpassen und die als unterschiedliche Fundstücke beschrieben worden sind.

In der Nähe der Depotfundstelle wurden auch Reste eines Herdes entdeckt, unter dem drei Bronzenadeln gefunden wurden. Auf dem Boden des Höhlenhauptganges sowie anderer Gänge und auf dem Boden der seitlichen Fossilterrassen am Höhlenende wurden Keramik- und Bronzegruppierungen erkannt, wobei die wichtigsten Bronzen einige Nadeln und ein halbmondförmiger Anhänger mit vertikal durchlochtem Stiel sind. I. Emödi, der Entdecker dieser Funde, deutet sie im Rahmen der ähnlichen, spätbronzezeitlichen Funde aus den Höhlen des Crişul Repede-Tales und ordnet sie der Igriţa-Gruppe zu, zu der zweifelsohne auch der Depotfund von Peştera Ungurului gehört.

Der Hortfund von **Minişu de Sus** (Bez. Arad) wurde von M. Roska (1942, 86 Nr. 27) und M. Rusu (1963, 206) erwähnt und teilweise von M. Petrescu-Dîmboviţa (1977, 64, Taf. 55,1-11; ders. 1978, 104, Nr. 52, Taf. 39 A) veröffentlicht.

Laut dem Inventarregister des Nationalmuseums von Budapest enthielt dieser Fund folgende Stücke:

a) Zwölf strichverzierte Bronzebuckel mit Mittelloch. Dm. 1,3-1,6; **b)** ähnlicher Bronzebuckel mit Punzverzierung. Dm. 1,4; **c)** zehn ähnliche unverzierte Bronzebuckel. Dm. 1,5; **d)** 14 ähnliche unverzierte Bronzebuckel. Dm. 1,2; **e)** 27 flache Bronzeknöpfe mit zwei Löchern am Rand. Dm. 2,2; **f)** ähnliche Bronzeknöpfe. Dm. 1-1,1; **g)** zwei Bronzescheibenfragmente mit Mitteldorn. Dm. 5,1 bzw. 5; **h)** Bronzescheibe mit Unteröse. Dm. 2,9; **j)** acht Spiralröllchenfragmente; **k)** 15 verschiedene Bruchstücke.

Z.Z. werden noch im Museum von Budapest, unter den Inventarnummern 75.1886.1-10, folgende Stücke aufbewahrt:

1-6. Unverzierte Blechbuckel mit Mittelloch, davon einer bruchstückhaft.
Dm. 1,2-1,5 (Abb. 9,1-6).
7-8. Bronzescheibenfragmente mit Mitteldorn, Unterseite mit Steg, eines am Rand punzverziert.
Dm. 4,3/5,1 bzw. 4,5/5 (Abb. 9,13-14).
9. Leicht gewölbtes Bronzescheibenfragment mit Unteröse.
Dm. 2,7/2,9 (Abb. 9,15).
10-16. Spiralröllchenbruchstücke (Abb. 9,7-12).
17-19. Bruchstücke von halbmondförmigen, vertikal durchlochten, durch Wülste im mittleren Teil verstärkte Anhängern (Abb. 9,17-19).
20. Bruchstück von einem halbmondförmigen Anhänger mit kleinem, vertikal durchlochtem Stiel (Abb. 9,20).
21-22. Bruchstücke von Anhängern, wahrscheinlich vom gleichen Typ (Abb. 9,21-22).
23. Bruchstück von einem durchbrochenen halbmondförmigen Anhänger mit vertikal durchlochtem Stiel (Abb. 9,23).
24-27. Bruchstücke von halbmondförmigen gerippten Anhängern (Abb. 9,24-27).
28-29. Bronzeplattenfragmente (Abb. 9,28).

Die hier vorgestellten Hortfunde stammen aus dem westlichen Transsilvanien, aus einem ziemlich einheitlichen geographischen Raum, der von den drei Kreischflüssen und ihren Nebenbächen durchquert wird. Charakteristisch ist für diese und andere Hortfunde:

Balc (Roska 1942, 35, Nr. 50; Holste 1951, 16 Taf. 30,17-26; Rusu 1963, 205; v. Brunn 1968, 289; Petrescu-Dîmboviţa 1977, 52 Taf. 22,13-20 u. Taf. 23,1-2; ders. 1978, 98, Nr. 5, Taf. 19 E u. Taf. 20 A); **Bicaci** (Holste, ebd. 26 Taf. 49,22-27; M. Rusu, ebd. 205; v. Brunn, ebd. 289; Petrescu-Dîmboviţa 1977, 53 Taf. 28,3-15; ders. 1978, 99, Nr. 9, Taf. 22 B); **Cehăluţ I** (Hampel 1886a, 82 f. Taf. 55,4; ders. 1886 b Taf. 55,4; ders. 1892, 79; Roska 1942, 150 f., Nr. 24; Rusu, ebd. 205; v. Brunn 1968, 189; Mozsolics 1973, 154 f. Taf. 43; Petrescu-Dîmboviţa 1977, 54 Taf. 30,10-12, Taf. 31-32; ders. 1978, 99, Nr. 15, Taf. 24-25 A; Bader 1978, 122, Nr. 22); **Chereuşa** (Roska 1942, 80, Nr. 12; Petrescu-Dîmboviţa 1977, 147 Taf. 364,3-4; ders. 1978 152, Nr. 283, Taf. 269 C; Bader 1978, 122, Nr. 24); **Crişana II** (Rusu, ebd. 207; Petrescu-Dîmboviţa 1977, 155 Taf. 370,13; 371,1-14; ders. 1978 156, Nr. 336, Taf. 272 D); **Giurtelecu Şimleului** MGS, freundliche Mitt. T. Soroceanu, im vorliegenden Band: Fundumstände, Kat. u. Abb. 8); **Guruslău** (Moga 1948; Rusu 1963, 206; v. Brunn 1968, 289 Abb. 1,8; Petrescu-Dîmboviţa 1977, 60 Taf. 48,3-18; ders. 1978, 102, Nr. 34, Taf. 33 F u. Taf. 34 A; Lakó 1983, 77 Taf. 5,9; **Mişca** (Chidioşan 1977, 55-70); **Otomani** (Ordentlich 1968, 397 ff.; Nánási 1974, 181 Abb. 6,3-6)[8]; **Sînnicolau de Munte** (Nánási, ebd. 183 Abb. 6,1; Petrescu-Dîmboviţa 1977, 107 Taf. 186,11-13; Bader 1978, 128, Nr. 83, Taf. 86,4); **Sînnicolau Român** (M. Rusu 1963, 206; Petrescu-Dîmboviţa 1977, 68 f. Taf. 64,4-6; ders. 1978 106, Nr. 69, Taf. 46 A); **Tăut** (Hampel 1886 a, 72; ders. 1892, 34; Roska 1938, 8; ders. 1942, 140, Nr. 279; Holste 1951, 16 Taf. 31,1-7; Rusu 1963, 206; v. Brunn 1968, 289; Mozsolics 1973, 151 Taf. 48; Kilian-Dirlmaier 1975, Taf. 64 B, 65 A; Petrescu-Dîmboviţa 1977, 113 Taf. 213,8-35; 214,1-2; ders. 1978, 131, Nr. 178, Taf. 159 A)[9]; **Westtranssilvanien** (Posta 1918, Abb. 1)[10], wo die Horte ausschließlich oder überwiegend aus Schmuckgegenständen zusammengesetzt sind, von denen sich besonders die Anhänger durch ihre große Anzahl und Vielfalt hervorheben. Ihr Auftreten ist umso bedeutsamer wenn man die Tatsache in Betracht zieht, daß in den älteren Perioden dergleiche Schmuckgegenstände in diesem Raum äußerst selten vorkommen, meistens nur als Randentdeckungen im Rahmen einiger Verbreitungsgebiete mit Schwerpunkt in Mitteleuropa.

Die Anhänger bilden auch Teilstücke der Kettengehänge. Diese sind, obwohl in geringerer Anzahl vertreten, trotzdem charakteristische Erzeugnisse der spätbronzezeitlichen Metallurgie. Da ähnliche Gegenstände aus früherer Zeit fehlen, ist ihre Herkunft nicht leicht bestimmbar.

G. Kossack (Symbolgut 15 ff.) hat das eingeritzte Kopfgehänge des Idols von Kličevac mit den Gehängen aus dem Hortfund von Gaj verglichen und kam zu der Ansicht, daß diese miteinander eng verwandt sind, daß sie als Ausdruck derselben Idee gelten können, und er schrieb sie derselben Kultur, und zwar der Kultur mit inkrustierter Keramik aus dem südungarischen, nordserbischen und westrumänischen Raum zu. Seiner Meinung nach haben die Gürtelornamentik aus Transsilvanien wie auch die symbolischen Elemente der Gehänge aus Nordungarn und der Slowakei im Musterschatz dieser Kultur ihren Ursprung.

Die Ähnlichkeit der Darstellung auf dem Idol von Kličevac und den Gehängen des Hortfundes von Gaj ist

---

[8]Die Identität der Fundstellen der Stücke, die von den beiden Verfassern vorgestellt werden, sowie auch ihre typologische Identität deuten zweifellos darauf hin, daß es sich um einen einzigen Hortfund handelt. Seine Zusammensetzung ist die folgende: 21 Bronzescheiben mit Unteröse, acht Bronzeknöpfe mit abgetreppter Mitte und Knopf, Unterseite mit Steg, drei Nadeln und 70 Spiralröllchen. In den von A. Mozsolics (1973, 166 f.) und M. Petrescu-Dîmboviţa (1977, 101; 1978, 123, Nr. 156) veröffentlichten Fundlisten werden nur die von I. Ordentlich beschriebenen Gegenstände genannt.

[9]I. Emödi (1978, 488 Anm. 18) irrt sich bei der Lokalisierung des Hortfundes in Negreni, Kr. Cluj. Dieser Irrtum geht auf M. Roska zurück, der in zwei Arbeiten (1938, 8 und 1942, 140, Nr. 279) den Namen Körösfeketetó (heute Negreni) zweimal anführt, einmal im Bihorer Komitat, das andere Mal im Komitat Kolozs (=Cluj), obwohl in Arch. Ért. 5, 1885, S. X und bei Hampel (1892, 34), hier zwar mit einem kleinen (wahrscheinlich) Druckfehler, der Name Feke[te]tót, Kom. Bihar (heute Tăut, Kr. Bihor) genannt wird. Falsch ist der Hortfund auch von M. Rusu (1963, 207, Nr. 72) lokalisiert worden. Die Benennung Körösfeketetót, wie sie A. Mozsolics anführt, ist unbekannt; vgl. Suciu 1967 I, 429 u. II, 185 mit den Gleichsetzungen Tăut-Feketetót bzw. Negreni-Fechetău, Feketetó, Körösfeketetó.

[10]Die Festlegung des Ursprungsgebietes der von B. Pósta vorgestellten Stücke, die zweifellos einem Hortfund angehörten, ist selbstverständlich hypothetisch, trotzdem aber sehr wahrscheinlich, wenn man auch die Tatsache in Betracht zieht, daß die größte Anzahl der analogen Funde in demselben Gebiet erschienen ist.

offensichtlich, so daß ihre Verwandtschaft hinreichend erwiesen scheint, vor allem auch weil die Entdeckungen aus demselben geographischen Raum stammen. Ihre Zugehörigkeit zu demselben kulturellen Aspekt kann jedoch wegen der möglichen chronologischen Verschiebungen zwischen der Dubovac-Gruppe, der das Idol zugeordnet wurde, und dem Hortfund in Frage gestellt werden. Der Meinung, daß diese Gruppe eine längere Dauer hatte, bis zu Hallstatt A (Garašanin 1958, 98; Foltiny 1968, 353), wurde auch eine gegenteilige entgegengestellt, derzufolge die Dubovac-Gruppe schon in einer vorangegangenen Periode ausgeklungen war (Hänsel 1968, 136 ff.; Brukner/Jovanović/Tasić, Praist. Vojv. 1974, 461). Andererseits kann der Hortfund von Gaj aufgrund seiner gesamten Zusammensetzung auch in die Stufe Ha A 1 datiert werden, selbst wenn man annimmt, daß einige Bronzestücke, darunter auch die Gehänge, ältere Gegenstände sind (Vasić 1982, 276). Sie sind jedoch nicht vor der Stufe Ha A anzusetzen, so wie auch andere Hortfunde oder Fundobjekte, in denen gestielte Scheibenanhänger erscheinen, die identisch sind mit denen an den Kettengehängen von Gaj, Veliko Nabrđe, Brodski Varoš, Pričac (Vinski-Gasparini 1973, Taf. 44, 18; Taf. 56, 35 u. Taf. 71, 1), Kék (Kilian-Dirlmeier 1975, Taf. 65, 6) und Stenca Liubcovei (freundliche Mitteilung von C. Săcărin, das unveröffentlichte Stück im Museum Reşiţa).

Problematisch ist auch die Feststellung der kausalen Beziehungen zwischen der Verbreitung der Gehänge im Idolkreis, wo sie übrigens verschiedene Formen haben, und ihrem Auftauchen im westlichen Transsilvanien. Zweifel wurden auch hinsichtlich der Herleitung der Gürtelornamentik aus dem Muster der inkrustierten Keramik ausgesprochen (Kilian-Dirlmeier 1975, 112).

Die Elemente, die sich in der Zusammensetzung der Gehänge aus Transsilvanien, Nordungarn und der Slowakei finden (Rad, Doppelaxt, Lanzette, Dreieck usw.), stellen in Zeit und Raum weitverbreitete Heilszeichen dar, deren territorialer Ursprung sich im Vorderen Orient befindet (Müller-Karpe 1979, 9 ff.). Die geschichtlichen Beziehungen, welche zur Übernahme dieser Zeichen im Donauraum geführt haben und ihre Bedeutung für diese sekundären und Randgebiete sind schwer herzustellen (ders., ebd. 27). Ebenso schwierig ist es herauszufinden, auf welchem Wege sie hier eingedrungen sind.

Gewiß ist, daß sie in Transsilvanien als einheitliche Symbolgruppe in einer Zeit wesentlicher Änderungen auf verschiedenen Ebenen, von denen einige sicher von der inneren Entwicklung bestimmt wurden, andere zweifellos auf äußere Einflüsse zurückgehen, erscheinen. Die Folge dieser letzteren, neben der möglichen Übernahme von technologischen Kenntnissen, welche eine beträchtliche Erhöhung der metallurgische Produktion bewirkt haben können, war auch die Aufnahme von einigen religiösen Ideen, die im Synkretismus mit den bodenständigen Auffassungen nach neuen Ausdrucksformen verlangten.

Die fremden Einflüsse konnten auf mehreren Wegen nach Transsilvanien gelangen. Für die Verbreitung der Heilszeichen kommen zwei Wege in Frage: der eine führte vom Kontinental- und Insel-Griechenland über Makedonien und den Balkanraum, der andere von Kleinasien über den Kaukasus und nördlich des Schwarzen Meeres. Der zweite Weg, von dem angenommen wurde, daß über ihn, zeitgleich mit dem Erscheinen der Gehänge, auch die ersten Eisengegenstände ins Karpatenbecken gelangten (Horedt 1980, 119), ist allem Anschein nach der wahrscheinlichere, obwohl diesbezüglich klar erkennbare Zwischenstationen fehlen. Nördlich des Schwarzen Meeres gibt es aber Gehänge mit Anhängern bzw. Bruchstücke davon: Solonetz (Terenožkin 1964, Abb. 2), Băleni (Dragomir 1967 R 18 c, 37), Myndrešt' (Černych 1976, Taf. 3,3), sowie Gußformen für Kettenzwischenglieder und Dreipaßstücke: Gegend von Dnjepropetrovsk, Majaki (Bočkarev/Leskov 1980, Taf. 3,37; 7,53b), Verhnetarasovka (Archeologija USSR 1985, Abb. 135,17). Einige dieser Gegenstände sind zeitgleich oder sogar älter als die Gehänge aus Transsilvanien.

Die Verbindung der hethitischen Heilszeichen mit denen aus Mitteleuropa wurde auch von Müller-Karpe (1979, 26) angenommen, während auch Florescu (1967, 75) die typologische Ähnlichkeit zwischen den Gehängen von Solonetz und Oradea bemerkte.

Das Auftauchen der Gehänge in Transsilvanien kann ohne äußere Einflüsse, vor allem die stärkeren östlichen und südöstlichen, nicht erklärt werden. Trotzdem handelt es sich um Originalerzeugnisse, die an Ort und Stelle nach lokalem Geschmack erzeugt wurden. Innerhalb der hier besprochenen Funde finden sich beide in diesem Raum hergestellten Gehängetypen.

Der Typ Arpăşel (Liste 1) hatte eine geringe Verbreitung. Außer in den Hortfunden von Arpăşel und Oradea

IV ist er noch durch Funde aus der Igriţa-Höhle (Liste 1,2) vertreten. Die Gehängebruchstücke aus den Hortfunden von Gyöngyössomlyos IV (Kemenczei 1979, Taf. 5,3-4) und Myndrešt' besitzen einige gewisse Ähnlichkeiten mit diesem Typ, ohne ihm aber anzugehören.

Von den Gehängen der Hortfunde von Arpăşel und Oradea IV kann man annehmen, daß sie in derselben Werkstatt gearbeitet wurden, vielleicht sogar, wenigstens teilweise, mit denselben Gußformen. Der festgestellte Gewichtsunterschied bei den vollständig erhaltenen Stücken kann durch die verschieden starke Benutzung, aber auch durch die verschiedenen Reinigungs- und Konservierungsmethoden erklärt werden, die auf das ursprüngliche Gewicht gewiß einen Einfluß hatten.

Bemerkenswert ist, daß die vollständigen Exemplare mit Anhängern derselben Variante versehen sind, die auch die gleiche Verzierung haben, während bei dem Arpăşeler Bruchstück bloß ein Anhänger mit diesen identisch ist. Der zugehörige Anhänger hat, obwohl es derselben Variante angehört, eine unterschiedliche Verzierung, während das andere Anhängerpaar einer anderen Variante zugehört. Die improvisierte Art, mit der die verschiedenartigen Anhänger angebracht wurden, deutet darauf, daß diese erst später, gelegentlich einer Reparatur, an das Kettengehänge befestigt wurden.

Die ursprüngliche Anhängervariante von den Gehängen des Typs Arpăşel hat noch keine genauen Analogien. Nur zum Hortfund von Galoşpetreu gehört noch ein durchbrochenes Anhängerbruchstück (Petrescu-Dîmboviţa 1978, Taf. 102, 56). Seine Basis wurde jedoch anders verfertigt, und es fehlt ihm der Stiel, der den Körper mit dem Ösenring vereinigt. Die einfachen Dreieckanhänger, wie sie auf dem Bruchstück von Arpăşel und im Hortfund von Oradea IV erscheinen, hatten eine größere Verbreitung. Identische oder sehr ähnliche Exemplare findet man bei den Hortfunden von Iara (Hampel 1886 a und b, Taf. 54,12), Ópályi, Felsődobzsa II (Mozsolics 1973, Taf. 18,4.6.7; 47,20) und Drslavice I (Řihovský 1972, Taf. 34,35). Dieselbe Variante ist noch durch einen Einzelfund aus Ungarn (Hampel 1886 a und b, Taf. 54,3) vertreten. Die anderen, nicht durchbrochenen Dreieckanhänger, die an den Gehängen waren oder einzeln in Hortfunden auftauchten, sind von den oben erwähnten mehr oder weniger verschieden.

Die Hortfunde von Ópályi und Felsődobzsa II datieren aus der Periode, die der Stufe R BD entspricht, während der Hortfund aus Drslavice I, der auch typische Gegenstände dieser Periode enthält, in die chronologisch darauffolgende Etappe, Hallstatt A, eingegliedert wird wie auch der Hortfund von Iara, in dem sich auch Sägeblätter und tordierte Halsringbruchstücke befinden[11]. Sind in den beiden ersten Hortfunden die

---

[11]Die Angaben über die Zusammensetzung des Hortfundes von Iara, ansonsten nicht übereinstimmend, werden bloß z.T. durch das Inventarbuch des MGS, Cluj, das in den ersten Jahrzehnten nach der Mitte des 19. Jahrhunderts angelegt wurde, bestätigt. Hier sind unter den Nummern 1572-1587 (nicht 1752-87 wie bei Roska 1942, 19, Nr. 54) 16 Gegenstände aus Iara mit folgenden Vermerken angeführt: 1572 a - Tüllenbeil; 1573 b - Tüllenbeil; 1574 c - Dolchklingenbruchstück; 1575-79 d,e,f,g,h - kleine Bruchstücke; 1580 i - Bruchstück einer Scheibe unbekannter Bestimmung; 1581 k - Bruchstück einer langen Nadel; 1582 l - Säge, 1583-87 m,n,o,p,q - Klingenbruchstücke. Die den Ziffern beigegebenen Buchstaben sind bedeutungslos, sie fehlen auf den Gegenständen. Im Sommer 1984 identifizierte ich folgende Gegenstände: 1576 - Bruchstück eines tordierten Halsringes; 1577 - Bruchstück einer schmalen Klinge mit halbovalem Querschnitt; 1578 - zwei Bruchstücke einer schmalen Klinge mit halbovalem Querschnitt; 1579 - Bruchstück eines tordierten Halsringes; 1580 - Bruchstück eines Dreieckanhängers, dessen Unterkante in drei Zinnen endet, in Doppelklappenform gegossen, auf der einen Seite mit sechs, auf der anderen mit vier kleinen Warzen verziert; 1581 - Barren mit rundem Querschnitt und einem schrägen Ende (Nadelbruchstück ?); 1582 - zwei Bruchstücke eines Sägeblattes mit dreieckigem Querschnitt, fast auf der ganzen Länge der einen Seite und in einem kurzen Abschnitt der anderen gezänt; 1583 - Klingenbruchstück mit linsenförmigem Querschnitt; 1584 - Bruchstück eines Sägeblattes mit linsenförmigem Querschnitt, gezänt; 1586 und 1587 - zwei zusammenpassende Bruchstücke einer Klinge, die in Einklappenform gegossen und nicht ausgefertigt wurde. Die Stücke mit den Inventarnummern 1572-75, also die beiden Tüllenbeile, das Dolchklingenbruchstück und ein kleines Bruchstück konnte ich nicht auffinden. Zwei Nummern - 1573 und 1575 - fehlen im neuen Inventarbuch, so auch der Gegenstand 1576, obwohl er vorhanden ist, während die Stücke 1572 und 1574 hier als Tüllenbeil bzw. als Bruchstück einer Dolchklinge eingetragen wurden. Von den 16 Gegenständen aus Iara konnte also bloß einer als Nadelbruchstück angesehen werden, welches aber sicher verschieden von den Warzen- und Mohnkopfnadeln ist, die schon von J. Hampel (1886 a und b, Taf. 52,4-6) und von F. Pulszky (1897, Taf. 61,4-6) als zum Hortfund, zu dem auch der Dreieckanhänger zählt, gehörend veröffentlicht wurden. Fraglich ist auch die Zugehörigkeit einer der Dolchklingen, die von denselben Verfassern veröffentlicht wurden, zu diesem Hortfund (Taf. 18,2-3 bzw. Taf. 41,2-3), da nur ein einziges Dolchbruchstück, wie wir gesehen haben, unter den aus Iara stammenden Funden registriert wurde. Man kann heute nicht mehr festlegen, ob solche

Dreieckanhänger ganz, so sind sie in den beiden anderen nur bruchstückhaft erhalten. Diese Anhänger sind im Zusammenhang der beiden letztgenannten Hortfunde gewiß ältere Gegenstände, die aus der vorangegangenen chronologischen Etappe stammen. Zieht man die Datierungsmöglichkeiten in Betracht, so kann man behaupten, daß das Gehänge aus Arpăşel noch während der Stufe R BD repariert wurde. Es gibt keinen zwingenden Beweis dafür, seine Herstellung früher als in diese Stufe anzusetzen.

Die Kettengehänge vom Typ Guruslău (Liste 2), also auch das bruchstückhafte Exemplar von Cubulcut, sind von einer komplizierteren Machart. In ihrer Zusammensetzung findet man auch zwei Mittelstücke verschiedener Form, ein rundes und ein viereckiges, die durch Ringreihen miteinander verkettet sind. Auch diese Gehänge enden mit dreieckigen Anhängern. Ähnliche Anhänger wie die Kettengehänge des Typs Guruslău findet man ebenfalls in den Hortfunden von Viss (Kemenczei 1965, Taf. 22,3) und Uioara (Holste 1951, Taf. 44,30; Petrescu-Dîmboviţa 1978, Taf. 247,3.5.6). Ein solches Anhängerpaar stammt außerdem aus einer unbekannten Ortschaft Ungarns (Hampel 1886 a und b, Taf. 62,1).

Die Dreieckanhänger der Hortfunde aus Tállya (Kemenczei 1984, Taf. 188,24) und Markovac (Holste 1951, Taf. 21,25) unterscheiden sich von diesen, aber auch von denen der Gehänge vom Typ Arpăşel, da sie eine Basis mit kleinerer und dichterer Zähnung haben. Ebenfalls verschieden ist je ein Exemplar der Hortfunde aus Ópályi und Felsődobzsa II (Mozsolics 1973, Taf. 47,21) durch ihre gerade Basis. Das Anhängerbruchstück des Hortfundes aus Răbăgani gehört auch zur Abart der dreieckigen Formen, kann aber keiner Variante sicher zugeordnet werden. Es ist trotzdem möglich, daß alle diese Exemplare an Kettengehängen vom Typ Arpăşel oder Guruslău angebracht waren, weil nur diese Dreieckanhänger haben, während an den Kettengehängen anderer Typen nur anders geformte Anhänger waren[12].

Das Kettengehänge des Hortfundes aus Ciocaia stellt zweifellos eine Variante des Typs Guruslău dar. Es hat ein einziges quadratisches Mittelstück. Einige seiner Anhänger haben eine identische Verzierung mit den Anhängern des Stückes von Guruslău. Die Form der anderen ähnelt jener der Anhänger der Kettengehänge von Arpăşel und Oradea, sie sind aber nicht durchbrochen.

Die Datierung der Kettengehänge vom Typ Guruslău wird durch die Gegenstände, mit denen sie in den Hortfunden vergesellschaftet sind, gesichert. Im Hortfund von Guruslău kommt es zusammen mit Tüllenbeilen und Armringen, die typisch für die R BD-Stufe sind, im Hortfund von Kemecse mit Sicheln, Armringen, Lanzenspitzen u.a., die ebenfalls für diese Periode kennzeichnend sind, aber auch mit einem verzierten Gürtel, der eventuell jünger sein könnte, vor. Er wurde der Übergangsphase von der Stufe R BD zur Ha A zugeordnet (Jósa/Kemenczei 1964, 34).

Der Hortfund von Ciocaia liefert ebenfalls Anhaltspunkte, die die Einordnung des Kettengehänges in die Periode der R BD-Stufe sichern. Ist der Fußring als Datierungsstück weniger schlüssig, da er in den Hortfunden über eine längere Zeitspanne vertreten ist, so gehört die Nackenscheibenaxt zur Variante Breb (Vulpe 1970, 85 f.), mit zahlreichen Analogien, die fast ausschließlich in den Hortfunden vom Typ Uriu-Ópályi erscheinen, während die Armringe der Variante aus Ciocaia desgleichen in den Hortfunden dieses Typs vorherrschend sind.

Demnach sind die Gehänge vom Typ Arpăşel, wie auch jene vom Typ Guruslău, Erzeugnisse der metallurgischen Zentren des westlichen Transsilvanien, die in der Zeit entsprechend der Stufe R BD tätig waren. Höchstwahrscheinlich erscheinen unter dem Einfluß dieser Zentren im nördlichen Ungarn und in der Slowakei im Rahmen der Pilinyer Kultur die Gehänge vom Typ Tibolddaroc, die von einer noch komplizierteren Machart sind, mit zahlreichen symbolischen Elementen (Schumacher-Matthäus 1985 a, 80 f.). Dieser Typ verbreitet sich auch in südlicher Richtung und erscheint in einigen Hortfunden der II. Phase der Urnenfelderkultur in Jugoslawien: Bingula Divoš (Vinski-Gasparini 1973, Taf. 85,16.20); Jakovo (Ostave 1975, Taf. 30,1).

Ebenfalls in den Rahmen der Pilinyer Kultur gehört das Gehänge von Rimavská Sobota (Hampel 1886 a und

---

Gegenstände in dieser Ortschaft gefunden wurden oder nicht. Gewiß ist, daß sie im Museum in Cluj nicht vorhanden sind und daß es keinen sicheren Beleg für eine frühere Zugehörigkeit zu dieser Sammlung gibt.

[12]Das Verbreitungsgebiet der Dreieckanhänger ist nicht allein auf die östliche Hälfte des Karpatenbeckens beschränkt, vgl. Kossack 1954, 95 f. und neuerdings auch Wels-Weyrauch 1978, 116 ff. In der vorgelegten Arbeit sind nur die Stücke berücksichtigt, die zu den besprochenen Gehängetypen gerechnet werden können.

b, Taf. 112,4), bestehend aus Anhängern, die miteinander verbunden und z.T. zusammengeschweißt sind, wie auch das Gehänge von Cserépfalú (Liste 2,9). Das erstere ist ein Originalerzeugnis der Träger der erwähnten Kultur, das zweite kann einigermaßen mit den Gehängen des Typs Guruslău verglichen werden, weil sein Mittelstück die Form eines Vierspeichenrades hat, ähnlich einigen Exemplaren dieses Typs.

Ohne sämtliche Arten der im Karpatenbecken und im mittleren Donauraum vorhandenen Gehängetypen anzuführen, kann man die Folgerung ziehen, wie auch v. Brunn (Hortfunde [1968] 34) meint, daß solche Stücke vor allem die frühe Phase der Spätbronzezeit kennzeichnen. Zu den ältesten Exemplaren gehören die, die auch fremde Symbolelemente beinhalten. Diese wurden zugleich oder kurz danach auch von den Nachbargebieten übernommen.

Über die Zweckbestimmung der Gehänge wurden mehrere Meinungen geäußert. Die meisten Forscher zählen sie zum Pferdegeschirr (Hampel 1896, 158 f.; Pârvan 1926, 439; Gallus/Horváth 1939, 67; Rusu 1960, 175; Mozsolics 1973, 75 f.; Chidioşan 1977, 55 ff.; Bader 1978, 107; Furmánek 1980, 40[13]). Andere betrachten sie als Tracht- oder Kulttrachtzubehör (Nees 1933, 164; Hellebrandt 1980, 85; Schumacher-Matthäus 1985 a, 79 ff.) bzw. Kultgegenstände (Kossack 1954, 18; Kemenczei 1965, 127 f.).

Es gibt keinen direkten archäologischen Beweis für die erste der genannten Hypothesen. Es wurde noch kein Gehänge neben einem Pferdeskelett gefunden, wie schon M. Nees (1933, 164) bemerkte. Auch keine anderen Gegenstände, denen die Funktion als Pferdegeschirrschmuck zugedacht war (Rusu 1960), sind in solchem Zusammenhang erschienen. In den wenigen Gräbern mit Pferdeskeletten, wie in den Hügelgräbern aus Lăpuş und Bicaz im Norden Transsilvaniens, befanden sich nur einfache Metallgegenstände, wie die kugelförmigen Knöpfe, neben denen noch Bruchstücke von Geweihknebeln gefunden wurden. In den Hortfunden, aus denen die Gehänge oder Teile davon stammen, waren diese nicht mit Pferdezäumen vergesellschaftet[14]. Der Pferdeschmuck ist relativ selten und höchst einfach, auch in der kretisch-mykenischen Welt; dieses geht aus Darstellungen von Siegeln und Fresken, aber auch aus anderen archäologischen Funden und ebenfalls aus den Beschreibungen in Homers Epen hervor (Wiesner 1968, 20, 58, 83, 108 f. Abb. 10 u. Abb. 15). Es ist wenig wahrscheinlich, daß die Lage in dieser Hinsicht zu derselben Zeit im Karpatenbecken eine ganz andere gewesen wäre.

Die Art, wie die Gehänge, beispielsweise jene vom Typ Tibolddaroc, aufgehängt wurden, spricht ebenfalls gegen die Annahme, daß sie Pferdegeschirrschmuck waren. Es ist schwerlich anzunehmen, daß die unterschiedlichen Typen von Gehängen verschiedene Bestimmungen hatten. So müssen auch die Exemplare, die an einem einzigen Punkt aufgehängt wurden, wie die von Ciocaia und Rimavská Sobota, dieselbe Funktion gehabt haben[15]. Die Darstellung auf dem Idol von Kličevac ist ein sicherer Beweis dafür, daß das Gehänge ein Trachtzubehör war. Indem die Gehänge eine Reihe von Symbolelementen vereinigen, liegt der Schluß nahe, daß sie anläßlich religiöser Feierlichkeiten verwendet wurden.

Unter den von G. Kossack (1954, 18) als Amulette interpretierten Gegenständen aus dem westlichen Transsilvanien sind die sanduhrförmigen Anhänger (Liste 3) am häufigsten vertreten. Außer in den Hortfunden von Arpăşel und Oradea IV sind sie auch in denen von Bicaci, Mişca und "Westtranssilvanien" (Liste 3,4.31.65) sowie in dem apokryphen Fund von Oradea (Liste 3,36) aufgefunden worden. In Transsilvanien erscheint dieser Anhängertyp ebenfalls in den Hortfunden von Poşaga de Sus und Uioara (Liste 3,40.57)[16]. Die meisten

---

[13]V. Pârvan und V. Furmánek schließen ebenfalls die Möglichkeit nicht aus, daß diese Gehänge zur Prunktracht gehört haben könnten.

[14]Eine Ausnahme bildet vielleicht der Hortfund von Ópályi, in dem ein halbkreisförmiges Stück mit drei Ösen auf der Unterseite und einer Vogelprotome vorkommt, das von A. Mozsolics (1973, 73) als mögliche Trense angesehen wird.

[15]Bei den Kettengehängen vom Typ Guruslău kann wegen ihrer bruchstückhaften Erhaltung keine sichere Angabe über die Aufhängungsart gemacht werden. Bei den Kettengehängen vom Typ Arpăşel gibt es zwei Möglichkeiten: entweder wurden sie an einem einzigen Kettenring aufgehängt, und dann waren sie länger als 70 cm, oder an dreien.

[16]G. Kossack (1954, 97, Liste F, 4a) erwähnt einen solchen Anhänger auch im Inhalt des Hortfundes von Deva. Die drei Anhänger dieses Fundes sind aber: ein runder Anhänger mit Aufhängezunge und zwei inneren Stegen, ein Anhängerbruchstück mit innerem Mitteldorn, ein durchbrochener halbmondförmiger Anhänger mit vertikal durchlochtem Stiel; vgl. Andriţoiu 1975, 397 f.; Petrescu-Dîmboviţa 1978, 118, Nr. 133, Taf. 92 C, 23-25.

Anhänger dieser Art stammen aus dem Hortfund von Mişca. Von den 100 bis 120 Fundstücken, die schätzungsweise in diesem Fund enthalten waren (Chidioşan 1977, 55), blieben 56 ganze oder bruchstückhafte Exemplare erhalten.

Alle Anhänger aus Transsilvanien wurden in Doppelklappenformen gegossen. Die meisten haben konvex-konkave Seiten, nur bei einigen von ihnen sind die kurzen Seiten gerade. Die Aufhängungsösen sind viereckig, am oberen Teil abgerundet und am unteren gerillt: Mişca, "Oradea"; rund mit einem längeren oder kürzeren, meist verzierten Stiel: Arpăşel, Bicaci, Oradea IV, Poşaga de Sus, "Westranssilvanien"; doppelt: Arpăşel, Oradea IV oder dreifach: Poşaga de Sus. Die Verzierung des Anhängerkörpers besteht aus einfachen oder doppelten Rippen, die entlang des Anhängerkörpers verlaufen, an zwei Exemplaren von Arpăşel mit Reliefrosetten ergänzt, an vier Exemplaren von Poşaga de Sus mit kleinen runden Warzen.

Die Verbreitung der sanduhrförmigen Anhänger sowie auch ihre chronologische Einordnung wurden weitgehend schon von G. Kossack (1954, 23, 41, 97 f. Taf. 20)[17] bestimmt. Die neueren Entdeckungen vergrößern die Funddichte einiger Gebiete sowie auch den Verbreitungsraum. Beachtenswert ist in diesem Sinne vor allem das Stück aus der Siedlung von Tren (Liste 3,50), der südlichsten Fundstelle dieses Anhängertyps (Kilian-Dirlmeier 1979, 209 f.).

Die sanduhrförmigen Anhänger aus Transsilvanien sowie auch die identischen oder sehr ähnlichen Gegenstände dieser Art aus anderen Gebieten, wie jene von Bingula-Divoš (Liste 3,5), Kék (Liste 3,20), Medvedevci (Liste 3,29), Nyírbogdány (Liste 3,34), Pričac (Liste 3,41), aus den Hügelgräbern von Dedinka (Liste 3,10) und Kolta (Liste 3,22), die den Trägern der Čaka-Kultur angehören, aus den Gräbern von Gemeinlebarn (Liste 3,14), die den Trägern der Velatice-Kultur zugeschrieben werden, sowie die Einzelfunde von Obala Dunava (Liste 3,35), "Szabolcs-Szatmár" (Liste 3,52) und "Ungarn" (Liste 3,58-60) gehören in die Periode R BD-Ha A bzw. die frühe und ältere Urnenfelderzeit.

A. Mozsolics (1985, 62) vermutet, daß ein zeitlicher Unterschied zwischen den Anhängern mit kurzem und jenen mit längerem Stiel und kleinen Warzen nicht ausgeschlossen sei. Die Entdeckungen bestätigen diese Hypothese nur zum Teil; z.B. im gewiß älteren Hortfund von Bicaci hat der Anhänger einen relativ langen Stiel, während ein Anhänger des Hortfundes aus Poşaga de Sus einen kurzen Stiel hat. Wegen der Verschiedenartigkeit der Varianten können auch andere Einzelheiten der Form nicht als sichere Kriterien bei der Festlegung der typologischen Entwicklung der frühen sanduhrförmigen Anhänger herangezogen werden.

Anders als die oben angeführten Exemplare, jedoch demselben chronologischen Zeitabschnitt zugehörig, sind die Stücke aus den Hortfunden von Brodski Varoš (Liste 3,7), Čermožisce (Liste 3,8), Püspokhatvan (Liste 3,43), alle durch eine kleine, fast rechteckige Aufhängungsöse und eine kurze Verlängerung am unteren Teil gekennzeichnet, Banatski Karlovac (Liste 3,3), Gyöngyössomlyos (Liste 3,15), Maškovice (Liste 3,28), Sasovice (Liste 3,47), Straupitz (Liste 3,51) u.a.

Die frühen sanduhrförmigen Anhänger erscheinen vornehmlich in der östlichen Hälfte des Karpatenbeckens. Das älteste und produktivste metallurgische Zentrum, in dem solche Anhänger hergestellt wurden, lag zweifellos im westlichen Transsilvanien. Aus diesem Ursprungsraum verbreiteten sie sich nach Süden, Südwesten, Westen sowie Nordwesten und erreichten noch während der älteren Urnenfelderzeit auch entlegenere Gebiete wie Slowenien, Niederösterreich, Brandenburg.

In der jüngeren Urnenfelderzeit erweitert sich ihre Verbreitung gegen Süden und Norden (Albanien bzw. Pommern), doch gleichzeitig verschwinden sie im Osten, so daß sie im Karpatenbecken nur noch vereinzelt, in Transsilvanien überhaupt nicht mehr verzeichnet werden. Zu den jüngsten Exemplaren gehören jene aus dem Hortfund von Pyrzyce (Liste 3,44) und aus der Siedlung von Tren, welche in die Periode Montelius V bzw.

---

[17]In der von ihm zusammengestellten Liste sind auch einige Stücke mit Rückenöse aufgenommen worden, die von W.A. v. Brunn (1968, 43) und A. Jockenhövel (1971, 84) als Knöpfe interpretiert wurden. Da die Möglichkeit nicht auszuschließen ist, daß diese Gegenstände aufgehängt und nicht angenäht getragen wurden, habe auch ich sie in die Liste der sanduhrförmigen Anhänger aufgenommen. Hingegen habe ich das Stück von Kiskőszeg ausgeklammert, das eher zu den Dreieckanhängern mit Ärmchen gehört, ebenso wie die Stücke von Felsődobzsa (Mozsolics 1973, Taf. 47,22), Poljanci, Pričac (Vinski-Gasparini 1973, Taf. 48,23; 71,4) und Tállya (Kemenczei 1984, Taf. 188,25).

Stufe Tren III eingeordnet werden. Das Exemplar aus dem Hortfund von Badacsony (Liste 3,2), der aufgrund des Zaumzeuges der frühen Hallstattzeit zugeschrieben werden kann, deutet die letzte Verwendungsetappe dieses Anhängertyps an.

Die sanduhrförmigen Anhänger gehören zum Halsschmuck, wie die Funde aus dem Gräberfeld von Ljubliana (Liste 3,25) beweisen, wo sie, je zwei miteinander verbunden, an Halsketten angefügt erscheinen. Hinweise in diese Richtung liefert auch der Hortfund aus Mişca. Hier kommen neben den Anhängern nur Spiralröllchen vor. Es scheint fast sicher, daß die zwei verschiedenen Gegenstände zu nur einem Schmuckstück gehörten; die Spiralröllchen dienten höchstwahrscheinlich zur Verdeckung der Fäden, auf die die Anhänger aufgereiht wurden. Ein auf diese Weise verfertigter Schmuck konnte zweifellos mit Leichtigkeit nur um den Hals getragen werden. Daß sich an den Ringösen einiger Anhänger, wie bei mehreren Exemplaren des Hortfundes von Oradea IV und an einem aus dem Hortfund von Arpăşel, auch gedrehte Drähte befinden, schließt ihr Tragen als Halsschmuck nicht aus.

Äußerst selten hatten die sanduhrförmigen Anhänger auch andere Bestimmungen. So waren die Exemplare aus Banatski Karlovac und Ticvaniu Mare einigen Handschutzspiralen angefügt, die Anhänger aus Pyrzyce bildeten Klappergehänge, und der aus Tren gehörte zu einem Gehänge.

Es herrscht allgemeine Übereinstimmung darüber, daß die verwandten Doppelaxt- und Sanduhrmotive aus dem Donauraum, die nicht nur in der Zusammensetzung der Gehänge oder als Anhänger erscheinen, sondern auch in Form von Rasiermessern, Zier- und Miniaturstücken bzw. als Verzierungselement von Fibeln und Gürteln, seltener von Schmuckscheiben und Rasiermesseren (Jockenhövel 1971, 84 f.), in direkter Verbindung mit den gleichen Motiven des ägäischen Raumes stehen. Z. Fiedler (1953, 338) und J. Bouzek (1966, 261 f.) betrachten sie als Darstellungen des kleinen ägäischen Altars, J. Paulík (1969, 51) neigt neben dieser Deutung auch dazu, sie außerdem als Miniaturdarstellungen des schweren mykenischen Schildes aufzufassen, während H. Müller-Karpe (1979, 23 ff.) sie mit den hethitischen šupp-Zeichen verbindet. Die Verbreitung dieser Motive in verschiedenen Landschaften während eines sehr langen Zeitraums ist gewiß ihrem außergewöhnlichen Wert als Symbol zu verdanken. Ihre Bedeutung für die Völker außerhalb des ägäischen Raumes wie auch die Bedeutung anderer Motive mit gleichem Charakter kann jedoch nicht näher erörtert werden.

Andere Gegenstände, deren Form symbolische Motive darstellen, sind in den Bronzefunden des westlichen Transsilvanien viel weniger häufig.

Im Hortfund von Oradea IV befanden sich acht Radanhänger. Die Anhänger dieser Form haben ebenfalls eine sehr weite räumliche und zeitliche Verbreitung (Kossack, Symbolgut 85 ff.) und sind auch typologisch sehr verschieden. Eines der auffälligsten Unterscheidungsmerkmale ist die Art der Speichenanordnung.

U. Wels-Weyrauch (1978, 67) hat für die Benennung der verschiedenen Typen von Radanhängern die Radnadelbezeichnungen von F. Holste übernommen. Dieser Klassifizierung nach gehören die Exemplare von Oradea einer der Varianten mit Speichenschema A (einfaches Speichenkreuz) an.

Diese Variante fehlt in anderen transsilvanischen Funden. Räumlich am nächsten gelegen sind die Stücke aus dem rumänischen Banat: Caransebeş (Holste 1951, Taf. 18,10) und Nordostungarn: Felsődobzsa (Mozsolics 1973, Taf. 117,32). Andere Exemplare dieser Art wurden gefunden in Berlin-Spindlersfeld (Sprockhoff 1938, Taf. 82,19), Brodski Varoš (Vinski-Gasparini 1973, Taf. 58,4), Gemeinlebarn (Szombathy 1929, Taf. 16,1), Grünwald (Müller-Karpe 1959, Taf. 183,20), Einhausen, Jechtingen (Wels-Weyrauch 1978, Taf. 17,354-355), Loštice, Mankovice (Řihovský 1979, Taf. 74 D 10; 79 F 1), Nitriansky Hrádok-Zámeček (Točik 1981, Taf. 147,25), Poljanci (Vinski-Gasparini 1973, Taf. 49,15), Püscheldorf (Hennig 1970, Taf. 69,27), Škocjan (Szombathy 1937, Abb. 135), Vozokany (Furmánek 1980, Taf. 4,95), Zemplinske Kopčany (Demeterová 1984, Taf. 9,15).

Von den oben erwähnten Stücken sind die frühesten jene von Nitriansky Hrádok und Jechtingen, da das erstere aus einer Siedlung der Mad'arovce-Kultur und das zweite aus der Hügelgräberzeit stammt. Die anderen gliedern sich in die Stufen Reinecke BD-Ha A ein, höchstwahrscheinlich auch das Exemplar aus Škocjan, obwohl die Entdeckungen aus der Fliegen-Höhle größtenteils einer neueren chronologischen Stufe zugeordnet sind. V. Furmánek (1980, 13) führt richtig an, daß dieser Anhängertyp seinen Ursprung im Karpatenbecken hat.

Außer in dem Hortfund von Oradea IV sind aus dem westlichen Transsilvanien die Radanhänger nur noch im

Hortfund von Biharia (Hampel 1886 a und b, Taf. 54,2) zu finden. Obwohl diese Anhänger das gleiche Speichenschema wie jene von Oradea aufweisen, gehören sie offensichtlich einer anderen Variante an. Sie haben breite, profilierte Felgen mit einer Kreisrippe und eine Aufhängungsöse mit kurzem Stiel. Diese Anhänger unterscheiden sich von den gestielten Scheibenanhängern nur durch das Vorhandensein der Speichen. Sie erscheinen übrigens zusammen im Hortfund von Brodski Varoš (Vinski-Gasparini 1973, Taf. 53,7; 56,34.35). Andere Anhänger derselben Variante finden sich in den Hortfunden von Bingula-Divoš (Vinski-Gasparini 1973, Taf. 86,13), Gyöngyössomlyos IV (Kemenczei 1979, Taf. 5,5) und, wahrscheinlich, Corneşti (Roska 1929, Abb. 54)[18] und auch in der Siedlung von Velem (Hampel 1896, Taf. 238,52). Sie gehören in die Stufe Ha A.

Die einzige sichere Entdeckung eines Lanzettanhängers im westlichen Transsilvanien ist jene von Cubulcut. Es ist möglich, daß auch ein Bruchstück aus der Igriţa-Höhle (Emödi 1980, Abb. 9,48) von einem solchen Anhänger stammt. In den Hortfunden der Stufe Ha A aus Transsilvanien und dem Banat erscheinen sie jedoch relativ häufig (Bader 1983, 52 ff. Taf. 9-10), manchmal als Zubehör der Fibeln oder der Handschutzspiralen.

Die Lanzettanhänger haben ihren Ursprung im Karpatenbecken, bereits in der Hügelgräberzeit, wie die Stücke aus den Gräberfeldern von Tápé (Trogmayer 1975, Taf. 36, Gr. 415,2) und Tiszafüred (Kovács 1975, Taf. 30, Gr. 327,4; 31, Gr. 342,10; 33, Gr. 354,16) es beweisen, vielleicht auch das Exemplar aus Liptovský Michal (Furmánek 1980, Taf. 31,833), von dem angenommen wird, daß es aus einer altlausitzischen Siedlung stammt. Die größte Verbreitung haben sie in der Stufe Ha A bzw. in der älteren Urnenfelderzeit (Kossack 1954, 17 ff., 91 f.; v. Brunn 1968, 108), wie das auch die transsilvanischen Funde zeigen. Der Anhänger aus Cubulcut gehört sehr wahrscheinlich ebenfalls dieser Zeitstufe an. Seine relativ große Länge und die Verzierung lassen darauf schließen, daß er als Schmuck (evtl. Amulett) und nicht als Zubehör eines anderen Gegenstandes verwendet wurde.

Zu den spezifischen Erzeugnissen des metallurgischen Zentrums im westlichen Transsilvanien gehören auch die durchbrochenen, halbmondförmigen Anhänger mit vertikal durchlochtem Stiel (Liste 4). Da einige Stücke dieser Art auf Nadelspitzen aufgesteckt waren, wurden sie als Nadelschützer, -schoner oder -halter bezeichnet. Eine solche Verwendung scheint aber rein zufällig gewesen zu sein. Selbst wenn man über die Art, wie sie getragen wurden keine sicheren Aussagen machen kann, so ist ihre Zugehörigkeit zu den Anhängern trotzdem annehmbar (v. Brunn 1968, 72 Anm. 5)[19].

Ein guter Teil dieser Anhänger wurde aus Weißbronze hergestellt. Die meisten weisen Gußfehler auf und sind mehr oder weniger beschädigt. Sie haben einen mittleren, vertikal durchlochten Stiel von unterschiedlicher Größe, der bei einigen Exemplaren bis zu 4 cm lang ist, und sind auf der ganzen Oberfläche oder nur auf dem Oberteil mit Rillen verziert. Vom Stiel gehen seitlich je zwei oder drei Zweige mit quadratischem Querschnitt aus, die sich an der Unterseite vereinigen und so einen Halbmond mit zwei oder vier Öffnungen bilden. Eine gesonderte Variante stellen die Stücke aus dem Hortfund von Mărtineşti (Liste 4,32) dar, die je zwei durchlochte Stiele aufweisen. Auch sind ihre Ausmaße viel größer.

Diese Anhänger haben ihren Prototyp in einer hufeisenförmigen Abart, die in der Mitte vertikal durchlocht ist. Über den Ursprung der hufeisenförmigen Anhänger wurden verschiedene Meinungen geäußert (Kemenczei 1965, 114; 1967, 292 f.; Furmánek 1980, 39). Gewiß ist, daß sie im Karpatenbecken schon in der mittleren Bronzezeit vorhanden waren, einige von ihnen sogar mit einem kurzen durchlochten Stiel, wie die Anhänger des Hortfundes aus Lovas (Vinski 1958, Taf. 3,4-5), ebenfalls aus Weißbronze hergestellt, und daß sie ein vielgetragener Schmuck der Pilinyer Kultur waren. Das Stück von Ciocaia bezeugt das Eindringen dieses Anhängertyps, unter Pilinyer Einfluß, auch in das westliche Transsilvanien, wo dann seine typologische Umwandlung erfolgte.

Die durchbrochenen halbmondförmigen Anhänger, die, wie ihre Häufigkeit zeigt, den hufeisenförmigen sicherlich vorgezogen wurden, erschienen in diesem Raum sowohl in Hortfunden: Arpăşel, Galoşpetreu, Oradea

---

[18] Laut M. Petrescu-Dîmboviţa (1977, 84; 1978, 115) gehören die Anhänger, die von M. Roska (1929, 36 f. Abb. 54) und I. Nestor (1932, Abb. 30,2) als aus Corneşti stammend veröffentlicht wurden, eigentlich zum Fund von Biharia.

[19] M. Rusu (1960, 175 Abb. 6) zählt diese Stücke zum Pferdegeschirrschmuck. Eine ähnliche Vermutung hat auch A. Mozsolics (1975 a, 9) ausgesprochen.

IV, Răbăgani, Sînnicolau de Munte, "Westtranssilvanien" (Liste 4,2.28.33.36.41.42.52) als auch in einigen Höhlenfunden: Igrița, Mişid, Ungurului (Liste 4,26.34.48).

Der Anhänger aus Igrița ist ein Zufallsfund, der trotzdem mit den anderen archäologischen Funden der Höhle in Zusammenhang gebracht werden kann. Er gehörte bestimmt zu den hier geborgenen spätbronzezeitlichen Niederlegungen. Wegen der stratigraphischen Bedingungen und späterer Störungen konnten diese Niederlegungen nicht immer nach Komplexen geordnet werden. Es wurden außer Keramikbruchstücken auch Metallgegenstände geborgen. Obwohl letztere sich wenig für eine chronologische Datierung eignen, können durch ihr Vorhandensein die Funde von Igrița zweifellos in die Periode R BD Ha A eingereiht werden.

In denselben chronologischen Rahmen, vielleicht nur Stufe BD, weisen auch die Funde aus der Mişid-Höhle hin. Auf dem Kalkboden eines schwer zugänglichen Ganges, auf etwa 0,25 m^2, wurden ein reich verzierter Bronzegürtel, seit alters her zerbrochen mit Spuren einer Reparatur, 12 durchbrochene halbmondförmige Anhänger mit vertikal durchlochtem Stiel, ein Angelhaken, eine Bronzenadel mit gedrehter Spitze, zwei Tonscheiben, drei Spinnwirtel aus Ton, Idole(?) aus Ton, Bernsteinperlen, ein Steinsplitter, drei Quarzsteinchen sowie Bruchstücke eines Topfes mit zwei Henkeln und ein Miniaturgefäß gefunden. Keiner der Metallgegenstände widerspricht einer relativ frühen Datierung, während der Topf eine gute Analogie in dem Gefäß hat, in dem sich die Bronzen des Hortfundes von Perişor befanden (Soroceanu/Retegan 1981, Abb. 33), die ausschließlich dem Typ Uriu angehören.

Der Hypothese, daß die durchbrochenen halbmondförmigen Anhänger mit vertikal durchlochtem Stiel innerhalb der Gáva-Kultur entstanden seien (Jósa/Kemenczei 1964, 33) widersprechen die angeführten Funde, die wenigstens z.T. älter sind als diese Kultur. Übrigens können nur zwei Hortfunde mit solchen Anhängern mit Gewißheit der Gáva-Kultur zugeordnet werden: Gégény und Nyírbogdány (Liste 4,21.35), während die Mehrheit östlich von ihrem Verbreitungsraum liegt.

Wahrscheinlich noch in der Stufe R BD im westlichen Transsilvanien entstanden, hatten die durchbrochenen halbmondförmigen Anhänger eine große Ausbreitung in der folgenden Periode, in der sie auch in von ihrem Ursprungsraum weit entfernten Gegenden auftauchten, wie in Niederösterreich: Stillfried, Unterradl (Liste 4,44.49); Mähren: Blučina, Drslavice (Liste 4,5.15); Böhmen: Drhovice (Liste 4,14); Schlesien: Jordanow Słaski, Kietrz, Smokovice, Wrocław-Ksieze Male (Liste 4,27.29.43.53); Sachsen: Kloschwitz (Liste 4,30); Bayern: Ganacker (Liste 4,20); Baden-Württemberg: Gammertingen (Liste 4,19). Während ihr Auftreten in diesen Gebieten doch ziemlich isoliert ist, finden sie sich in Transsilvanien in großer Anzahl, so z.B. im Hortfund von Giula (Liste 4,22) 129 Exemplare, im Fund aus der Cioclovin-Höhle (Liste 4,7) 90 Exemplare. Für ihre chronologische Bewertung ist auch der Umstand bedeutend, daß sie Bestandteile der Hortfunde vom Typ Uioara sind: Bicaz I, Dipşa, Guşterița II, Uioara (Liste 4,3.24.46), alle aus der Stufe Ha A.

Der Verbreitungsraum dieser Anhänger deckt sich wenigstens z.T. mit dem der sanduhrförmigen Anhänger. Zum Unterschied zu diesen fehlen sie aber in den Fundkomplexen der jüngeren Urnenfelderzeit.

Die kegeligen Anhänger mit dreieckigen Durchbrechungen (Liste 5) sind ebenfalls in mehreren Fundgruppierungen des westlichen Transsilvaniens vorhanden. Außer in den Hortfunden von Arpăşel, Cubulcut, Oradea IV und Răbăgani (Liste 5,2.9.14.16) findet man sie in diesem Raum auch in denen aus Bicaci, Cehăluț I und "Westtranssilvanien" (Liste 5,3.5.23).

Auch hier kann die Art und Weise, wie sie getragen wurden, nicht mit Gewißheit festgelegt werden. Nach der Meinung von W.A. v. Brunn, die A. Mozsolics (1973, 67 Anm. 161) anführt, wurden diese Anhänger, wie auch andere mit Röhren, auf eine Schnur aufgereiht. Ihr Weggleiten wurde durch einen inneren Knoten verhindert. Einen Beweis in dieser Hinsicht liefert der Goldfund von Hinova, wo ein ähnliches Stück an einem Draht hängt (Davidescu 1981, 19 Abb. 11,5). Auf diese Weise konnten sie auf der Brust oder um den Hals getragen werden[20].

Ein Teil der Anhänger dieser Form ist aus Weißbronze hergestellt. Sie sind im allgemeinen nicht vollendet und haben Gußfehler, vor allem rings um die Durchbrechungen. Was sie voneinander unterscheidet sind die Anzahl

---

[20]Rusu 1960, 174 zählt diese Stücke ebenfalls zur Gattung des Pferdegeschirrschmucks.

(zwei oder vier) und die Verteilung der dreieckigen Durchbrechungen sowie die Anordnung der Verzierung (Rillen auf der unteren und oberen Seite oder nur auf der oberen, Rippen auf der Unterseite, Rippen auf dem ganzen Körper auf einem Stück aus Răbăgani). Die unverzierten Anhänger sind selten.

Die kegeligen Anhänger mit dreieckigen Durchbrechungen entwickelten sich typologisch höchstwahrscheinlich aus den hügelgräberzeitlichen kegeligen Blechanhängern (Comşa 1965 a, 153), die durch die Pilinyer Kultur vermittelt wurden. Sie erscheinen bis jetzt nur in Hortfunden. Man trifft sie außer in den erwähnten westtranssilvanischen Fundkomplexen auch manchmal noch in Transsilvanien: Aiud, Cherghes, Cincu, Cioclovina-Höhle, Şpălnaca II (Liste 5,1.6.7.8.18); Nord- und Ostungarn: Debrecen-Fancsika, Felsődobzsa II, Ópályi (Liste 5,10.11.13); Westungarn: Pamuk, Simonfalva (Liste 5,15.17) sowie auch in einem kroatischen Hortfund: Brodski Varoš (Liste 5,4) an, möglicherweise auch in einem Hort aus Böhmen: Vevary (Liste 5,21)[21].

Die Fundkartierung weist auf eine relativ begrenzte Verbreitung dieser Anhänger hin, obwohl auch sie chronologisch für eine längere Periode belegt sind, die den Stufen R BD-Ha A entspricht. Es muß aber gesagt werden, daß in mehreren Donaugebieten, in eben dieser Zeitspanne, ähnliche Anhänger ohne Durchbrechungen verwendet wurden, die gewiß dem gleichen Zweck dienten.

Unter den Funden des hier behandelten Raumes sind die trichterförmigen Anhänger seltener. Außer in dem Hortfund von Răbăgani kamen sie in den Hortfunden von Biharia (Petrescu-Dîmboviţa 1978, Taf. 82 B 6) und Crişana II vor. Es gibt noch zwei Anhänger dieses Typs, die von unbekannten Fundplätzen des Bezirkes Bihor stammen und im Museum von Oradea (Inv. Nr. 2371, 8744) aufbewahrt werden.

Mit Ausnahme eines dieser Anhänger aus dem Bezirk Bihor (2371), der einen glockenartigen Trichter hat und in die Periode der Hortfunde vom Typ Koszider datiert wird (Mozsolics 1967, 85; Hänsel 1968, 112; Furmánek 1980, 35), weisen die anderen einen niedrigen konischen Trichter auf. Sie gehören der späteren Variante dieser Anhänger an, die sich unter dem Pilinyer Einfluß in verschiedenen Gegenden ausbreiteten (Kemenczei 1967, 294; Furmánek 1977, 285).

Diese Variante wird sowohl in den Hortfunden der Stufe R BD: Abaújszántó (Mozsolics 1973, Taf. 51,9.10), Edelény, Erdöhorváti (Kemenczei 1984, Taf. 47,b,4; 44,b,3.5.8.10), Felsődobzsa II, Ópályi (Mozsolics 1973, Taf. 47,14; 19,20), Podmonastyr' (Bernjakovič 1960, Taf. 14,12), Rimavská Sobota (Hampel 1886 a und b, Taf. 113,14), Tiszaszederkény (Mozsolics 1973, Taf. 50,12-14), Tornyosnémeti (Hampel 1896, Taf. 202,8) als auch in jenen der Stufe Ha A: Caransebeş (Milleker 1940, Taf. 17), Kemecse (Hampel 1896, Taf. 234,8), Kislöd (Patek 1968, Taf. 62,8), Kurd (Hampel 1896, Taf. 213,13), Moldova Veche (Milleker 1940, Taf. 26), Lengyeltóti III (Mozsolics 1975, Taf. 2,13), Poljanci I, Pričac (Vinski-Gasparini 1973, Taf. 48,14.15; Taf. 71,8), Püspökhatvan (Kemenczei 1984, Taf. 114,22), Székesfehérvár (Petres 1960, Abb. 11,8-14), Uioara (Petrescu-Dîmboviţa 1978, Taf. 194,850), Vajdácska (Kemenczei 1981 a, Taf. 4,10), Vršac-Kozluk (Rašajski 1973, Taf. 2,16) angetroffen. Die trichterförmigen Anhänger einiger jüngerer Hortfunde sind als aus der vorhergehenden Periode stammende Stücke zu betrachten.

Die gegossenen Bronzescheiben sind im westlichen Transsilvanien außer in den Hortfunden von Arpăşel, Oradea IV und Răbăgani auch in denen von Balc, Cehăluţ I, Chereuşa, Otomani und Tăut vorhanden. Es scheint, daß es auch im Hortfund von Biharia ein solches Stück gab[22]. Die meisten Exemplare - 65 - befinden sich im Hortfund von Cehăluţ I. Sie erscheinen in großer Anzahl aber auch in anderen Hortfunden: 30 in Balc, 21 in Otomani, wenigstens 12 in Oradea. Dagegen gab es im Hortfund von Arpăşel, möglicherweise auch in jenem von Biharia, nur eine einzige Bronzescheibe. In allen Hortfunden, in denen mehrere Exemplare vorkommen, gibt es neben einigen gut erhaltenen auch solche, die mehr oder weniger beschädigt sind. Bemerkenswert ist auch die Tatsache, daß in diesen Hortfunden die Bronzescheiben mehreren Varianten angehören. Da die Anzahl der Stücke der einen oder anderen Variante sehr verschieden ist, kann keine Regelmäßigkeit hinsichtlich ihrer

---

[21] Die veröffentlichte Photographie des Bruchstückes ermöglicht nicht, seine Zugehörigkeit sicher zu bestimmen.

[22] J. Hampel (1886 a, 41) behauptet, daß das auf der Taf. 34,2 abgebildete Stück aus dem Hortfund von Biharia stammt, aber im Erklärungstext der Tafel erscheint als Fundort Oradea. M. Petrescu-Dîmboviţa (1978, 115) erwähnt dieses Stück als möglicherweise dem Hortfund von Biharia angehörend. Zur Zeit kann man nicht mehr mit Sicherheit den Fundort feststellen.

Häufigkeit erkannt werden.

Die von W.A. v. Brunn (1968, 46 Anm. 4) und A. Mozsolics (1973, 68 f.) erwähnten Analogien der Bronzescheiben aus dem westlichen Transsilvanien, denen man noch viele andere, ohne sie auszuschöpfen, hinzufügen kann: Cornuţel (Stratan 1964, Abb. 3,6), Gaj (Ostave 1975, Taf. 52,6.8-10; 53,1-13), Guruslău (Moga 1947, Abb. 1,5-9), Guşteriţa II (Petrescu-Dîmboviţa 1978, Taf. 117, 343), Lazy (Hampel 1886 a und b, Taf. 109,8-12), Novi Kostolac (Ostave 1975, Taf. 1,3), Pričac (Vinski-Gasparini 1973, Taf. 71,15.16.23), Şpălnaca II (Dumitrescu 1936, Abb. 14,19), Velikaja Began' (Bernjakovič 1960, Taf. 6,5), weisen darauf hin, daß ihre Herstellungs- und Benutzungsperiode den Stufen R BD-Ha A entspricht. In diesem chronologischen Rahmen findet sich die größte Ballung der Bronzescheiben im westtranssilvanischen Raum.

Die Bronzeknöpfe mit abgetreppter Mitte (Liste 6) zählen ebenfalls zu den häufig vorkommenden Fundstücken in diesem Gebiet. Außer in den Hortfunden von Arpăşel, Oradea IV und Răbăgani tauchen sie auch in denen von Balc, Bicaci, Otomani und Tăut (Liste 6,3.5.33.40) sowie zwischen den Niederlegungen in der Igriţa-Höhle (Liste 6,21) auf. Die Anzahl der Exemplare in den verschiedenen Hortfunden ist unterschiedlich. Die meisten - 46 - sind in Tăut, während in Arpăşel und Răbăgani nur je ein einziges Stück, aber von etwas größerem Ausmaße, vorhanden ist.

Auch in anderen transsilvanischen Hortfunden befinden sich derartige Bronzeknöpfe: Cioclovina-Höhle, Deva, Poşaga de Sus, Şpălnaca II (Liste 6,10.13.35.39). Die Cioclovina-Höhle lieferte die größte Menge - 1855 Exemplare. Sie erscheinen in recht großer Anzahl im Banat: Arad, Cornuţel, Felnac, Gaj, Moldova Veche, Pecica (Liste 6,1.11.15.17.28.34) und im nördlichen Ungarn: Benczurfalva, Felsődobzsa, Ópályi (Liste 6,4.16.31), und sie fehlen auch nicht in den anderen Gebieten des Donauraumes, in einigen Fällen sind sie aus Gräberinventaren bekannt. Ähnliche Knöpfe gibt es auch in Norddeutschland. Man nimmt an, daß sie aus dem ostungarischen-siebenbürgischen Kulturgebiet stammen (v. Brunn 1968, 73 Anm. 1).

Das Vorkommen der Bronzeknöpfe mit abgetreppter Mitte einerseits in den Hortfunden von Cornuţel, Felsődobzsa I u. II, Ópályi und anderseits in den Hortfunden von Bingula-Divoš (Liste 6,6), Brodski Varoš (Liste 6,8), Deva, Gaj, Mixnitz-Drachenhöhle (Liste 6,27), Şpălnaca II sowie in den Hügelgräbern von Dedinka (Liste 6,12) und Kolta (Liste 6,24) bzw. in den Gräbern von Gemeinlebarn (Liste 6,18) beweist, daß sie chronologisch in die Periode entsprechend den Stufen R BD-Ha A eingegliedert werden können.

Die Armringe von Balc, Bicaci, Cehăluţ I, Ciocaia, Crişana II und Tăut finden ihre besten Analogien in den Hortfunden vom Typ Uriu-Ópályi (Mozsolics 1973, 56 ff.). Der Armring von Arpăşel hat ebenfalls Parallelen in einigen Hortfunden dieses Typs: Nyírbéltek (Mozsolics 1973, Taf. 41,4-6) und Nová Lesna (Furmánek 1977, Taf. 36,20), aber auch in Hortfunden jüngeren Datums: Aiud (Petrescu-Dîmboviţa 1977, Taf. 112,2.4), Mátraverebely (Mozsolics 1985, Taf. 149,1), Novi Kostolac (Ostave 1975, Taf. 16,1), Pecica II (Petrescu-Dîmboviţa 1978, Taf. 128 A, 47-51), Piricse II (Mozsolics 1985, Taf. 210,18), Uioara (Petrescu-Dîmboviţa 1978, Taf. 203,1169).

Von den Armringen des Hortfundes von Oradea IV sind nur jene mit längsgerippter Verzierung klar abgebildet bzw. erhalten. Derartige Armringe erscheinen bereits in der Frühbronzezeit (Mozsolics 1967, 79 f.; Hänsel 1968, 102) und blieben mit einer unterschiedlichen Frequenz in verschiedenen Gebieten des Donauraumes bis zur Stufe Ha A.

Die Armstulpen des Hortfundes von Cehăluţ I sind gleichfalls mit längsverlaufenden Rippen verziert. Ein identisches Stück befindet sich im Goldfund von Hinova (Davidescu 1981, Abb. 2,2). Es ist möglich, daß zwei der Fundstücke von Cheşereu, auf diese Weise verziert, aber als Bronzeplatten beschrieben (Nánási 1974, 178 Abb. 1,5), ebenfalls Armstulpen darstellen.

Handschutzspiralen bzw. deren Bruchstücke kommen in den Hortfunden von Balc[23], Crişana II, Sînnicolau Român und Tăut vor. G. Schumacher-Matthäus (1985 b, 162) schließt die Möglichkeit nicht aus, daß auch die Spiralscheibe von Răbăgani, die von T. Bader (1983 a, 48) als Teil einer Posamenteriefibel betrachtet wird,

---

[23] Während F. Holste eine vollständige Handschutzspirale erwähnt und abbildet, spricht M. Petrescu-Dîmboviţa nur von Bruchstücken solcher Gegenstände.

ebenfalls zu einer Handschutzspirale gehörte.

Alle Exemplare aus dem westlichen Transsilvanien sind aus Draht mit rundem Querschnitt gefertigt und haben in der Mitte der Spiralscheibe einen kegeligen Knopf. Der obere Teil des vollständigen Stückes von Tăut ist einmal gedreht und endet in einem Haken. Diese Spiralscheibe, wie auch die andere aus diesem Hortfund, ist mit entgegengesetzt schrägen Linienbündeln und zur Mitte zu mit Tannenzweigmuster verziert.

Diese Variante der Handschutzspirale kommt in größerer Anzahl im Verbreitungsgebiet der Berkesz- und Suciu de Sus-Kultur vor bzw. in den Hortfunden vom Typ Uriu-Ópályi (Kemenczei 1965, 112; Bader 1972, 89; Mozsolics 1973, 63). Sie erscheint aber auch in einem Hortfund vom Typ Uioara: Aiud (Petrescu-Dîmboviţa 1977, Taf. 119; 120,1.2.4).

Im Hortfund von Oradea IV gab es vier verschiedene Nadeltypen. Von diesen ist nur eine Nadel erhalten, eine abgebildet, während die anderen zwei nur von M. Roska erwähnt werden.

Die Scheibenkopfnadel mit Öse gehört dem Typ Gemer an, der von M. Novotná (1980, 68 ff.) bestimmt wurde. Die Nadeln dieses Typs sind hauptsächlich im Gebiet der Pilinyer Kultur verbreitet (Kemenczei 1965, 113 f.; ders. 1967, 286 f.; ders. 1981 a, 155; Mozsolics 1973, 65; Furmánek 1977, 278 f.; Novotná 1980, 70). Die wenigen Exemplare, die in anderen Gegenden gefunden wurden, u.a. jene von Oradea, können mit genügender Sicherheit als aus diesem Gebiet stammend betrachtet werden.

Ebenfalls ein Importstück, das aber aus entgegengesetzter Richtung kam, ist die Warzennadel. Sie ist ein spezifisches Produkt der Noua-Kultur mit einer außerordentlich sporadischen Verbreitung westlich der Apuseni-Gebirge (Hochstetter 1981). Ihre chronologische Stellung in dieser Zone ist am genauesten durch die Bronzen bestimmt, mit denen sie zusammen im Hügelgrab von Nyírkarász-Gyuláháza geborgen wurde (Mozsolics 1960), alle mit Analogien in den Hortfunden vom Typ Uriu-Ópályi.

Durch das Fehlen einer ausführlicheren Beschreibung können die Nadeln mit geschwollenem Hals aus dem Hortfund von Oradea IV nicht einem bestimmten Typ zugeteilt werden, da die Besonderheit der Form, die für diese Exemplare von M. Roska präzisiert wurde, bei mehreren Nadeltypen von sehr unterschiedlichem Alter, einschließlich bei denen der Spätbronzezeit, vorkommt.

Die seitliche Öse am Hals der Nadeln ist ebenfalls kennzeichnend für mehrere Typen. Ähnliche Exemplare wie die von Oradea wurden auch im Gebiet der Pilinyer Kultur gefunden (Kemenczei 1967, Abb. 19,5; 21,14; Novotná 1980, 90 f.). Sie gehören einem Typ an, der besonders im Rahmen der Lausitzer Kultur verbreitet war und "Schlesische Ösennadel" oder "Ostdeutsche Ösennadel" genannt wird (v. Brunn 1960, 72; Řihovský 1979, 68 ff.). Eine gleiche Nadel stammt aus der Izbîndiş-Höhle (Chidioşan/Emödi 1983, Abb. 9,5).

Eine der zwei Nadeln von Otomani ist mit einer seitlichen Öse am leicht geschwollenem Hals versehen. Ihre Analogien sind verhältnißmäßig selten: Gemzse, Pap (Mozsolics 1973, Taf. 33,15; 44,5), Liptovský Mikuláš-Ondrašova (Hampel 1886 a und b, Taf. 59,1). Von diesen stammen die ersten zwei aus Hortfunden vom Typ Ópályi, die letzte aus einem Lausitzer Gräberfeld, gleichaltrig mit den Hortfunden (Novotná 1980, 98). Die andere Nadel von Otomani gehört einer Variante der unverzierten Nadeln mit kleinem Kugelkopf und verdicktem Hals an. Eine gleichartige Nadel wurde in Alsóberecki in einem Berkeszer Gräberfeld gefunden (Kemenczei 1981 b, Abb. 7,3).

Nach F. Holste (1951, 16 Abb. 30,32) befand sich im Hortfund von Balc eine Nadel mit verziertem Kugelkopf und geschwollenem Hals, der mit schraffierten Dreiecken zwischen Horizontallinien verziert ist. Diese Nadel ist nicht abgebildet und auch nicht von Petrescu-Dîmboviţa erwähnt worden. Eine gleiche Nadel mit ähnlicher Verzierung ist ein Einzelfund aus Branč (Novotná 1980, Taf. 25,597).

Im Hortfund von Cizer befanden sich drei Nadeln. Da auch in diesem Falle die Beschreibungen Roskas (Nadeln mit kegelig verdicktem Hals und Nadel mit kegelstumpfförmigem Kopf) nicht genügend ausführlich sind, steht ihre typologische Einordnung unter den Fragezeichen.

Blechgürtel sind in Westtranssilvanien außer in den Hortfunden von Oradea IV und Răbăgani auch in denen von Cehăluţ I, Chereuşa und Tăut vorhanden. Die Stücke von Chereuşa, Răbăgani und Tăut sind verziert, die von Cehăluţ sowie das Bruchstück von Oradea sind unverziert. Ein verhältnismäßig gut erhaltener Gürtel, dessen Verzierung fast vollständig wiederhergestellt werden konnte, stammt aus der Mişid-Höhle (Chidioşan/Emödi

1981, Abb. 3), ein anderer, ebenfalls verziert, aus der Igriţa-Höhle (Emödi 1980, Abb. 9,46). Die Gürtel von Cehăluţ zeigen sichtliche Zeichen von Reparaturen, ebenso wie jener von Tăut, der ursprünglich mit eingeschlagenen Punzenmustern, in zweiter Verwendung mit getriebenen Buckeln verziert wurde (Kilian-Dirlmeier 1975, 11).

Hinsichtlich der chronologischen Eingliederung der Blechgürtel wurden verschiedene Meinungen geäußert. W. A. v. Brunn (1968, 41), der die im westlichen Transsilvanien gefundenen verzierten Stücke in die Gruppe der "Blechgürtel mit Textilstil" einreiht, datiert sie in seine Stufe Kisapáti-Lengyeltóti. B. Hänsel (1968, 112) betrachtet die Blechgürtel "als spätmittelbronzezeitliche Erscheinung, die sich kontinuierlich zu den breiten, besonders reich verzierten Blechen der jüngeren danubischen Bronzezeit entwickeln". M. Rusu (1972 a, 43) ist der Meinung, daß die Blechgürtel, für die er drei typologische Varianten festlegte, in den Hortfunden der Stufe BD fehlen und daß die Periode ihrer intensivsten Verwendung die Stufe Ha A 1 war. A. Mozsolics (1973, 49) äußert keine entschiedene Meinung zur Datierung der Blechgürtel. Sie erwähnt die Hortfunde von Tăut und Cehăluţ I, deren Einstufung sie einigermaßen problematisch sieht, eben wegen des Vorhandenseins dieser Blechgürtel. Trotzdem zählt sie als ähnliche Exemplare auch jene aus den Hortfunden von Felsődobzsa bzw. Nagybáka auf, beide in den Horizont Ópályi datiert. I. Kilian-Dirlmeier (1975, 107 ff.) stellt die verzierten Stücke aus dem westlichen Transsilvanien in die Gruppe der "Blechgürtel mit zungenförmigem Hakenende und gepunztem Dekor". Sie schließt die Möglichkeit ihrer Datierung in eine frühere chronologische Etappe als die der Hortfunde von Drslavice, Pecica und Uioara nicht aus. In diesem Sinne hält sie den Hortfund von Tăut für wichtig, da, ihrer Meinung zufolge, dieser eindeutig in die Stufe Uriu-Domăneşti zu datieren ist. Eine ähnliche Ansicht spricht auch T. Kemenczei (1981 a, 156 f.) aus. Eines seiner überzeugendsten Argumente ist das Vorhandensein eines verzierten Blechgürtels im Hortfund von Medvedevzi, der Bronzestücke mit guten Parallelen zu den Hortfunden vom Typ Uriu-Ópályi enthält. Die einzigen Stücke dieses Hortfundes, die bestimmte Fragezeichen aufweisen, sind die Bronzetrensen mit Analogien zu den Hortfunden von Rus und Velikaja Began' (Hüttel 1981, 133 ff.). Die Tatsache, daß der Hortfund von Medvedevzi in einer Behausung der Träger der Suciu de Sus-Kultur gefunden wurde (Balaguri 1968), stellt aber einen guten Beweis für seine verhältnismäßig frühe Datierung dar. G. Schumacher-Matthäus (1985 a, 112) datiert die Blechgürtel von Tăut und Cehăluţ sowie den von Felsődobzsa gleichfalls in die Stufe Uriu-Domăneşti.

Da die Verzierung des Blechgürtels von Medvedevzi ähnlich jener der Fundstücke von Răbăgani und der Mişid-Höhle ist, können sie alle als gleichaltrig betrachtet werden. Es scheint deshalb offensichtlich, daß ihre Herstellung bereits in der vorhergehenden Etappe anfing, obwohl sich die meisten der verzierten und unverzierten Blechgürtel aus der östlichen Hälfte des Karpatenbeckens in Hortfunden der Stufe Ha A befinden.

Der Hortfund von Tăut enthält ebenfalls 237 unverzierte und 175 verzierte Blechbuckel mit zwei gegenständigen Löchern am Rand. Sehr wahrscheinlich wurden sie aus zerbrochenen Gürteln gefertigt (Mozsolics 1973, 151). Gleiche Blechbuckel stammen aus der Igriţa-Höhle (Emödi 1980, Abb. 5,11.12; 16,124; 19,155).

Derartige Stücke sind in allen Perioden der Bronzezeit über ein großes Gebiet verbreitet (Topál 1973, 15 f.,; Schumacher-Matthäus 1985 a). In der östlichen Hälfte des Karpatenbeckens erscheinen sie am Anfang der Spätbronzezeit in den Gräberfeldern der karpatenländischen Hügelgräberkultur: Tápé (Trogmayer 1975), Tiszafüred (Kovács 1975), Jánoshida (Csányi 1980, Abb. 7,49-64) sowie der Hajdúbagos-Gruppe: Hajdúbagos (Kovács 1970, Abb. 1,11; 3,1). Die Blechbuckel befinden sich auch in den Inventaren einiger Gräber der Träger der Pilinyer Kultur: Bodrogkeresztúr (Kemenczei 1984, Taf. 35,16.17), Detek (Kemenczei 1968, Abb. 2,22.23), Nagybátony (Patay 1954, Abb. 12,1), Šafarikovo (Furmánek 1977, Taf. 3,32), Zagyvapálfalva (Kemenczei 1967, Taf. 21,4.6; 27,9-13) sowie in den Hortfunden aus dem Gebiet dieser Kultur: Alsódobzsa (Kemenczei 1984, Taf. 42,1), Felsődobzsa I (Kemenczei 1965, Taf. 15,13), Rimavská Sobota (Hampel 1886 a und b, Taf. 112,17-22), Zvolen I-II (Paulík 1965, Abb. 1,2-4; 2; 4,1-26.28-42). Seltener kommen sie vor im Gebiet der Berkesz-Kultur: das Grab von Szakoly (Kovács 1967, Abb. 18,6.7), der Suciu de Sus-Kultur: der Hortfund von Klačanovo II (Bernjakovič 1960, Taf. 15,8), der Čaka-Kultur: das Hügelgrab von Čaka (Točik/Paulík 1960, Abb. 8,5.6.11).

Die Eingliederung der Blechbuckel in die Reihe der Schmuckstücke des westlichen Transsilvaniens ist sehr wahrscheinlich einigen Pilinyer Einflüssen zu verdanken. Auch ihr Vorkommen in den Beständen der Hortfunde von Aggtelek (Kemenczei 1984, Taf. 100,11), Debrecen-Fancsika (Patay 1966, Taf. 1,2-17.20.22; 2,3-7),

Esztergom (Horváth u.a. 1979, Taf. 20,1-11), Kamyk nad Vltavou (Hrala 1973, Taf. 48), Kurd (Hampel 1896, Taf. 213,26-28), Liptovská Mara (Novotná 1981, Abb. 1), Pecica IV (Petrescu-Dîmboviţa 1977, Taf. 177,24-34), Şpălnaca II (Dumitrescu 1936, Abb. 14,17.18.21.23.24.26.28-34; 15,11), Uioara (Petrescu-Dîmboviţa 1978, Taf. 194,875-878) sowie in den Gräberfeldern von Gemeinlebarn (Szombathy 1929, Taf. 81,6) ist ein Beweis dafür, daß sie auch in der Stufe Ha A in Gebrauch blieben.

Die Fingerringe mit gegenständigen Spiralscheiben, die Fingerspiralen und die Armschutzspiralen, die aus der Koszider-Metallurgie abgeleitet oder von der Hügelgräberkultur übernommen wurden, zählen zu den bevorzugten Schmuckformen der Pilinyer Kultur (Kemenczei 1965, 110 f., 114 f.; Hänsel 1968, 107; Patay 1969, 205 f.; Novotná 1970 a, 24; Mozsolics 1973, 54, 64; Furmánek 1977, 274 f., 293 f.). Im westlichen Transsilvanien erscheinen sie nur in den Hortfunden von Oradea IV (Fingerspiralen) und Crişana II (Fingerring und Armschutzspiralen) und können, eben durch ihr seltenes Vorkommen, als Importe aus dem Pilinyer Gebiet betrachtet werden.

Die Hortfunde von Arpăşel, Balc, Bicaci, Cehăluţ I, Chereuşa, Crişana II, Cubulcut, Mişca, Otomani, Sînnicolau de Munte und Sînnicolau Român enthalten ausschließlich Schmuckgegenstände. In den übrigen hier behandelten Hortfunden finden sich auch andere Bronzegegenstände so z.B. in dem von Oradea IV Waffen (Schwerter, Lanzenspitze, vielleicht auch ein Dolch) sowie Werkzeuge (Tüllenbeile und Sicheln), in den Horten von Ciocaia und Răbăgani Waffen (Nackenscheibenaxt bzw. Dolch), in dem von Tăut Werkzeuge (Tüllenbeil, Sicheln und Messer).

Eines der Dolchbruchstücke von Oradea kann mit den Griffzungendolchen vom Typ Garlasco (Peroni 1956, 71, Taf. 1,18) verglichen werden. Die anderen Bruchstücke des Fundes sind wegen ihres Zustands für eine genauere typologische Eingliederung nicht geeignet. Das gleiche kann hinsichtlich des Dolchbruchstückes von Răbăgani behauptet werden.

Von den Schwertbruchstücken des Hortfundes von Oradea IV kann nur eines (Roska 1942, Abb. 219,23) etwas bestimmter typologisch eingereiht werden. Es gehört zu den Griffzungenschwertern und hat eine gerade Griffzunge mit einem einzigen Nietloch und gerade Heftschultern mit zwei Nietlöchern. A.D. Alexandrescu (1966 a, 133) hat es einer Variante des Ilişeni Typs zugeschrieben, während A. Mozsolics (1973, 27) es eher als zum Typ Nenzingen gehörend bezeichnet. Die Schwerter dieses Typs datieren in die Stufen R BD-Ha A (Cowen 1955, 63 ff.).

Das Bruchstück des Hortfundes von Oradea IV, von dem M. Roska behauptet, daß es ein Dolch oder Messer mit ringförmigem Griffende war, wurde nur erwähnt, aber leider nicht abgebildet. Da diese Art von Griffenden für die Dolche wie auch für die Messer kennzeichnend ist, kann gegenwärtig nicht mehr mit Bestimmtheit die ehemalige Funktion des im Hortfund befindlichen Gegenstandes festgestellt werden.

Ein verhältnismäßig vager Hinweis, der trotzdem für die Definition des Bronzestückes aus dem Hortfund von Oradea IV behilflich sein könnte, ist durch einen Vollgriffdolch mit Ringende und Ritzverzierung (Abb. 8,7) gegeben, der jetzt in der Sammlung des Zentralen Militärmuseums in Bukarest aufbewahrt wird. Er wurde vom Museum von Oradea übernommen, leider ohne irgendeine Erklärung hinsichtlich seines Entdeckungsortes. Selbstverständlich fehlt jedes Argument, aus dem man schließen könnte, daß dieses Stück aus dem Hortfund von Oradea IV stammt. Es ist aber sicher, daß es im Aktivitätsbereich des Museums von Oradea entdeckt wurde, demzufolge im westlichen Transsilvanien. Es gibt also einen Beweis, daß derartige Dolche, die viel seltener als die Griffzungendolche mit Ringenden sind[24], auch in diesem Gebiet benutzt wurden. Wenn man die Tatsache in Betracht zieht, daß hier bis heute keine Messer- oder Griffzungendolche mit Ringenden gefunden wurden, wäre es möglich, daß der Hortfund von Oradea IV einen wie oben vorgestellten gleichen oder ähnlichen Vollgriffdolch beinhaltet hat.

Das Lanzenspitzenbruchstück aus dem Hortfund von Oradea IV sowie das Dolchbruchstück aus dem Hortfund von Răbăgani sind vom Standpunkt der typologisch-chronologischen Gliederung wegen ihres Erhaltungszustandes unbedeutend.

---

[24]Analogien zu den Hortfunden von Haidach (Müller-Karpe 1959, Taf. 128,6) und Hodonin (Dohnal 1961, Abb. 2).

Die Nackenscheibenaxt von Ciocaia - wie ich bereits erwähnte - gehört einer Variante des Typs B 3 an, die für die R BD-Periode charakteristisch ist und die hauptsächlich in den Hortfunden des Typs Uriu-Ópályi angetroffen wird.

Im allgemeinen wird eine verminderte Häufigkeit der späten Nackenscheibenäxte im westlichen Transsilvanien festgestellt. Neben dem Exemplar von Ciocaia können aus dieser Gegend nur die Äxte der Hortfunde von Căpleni II, Căuaş II, Cehăluţ II, Chişirid, Tîrguşor und Valea lui Mihai I sowie ein Einzelfund in Bihor (Vulpe 1970 a, 83 ff.; Bader 1978, 122) erwähnt werden. Die 16 Äxte stellen offensichtlich eine verschwindend geringe Anzahl gegenüber der Gesamtheit dieser Waffengattung dar (Kroeger-Michel 1983).

Von den Tüllenbeilen des Hortfundes von Oradea IV hatte eines Pseudolappen, das andere einen halbmondförmigen Tüllenrand. Das Tüllenbeil des Hortfundes von Tăut hat einen geraden Tüllenrand und ist am Körper mit keilförmigen Leisten verziert. A. Mozsolics (1973, 38 f.) erbringt für die erwähnten Typen eine große Anzahl von Analogien, aus denen man folgern kann, daß keine von ihnen nur eine begrenzte chronologische Sequenz charakterisiert; ihre Datierung wird immer durch die mit ihnen vergesellschafteten Stücke bestimmt. Eine ähnliche Feststellung ist auch für die Sicheln der Hortfunde von Oradea IV und Tăut gültig.

Das Griffzungenmesser von Tăut gehört einer Variante an, die dem Typ Malhostovice (Říhovský 1972, 29 ff.) nahe steht. Dieser Typ hatte eine weite Verbreitung im karpaten- und mitteleuropäischen Raum und blieb eine längere Zeitspanne, die den Stufen RBD-Ha A entspricht, in Verwendung. Ein Messerbruchstück mit Ritzverzierung auf der Klinge, das wahrscheinlich dem gleichen Typ angehört, wurde in der Igriţa-Höhle entdeckt (Emödi 1980, Abb. 18,143), ein anderes, am Griff beschädigtes, stammt aus dem Hortfund von Biharia (Petrescu-Dîmboviţa 1978, Taf. 82 B,3)[25].

Die hier behandelten Hortfunde, denen sich noch einige mit identischer oder ähnlicher Fundzusammenstellung hinzufügen lassen: **Cioclovina-Höhle** (Rusu 1963, 207; Comşa 1966; v. Brunn 1968, 290; Emödi 1978; Mozsolics 1973, 126 f.; Petrescu-Dîmboviţa 1977, 89 f. Taf. 132,1-10; ders. 1978, 117, Nr. 129, Taf. 90 B); **Debrecen-Fancsika** (Patay 1966; Mozsolics 1985, 110 Taf. 213-217); **Giula** (Roska 1943, 127 ff.; Rusu 1963, 207; v. Brunn 1968, 291; Petrescu-Dîmboviţa 1977, 95 Taf. 147,1-7; ders. 1978, 120, Nr. 140, Taf. 102 B-103 A); **Minişu de Sus** (Petrescu-Dîmboviţa 1977, 64 Taf. 55,1-11; ders. 1978, 104, Nr. 52, Taf. 39 A); **Nyírlugos** (Josa/Kemenczei 1964, 23 Taf. 45,1-24; Mozsolics 1985, 161 f. Taf. 218)[26]; **Poşaga de Sus** (Téglás 1886; Hampel 1892, Taf. 165-166; Roska 1929, Abb. 50; ders. 1942, 89, Nr. 59; Rusu 1963, 207; v. Brunn 1968, 291; Petrescu-Dîmboviţa 1977, 103 Taf. 179,4-11; ders. 1978, 125, Nr. 163, Taf. 130 B), unterscheiden sich offensichtlich durch ihre ganze Zusammensetzung, in der bestimmte Schmuckgattungen hervortreten, von den anderen Hortfunden der östlichen Hälfte des Karpatenbeckens. Sie gehören einem besonderen Typ der Hortfunde an, und zwar dem **Typ Arpăşel**, und stellen Beweise für das Vorhandensein eines selbständigen Metallverarbeitungszentrums dar, mit besonders im westlichen Transsilvanien gelegenen Werkstätten.

Zu den spezifischen Produkten dieses Zentrums zählt man die Gehänge, die sanduhrförmigen Anhänger, die kegeligen Anhänger mit dreieckigen Durchbrechungen, die durchbrochenen halbmondförmigen Anhänger mit vertikal durchlochtem Stiel, die hufeisenförmigen Anhänger, die Radanhänger, die Bronzescheiben, die Bronzeknöpfe mit abgetreppter Mitte, die Blechbuckel und die Gürtel. Einige dieser Gegenstände sind Originalerzeugnisse der einheimischen Bronzegießer, andere entstanden infolge fremder Einflüsse, von denen die stärksten aus dem Gebiet der Pilinyer Kultur kamen.

Außer den erwähnten Erzeugnissen befinden sich in den Hortfunden noch andere Bronzegegenstände verschiedener Abstammung. So stammen z.B. die Nackenscheibenäxte, die Armringe, die Handschutzspiralen, die Sicheln, wahrscheinlich auch die Tüllenbeile aus den Gebieten der Suciu de Sus-, Berkesz- und Lăpuş-Kultur, die trichterförmigen Anhänger, die Scheiben- und Ösennadeln, eventuell auch die längsgerippten Armringe aus

---

[25] Die veröffentlichte Zeichnung gibt nicht mit Genauigkeit die Form des Messers wieder.

[26] Gemäß der ursprünglichen Beschreibung der Fundumstände sollen sich die Schmuckstücke in einer Bronzesitula vom Typ Hajdúböszörmény befunden haben (vgl. auch Patay 1969, 201). Da es zwischen der letzteren und den anderen Fundobjekten einen klaren chronologischen Unterschied gibt, ist ihre Zugehörigkeit zur gleichen Fundeinheit mehr als fragwürdig. Eine gleichlautende Bemerkung ist auch von A. Mozsolics gemacht worden.

dem Gebiet der Pilinyer Kultur, die Warzennadel aus dem Gebiet der Noua-Kultur. Für die Funde, die als Einzelstücke vorkommen, ist die Eingruppierung als Importgut glaubwürdig. Für andere mit einer größeren Häufigkeit ist es schwer, genau festzustellen, ob sie zum Sortiment des westtranssilvanischen Metallverarbeitungszentrums gehörten, oder ob sie ebenfalls Importe darstellen.

Aus der typologisch-chronologischen Analyse der Bronzegegenstände der Hortfunde ergibt sich eine längere Zeitspanne für deren Herstellung und Benutzung. Im Verhältnis zum mitteleuropäischen chronologischen System entspricht diese Zeitspanne den Stufen R BD-Ha A. In Ermangelung eines allgemein gültigen chronologischen Systems für die konkrete kulturell-historische Entwicklung im transsilvanischen Raum erscheint ein derartiger Vergleich notwendig, auch infolge einer stark eingewurzelten methodologischen Tradition, selbst unter den Bedingungen, unter denen das erwähnte chronologische System einen neuen Inhalt, auch im Gebiet für welches es erschaffen wurde, erhalten hat.

Für die Hortfunde des Typs Arpășel hat M. Rusu folgende Eingliederung vorgenommen: in die Gruppe Uriu-Domănești die Funde aus Balc, Bicaci, Cehăluț I, Cubulcut, Minișu de Sus, Oradea IV, Sînnicolau Român und Tăut; in die Gruppe Cincu-Suseni die Funde aus der Cioclovina-Höhle, aus Crișana II, Giula, Poșaga de Sus und Răbăgani. In einer neueren Arbeit (1981) ordnet Rusu auch die Hortfunde von Cehăluț I, Cubulcut und Tăut sowie die von Mișca und Otomani in die Reihe der transsilvanischen Hortfunde der Stufe Ha A 1 ein. Im großen und ganzen ist eine identische Meinung auch von M. Petrescu-Dîmbovița (1977; 1978) geäußert worden, der unter den Hortfunden der Serie Uriu-Domănești bzw. der Stufe Uriu auch jene von Cehăluț I und Ciocaia erwähnt und unter denen der Serie Cincu-Suseni bzw. der Stufe Suseni auch jene von Sînnicolau de Munte. W.A. v. Brunn (1968) gliedert in die Funde der Stufe 1 (Uriu-Domănești) die Hortfunde von Balc, Bicaci, Cehăluț I, Cubulcut, Oradea IV und Tăut ein, während die Hortfunde aus der Cioclovina-Höhle, aus Giula, Poșaga de Sus und Răbăgani bei den Funden der Stufe 2 (Kisapáti-Lengyeltóti) erscheinen. A. Mozsolics (1973) datiert die Hortfunde von Cehăluț I, Cioclovina-Höhle, Oradea IV, Otomani, Răbăgani und Tăut in den Ópályi-Horizont, einige allerdings mit bestimmten Vorbehalten. I. Kilian-Dirlmeier (1975) und T. Kemenczei (1981 a) reihen die Hortfunde von Tăut bzw. Giula in die Uriu-Zeit ein. In dieselbe Zeitspanne sind von G. Schumacher-Matthäus (1985 a) die Hortfunde aus Cehăluț I und Tăut datiert. Aus der Aufzählung dieser Meinungen ergibt sich, daß ähnliche Ansichten hinsichtlich der Einstufung nur für einige Hortfunde geäußert wurden, dagegen wurde die chronologische Stellung anderer Hortfunde unterschiedlich bewertet.

Für die Eingliederung der Hortfunde von Cehăluț I, Giula, Răbăgani und Tăut in eine jüngere Etappe wurde die Tatsache in Betracht gezogen, daß in ihrer Zusammensetzung auch Gürtelbleche vorhanden sind. Diese aber stellen keine genauen Datierungselemente dar, da sie eine längere Nutzungsdauer hatten, die schon in der Stufe BD anfängt. Freilich gab es einen bestimmten Zeitunterschied zwischen ihrer Herstellung und ihrer Niederlegung, eine Feststellung, die für die meisten der Gegenstände der Hortfunde gültig ist. Dieser Zeitunterschied kann aber nicht einmal geschätzt werden, die einzige plausible Vermutung ist nur jene, daß er im Falle der reparierten oder umgestalteten Stücke größer war.

Auch die Hortfunde von Cubulcut, Mișca, Otomani und Sînnicolau de Munte enthalten keine Bronzegegenstände, die ihre jüngere Datierung unbedingt notwendig machen. Ansonsten wurde der Hortfund von Oradea IV, der diesen Hortfunden ähnliche Bronzen aufweist, einstimmig in die Stufe BD eingereiht.

Bei der Bestimmung der chronologischen Stellung der Funde aus der Cioclovina-Höhle muß man auch die Art und Weise beachten, in welcher die Gegenstände dort niedergelegt wurden. Aus den von I. Emödi (1978 b, 493) gegebenen Auskünften ergibt sich, daß außer den zwei Fundgruppierungen, die separat auf der Kalkblockplattform neben der rechten Wand der oberen Galerie gefunden wurden und die von E. Comșa (1966, 169 f.) erwähnt werden, eine Gruppe von Gegenständen auch neben den großen Blöcken in der Mitte der Galerie entdeckt wurde, während wieder andere Gegenstände aus zwei nebeneinander befindlichen Mauerrissen, ungefähr 30 cm über der Plattform, sowie aus den kleinen, unter den großen Kalkblöcken befindlichen Nischen geborgen wurden. Von den Gegenständen, die in den unter der oberen Galerie oder auch tiefer befindlichen Räumen gefunden wurden, nimmt man an, daß sie ursprünglich zu den zwei Fundgruppierungen auf der Plattform gehörten und im Laufe der Zeit zwischen den Blöcken durchgefallen sind. Leider erfolgte die Veröffentlichung dieser Funde nicht nach den einzelnen Fundgruppierungen, so daß deren Zusammensetzung sowie die Anzahl der jeweils enthaltenen Gegenstände nicht genau festgestellt werden konnte. Es wurde nur präzisiert, daß sich die Gruppe mit der größten Stückanzahl, in der sich auch Geweihtrensen vorfanden, am Südende der Plattform befand. Obwohl man die Möglichkeit nicht vollständig ausschließen kann, daß alle Gegenstände gleichzeitig niedergelegt wurden, deutet ihre Lage jedoch darauf hin, daß in der Cioclovina-Höhle mehrere Niederlegungen erfolgten, und zwar während einer längeren Zeitspanne. Nicht einer der geborgenen Bronzegegenstände begrenzt diese Zeitspanne nur auf die Stufe Ha A.

Ebenfalls in der Cioclovina-Höhle, in einem kleinen Raum, der von der Hauptgalerie ausgeht, wurden mehrere Keramikscherben gefunden, von denen einige von einer schwarzfarbigen Schüssel, mit einem nach innen gezogenen Rand, stammen, außerdem noch ein Lockenring, Reh- und Schweineknochen sowie Kohlenstücke. In der Hauptgalerie, in einer geringen Entfernung von diesem Raum, wurden Scherben eines bauchigen Gefäßes gefunden (Emödi 1978 b, 484 Abb. 4). Die identifizierten Gefäßtypen finden vollkommene Analogien in der Keramik der Igriţa-Gruppe (vgl. Chidioşan/Emödi 1982). Selbst wenn der Charakter dieser Fundsituation nicht vollständig geklärt ist (zeitweilige Bewohnung oder Opfer), ihre Verbindung mit den anderen Niederlegungen in der Höhle ist fast sicher. Ihre kulturelle Zugehörigkeit kann auf diese Weise genauer bestimmt werden, während gleichzeitig ein Zusammenhang mit einem vermutlichen Eindringen der Gáva-Kultur in diese Zone ausgeschlossen werden kann.

Von den Hortfunden vom Typ Arpăşel sind gewiß jene von Debrecen-Fancsika und Poşaga de Sus jünger. Die Datierung des ersteren in die Ha A-Stufe ist durch das Tüllenbeil mit geradem Tüllenrand und mit gegen die Schneide abgeflachter Klinge bewiesen[27], während der zweite durch die Sägeblätterbruchstücke und den tordierten Halsring in dieselbe Stufe eingeordnet ist. Es ist anzunehmen, daß außer diesen Hortfunden weitere vom Typ Arpăşel im Laufe der Stufe Ha A niedergelegt wurden. Ihre nominelle Feststellung ist aber unmöglich, da man zwischen ihnen keine klaren chronologischen Unterschiede bestimmen kann. Offensichtlicher als im Falle anderer Hortfundtypen im Karpatenbecken erscheint hier die Trennung der Bronzefunde in streng begrenzte chronologische Horizonte als künstlich. Diese Hortfunde stellen schlagende Beweise für die Tatsache dar, daß sich in den Gebieten, in denen sie vorkommen, die Metallverarbeitung während einer längeren Periode ununterbrochen fortgesetzt hat und dies unter den Bedingungen einer konvulsionsfreien kulturellen Entwicklung.

Mehrere Forscher haben bis vor kurzem die These aufrechterhalten, nach der die Otomani-Kultur bis zur Schwelle der Stufe Ha A andauerte. Dieser Kultur wurde ein großer Teil der spätbronzezeitlichen transsilvanischen Hortfunde zugeschrieben (Rusu 1963, 183; Ordentlich 1970, 97; Petrescu-Dîmboviţa 1971 a, 177; 1971 b, 109; 1977, 21; 1978, 89).

Zur Unterstützung der erwähnten These hat K. Horedt (1967, 146) das Fehlen von Funden angeführt, die die Existenz einer selbständigen Kultur zwischen dem Otomani- und dem Gáva-Aspekt beweisen würden. Seiner Meinung nach hätte es im westtranssilvanischen Raum einen kulturellen Hiatus im dem Falle gegeben, wenn die Otomani-Kultur eine zeitlich geringere Ausdehnung gehabt hätte. Dieses Argument wurde von I. Ordentlich (1970, 97) und, mit gewisser Zurückhaltung, von S. Morintz (1978, 169) als Beweis für das Andauern der Otomani-Kultur bis in die Spätbronzezeit akzeptiert.

Mehrere Entdeckungen, von denen die meisten in letzter Zeit bekannt gemacht oder veröffentlicht wurden, deuten aber darauf hin, daß in diesem Raum in der der Otomani-Kultur nachfolgenden Periode, deren Dauer nicht die mittlere Bronzezeit überschreitet (Hüttel 1978), zwei verwandte Kulturgruppen vorhanden waren. Diese Kulturgruppen, die die Eigentümlichkeiten des einheimischen Hintergrundes bewahrten, integrierten aber gleichzeitig eine Anzahl von Elementen, die aus verschiedenen Richtungen kamen.

Die Materialien der **Igriţa-Gruppe** wurden in der Umgebung der Ortschaften Aştileu, Şuncuiuş und Vadu Crişului geborgen, und zwar in den dort befindlichen Höhlen, Călăţea, Deventza (freundliche Mitt. I. Emödi), Igriţa (Emödi 1980), Izbîndiş (Chidioşan/Emödi 1983), Mişid (Chidioşan/Emödi 1981), Ungurului (dies. 1982,

---

[27] I. Kilian-Dirlmeier (1975, 103) ist der Ansicht, daß das viel jüngere Tüllenbeil nicht diesem Hortfund angehört. Aufgrund der Bruchstücke des Blechgürtels mit geritztem und getriebenem Dekor, der im Typ Siedling-Szeged einbegriffen ist, meint sie, daß der Hortfund zu einem der entwickelten mittleren danubischen Bronzezeit nahestehenden Zeitpunkt vergraben wurde.

Anm. 4)²⁸, in einer Felsnische in der Nähe der Ortschaft Vadu Crişului (Hampel 1892, 126)²⁹, in den Siedlungen von Biharia (Dumitraşcu 1979; ders. 1980; ders. 1983 a; 1983 b; Dumitraşcu/Emödi 1980; dies. 1981)³⁰, Cociuba Mare (Dumitraşcu/Emödi 1980, 53 Abb. 9), Deva (Andriţoiu 1984, 16), Oradea-Salca (Emödi 1979 a; ders. 1979 b)³¹, Simeria (Andriţoiu 1984, 16). Zu diesen kommen noch das Gefäßdepot von Debrecen (Poroszlai 1982) sowie die bereits erwähnten Niederlegungen in der Hauptgalerie der Cioclovina-Höhle hinzu. Möglicherweise kann man hierzu auch die vor längerer Zeit in Arad-Gai gefundenen Gegenstände zählen, die nur durch einen kurzen Bericht (Dömötör 1897, 261 f.) bekannt gemacht wurden³², sowie auch jene der Rotstein-Höhle in der Nähe der Ortschaft Bălnaca (Hampel 1886 a, 3; 1892, 8; Roska 1942, 35, Nr. 55). Die aufgezählten Objekte umgrenzen ein Verbreitungsgebiet der Igriţa-Gruppe, das über das westliche Transsilvanien hinausreicht. Die größte Funddichte befindet sich jedoch in diesem Raum und hauptsächlich im Crişul Repede-Tal.

Der Entstehungsprozeß dieser Kulturgruppe ist vorläufig nicht klar zu erkennen. Die uns zur Verfügung stehenden Funde und Befunde zeigen bereits das Vorhandensein einer vollständig einheitlich entwickelten Gruppe mit spezifischen Eigenheiten. Bei der Keramik bemerkt man trotzdem Charakteristiken verschiedenen Ursprungs; am deutlichsten sind jene aus dem Süden des Bereiches der Cruceni-Belegiš-, möglicherweise auch

---

²⁸Die Funde der Igriţa-Höhle wurden von Emödi als Gräberinventare betrachtet, während jene aus der Izbîndiş- und Mişid-Höhle, die im Grunde genommen von der gleichen Beschaffenheit sind, von Chidioşan und Emödi als kultische Niederlegungen, ohne Zusammenhang mit Beerdigungen, angesehen werden. In keinem der angeführten Komplexe wurden menschliche Knochenreste gefunden. Die Tatsache, daß in jeder Höhle tierische Knochenreste bzw. Knochengegenstände zum Vorschein kamen, schließt die Möglichkeit aus, daß hier ursprünglich auch menschliche Knochen vorhanden waren, die sich wegen der chemischen Zusammensetzung des Bodens nicht erhalten haben. Die aufgezählten Beweise zur Deutung der Funde von Igriţa sind: Verbrennungsspuren (Asche und Kohle), das absichtliche Zerbrechen der Keramik, die Verformung durch Feuer von einigen Gefäßscherben. Laut Meinung von Emödi fand der Einäscherungsvorgang außerhalb der Höhle statt, und zwar auf einem Gemeinschaftsscheiterhaufen, von wo dann nur die Asche und Kohle, Gefäßscherben sowie die Bronzegegenstände an die Niederlegungsstelle gebracht wurden.
Ähnliche Materialien, wie jene in den Höhlen vom Crişul Repede-Tal entdeckten, trifft man üblicherweise auf Brandopferplätzen, von denen manche gar keine oder nur wenige Knochen aufweisen (vgl. Krämer 1966). Es gibt aber auch knochenlose Objekte, die zweifellos Gräber darstellen. Von diesen führe ich hier den Hügel von Susani (Stratan/Vulpe 1977) sowie einen Teil der Hügel von Lăpuş an. Neben einem sehr reichhaltigen Keramikinventar befand sich in jedem dieser Hügel auch eine außergewöhnlich große Menge von Verbrennungsresten, die von einem Feuer stammten, das außerhalb des Erdaufschüttungsperimeters angezündet worden war. Aus Obenerwähntem ergibt sich, daß Argumente für beide Auslegungen vorgebracht werden können. Demzufolge erscheint der Charakter der Igriţa-Funde aus den Höhlen noch nicht mit Sicherheit geklärt. Man muß trotzdem beachten, daß gerade die gleichen Beschaffenheiten der Niederlegungen eine einheitliche Deutung - Gräber oder Opferungsreste - verlangen.

²⁹Die 12 Scheibenkopfnadeln sowie der Armring wurden zusammen mit den Überresten einer Feuerstelle und Knochen gefunden. Es handelt sich also nicht um einen Bronzehortfund, sondern um eine Niederlegung, ähnlich jenen aus den angeführten Höhlen.

³⁰Innerhalb der Siedlung wurden mehrere Gruben mit einem besonderen Inhalt entdeckt, der beweist, daß sie keine häusliche Bedeutung hatten. Z.B. befanden sich neben einer von ihnen zahlreiche Gefäßscherben, die auf einer aus Lehm errichteten Plattform niedergelegt worden waren, während in der Grube außer der Keramik und Tongewichten auch zwei Mahlsteinbruchstücke vorhanden waren. Ebenfalls von Biharia, aber ohne ausführliche Beschreibung, ist eine kultische Konstruktion von großem Ausmaße erwähnt.

³¹Bis jetzt wurde von hier nur ein Gebäude vom Halbhüttentyp veröffentlicht, in dem Keramikscherben, ein Mahlstein und ein Tongewicht gefunden wurden. Ebenfalls auf der **Salca**-Terrasse wurde eine kultische Grube (Grab ?) entdeckt, die Asche, Kohle und zahlreiche Keramikscherben enthielt. Letztere stammen von absichtlich zerbrochenen Gefäßen und wurden derart mit den Verbrennungsresten niedergelegt, daß Bruchstücke von gleichen Gefäßen sich in verschiedenen Tiefen befanden. Die genaue topographische Lage der Grube wurde nicht angegeben, so daß es vorläufig nicht präzisierbar ist, ob sie innerhalb oder außerhalb der Siedlung gleichen Alters plaziert wurde.

³²Es sind folgende, im Jahre 1896 in einem Steinbruch entdeckte Gegenstände beschrieben: fünf Bronzeknöpfe, ähnlich jenen von Poşaga de Sus, halbmondförmige Anhänger (obwohl als Analogien Stücke aus dem Hortfund von Ercsi erwähnt sind, paßt ihre Beschreibung besser zu den durchbrochenen halbmondförmigen Anhängern mit vertikal durchlochtem Stiel), ein Armring mit rhombischem Querschnitt und offenen, überstehenden Enden, Bruchstücke von Bronzeplatten mit gepunztem Dekor (sehr wahrscheinlich Gürtelbleche), ein Bruchstück von Sichelklinge oder Messer sowie ein vollständiges schwarzgefärbtes Gefäß. Es sind auch zwei Menschenschädel erwähnt, über die behauptet wird, daß sie zusammen mit den angeführten Gegenständen gefunden wurden.

Gîrla Mare-Kultur, neben jenen des Otomani-Bereiches. Außer ihnen kann man noch Hügelgräber-, Piliny- und Suciu de Sus-Elemente finden. In welchem Maße sie einem tatsächlichen Eindringen von Trägern dieser kulturellen Gruppierungen ins westliche Transsilvanien zu verdanken sind oder nur den von ihnen ausgeübten Einflüssen, müßte noch festgestellt werden.

Die zahlreichen, hauptsächlich in Höhlen vorgefundenen Bronzestücke datieren den Entwicklungsverlauf der Igrița-Gruppe in die Periode R BD und den Anfang der Stufe Ha A. Es ist aber wahrscheinlich, daß er bereits in der vorhergehenden Periode begonnen hat.

Innerhalb der Verzierungsmotive der Igrița-Keramik sind einige vorhanden, die auch in der Gáva-Keramik angetroffen werden. Es handelt sich um mit Kanneluren umgebene Buckel, Hohlbuckel, manchmal doppelt, girlandenförmige Kanneluren, steinförmig polierte Motive am Boden der Tassen und Schalen. Während erstere als Fortführung einheimischer Traditionen betrachtet werden können, haben die anderen einen südlichen Ursprung. Ihre Verbreitung nach dem Nordwesten geschah durch die Vermittlung der Igrița-Gruppe. Es ist noch hervorzuheben, daß ein Großteil der Gefäße dieser Gruppe äußerlich schwarz- und im Inneren rot oder gelb gefärbt ist. Dieser Brennvorgang der Keramik, der übrigens auch in anderen zeitgleichen Kulturen (Piliny, Berkesz) oft angewendet wurde, wurde ebenfalls in die jüngere kulturelle Entwicklungsetappe übernommen.

Der andere, der Otomani-Kultur nachfolgende Aspekt ist in den Gebieten der Crasna-, Eriu- und Barcău-Täler belegt. Die Entdeckungen wurden von T. Bader (1978, 62) derart ausgelegt, daß sie die IV. Otomani-Phase vertreten. Da dieser Begriff bereits in verschiedenen Auffassungen von anderen Forschern (Berciu 1966, 197; Vulpe 1971, 308) benutzt wurde, aber besonders dadurch, daß die Otomani-Komponente nur eine der für ihn charakteristischen Komponenten ist und die diskontinuierlichen Elemente viel offensichtlicher sind als in den vorhergehenden Entwicklungsetappen, glaube ich, daß für die Benennung des neuen Aspektes die Benutzung eines anderen Ausdruckes erforderlich ist, und zwar die **Cehăluț-Gruppe**.

Die teilweise ähnlichen Entdeckungen im Nordosten Ungarns wurden unter der Bezeichnung "Hajdúbagos-Gruppe" zusammengefaßt (Kovács 1970). Die Ausdehnung dieser Bezeichnung auf westtranssilvanische Gemeinschaften wäre aber unangebracht, obwohl sie sich in der Fachliteratur durchgesetzt hat, da ein großer Teil von ihnen im Rahmen der gleichen Kulturentwicklung die Existenzdauer jener Gemeinschaften in dem benachbarten Gebiet überschreitet.

Als zur Cehăluț-Gruppe gehörend kann man die Entdeckungen in folgenden westtranssilvanischen Ortschaften erwähnen: Acîș (freundliche Mitt. I. Németi), Andrid (Németi 1978, 99 Abb. 1,1; 2,1-3), Berveni (Németi, ebd. 100 Abb. 2,2), Cehăluț (Németi, ebd. 100 ff. Abb. 2,4-6.9; Bader 1978, 56 Taf. 31,12-18), Crasna (Lakó 1983, 75), Foieni (Németi 1978, 106 Abb. 5,2), Pișcolt (Németi, ebd. 106 ff. Abb. 6-11,1-5; Bader 1978, 56f. Taf. 31,1-11), Roșiori (Dumitrașcu/Emödi 1980, 53 Abb. 11), Suplacu de Barcău (Ignat 1984), Valea lui Mihai (Németi 1978, 115 Abb. 4,1-4), Zăuan (Lakó 1983, 91 f.). Höchstwahrscheinlich stammt ein Teil der von N. Chidioșan (1970, 287 ff.) veröffentlichten Suciu-Keramik ebenfalls aus Cehăluț-Siedlungen. Gründlichere Untersuchungen wurden nur in Pișcolt, Cehăluț und Suplacu de Barcău durchgeführt, von denen nur die Funde aus Pișcolt fast vollständig veröffentlicht wurden.

Selbst unter der Bedingung, daß die Untersuchungen sich noch im Anfangsstadium befinden, erscheinen die charakteristischen Elemente dieser Gruppe als bereits recht gut herausgearbeitet. So ist die Tatsache bemerkenswert, daß, neben der Otomani-Komponente, in der Entwicklung der Keramikformen und Verzierungsmotive ein wichtiger Beitrag der Hügelgräber- und der Suciu de Sus-Kultur zugekommen ist. Es ist anzunehmen, daß auch die Pilinyer Einflüsse stark genug waren, selbst wenn sie vorläufig weniger offensichtlich sind. Für diese Annahme sprechen die verhältnismäßig zahlreichen Einzelfunde von Pilinyer Gefäßen in diesem Gebiet.

Die Cehăluț-Gruppe hat ihre Anfänge in der Periode R C und besteht auch in der nachfolgenden Etappe fort. Durch die Existenz der Berkesz-Kultur in der Stufe BD beschränkt sich das Verbreitungsgebiet der Gruppe auf den Westen Transsilvaniens. Sehr wahrscheinlich beginnen zu dieser Zeit einige der Siedlungen im Bereich des oberen Laufes der Flüsse Crasna und Barcău zu entstehen.

In der Siedlung von Suplacu de Barcău wurde eine beachtliche Menge Keramik der Lăpuș-Gruppe gefunden, die leider im Vorbericht über die Ausgrabungen nicht erwähnt wurde. Das Vorhandensein dieser Keramik stellt einen Beweis für die Gleichzeitigkeit dieser beiden Kulturgruppen sowie deren Wechselbeziehungen dar.

Die Bronzefunde in den Siedlungen und Gräbern der Cehăluţ-Gruppe sind nicht zahlreich: eine Sichel und ein Kugelkopfnadelbruchstück in Pişcolt, eine Lanzenspitze in Cehăluţ, ein Armring in Foieni, Nadeln in Suplacu de Barcău.

Der direkte Zusammenhang zwischen den Hortfunden vom Typ Arpăşel und der Bevölkerung der Igriţa-Gruppe ist durch das Auftreten von zahlreichen analogen Stücken in den Höhlen des Crişul Repede-Tales bestätigt.

Eine ziemlich große Anzahl von Hortfunden dieses Typs befindet sich in der von den Cehăluţ-Entdeckungen umgrenzten Zone. Diese Tatsache spricht ebenfalls für ihre Zuordnung zu dieser Gruppe, obwohl die Bronzen, die in den Objekten von Cehăluţ gefunden wurden, Unterschiede gegenüber den am häufigsten vorkommenden Bronzegegenständen in den Hortfunden vom Typ Arpăşel aufweisen.

In derselben Zone kamen auch Hortfunde zum Vorschein, die sich trotz ihrer Gleichzeitigkeit mit denen des Typs Arpăşel offensichtlich von diesen unterscheiden. Es handelt sich um die Hortfunde von **Căpleni I** (Petrescu-Dîmboviţa 1977, 54 Taf. 29,11-14; 30,1; Bader 1978, 122, Nr. 19, Taf. 79,1-5); **Căuaş I** (Roska 1942, 80, Nr. 8; Rusu 1963, 205; Mozsolics 1973, 131; Petrescu-Dîmboviţa 1977, 54; ders. 1978, 99, Nr. 13; Bader 1978, 122, Nr. 20); **Căuaş II** (Roska 1942, 80, Nr. 8; Rusu 1963, 205; Vulpe 1970 a, 84 Taf. 27, 378.379; Mozsolics 1973, 131; Petrescu-Dîmboviţa 1977, 54 Taf. 30,4-9; ders. 1978, 99, Nr. 54, Taf. 23C; Bader 1978, 122, Nr. 20); **Căuaş III** (Petrescu-Dîmboviţa 1977, 88 Taf. 127,1-4; ders. 1978, 117, Nr. 125, Taf. 88 B; Bader 1978, 122, Nr. 20, Taf. 79,12-15); **Cehăluţ II** (Vulpe 1970 a, 83 Taf. 56 A; Bader 1971, R 28; ders. 1978, 122, Nr. 22, Taf. 80,1-3; Mozsolics 1973, 163; Petrescu-Dîmboviţa 1977, 54 Taf. 33,1; ders. 1978, 99, Nr. 16, Taf. 25 B); **Cherechiu** (Roska 1942, 127, Nr. 174; Rusu 1963, 205; Petrescu-Dîmboviţa 1977, 55; ders. 1978, 99 f., Nr. 17; Bader 1978, 122, Nr. 23); **Curtuiuşeni** (Rusu 1963, 205; Nánási 1974, 179 f. Abb. 2; Vulpe 1975, 74 Taf. 40, 380; Petrescu-Dîmboviţa 1977, 57 Taf. 40,8-13; ders. 1978, 100, Nr. 24, Taf. 27 B; Bader 1978, 124, Nr. 33, Taf. 83,1-6); **Tîrguşor** (Rusu 1963, 206; Alexandrescu 1966, 175, Nr. 75, Taf. 13,9; Vulpe 1970 a, 81, 87, 93 Taf. 26,362.363; 33,459.460; 38,521.522; Petrescu-Dîmboviţa 1977, 70 Taf. 66,1-6; ders. 1978, 107, Nr. 77, Taf. 47 D; Bader 1978, 129, Nr. 93); **Valea lui Mihai I** (Roska 1942, 81 f., Nr. 14; Rusu 1963, 208; Vulpe 1970 a, 58, 85 Taf. 68 A; ders. 1975, 75 Taf. 42, 410; Mozsolics 1973, 131 f. Taf. 46; Petrescu-Dîmboviţa 1977, 118 f. Taf. 275,8-11; 276; 277,1-6; ders. 1978, 135, Nr. 185, Taf. 209 B; 210 A; Bader 1978, 130, Nr. 99, Taf. 76); **Valea lui Mihai II** (Roska 1942, 81 f., Nr. 14, Abb. 100; Rusu 1963, 206; Mozsolics 1973, 132; Petrescu-Dîmboviţa 1977, 72 Taf. 72,1-4; ders. 1978, 108, Nr. 84, Taf. 52 A; Bader 1978, 130, Nr. 99, Taf. 85,10-14)[33]. Mit Ausnahme des Hortfundes von Valea lui Mihai II, dessen Zusammensetzung mit jenen Hortfunden aus dem Gebiet der Noua-Kultur identisch ist, gehören alle anderen dem Typ Uriu-Ópályi an. Ihr Vorkommen im Gebiet der Cehăluţ-Gruppe kann entweder durch die bestehenden engen Kontakte zwischen den Gemeinschaften dieser Kulturgruppe und jenen der Berkesz- und Suciu de Sus-Kultur bzw. der Lăpuş-Gruppe und auch durch Vermittlung der letzteren mit jenen der Noua-Kultur erklärt werden, oder durch die Tatsache, daß zu einem gewissen Zeitpunkt ein Teil des Gebietes der Cehăluţ-Gruppe in das Territorium der Berkesz- oder Suciu de Sus-Kultur integriert wurde. Eine zufriedenstellende Lösung dieses Problems kann nur durch großangelegte Untersuchungen in diesem Gebiet, die genauer die Verbreitungsgrenzen der verschiedenen Kulturgruppen hervorheben werden, eventuell ihre möglichen Veränderungen während einer kürzeren Zeitspanne aufzeigen, erreicht werden. Das Vorhandensein einiger wechselseitiger Beziehungen zwischen diesen Kulturgruppen ist aber jetzt schon bewiesen. In diesem Sinne muß man die zahlreichen Stücke westtransilvanischen Ursprungs erwähnen, die zum Typenspektrum der Hortfunde von Uriu-Ópályi gehören, und auch das Vorkommen eines Hortfundes vom Typ Arpăşel (Nyírlugos) im Gebiet der Berkesz-Kultur sowie drei Hortfunde vom Typ Uriu-Ópályi im Gebiet der Igriţa-Gruppe: **Aleşd I** (Holste 1951, 20 Taf. 38,1-7; Rusu 1963, 205; v. Brunn 1968, 289; Vulpe 1975, 75 Taf. 42, 412; Petrescu-Dîmboviţa 1977, 51 Taf. 21,1-7; ders. 1978, 97, Nr. 1, Taf. 19 A); **Chişirid** (Vulpe 1970 a, 88 Taf. 34,480) und **Salonta** (Lazin 1969).

---

[33]T. Bader (1978, 130) erwähnt auch einen dritten, in Valea lui Mihai im Jahre 1968 entdeckten Hortfund, bestehend aus einem Tüllenbeil, vier Nadeln und zwei Gußfladen. Da diese Stücke nicht abgebildet wurden, bleibt das Problem ihrer Datierung und die Eingliederung des Hortfundes in einen bestimmten Typ offen.

Das Ende der Cehăluţ- und Igriţa-Gruppe wurde durch das Vordringen der Vertreter der Gáva-Kultur nach Südosten verursacht. Dieses Vordringen darf nicht unbedingt als eine massive Völkerwanderung vom Gebiet der oberen Theiß her verstanden werden, sondern mehr als das Ausbreiten einer Gleichförmigkeit in der Güterherstellung, in erster Linie der Keramik, im Rahmen einiger verwandter Bevölkerungsgruppen. Die Folge dieses Phänomens war die Erschaffung einer bedeutend ausgedehnteren Kultureinheit. Dieser Vorgang hat zuerst das Gebiet der Cehăluţ-Gruppe und die westliche Grenze des Gebietes der Igriţa-Gruppe betroffen, später das gesamte Gebiet der letzteren.

In der neuen Etappe der Kulturentwicklung verändert sich auch die Zusammensetzung der Bronzehorte, eine Tatsache, die die in der Metallverarbeitung eingeführten Neuerungen widerspiegelt. Die Hortfunde, wie die von **Biharia** (Hampel 1886 a, 41 Taf. 54,2; ders. 1886 b, Taf. 54,2; ders. 1892, 13 ff.; Nestor 1932, Anm. 490; Roska 1942, 40, Nr. 106; Holste 1951, 26 Taf. 48,25-28; Rusu 1963, 207; v. Brunn 1968, 290; Petrescu-Dîmboviţa 1977, 84 Taf. 118,2-20; ders. 1978, 114 f., Nr. 115, Taf. 82 B-83 A); **Căpleni II** (Németi 1978, 115 ff. Abb. 11,6.7; 12,1-4; Bader 1978, 122, Nr. 19, Taf. 79,6-11; ders. 1983, 17 Taf. 53); **Cheşereu** (Roska 1942, 80, Nr. 9; Holste 1951, 22 Taf. 41,1-5; Rusu 1963, 207; v. Brunn 1968, 290; Nánási 1974, 177f. Abb. 1,1-7; Petrescu-Dîmboviţa 1977, 88 Taf. 128,5-9; ders. 1978, 117, Nr. 127, Taf. 88 D; Bader 1978, 123, Nr. 25, Taf. 83)[34] und **Galoşpetreu** (Rusu 1963, 206; Alexandrescu 1966, 176, Nr. 87; 88, Taf. 13,11.12; v. Brunn 1968, 289; Bader 1972, 85 Taf. 19; ders. 1978, 125, Nr. 39, Taf. 73-74; Vulpe 1975, 74 Taf. 40,378-379; Petrescu-Dîmboviţa 1977, 94 f. Taf. 144,13-16; 145-146; ders. 1978, 120, Nr. 139, Taf. 100 C;, 101-102 A; Chidioşan/Soroceanu, im vorliegenden Band) enthalten Gegenstände von einer viel größeren räumlichen Verbreitung, neben denen die traditionellen örtlichen Produkte in einer nur geringeren Anzahl vorkommen.

Typenlisten

Liste 1
Gehänge vom Typ Arpăşel
1. Arpăşel, Tr., Hort (Abb. 1-2). Götze 1913, Abb. 8.
2. Igriţa-Höhle, Tr., Gräber ? Emödi 1980, Abb. 17,114 u. Abb. 26,227.
3. Oradea IV, Tr., Hort (Abb. 6). Roska 1942, Abb. 297,27.30.

Liste 2
Gehänge vom Typ Guruslău
1. Cubulcut, Tr., Einzelfund ? (Abb. 8,6). Petrescu-Dîmboviţa 1977, Taf. 134,6; ders. 1978, Taf. 92 B,17.
2. Guruslău, Tr., Hort. Moga 1947, Abb. 3.
3. Kemecse, NOU, Hort. Hampel 1896, Abb. 27 u. Abb. 196,19.
4. "Nordungarn". Fundumst. ? Nicholson 1980, Taf. 28,134.
5. "Ungarn". Fundumst. ? Hampel 1886 a und b, Taf. 62,1.
6. "Ungarn". Fundumst. ? ders., ebd. Taf. 62,4.
7. "Ungarn". Fundumst. ? ders., ebd. Taf. 62,5.
8. Ciocaia, Tr., Hort. (Abb. 4,8).
9. Cserépfalu, NU, Hort. Hampel 1896, Abb. 28.

---

[34]Z. Nánási nimmt an, daß jene sieben Stücke, die sich ursprünglich in der Sammlung Penkert befanden und jetzt im Museum von Săcuieni sind, sowie jene fünf Stücke von Cheşereu aus dem Museum von Debrecen wahrscheinlich einem einzigen Hortfund angehören. Über die von Nánási veröffentlichten Bronzegegenstände behauptet T. Bader, daß sie Einzelfunde darstellen. Obwohl man eine solche Möglichkeit nicht vollständig ausschließen kann, erscheint es wahrscheinlicher, besonders wenn man ihre große Anzahl in Betracht zieht, daß sie aus einem Hortfund stammen, ohne daß hinsichtlich ihrer ehemaligen gemeinsamen Zugehörigkeit zu dem Fund aus Debrecen eine Gewißheit besteht.

Liste 3

Sanduhrförmige Anhänger

1. Arpăşel, Tr., Hort. (Abb. 3,4). v. Károlyi 1968, Taf. 7,7-10.
2. Badacsony, WU, Hort. Darnay-Dornyay 1958, Taf. 20,9.
3. Banatski Karlovac, Banat, Hort. Milleker 1897, Abb. auf S. 56; Kossack 1954, Liste F, Nr. 1.
4. Bicaci, Tr., Hort. Holste 1951, Taf. 49,24; Kossack 1954, Liste F, Nr. 2 Bicács Peér).
5. Bingula Divoš, Vojv., Hort. Holste 1951, Taf. 11,25; Kossack 1954, Liste F, Nr. 3.
6. Bozsok (Palotabozsok), WU, Rückenöse, Hort. Hampel 1886 a und b, Taf. 100,20; Kossack 1954, Liste F, Nr. 4 (Boszok).
7. Brodski Varoš, Kro. Auch Rückenösen. Hort. Vinski-Gasparini 1973, Taf. 53,12.36; 56,37.38; 57,32; 58,20.
8. Čermožišce, Slow., Hort. Kossack 1954, Liste F, Nr. 23 (Rohitsch); Müller-Karpe 1959, Taf. 133,4.
9. Dalj, Kro. Grab, Vinski-Gasparini 1973, Taf. 119,7.
10. Dedinka, Slkei., Hügelgrab, Paulík 1984, Abb. 6 A,3.
11. Dabova, Slow. Gräber. Stare 1975, Taf. 1,1; 3,6; 40,11-13.
12. Dresden-Coschütz Heidenschanze I, Sachsen. Hort. Kossack 1954, Liste F, Nr. 5; Coblenz 1963, Taf. 28,6. II. Hort, ders., ebd. Taf. 28,5.
13. Dridu, Großwa., Hort. Enăchiuc, im vorliegenden Bd., Mitt. V. Enăchiuc.
14. Gemeinlebarn, NÖ, Gräber. Szombathy 1929, Taf. 15,2; 16,7; Kossack 1954, Liste F, Nr. 7, Taf. 16,29.
15. Gyöngyössomsyos IV, NU., Hort. Kemenczei 1979, Abb. 3; Taf. 5,2.
16. Habartice, Bö., Pič 1900, Taf. 9,6.7; Kossack 1954, Liste F, Nr. 8.
17. Hajdúsámson, OU. Jelentés Debr. Múz. 1910, Abb. auf S. 17.
18. Hrubčice, Mä., Rückenöse. Grab. Kossack 1954, Liste F, Nr. 9.
19. "Karpatenbecken". Fundumst. ? (Naturhist. Mus. Wien. Slg. Spöttel - 18636).
20. Kék, NU, Hort, Mozsolics 1985, Taf. 192,30.
21. Kisapáti, WU, Rückenöse. Hort. Szentmártoni-Darnay 1897, Taf. 4,4.
22. Kolta, Slow., Hügelgrab. Paulík 1966, Abb. 13,3.
23. Křepice, Mä., Siedlung. Podborský 1970, Abb. 14,29.
24. Kunětice, Bö., Fundumst. ? Fiedler 1953, Abb. 1,6.
25. Ljubljana, Slow., Gräber. Puš 1982, Abb. auf S. 187 u. Taf. 49.
26. Lukovna, Bö., Grab. Schránil 1919, Abb. 11,6; Kossack 1954, Liste F, Nr. 11.
27. Maribor, Slow., Grab. Kossack 1954, Liste F, Nr. 12 (Marburg); Müller-Karpe 1959, Taf. 118,25.
28. Maškovice, Bö., Hort. Richlý 1894, Taf. 20,27; Kossack 1954, Liste F, Nr. 14.
29. Medvedevzi, KU, Hort. Balaguri 1968, Abb. 11.
30. Menik, Bö., Grab. Pič 1905, Taf. 19,20; Kossack 1954, Liste F, Nr. 15.
31. Mişca, Tr., Hort. Chidioşan 1977, Abb. 1.
32. Nagybátony, NU, Rückenöse, Grab. Patay 1954, Abb. 12,12.
33. Nepasice, Bö., Grab. Filip 1936, Abb. 27,8; Kossack 1954, Liste F, Nr. 17.
34. Nyírbogdány, NOU, Hort. Jósa/Kemenczei 1964, Taf. 41,53.
35. Obala Dunava, Serb., Einzelfund. Todorović 1971, Taf. 37,16.
36. Oradea, Tr., Apokrypher Fund. Smith 1926, Taf. 50; Nestor 1932, Anm. 490; Kossack 1954, Liste F, Nr. 18. (Oradea Mare). IV. Hort (Abb.3,9-12; 5,14); Roska 1942, Abb. 219,4.9.17.20; Kossack 1954, Liste F, Nr. 16 (Micske Puszta).
37. Pobedim, Slkei., Siedlung. Studeniková/Paulík 1983, Taf. 40,19.20.
38. Pobrežje, Slow., Gräber. Pahič 1972, Taf. 27,8; 40,1-3.
39. Polkovice, Mä., Hort. Kossack 1954, Liste F, Nr. 20; Podborský 1970, Taf. 31,8.
40. Poşaga de Sus, Tr., Hort. Téglás 1886, Taf. 1,6-8; Kossack 1954, Liste F, Nr. 6 (Felső Potsága).
41. Pričac, Kro., Hort. Kossack 1954, Liste F, Nr. 20; Vinski-Gasparini 1973, Taf. 71,2.
42. Puchov, Slkei., Grab. Furmánek 1980, Taf. 31,810.
43. Püspökhatvan, NOU, Hort. Kemenczei 1984, Taf. 114, 12.
44. Pyrzyce, Pommern, Hort. Kunkel 1931, Taf. 47,10; 49 unten; Kossack 1954, Liste F, Nr. 21 (Pyritz).
45. Románd, WU, Hort. Németh/Torma 1965, Taf. 15,94.
46. Ruše, Slow., Grab. Kossack 1954, Liste F., Nr. 13 (Maria Rast); Müller-Karpe 1959, Taf. 112 D, 3-5.
47. Sasovice, Mä., Hort. Červinka 1902, Taf. 18; Kossack 1954, Liste F, Nr. 22.
48. Skalice, Bö., Grab. Filip 1937, Abb. 27,6; Kossack 1954, Liste F, Nr. 24. **Nachahmungen aus Ton.** Fiedler 1953, Abb. 1,1a-b.

49. Štramberk-Kotouč, Mä., Einzelfund ? Podborský 1970, Taf. 13,22.
50. Stránky, Bö., Zwei Rückenösen. Fundumst. ? Bouzek 1966, Abb. 18,7.
51. Straupitz, Brandenburg, Hort. Götze 1913, Abb. 10; Kossack 1954, Liste F, Nr. 25.
52. "Szabolcs-Szatmár", NOU, Einzelfund. Makkay 1960, Taf. 5,1.
53. Tamási, WU, Grab. Wosinsky 1896, Taf. 119,2; Kossack 1954, Liste F, Nr. 27.
54. Ticvaniu Mare, Banat. Hort. Săcărin 1981, Taf. 3,1-2;4,1.
55. Tiszaszentimre, NU, Hort ? Hampel 1892, Taf. 172,5; Kossack 1954, Liste F, Nr. 28.
56. Tren, Südostalbanien, Siedlung. Korkuti 1971, Taf. 15,3.
57. Uioara, Tr., Rückenöse. Hort. Holste 1951, Taf. 44,44; Kossack 1954, Liste F, Nr. 30 (Uioara de Sus).
58. "Ungarn". Fundumst. ? (Ehem. im Nationalmus. Budapest; Kloes-Album, Nr. XXX 228).
59. "Ungarn". Fundumst. ? (Nationalmus. Budapest - 122. 1881. 6).
60. "Ungarn". Fundumst. ? Hampel 1886 a und b, Taf. 54,9; Kossack 1954, Taf. 16,22. (unter den Nr. XXX 322-341 sind im Kloes-Album 20 ähnliche Stücke vorgestellt).
61. Uřetice, Mä., Grab. Pič 1905, Taf. 24,31-33; Kossack 1954, Liste F, Nr. 31.
62. Velem, WU, Siedlung. v. Miske 1908, Taf. 37,59; Kossack 1954, Liste F, Nr. 29 (Velem St. Vid).
63. Veliko Nabrđe, Kro., Rückenösen. Hort. Vinski-Gasparini 1973, Taf. 45,22-26.
64. Vukovar, Kro., Grab. Vinski-Gasparini 1973, Taf. 125,10.
65. "Westtranssilvanien", Hort. Posta 1918, Abb. 1,2; Kossack 1954, Liste F, Nr. 26 (Szelevény).

Liste 4
Durchbrochene halbmondförmige Anhänger mit vertikal durchlochtem Stiel
1. Arad, Banat, Grab ? Dömötör 1897, 261.
2. Arpăşel, Tr., Hort (Abb. 3,6-8). v. Károlyi 1968, Taf. 7,3-5.
3. Bicaz I, Tr., Hort. Kacsó 1980, 296.
4. "Bihor", Tr., zwei Einzelstücke im Mus. Oradea (1104, 6807).
5. Blučina V, Mä., Hort. Říhovský 1979, Taf. 80 B,4.
6. Brodski Varoš, Kro., Hort. Vinski-Gasparini 1973, Taf. 52,48.49.
7. Cioclovina-Höhle, Tr., Hort. Comşa 1966, Abb. 1,4; Emödi 1978 b, Abb. 5,6.
8. Cubulcut, Tr., Hort (Abb. 8,3). Középessy 1901, 365 f.
9. Curtici, Tr., Siedlung. Posta 1899, Abb. 4 e.
10. Debrecen-Fancsika, OU, Hort. Patay 1966, Abb. 1,1-5.
11. Dedinka, Slkei., Hügelgrab. Paulík 1984, Abb. 1,23.24; 3,4; 4,10; 7,2.3.
12. Deva, Tr., Hort. Andriţoiu 1975, 398; Petrescu-Dîmboviţa 1977, Taf. 136,4; ders. 1978, Taf. 92 C, 23.
13. Dipşa, Tr., Hort. Petrescu-Dîmboviţa 1977, Taf. 140,12; ders. 1978, Taf. 98 A, 160.
14. Drhovice, Bö., Hügelgrab. Böhm 1937, Taf. 78,12.
15. Drslavice I, Mä., Hort. Říhovský 1972, Taf. 34,48. II. Hort. Pavelčík 1963, Taf. 14,5.
16. Frîncenii de Piatră, Tr., Hort. Petrescu-Dîmboviţa 1977, Taf. 143,16; ders. 1978, Taf. 99 C, 2.
17. Gaj, Banat, Hort. Ostave 1975, Taf. 52,3.
18. Galoşpetreu, Tr., Hort. Petrescu-Dîmboviţa 1977, Taf. 146,5; ders. 1978, Taf. 102,43.
19. Gammertingen, Baden-Württemberg, Grab. Reim 1981, Abb. 5,2; 11,4.
20. Ganacker, Bayern, Grab. Hundt 1964, Taf. 47,8.
21. Gégény, NOU, Hort. Jósa/Kemenczei 1964, Taf. 24,4.
22. Giula, Tr., Hort. Roska 1943, Abb. 2,1-4.
23. Giurtelecu Şimleului, Tr. Soroceanu, Fundumstände, im vorliegenden Band, Abb. 8.
24. Guşteriţa II, Tr., Hort. Petrescu-Dîmboviţa 1977, Taf. 160,8; ders. 1978, Taf. 117,339.
25. Hafnerbuch, NÖ, zwei Tüllen. Hort. Neugebauer 1985, Abb. 225.
26. Igriţa-Höhle, Tr., Gräber ? Emödi 1980, Abb. 5,8.
27. Jordánow Słaski, Schl., Grab. Pfützenreiter 1931, Abb. 1,6.8.
28. Keszthely, WU, Siedlung. Sági 1909, Abb. 7,3.
29. Kietrz, Schl., Grab. Gedl 1978, 41, Pl. 254,7.
30. Kloschwitz, Sachsen, Hort. v. Brunn 1968, Taf. 94,7.
31. Lengyeltóti III, WU, Hort. Mozsolics 1975 a, Taf. 2,12.
32. Mărtineşti, Tr., zwei Tüllen. Hort. Petrescu-Dîmboviţa 1977, Taf. 163,14-16; ders. 1978, Taf. 120 D, 1-3.
33. Minişu de Sus, Tr. Hort. Vorliegender Beitrag, Abb. 9,17-19.
34. Mişid-Höhle, Tr., Grab ? Chidioşan/Emödi 1981, Abb. 4,2.

35. Nyírbogdány, NOU, Hort. Jósa/Kemenczei 1964, Taf. 41,23.
36. Oradea, Tr., Apokripher Fund. Smith 1926, Taf. 50; IV Hort. Vorliegender Beitrag, Abb. 5,15-16.
37. Pančevo, Banat, Hort. Vasić 1982, Abb. 2,24.
38. Pecica II, Banat, Hort. Petrescu-Dîmboviţa 1977, Taf. 176,15.20-23; ders. 1978, Taf. 128,55-62.
39. Pécs III, SWU, Hort. Mozsolics 1985, 171.
40. Poşaga de Sus, Tr., Hort. Téglás 1886, Taf. 1,9.
41. Răbăgani, Tr. Hort (Abb. 7,1-6). Petrescu-Dîmboviţa 1977, Taf. 180,27-30; ders. 1978, Taf. 131 B, 2-7.
42. Sînnicolau de Munte, Tr., Hort. Nánási 1974, Abb. 6,1.
43. Smokovice, Schl., Grab. Kleemann 1977, 132 f. Taf. 32 K.
44. Stillfried, NÖ, Grab. Menghin 1921, Taf. 9,3-11.
45. "Transsilvanien". Fundumstände ? (Mus. Budapest, Inv. Nr. 86.14.92).
46. Uioara, Tr., Hort. Franz 1922, Abb. 1,8; Holste 1951, Taf. 44,41; Petrescu-Dîmboviţa 1977, Taf. 247,14-15; ders. 1978, Taf. 194,853-854.
47. "Ungarn". Hort. ? (Ehem. im Nationalmus. Budapest; Kloes-Album, Nr. XXXV 44-54).
48. Ungurului-Höhle, Tr., Grab ? Emödi 1980, 262. Hort. Dumitraşcu/Crişan 1989, Taf. 26-32.
49. Unterradl, NÖ, Gräber. Eppel 1949, Taf. 3,21.
50. Vadu Crişului, Tr., Hort ? Kenner 1863, Abb. 57; Hampel 1886 a und b, Taf. 52,7.
51. Vršac-Majdan, Banat, Hort. Rašajski 1988, Abb. 16-17.
52. "Westtranssilvanien", Hort. Posta 1918, Abb. 1,3.
53. Wrocław-Ksieze Male, Schl., Grab. Pfützenreiter 1931, Abb. 4.

Liste 5
Kegelige Anhänger mit dreieckigen Durchbrechungen
1. Aiud, Tr., Hort. Mus. Aiud (8310).
2. Arpăşel, Tr., Hort. (Abb. 3,13-14).
3. Bicaci, Tr., Hort. Petrescu-Dîmboviţa 1977, Taf. 28,7; ders. 1978, Taf. 22 B,6.
4. Brodski Varoš, Kro., Hort. Vinski-Gasparini 1973, Taf. 53,16; 56,39.
5. Cehăluţ I, Tr., Hort. Mozsolics 1973, Taf. 49,7.
6. Cherghes, Tr., Hort. Petrescu-Dîmboviţa 1977, Taf. 127,21-23; ders. 1978 Taf. 88 C,9-10.
7. Cincu, Tr., Hort. Petrescu-Dîmboviţa 1977, Taf. 131,15; ders. 1978, Taf. 90 A,46.
8. Cioclovina-Höhle, Tr., Hort. Comşa 1966, Abb. 1,6; Emödi 1978, Abb. 5,5.
9. Cubulcut, Tr., Hort (Abb. 8,4-5). Középesssy 1901, 365.
10. Debrecen-Fancsika, OU, Hort. Patay 1966, Abb. 1,9.
11. Felsődobzsa II, NU, Hort. Mozsolics 1973, Taf, 47,10-11.
12. Márok, WU, Hort. Mozsolics 1985, Taf. 92,22.
13. Ópályi, NOU, Hort. Mozsolics 1973, Taf. 19,21-23.
14. Oradea, Tr., Apokripher Fund. Smith 1926, Taf. 50; IV Hort. Vorliegender Beitrag, Abb. 3,15; 5,16,20,27; Roska 1942, Abb. 219,26.
15. Pamuk, WU, Hort. Mozsolics 1975, Taf. 7,18.
16. Răbăgani, Tr., Hort (Abb. 7,1 ff.). Petrescu-Dîmboviţa 1977, Taf. 180,32-33; ders. 1978, Taf. 131 B,9-15.
17. Simonfalva, WU, Hort. Kohlbach 1900, Abb. 10.
18. Şpălnaca II, Tr., Hort. Mus. Aiud (282); Petrescu-Dîmboviţa 1977, 109.
19. "Tiszafüred". Hort. Csányi 1982, Abb. 37.
20. "Transsilvanien". Fundumstände ? (Mus. Budapest, Inv. Nr. 92.1888.65).
21. Velvary, Bö., Hort. Hralá 1973, Taf. 46,16.
22. Vînători, Tr. Hort. Kacsó, Analele Banatului 2, 1993, Abb. 2,2.
23. "Westtranssilvanien", Hort. Posta 1918, Abb. 1,4.

Liste 6
Bronzeknöpfe mit abgetreppter Mitte (Auswahl)
1. Arad, Banat, Grab ? Dömötör 1897, 261.
2. Arpăşel, Tr., Hort (Abb. 4,3). v. Károlyi 1968, Taf. 7,1.
3. Balc, Tr., Hort. Holste 1951, Taf. 30,28; Petrescu-Dîmboviţa 1977, Taf. 22,16-17; ders. 1978, Taf. 19 E, 5.6.
4. Benczurfalva (heute Teil von Szecseny), NU, Fundumst. ? Kemenczei 1965, 120.

5. Bicaci, Tr., Hort. Holste 1951, Taf. 49,22; Petrescu-Dîmbovița 1977, Taf. 28,10-11; ders. Taf. 22 B,4-5.
6. Bingula-Divoš, Vojv., Hort. Holste 1951, Taf. 12,14.
7. Bocheniec, P., Grab. Matoga 1985, Abb. 7 c.
8. Brodski-Varoš, Kro., Hort. Vinski-Gasparini 1973, Taf. 57,22.23.
9. Cetatea de Baltă, Tr., Hort. Pepelea 1973, Abb. 1,9.
10. Cioclovina-Höhle, Tr., Hort. Comşa 1966, Abb. 1,2; Emödi 1978, Abb. 5,3.
11. Cornuțel, Banat, Hort. Stratan 1964, Abb. 3,2.
12. Dedinka, Slkei., Hügelgrab. Paulík 1984, Abb. 2,20; 3,1.
13. Deva, Tr., Hort. Andrițoiu 1975, Taf. 4,21.23.
14. Draslavice I, Mä., Hort. Říhovský 1972, Taf. 35,45; II. Hort. Pavelčík 1963, Taf. 15,1.
15. Felnac, Banat, Fundumst. ? Mus. Oradea (5782).
16. Felsődobzsa, NU, I Hort. Kemenczei 1965, Taf. 15,2-4.14. II. Hort. Mozsolics 1973, Taf. 47,24. Siedlung. Hampel 1886 a und b, Taf. 55,5.
17. Gaj, Banat, Hort. Ostave 1975, Taf. 52,57.
18. Gemeinlebarn, NÖ, Gräber. Szombathy 1929, Taf. 2,5; 23,4.
19. Horodnica, P., Żurowski 1948, Taf. 40,3.
20. Igrița-Höhle, Tr., Gräber ? Emödi 1980, Abb. 25,217-219.
21. Jordanow Slaski, Schl., Grab. Pfützenreiter 1931, Abb. 1,4.
22. Ipelský Sokolec, Slkei., Siedlung. Paulík 1963, Abb. 22 b.
23. Kamyk nad Vltavou, Bö., Hort. Hrala 1973, Taf. 49,2.
24. Kolta, Slkei., Hügelgrab. Paulík 1966, Abb. 13,1.
25. Lovčičky, Mä., Siedlung. Říhovský 1982, Abb. 20,5.
26. L'uborča, Slkei., Fundumst. ? Studeniková 1978, Anm. 80.
27. Mixnitz-Drachenhöhle, Steiermark, Hort. Pittioni 1954, Abb. 342,3.7.
28. Moldova Veche I, Banat, Hort. Milleker 1940, Taf. 26.
29. Moravičanech, Mä., Grab. Nekvasil 1982, Taf. 211,3.
30. Novi Bečej, Vojv., Hort. Nagy 1955, Taf. 5,25 a-b.
31. Ópályi, NOU, Hort. Mozsolics 1973, Taf. 19,13.14.19; 20,6.
32. Oradea, Tr., IV. Hort (Abb. 3,16-17). Roska 1942, Abb. 219,6.11.24.
33. Otomani, Tr., Hort. Ordentlich 1968, Abb. 2,7-13; Nánási 1974, Abb. 6,5.
34. Pecica, Banat, IV. Hort. Petrescu-Dîmbovița 1977, Taf. 177,6-8.
35. Poşaga de Sus, Tr., Hort. Téglás 1886, Taf. 1,12.
36. Přestavlky, Mä., Hort. Mačala 1985, Taf. 4,1.
37. Răbăgani, Tr., Hort. (Abb. 7,41). Petrescu-Dîmbovița 1977, Taf. 180,36; ders. 1978, Taf. 131 B,20.
38. Rýdec, Bö., Hort. Kýtlicova 1967, Abb. 5,3.
39. Şpălnaca, Tr., II. Hort. Hampel 1892, Taf. 146,18; Dumitrescu 1936, Abb. 15,5.6.
40. Tăut, Tr., Hort. Mozsolics 1973, Taf. 48,7.16.
41. Velem, WU, Siedlung. Hampel 1896, Taf. 241,6; Miske 1908, Taf. 32,17.
42. Věrovany, Mä., Grab. Říhovský 1979, Taf. 79 D,4.
43. Zohor, Slkei., Grab. Studeniková 1978, Abb. 8,1.

Nachtrag 1

Im Januar 1988, anläßlich eines Studienaufenthaltes in Ungarn, erfuhr ich, daß das Nationalmuseum von Budapest im Jahre 1986 von der Witwe des Antiquitätenhändlers L. Mauthner, zusammen mit zahlreichen anderen Gegenständen, auch Stücke des IV. Hortfundes von Oradea aufgekauft hat. Diese stellen, wenn auch nicht in ihrer Gesamtheit, eben den Teil des Fundes dar, der von M. Roska (1942) abgebildet wurde.

Mit der freundlichen Genehmigung von Herrn Dr. T. Kemenczei, der mich auf die jüngste Erwerbung aufmerksam machte, habe ich folgende Stücke aufgenommen:

1. Halbes Kettengehänge (Inv. Nr. 86.14.106; Abb. 3,31). Es sind nur drei Dreieckanhänger erhalten geblieben, einer ist aber in zwei Teile zerbrochen. Einer der Zwischenringe ist ebenfalls zerbrochen. Gew. 245.

2. Zwischengliedbruchstück (Inv. Nr. 86.14.108; Abb. 3,24).
Gew. 4,5.

3. Sanduhrförmiger Anhänger (Inv. Nr. 86.14.106; Abb. 3,11) mit kleiner Ringöse, die mit einem kurzen, gerillten Stiel versehen ist. Kante verdickt. Die kurzen Seiten sind konvex, die langen konkav. Verziert mit zwei Rippen, die entlang des Stückes verlaufen. In der Öse ist ein gedrehter Draht angebracht.
H. 9; Gew. 18.
4. Anhänger vom gleichen Typ (Inv. Nr. 86.14.106; Abb. 3,10) und denselben Charakteristiken, an drei Stellen beschädigt.
H. 9; Gew. 20,5.
5. Anhänger vom gleichen Typ (Inv. Nr. 86.14.107; Abb. 3,9) und denselben Charakteristiken, in drei Teile zerbrochen, ohne Draht in der Öse.
H. 9,2; Gew. 18.
6. Anhänger vom gleichen Typ (Inv. Nr. 86.14.106; Abb. 3,12) mit doppelter Ringöse. Kante verdickt. Die kurzen Seiten sind gerade, die langen konkav. Verziert mit einer Rippe, die entlang des Stückes verläuft. In der oberen Öse ist ein gedrehter Draht angebracht.
H. 6,4; Gew. 16.
7. Kegeliger Anhänger (Inv. Nr. 86.14.111; Abb. 3,15) mit vier dreieckigen Durchbrechungen, oben und unten gerippt, Basis rund. Unten teilweise zerbrochen.
H. 7,4; Gew. 26.
8. Große Bronzescheibe (Inv. Nr. 86.14.113; Abb. 4,5) mit kegeligem Dorn, zwei Kreisrillen am Rand und Unteröse.
Dm. 12/12,6; Gew. 96.
9. Bronzescheibe (Inv. Nr. 86.14.114; Abb. 4,4) mit kegeligem Dorn und Unteröse.
Dm. 7,3; Gew. 24.
10-11. Flache Bronzescheiben (Inv. Nr. 86.14.118; Abb. 3,18-19) mit Unteröse.
Dm. 2,1; 3; Gew. 0,5; 3.
12. Großer Bronzeknopf (Inv. Nr. 86.14.115; Abb. 4,2) mit abgetreppter Mitte und Knopf, Unterseite mit im Querschnitt vierkantigem Steg.
H. 2,9; Dm. 7,5/7,7; Gew. 75.
13-14. Ähnliche, kleinere Bronzeknöpfe (Inv. Nr. 86.14.116-117; Abb. 3,16-17), einer unten stark beschädigt.
H. 1,4; 1,4; Dm. 2; 2,2; Gew. 2; 3.
15. Ösenhalsnadelbruchstück (Inv. Nr. 86.14.112; Abb. 3,23).
Gew. 7.
16. Armringbruchstück mit Rippenverzierung (Inv. Nr. 86.14.119; Abb. 3,30).
Gew. 1.
17. Griffzungendolchbruchstück (Inv. Nr. 86.14.105; Abb. 3,26).
Gew. 9.
18. Griffzungeschwertbruchstück (Inv. Nr. 86.14.105; Abb. 3,27). Mittelrippe auf der Klinge, zwei Nietlöcher am Heft und eines am Griff, der auch mit je einer kurzen Rippe neben dem verdickten Rand auf der einen und der anderen Seite versehen ist.
Gew. 11.
19. Buchenblattförmiges Miniaturstück (Dolch ? Lanzenspitze ?), an einem Ende zerbrochen (Inv. Nr. 86.14.105; Abb. 3,28).
Gew. 0,5.
20. Kegelförmige Drahtspirale (Inv. Nr. 86.14.121; Abb. 3,21).
Dm. 2,3; Gew. 3.
21. Fingerspirale (Inv. Nr. 86.14.120; Abb. 3,22).
Dm. 2,1; Gew. 4.
22. Bruchstück eines unbestimmbaren Gegenstandes (Inv. Nr. 86.14.109; Abb. 3,29), der in einschaliger Gußform gegossen wurde. Rippen an den Rändern und in der Mitte.
Gew. 5.
23. Kleines Tüllenbeil (Inv. Nr. 86.14.104; Abb. 3,25) mit Pseudolappen und ovalem Querschnitt.
L. 6; Gew. 52.
24. Geschlossener Ring (Inv. Nr. 86.14.110; Abb. 3,20) mit rundem Querschnitt.
Dm. 3,2; Gew. 10.

Mit Ausnahme des letzten Stückes, das eine hellgrüne Patina hat, haben die anderen eine dunkelgrüne. Die Zugehörigkeit des Ringes zum Hortfund ist fraglich, vor allem weil er von M. Roska weder erwähnt noch abgebildet wurde.

Drei der sanduhrförmigen Anhänger, und zwar jene mit Draht in der Öse, waren zum Zeitpunkt der Erwerbung an dem Gehänge befestigt. Wenn man in Betracht zieht, daß, im Vergleich mit den jüngeren Anhängern eines der Gehänge von Arpăşel, diese sanduhrförmigen Anhänger auf dem halben Gehänge von Oradea vollständig unangebracht waren, ist anzunehmen, daß sie dort erst nach der Auffindung befestigt wurden. Es wäre also nicht auszuschließen, daß auch die Drähte in den Ösen der Anhänger neuzeitlich sind. Daß die Drähte auf jeden Fall nach der Entdeckung manipuliert wurden, ist auch durch die Tatsache bestätigt, daß zum Zeitpunkt, als die Stücke für Roskas Buch gezeichnet wurden, der Anhänger Nr. 5 mit einem derartigen Draht versehen war, aber bei dem Anhänger Nr. 6 fehlte, während es heute genau umgekehrt ist.

Von den bei M. Roska abgebildeten Stücken fehlen die Bruchstücke von Spiralen (Abb. 219,2.3.4), das Schwertklingenbruchstück (Abb. 219,21) und die drei unbestimmbaren Bruchstücke (Abb. 219,14.15.18). Gegenwärtig ist es unmöglich festzustellen, ob diese im Besitz von L. Mauthner waren oder nicht. Sicher ist, daß sie auch auf der alten Aufnahme des Hortfundes, die vom Museum von Budapest zusammen mit dem photographischen Archiv des Mauthnerischen Bestandes erworben wurde, fehlen.

Wenn man Roskas Text hinsichtlich des Hortfundes mit den Stücken vergleicht, die sich in Mauthners Besitz befanden, ist ersichtlich, daß der Verfasser nicht nur diese erwähnt hat, sondern auch noch andere, und zwar offensichtlich jene aus der Sammlung des Museums von Oradea. Meine Schlußfolgerung, nach der es bis jetzt selbstverständlich schien, daß die Zusammensetzung des Hortfundes durch den Vergleich der beschriebenen Stücke mit jenen im Museum befindlichen ermittelt werden kann, verliert also in großem Maße ihre Gültigkeit.

Für die Rekonstruktion des Hortes muß man eigentlich die Stücke, die sich zur Zeit in den Museen von Bukarest, Oradea und Budapest befinden, aber auch die von M. Roska gelieferten Auskünfte in Betracht ziehen. Es ist ebenfalls notwendig, einige Ungenauigkeiten in der Beschreibung von Roska zu korrigieren, die nur schwer feststellbar sind, da die Abbildungen, die uns bis jetzt zur Verfügung standen, nicht immer alle Einzelheiten und nur eine Hälfte oder ein Viertel der natürlichen Größe der Stücke wiedergeben.

Auf dieser Weise können dem IV. Hortfund von Oradea folgende Stücke zugeteilt werden:

1. Kettengehänge; **2.** halbes Kettengehänge; **3.** Zwischengliedbruchstück; **4-5.** dreieckförmige Anhänger; **6-10.** sanduhrförmige Anhänger; **11-12.** durchbrochener halbmondförmiger Anhänger mit vertikal durchlochtem Stiel; **13-21.** kegelige Anhänger mit dreieckigen Durchbrechungen; **22-25.** Vierspeichige Radanhänger mit Unteröse; **26.** große Bronzescheibe mit kegeligem Dorn, zwei Kreisrillen am Rand und Unteröse; **27-36.** Bronzescheiben mit waagerecht aufliegendem Rand, kleinem kegeligen Dorn und Unteröse; **37.** gewölbte Bronzescheibe mit Unteröse; **38-39.** flache Bronzescheiben mit Unteröse; **40.** leicht kegelige Bronzescheibe, bei der drei Ösen am Unterteil mit einem Ring verbunden sind; **41-48.** Bronzeknöpfe mit abgetreppter Mitte und Knopf, Unterseite mit Steg; **49-51.** Armringbruchstücke mit Rippenverzierung; **52.** gekerbter Armring mit offenen Enden; **53-54.** Armringe mit offenen Enden; **55-56.** kegelförmige Drahtspiralen; **57-59.** Bruchstücke von Spiralen; **60.** Fingerspirale; **61.** Scheibenkopfnadelbruchstück; **62-63.** Ösenhalsnadeln; **64.** Nadelbruchstücke mit geschwollenem Hals (ihre Anzahl ist unbestimmbar); **65.** Warzennadelbruchstück; **66.** Nadelschaftbruchstück; **67.** Gürtelhaken; **68.** Tüllenbeil mit halbmondförmigem Rand; **69.** Tüllenbeil mit Pseudolappen; **70-71.** Sichelklingenbruchstücke; **72-73.** Knopfsichelbruchstücke; **74.** Messer- oder Dolch mit Ringende; **75.** Griffzungendolchbruchstück; **76.** Griffzungenschwertbruchstück; **77.** Schwertklingenbruchstück; **78.** buchenblattförmiges Miniaturstück (Dolch? Lanzenspitze?); **79.** Bruchstück eines unbestimmbaren Gegenstandes mit Rippen an den Rändern und in der Mitte; **80-82.** unbestimmbare Bruchstücke (= Roska 1942, Abb. 219,14.15.18); **83.** kleiner offener Ring; **84.** geschlossener Ring.

Die Zugehörigkeit der letzten zwei Stücke zum Hortfund ist fraglich. In gewissem Maße ist auch die Zugehörigkeit des ganzen Kettengehänges und eines der durchbrochenen halbmondförmigen Anhänger mit vertikal durchlochtem Stiel unbestimmt.

Über das Vorhandensein des gekerbten Armringes mit offenen Enden, der Armringe mit offenen Enden, einer Ösenhalsnadel, der Nadelbruchstücke mit geschwollenem Hals, des Warzennadelbruchstückes, des Tüllenbeiles mit halbmondförmigem Rand, eines der Sichelklingenbruchstücke, der Knopfsichelbruchstücke und des Messers oder Dolches mit Ringende im Hortfund weiß man durch die Berichte von M. Roska. Sehr wahrscheinlich befanden sich diese Stücke ebenfalls im Museum von Oradea. Da sie vielleicht verloren gingen oder mit anderen

Funden vermischt wurden, erscheinen diese nicht mehr in dem nach 1945 verfertigten Inventarbuch. Es könnte möglich sein, daß sie in einem der alten Inventarbücher des Museums aufgezählt wurden.

Es fehlen jegliche Auskünfte hinsichtlich der Fundumstände des Hortes sowie des Zeitpunktes seiner Entdeckung. Das könnte möglicherweise in den Akten L. Mauthners erwähnt worden sein, aber dessen Dokumentenarchiv ging am Ende des Zweiten Weltkrieges verloren, laut Mitteilung J. Makkays, der die Antiquitäten im Familienbesitz aufgespürt hat. Eben das Vorkommen eines Teiles des Hortfundes im Sammlungsbestand Mauthners berechtigt zu der Annahme, daß der Hort noch vor dem Ersten Weltkrieg entdeckt wurde, als sich der Geschäftsbereich des Antiquitätenhändlers auch auf dieses Gebiet des Karpatenbeckens ausgedehnt hatte und das Gut in der Nähe von Oradea eine selbständige administrative Einheit dargestellt hat.

Was das Schicksal des Hortfundes sofort nach seiner Entdeckung betrifft, so können zwei Möglichkeiten in Betracht gezogen werden: entweder ist er ursprünglich schon in zwei Teile aufgeteilt worden, von denen einer dem Museum von Oradea und der andere Mauthner zukam, oder das Museum hat seinen Anteil vom Antiquitätenhändler in Budapest erworben. Ganz gleich welche dieser Alternativen den Tatsachen entspricht, es ist offensichtlich, daß das Museum von Oradea an dem Erwerb wenigstens eines Teiles der Fundes interessiert war weil dieser in seinem Aktivitätsbereich gefunden wurde. Es ist unerläßlich, dies zu erwähnen, da I. Bóna (1986, 37 u. 52 f. Anm. 144) die Meinung geäußert hat, daß der Hortfund in Újfehértó-Micskepuszta entdeckt wurde, ohne aber diesbezüglich ein überzeugendes Argument vorzubringen. M. Roska, der aus einem heute unmöglich klarzustellenden Grund irrtümlicherweise E. Andrássy als Besitzer eines Teiles des Fundes nannte, hat aber seinen Fundort richtig angeführt. Der Beweis dafür ist die Feststellung, daß die nächsten Analogien zu den Leitstücken des Hortfundes in Kreischgebiet auffindbar sind.

Abb. 1. Hortfund von Arpăşel. M. 1:3,5

Abb. 2. Hortfund von Arpăşel. M. 1:3,5

Arpășel 123

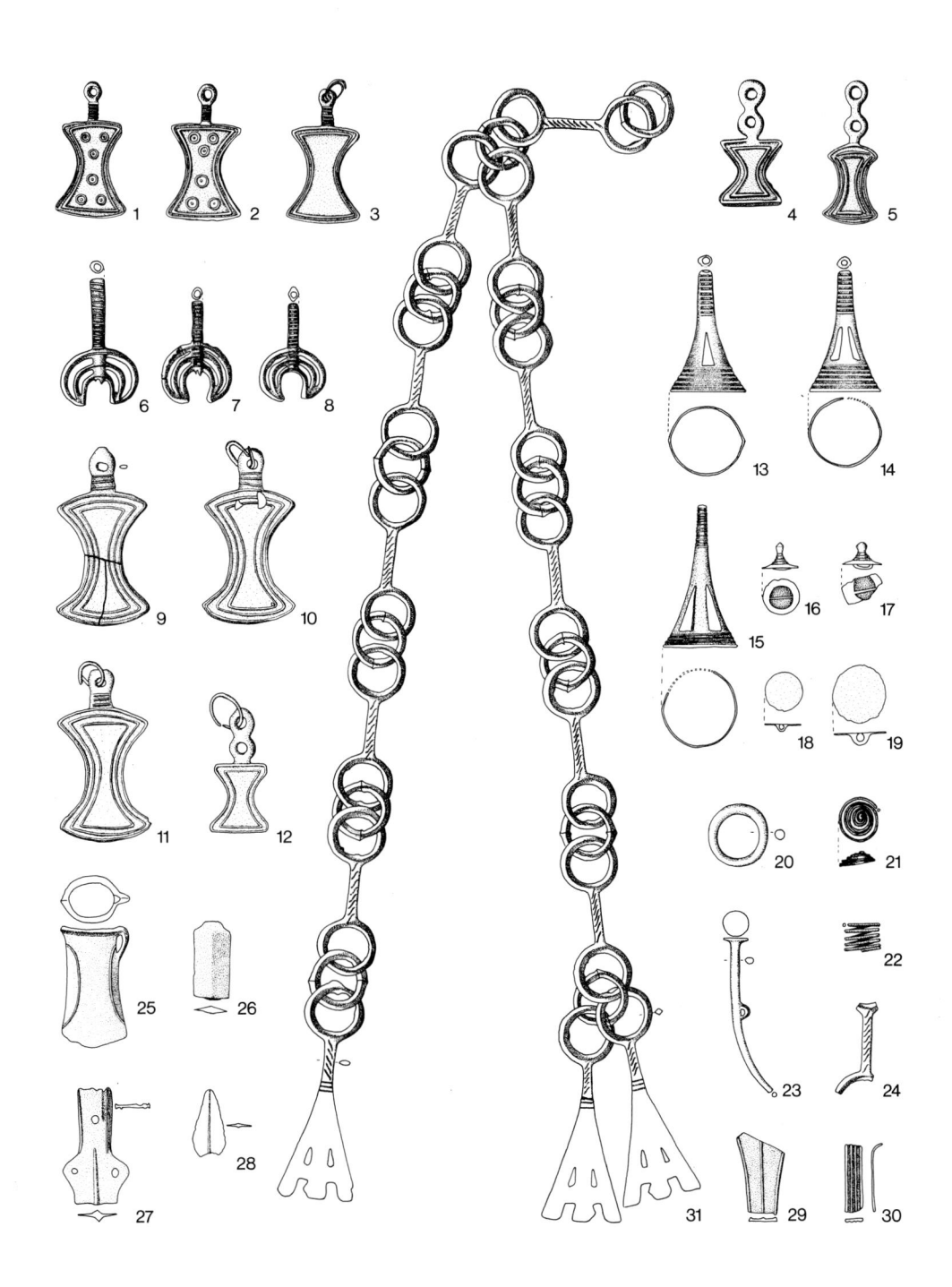

Abb. 3. 1-14 Hortfund von Arpășel; 15-31 Oradea. M. 1:3

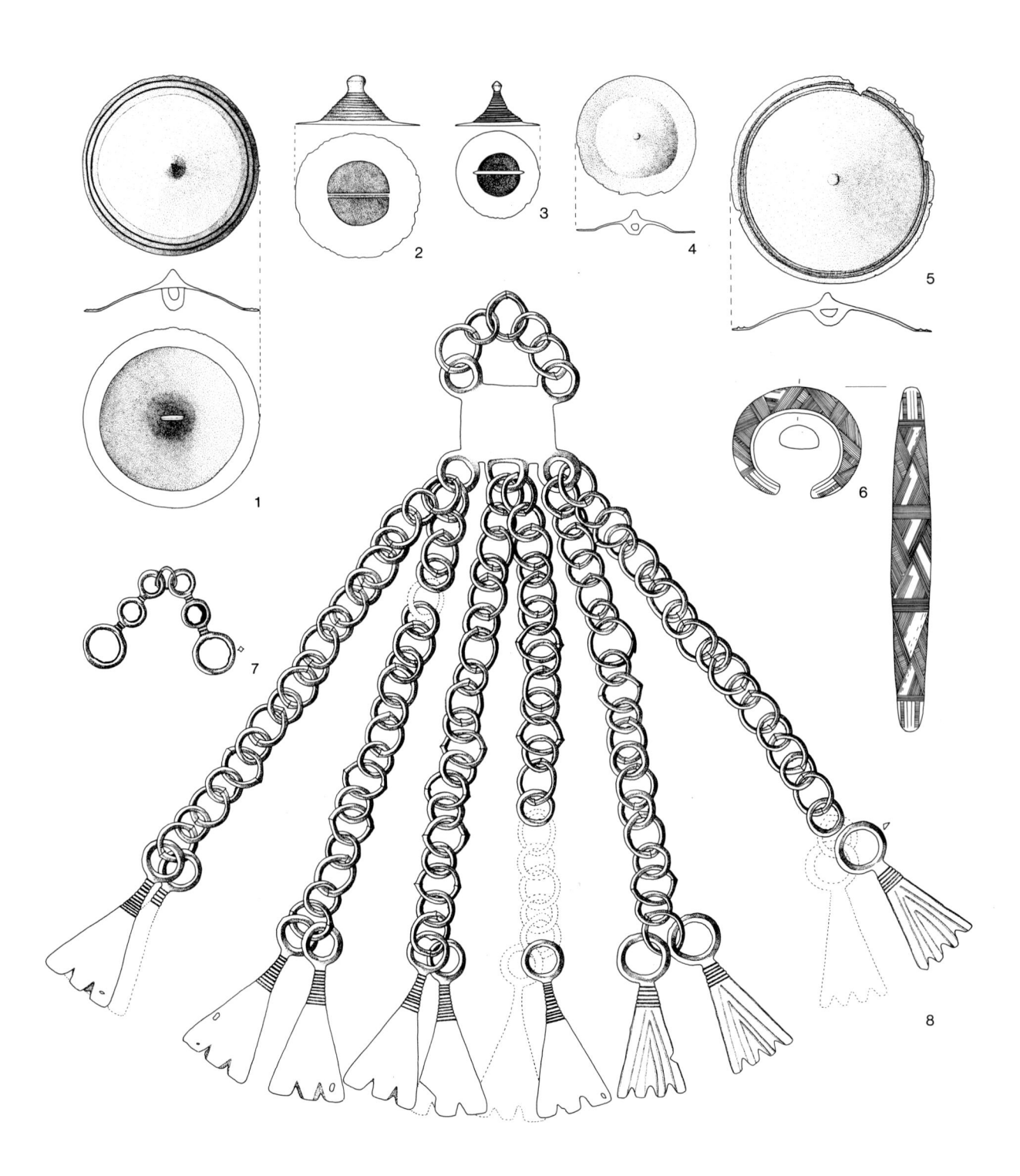

Abb. 4. 1,3,6,7 Hortfund von Arpășel; 8 Ciocaia; 2,4,5 Oradea IV. M. 1:3,5

Arpăşel

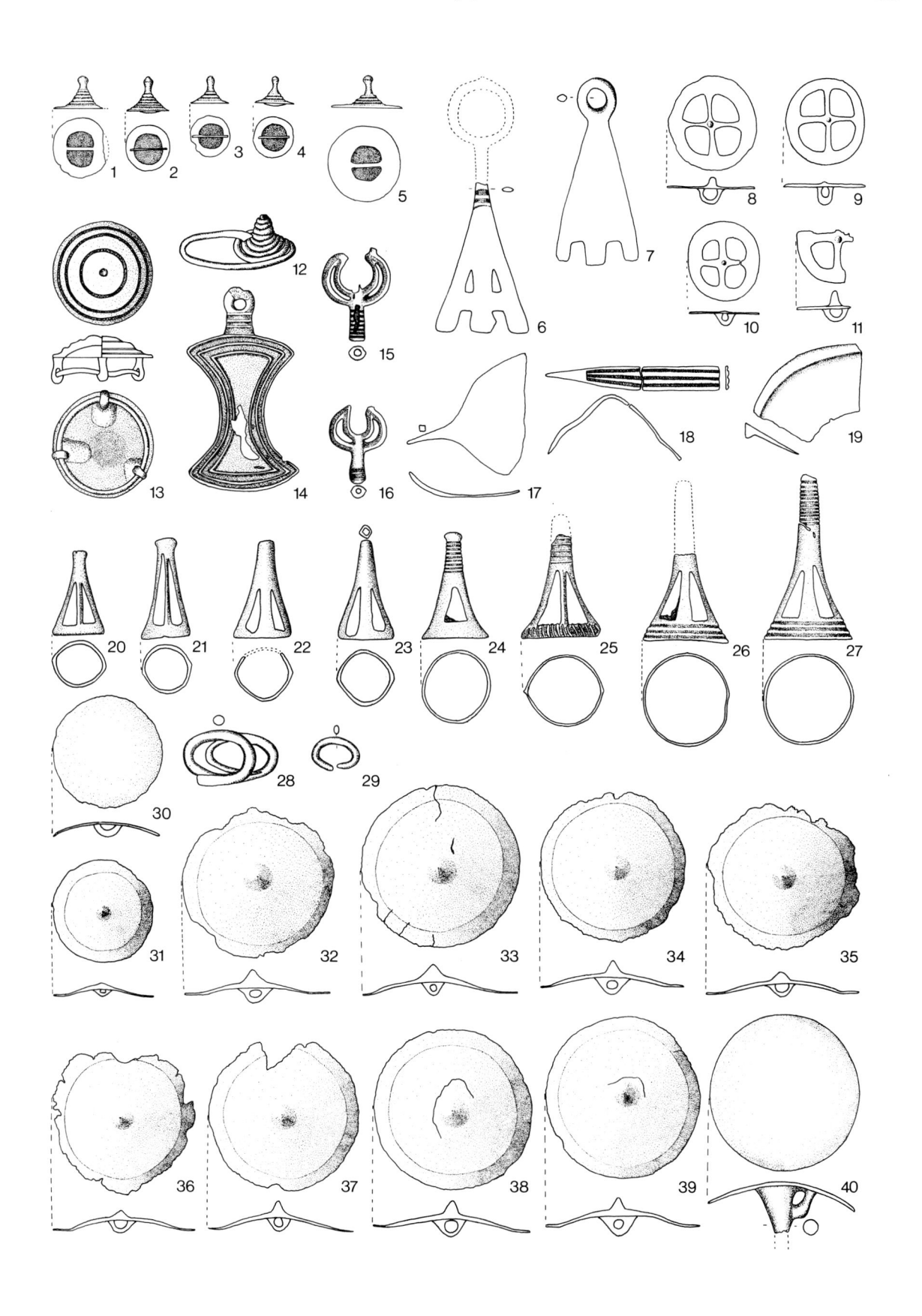

Abb. 5. 1-40 Hortfund von Oradea IV. M. 1:2,5

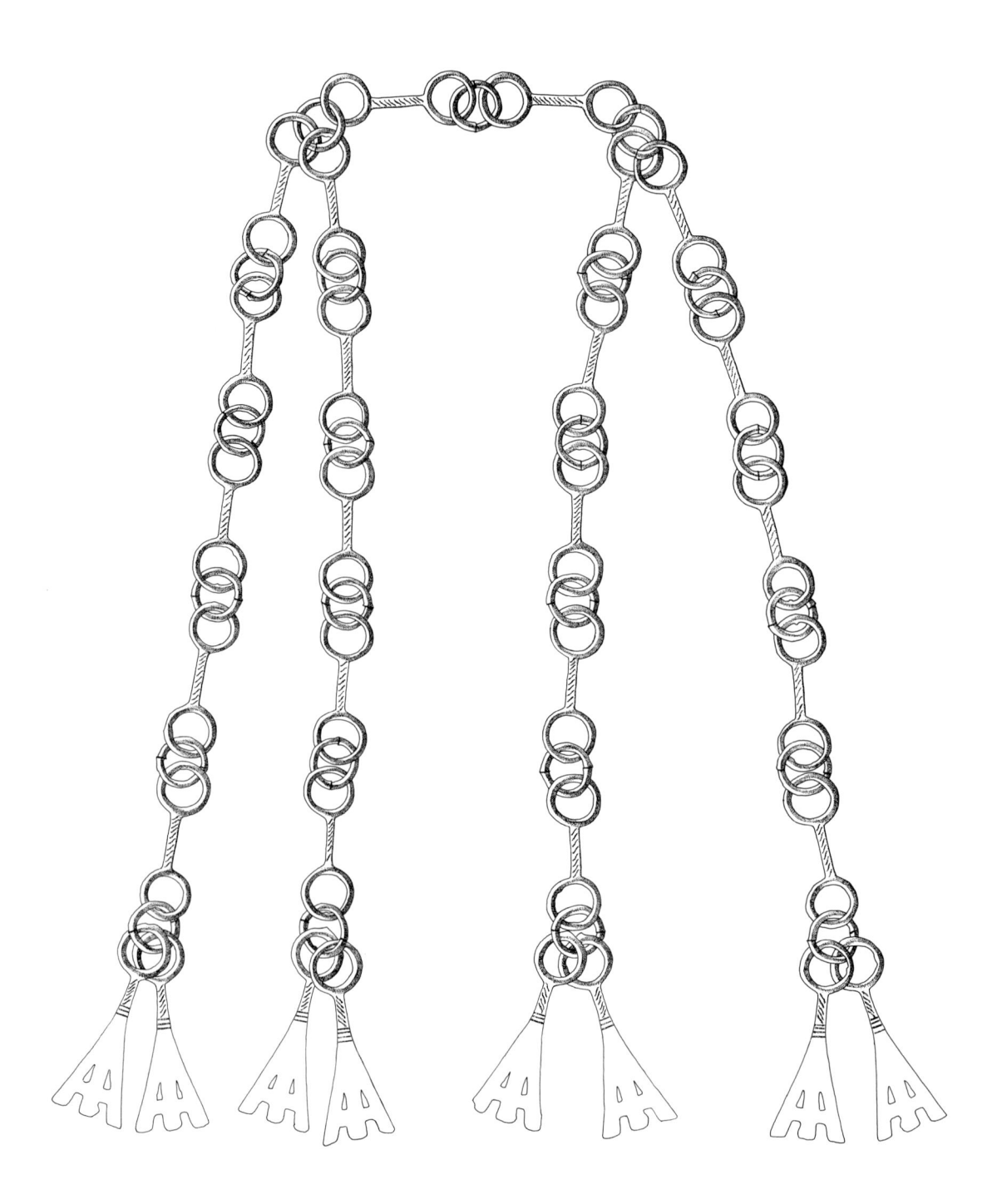

Abb. 6. Hortfund von Oradea IV. M. 1:3,5

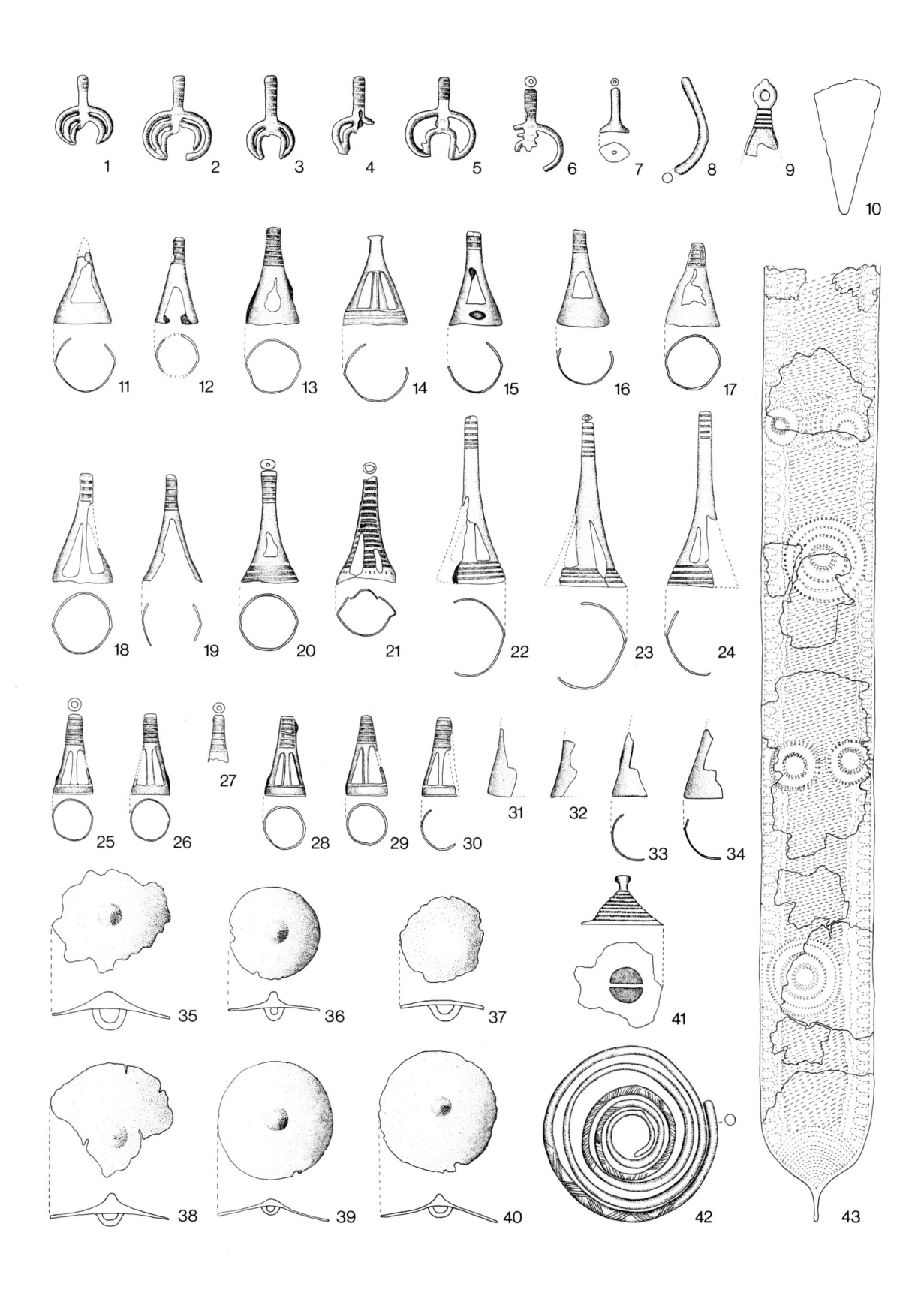

Abb. 7. 1-43 Hortfund von Răbăgani. M. 1:3

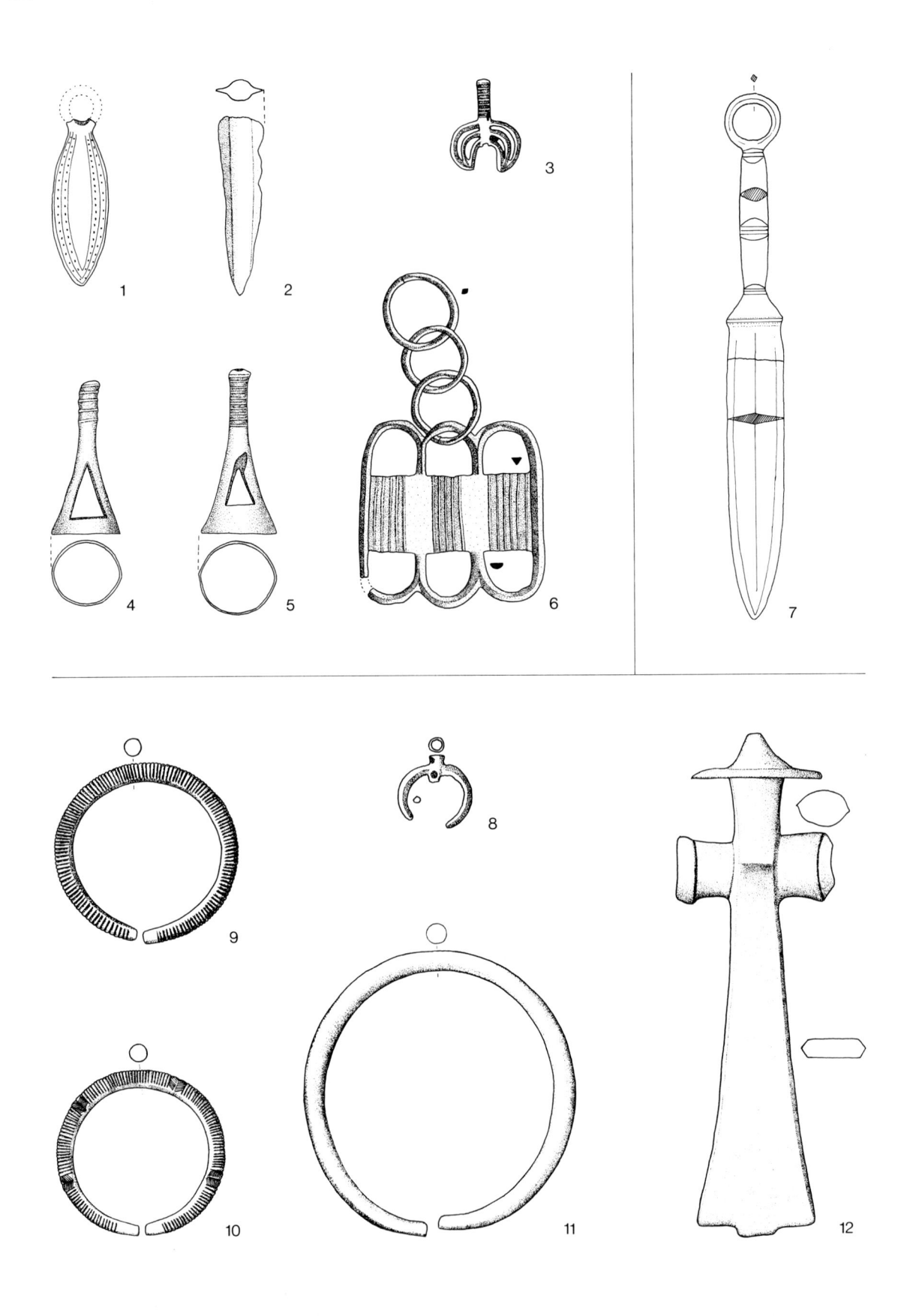

Abb. 8. 1-6 Hortfund von Cubulcut; 7 "Bihor"; 8-12 Ciocaia. M. 1:2,5

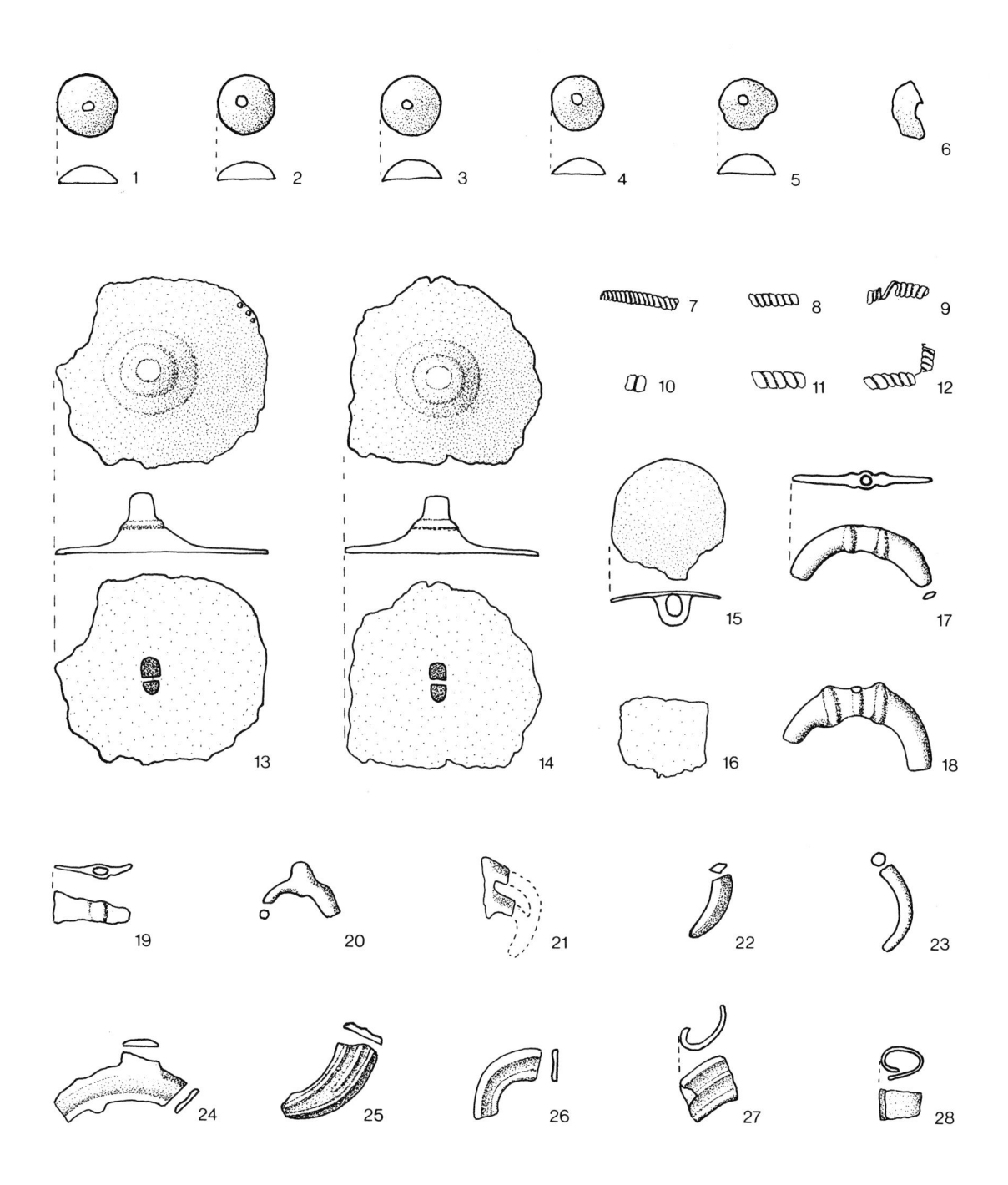

Abb. 9. 1-28 Hortfund von Minişu de Sus. M. 1:1,5

Abb. 10. Verbreitungskarte der mittel- und spätbronzezeitlichen Bronzefunde im Nordwesten Rumäniens

Der Hortfund von Lăschia, Kr. Maramureş

Carol Kacsó, Baia Mare

Im Herbst 1985 fanden bei Lăschia, Gem. Copalnic Mănăştur, Kr. Maramureş, auf der flachen linken Uferterrasse des Flusses Cavnic, in der Flur "Gardul ţarinii", Arbeiten zur Anlage eines Grundwasserdränsystems statt, die auch das mechanische Ausheben langer, 0,80-0,90 m tiefer und 0,50 m breiter Gräben erforderten. Am 13. November förderte der Bagger zusammen mit der Erde einige Metallobjekte zutage. Zwei Arbeiter, die den Betrieb des Baggergerätes überwachten, A. und S. Vartolomei, lieferten am Abend am Sitz des Unternehmens in Copalnic Mănăştur einige dieser Stücke ab.

Ich wurde von der Entdeckung benachrichtigt und übernahm bereits am folgenden Tag die gesammelten Fundstücke - neun Nackenscheibenäxte - für das Museum in Baia Mare und begab mich an den Fundort. An der Stelle, wo den Angaben der beiden Arbeiter nach die Stücke erschienen waren, verbreiterte und vertiefte ich den Graben - obwohl dort kein Profil einer Grube zu erkennen war -, ohne aber auf weitere Bronzen zu stoßen. Ferner prüfte ich den Graben in seiner ganzen Länge, ebenfalls ohne positives Ergebnis. Dagegen fand ich in der bereits ausgehobenen Erde noch sieben Äxte bzw. Fragmente davon, die beim Kontakt mit dem Baggerkübel abgebrochen waren. Alle lagen in der Nähe des als Fundstelle angegebenen Grabenabschnitts.

Später wurden durch den Lehrer i.R. A. Bălăneanu noch eine fast vollständige Axt und ein Bruchstück, das zu einem der anfangs geborgenen Exemplare gehört, gefunden. Diese Stücke waren wohl schon gleich nach ihrer Entdeckung entwendet worden.

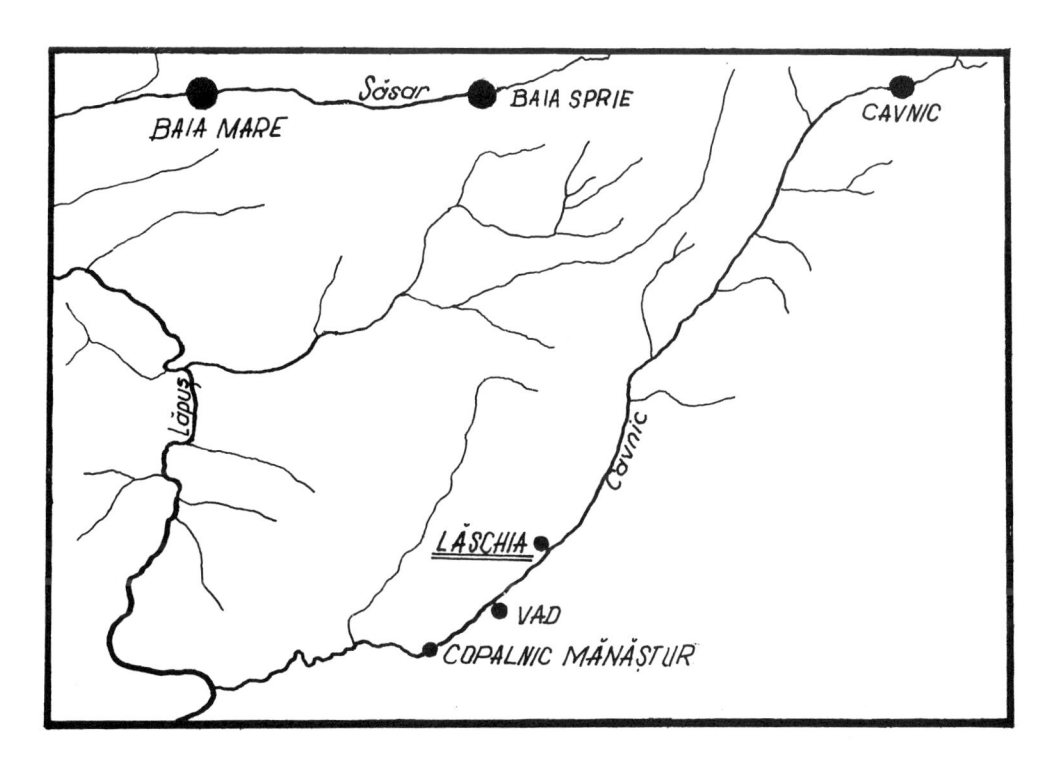

Abb. 1. Lage des Dorfes Lăschia

Die Arbeiter hatten die Bronzen erst bemerkt, als diese schon aus dem Graben ausgehoben waren. So konnten sie weder die Tiefe noch die Lage, in der sie deponiert worden waren, abschätzen. Aufgrund der Tatsache, daß alle später entdeckten Stücke aus der obersten Schicht des ausgehobenen Bodens stammen, ist es jedoch sicher,

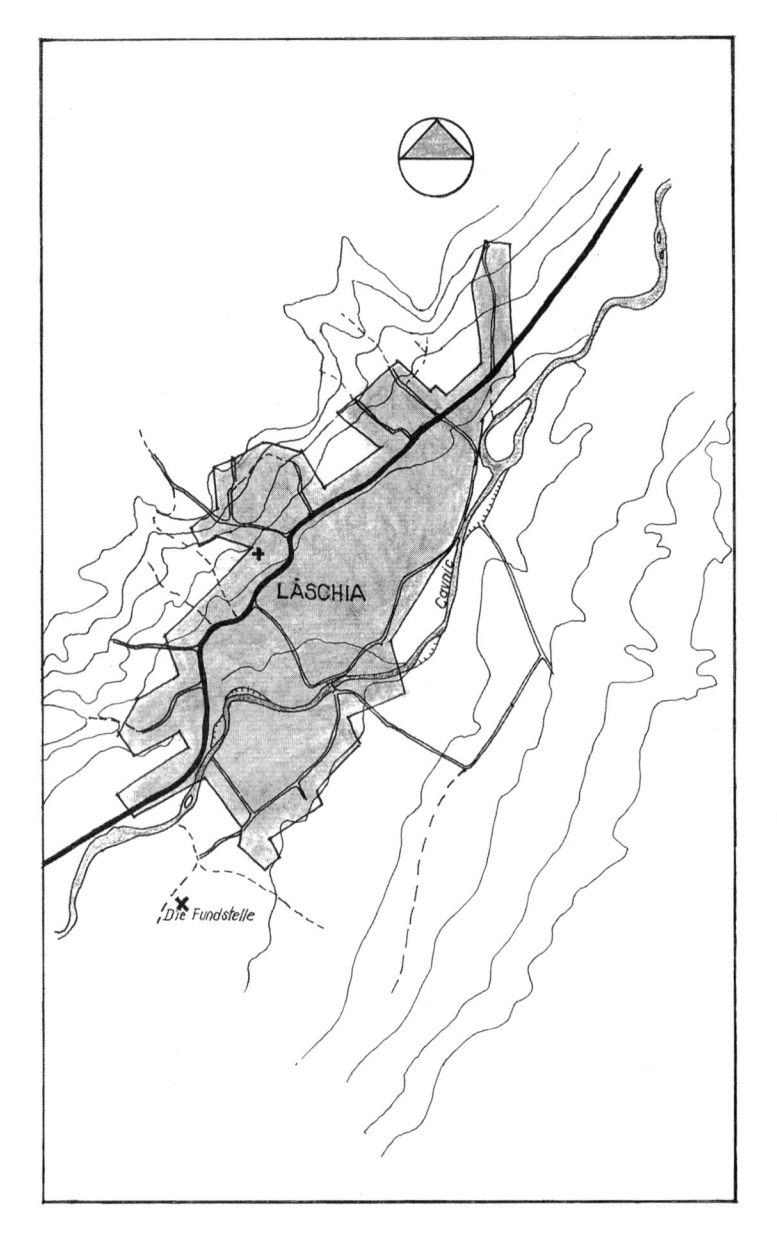

Abb. 2. Lage des Fundstelle

daß sie nahe an der Oberfläche gelegen hatten. Auch die Ausmaße der Grube, in der die Äxte niedergelegt worden waren, konnten nicht festgestellt werden. Ihr Durchmesser muß aber unter 0,50 m gelegen haben, d.h. kleiner als die Grabenbreite gewesen sein.

Die Fundstelle, die ungefähr 300 m vom Flußbett entfernt ist, lag in fast ebenem Gelände, außerhalb einer ehemaligen Siedlung oder Werkstatt. Beweis dafür ist das Fehlen jeglicher anderer archäologischer Spuren. Insgesamt wurden bei Lăschia 17 Nackenscheibenäxte geborgen[1]. Der Hort könnte ursprünglich noch etwas umfangreicher gewesen sein. Ausgeschlossen ist jedoch wohl, daß auch andersartige Objekte dazu gehört haben.

Die Äxte waren in heilem Zustand niedergelegt worden. Infolge der gegebenen Fundumstände wurden zwölf von ihnen zerbrochen oder beschädigt. Nur von drei der beschädigten Äxte fanden sich alle Bruchstücke, von den übrigen fehlen kleinere oder größere Teile, bei zweien sogar das ganze Oberteil (siehe Abb. 5,1,2).

---

[1] Die Übersetzung verdanke ich Frau Edith Mândroiu. Die zeichnerischen Unterlagen wurden von mir angefertigt.

Die Formen und Verzierungen der Äxte sind gleich: der konische Dorn, die fast runde Scheibe mit einer konzentrischen Rille, die Nackenstange mit ovalem Querschnitt und einem ungleichmäßigen kleinen Wulst von 2-3 mm am Oberteil, die an den Enden verdickte Schaftröhre, das enge Schaftloch, die Klinge mit leicht verdicktem Rand, in Richtung Schneide dünner und breiter werdend, mit einer leicht gekrümmten Mittelleiste.

Die Äxte aus Lăschia waren alle nach demselben Verfahren hergestellt worden, nämlich in dreischaligen Gußformen, deren Größen sich jedoch den Maßen der Stücke entsprechend unterschieden. Das Gießen erfolgte vermutlich in Steinformen; die Form für die Nackenscheibe wurde waagerecht angeordnet und senkrecht darüber die beiden Formen für den Axtkörper befestigt. Zwischen den beiden Teilen befand sich gewiß eine einige Milli-

Tabelle 1: Kennzeichnung der Fundstücke

Nr.	Länge	DornH.	ScheibenDm. Schaftröhre	KlingenB.	untere B.Schneide	Gew.	Inv.Nr.	Abb.
1	28,4	2,3	6,3	3,3	5,6	646	19243	3,1
2	28,5	1,5	6,2	3,2	6	613	19244	3,3
3	29,2	2,4	6,1	3,3	5,9	588	19245	3,3
4	30,2	2,1	6	3,3	5,2	562	19246	3,4
5	28,7	2,5	6,3	3,3	5,9 ?	591	19247	3,5
6	28,3	2,6	6,3	3,2	5,4 ?	597	19248	3,6
7	29,2	2,2	6	3,2	5,9	502	19249	5,3
8	28,5	1,7	5,8	3,3	6	36	19250	4,2
9	28,9	2	6	3,2	5,6 ?	505	19251	4,3
10	28	1,9	6,2	3,2	6 ?	546	19252	4,4
11	29,8	2,8	6,4	3,3	6 ?	637	19253	4,6
12	28,4	2	6,3	3,3	5,7	594	19254	4,5
13	28,8	2,2	6,4	3,2	6,3	664	19255	4,1
14	27,3	2,2	6,4	3,3	5,8 ?	578	19256	5,5
15	-	-	-	3,1	5,5	390	19257	5,1
16	-	-	-	3,3	4,2	442	19258	5,2
17	28,6	2,6	6,2	3,2	5,9	620	19259	5,4

Tabelle 2: Chemische Zusammensetzung der Fundstücke laut Spektral- und quantitativer Analyse[2]:

Nr.	Cu	Sn	Zn	Bi	Sb	Fe	Si	Ca	Ni	Pb
1	91,68	6,71	0,010	-	Sp	0,050	+	0,27	0,93	0,024
2	90,41	6,85	0,007	-	-	0,054	+	0,50	0,91	0,29
3	90,00	8,29	0,007	-	-	0,037	+	0,37	1,09	0,14
4	88,75	6,90	0,003	-	-	0,022	+	0,25	0,41	0,004
5	91,36	6,82	0,007	-	-	0,050	Sp	0,29	0,23	0,027
6	94,84	3,57	0,012	-	-	0,058	+	0,51	0,83	0,011
7	90,71	5,71	0,009	-	-	1,50	+	0,37	0,91	0,005
8	93,69	5,75	0,015	Sp	-	0,16	+	0,38	0,12	0,11
9	90,87	7,58	0,013	-	-	0,030	Sp	0,26	0,24	0,031
10	90,86	6,18	0,016	-	-	0,23	+	0,46	0,31	0,28
11	86,90	9,40	0,016	-	-	0,89	+	0,42	0,82	0,075
12	92,10	6,40	0,027	Sp	-	0,079	Sp	0,44	0,17	0,048
13	90,12	8,08	0,017	-	-	0,042	Sp	0,28	0,58	0,60
14	90,09	8,67	0,016	-	-	0,030	Sp	0,83	0,82	0,21
15	95,00	3,54	0,006	-	-	0,056	Sp	0,50	0,034	0,004
16	88,92	8,94	0,020	-	-	0,13	+	0,72	0,85	0,009
17	91,20	7,56	0,033	-	-	0,045	+	0,37	0,20	0,15

---

[2]Die Analyse wurde von Dr. I. Mihálka im Laboratorium für Chemie des Instituts für Bergwerkforschung in Baia Mare durchgeführt.

meter dicke Sandschicht, die dazu diente, das Ausfließen der gegossenen Bronze zu verhindern. Infolge dieser Sandschicht sind die Innenflächen rauh; sie haben auch keine Gußnähte. Die Fixierung der Gußformen war schwierig, daher ist bei allen Stücken eine mehr oder weniger betonte Verschiebung der Scheibe gegenüber der Mittelachse zu beobachten.

Die Gußqualität ist im allgemeinen gut, auch aufgrund der Verwendung einer Legierung mit optimalem oder zumindest befriedigendem Zinnzusatz von 3,54 bis 9,40 Prozent. Für die Zerbrechlichkeit der Stücke unwesentliche Gußblasen erscheinen, wie die Röntgenbilder (Taf. XV ff.) zeigen, etwas betonter nur auf der Klinge. Auch manche Gußfehler sind festzustellen, die bei der Herstellung größerer Serien unvermeidlich sind. So ist infolge vorzeitigen Abkühlens der flüssigen Bronze bei den Äxten 4 und 12 die Schneide asymmetrisch, und bei Axt 14 fehlt ein Teil der Schaftröhre und der Scheibe. Die Gußzapfen wurden entweder gar nicht (Nr. 4), nur teilweise (Nr. 1) oder aber unsorgfältig entfernt, so daß die Schneide beschädigt wurde (Nr. 3,6,10,11,13-17). Weder die Gußreste an den Rändern der Schaftröhren noch die Gußnähte wurden entfernt[3].

Außer den durch das Gießen verursachten Unterscheidungsmerkmalen der Äxte von Lăschia sind auch solche durch nachträgliche Eingriffe entstandenen vorhanden: bei den Äxten Nr. 1 und 14 ist ein Teil der Schneide umgebogen und Nr. 9,10,15 und 17 haben mehr oder weniger gekrümmte Klingen.

Bei dem Fund von Lăschia handelt es sich um einen reinen Axthort. Solche Depots sind in Nord- und Nordwesttranssilvanien, in Nordost- und Ostungarn und in der Karpatenukraine verbreitet (Liste 1)[4].

Die meisten enthielten weniger als zehn Äxte, manche aber auch eine größere Anzahl: Kispalád - 12, Lăschia - 17, Sarasău - 13, Sîrbi - 12. Der Fund von Lăschia ist also der größte der bisher freigelegten Nakkenscheibenaxthorte[5] und der einzige, der nur Äxte von Typ B 4, Variante Uioara, enthielt.

A. Vulpe (1970 a, 96) deutet die reinen Axthorte - mit gewissen Vorbehalten - als Votiv- oder Opferdeponierungen, die im Rahmen kultischer Riten vergraben wurden. Ferner ist er der Ansicht, daß vor allem Äxte vom Typ B 4 als Wertmesser (Barren) dienten. Die Kennzeichen der Stücke von Lăschia, ebenso wie ihre Besonderheiten, sprechen für eine solche Auslegung[6].

Offensichtlich haben diese im allgemeinen gut gegossenen Äxte nur die Form einer in dieser Zone traditionellen Waffe gewahrt, waren bei ihrer Herstellung aber nicht mehr als Streitäxte gedacht: die Diskrepanz zwischen Länge und Gewicht einerseits und den Abmessungen des Schaftloches andererseits ist zu groß. Ebenso wie die große Mehrzahl der übrigen Äxte vom Typ B 4, aber auch ein guter Teil der Äxte vom Typ B 3, sind sie nicht vollendet, so daß ihr praktischer Gebrauch - außer als Zahlungsmittel - kaum wahrscheinlich ist.

---

[3]E. Kroeger-Michel 1983, 22 meinte, daß manche der späten Äxte nicht in einem Zuge, sondern in zwei Etappen gegossen worden sind und die Nackenscheibe durch Zusatz von Metallmasse an den Axtkörper angeschmiedet wurde. Ein solches technologisches Verfahren ist aber für die Herstellung derartiger Äxte nach Ansicht aller befragter Gießereifachleute mit den Eigenschaften der Bronze nicht vereinbar.

[4]Die Liste umfaßt nur die Horte, von denen berichtet wurde, daß sie ausschließlich Nackenscheibenäxte enthielten. Möglicherweise haben sich in manchen der vor längerer Zeit entdeckten Horte, über die nur sehr spärliche Aussagen vorliegen, auch andere Bronzegegenstände befunden. Zu den reinen Axthorten zählt A. Vulpe (1970 a, 95) auch die von Horoatu Cehului, "Maramureş", "Satu Mare" II und Nadiş, letzteren mit Fragezeichen. Nach Fetzer (1897, 357 f.) und Roska (1942, 208, Nr. 19 und 273, Nr. 218) enthielt der Hort von Horoatu Cehului ein mittelständiges Lappenbeil, drei Tüllenbeile, zwei Sicheln, vier Nackenscheibenäxte, fünf Armbänder und das Depot von Nadiş vier Tüllenbeile, drei Nackenscheibenäxte, ein kleineres Beil, eine Sichel. Der "Maramureş" genannte Hort stammt eigentlich aus Solotvino und bestand aus sechs vollständigen Nackenscheibenäxten, elf Fragmenten von solchen, einem Tüllenmeißel und zwei Tüllenbeilen, vermutlich auch einem Bruchstück einer Schaftlochaxt, und zu dem mit "Satu Mare" II bezeichneten Hort wurden zwei Äxte gerechnet, die sehr wahrscheinlich aus dem Hort von Beltiug herrühren; der Fundort von zwei anderen ist nicht angegeben (vgl. Roska 1942, 12, Nr. 13; Kacsó 1977 a, 141 ff.).

[5]M. Roska (1942, 193, Nr. 38) erwähnt einen Axtfund bei Iclod mit 27 Stücken, aber ohne Beschreibung. Vermutlich handelte es sich aber um ein Depot aus der Kupferzeit, vor allem weil Roska selbst ein Nackenaxtfragment aus dieser Ortschaft meldet, das zu der Slg. Temesváry gehört und von dem angenommen wird, daß es demselben Hort entstammt.

[6]T. Kemenczei 1984, 38 vertritt in dieser Frage einen völlig anderen Standpunkt. Er ist der Ansicht, daß die B 4-Äxte Rangabzeichen waren und betrachtet die Axtfunde "als für den Verkauf ausersehenes Inventar von Gegenständen aus dem Vorrat eines Kaufmanns oder einer Gießerei".

Die 17 Äxte haben verschiedene chemische Zusammensetzungen. Diese Tatsache beweist, wenn sie auch nicht die Herstellung aller in ein und derselben Werkstatt ausschließt, daß sie aus verschiedenen Gußchargen herrühren. So scheint es, daß die Äxte von Lăschia über einen längeren Zeitraum gesammelt worden sind. Neben Stücken, die ihre ursprüngliche Form bewahrt haben, kommen auch solche mit nachträglichen Abänderungen vor. Es handelt sich um die sechs Exemplare mit umgebogener oder gekrümmter Schneide oder Klinge. Abgesehen von diesen Eigenheiten unterscheiden sich diese Äxte nicht von den übrigen des Hortes. Das Umbiegen der Schneide bzw. Krümmen der Klinge kann nicht durch den Gebrauch der Äxte bei einer alltäglichen Arbeit verursacht worden sein. Es wurde zweifellos absichtlich durch starkes Erhitzen der Stücke erzielt. Bei den stärker gekrümmten Äxten Nr. 15 und 17 sind die Klingen auch gesprungen, und an der Sprungstelle sind Feuerspuren deutlich sichtbar.

Derartige Biegungen und Krümmungen erscheinen auch bei anderen Nackenscheibenäxten, sowohl aus reinen Axthorten: Budești (Kacsó 1977 a, Abb. 1,6), Ieud (ebd. Abb. 1,1-4), Magosliget (Mozsolics 1973, Taf. 29,4.5; Kroeger-Michel 1983, Taf. 185), Rétközberencs (Josa/Kemenczei 1964, Taf. 62,1, eventuell auch 4.5), Sarasău III, (Nistor/Vulpe 1969, Abb. 18,10), Sîrbi II (ebd. Abb. 3 A,24) als auch aus komplexen Depots: Abaújszántó (Mozsolics 1973, Taf. 51,1; Kroeger-Michel 1983, Taf. 109 b), Csegöld (Mozsolics 1973, Taf. 36,6; Kroeger-Michel 1983, Taf. 115), Csongrád (Mozsolics 1973, Taf. 37,3; Kroeger-Michel 1983, Taf. 113b), Geberjen (Mozolics 1973, Taf. 58,7), Tîrgușor (Vulpe 1970 a, Taf. 33,459), Ungureni II (Vulpe 1970 a, Taf. 39,538). In manchen Horten fanden sich auch Bronzen in anderer Form, die absichtlich verformt bzw. mit Feuer in Berührung gekommen waren[7].

Der Sinn des Biegens und Krümmens ist nicht mit Sicherheit anzugeben. Da es keinem praktischen Ziel gedient haben und auch nicht zufällig geschehen sein kann, ist die Erklärung im Bereich von Kulthandlungen zu suchen. Einzelheiten im Zusammenhang damit sind im Falle der Nackenscheibenäxte jedoch unmöglich festzustellen, alle Vermutungen darüber haben rein theoretischen Charakter. Bemerkenswert ist jedoch, daß rituelle Deformierungen von Objekten während sehr verschiedener Zeitalter und bei sehr verschiedenen Völkern eine weit verbreitete Sitte waren (ein wohlbekanntes Beispiel hierfür bilden die umgebogenen Schwerter in den Keltengräbern).

Eine mögliche Benutzung der Nackenscheibenäxte als Zahlungsmittel steht in keinem Widerspruch zu der Tatsache, daß sie auch als Votiv- oder Opferhorte deponiert wurden (vgl. Pauli 1985, 200 ff.). Zur selben Zeit konnten auch andere Arten von Bronzen als "Geld" umlaufen, etwa Armbänder und Fußringe, die ebenfalls in einheitlichen Sammlungen, den Schmuckfunden, vorkommen.

Der Fund von Lăschia gehört den Horten vom Typ Uriu-Ópályi an, die in erster Linie durch Nakkenscheibenäxte von Typ B 3 und B 4 gekennzeichnet sind.

Die Äxte vom Typ B 4, Variante Uioara (Liste 2), erschienen vorherrschend in Nord- und Nordwestsiebenbürgen, seltener in Mittelsiebenbürgen, Nordostungarn, der Karpatenukraine und der Slowakei. In Anbetracht des Verbreitungsraumes läßt sich mit Sicherheit behaupten, daß auch diese Variante hauptsächlich von den Bevölkerungen Lăpuș und Berkesz angefertigt wurde.

Ebenso wie die übrigen Varianten der Nackenscheibenäxte hat auch Variante Uioara mehrere Abarten, sehr wahrscheinlich bewirkt durch die verschiedenen Werkstätten, die sie herstellten. Die den Äxten von Lăschia am nächsten stehenden sind die aus Horten von Domănești I und II, Ópályi und Sfăraș. Bei den übrigen Stücken dieser Variante ist entweder die Klinge gekrümmt, oder sie haben mehrere Leisten oder aber auch konzentrische Leisten auf der Schaftröhre.

Wegen des Vorkommens der Variante Uioara sowohl in den Horten, die in den der R BD entsprechenden Zeitraum datierbar sind, als auch in den der Stufe Ha A zugehörigen (in der letzteren nicht nur in zerbrochenem Zustand enthalten), ist eine genauere chronologische Eingliederung des Fundes von Lăschia schwierig. Angesichts des Verharrens ein und derselben Bevölkerungsgruppe in einem geographischen Gebiet, in dem die

---

[7]Leider gehen die Beschreibungen der Horte zu wenig auf solche Stücke ein, und aus den Illustrationen sind sie ziemlich schwer zu erkennen. Als Beispiel eines im Feuer verformten Stückes wäre etwa einer der Armringe aus dem Hort von Viškovo (im Nat. Mus. Budapest, Inv. Nr. 107. 1891. 10) zu erwähnen.

Bronzeproduktion eine ununterbrochene Entwicklung über einen langen Zeitraum erfuhr, der zumindest auch einen Teil der Stufe Ha A eingeschlossen hat, konnten Horte wie der aus Lăschia auch gegen Ende dieser Periode in den Boden gelangen, als auch die sog. Werkstattfunde entstanden. Auch aus diesem Grunde scheint eine Verbreitung der Uriu-Opályi-Horte über fast zwei Jahrhunderte (Vulpe 1974, 15 f.) sehr wahrscheinlich. Es wird also immer deutlicher, daß eine Festsetzung der Zeitgrenzen zwischen den verschiedenen Etappen der Bronzezeit nur aufgrund der Horte erkünstelt ist (Kemenczei 1981 a, 159).

In der Copalnic-Niederung, in der die Ortschaft Lăschia liegt, ist der hier besprochene Hort der erste und bisher einzige Bronzefund. Systematische archäologische Untersuchungen fanden in diesem Gebiet bisher nur selten statt. Bronzezeitliche Ansiedlungen, die der Wietenberg- und der Suciu de Sus-Kultur angehören, wurden nur bei Copalnic Mănăştur und Vad identifiziert (Kacsó 1987 a). In Anbetracht der unmittelbaren Nachbarschaft zur Lăpuş-Niederung war vorauszusetzen, daß auch die Copalnic-Niederung zur Verbreitungszone der Lăpuş-Gruppe gehört hat. Für diese Vermutung hat die Entdeckung eines Hortes mit für die Lăpuş-Bevölkerung charakteristischen Bronzen einen sicheren Beweis geliefert.

<u>Liste 1</u>

Nackenscheibenaxthorte

1. Beltiug II, Tr.: 2 Äxte. Popescu 1940, 145 Anm. 2; Vulpe 1970 a, Taf. 83 A, 1-2 ("Satu Mare" II); Kacsó 1977 a, 143 ff. Abb. 5,1-2.
2. Budeşti, Tr.: 2 Äxte. Kacsó 1977 a, 141 Abb. 1,5-6.
2 a. Căuaş IV, Tr.: 6 Äxte (Mus. Satu Mare).
3. Cehăluţ II, Tr.: 3 Äxte. Vulpe 1970 a, 83 Taf. 56 A.
4. Cîmpulung la Tisa, Tr.: 2 Äxte. Mozsolics 1973, 183.
5. Coldău II, Tr.: 2 Äxte. Roska 1942, 300, Nr. 45, Abb. 361.
6. Dobrocina II, Tr.: 2 Äxte. Roska 1942, 69, Nr. 63, Abb. 70.
7. Hajdúböszörmény, OU: 3 Äxte. Hampel 1986, Taf. 30,4; II, 57 f.
8. Ieud, Tr.: 6 Äxte. Vulpe 1970 a, 84 f. Taf. 30,419.420.422.423; Kacsó 1970 a, 140 f. Abb. 1,1-4.
9. Jand, NOU: 6 Äxte. Mozsolics 1973, 142 f.
10. Kaliny, KU: 3 Äxte. Bernjakovič 1960, 355, Nr. 33.
11. Kispalád IV, NOU: 12 Äxte. Mozsolics 1973, 147.
12. Lăschia, Tr.: 17 Äxte (Abb. 3-5).
13. Levelek, NOU: 2 Äxte. Mozsolics 1973, 153 f. Taf. 42 B.
14. Livada, Tr.: 8 Äxte. Vulpe 1970 a, 84 ff. Taf. 86 B.
15. Magosliget, NOU: 6 Äxte. Mozsolics 1973, 154 Taf. 29,3-5.
16. Malaja Began' III, KU: 4 Äxte. Mozsolics, ebd. 145 f.
17. Medişa, Tr.: 5 Äxte. Bader 1978, 126.
18. Rétközberencs, NOU: 6 Äxte. Josa/Kemenczei 1964, 26 Taf. 62,1-6.
19. Sarasău III, Tr.: 13 Äxte. Nistor/Vulpe 1969, 182 Abb. 1 B; 2 A; Kacsó/Bura 1974, 1 ff. Abb. 1; 2.
20. Satu Mare, ehem. Kom., Tr.: 9 Äxte. Vulpe 1970 a, 84 Taf. 28,387-395.
21. Sîrbi II, Tr.: 12 Äxte. Nistor/Vulpe 1963, 182 f. Abb. 2 B, 3 A.
22. Someş, Flußbett: 2 Äxte. Mozsolics 1973, 178 Taf. 28,5-6.
23. Suciu de Jos II, Tr.: 2 Äxte. Vulpe 1970 a, 82 Taf. 75 E.
24. Szabolcs, ehem. Kom., NOU: 2 Äxte. Mozsolics 1973, 178 Taf. 28,1-2.
25. Şimişna, Tr.: 6 Äxte. Roska 1942, 244, Nr. 45.
26. Turulung, Tr.: 2 Äxte. Mozsolics 1973, 185 Taf. 29,1-2.
27. "Ungarn", FO unbekannt: 2 Äxte. Mozsolics, ebd. 186 Taf. 28,7-8.
28. Vima Mare, Tr.: 2 Äxte. Vulpe 1970 a, 82, 90 Taf. 26,370; 35,493.

<u>Liste 2</u>

Nackenscheibenäxte Typ B 4, Variante Uioara

1. Bătarci, Tr.: Hort. Macrea/Kacsó 1972, 101 Taf. 20,1.
2. Bicaz I, Tr.: Hort. Kacsó 1980, 296.
3. Bicaz II, Tr.: Hort. Kacsó, ebd. 298; Kroeger-Michel 1983, Abb. 208 d.
4. Csegöld, NOU: Hort. Mozsolics 1973, 126 Taf. 35,1.

5. Domăneşti I, Tr.: Hort. Hampel 1886, Taf. 124,9.
6. Domăneşti II, Tr.: Hort. Bader 1969, 74 Taf. 20,1; 27,2.
7. Horná Stubna, Slowakei; Hort. Novotná 1970 b, 58 Taf. 22, 371.
8. Kisvarsány, NOU: Hort. Mozsolics 1973, 149 Taf. 54,1.
9. Kral'ovce, Slowakei: Hort. Mozsolics, ebd. 141 Taf. 68,2.
10. Lăschia, Tr.; Hort (Abb. 3-5).
11. Livada, Tr.: Hort, Vulpe 1970 a, 94 Taf. 39,539.
12. Nyíregyháza, NOU: Einzelfund ? Kroeger-Michel 1983, 195 Abb. 189 b.
13. Opályi, NOU: Hort. Mozsolics 1973, 164 f. Taf. 15,1-6; 16,2.
14. Palad', KU: Hort. Potušniak 1958, 79 Taf. 46.
15. Penészlek, OU: Hort. Andrássy 1943, 85 Abb. 3.
16. Sfăraş, Tr.: Hort. Vulpe 1970 a, 94 Taf. 40,541.542.
17. "Szabolcs", ehem. Kom., NOU: Hort ? Josa/Kemenczei 1964, Taf. 72,67.
18. Uioara, Tr.: Hort. Vulpe 1970 a, 95 Taf. 40,543-558.
19. Ungureni II, Tr.: Hort. Vulpe, ebd. 94 Taf. 39,538 (Şanţ).
20. Vajdácska, NOU: Hort. Kemenczei 1981 a, 151 Taf. 1,3.
21. Viss III, NOU: Hort. Kemenczei 1984, 127 Taf. 67,6.

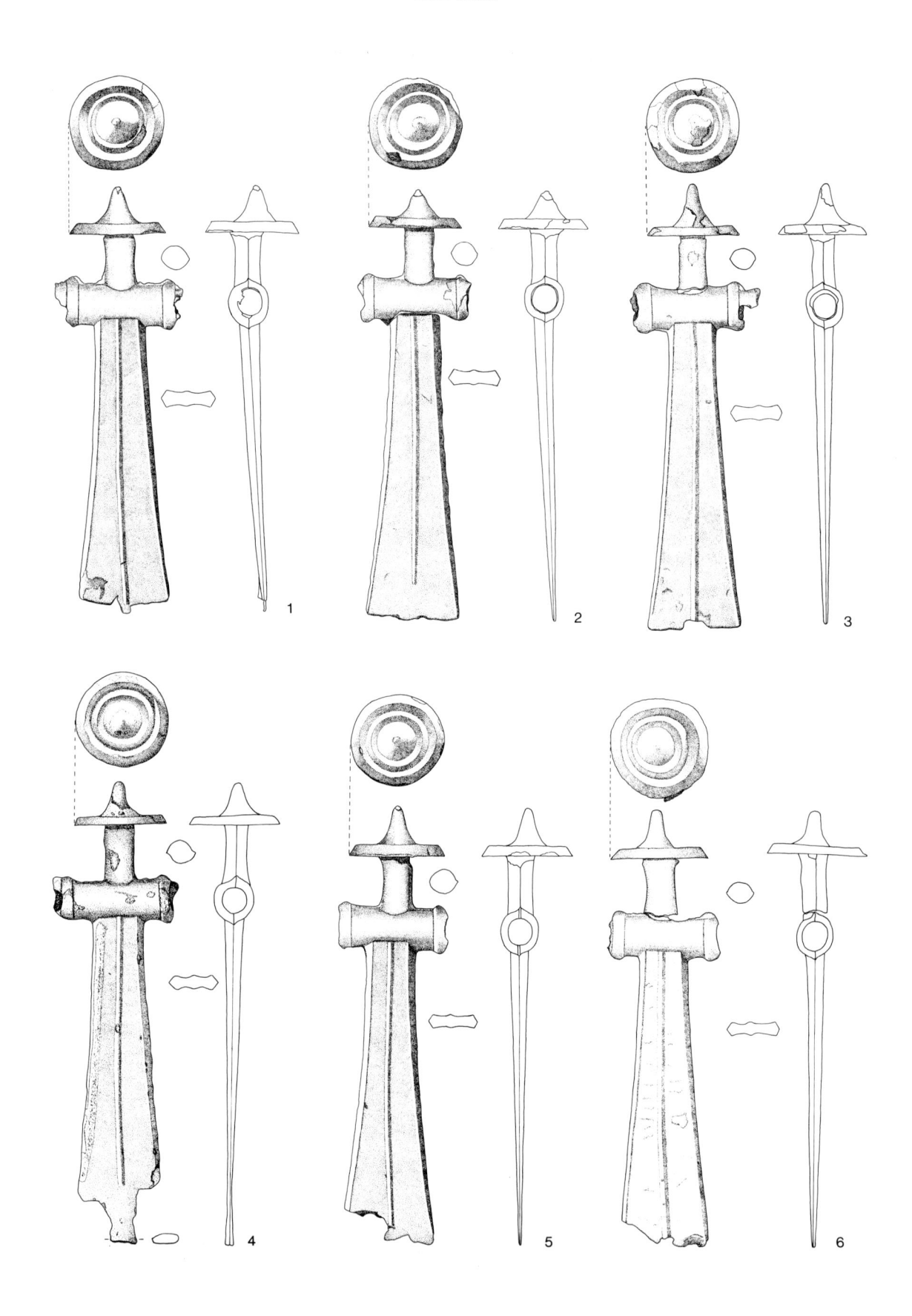

Abb. 3. 1-6 Hortfund von Lăschia. M. 1:3,5

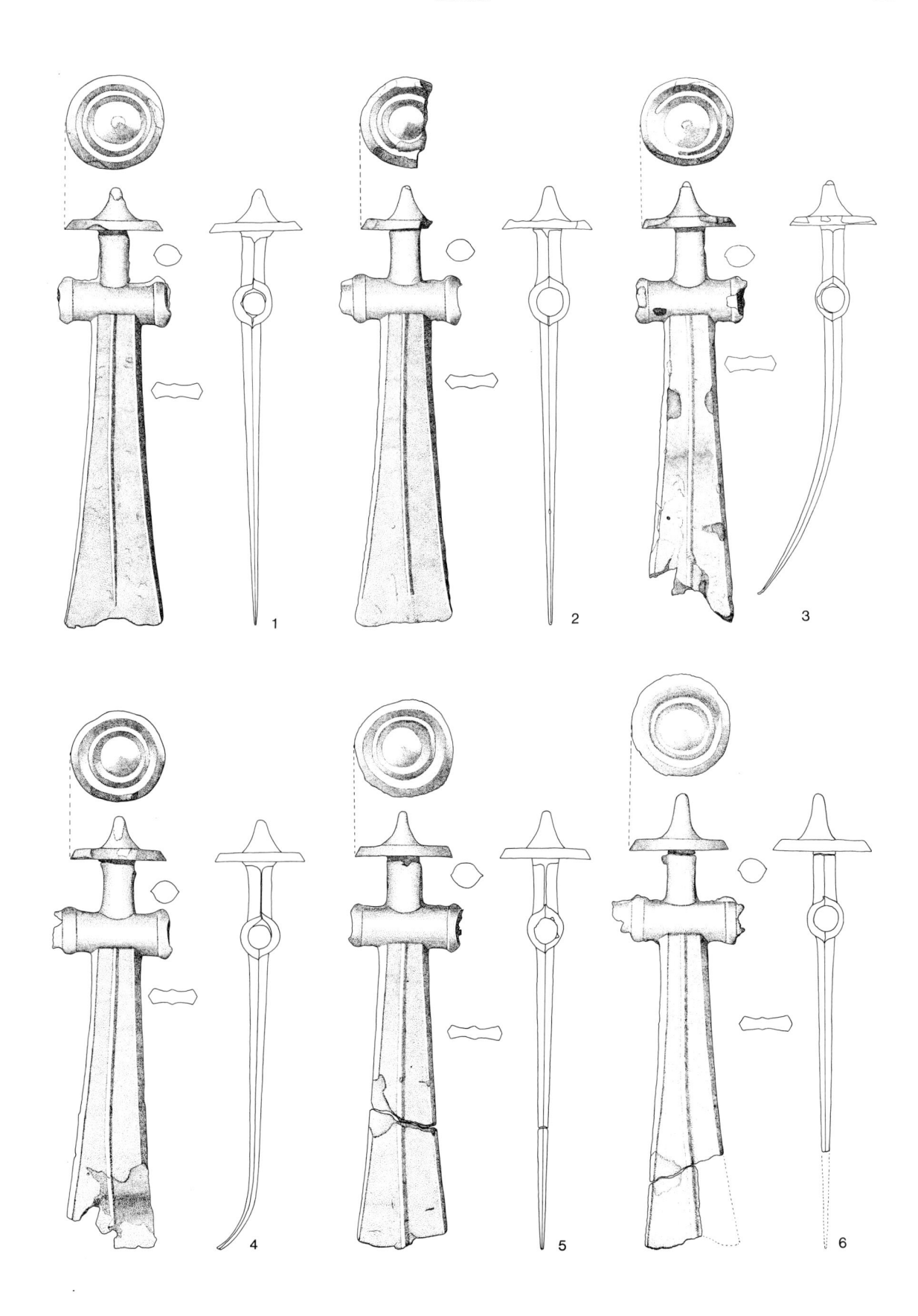

Abb. 4. 1-6 Hortfund von Lăschia. M. 1:3,5

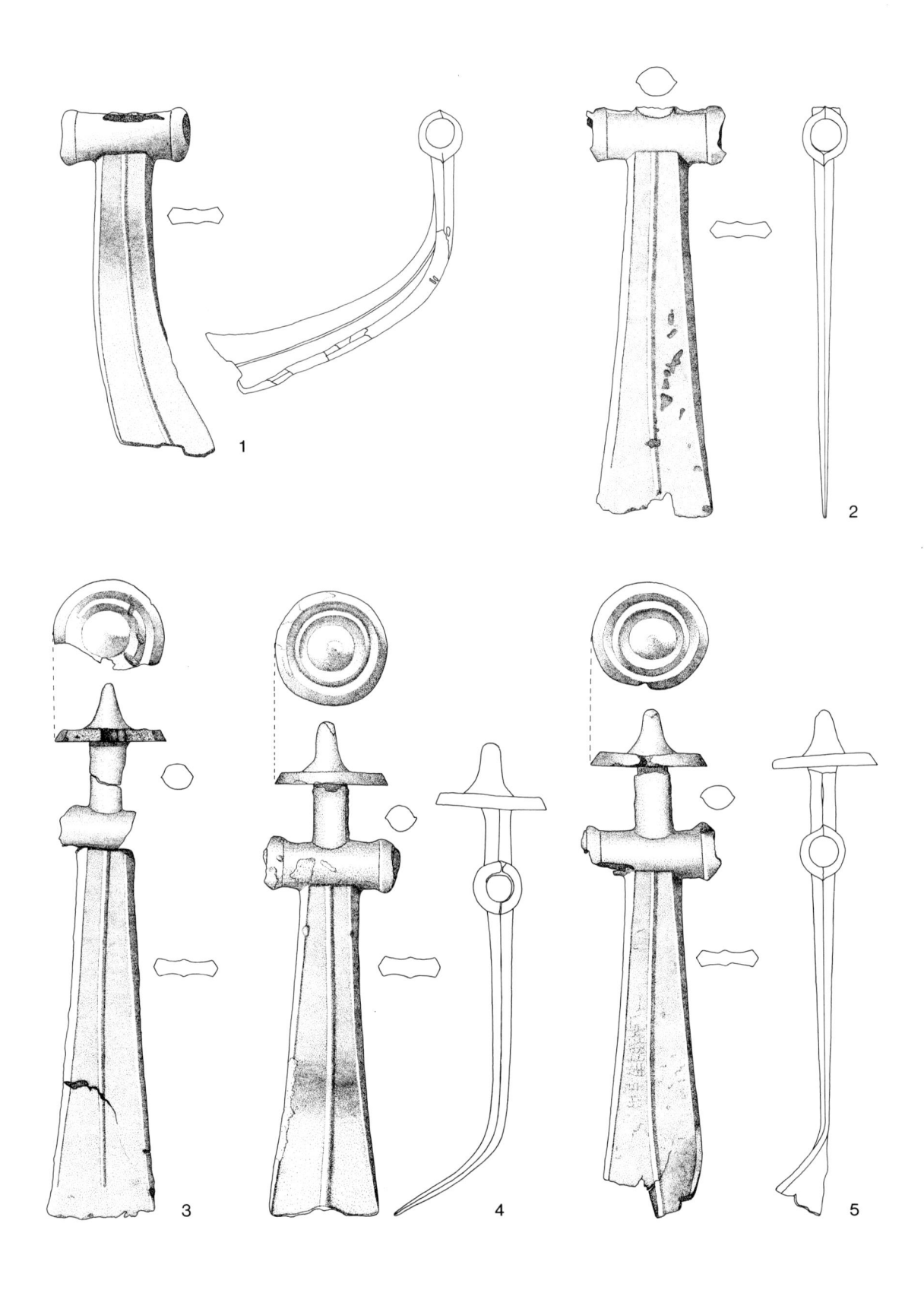

Abb. 5. 1-5 Hortfund von Lăschia. M. 1:3

Der Bronzefund von Bogdan Vodă, Kr. Maramureş[1]

Ion Motzoi-Chicideanu, Bucureşti, und **Georgeta Iuga**, Baia Mare

Zum Gedenken an Prof. Ion Nestor

November 1980 entdeckte Mihai Mariş Bercea aus Bogdan Vodă, Kr. Maramureş (vormals Cuhea), beim Ackern auf dem "Zneamăn"-Hügel mehrere bronzene Gegenstände. Einige davon hat er gesammelt, die übrigen blieben an der Fundstelle. März 1981 brachte der Entdecker 29 Fundstücke ins Archäologische Institut in Bukarest und lieferte gleichzeitig die ersten Angaben zur Entdeckung der Bronzen.

Mai 1981 wurde eine Suchgrabung durchgeführt, wobei man feststellte, daß es sich um einen Depotfund von beträchtlicherer Größe als vermutet handelte. 93 Gegenstände wurden bei dieser Suchgrabung ans Tageslicht gebracht, während weitere 95 Fundstücke von der dortigen Dorfschule übernommen wurden, und zwar von den Schülern, die nach der Entdeckung von Bercea an Ort und Stelle nachgegraben haben. Sichergestellt wurden weiterhin acht Bronzen, die sich bei verschiedenen Dorfbewohnern befanden.

Die an Ort und Stelle gesammelten Informationen lassen den Schluß zu, daß sechs Sicheln endgültig verloren gingen. Damit scheint die Gesamtzahl der Depotfundgegenstände über 230 gewesen zu sein, wovon uns heute 225 (97,82 %) für die vorliegende Bearbeitung zur Verfügung stehen.

Die Fundstelle liegt auf dem nordwestlichen Abhang, nicht weit vom Kamm des "Zneamăn"-Hügels, ungefähr 1,5 km westlich von Bogdan Vodă rechts des Feldweges, der ins Dorf Bocicoel führt. Der "Zneamăn"-Hügel zeigt eine längliche Form und stellt die Wasserscheide zwischen dem "Bodiului"-Bachtal - einem rechten Nebenfluß der Iza, der von Ost nach West entlang des genannten Feldweges fließt - und dem "Lutoasă"-Bachtal, das sich zur Ortschaft Dragomireşti öffnet, dar (Taf. VII). Ungefähr 500 m westlich der Fundstelle, links des Feldweges nach Bocicoel, wurde mit Besenstrich verzierte Siedlungskeramik entdeckt. Rund 2,5 km in Richtung Südosten, auf einem hügeligen Kamm, befinden sich zwei naheliegende Bergspitzen, "Cetăţeaua Mare" und "Cetăţeaua Mică" (Große bzw. Kleine Burg) genannt; beide sehen wie Festplätze aus. Auf der Gemarkung der Ortschaft Bogdan Vodă ist seit langem auch eine dicht an der Iza gelegene frühhallstattzeitliche Siedlung bekannt (Popa/Zdroba 1966, 42).

Als der Depotfund entdeckt wurde, lag er nicht mehr an der Stelle seiner ursprünglichen Niederlegung, da die ganze Oberfläche von einem Erdrutsch betroffen war. Diese Tatsache läßt uns annehmen, daß sich die Deponierungsstelle auf dem Hügelkamm befand, was in unserem Fall einen sog. Höhenfund erkennen lassen würde.

Die Nachgrabung erfolgte auf einer Fläche von 75 m^2 am Hang, wo die Metallgegenstände gefunden worden waren. Bei dieser Untersuchung ergab sich, daß die metallenen Fundstücke - mit den vielen Scherben des Depotgefäßes vermischt - auf der Erdoberfläche oder höchstens bis 20 cm Tiefe im gelblichen Lehmboden lagen. Irgendwelche anderen archäologischen Spuren wurden weder auf den ziemlich steilen Abhängen noch auf dem nahestehenden Hügelkamm gefunden.

Die zusammen mit den metallenen Inventarstücken des Depotfundes entdeckten keramischen Fragmente stammen von einem Gefäß, das aus mit zerstoßener Keramik und mit Sand gemagertem Ton gearbeitet wurde. Die endgültige Farbe des Gefäßes ist braun-rötlich mit dunkleren Flecken. Der bruchstückhafte Erhaltungszustand der Keramik hat lediglich eine partielle Wiederherstellung der Gefäßform ermöglicht (Abb. 1,16). Alles in allem handelte es sich um einen mittelgroßen, bauchigen Tonbehälter mit dicken Wänden, einem kegelstumpfförmigen Hals, mit hervortretender Schulter und geradem Boden. Vorsprünge schmückten den Bauch, die übrige Verzierung bestand aus breiten, senkrechten Rillen, die auf dem Bauch, sogar auf den Vorsprüngen, angebracht

---

[1]Die Zeichunungen wurden von Ion Motzoi-Chicideanu angefertigt, die Übersetzung übernahm Tudor Soroceanu.

waren. Zieht man die Menge der metallenen Inventarstücke in Betracht, so scheint der größte Durchmesser ziemlich weit gewesen zu sein, das Gefäß aber nicht allzu hoch. Größere Randfragmente fehlen, so daß der obere Gefäßteil nicht genau rekonstruierbar ist.

Beschreibung der Funde

1. Lanzenspitze (Abb. 1,15). Kurzes, blattförmiges Blatt mit profilierter Mittelrippe. Die lange Tülle hat im unteren Teil zwei Befestigungslöcher. Die Patina wurde vom Entdecker entfernt.
L. 12,5; B. 2,4; Gew. 80.

2. Lanzenspitze (Abb. 1,43). Die eigentliche Spitze wurde schon im Altertum abgebrochen. Die Mittelrippe ist profiliert, während die kurze Tülle mit zwei Löchern zur Befestigung des Schaftes versehen wurde. Die Patina wurde vom Entdecker entfernt.
L. 15,3; B. 4,6; Gew. 85.

3. Lanzenspitze (Abb. 1,41). Das bereits im Altertum abgebrochene Blatt zeigt eine im Querschnitt rechteckige Mittelrippe. Die lange Tülle hat zwei Befestigungslöcher. Im unteren Teil ist sie mit schrägen Ritzlinien - seitlich von zwei Streifen aus parallelen Linien begleitet - und mit einer Zickzack-Linie, in der Mitte mit einer Reihe von kurzen, winklig angeordneten Einritzungen verziert. Die Patina wurde vom Entdecker entfernt.
L. 10,2; B. 3,6; Gew. 85.

4. Lanzenspitze (Abb. 1,42). Das Blatt wurde schon vor der Niederlegung abgebrochen, so daß nur die untere Tülle - mit zwei Befestigungslöchern versehen - übrig blieb. Der erhaltene Abschnitt der Mittelrippe weist Ähnlichkeit mit dem Stück Nr. 2 auf. Patina guter Qualität mit hellgrünen Flecken.
L. 7,8; Gew. 51.

5. Lanzenspitze (Abb. 1,44). Das Blatt wurde schon im Altertum abgebrochen, so daß nur die Tülle, auch diese bruchstückhaft, erhalten ist. Patina guter Qualität mit hellgrünen Flecken.
L. 4,8; Gew. 6.

6. Lanzenspitze (Abb. 1,10). Nur ein Bruchstück der Tülle - bereits im Altertum abgebrochen und zerbrochen - blieb übrig. Gute Patina mit grünen Flecken.
L. 3,7; Gew. 7.

7. Schwert (Abb. 1,12). Nur die Spitze der Waffe ist erhalten, genug, um die im Querschnitt runde Mittelrippe zu erkennen. Benutzungsspuren. Gute Patina mit hellgrünen Flecken.
L. 6; B. 2,8; Gew. 20.

8. Schwert (Abb. 1,7). Klingenbruchstück mit linsenförmigem Querschnitt. Die Verzierung besteht aus längs eingeritzten Linien. Benutzungsspuren. Gute Patina mit hellgrünen Flecken.
L. 6; B. 3,4; Gew. 63.

9. Dolch (Abb. 1,2). Von dem Griffzungendolch sind nur der mit profilierten Kanten versehene Griff und die Platte erhalten; die Klinge wurde schon im Altertum abgebrochen. An dem Griff ist ein Loch, an der Platte zwei weitere, symmetrisch angeordnete, zu vermerken. Gute Patina mit hellgrünen Flecken.
L. 6; B. 2; Gew. 20.

10. Dolch (Abb. 1,3). Griffbruchstück eines der Nr. 9 ähnlichen Dolches. Der schon im Altertum abgebrochene Griff ist gefaltet. Drei Löcher sind noch erhalten. Gute Patina mit vielen hellgrünen Flecken.
L. 4,1; Gew. 17.

11. Dolch (Abb. 1,14). Nur die leicht gebogene Klinge und teilweise die Platte, wobei ein Nietloch zu spüren ist, sind erhalten. Rhombischer Querschnitt mit profilierter Mittelrippe. Gute Patina mit hellgrünen Flecken.
L. 9,5; B. 2,4; Gew. 35.

12. Dolch (Abb. 1,13). Leicht gebogene Dolchklinge mit der bereits im Altertum abgebrochenen Spitze. Vom Griff ist die mit nur zwei Löchern und profilierten Kanten versehene Platte erhalten. Linsenförmiger Querschnitt. Die Klinge ist mit zwei längs eingeritzten Linien verziert. Verwendungsspuren. Gute Patina mit hellgrünen Flecken.
L. 8; B. 2,3; Gew. 32.

13. Dolch (Abb. 1,5). Der Griff und der obere Teil der Klinge sind erhalten, das Übrige wurde alt gebrochen. Der Griff zeigt lediglich auf einer Seite eine profilierte Kante; die schmale Klinge ist im Querschnitt linsenförmig. Gute Patina mit vielen hellgrünen Flecken.
L. 12; B. 2; Gew. 35.

14. Griff (Abb. 1,4) eines Messers, an dem noch ein kleines Klingenbruchstück vorhanden ist. Das freie Griffende zeigt einen verflachten Knopf, der in einem beim Gießen gerissenen Ring ausläuft. An den beiden

Seiten des Griffes befindet sich je eine längliche Vertiefung, die zur Festigung der Messerhefte (anhand der Niete und der Lappen) bestimmt waren. Die Messerhefte waren scheinbar aus vergänglichem Material. Gute Patina mit hellgrünen Flecken.
L. 10,5; B. 1,2; Gew. 33.

15. Messer (Abb. 1,11). Bruchstücke eines alt gebrochenen, im Querschnitt dreieckigen Messergriffes. In einem der zwei erhaltenen Nietlöcher blieb ein Niet erhalten. Gute Patina mit vielen hellgrünen Flecken.
L. 3,2; B. 1,7; Gew. 4.

16. Messer (Abb. 1,8). Klingenbruchstück, im Altertum gebrochen. Verwendungsspuren. Gute Patina mit vielen hellgrünen Flecken.
L. 6,3; B. 1,2; Gew. 8.

17. Rasiermesser (Abb. 1,9). Halbkreisförmiges Stück. Der Griff ist alt gebrochen und nur ein stumpfartiges Bruchstück davon ist geblieben. Gute Patina mit vielen hellgrünen Flecken. Bei der Reinigung wurde das Fundstück noch einmal gebrochen.
L. 3,9; B. 4,5; Gew. 9.

18. Tüllenbeil (Abb. 2,9) mit konkavem, verdicktem und alt gebrochenem Randwulst. Die Bahn ist leicht gebogen und der Querschnitt oval. Auf der nur ein wenig verbreiterten Schneide bemerkt man Verwendungsspuren. Die Verzierung besteht aus länglichen, leicht eingetieften Dreiecken. Gute Patina mit hellgrünen Flecken.
L. 10,6; B. 4,8; Gew. 240.

19. Tüllenbeil (Abb. 2,10) mit leicht konkavem, verdicktem Mund und leicht gebogener Bahn. Ovaler Querschnitt. Als Folge der Verwendung ist die Schneide abgestumpft. Gute Patina auf dem Körper, bösartige am Mund.
L. 11,4; B. 5,0; Gew. 305.

20. Tüllenbeil (Abb. 2,3) mit geradem, verdicktem Mund. Die Bahn ist gerade und der Querschnitt oval. Die ein wenig verbreiterte Schneide zeigt Verwendungsspuren. Die Verzierung besteht aus länglichen Dreiecken. Die Tülle ist alt beschädigt, so daß auch die Öse fehlt. Gute Patina mit hellgrünen Flecken.
L. 12,8; B. 5,8; Gew. 420.

21. Tüllenbeil (Abb. 2,4) mit konkavem, verdicktem Mund. Die Bahn ist gerade, der Querschnitt oval. Die verbreiterte Schneide trägt schwache Verwendungsspuren. Die Verzierung besteht aus rechtwinkligen Facetten. Die Tülle ist alt beschädigt, so daß die Öse fehlt. Gute Patina auf dem Körper, bösartige an der Schneide und am Mund.
L. 15,6; B. 5,7; Gew. 350.

22. Tüllenbeil (Abb. 2,5) mit geradem, verdicktem Mund, gerader Bahn und mit wenig verbreiterter Schneide; diese zeigt Verwendungsspuren, schon im Altertum abgestumpft. Die Verzierung besteht aus dreieckigen Facetten. Die Öse ist nicht vollendet und das Loch ganz klein. Gute Patina mit vielen hellgrünen Flecken.
L. 12,6; B. 5,0; Gew. 380.

23. Tüllenbeil (Abb. 2,16) mit geradem, verdicktem Mund und gerader Bahn. Die Schneide ist ein wenig verbreitert, infolge der Verwendung alt beschädigt und abgestumpft. Die Körperverzierung besteht aus Facetten und aus einer zusätzlichen horizontalen Rippe unter dem verdickten Randwulst. Die unvollständig gelöcherte Öse wurde im Altertum abgebrochen. Gute Patina mit vielen hellgrünen Flecken.
L. 13,8; B. 5,1; Gew. 445.

24. Tüllenbeil (Abb. 2,13) mit geradem, verdicktem Mund. Der schlanke Körper ist mit "Facetten" und vertikalen Rillen verziert und zeigt einen ovalen Querschnitt. An der verbreiterten Schneide können antike Verwendungsspuren und Beschädigungen beobachtet werden. Gute Patina mit hellgrünen Flecken.
L. 10,1; B. 5,1; Gew. 230.

25. Tüllenbeil (Abb. 2,8) mit geradem, verdicktem Mund. Der schlanke Körper ist mit Facetten verziert und zeigt einen ovalen Querschnitt und eine leicht verbreiterte Schneide. Die Öse ist alt gebrochen, wahrscheinlich beim Gießen, und wurde danach gehämmert. Am Körper ist ein Querriß zu vermerken. Die Patina wurde vom Entdecker entfernt.
L. 11,8; B. 5,2; Gew. 270.

26. Tüllenbeil (Abb. 2,11) mit geradem, verdicktem Mund. Der stumpfe, unverzierte Körper zeigt einen ovalen Querschnitt und läuft in eine verbreiterte Schneide aus. Die Öse war schon im Altertum gebogen. Das Beil hat im Innenraum eine mitgegossene Bronzestange. Gute Patina mit vielen hellgrünen Flecken um den Mund.
L. 11,8; B. 5,7; Gew. 380.

27. Tüllenbeil (Abb. 2,12) mit konkavem und verdicktem Mund. Der gerade Körper ist ziemlich kurz und zeigt einen hexagonalen Querschnitt, während die Öse einen rechteckigen aufweist. Die verbreiterte Schneide wurde

bereits im Altertum abgestumpft. Zwei horizontale, leicht gebogene Rippen und Seitenfacetten zieren das Stück. Die gute Patina ist teilweise mit Klumpen bösartiger Patina bedeckt.
L. 7,2; B. 5,0; Gew. 155.

28. Tüllenbeil (Abb. 2,7) mit konkavem und verdicktem Mund. Der schlanke Körper ist mit zwei horizontalen, leicht gebogenen Rippen und zwei Seitenfacetten verziert. Hexagonaler Querschnitt. Die wenig verbreiterte Schneide ist alt abgestumpft. Die gute Patina ist mit Klumpen bösartiger Patina bedeckt. Auf dem Körper sind einige rote Flecken, die den Anschein von Eisenoxyd haben.
L. 9,3; B. 4,5; Gew. 200.

29. Tüllenbeil (Abb. 2,2) mit konkavem, stark verdicktem Mund. Der schlanke Körper zeigt einen hexagonalen Querschnitt und ist mit zwei horizontalen, leicht gebogenen, unter den Rand gesetzten Rippen und zwei Seitenfacetten verziert. Die sehr wenig verbreiterte Schneide wurde ein wenig im Altertum abgestumpft. An den schmalen Seiten sind die nicht abgeschliffenen Gußnähte sichtbar. Gute Patina mit bösartigen, hellgrünen Klumpen.
L. 10,5; B. 4,7; Gew. 260.

30. Ösenloses Tüllenbeil (Abb. 2,1) mit ovalem Querschnitt, bruchstückhaft erhalten. Der Mund ist gerade, ebenso die Bahn. Zwei Befestigungslöcher sind unter der horizontalen Rippe seitlich sichtbar. Die Verzierung bilden zwei ineinander gesteckte Rippenecken. Bereits im Altertum wurden die Schneide und der untere Teil abgebrochen. Gute Patina mit hellgrünen Flecken.
L. 10,0; Gew. 365.

31. Tüllenbeil (Abb. 2,14). Es handelt sich um das Randbruchstück eines Tüllenbeiles mit geradem, verdicktem Rand, wobei ein mit Längsrillen verziertes Tüllenwandfragment noch vorhanden ist. Im Altertum zerbrochen. Gute Patina mit hellgrünen Flecken.
L. 5,3; Gew. 25.

32. Tüllenbeilfragment (Abb. 2,15) von der mit wenig profilierten Längsrippen versehenen Tülle. Alt gebrochen. Die gute Patina ist mit hellgrünen Flecken bedeckt.
L. 3,8; Gew. 19.

33. Tüllenbeil (Abb. 2,6). Erhalten sind nur ungefähr die unteren zwei Drittel des schlanken Körpers, wie Nr. 30 verziert. Man sieht noch die Spur des Seitenschlages, mit dem der obere Teil abgebrochen wurde. Die verbreiterte Schneide ist gerundet. Gute Patina mit hellgrünen Flecken.
L. 10,6; B. 6,4; Gew. 360.

34. Tüllenbeil (Abb. 2,23). Nur die untere Hälfte eines schlanken Exemplares mit gerader Bahn und verbreiterter Schneide ist erhalten. Der Querschnitt ist oval. Dreieckige Schilde, die von leicht gebogenen Rippen begrenzt sind, bilden die Verzierung. Die Beschädigung des oberen Teiles erfolgte im Altertum. Gute Patina mit hellgrünen Flecken.
L. 9,2; B. 5,6; Gew. 295.

35. Tüllenbeil (Abb. 2,18). Es handelt sich um den unteren Teil eines schlanken Stückes, das einen ovalen Querschnitt und eine verbreiterte Schneide zeigt. Teilweise sind die dreieckigen Schilde sichtbar sowie die Spur des Schlages, womit der obere Teil abgebrochen wurde. Das Stück wurde im Altertum verwendet. Gute Patina mit hellgrünen Flecken.
L. 7,8; B. 5,6; Gew. 215.

36. Tüllenbeil (Abb. 2,22). Der noch erhaltene Unterteil des Beiles wurde durch einen Seitenschlag abgebrochen, dessen Spur noch sichtbar ist. Damit ist nur die verbreiterte Schneide gut konserviert. Gute Patina mit hellgrünen Flecken.
L. 6,4; B. 5,4; Gew. 170.

37. Tüllenbeil (Abb. 2,21). Nur der untere Teil eines Beiles mit gerader Bahn und ovalem Querschnitt ist erhalten. Die Verzierung, die aus dreieckigen Schilden bestand, ist kaum noch sichtbar. Die verbreiterte Schneide wurde schon im Altertum abgestumpft. Gute Patina mit hellgrünen Klumpen.
L. 6,3; B. 4,5; Gew. 138.

38. Tüllenbeil (Abb. 2,17). Lediglich der untere Teil eines Beiles mit gerader Bahn ist vorhanden. Der Körper zeigt einen ovalen Querschnitt, der Schneidenabschnitt dagegen einen rechteckigen, mit abgerundeten Ecken. Sehr wenig von den dreieckigen Schildern ist noch sichtbar. Das Durchbrechen des Beiles erfolgte im Altertum. Gute Patina mit hellgrünen Flecken.
L. 6,0; B. 4,4; Gew. 90.

39. Tüllenbeil (Abb. 2,19). Nur der Unterteil eines unverzierten Exemplares mit gerader Bahn, ovalem Querschnitt und verbreiterter Schneide ist vorhanden. Die gewölbte Tüllenwand zeigt heute noch Spuren von dem Seitenschlag, der die Beschädigung verursachte. Gute Patina mit hellgrünen Flecken.

L. 5,8; B. 4,1; Gew. 120.

40. Tüllenbeil (Abb. 2,24). Nur der Unterteil eines unverzierten Beiles mit gerader Bahn und schmaler Schneide. Das Abbrechen des oberen Teiles erfolgte durch einen Meißelschlag, dessen Spur auf einer Seite noch erkennbar ist. Die verwendete Schneide ist schon alt abgestumpft. Gute Patina mit hellgrünen Flecken.
L. 5,0; B. 3,2; Gew. 45.

41. Lappenbeil (Abb. 2,25) mit schlankem Körper und verbreiterter, abgerundeter Schneide, die Verwendungsspuren aufweist. Der dünne Nacken zeigt einen ungefähr halbkreisförmigen Hohlraum. Aus den profilierten Nackenkanten entwickelten sich die vier Lappen. Das Lappenbeil wurde vom Entdecker abgefeilt; er hat auch teilweise die Patina entfernt, doch die erhaltenen Flächen weisen auf eine Edelpatina mit kleinen hellgrünen Flecken hin.
L. 16,2; B. Schneide 4,8; Gew. 565.

42. Lappenbeil (Abb. 2,20), scheinbar dem Stück Nr. 41 ähnlich. Auch der kleine Hohlraum am Nacken ist sichtbar. Das Stück wurde mittels eines Meißels geschnitten; die Spuren des Schlages sind kaum bemerkbar. Gute Patina mit hellgrünen Flecken.
L. 4,4; B. 2,5; Gew. 47.

43. Säge (Abb. 1,20), bruchstückhaft erhalten (die Spitze und teilweise die Klinge). Das Stück zeigt einen oval-länglichen Querschnitt. An beiden Schneiden sind antike Verwendungsspuren bemerkbar. Das Exemplar wurde durch Biegen alt abgebrochen. Gute Patina mit hellgrünen Flecken.
L. 4,9; B. 1,1; Gew. 6.

44. Säge (Abb. 1,29). Klingenbruchstück und Spitze sind erhalten. Der Querschnitt ist linsenförmig und dünn. Das Stück wurde verwendet und befindet sich in einem sehr korrodierten Erhaltungszustand, trotzdem sind manche Zähne an einer Schneide noch sichtbar. Durch Biegen alt abgebrochen. Gute Patina mit vielen hellgrünen Flecken.
L. 5,3; B. 1,6; Gew. 4.

45. Säge (Abb. 1,26). Nur die Spitze und die Klinge sind erhalten. Sehr dünner linsenförmiger Querschnitt. Nur an einer der Schneiden sind die Zähne sehr vage noch sichtbar, was auch als Benutzungsbeweis gilt. Das Stück wurde alt gebogen und abgebrochen. Gute Patina mit hellgrünen Flecken.
L. 4,9; B. 1,7; Gew. 4.

46. Säge (Abb. 1,32). Nur ein Klingen- und ein Griffbruchstück sind erhalten. Das erste hat noch Zähne, das zweite ein Nietloch. Sehr dünner, linsenförmiger Querschnitt. Das verwendete Exemplar wurde alt gebogen und abgebrochen. Gute Patina mit hellgrünen Flecken.
L. 6,5; B. 2; Gew. 6.

47. Säge (Abb. 1,21). Klingenbruchstück mit dünnem, linsenförmigem Querschnitt. An einer Schneide sind einige Zähne noch sichtbar. Das Stück wurde alt gebogen und abgebrochen. Gute Patina mit hellgrünen Flecken.
L. 4,3; B. 2; Gew. 5.

48. Säge (Abb. 1,33). Klingenbruchstück mit sehr dünnem, linsenförmigem Querschnitt. Das im Altertum verwendete und abgebrochene Stück ist heute sehr korrodiert. Gute Patina mit hellgrünen Flecken.
L. 3,3; B. 1,6; Gew. 2.

49. Säge (Abb. 1,35). Klingenbruchstück und Spitze mit dünnem, rhombischem Querschnitt. Die Säge wurde verwendet, so daß die Zähne nur an einer Schneide noch sichtbar sind. Das Stück wurde alt gebogen und abgebrochen. Gute Patina mit hellgrünen Flecken.
L. 6,4; B. 1,7; Gew. 7.

50. Säge (Abb. 1,23). Klingenbruchstück mit dünnem, linsenförmigem Querschnitt. Die verwendeten Schneiden wurden sowohl alt abgestumpft als auch infolge der Korrosion beschädigt. Das Stück wurde im Altertum gebogen und abgebrochen. Gute Patina mit vielen hellgrünen Flecken.
L. 4,6; B. 1,4; Gew. 4.

51. Säge (Abb. 1,38). Nur die Spitze und teilweise die Klinge mit rhombischem Querschnitt sind erhalten. Infolge der Verwendung sind die Schneiden alt abgestumpft. Damals wurde die Säge auch gebogen und abgebrochen. Gute Patina mit hellgrünen Flecken.
L. 8,7; B. 1,9; Gew. 7.

52. Säge (Abb. 1,40). Die Spitze und ein Klingenbruchstück mit dünnem, linsenförmigem Querschnitt sind erhalten. Die abgestumpften, verwendeten Schneiden sind stark korrodiert. Die Säge wurde alt gebogen und abgebrochen. Gute Patina mit vielen hellgrünen Flecken,
L. 9,5; B. 1,4; Gew. 6.

53. Säge (Abb. 1,34). Klingenbruchstück mit dünnem, linsenförmigem Querschnitt. Obwohl verwendet, sind die Zähne an den beiden Schneiden noch sichtbar. Das Stück wurde alt gebogen und abgebrochen. Gute Patina

mit hellgrünen Flecken.
L. 6,2; B. 1,9; Gew. 6.
54. Säge (Abb. 1,37). Die Spitze und ein Klingenbruchstück mit linsenförmigem Querschnitt blieben erhalten. Die Schneiden sind abgestumpft, nur an einigen Stellen sind die Zähne sichtbar. Das Stück wurde durch Biegen abgebrochen. Gute Patina mit hellgrünen Flecken.
L. 7,1; B. 2; Gew. 7.
55. Säge (Abb. 1,25). Es ist nur ein Klingenbruchstück mit linsenförmigem Querschnitt erhalten. Die abgestumpften Schneiden zeigen stellenweise Zähnchen. Das verwendete Stück wurde durch Biegen abgebrochen. Gute Patina mit hellgrünen Flecken.
L. 5,2: B. 2,2; Gew. 8.
56. Säge (Abb. 1,31). Klingenbruchstück mit linsenförmigem Querschnitt. Obwohl bereits im Altertum abgestumpft, sind Zähnchenspuren noch sichtbar. Das benutzte Stück wurde durch Biegen abgebrochen. Gute Patina mit hellgrünen Flecken.
L. 5,6; B. 1,7; Gew. 5.
57. Säge (Abb. 1,19). Klingenbruchstück mit dünnem, linsenförmigem Querschnitt. Die Schneiden haben noch die Zähnchen. Das Stück wurde bereits im Altertum gebogen und abgebrochen. Gute Patina mit hellgrünen Flecken.
L. 4,6; B. 2,1: Gew. 7.
58. Säge (Abb. 1,22). Klingenbruchstück mit sehr dünnem, linsenförmigem Querschnitt. Die Schneiden sind alt gerissen, stellenweise die Zähnchen noch sichtbar. Das Stück wurde im Altertum durch Biegen abgebrochen. Gute Patina mit vielen hellgrünen Flecken.
L. 5; B. 2,6; Gew. 6.
59. Säge (Abb. 1,28). Klingenbruchstück mit dünnem, linsenförmigem Querschnitt. Die Schneiden sind alt abgestumpft und jetzt korrodiert, doch stellenweise können noch Zähnchen beobachtet werden. Das Stück wurde alt gebogen und abgebrochen. Gute Patina mit hellgrünen Flecken.
L. 5; B. 1,4; Gew. 2.
60. Säge (Abb. 1,24). Klingenbruchstück mit linsenförmigem Querschnitt. Die Schneide wurde alt abgestumpft, doch einige Zähnchen sind noch sichtbar. Das verwendete Stück wurde alt gebogen und abgebrochen. Gute Patina mit vielen hellgrünen Flecken.
L. 3,9; B. 2; Gew. 3.
61. Säge (Abb. 1,16). Klingenbruchstück mit linsenförmigem Querschnitt. Die Schneiden sind sehr korrodiert, nur einige Zähnchen sind noch zu erkennen. Das Stück wurde durch Biegen alt gebrochen. Gute Patina mit vielen hellgrünen Flecken.
L. 4,1; B. 1,9; Gew. 3.
62. Säge (Abb. 1,30). Klingenbruchstück mit linsenförmigem Querschnitt. Die schon alt abgestumpften Schneiden zeigen Zähnchen nur noch an einer kleinen Stelle. Das Stück wurde durch Biegen abgebrochen. Gute Patina mit vielen hellgrünen Flecken.
L. 3,5; B. 1,6; Gew. 2.
63. Säge (Abb. 1,27). Klingenbruchstück mit rhombischem Querschnitt. Die Schneiden sind abgestumpft und von Korrosion zerfressen, so daß nur noch einige Zähnchen sichtbar sind. Das Stück wurde durch Biegen alt abgebrochen. Gute Patina mit vielen hellgrünen Flecken.
L. 3,4; B. 1,6; Gew. 4.
64. Säge (Abb. 1,36). Spitzenbruchstück mit dünnem, linsenförmigem Querschnitt. Die Schneiden wurden alt abgestumpft. Das Stück wurde durch Biegen im Altertum abgebrochen. Gute Patina mit hellgrünen Flecken.
L. 2,5; B. 1,8; Gew. 2.
65. Säge (Abb. 1,39). Klingenbruchstück, vgl. Nr. 64.
L. 2,1; B. 1,7; Gew. 2.
66. Säge (Abb. 1,18). Vgl. Nr. 64, nur der Querschnitt ist sehr dünn.
L. 3,1; B. 1,7; Gew. 2.
67. Säge (Abb. 1,17). Vgl. Nr. 64, nur einige Zähne sind noch sichtbar.
L. 1,8; B. 1,8; Gew. 2.
68. Zungensichel (Abb. 3,18) mit winkliger Basis. Der Griff zeigt drei parallellaufende Längsrippen, zwei davon (die Seitenrippen) sind mit kleinen Dellen verziert, die vielleicht mit dem Hammer erzeugt worden sind. Am oberen Griffende laufen drei kurze Schrägrippen von der inneren Seiten- zur Mittelrippe. Eine kleine Delle ist an der Sichelspitze auf der Verstärkungsrippe bemerkbar. Die scheinbar benutzte Sichel zeigt eine alt abgestumpfte Schneide; die Abstumpfung erfolgte z.T. auch durch Korrosion. Gute Patina mit hellgrünen

Flecken.
B. Zunge 3,1; B. Griff 2,8; Gew. 127.

69. Zungensichel (Abb. 3,20) mit winkliger Basis. Alle drei Längsrippen sind mit kleinen, unregelmäßig angeordneten Dellen verziert. Als Fehlguß kann eine Abschrägung am oberen Griff bemerkt werden. Durch Biegen wurde die Spitze alt abgebrochen, während die Schneide nur durch Korrosion zerfressen wurde, da die Sichel anscheinend nicht benutzt worden ist. Gute Patina mit hellgrünen Flecken.
B. Zunge 2,8; B. Griff 2,6; Gew. 102.

70. Zungensichel (Abb. 3,13) mit gerader Basis. Auf dem Griff sind drei Längsrippen sichtbar, von denen zwei schräg in die Verstärkungsrippe einmünden. Bis zur Mitte der Klinge sind alle Rippen mit unregelmäßig verteilten Dellen verziert. Auf der nicht vollendeten Rückseite sind viele Spuren von Luftblasen sichtbar. Die Zunge ist am äußeren unteren Ende infolge eines Gußfehlers beschädigt. Dagegen wurde die Sichelspitze alt abgebrochen. Die Schneide ist nur von Korrosion zerfressen, das Werkzeug scheint nicht benutzt worden zu sein. Gute Patina mit hellgrünen Flecken.
B. Klinge 2,9; B. Griff 2,5; Gew. 112.

71. Zungensichel (Abb. 3,9) mit gerader Basis. Die drei Längsrippen sind an der Sichelbasis durch zwei kurze Schrägrippen, die von der Mittelrippe ausgehen, vereinigt. Die Verzierung besteht aus vereinzelten Dellen. Der Zapfen wurde schon im Altertum gehämmert, eine andere Gußspur ist am Klingenrücken bemerkbar. Die Spitze wurde bereits alt abgebrochen, während die sehr wenig beschädigte Schneide nicht benutzt gewesen zu sein scheint. Gute Patina mit hellgrünen Flecken.
B. Klinge 2,9; B. Griff 2,5; Gew. 112.

72. Zungensichel (Abb. 3,19) mit gerader Basis. Fünf dünne, mit Dellen verzierte Rippen laufen entlang dem Griff, drei davon laufen einige Zentimeter weiter, und die fünfte wird zu einer dickeren Randrippe. Die Rückseite wurde vollendet. Die Spitze ist wegen der Luftblasen alt gebrochen, die Spur einer Luftblase kann man auf der Rückseite noch sehen. Im Altertum wurde auch die Schneide abgestumpft. Gute Patina mit hellgrünen Flecken.
B. Klinge 3,3; B. Griff 2,5; Gew. 132.

73. Knopfsichel (Abb. 4,37). Das vollendete Stück scheint nicht benutzt gewesen zu sein, so daß die Schneide nur durch Korrosion zerfressen ist. Die profilierte Verstärkungsrippe kann möglicherweise bis zur abgebrochenen Spitze verfolgt werden. Gute Patina mit hellgrünen Flecken.
B. Klinge 3,4; Gew. 98.

74. Zungensichel (Abb. 3,12) mit winkliger Basis. Von den drei Längsrippen sind nur die seitlichen mit Dellen verziert. Zwischen den Längsrippen sind auch Spuren einiger Schrägrippen zu sehen. Entlang der Schneide ist infolge der Abnutzung eine längliche Abschrägung entstanden. Die Spitze ist alt abgebrochen und die Klinge ist in der Mitte leicht gebogen, vielleicht als Ergebnis eines nochmaligen Brechungsversuches. Die abgestumpfte Schneide zeigt alte Risse. Gute Patina mit hellgrünen Flecken.
B. Klinge 2,9; B. Griff 2,6; Gew. 103.

75. Zungensichel (Abb. 3,16) mit winkliger Basis. Die drei Längsrippen sind mit kleinen, kerbähnlichen Dellen verziert. Bei der Klinge haben zwei Gußfehler die Breite ungewöhnlich groß gemacht. Der Gußzapfen wurde durch Hämmerung abgebogen, die Spitze und teilweise die Klinge durch Biegen abgebrochen. Gute Patina mit vielen hellgrünen Flecken.
B. Klinge 3,2; B. Griff 2,5; Gew. 102.

76. Zungensichel (Abb. 3,14) mit gerader Basis. Der Griff ist mit drei Längsrippen versehen, die mit Dellen verziert sind. Die Außen- und die Innenrippe setzen sich als Verstärkungsrippen am Rand fort, eine kurze und stumpfe Klinge läßt eine Wiederverwendung vermuten. In der Nähe des Gußzapfens ist die "Zunge" alt gelöchert und zeigt - als Folge des Gießens - eine Abschrägung. Die Klinge der verwendeten Sichel wurde schon im Altertum abgestumpft. Gute Patina mit hellgrünen Flecken.
B. Klinge 3; B. Griff 2,7; Gew. 72.

77. Zungensichel (Abb. 3,2) mit gerader Basis. Die üblichen drei Längsrippen am Griff sind unverziert. Auf dem Klingenrücken kann man einen nicht entfernten Gußrest erkennen, die Schneide ist von Korrosion zerfressen. Die Spitze wurde durch Biegen alt abgebrochen. Gute Patina mit hellgrünen Flecken.
B. Klinge 3,3; B. Griff 2,8; Gew. 88.

78. Zungensichel (Abb. 3,1) mit gerader Basis. Von den drei, mit kerbähnlichen Dellen verzierten Längsrippen ist die mittlere die kürzeste und endet mit einer kurzen unverzierten Schrägrippe. Der Gußzapfen ist verflacht und der Griff beim Gießen ein wenig beschädigt worden. Die Klinge wurde gebogen mit der Absicht, sie abzubrechen, so wie es früher mit der Spitze geschehen ist. Das Stück wurde vollendet, aber nicht verwendet, so daß die stumpfe Schneide nur von Korrosion zerfressen ist. Gute Patina mit hellgrünen Flecken.

B. Klinge 4; B. Griff 3; Gew. 128.

79. Zungensichel (Abb. 3,3) mit gerader Basis. Der dreieckige Gußzapfen wurde schon im Altertum gehämmert. Der Griff ist mit den üblichen drei, von Dellen verzierten Längsrippen versehen. Auf dem Rücken kann ein nicht entfernter Gußrest beobachtet werden. Die Klingenspitze wurde bereits alt gebrochen. Unbedeutend beschädigt infolge der Korrosion ist die Klinge, die übrigens keine Verwendungsspuren aufweist. Gute Patina mit hellgrünen Flecken.

B. Klinge 2,9; B. Griff 2,8; Gew. 86.

80. Zungensichel (Abb. 3,11) mit konkaver Basis. Am Griff sind vier unverzierte Rippen, von denen sich die Seitenrippen weiter als Klingenverstärkungsrippen fortsetzen. Dem Exemplar wurde der letzte Schliff nicht gegeben, demzufolge können viele Rauheiten und Luftblasenspuren vermerkt werden. Die Spitze wurde alt abgebrochen, der Griff war durch Biegen für das Brechen vorbereitet worden. Die Schneide scheint nicht verwendet worden zu sein, sie wurde von Korrosion zerfressen. Gute Patina mit vielen hellgrünen Flecken.

B. Klinge 2,8; B. Griff 2,6; Gew. 6,1.

81. Zungensichel (Abb. 3,6) mit gerader Basis. Drei mit Dellen verzierte Längsrippen verstärken den Griff. Der Gußzapfen und die Spitze wurden alt abgebrochen. Verwendungsspuren sind an der Schneide nicht bemerkbar. Gute Patina mit hellgrünen Klumpen.

B. Klinge 2,7; B. Griff 2,5; Gew. 91.

82. Zungensichel (Abb. 3,10) mit winkliger Basis. Der Gußzapfen ist größer als üblich. Von den drei Rippen am Griff laufen nur die Seitenrippen als Klingenverstärkungsrippen weiter; völlig verziert ist nur die Außenrippe, während die Dellen der anderen Seitenrippen lediglich bis zum Niveau des Gußzapfens reichen. Die Spitze und teilweise die Klinge wurden schon im Altertum abgebrochen. Obwohl sorgfältig gegossen, sieht das Stück wenig vollendet aus; auch Verwendungsspuren sind nicht bemerkbar. Die Schneide ist ein wenig von Korrosion zerfressen. Gute Patina von hellgrünen Flecken und Klumpen bedeckt.

B. Klinge 3,3; B. Griff 2,5; Gew. 108.

83. Zungensichel (Abb. 3,7) mit eingebuchteter Basis. Auf der Zunge sind drei Längsrippen sichtbar; nur die seitlichen sind mit Dellen verziert und dehnen sich bis auf die Zunge aus; davon zeigt lediglich die Randverstärkungsrippe weitere Dellen. Der Gußzapfen ist dreieckig. Das fehlerhafte Gießen hat eine Scharte an der Zunge und viele Luftblasen auf der Rückseite verursacht. Die Spitze und teilweise die Klinge wurden durch Biegen alt gebrochen, so daß die Sichel auch heutzutage noch gebogen ist. Die sehr zerfressene Schneide ist ziemlich abgestumpft. Gute Patina mit vielen hellgrünen Flecken.

B. Klinge 3,2; B. Zunge 2,5; Gew. 77.

84. Zungensichel (Abb. 3,4) mit gerader Basis. Am Griff sind drei parallele Längsrippen zu vermerken; nur die längeren Seitenrippen sind mit Dellen verziert. Die Klinge ist ein wenig facettiert. Die Spitze und teilweise die Klinge wurden schon im Altertum abgebrochen. Obwohl vollendet, ist ein kleiner Gußrest am Griff bemerkbar. Die Schneide zeigt keine Verwendungsspuren. Gute Patina mit hellgrünen Flecken.

B. Klinge 2,7; B. Griff 2,1; Gew. 58.

85. Zungensichel (Abb. 3,8) mit gerader Basis. Am Griff können die drei parallelen und in diesem Fall unverzierten Längsrippen vermerkt werden. Das Stück ist sehr dünn, woraus auch das verhältnismäßig kleine Gewicht resultiert. Das nachlässige Gießen wurde nur auf einer Seite nachgearbeitet. Im Altertum wurden die Spitze und teilweise die Klinge abgebrochen. Die Korrosion hat teilweise die Schneide zerfressen. Gute Patina mit vielen hellgrünen Flecken.

B. Klinge 3,2; B. Griff 2,7; Gew. 47.

86. Zungensichel (Abb. 3,15) mit gerader Basis. Am Griff sind drei parallele, unverzierte Längsrippen, die durch eine Querrippe um die Griffmitte vereinigt sind, sichbar; zwei davon wurden diskontinuierlich gegossen. Entlang der Klinge laufen drei gruppierte, unverzierte Rippen, soweit die fast gänzlich abgebrochene Klinge diese Feststellung erlaubt. Der Gußzapfen wurde im Altertum abgebrochen. Auf der Rückseite des noch erhaltenen Klingenstückes können viele Luftblasenspuren beobachtet werden. Gute Patina mit hellgrünen Flecken.

B. Klinge 3,5; B. Griff 2,7; Gew. 72.

87. Zungensichel (Abb. 3,17) mit winkliger Basis, fragmentarisch erhalten. Der sehr kurze Griff zeigt drei parallele, mit Dellen verzierte Längsrippen. Von der im Altertum abgebrochenen Klinge blieb nur ein kurzes Stück übrig. Der untere Teil des Griffes wurde ein wenig gebogen. Es handelt sich um ein nicht völlig vollendetes Stück. Die Patina wie Nr. 86.

B. Klinge 3,1; B. Griff 2,5; Gew. 44.

88. Hakensichel. (Abb. 4,8). Lediglich der Griff und sehr wenig von der alt abgebrochenen Klinge sind erhalten. Das Stück wurde vollendet und zeigt keine Verwendungsspuren. Patina wie Nr. 86.

B. Klinge 3,7; Gew. 4,8.
89. Zungensichel (Abb. 4,24) mit gerader Basis. Der Griff wurde mit drei unverzierten, parallelen Längsrippen verstärkt. Der ein wenig gebogene Klingenrest zeigt, daß die Klinge im Altertum abgebrochen wurde. Die Sichel wurde vollendet, der Gußzapfen und der obere Klingenrest gehämmert. Der kurze Schneidenrest zeigt keine Verwendungsspuren. Patina wie Nr. 86.
B. Klinge 3,2; B. Griff 2,7; Gew. 42.
90. Zungensichel (Abb. 4,12) mit winkliger Basis. Nur der Griff ist erhalten und zeigt die gewöhnlichen drei parallelen, in diesem Fall unverzierten Längsrippen. Die Klinge wurde durch Biegen alt abgebrochen. Das gegenwärtig sehr korrodierte Stück scheint nicht vom vorgeschichtlichen Handwerker vollendet worden zu sein. Gute Patina mit vielen hellgrünen Flecken und Klumpen.
B. Griff 2,3; Gew. 38.
91. Zungensichel (nicht abgebildet) mit gerader Basis. Nur der Griff und ein kleines Klingenstück blieben übrig. Vier parallele Längsrippen verstärken den Griff. Die Seitenrippen sind profilierter und mit unregelmäßig verteilten Dellen verziert, während die mittleren unverziert und nicht so deutlich hervorgehoben sind. Die Klinge wurde durch Biegen alt abgebrochen, was durch das ein wenig gebogene Stück belegt ist. Auch der Gußzapfen wurde alt abgebrochen. Das Stück wurde vollendet, aber nicht benutzt, wie die völlig ungeschliffene Schneide zeigt. Gute Patina mit hellgrünen Klumpen bedeckt.
B. Klinge 2,9; B. Griff 2,8; Gew. 67.
92. Zungensichel (Abb. 3,5) mit gerader Basis. An dem Griff sind drei parallele, unverzierte Längsrippen zu vermerken. Der dreieckige Gußzapfen ist an der Kontaktstelle der Klinge und des Griffes gelegen. Nach dem Guß wurde das Stück vollendet. Durch Biegen wurde die Klinge abgebrochen. Die Schärfe war abgeschliffen und ist heute von Korrosion zerfressen. Gute Patina mit vielen hellgrünen Flecken.
B. Klinge 2,8; B. Griff 2,6; Gew. 51.
93. Zungensichel (Abb. 4,25) mit gerader Basis. Nur der Griff ist erhalten, an dem die drei parallelen, mit Kerben verzierten Längsrippen zu erkennen sind. Der Gußzapfen befindet sich am unteren Oberteil des Griffes, am äußeren Rand. Die Klinge wurde alt abgebrochen. Die Vollendung erfolgte nach dem Guß. Gute Patina mit hellgrünen Flecken.
B. Griff 2,7; Gew. 36.
94. Zungensichel (Abb. 4,20) mit gerader Basis. Nur der Griff ist erhalten, an dem die drei parallelen Längsrippen zu erkennen sind. Lediglich die Seitenrippen sind mit Kerben verziert. Der Gußzapfen zeigt eine dreieckige Form. Nach dem Guß wurde das Stück vollendet. Am Griff sind zwei kleine Löcher, wohl Gußfehler, zu bemerken. Die Klinge wurde alt abgebrochen, an der Bruchstelle ist heute noch die Sichel gebogen. Patina wie Nr. 93.
B. Griff 2,6; Gew. 33.
95. Zungensichel (Abb. 4,28) mit gerader Basis. Am Griff sind drei parallele Längsrippen, mit einigen Dellen verziert, zu erkennen. Das heute stark korrodierte Stück wurde nach dem Guß vollendet. Die Klinge wurde alt abgebrochen. Patina wie Nr. 93.
B. Griff 2,6; Gew. 44.
96. Zungensichel (Abb. 4,32) mit gerader Basis. Die drei parallelen, unverzierten Längsrippen sind sehr abgeflacht und der Gußzapfen kaum hervorgehoben. Durch Biegen wurde die Klinge alt abgebrochen. Patina wie Nr. 93.
B. Griff 2,8; Gew. 54.
97. Zungensichel (Abb. 4,16) mit gerader Basis. Am Griff sind nicht nur die drei parallelen, unverzierten Längsrippen zu erkennen, sondern an der Basis auch zwei kurze Schrägrippen, die einen Winkel bilden. Der Gußzapfen ist länglich. Das Stück wurde nach dem Guß vollendet und die Klinge alt abgebrochen. Patina wie Nr. 93.
B. Griff 2,7; Gew. 32.
98. Zungensichel (Abb. 5,4) mit gerader Basis. Nur ein Zungenbruchstück mit abgerundeten Ecken ist erhalten. Die drei parallelen Längsrippen am Griff sind unverziert. Ebenda kann ein Loch als Gußfehler festgestellt werden. Der fehlende Teil wurde durch Biegen alt abgebrochen, die restliche Zunge ist heute noch gebogen. Nach dem Guß wurde das Stück vollendet. Patina wir Nr. 93.
B. Griff 2,5; Gew. 16.
99. Zungensichel (Abb. 5,5) mit gerader Basis. Vier parallele Längsrippen, zwei davon mit Kerben verziert, verstärken die Zunge. Das Stück wurde durch Biegen alt abgebrochen und nochmals gebogen, vielleicht mit der Absicht einer weiteren Zerstörung. Patina wie Nr. 93.
B. Griff 2; Gew. 17.

100. Zungensichel (Abb. 5,2) mit gerader Basis. Nur ein Zungenbruchstück ist erhalten. Vier parallele, unverzierte Längsrippen - die mittleren sind fast abgeflacht - können vermerkt werden. Das stark korrodierte Stück wurde durch Biegen alt abgebrochen. Gute Patina mit vielen hellgrünen Flecken.
B. Griff 3; Gew. 14.
101. Zungensichel (Abb. 5,3) mit gerader Basis. Das übriggebliebene Zungenfragment ist mit drei parallelen Längsrippen verstärkt. Diese wurden mittels eines Hammers mit Querkerben verziert. Nach dem Guß hat man die Sichel vollendet, aber das ist kaum noch bemerkbar, da das Stück stark korrodiert ist. Im Altertum zerbrochen. Gute Patina mit hellgrünen Flecken.
B. Griff 2,7; Gew. 9.
102. Sichel (Abb. 5,16). Die schräge Spitze stammt wahrscheinlich von einer Zungensichel. Die stark korrodierte Schneide ist abgestumpft. Durch Biegen wurde das Stück alt abgebrochen. Patina wie Nr. 101.
L. 4,7; B. 1,9; Gew. 8.
103. Sichelspitze (Abb. 4,23), zwei einfache Rippen sind noch sichtbar. Nach dem Guß wurde das Stück vollendet, aber die wegen der Korrosion abgestumpfte Schneide zeigt keine Verwendungsspuren. Durch Biegen wurde das Stück alt abgebrochen. Patina wie Nr. 101.
L. 2,7; B. 2,2; G. 14.
104. Sichelspitze (Abb. 4,27), die wahrscheinlich von einer Zungensichel stammt. Die Randrippe ist stark profiliert. Nach dem Guß wurde das Stück vollendet, aber die Schneide zeigt keine Verwendungsspuren. Durch Biegen wurde es alt abgebrochen. Patina wie Nr. 101.
L. 1,6; B. 1,8; Gew. 12.
105. Sichelspitze (Abb. 4,21), dem Exemplar Nr. 104 ähnlich, nur die Schneide ist wegen der Korrosion abgestumpft.
L. 5,9; B. 2; Gew. 13.
106. Sichelspitze (Abb. 4,30), wahrscheinlich von einer Zungensichel. Neben der Randrippe läuft eine zweite, beide sind unverziert. Ein Gußfehler kann an der Spitze festgestellt werden, er wurde bei der Vollendung des Stückes teilweise repariert. Die Schneide wurde nicht verwendet und das Stück alt abgebrochen. Gute Patina mit einigen hellgrünen Punkten.
L. 66; B. 22; Gew. 18.
107. Sichelspitze (Abb. 5,22), wahrscheinlich von einer Zungensichel. Dem vorangehenden Stück ähnlich, nur die Schneide ist korrodiert und scheint verwendet worden zu sein. Durch Biegen wurde die Klinge alt abgebrochen. Gute Patina mit hellgrünen Flecken.
L. 6; B. 2,3; Gew. 19.
108. Sichelspitze (Abb. 4,36), wahrscheinlich von einer Zungensichel. Neben der Randrippe laufen zwei andere Längsrippen, alle drei unverziert. Das Stück wurde nach dem Guß vollendet und durch Biegen alt abgebrochen. Die korrodierte Schneide sieht "zerfetzt" aus. Gute Patina mit vielen hellgrünen Flecken.
L. 8,5; B. 2,9; Gew. 29.
109. Sichelspitze (Abb. 4,2), wahrscheinlich von einer Zungensichel. Die Spitze ist verlängert und nach oben gekrümmt. Einige fast abgeflachte Dellen zieren die äußere Randrippe. Nach dem Guß wurde das Stück vollendet, aber die Schneide zeigt keine Verwendungsspuren. Die Sichel wurde durch Biegen alt abgebrochen. Gute Patina mit hellgrünen Flecken.
L. 9; B. 2,2; Gew. 24.
110. Sichel (Abb. 4,34). Die Spitze und die Klinge eines Exemplares, das wahrscheinlich zu den Zungensicheln gehört. Die stark profilierte Randrippe ist unverziert; die Breite der Klinge ist übrigens sehr reduziert. Das Stück wurde nach dem Guß vollendet, doch Verwendungsspuren konnten nicht beobachtet werden; die Schneide wurde von Korrosion zerfressen. Durch Biegen wurde die Sichel alt abgebrochen. Patina wie Nr. 109.
L. 9,8; B. 1,9; Gew. 18.
111. Sichel (Abb. 5,21). Die Spitze und die Klinge einer Zungensichel, die stark korrodiert ist. Entlang der einfachen Randrippe läuft auf der Klinge eine Längsrille. Das Stück wurde durch Biegen alt abgebrochen. Patina wie Nr. 109.
L. 9,3; B. 2,3; Gew. 29.
112. Sichel (Abb. 4,1). Es handelt sich um die krumme Spitze und um die Klinge einer Zungensichel. Zwei Längsrippen verstärken die Klinge. Die Sichel wurde vollendet, Korrosion hat die Schneide zerfressen. Das Stück wurde durch Biegen alt abgebrochen, so daß die Klinge heute noch gebogen ist.
L. 10,3; B. 2,3; Gew. 32.
113. Sichel (Abb. 4,5). Spitze und Klinge einer Zungensichel. Die unverzierte Randrippe ist stark profiliert und die Klinge leicht facettiert. Das nach dem Guß vollendete Stück wurde durch Biegen im Altertum abgebrochen.

Durch die Korrosion ist die Schneide stark beschädigt. Gute Patina mit vielen hellgrünen Flecken.
L. 11,5; B. 2,4; Gew. 26.

114. Sichel (Abb. 4,9). Scheinbar die Spitze und die Klinge einer Hakensichel. Neben der profilierten Randrippe läuft um die Mitte der Klinge eine weitere, weniger profilierte Längsrippe. Das Stück wurde nach dem Guß vollendet, aber die Schneide zeigt keine Verwendungsspuren. Die Klinge wurde durch Biegen alt abgebrochen. Gute Patina mit hellgrünen Flecken.
L. 11,4; B. 2,9; Gew. 44.

115. Sichel (Abb. 4,29). Die Spitze und die Klinge einer Zungensichel mit drei ungleich dünnen, unverzierten Längsrippen. Das Stück wurde im Altertum durch Biegen abgebrochen. Nach dem Guß wurde die Sichel vollendet; Verwendungsspuren sind nicht sichtbar, da die Schneide durch Korrosion abgestumpft ist. Gute Patina mit hellgrünen Klumpen.
L. 11,7; B. 2,9; Gew. 46.

116. Sichel (Abb. 4,22). Die nach oben gekrümmte Spitze und die Klinge gehören zu einer Zungensichel. Eine Längsrille läuft auf der Klinge entlang der Randrippe. Das Stück wurde nach dem Guß vollendet und durch Biegen alt abgebrochen; Verwendungsspuren sind nicht sichtbar, die Abstumpfung der Schneide ist durch Korrosion entstanden. Patina wie Nr. 114.
L. 11,7; B. 2,2; Gew. 52.

117. Sichel (Abb. 4,26). Die ein wenig nach oben gekrümmte Spitze und die Klinge stammen von einer Zungensichel. Eine zweite Längsrippe läuft parallel mit der Randrippe, beide sind unverziert. Das Stück wurde nach dem Guß vollendet und durch Biegen abgebrochen, so daß heute noch das Fragment gebogen ist. Patina wie Nr. 114.
L. 11,5; B. 2,4; Gew. 42.

118. Sichel (Abb. 4,17), der vorangehenden ähnlich. Es fehlt eine zweite Längsrippe.
L. 12,1; B. 2,5; Gew. 34.

119. Sichel (Abb. 4,13). Die Spitze und die Klinge gehören zu einer Hakensichel mit profilierter Randrippe. In der Nähe der Bruchstelle kann ein kleines Loch (Gußfehler ?) beobachtet werden. Nach dem Guß wurde das Exemplar vollendet, aber nicht verwendet, so daß die Abstumpfung der Schneide durch Korrosion entstand. Patina wie Nr. 114.
L. 12,4; B. 3,3; Gew. 55.

120. Sichel (Abb. 4,33). Spitze und Klinge einer Zungensichel. Die Randrippe wird von einer dünneren - beide unverziert - flankiert. Die facettierte Klinge wurde durch Biegen alt abgebrochen. Durch Korrosion hat das nach dem Guß vollendete Stück eine poröse Oberfläche und eine abgestumpfte Schneide. Patina wie Nr. 114.
L. 13,9; B. 2,3; Gew. 38.

121. Sichel (Abb. 4,35), der vorangehenden ähnlich.
L. 13,8; B. 2,6; Gew. 47.

122. Sichel (Abb. 5,29). Die leicht abgerundete Spitze und die Klinge gehören vielleicht zu einer Zungensichel. Die Randrippe ist wenig profiliert und unverziert. Durch die Korrosion zeigt das nach dem Guß vollendete Stück eine poröse Oberfläche und eine abgestumpfte Schneide. Patina wie Nr. 114.
L. 12,5; B. 2; Gew. 24.

123. Sichel (Abb. 4,3). Bruchstück von einer facettierten Zungensichelklinge, deren stark profilierte Randrippe mit Schrägkerben verziert ist. Die Sichel wurde nach dem Guß vollendet, aber alt abgebrochen; die Schneide ist durch Korrosion abgestumpft. Gute Patina mit hellgrünen Klumpen.
L. 11,7; B. 3,6; Gew. 67.

124. Sichelklinge (Abb. 5,27). Das Fragment stammt wahrscheinlich von einer Zungensichel. Die Randrippe wird von einer anderen, dünneren Längsrippe begleitet. Nach dem Guß wurde sie vollendet. Da die Schneide wiederholt im Altertum geschärft wurde, kann man folgern, daß die Sichel dauerhaft verwendet und am Ende abgebrochen wurde. Patina wie Nr. 114.
L. 10; B. 2,3; Gew. 27.

125. Sichelklinge (Abb. 4,18). Das Bruchstück stammt von einer Zungensichel. Die Randrippe ist gut profiliert und die Klinge facettiert. Nach dem Guß wurde das Stück vollendet, zeigt aber keine Verwendungsspuren. Im Altertum wurde die Klinge durch Biegen abgebrochen, so daß bis heute noch ein Ende gebogen blieb. Patina wie Nr. 114.
L. 7,8; B. 3,7; Gew. 49.

126. Sichelklinge (Abb. 4,6). Das Bruchstück stammt von einer Zungensichel. Am Rücken ist noch der Gußzapfen sichtbar. Die mit Dellen verzierte und stark profilierte Randrippe wird von einer weiteren, dünneren Rippe begleitet. Die facettierte Klinge wurde alt abgebrochen. Nach dem Guß wurde das Exemplar vollendet,

aber die Schneide durch Korrosion abgestumpft. Patina wie Nr. 114.
L. 9; B. 3,3; Gew. 52.

127. Sichelklinge (Abb. 4,10). Das Bruchstück stammt von einer Zungensichel. Neben der stark profilierten Randrippe läuft eine zweite, verflachte Längsrippe. Das Exemplar wurde nicht nur vollendet, sondern auch genutzt und schließlich alt zerbrochen. Patina wie Nr. 114, zusätzlich ein Klumpen um die Schneide.
L. 9,4; B. 2,7; Gew. 40.

128. Sichelklinge (Abb. 5,24). Das Bruchstück stammt von einer Zungensichel. Die stark profilierte und teilweise mit Schrägkerben verzierte Randrippe wird von zwei anderen, dünneren und unverzierten Längsrippen begleitet. Der Erhaltungszustand ist sehr schlecht und die Schneide vollkommen durch Korrosion zerfressen. Gute Patina, mit vielen hellgrünen Flecken und Klumpen bedeckt.
L. 8,5: B. 2,4; Gew. 22.

129. Sichelklinge (Abb. 5,30). Das Bruchstück stammt von einer Zungensichel. Die profilierte Randrippe wird von zwei weiteren begleitet. Das Stück wurde vollendet und verwendet, jetzt ist es korrodiert. Patina wie Nr. 114.
L. 9,6; B. 3; Gew. 60.

130. Sichelklinge (Abb. 5,23). Das Bruchstück stammt wahrscheinlich von einer Zungensichel. Die Randrippe ist stark profiliert und von einer anderen, verflachten Längsrippe begleitet. Das Stück wurde nach dem Guß vollendet, zeigt aber keine Verwendungsspuren. Im Altertum wurde es durch Biegen zerbrochen. Patina wie Nr. 114.
L. 6,3; B. 2,9; Gew. 23.

131. Sichelklinge (Abb. 4,14). Das Bruchstück stammt wahrscheinlich von einer Zungensichel. Die Randrippe ist gut profiliert und die Klinge ein wenig facettiert. Das Stück wurde nach dem Guß vollendet und verwendet. Im Altertum durch Biegen zerbrochen. Patina wie Nr. 114.
L. 8,3; B. 3,1; Gew. 37.

132. Sichelklinge (Abb. 5,28), einem unbestimmbaren Typ zugehörend. Die sehr schmale Klinge zeigt eine stark profilierte Randrippe. Kaum nachgearbeitet nach dem Guß, scheint das Stück nicht gebraucht worden zu sein; alt zerbrochen. Patina wie Nr. 114.
L. 7,1; B. 1,6; Gew. 12.

133. Sichelklingenfragment (Abb. 5,26) mit einer profilierten Randrippe. Jetzt ist das Stück sehr korrodiert und die Schneide "zerfetzt"; alt zerbrochen. Gute Patina mit zahlreichen hellgrünen Klumpen.
L. 7,7; B. 2,9; Gew. 36.

134. Sichelklingenfragment (Abb. 5,25), das von einer Zungensichel stammt. Die Randrippe ist stark profiliert und von einer zweiten begleitet. Das Stück wurde nach dem Guß vollendet und verwendet; durch Biegen alt abgebrochen. Patina wie Nr. 114.
L. 5,6; B. 2,8; Gew. 34.

135. Sichelklingenfragment (Abb. 5,11), wahrscheinlich von einer Hakensichel mit profilierter Randrippe stammend. Jetzt ist das Stück stark korrodiert und die Schneide ist "zerfetzt". Gute Patina mit hellgrünen Klumpen bedeckt.
L. 6,2; B. 3,6; Gew. 19.

136. Sichelklingenfragment (Abb. 5,20), wahrscheinlich von einer Zungensichel stammend. Eine stark profilierte Randrippe wird von einer zweiten Längsrippe begleitet. Das Stück wurde nach dem Guß vollendet und durch Biegen alt abgebrochen. Patina wie Nr. 114.
L. 6,1; B. 3; Gew. 24.

137. Sichelklingenfragment (Abb. 5,19), von einer Zungensichel stammend. Die Randrippe ist stark profiliert. Die Schneide besteht aus einer Randfacette der Klinge. Nach dem Guß wurde das Stück verwendet und schließlich durch Biegen zerbrochen. Patina wie Nr. 114.
L. 5,8; B. 2; Gew. 8.

138. Sichelklingenfragment (Abb. 5,6), zu einem unbestimmbaren Typ gehörend. Die Randrippe ist stark profiliert. Das alt abgebrochene Stück ist heute völlig korrodiert. Gute Patina mit hellgrünen Klumpen.
L. 4,8; B. 3,7; Gew. 21.

139. Sichelklingenfragment (Abb. 5,1), wahrscheinlich von einer Zungensichel stammend. Die Randrippe ist profiliert; drei weitere kurze Querrippen verlaufen senkrecht. Das Stück wurde nicht vollendet und durch Biegen alt abgebrochen. Heute noch ist das Fragment gebogen. Patina wie Nr. 114.
L. 4; B. 3,8; Gew. 34.

140. Sichelklingenfragment (Abb. 5,10) von einer Zungensichel. Die stark profilierte Randrippe wird von zwei weiteren Längsrippen begleitet. Nach dem Guß wurde das Stück vollendet, aber nicht benutzt. Die leicht

facettierte Klinge ist durch Biegen alt abgebrochen worden. Patina wie Nr. 114.
L. 3,8; B. 3,3; Gew. 14.

141. Sichelklingenfragment (Abb. 5,18), wahrscheinlich von einer Zungensichel. Neben der profilierten Randrippe läuft eine zweite Längsrippe. Das Stück wurde vollendet, aber nicht verwendet. Die Klinge zeigt eine Facette und wurde im Altertum abgebrochen. Patina wie Nr. 114.
L. 3,9; B. 2,2; Gew. 11.

142. Sichelklingenfragment (Abb. 5,17), wahrscheinlich von einer Zungensichel. Die gut profilierte Randrippe wird von einer Längsrippe begleitet; beide sind unverziert. Nach dem Guß wurde das Stück vollendet und wahrscheinlich verwendet. Durch Biegen wurde es alt abgebrochen. Patina wie Nr. 114.
L. 2,9; B. 2,6; Gew. 13.

143. Sichelklingenfragment (Abb. 5,7), dem vorangehenden ähnlich, aber stark korrodiert. Gute Patina mit hellgrünen Klumpen.
L. 3,3; B. 2,5; Gew. 7.

144. Sichelklingenfragment (Abb. 5,15). Der Typ ist unbestimmbar. Die profilierte Klinge ist unverziert. Das Stück wurde alt abgebrochen. Patina wie Nr. 114.
L. 3; B. 3,6; Gew. 13.

145. Sichelklingenfragment (Abb. 5,8), dem vorangehenden ähnlich; nur die Randrippe ist im Querschnitt rundlicher. Patina wie Nr. 143.
L. 4,1; B. 2,2; Gew. 14.

146. Sichelklingenbruchstück (Abb. 5,14), den vorangehenden ähnlich, nur stark korrodiert. Die Schneide besteht aus einer "Facette". Patina wie Nr. 114.
L. 1,9; B. 2,6; Gew. 14.

147. Sichelklingenfragment (Abb. 5,9), das vielleicht von einer Zungensichel stammt. Alle drei Rippen - eine profilierte Rand- und zwei weitere Längsrippen - sind unverziert. Das Stück wurde alt zerbrochen, und zwar derart, daß auch die Schneide fehlt. Nach dem Guß vollendet. Gute Patina mit wenigen hellgrünen Flecken.
L. 2,9; B. 2; Gew. 10.

148. Sichelklingenfragment (Abb. 5,13). Der Typ ist unbestimmbar. Die Randrippe ist profiliert. Nach dem Guß wurde das Stück vollendet, alt abgebrochen. Patina wie Nr. 114.
L. 2,4; B. 2; Gew. 8.

149. Sichelklingenfragment (Abb. 5,12), das vielleicht von einer Zungensichel stammt. Die zwei Längsrippen, eine davon die profilierte Randrippe, sind unverziert. Das korrodierte Stück wurde alt abgebrochen. Patina wie Nr. 143.
L. 1,5; B. 2; Gew. 4.

150. Sichel (Abb. 4,31). Das Bruchstück stammt von einer Zungensichel; es handelt sich um den oberen Teil des Griffes und um ein Stück Klinge. Zwischen den mit Kerben verzierten Randrippen des Griffes ist Platz für drei schmale, unverzierte Längsrippen, die ihrerseits von zwei ähnlichen, aber Querrippen überschnitten werden. Die äußere Randrippe setzt sich am Klingenrand fort, nur die Kerbverzierung wandelt sich in nicht regelmäßig verteilte Dellen. Mit Ausnahme des Gußzapfens, wurde das Stück vollendet. Die Sichel wurde verwendet. Durch Biegen wurden die beiden Enden alt abgebrochen. Patina wie Nr. 114.
L. 8; B. 2,7; Gew. 51.

151. Sichel (Abb. 4,19). Es handelt sich um den Oberteil eines Zungensichelgriffes. Außer der langen Randrippe kommen zwei weitere einfache Rippen vor. Nach dem Guß wurde das Stück unzureichend vollendet, es zeigt Verwendungsspuren. Durch Biegen wurden die beiden Enden alt abgebrochen. Gute Patina mit vielen hellgrünen Flecken.
L. 6,5; B. 3; Gew. 35.

152. Sichel (Abb. 4,11). Es handelt sich um den Oberteil eines Zungensichelgriffes, auf dem noch drei unverzierte Längsrippen zu erkennen sind. Nach dem Guß wurde die Sichel unzureichend vollendet, aber scheinbar verwendet. Durch Biegen wurden die beiden Enden alt abgebrochen. Patina wie Nr. 114.
L. 5,6; B. 3,5; Gew. 20.

153. Sichel (Abb. 4,4). Es handelt sich um den Oberteil eines Zungensichelgriffes, auf dem drei unverzierte Längsrippen zu erkennen sind. Der Gußzapfen ist am äußeren Ende verbreitert. Am Ende, wo die Klinge ansetzte, ist ein altes Loch zu vermerken. Nach dem Guß wurde das Stück vollendet, aber nicht verwendet. Wahrscheinlich durch Biegen wurden die beiden Enden alt abgebrochen. Patina wie Nr. 114.
L. 4,4; B. 2,9; Gew. 24.

154. Sichel (Abb. 4,7). Es handelt sich um den Oberteil eines Zungensichelgriffes. Drei einfache Längsrippen sind zu vermerken. Nach dem Guß wurde die Sichel, einschließlich Gußzapfen, unzureichend vollendet, aber

scheinbar verwendet. Durch Biegen wurden die beiden Enden alt abgebrochen. Patina wie Nr. 114.
L. 4; B. 3,8; Gew. 32.

155. Sichel (Abb. 4,15), dem vorangehenden Bruchstück ähnlich. Patina wie Nr. 114.
L. 5,1; B. 2,9; Gew. 42; Taf. VIII,32.

156. Spiralscheibe (Abb. 6,26) aus sieben Bronzedrahtwindungen, bei denen der Querschnitt des Drahtes rechteckig ist, im Unterschied zum "freien Ende", wo er rund ist. Das Stück wurde vollendet und durch Biegen alt abgebrochen. Patina wie Nr. 114.
Dm. 5,7; Gew. 85.

157. Spiralscheibe (Abb. 6,21), der vorangehenden ähnlich. Gute Patina mit sehr wenigen hellgrünen Flecken.
Dm. 4,5; Gew. 55.

158. Petschaftkopfnadel (Abb. 6,25) mit tordiertem Hals. Der Stift ist gebogen und der untere Teil fehlt. Nach dem Guß wurde das Stück vollendet. Patina wie Nr. 157.
L. 10,8; Gew. 28.

159. Armring (Abb. 6,20) mit offenen, sich verjüngenden Enden, halbkreisförmig im Querschnitt. Die Verzierung besteht aus vier sorgfältig ausgeführten Quereinritzungen. Nach dem Guß wurde das Stück vollendet und später durch Biegen umgeformt.
Dm. 3,3; Gew. 28.

160. Armring (Abb. 6,6). Bruchstück eines Armringes mit offenen, sich verjüngenden Enden und rundem Querschnitt. Die Verzierung besteht aus mehreren sorgfältig ausgeführten Quereinritzungen. Das Stück wurde vollendet und im Altertum abgebrochen und gebogen. Patina wie Nr. 147.
Dm. 4.9; Gew. 35.

161. Armring (Abb. 6,5). Bruchstück eines Armringes mit offenen, sich verjüngenden Enden. Die Verzierung besteht aus drei Gruppen von Quereinritzungen und aus dazwischen liegenden Gruppen von kurzen Einritzungen. Nach dem Guß wurde das Stück vollendet und im Altertum zerbrochen. Patina wie Nr. 114.
L. 8,3; Gew. 9.

162. Armring (Abb. 6,17). Bruchstück eines Armringes mit offenen, verbreiterten Enden und dreieckigem Querschnitt. Die Verzierung besteht aus Gruppen von kurzen Quereinritzungen und aus dazwischen liegenden gekreuzten Bändern. Nach dem Guß wurde das Stück vollendet und im Altertum zerbrochen. Patina wie Nr. 114.
L. 5,3; Gew. 15.

163. Armring (Abb. 6,18) mit offenen, sich verjüngenden Enden; hergestellt aus Bronzeblech. Der Querschnitt ist gebogen. Die Verzierung besteht aus mehreren eingeritzten Längs- oder Querbändern. Das vollendete Stück wurde im Altertum in mehrere Stücke zerbrochen. Gute Patina mit hellgrünen Klumpen.
L. 7; Gew. 8.

164. Armring (Abb. 6,7). Das Bruchstück stammt von einem Blecharmring. Fünf Längsrippen schmücken das Ringfragment; die äußeren Längsrippen sind mit kleinen Schrägkerben verziert. Patina wie Nr. 114.
L. 4,4; Gew. 15.

165. Armring (Abb. 6,4). Das Bruchstück stammt von einem im Querschnitt runden Stab, der nach außen mit Schrägeinritzungen verziert ist. Nach dem Guß wurde das Stück vollendet, und im Altertum wurden die beiden Enden abgebrochen. Patina wie Nr. 114.
L. 2,9; Gew. 15.

166. Stiftfragment (Abb. 6,9), aus einer dünnen, tordierten Stange hergestellt. Das vollendete Stück wurde im Altertum zerbrochen. Gute Patina mit wenigen hellgrünen Flecken.
L. 4,2; D. 0,3; Gew. 4.

167. Stiftfragment (Abb. 6,8), dem vorangehenden ähnlich. Patina wie Nr. 114.
L. 5,7; D. 0,5; Gew. 8.

168. Stiftfragment (Abb. 6,10), den vorangehenden ähnlich. Patina wie Nr. 166.
L. 8; D. 0,4; Gew. 7.

169. Gürtelhaken (Abb. 7,19) mit einem alt abgebrochenen Ende. Patina wie Nr. 114.
L. 4,9; B. 0,6; Gew. 3.

170-179. Zehn Bronzeblechfragmente (Abb. 7,9-14,16-18), die vielleicht von einem alt zerbrochenen Gürtel stammen. Die Inventarstücke Nr. 171 und 173 sind mit Einritzungen verziert, während Nr. 172 eine mit Treibtechnik durchgeführte Punkt-Buckel-Verzierung hat. Dasselbe gilt vielleicht für Nr. 170, bei dem ein eingerollter Rand zu vermerken ist. Spuren von zwei Löchern sind an Nr. 175 sichtbar. Gute Patina mit hellgrünen Klumpen.
Gesamtgew. 9.

180. Bronzeblechfragment (Abb. 7,5) von einem unbestimmbaren Gegenstand, alt abgebrochen. Patina wie Nr. 114.
L. 4,8; B. 3; Gew. 4.

181. Bronzeblechfragment (Abb. 7,1), dem vorangehenden ähnlich; ein Nietloch ist scheinbar noch erkennbar. Patina wie Nr. 114.
L. 5; B. 2,7; Gew. 14.

182. Bronzeblechfragment (Abb. 7,3) von einem unbestimmbaren Gegenstand, durch Biegen alt abgebrochen. An einem Rand ist ein Bronzeniet erhalten. Die ganze Oberfläche ist mit dünnen, vielleicht durch Hämmern hergestellte Längsrillen bedeckt. Patina wie Nr. 114.
L. 7,4; B. 2,4; Gew. 14.

183. Bronzeblechfragment (Abb. 7,2), dem vorangehenden ähnlich.
L. 3,5; B. 4; Gew. 7.

184. Bronzeperle (Abb. 7,15), aus dünnem Bronzeblech hergestellt; sie ist doppelkegelstumpfförmig, wobei die Enden gelöchert sind. Das Stück wurde alt zerbrochen und lediglich eine Hälfte ist erhalten. Patina wie Nr. 114.
D. 2,5; Gew. 7.

185. Ringfragment (Abb. 6,11), bereits alt zerbrochen. Die innere Seite ist mit eingeritzten Girlanden verziert, welche von kurzen, senkrechten Kerben flankiert sind. Gute Patina mit wenigen hellgrünen Klumpen.
L. 3,5; B. 1,3; Gew. 26.

186. Stangenfragment (Abb. 6,13), leicht gebogen und alt abgebrochen. Der Querschnitt ist rechtwinklig, mit verrundeten Ecken. Auf der Rückenseite zieren Quer- und Kreuzeinritzungen das Bruchstück. Ebenda, ungefähr in der Mitte, wurde die Stange und dadurch teilweise auch die Verzierung ausgehämmert. Auf der Seite gegenüber befindet sich eine Rinne, die vielleicht durch den Guß in einer offenen Gußschale verursacht wurde. Danach wurde die Stange vollendet, verziert und ausgehämmert. Patina wie Nr. 114.
L. 5,7; B. 0,9; Gew. 35.

187. Stangenfragment (Abb. 6,2) mit trapezförmigem Querschnitt und einer dünneren Verlängerung, die vom Guß zurückblieb. Der Rücken wurde gehämmert, wodurch eine Reihe von schmalen Dellen entstand. Auf einer Seite kann auch eine X-förmige "Stanze" beobachtet werden. Wenig nachgearbeitet, wurde das Stück alt abgebrochen. Patina wie Nr. 114.
L. 8,6; B. 1,2; Gew. 31.

188. Stangenfragment (Abb. 6,3) trapezoidalen Querschnitts; ein Ende wurde bereits alt abgebrochen. Auf dem Rücken wurde durch Hämmern eine Reihe von Dellen ausgeführt. Nach dem Guß wurde das Stück vollendet und gehämmert. Patina wie Nr. 114.
L. 10,2; B. 1; Gew. 40.

189. Stangenfragment (Abb. 6,19), den vorangehenden ähnlich. Gute Patina mit hellgrünen Flecken und Klumpen.
L. 3,7; B. 0,7; Gew. 15.

190. Stange (Abb. 6,24), trapezförmigen Querschnitts. Nach dem Guß wurde das Stück nicht vollendet, so daß auch ein Gußzapfen noch sichtbar ist. Patina wie Nr. 114.
L. 10; B. 0,8; Gew. 20.

191. Stangenfragment (Abb. 7,7), der vorangehenden ähnlich. Gute Patina mit hellgrünen Klumpen.
L. 4,5; B. 1,7; Gew. 20.

192. Stangenfragment (Abb. 6,16), der Nr. 188 ähnlich. Das Stück wurde mittels eines Meißels im Altertum abgebrochen. Patina wie Nr. 114.
L. 15,1; B. 1,2; Gew. 103.

193. Stangenfragment (Abb. 6,15), dem vorangehenden ähnlich, nur der Querschnitt ist halbkreisförmig. Nach dem Guß wurde das Stück oberflächlich vollendet. Patina wie Nr. 114.
L. 9,6; B. 1,5; Gew. 70.

194. Stangenfragment (Abb. 6,14), dem vorangehenden ähnlich. Während des Gusses in einer Schale lief die Bronze über, wobei später nicht entfernte Gußreste zu beiden Seiten entstanden. Patina wie Nr. 114.
L. 13,2; B. 2,4; Gew. 192.

195. Stangenfragment (Abb. 6,1), dem Stück Nr. 191 ähnlich. Beide Enden wurden alt abgebrochen. Nach dem Guß wurde das Stück oberflächlich vollendet. Patina wie Nr.114.
L. 5,9; B. 1,5; Gew. 53.

196. Stange (Abb. 6,22) mit trapezförmigem Querschnitt, deren Winkel abgerundet sind. Nachlässig gegossen, wurde das Stück auch später nicht weiter vollendet, nur der Rücken wurde ausgehämmert. Gute Patina mit hellgrünen Flecken und Klumpen.

L. 18; B. 2,8; Gew. 145.

197. Stangenfragment (Abb. 7,6), dem Stück Nr.190 ähnlich. Patina wie Nr. 114.
L. 7,1; B. 0,8; Gew. 35.

198. Stangenfragment (Abb. 6,23), dem vorangehenden ähnlich. Patina wie Nr. 114.
L. 5,9; B. 0,6; Gew. 19.

199. Stangenfragment (Abb. 6,12) (?) mit rundem Querschnitt. Das Stück ist sehr schlecht konserviert, besonders weil es mit Feuer behandelt und gebogen wurde. Alt abgebrochen. Patina wie Nr. 114.
L. 5,4; B. 1; Gew. 19.

200. Stangenfragment mit trapezförmigem Querschnitt. Alt abgebrochen. Es wurde im Innenraum des Tüllenbeiles Nr. 26 mitgegossen.

201. Gußfladen (nicht abgebildet), bruchstückhaft erhalten. Gute Patina mit vielen hellgrünen Klumpen und Flecken.
Gew. 58.

202. Gußfladen (Abb. 7,30), bruchstückhaft erhalten, nachlässig gegossen und unvollendet. Patina wie Nr. 76.
Gew. 76.

203. Gußfladen (Abb. 7,28), bruchstückhaft erhalten und verhältnismäßig nachlässig gegossen. Patina wie Nr. 114.
Gew. 69.

204. Gußfladen (Abb. 7,42). Das Bruchstück wurde mittels eines Meißels abgebrochen. Patina wie Nr. 114.
Gew. 114.

205-223. Gußfladen (Abb. 7,4,8,21-27,29,31,32,34-44), bruchstückhaft erhalten, alt abgebrochen. Patina wie Nr. 114.
Gew. 93; 112; 117; 268; 395; 215; 371; 133; 38; 56; 27; 25; 35; 20; 30; 68; 20; 219; 387.

224. Gußfladen (Abb. 7,33), den vorangehenden ähnlich, nur ein Anhängerloch unterscheidet ihn von den anderen. Patina wie Nr. 114.
Gew. 81.

225-227. Gußreste (Abb. 7,8,4,21), wahrscheinlich vom Guß der Tüllenbeile. Gute Patina mit grünlichen Flecken.
Gew. 98; 42; 49.

Sowohl die Anzahl als auch das Gesamtgewicht der Inventarstücke von Bogdan Vodă gestatten uns, diese Entdeckung als die größte ihrer Art aus der Maramureș-Depression zu betrachten. Eine gewisse Zurückhaltung ist aber zu empfehlen, da es Berichte über viel größere Depotfunde gibt, die vor längerer Zeit entdeckt worden sind. Viele dazugehörige Gegenstände gingen inzwischen verloren (Kacsó 1980, 300-301).

Die meisten Fundgattungen von Bogdan Vodă sind oft in den gleichartigen Depotfunden in Siebenbürgen vertreten. Es handelt sich vorwiegend um Tüllenbeile, Sicheln (insbesondere Zungensicheln), Lanzenspitzen, Messer, Lappenbeile, Dolche und Armringe. Die Tüllenbeile von Bogdan Vodă weisen schon auf eine Besonderheit dieses Depotfundes hin, indem die hiesige massive Präsenz der Varianten A und B der siebenbürgischen Tüllenbeile, im Gegensatz zu ihrem allgemein spärlichen Vorkommen in der Maramureș-Depression (Rusu 1966, 28-30 und die Karte, Abb. 5), auffallend ist. Dasselbe gilt für die Sicheln, deren Anzahl in Nordrumänien recht unbedeutend ist (Petrescu-Dîmbovița 1978, 1 ff. und die Verbreitungskarten). Ein ungewöhnliches Fundstück steht in unserem Katalog unter Nr. 13, das wir als Dolch betrachten möchten. Dafür sprechen die zwei Schneiden, die teilweise erhalten sind. Eine eigenartige Erscheinung ist auch die besondere Rasiermesserform (Katalog Nr. 17), für die wir keine Analogien kennen. Noch seltener kommt ein Messertyp vor, von dem in Bogdan Vodă lediglich ein Lappengriff mit Nietlöchern vorhanden ist (Katalog Nr.14), der in die Reihe der zentraleuropäischen Zungenmesser (Říhovský 1972, 23 ff.) gehört, ohne aber in den siebenbürgischen Funden vollkommen zu fehlen (z.B. bei Uioara, vgl. Petrescu-Dîmbovița 1978, Taf. 193,822). Die zwei großen Spiralen (Katalog Nr. 156-157) sind durch verschiedene Drahtquerschnitte (rechteckig bei der Spirale und rund am äußeren Ende) gekennzeichnet, eine Eigentümlichkeit, die auch die Wellennadeln (z.B. aus dem Depotfund von Deva III, ebd. Taf. 92,C,29 oder die vier Exemplare von Cincu, ebd. Taf. 90,A,42) charakterisiert. Die beiden Lappenbeile (Katalog Nr. 41-42), die zu dem Typ Sighet (Vulpe 1975, 76-77) gehören, die siebenbürgischen Tüllenbeile, die Zungensicheln vom Typ Uioara und die Armringe erlauben aufgrund der Analogien eine Einordnung des Depotfundes von Bogdan Vodă in die Cincu-Suseni-Serie. Eine ähnliche Datierung wird auch von der typologischen Einordnung der Lanzenspitzen, des massiven

Tüllenbeiles mit plastischem Dekor und der beiden Wellennadeln unterstützt.

Herkömmlicherweise sind die Depotfunde aus Rumänien in mehrere "Serien", d.h. Depotfundstufen eingeteilt, die nacheinanderfolgenden, gut umrissenen Zeitstufen entsprechen sollen. Die Cincu-Suseni-Stufe gilt als erster Zeitabschnitt der Eisenzeit und ist mit der H A1-Stufe (12. Jh. v. Chr.) gleichzusetzten, während die darauffolgende Stufe Turia-Jupalnic mit der chronologischen H A2-Stufe (11. Jh. v. Chr.) übereinstimmt (Rusu 1963; Petrescu-Dîmbovița 1978). Neuerdings wurde festgestellt, daß für die Endphase der Bronzezeit eine längere Dauer angenommen werden muß, die ohne weiteres die Grenze 1200 v. Chr. überschreitet. Die logische Folge ist eine zeitliche Einschränkung der H A-Stufe, die dementsprechend nicht mehr in A 1 und A 2 eingeteilt werden kann (László 1985, 20-21); andererseits ist die Existenz der Turia-Jupalnic-Stufe immer umstrittener (Vulpe 1981, 429; Chicideanu 1983, 14; Vulpe/Lazăr 1989, 243). Wir teilen diese neuen Ansichten und schlagen demzufolge eine Datierung des Depotfundes von Bogdan Vodă in die H A-Stufe vor. Eine weitere Einteilung in A 1 und A 2 scheint uns eine künstliche zu sein, und wir halten eine Zuweisung unseres Depotfundes in die Cincu-Suseni-"Serie" eher für eine typologische Gliederung (Vulpe/Lazăr 1989, 243). Die keramischen Bruchstücke des Depotfundgefäßes erlauben keine vollständige Rekonstruktion der Form und der Verzierungen. Man kann von einem bauchigen Behälter sprechen, dessen Verzierung aus breiten, senkrechten Kannelüren und aus kleinen Warzen besteht; diese Verzierungselemente kommen oft in Nordsiebenbürgen und in der Maramureș-Depression vor und gehören zum Fundgut der früheisenzeitlichen Kulturgruppe Lăpuș, deren Verwandtschaft mit der Gáva-Holihrady-Kultur unumstritten ist (Horedt 1966; Kacsó 1977 b).

Bei 92,07 Prozent des Gesamtgewichtes von 14,833 kg handelt es sich um Bruchstücke (siehe Tabelle, Abb. 8), deren Gewicht zwischen 2 und 360 Gramm liegt. Überprüft man die kummulative Kurve aller Gegenstände von Bogdan Vodă (siehe Abb. 9,1), so ergibt sich, daß die Mehrheit der Fundstücke aus Fragmenten mit kleinerem Gewicht besteht: 141 davon liegen zwischen 2 und 50 Gramm, 48 Stücke zwischen 50 und 130 Gramm, und die letzte, weniger zahlreiche Gruppierung beinhaltet meistens vollständig erhaltene Inventarstücke und läßt eine fast horizontale Kurve erkennen. Zum Vergleich konnten wir nur die Angaben zu den Depotfunden von Călugăreni und Iernut (Vulpe/Lazăr 1989) in Anspruch nehmen; leider ist der letztere unvollständig. Die kummulativen Kurven der beiden mit Bogdan Vodă zeitgleichen Depotfunde zeigen etwa gleichartige Linienführungen (Abb. 9,2.3).

Eine andere wichtige Frage bei der Behandlung unseres Depotfundes betrifft die intentionelle Zerstörung der Gegenstände. Die gebogenen Sicheln (Katalog Nr. 72, 77-78, 80, 82-83, 99 ff.) sowie die Gegenstände, die die Spuren eines Meißelschlages, mit dem sie zerstört wurden, erkennen lassen, die durch Biegen zerbrochenen Dolche, die zerstörten Tüllenbeile, auf denen noch Schlagspuren sichtbar sind (Katalog Nr. 30-40), die gefalteten und dabei zerbrochenen Sägeblätter, der verbogene, aber trotzdem ganz erhaltene Armring (Katalog Nr. 154), sogar die Schlagspuren auf den Gußbarren, all das beweist, daß - mit wenigen Ausnahmen - die Zerstörung der Gegenstände eine bewußte intentionelle Handlung war. Das wird höchstwahrscheinlich kurz vor der Niederlegung des Depotfundes geschehen sein, um eine weitere praktische Verwendung unmöglich zu machen. Auch die Art, wie die Sicheln abgebrochen worden sind, weist auf eine absichtliche Zerstörung hin. Die Zerstörung wurde immer mit dem Abbrechen der Spitze begonnen und setzte sich gegen den Griff zu fort. Die Exemplare, bei denen die Klingenspitze oder, in unterschiedlichem Maße, die Klinge sogar bis zum Griff abgebrochen wurde, stellen die absolute Mehrheit dar, während uns - bei einer beträchtlichen Anzahl von Funden - kein einziges Exemplar mit abgebrochenem Griff bekannt ist. Gleichzeitig soll betont werden, daß Zungengriffenden nicht unbekannt sind. Auch bei anderen Fundgattungen (Dolche, Messer, Schwerter, Lanzenspitzen) scheint diese Regel, das wichtigste Gebrauchsteil der Gegenstände zu zerstören, gültig gewesen zu sein. Einige Axt- und Tüllenbeilfragmente aus anderen Depotfunden scheinen diese Regel zu bestätigen.

Zerstört man absichtlich Gegenstände nach verhältnismäßig genauen Regeln und kurz vor der Deponierung, legt man kleine, manchmal winzige Bruchstücke nieder, so kann ein solches Verhalten nicht mit irgendwelchen alltäglichen Zwecken in Zusammenhang gebracht werden. Die Fakten lassen uns eher soziale oder religiöse Hintergründe (Bradley 1982, 116-120) vermuten.

Die Verschiedenartigkeit der intakten Inventarstücke, das Vorkommen mehrerer bronzener Fragmente sowie das von Barren und Gußresten erlauben, den Depotfund von Bogdan Vodă mit den sog. "Gießereifunden" (Rusu

1963; Petrescu-Dîmbovița 1978), deren "klassische" Vertreter die Funde von Gușterita, Șpălnaca oder Uioara sind, zu vergleichen. Vom Anfang der Hallstattzeit sind solche großen Depotfunde in Rumänien, vor allem in Siebenbürgen, bekannt. Aus derselben Zeit liegen aber auch Depotfunde vor, die aus wenigen Inventarstücken oder lediglich aus zwei-drei Hauptfundgattungen (Waffen und Schmuck, Waffen und Werkzeuge usw.) bestehen. Für diese Depotfunde liegt eine Deutung als Votivgaben viel näher, im Unterschied zu den Depotfunden der Bogdan-Vodă-Art, die allgemein als Gießereifunde betrachtet werden, obwohl auch abweichende Meinungen (Nistor/Vulpe 1974, 15-16) geäußert wurden. Zur Deutung dieser Hortkategorie kann man nicht so einfach Vermutungen aufstellen, weil der umfangreiche und vielfältige Inhalt, oft unter unklaren Fundbedingungen geborgen, sich sehr schwer analysieren läßt. Darüber hinaus erschwert die traditionelle Methodologie ein solches Unternehmen, da sie auf eine strukturelle Analyse der Depotfunde verzichtet und sich darauf beschränkt, die Typologie der Funde und ihre chronologische Eingliederung in Serien und Horizonte zu klären.

Wir sind uns bewußt, daß die Strukturanalyse dieser Depotfunde den Vergleich mehrerer solcher Entdeckungen, deren Inhalt unter allen Gesichtspunkten genau angegeben ist, verlangt. Da diese Forderung in der rumänischen Forschung vorerst noch ein Wunsch bleibt, beschränken wir uns darauf, mehr eine Arbeitstechnik als eine Methodologie für diese Forschungsrichtung herauszuarbeiten.

Vier Hauptkategorien lassen sich beim Depotfund von Bogdan Vodă erkennen: Waffen, inbegriffen die Tüllenbeile (vgl. dazu Wanzek 1989, 149-155); Werkzeuge; Trachtenschmuck; Rohstoffe, wozu auch die unbestimmbaren Inventarstücke gezählt wurden. 13 weitere Depotfunde der Cincu-Suseni-Stufe haben wir auf ähnliche Weise untersucht. Alle enthielten die vier oben erwähnten Hauptkategorien und hatten gut überlieferte Inhaltsangaben. Da eine auf weitergehenderen Serien basierende Analyse in unserem Fall kaum denkbar gewesen wäre, sind wir bei den 13 vollkommen zufällig ausgewählten Depotfunden geblieben, um eine Analysen- und nuanciertere Deutungstechnik vorzubereiten.

Aus den Diagrammen, in denen die numerischen und prozentualen Strukturen der vier Hauptkategorien dargestellt sind (siehe die folgenden Tabellen), können wir einige Schlußfolgerungen ziehen (Abb. 10).

Erstens scheint eine Einteilung der hier analysierten Depotfunde in drei gut trennbare Gruppen durchaus möglich. Die Gruppe A (4 Depotfunde) ist dadurch charakterisiert, daß der Trachtenschmuck prozentual gut vertreten ist, im Gegensatz zum Rohstoff, der gewissermaßen lediglich symbolisch vorhanden ist. Bedeutsam scheint die Herkunft der vier Depotfunde der Gruppe A aus dem Banat. Das Übergewicht der Werkzeuge und eine Art Gleichgewicht von Trachtenschmuck und Rohstoff kennzeichnen die Gruppe B. Die Gruppe C zeichnet sich durch die Dominanz des Rohstoffes aus, während der Trachtenschmuck in dieser Gruppe "symbolisch" vertreten ist. Die Diagramme der Gruppe C sind also symmetrisch, aber umgekehrt im Vergleich mit den Diagrammen der Gruppe A (Abb. 10).

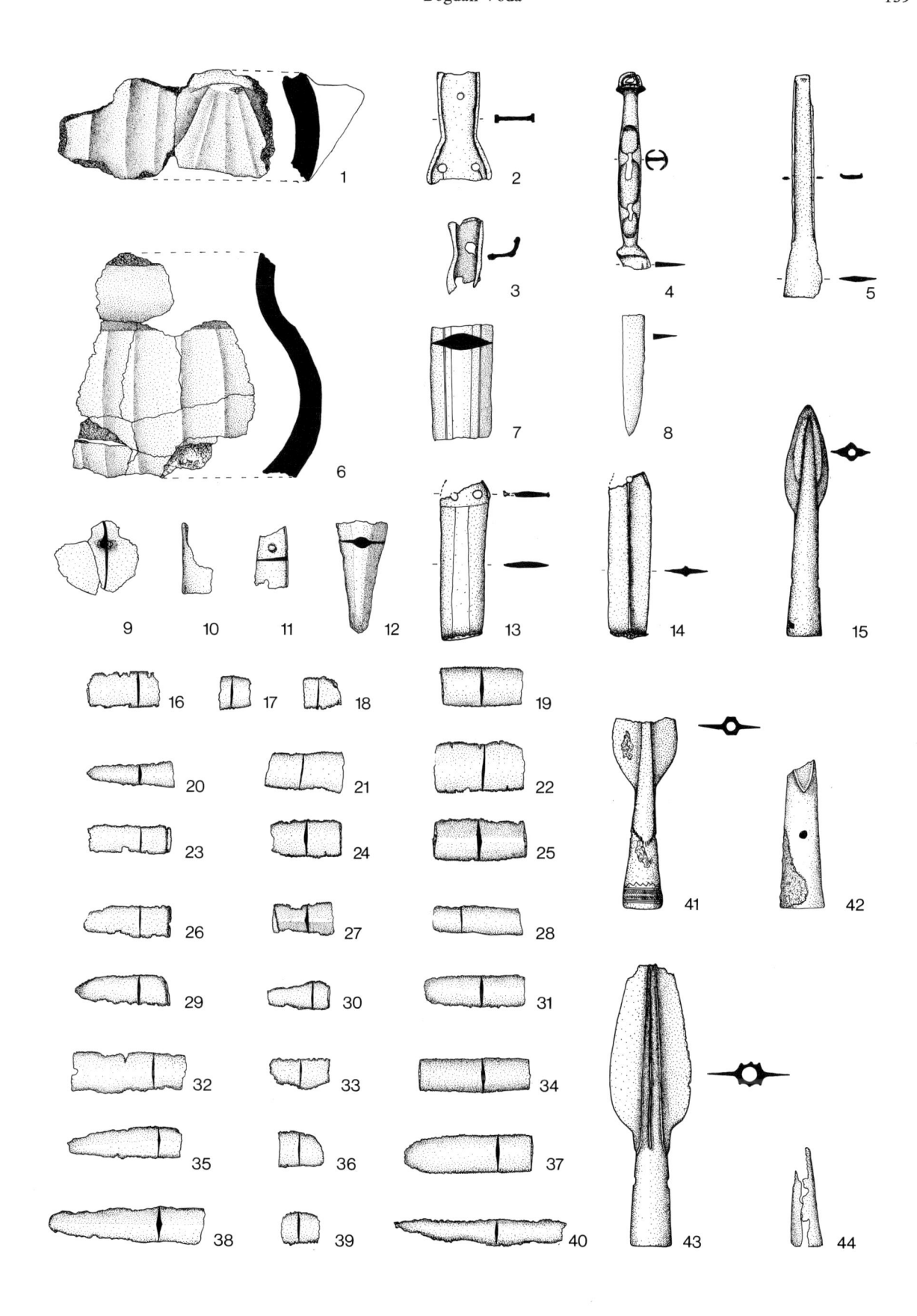

Abb. 1. 1-44 Depotfund von Bogdan Vodă. M. 1:3

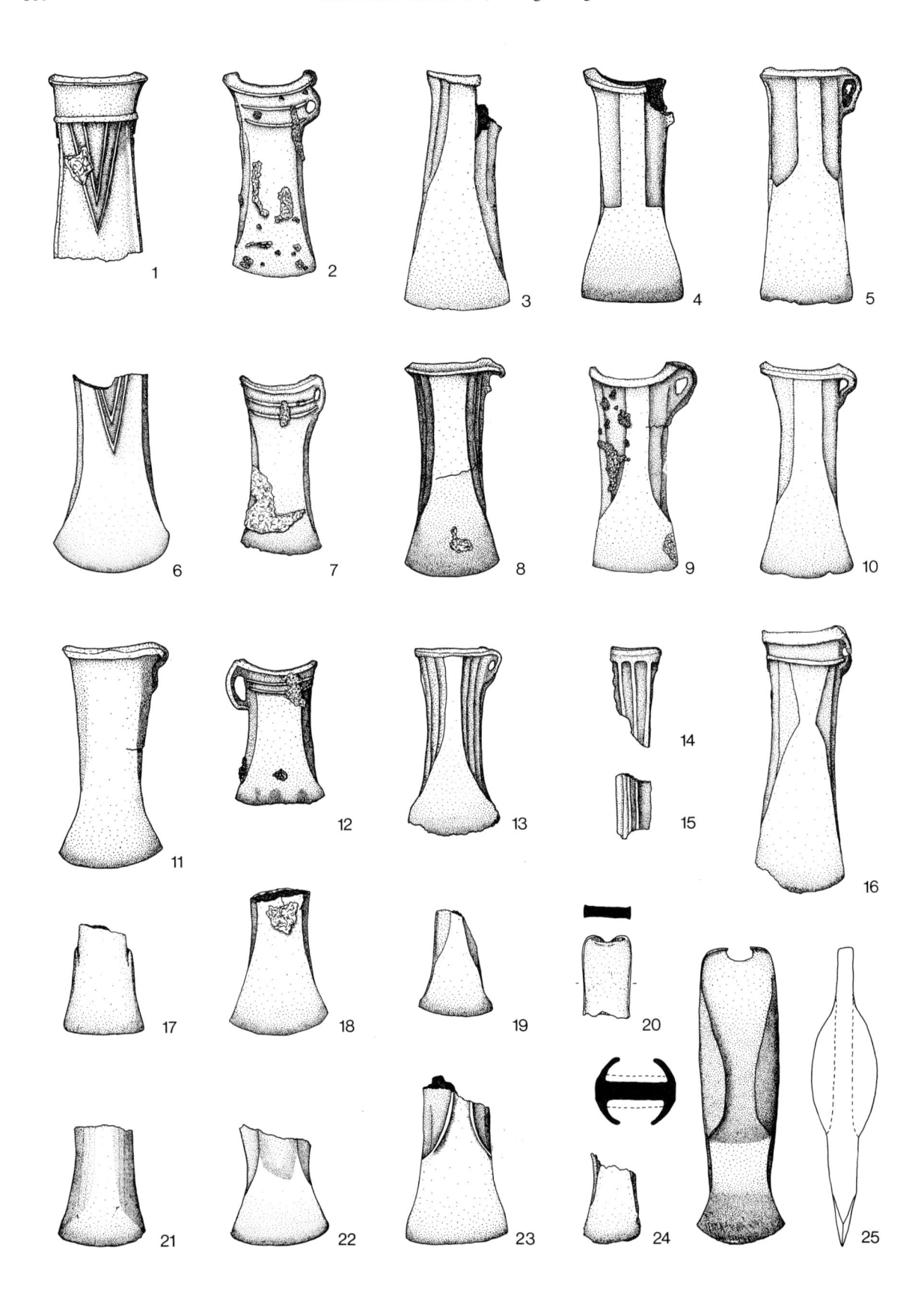

Abb. 2. 1-25 Depotfund von Bogdan Vodă. M. 1:3

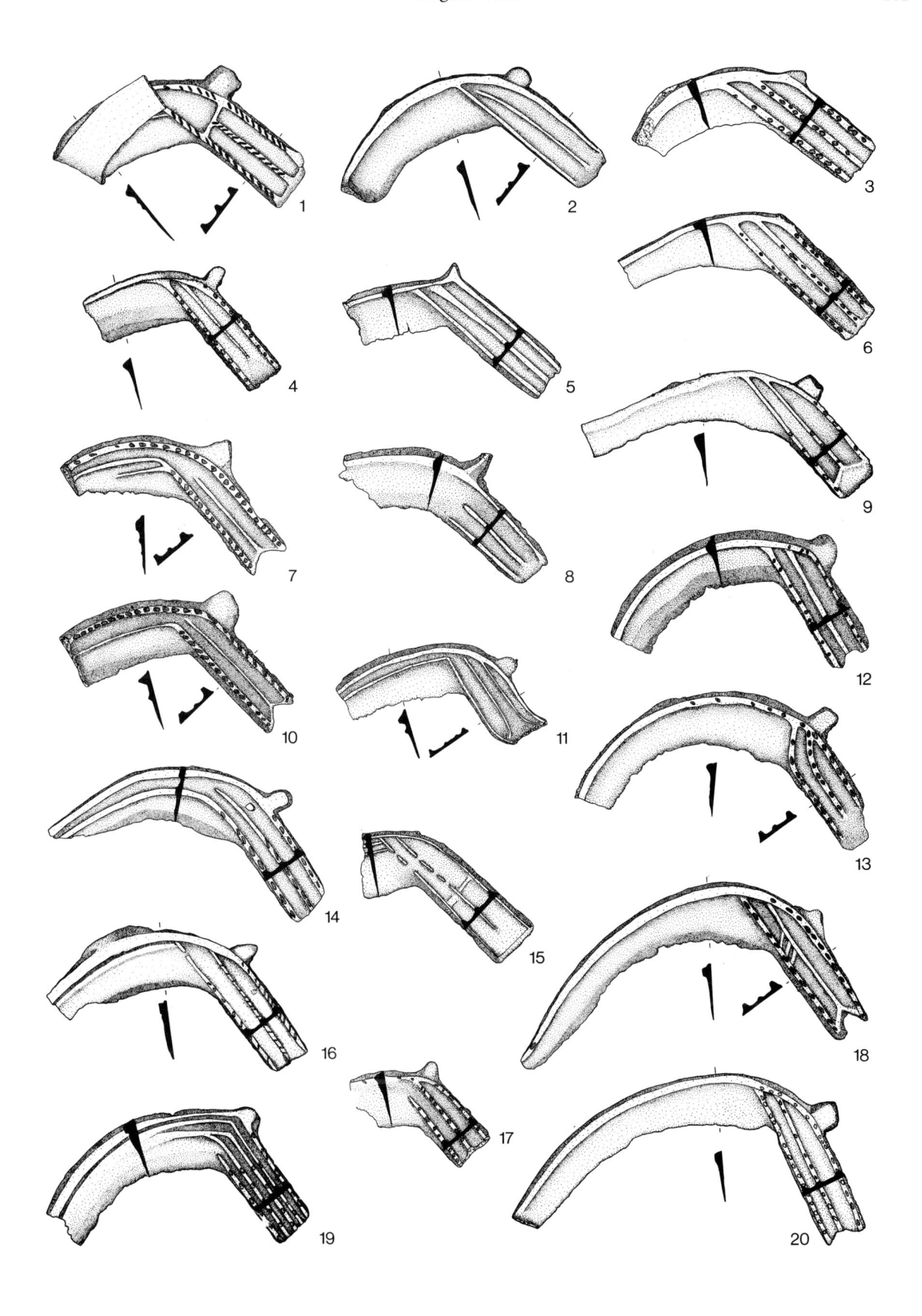

Abb. 3. 1-20 Depotfund von Bogdan Vodă. M. 1:3

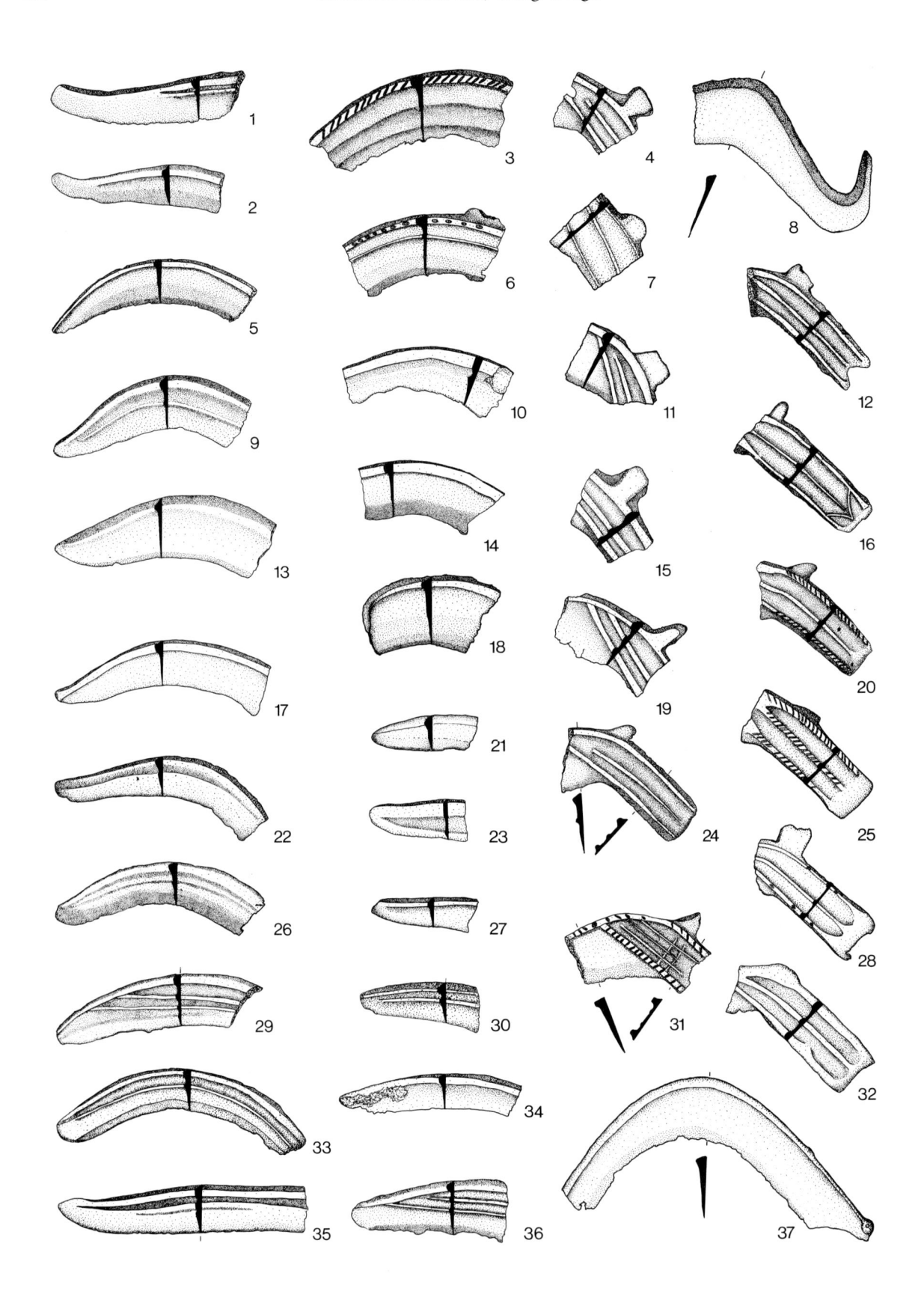

Abb. 4. 1-37 Depotfund von Bogdan Vodă. M. 1:3

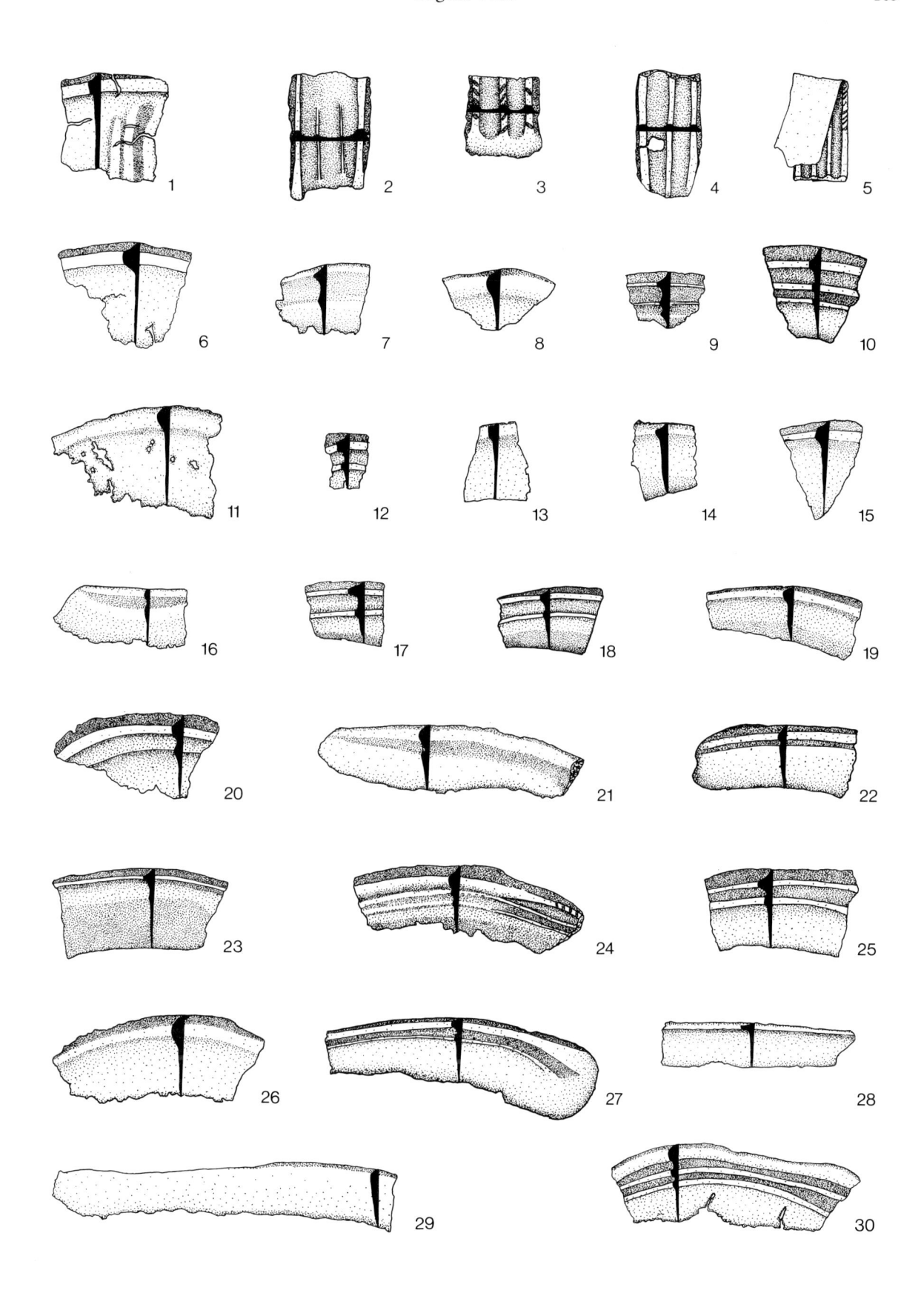

Abb. 5. 1-30 Depotfund von Bogdan Vodă. M. 1:2

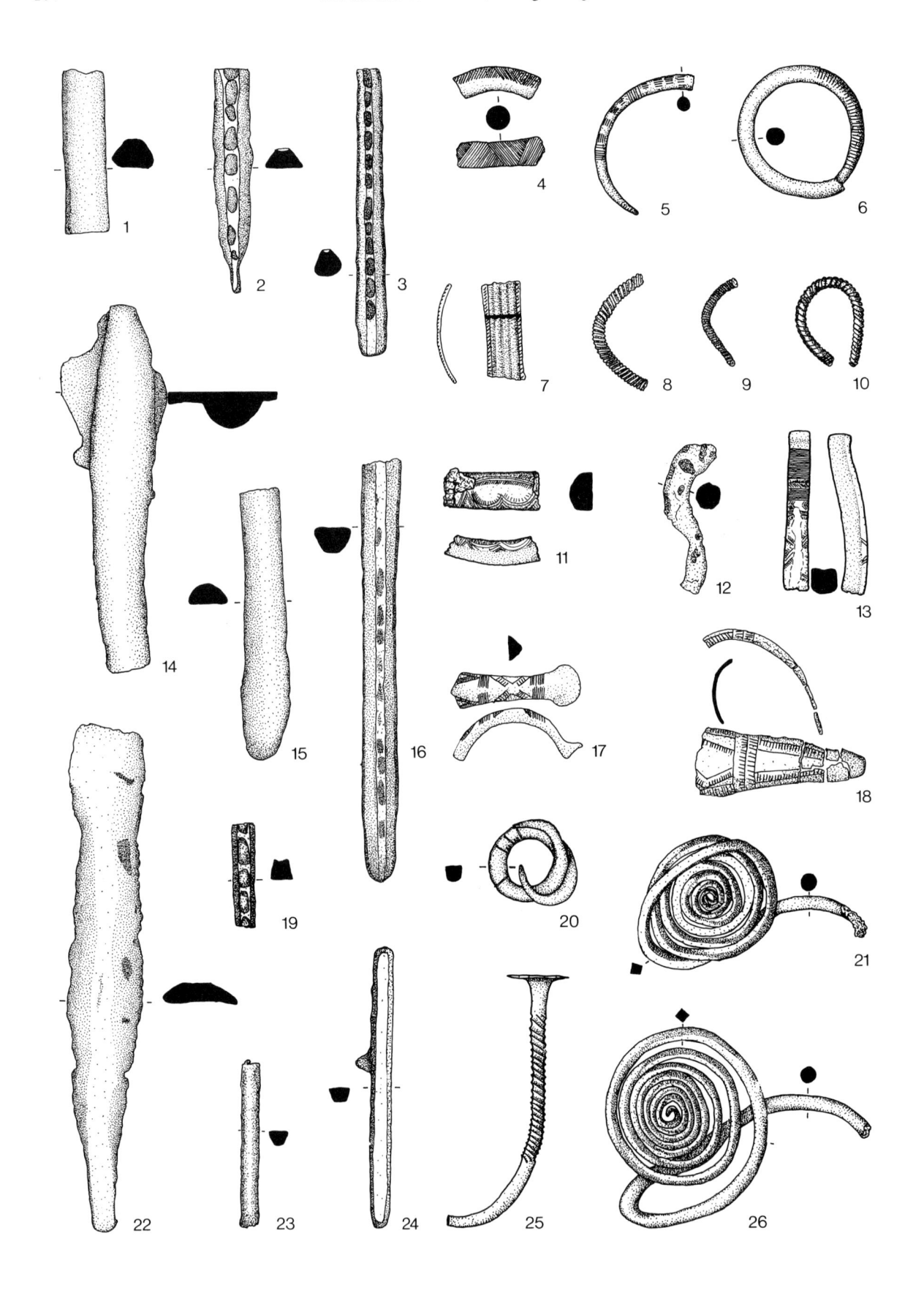

Abb. 6. 1-26 Depotfund von Bogdan Vodă. M. 1:2

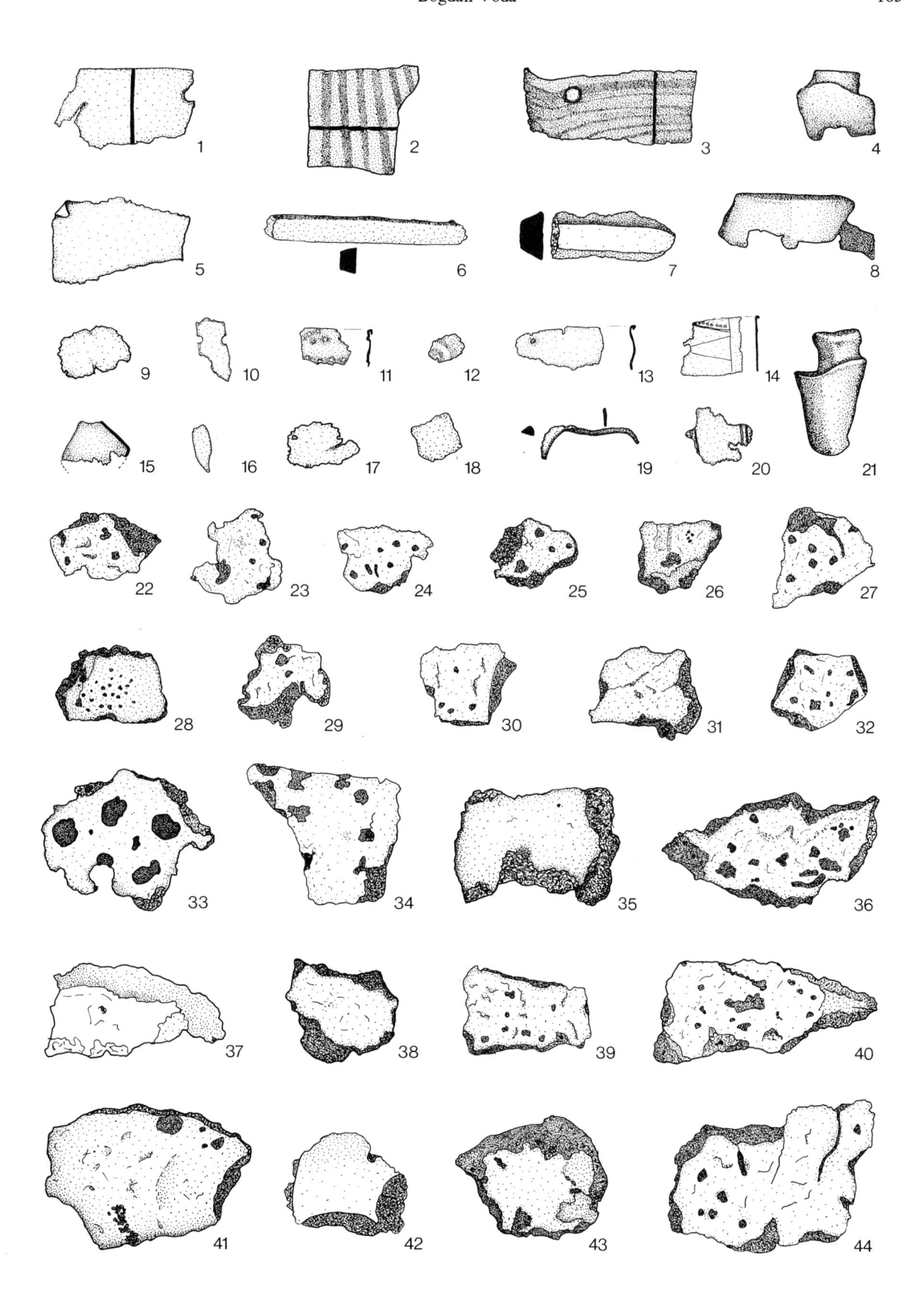

Abb. 7. 1-44 Depotfund von Bogdan Vodă. M. 1:2

	Gesamtzahl	ganze Stücke	fragmentierte Stücke	Gewicht
Waffen	.	.	.	.
Lanzenspitzen	6	1	5	314
Schwerter	2	-	2	83
Dolche	5	-	5	139
Messer	3	-	3	45
Beile	25	13	12	6059
Insgesamt	41	14	27	**6640**
in %	**18,06**	**44,76**		

	Gesamtzahl	ganze Stücke	fragmentierte Stücke	Gewicht
Werkzeuge				
Säge	25	-	25	112
Sicheln	88	1	87	3807
Rasiermesser	1	-	1	9
Insgesamt	**114**	**1**	**113**	**3928**
in %	**50,22**	**26,48**		

	Gesamtzahl	ganze Stücke	fragmentierte Stücke	Gewicht
Tracht				
Nadeln	3	-	3	165
Armringe	7	1	6	115
Gürtel	11	-	11	12
Anhänger	1	-	1	7
Insgesamt	**22**	**1**	**21**	**299**
in %	**9,7**	**2,01**		

	Gesamtzahl	ganze Stücke	fragmentierte Stücke	Gewicht
Rohstoff				
Barren	15	2	13	788
Gußfladen	24	-	24	2905
Gußreste	3	-	3	189
Insgesamt	**42**	**2**	**40**	**3882**
in %	**18,5**	**26,18**		

	Gesamtzahl	ganze Stücke	fragmentierte Stücke	Gewicht
Unbestimmbar				
Blechbruchst.	8	-	8	84
Insgesamt	8		8	84
in %	**0,57**			

Gesamtgewicht 14833
Gesamtzahl 227, davon
fragmentierte 209 = 92,07 %

Abb. 8. Depotfund von Bogdan Vodă. Tabellarische Darstellung der vertretenen Gattungen

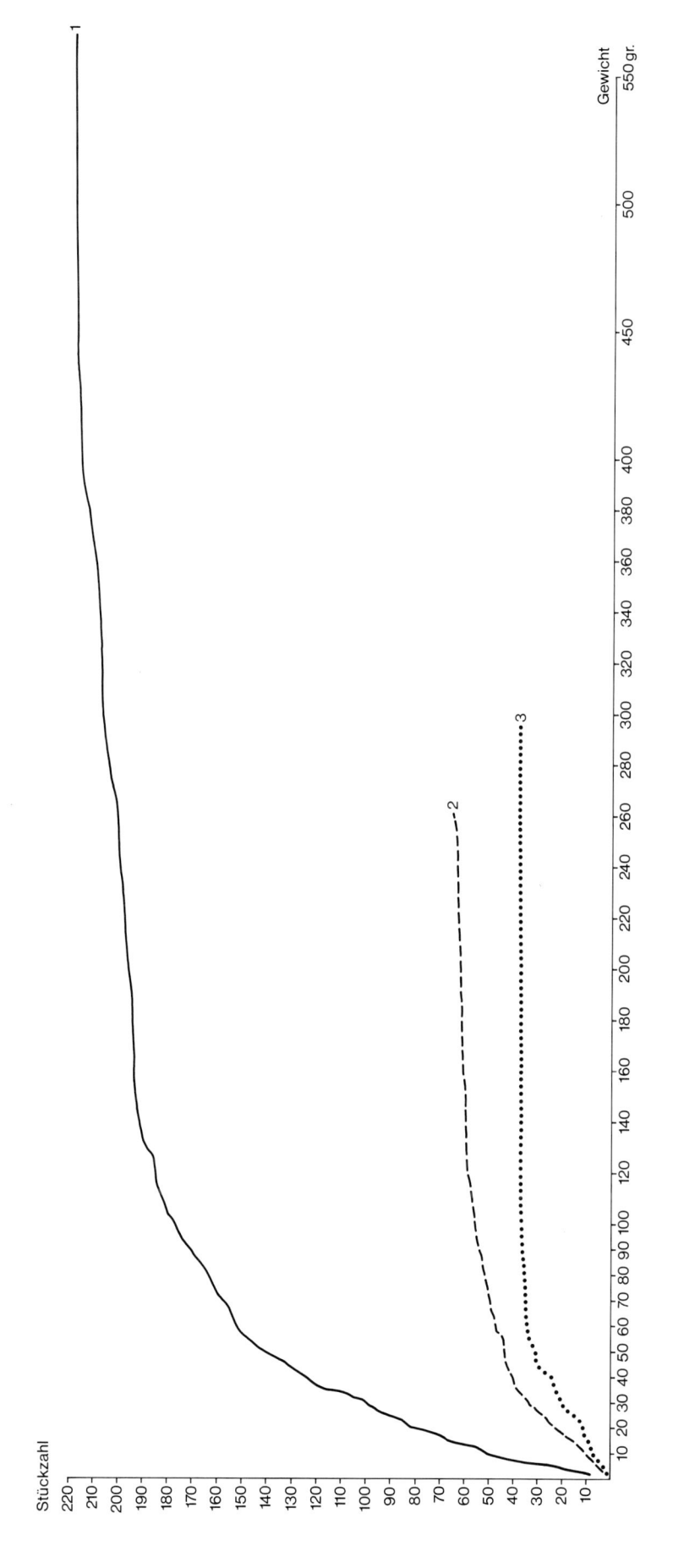

Abb. 9. Kumulative Kurve der Depotfunde von Bogdan Vodă (1), Călugăreni (2) und Iernut (3) (die letzten nach Vulpe/Lazăr 1989)

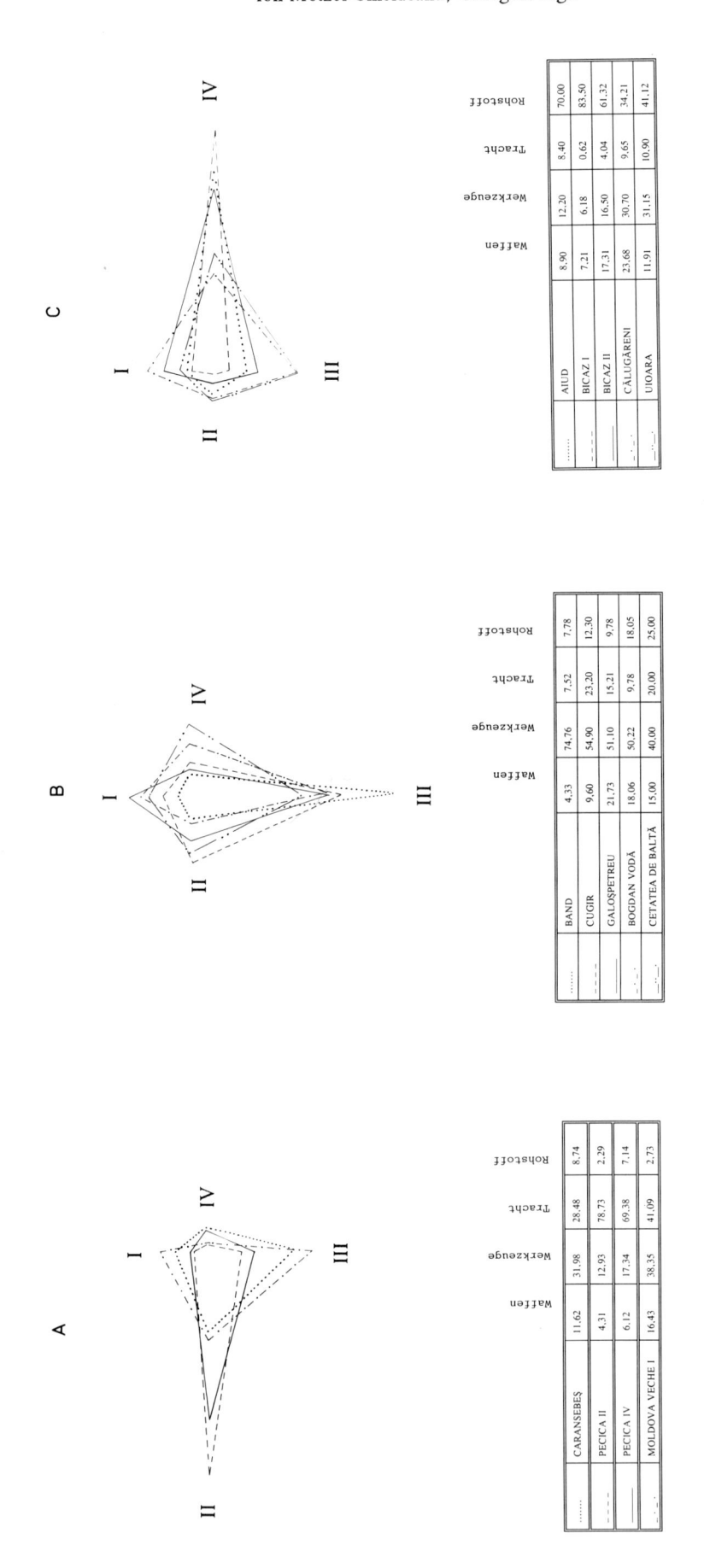

	Waffen	Werkzeuge	Tracht	Rohstoff
CARANSEBEȘ	11.62	31.98	28.48	8.74
PECICA II	4.31	12.93	78.73	2.29
PECICA IV	6.12	17.34	69.38	7.14
MOLDOVA VECHE I	16.43	38.35	41.09	2.73

	Waffen	Werkzeuge	Tracht	Rohstoff
BAND	4.33	74.76	7.52	7.78
CUGIR	9.60	54.90	23.20	12.30
GALOȘPETREU	21.73	51.10	15.21	9.78
BOGDAN VODĂ	18.06	50.22	9.78	18.05
CETATEA DE BALTĂ	15.00	40.00	20.00	25.00

	Waffen	Werkzeuge	Tracht	Rohstoff
AIUD	8.90	12.20	8.40	70.00
BICAZ I	7.21	6.18	0.62	83.50
BICAZ II	17.31	16.50	4.04	61.32
CĂLUGĂRENI	23.68	30.70	9.65	34.21
UIOARA	11.91	31.15	10.90	41.12

Abb. 10. Tabellarische Darstellung mehrerer Depotfunde. I = Waffen; II = Tracht; III = Werkzeuge; IV = Rohstoff

Der Bronzefund von Galoşpetreu, Kr. Bihor[1]

Nicolae Chidioşan † und Tudor Soroceanu, Berlin

Das Dorf Galoşpetreu, Gde. Tarcea, Kr. Bihor, liegt im Nordwesten Siebenbürgens, 5,2 km südöstlich von Valea lui Mihai und 3,8 km nordwestlich von der bekannten bronzezeitlichen Siedlung von Otomani-"Cetăţuia". Vom geographischen Standpunkt aus betrachtet, gehört das Gebiet zur Tiefebene des Flusses Ier, zur Bronzezeit ein Moorgebiet, dessen zahlreiche kleine Seen und Teiche durch die periodischen Überschwemmungen des Flusses mit Wasser gespeist wurden. Von der Dorfflur von Galoşpetreu sind schon jungstein- und bronzezeitliche Niederlassungen (Roska 1942, 96; Ordentlich 1971, 23)[2] sowie ein frühmittelalterliches, in das 10. Jh. datiertes Grab (Chidioşan, Stud. Cerc. Ist. Veche 16, 1965, 237 ff.) bekannt.

Der Bronzefund, den wir in diesem Rahmen aufarbeiten möchten, kam am 4. November 1953 auf der "Ferma Mică" (Kleines Gehöft, Kis tánya) genannten Dorfflur ans Tageslicht als die dortige Wiese zum ersten Mal beackert wurde[3]. Die Fläche, auf der die bronzenen Gegenstände verstreut waren, mißt etwa 1-1,5 m^2; dem entspricht eine Tiefe von 30-40 cm. Die Bronzen lagen in schwarzer, für Moorablagerungen charakteristischer Erde[4]. Die an Ort und Stelle durchgeführte Untersuchung[5] erlaubt die Annahme, daß die Gegenstände in das Wasser eines größeren Sees, der einst das gesamte Areal bedeckte, deponiert oder einfach hineingeworfen wurden. Die Funde wurden dem Museum von Valea lui Mihai in zwei Etappen übergeben[6]: 57 Fundstücke im Frühling des Jahres 1954 und neun weitere im Winter des nächsten Jahres. Drei Gußkuchen von der letztgenannten Lieferung sind unter unbekannten Umständen verschwunden. Der auf diese Weise zusammengetragene Depotfund kam im Sommer 1958 in den Besitz des Museums von Oradea. Er wurde schon vor vielen Jahren in die archäologische Fachliteratur eingeführt, sei es durch Andeutungen (Rusu 1963, 206, Nr. 28; v. Brunn 1968, 32-34, 36 f., 43, 72, 289), sei es anläßlich der Beschreibung oder der Analyse einiger bestimmter Fundgattungen (Rusu 1964, 244-245; Alexandrescu 1966, 176 Taf. 13,11-12; Bader 1972, 85, 97; Vulpe 1975, 74 Taf. 40,378-379; Chidioşan 1977, 60 Abb. 4,4), oder schließlich durch den Versuch, eine Gesamtveröf-

---

[1] Die Zeichnungen wurden von Szabó Barna (Museum Oradea) angefertigt. Die Übersetzung der Einleitung und der Beschreibung des Materials besorgte Tudor Soroceanu. Die sprachliche Durchsicht des ganzen deutschen Textes übernahmen freundlicherweise die Herren Franz Hodjak und Paul Alaci.

[2] Die als Manuskript zitierte Studie: M. Rusu/I. Ordentlich, Depozitul de bronzuri de la Galoşpetreu (Ordentlich 1971, 23) wurde bedauerlicherweise nicht vollendet und demzufolge nicht veröffentlicht. Aus diesem Grund sind viele, diesen Depotfund betreffende Informationen und Verbesserungen von M. Rusu's Dissertation (Rusu 1972 b) übernommen worden. Für die Großzügigkeit, diese wertvolle, ungedruckte Arbeit ausnutzen zu können, sowie für zahlreiche zusätzliche Mitteilungen sind wir Herrn Dr. Mircea Rusu zu Dank verpflichtet (zum Depotinhalt, vgl. auch ANHANG).

[3] Die Entdecker waren die Bauern Fele Alexandru und Fele Ladislau, die eine geerbte Weide rodeten (Rusu 1972 b, 501-502). Der von Petrescu-Dîmboviţa (1978, 120) angeführte Flurname "Ferma de Jos" ("Das Gehöft von unten") ist in keiner anderen bibliographischen Quelle erwähnt.

[4] Nach Rusu (1972 b, 501) und Petrescu-Dîmboviţa (1977, 94; ders. 1978, 120) wurden die Bronzen in einer Tiefe von 25 oder 30 cm entdeckt, ein Unterschied, der die Auswertung des Fundes keineswegs beeinträchtigen kann. Leider geht aus der Literatur nicht deutlich genug hervor, ob die Fundzone dem Überschwemmungsgebiet oder einem Flußarm des Ier angehörte; die Nuancierung der Fundumstände ist einstweilen lediglich wissenschaftliche Akribie, denn wir wissen noch nicht, inwieweit die Menschen der Bronzezeit diesen oder jenen der Tatsachen Bedeutung beigemessen haben, z.B. ob die Gegenstände in fließendes oder sumpfiges Wasser niedergelegt worden sind (vgl. dafür W. Kubach 1978, 189).

[5] Eine erste Nachgrabung wurde 1954 von Dr. E. Andrássy, eine zweite 1959 von Dr. M. Rusu und Dr. E. Andrássy durchgeführt. Sie hatten sowohl die Entdeckung anderer Gegenstände als auch die Klärung der Fundumstände zur Folge (vgl. auch Anm. 4 und 6).

[6] Der Inhalt des Bronzedepots wurde aufgrund des Museumsinventars von Valea lui Mihai und einer Originalphotographie, die von Dr. E. Andrássy gemacht wurde als er die ersten 57 Gegenstände in Empfang nahm, rekonstruiert. Die beiden Fundgruppen wurden getrennt inventarisiert, doch stammen sie von demselben Fundort. Darüber hinaus wurden sie von denselben Bauern aus Galoşpetreu geschenkt.

fentlichung, leider mit Abbildungs-, Beschreibungsfehlern und -lücken, vorzulegen[7].

Der Depotfund von Galoşpetreu kann wesentlich zur Vertiefung der Kenntnisse der jüngeren Bronzezeit im Nordwesten Siebenbürgens beitragen. Nicht unwichtig scheint auch, daß der ziemlich umfangreiche (63 Stück von fast 7 kg) und praktisch zur Gänze sichergestellte Depotfund eine besondere funktionelle und typologische Vielfalt (Werkzeuge, Geräte, Waffen, Schmuck, Geschirr) aufweist.

Die Tatsache, daß die Probegrabungen einige Hinweise zu den Fundumständen geliefert haben, erlaubt uns zu behaupten, daß die Art der Deponierung für den Votivcharakter des Depots spricht. Andere Einzel- bzw. Depotfunde bestätigen ebenfalls diese Annahme[8], so daß eine monographische Bearbeitung unseres Fundes angebracht scheint.

Die Beschreibung der Gegenstände

1. Lappenbeil (Inv. Nr. 1042; Abb. 2,15). Die Lappen sind oval und ein wenig schief abgekantet. Die verbreiterte Schneide wurde schon im Altertum abgebrochen. Der Rücken zeigt eine ovale Einbuchtung. Hellgrüne Patina.
L. 17; B. 3,7; Gew. 427.

2. Bruchstück eines Lappenbeiles (Inv. Nr. 1043; Abb. 2,5). Es handelt sich um das obere Drittel gegen den Rücken, der eine Einbuchtung aufweist. Am anderen Ende des Bruchstückes beginnen die Lappen. Das mit dunkelgrüner Patina bedeckte Beil wurde schon im Altertum beschädigt.
L. 5,5; B. 3,8; Gew. 115.

3. Bruchstück eines Lappenbeiles (Inv. Nr. 1044; Abb. 2,11). Es blieb nur die verbreiterte Schneide erhalten; daß das Bruchstück mit einer identischen Patina wie das obige Stück bedeckt ist, läßt annehmen, daß die beiden Bruchstücke zum selben Exemplar gehören; es würde also nur das mittlere Drittel fehlen.
L. 6,7; B. 3,7; Gew. 185.

4. Tüllenbeil (Inv. Nr. 1045; Abb. 2,17). Das ösenlose Exemplar mit verbreiterter Schneide zeigt eine im Querschnitt ovale Tülle. Unter dem verdickten Randwulst befinden sich drei aus Rippen bestehende, ineinandergefügte hängende Winkel. Auf den Schmalseiten sind die Gußspuren sowie je ein rundes Loch zu verzeichnen. Die Patina ist hellgrün.
L. 16,2; Dm. der Tülle 4,1 x 3,2; Gew. 554.

5. Tüllenbeil mit Schnabel und Öse (Inv. Nr. 1046; Abb. 2,9). Die Bahn ist fast gerade, die Tülle im Querschnitt oval. Unter dem Randwulst ist das Stück mit einer parallel laufenden, gut profilierten Rille "verziert". Auf einer Seite sind zwei kleine Löcher, wohl Gußfehler, sichtbar. Dunkelgrüne Patina.
L. 11,2; Dm. der Tülle 3,4 x 2,8; Gew. 220.

6. Tüllenbeil mit Schnabel und Öse (Inv. Nr. 1047; Abb. 1,16). Die Bahn ist fast gerade. Der Schnabel und ein Teil des Körpers ist abgebrochen, die Tülle im Querschnitt rechteckig, die Schneide leicht gerundet und die Öse oval. Die hellgrüne Patina ist mit bläulichen Flecken bedeckt.
L. 9; Dm. der Tülle 2,6 x 2,1; Gew. 139.

7. Tüllenbeil mit Schnabel und Öse (Inv. Nr. 1048; Abb. 2,13). Die Bahn ist fast gerade, der Schnabel entwickelt, die Tülle im Querschnitt rechteckig und der Randwulst verdickt. Die Öse ist leicht verformt und die Schneide gerade. Auf einer der Breitseiten ist der Körper vom Randwulst nach unten gespalten. Dunkelgrüne Patina.
L. 10,1; B. 3,2; Gew. 195.

8. Bruchstückhaftes Tüllenbeil mit Schnabel und Öse (Inv. Nr. 1049; Abb. 2,12). Das Fragment zeigt einen entwickelten Schnabel und eine im Querschnitt ovale Tülle. Auf den Schmalseiten sind die Gußrippen und über

---

[7]Petrescu-Dîmboviţa 1977, 94-95 Taf. 144-146; ders. 1978, 120, Nr. 139, Taf. 100 C 1-8; 101,9-31; 102 A 35-62; Bader 1978, 124-127 Taf. 73-74. Diese Irrtümer und Unstimmigkeiten sind teilweise auch der Tatsache zuzuschreiben, daß vier Sicheln, die im Museum Oradea unter den Inv. Nr. 1055, 1065, 1066, 1068 stehen, nicht dem Depotfund von Galoşpetreu angehören, obwohl eine solche Erwähnung im Inventarbuch existiert. Vgl. auch den ANHANG.

[8]Allgemeines zu den Moorfunden: Zimmermann 1970, 53 ff.; Torbrügge 1970, 83 ff.; Kubach 1978, 189-309; Bianco-Peroni 1978, 321-335; Koschick 1981, 67-69, alle mit älterer Literatur.

der Öse die Spuren eines Gußzäpfchens zu vermerken. Es fehlt der untere Teil mit der Schneide. Dunkelgrüne Patina.
L. 8,6; Dm. der Tülle 3,4 x 2,4; Gew. 121.

9. Bruchstück eines Tüllenbeiles (Inv. Nr. 1050; Abb. 2,4). Es blieb lediglich der Unterteil erhalten, dessen Querschnitt etwa rechteckig ist. Die Schneide ist leicht gerundet. Dunkelgrüne Patina.
L. 4,8; B. 3,7; Gew. 101.

10. Bruchstückhaftes Tüllenbeil (Inv. Nr. 1051; Abb. 2,8). Es handelt sich um ein durch Hämmerung abgeflachtes Exemplar. Die Bahn läuft fast parallel, nur die Schneide ist ein wenig verbreitert. Der Oberteil fehlt. Auf einer der Breitseiten ist, infolge eines Gußfehlers, ein kleines Loch entstanden. Hellgrüne Patina.
L. 7,8; B. bei der Schneide 3,7; Gew. 81.

11. Bruchstückhaftes Tüllenbeil (Inv. Nr. 1052; Abb. 2,7). Es handelt sich um das Stück der Wandung eines Tüllenbeiles. Dunkelgrüne Patina.
L. 3,5; B. 2,9; Gew. 32.

12. Bruchstück eines Tüllenbeiles (Inv. Nr. 1053; Abb. 2,6). Auf einem Randbruchstück sind noch zwei parallellaufende Rippen zu bemerken. Hellgrüne Patina.
L. 3,9; B. 2,9; Gew. 27.

13. Griffzungendolch (Inv. Nr. 1087; Abb. 2,2). Fragmentarisch erhalten. Drei Nietenlöcher sind noch geblieben, zwei davon am Ende der breiten und leicht gebogenen Klinge, nur eines an der Griffzunge, deren übriger Teil schon im Altertum abgebrochen wurde. Ein einziger Niet ist erhalten. Man kann noch feststellen, daß die Zunge verdickte Kanten hatte, wodurch ein gebogener Querschnitt entstand. Die grün-bläuliche Patina zeigt einen runden Rostfleck.
L. 18,3; B. 4; Gew. 86.

14. Dolchklinge (Inv. Nr. 1085; Abb. 2,10). Die weidenblattförmige Klinge besitzt eine mittlere Blutrinne und zwei Furchen entlang der Schneide, vielleicht zum selben Zweck. Hellgrüne Patina.
L. 16,8; B. 3,7; Gew. 77.

15. Dolch (Inv. Nr. 1088; Abb. 2,3). Ein Exemplar von kleiner Dimension, das zu den Vollgriffdolchen mit gebogener und flacher Klinge gehört. Von dem im Querschnitt ovalen Griff blieb lediglich ein kleines Stück erhalten. Zwischen dem Griff und der Klinge ist eine Kante, die als Stichblatt diente. Hellgrüne Patina mit bläulichen Flecken.
L. 11,7; B. 2,1; Gew. 21.

16. Schwertbruchstück (Inv. Nr. 1084; Abb. 2,1). Erhalten ist nur das spitzige Ende. Die ziemlich breite und markierte Mittelrippe ist noch gut sichtbar. Das Abbrechen des Schwertes verursachte auch mehrere leichte Verbiegungen der erhaltenen, aber höchstwahrscheinlich auch der ganzen Klinge. Hellgrüne Patina.
L. 11,7; B. 2,8; Gew. 49.

17. Schwertbruchstück (Inv. Nr. 1086; Abb. 2,14). Es stellt sehr wahrscheinlich einen anderen Teil des Schwertes Inv. Nr. 1084 dar, mit dem es aber nicht unmittelbar zusammenpaßt. Die Mittelrippe hat dieselbe Form, die Patina dagegen ist dunkelgrün mit helleren Flecken.
L. 8,7; B. 3,6; Gew. 90.

18. Lanzenspitze (Inv. Nr. 1094; Abb. 1,17). Das weidenblattförmige Blatt zeigt eine Mittelrippe mit zwei Blutrinnen, fast genau in der Mitte. Der Blattrand ist scharf. Die Mittelrippe ist tatsächlich die Fortsetzung einer konischen, unverzierten Tülle, die an zwei einander gegenüberliegenden Stellen durchlocht ist. Grün-bläuliche Patina.
L. 15,5; Gew. 86.

19. Lanzenspitze (Inv. Nr. 1095; Abb. 1,19). Das Blatt ist ein wenig schmaler und länglicher als das vorangehende. Die konische, unverzierte Tülle, ebenfalls mit zwei Löchern versehen, setzt sich als eine im Querschnitt sechseckige Mittelrippe fort. Das Stück ist ziemlich stark beschädigt. Hellgrüne Patina.
L. 14,4; Gew. 61.

20. Lanzenspitze (Inv. Nr. 1096; Abb. 1,16). Die verhältnismäßig massive Tülle läuft als profilierte Mittelrippe weiter; von den Beschädigungen abgesehen, bleibt das Blatt dennoch schmal und länglich. Die zwei gegenüberliegenden Löcher sind etwas größer als üblich. Hellgrüne Patina mit bläulichen Flecken.
L. 13,5; Gew. 66.

21. Lanzenspitze (Inv. Nr. 1097; Abb. 1,14). In der Form der vorangehenden ähnlich. Das Blatt ist weniger beschädigt und etwas breiter. Die profilierte Mittelrippe ist mit zwei Blutrinnen versehen, die am Ende des Blattes einen Winkel mit gebogenen Seiten bilden. Zwei Löcher von normaler Größe befinden sich am üblichen Platz. Hellgrüne Patina mit bräunlichen Rostflecken.
L. 13,6; Gew. 62.

22. Lanzenspitze (Inv.Nr. 1098; Abb. 1,18). Das gut erhaltene, breitere Blatt ist ein wenig unsymmetrisch. Das Loch an der Mittelrippe kann als Gußfehler betrachtet werden. Die konische Tülle ist mit zwei Befestigungslöchern versehen. Dunkelgrüne Patina mit bräunlichen Flecken.
L. 13,4; Gew. 66.

23. Lanzenspitze (Inv. Nr. 1099; Abb. 1,15). Bruchstückhaft erhalten; die Spitze wurde schon im Altertum abgebrochen. Im Übrigen dem vorangehenden Stück ähnlich. Dunkelgrüne Patina mit bräunlichen Flecken.
L. 11; Gew. 75.

24. Lanzenspitze (Inv. Nr. 1100; Abb. 1,20). Schmaler und länglicher als die übrigen. Beschädigungen können nur an der Schneide beobachtet werden, die teilweise fehlt. Die profilierte Mittelrippe ist mit zwei nicht ganz regelmäßigen Blutrinnen versehen. Die Tülle zeigt zwei gegenüberliegende Löcher, sehr wahrscheinlich zur Befestigung des Schaftes. Hellgrüne Patina mit bläulichen Flecken.
L. 19; Gew. 106.

25. Zungensichel (Inv. Nr. 1054; 1056; Abb. 1,13). Das aus zwei Bruchstücken wiederhergestellte Exemplar ist durch drei an der Zunge und zwei an der Klinge laufende Rippen verstärkt. Die Schneide zeigt leichte Beschädigungen. Die Zungenbasis ist gerade und der Gußzapfen gebogen. Dunkelgrüne Patina.
L. 18,4; B. 3,8; Gew. 149.

26. Zungensichel (Inv. Nr. 1068; Abb. 1,12). Von den Entdeckern entzweigebrochen. Die Zunge ist durch vier, die Klinge nur durch drei Rippen verstärkt; zwei davon laufen durchgehend. Der Gußzapfen ist im Querschnitt ungefähr dreieckig, die Zungenbasis ein wenig nach innen abgerundet. Dunkelgraue Patina mit bläulichen Flecken.
L. 17,8; B. 3,5; Gew. 170.

27. Zungensichel (Inv. Nr. 1060; Abb. 1,8). Es handelt sich um ein Miniaturstück, wegen der Zerbrechlichkeit und der Maße nicht zur Feldarbeit geeignet. Die beschädigte Schneide wirft die Frage auf, inwieweit damit andere Tätigkeiten geleistet wurden. Eine am Rande des Stückes gelegene Verstärkungsrippe läuft von der ein wenig gerundeten Zungenbasis bis zur Spitze. An der Zunge ist sie verdoppelt. Der Gußzapfen ist fast gänzlich abgebrochen. Bläuliche Patina.
L. 8,2; Br. 1,4; Gew. 17.

28. Knopfsichel (Inv. Nr. 1061; Abb. 1,5). Das Stück ist mit einer Randrippe verstärkt. Die Spitze und die Schneide waren schon im Altertum beschädigt. Neben dem Knopf blieb ein Loch, das als Gußfehler angesehen werden muß. Hellgrüne Patina.
L. 14; B. 2; Gew. 37.

29. Knopfsichel (Inv. Nr. 1062; Abb. 1,3). Die Klinge ist gebogener als üblich. Am Außenrande sind Spuren, vielleicht eines Gußzapfens, zu erkennen. Die Spitze fehlt und die Klinge ist beschädigt. Grüne Patina mit bläulichen Flecken.
L. 11,4; B. 2,3; Gew. 30.

30. Knopfsichel (Inv. Nr. 1059; Abb. 1,1). Die Klinge ist gebogener als üblich, fast wie ein Rebmesser. Außer durch die Randrippe ist die Klinge noch durch eine andere, dünnere verstärkt. Zur Spitze hin befindet sich ein kleines Loch infolge eines Gußfehlers. Dunkelgrüne Patina mit bläulichen Flecken.
L. 12; B. 1,9; Gew. 30.

31. Knopfsichel (Inv. Nr. 1058; Abb. 1,7). Neben der Randrippe gibt es eine dünnere, parallellaufende Rippe, die die Klinge verstärkt. Die Schneide ist beschädigt, die Spitze fehlt. Am Außenrand sind die Spuren eines Gußzapfens noch bemerkbar. Dunkelgrüne Patina.
L. 13,3; B. 3; Gew. 50.

32. Knopfsichel (Inv. Nr. 1064 a; Abb. 1,2). Dem obigen Stück ähnlich, nur sind der Knopf und die Randrippe beträchtlich profilierter. Die Schneide zeigt Beschädigungen, die Spitze fehlt. Dunkelgrüne Patina.
L. 10,7; B. 2,8; Gew. 49.

33. Knopfsichel (Inv. Nr. 1064 b; Abb. 1,4). Dem Stück Nr. 32 ähnlich. Dunkelgrüne Patina.
L. 12,7; B. 2,5; Gew. 49.
34. Knopfsichel (Inv. Nr. 1067; Abb. 1,6). Dem Stück Nr. 32 ähnlich, nur der Knopf ist nicht so profiliert. Dunkelgrüne Patina.
L. 11,2; B. 2,5; Gew. 35.
35. Knopfsichel (Inv. Nr. 1069; Abb. 1,10). Es blieb nur das Drittel gegen den Knopf erhalten, der auf einem Vorsprung sitzt. Die Randrippe und die parallel laufende Rille sind sehr flach. Hellgrüne Patina mit bläulichen Flecken.
L. 7,7; B. 2,5; Gew. 33.
36. Knopfsichel (Inv. Nr. 1057; Abb. 1,9). Wie Nr. 35, nur das Bruchstück ist etwas kleiner. Bläuliche Patina.
L. 5,8; B. 2,2; Gew. 16.
37. Knopfsichel (Inv. Nr. 1063; Abb. 1,11). Spuren eines Querwulstes am Blattende sind feststellbar, was neben der geraden Bahn für eine Mischform spricht. Hellgrüne Patina.
L. 6,3; B. 1,9; Gew. 17.
38. Armring (Inv. Nr. 1070; Abb. 3,15). Das massive, mit offenen und sich verjüngenden Enden versehene Exemplar zeigt einen leicht ovalen Querschnitt. Die beim Tragen sichtbare Seite ist mit Ritzlinien verziert, und zwar mit einfachen Gruppen von parallelen Einritzungen sowie mit sich kreuzenden Gruppen in abwechselnder Folge, insgesamt neun Ziereinheiten. Durch die bläuliche, bösartige Patina wurden die Ornamente an mehreren Stellen vernichtet.
Größter Dm. 7,9; größte D. 1,7; Gew. 231.
39. Armring (Inv. Nr. 1071; Abb. 3,14). Das massive Exemplar mit offenen und sich verjüngenden Enden hat einen unregelmäßig ovalen Querschnitt. Die Außenseite ist mit Ritzlinien verziert. Diese Verzierung besteht aus dreizehn Gruppen von senkrecht aufeinanderstehenden Liniengruppen; vier davon sind noch durch nicht schraffierte Dreiecke bereichert. Die hellgrün-bläuliche Patina scheint schädlich zu sein, demzufolge sind auch die Ornamente stellenweise ausgelöscht.
Größter Dm. 7,5; größte D. 2,2; Gew. 200.
40. Armring (Inv.Nr. 1073; Abb. 3,10), aus einer im Querschnitt runden Stange. Die abgeschnittenen Enden sind offen und verjüngen sich sehr wenig. Auf der Außenseite sind tiefe Kerben nebeneinander. Dunkelgrüne-bräunliche Patina.
Größter Dm. 8,3; größte D. 0,8; Gew. 66.
41. Armring (Inv. Nr. 1074; Abb. 1,11). Dem obigen ähnlich, nur ist die Verzierung durch fünf Doppelgruppen von winkelförmigen Ritzlinien unterbrochen, wodurch sich sechzehn Ornamentgruppen bilden. Hellgrüne Patina.
Größter Dm. 7,7; größte D. 0,7; Gew. 57.
42. Armring (Inv. Nr. 1075; Abb. 3,13), aus einer im Querschnitt ungefähr halbkreisförmigen Stange hergestellt. Ein Ende wurde einfach abgeschnitten, das andere verdünnt und gerundet. Dunkelgrüne Patina.
Größter Dm. 6; größte D. 0,9; Gew. 41.
43. Armring (Inv. Nr. 1076; Abb. 3,5). Das Bruchstück zeigt einen runden Querschnitt und auf der Außenseite eine Verzierung aus schräg gezogenen Ritzlinien. Dunkelgrüne Patina.
L. 3,8; D. 0,6; Gew. 10.
44. Armring (?) (Inv. Nr. 1077; Abb. 3,8). Es handelt sich um ein Fragment, hergestellt aus einem im Querschnitt runden Draht. Ein Ende ist verdünnt und eingebogen. Dunkelgrüne Patina.
L. 4,8; B. 0,3; Gew. 8.
45. Halsring (?) (Inv. Nr. 1072; Abb. 3,6). Das unverzierte Exemplar wurde aus einem im Querschnitt runden, aber unregelmäßig dicken Barren hergestellt. Die offenen, sich verjüngenden Enden wurden gerade abgeschnitten und leicht voneinander entfernt. Hellgrüne Patina.
Größter Dm. 11,5; größte D. 1,2; Gew. 156.
46. Armring (?) mit Spiralenden (Inv. Nr. 1079; Abb. 3,9). Das schon im Altertum beschädigte Exemplar wurde aus einem im Querschnitt runden Draht hergestellt. Ein Ende, vielleicht mit Spirale, fehlt. Dunkelgrüne Patina mit hellgrünlichen Flecken.
Größter Dm. 10,4; größte D. 0,4; Gew. 30.
47. Armschutzspirale (Inv. Nr. 1102; Abb. 3,25), aus einem im Querschnitt runden, zehnfach gewundenen,

dünnen Barren hergestellt. Das in der Mitte der Spiralscheibe befindliche Ende verjüngt sich, das andere dagegen wurde abgeflacht und danach eingerollt. Der mit Hörnchen versehene Kegel am Scheibenzentrum ist durch eine T-förmige Zunge befestigt. Nur die Außenseite ist teilweise verziert, und zwar mit Gruppen von radialgerichteten oder schrägen Ritzlinien. Etliche davon werden von kleinen Punktreihen begleitet. Die grüne, schädliche Patina sowie die langdauernde Verwendung löschten verhältnismäßig große Stellen der Ornamente aus.
Dm. 11,3; größte D. 0,6; Gew. 341.

48. Armschutzspirale (Inv. Nr. 1101; Abb. 3,26). Gehört demselben Typ wie die obige Armschutzspirale an. Beim Versuch der Entdecker, die Spirale zu entrollen, wurde der dünne Barren an zwei Stellen zerbrochen. Hierauf fand eine grobe, nachlässige Wiederherstellung statt, deren Härtungs- und Hämmerungsspuren noch sichtbar sind; übrigens wurde das äußere Ende nachlässig mit Kupferdraht ergänzt. Aus all diesen Gründen befinden sich die Ornamente nicht mehr lediglich auf der Außenseite, vor allem da die Wiedereinrollung nicht genau gemacht werden konnte. Die dem Stück Inv. Nr. 1102 ähnliche Verzierung wurde ebenfalls durch langdauernde Verwendung abgeschliffen. Auch die ursprüngliche Patina wurde entfernt.
Größter Dm. 10,9; größte D. 0,6; Gew. 261.

49. Fingerring (Inv. Nr. 1078; Abb. 3,12), zweifach gewunden; hergestellt aus einem Band, das sich an einem Ende verjüngt. Spuren des langdauernden Tragens sind noch an den Außenseiten sichtbar. Dunkelgrüne-bräunliche Patina.
Größter Dm. 2,6; Gew. 11.

50. Anhänger (Inv. Nr. 1089; Abb. 3,1). Aus zwei Bruchstücken wiederhergestellt. Das längliche, dreieckige Blatt hat an einem Ende einen heute nur teilweise erhaltenen Ring, darunter fünf waagerechte Rillen. Am unteren Ende ist der Anhänger mit fünf Zähnchen verziert. Etwas unterhalb der Mitte befinden sich drei ovale Löcher. Hellgrüne Patina.
L. 9,2; D. 0,1; Gew. 19.

51. Anhänger (Inv. Nr. 1103; Abb. 3,4). Der mit Rillen verzierte Schaft geht in einen aus drei Rippen bestehenden Halbmond über. Hellgrüne Patina.
L. 6,5; Gew. 16.

52. Angelhaken (Inv. Nr. 1080; Abb. 3,3). Verhältnismäßig großer Haken, aus einem im Querschnitt runden Draht gefertigt. Ein Ende ist zum Anbringen der Schnur einfach eingerollt, das andere durch Hämmern abgeflacht und zugespitzt. Hellgrüne Patina.
L. 8,2; D. 0,3; Gew. 6.

53. Rasiermesser (Inv. Nr. 1082; Abb. 3,7). Das Bruchstück ist quadratisch und durch drei Längsrippen verstärkt. Der Ring ist im Querschnitt dreieckig. Dunkelgrüne Patina mit bräunlichen Rostflecken.
L. 5,7; B. 3,5; Gew. 16.

54. Sägeblatt (Inv. Nr. 1081; Abb. 3,19). Der Querschnitt des Bruchstückes erscheint wie ein sehr abgeflachtes Trapez. Die Zähnchen sind durch Verwendung abgestumpft. Hellgrüne Patina.
L. 3,5; D. 0,1; Gew. 2.

55. Gefäßhenkel (Inv. Nr. 1083; Abb. 3,2), aus einer viereckigen, länglichen Bronzeblechplatte hergestellt. Längsrillen bedecken die Außenseite des Henkels. An den leicht verbreiterten Enden sind noch Gefäßwandbruchstücke und die abgeflachten Nieten erhalten. Das Ende des Henkels, das an den Gefäßbauch angenietet wurde, ist mit einem kleinen Bronzeblech befestigt, das zwischen der Wand und dem eigentlichen Henkel verstärkt wurde. Dunkelgrüne Patina.
L. 11,2; D. 0,1; Gew. 11.

56. Barrenbruchstück (Inv. Nr. 1092; Abb. 3,18). Der Querschnitt ist ungefähr halbkreisförmig, die Enden gerade abgeschnitten. Dunkelgrüne Patina.
L. 8,4; D. 1; Gew. 41.

57. Barrenbruchstück (Inv. Nr. 1093; Abb. 3,17). Der Querschnitt ist unregelmäßig oval. Ein Ende ist abgerundet, das andere abgebrochen. Bräunlich-grünliche Patina.
L. 10,1; größte D. 0,8; Gew. 26.

58. Gußzapfen (Inv. Nr. 1090; Abb. 3,22). Ungefähr konisch. Dunkelgrüne Patina.
L. 3,8; Gew. 26.

59. Gußzapfen (Inv. Nr. 1091; Abb. 3,16). Unregelmäßige Form. Hellgrüne Patina.
L. 4; Gew. 32.

60. Gußkuchen (Inv. Nr. 2091; Abb. 3,24). Das herzförmige Stück zeigt einen plankonvexen Querschnitt. Hellgrüne Patina mit bläulichen Flecken.
L. 10,4; größte D. 1,8; Gew. 430.

61. Gußkuchen (Inv. Nr. 2092; Abb. 3,23). Unregelmäßige Form, lediglich auf einer Seite mit kleinen Löchern und Dellen. Hellgrüne Patina.
L. 7,1; größte D. 0,7; Gew. 130.

62. Gußkuchen (Inv. Nr. 555; Abb. 3,20). Eine parallelepipedische Form, im Querschnitt ungefähr quadratisch. Auf einer Seite glatt, auf der anderen bröckelig. Dunkelgrüne Patina.
L. 8,4; D. 2,1; Gew. 361.

63. Gußkuchen (Inv. Nr. 1804; Abb. 3,21). Unregelmäßige Form, im Querschnitt ungefähr quadratisch. Dunkelgrüne Patina.
L. 6,5; Gew. 189.

In dem hier behandelten Depotfund lassen sich ohne Schwierigkeit vier Hauptfundkategorien erkennen: Werkzeuge, Schmuck, Waffen und Gußreste. Die Reihenfolge ist von der Zahl und dem Gewicht der Gegenstände im Rahmen der einzelnen Gattungen bestimmt; es ist also ein rein formales Systematisierungskriterium und dient dazu, eine möglichst unbestrittene Häufigkeitsfolge der einzelnen Fundgattungen von Galoşpetreu feststellen zu können (vgl. Abb. 4). Von der typologischen und chronologischen Bedeutung wird weiter unten die Rede sein.

Die am zahlreichsten vertretenen Werkzeuge sind die Sicheln, und zwar zehn Knopfsicheln und drei Zungensicheln. Da die ersteren meist bruchstückhaft erhalten sind, scheint es nicht angemessen, eine umfassende typologische Besprechung vorzunehmen[9]. Es wird aber deutlich, daß - gegenüber den mittel-, sogar ostmitteleuropäischen Exemplaren[10] - die siebenbürgischen nicht früher als in der BD-Zeit auftauchen[11], was auf spätere Einwirkungen der aus Westen kommenden Form oder auf spätere örtliche Entwicklung hindeutet. Stützt man sich auf Petrescu-Dîmboviţas Klassifizierung (1978, Taf. 1), so können die Knopfsicheln von Galoşpetreu dem Typ Panticeu (mit seiner Variante Ileanda) zugeordnet werden[12]. Auch die übrigen

---

[9]Zusammenfassend zu den europäischen Knopfsicheln Schmidt 1904, 425 ff.; Holste 1940, 6 ff.; Kimmig 1955, 55 ff.; v. Brunn 1958, 1 ff.; ders. 1968, 149-151; Petrescu-Dîmboviţa 1978, 2-3, 21-24; zuletzt siehe Rittershofer 1983, 200-208, alle mit vollständiger Literatur.

[10]Vgl. Anm. 9 und Hampel 1896, 54-55; Willvonseder 1937 67-68; Dehn 1952, 181; Hachmann 1957, 116; Feustel 1958, 6-7; Torbrügge 1959, 50-51; Mozsolics 1967, 66-68; dies. 1973, 43; Hänsel 1968, 51-53, Beilage 1; Rusu 1972 b, 25 ff.; Primas 1977, 164 ff.; Hochstetter 1980, 58-59 und Beilage 2. Nicht ganz klar läßt sich die Lage der Gattung bei Goldmann 1979, 42-43, 50 f. verstehen.

[11]Petrescu-Dîmboviţa 1978, 24-25; Bader 1978, 88; zur Entstehung der Knopfsicheln im innerkarpatischen Raum ist der Zusammenhang von Perişor von großer Bedeutung (Soroceanu/Retegan 1981, 210 mit Anm. 82; 228 Abb. 29). Der Querwulst am Blattende der Sicheln Nr. 35 und 37 von Galoşpetreu ist jedoch nicht typisch und demzufolge können die beiden Exemplare als sehr späte - wenn nicht überhaupt die spätesten - Erscheinungen solcher Art betrachtet werden. (Eine ungefähre Analogie im Depotfund von Cetatea de Baltă, siehe Pepelea 1973, 521 Abb. 1,15; das Originalstück konnten wir nicht überprüfen.). Das mittelbronzezeitliche Knopfsichelexemplar von Satu Mare, Kr. Arad, stellt eine Sondervariante dar und taucht übrigens im Banat auf, eine Region, die anders als Siebenbürgen gegenüber den hügelgräberzeitlichen Einwirkungen reagiert. Für Satu Mare, Kr. Arad, siehe Milleker 1940, Taf. 8; Hachmann 1957, 221 mit Taf. 61,3-6; Mozsolics 1967, 168-169; Hänsel 1968, 183 Liste 34, Taf. 27,10-13; Vulpe 1970, Taf. 74 A 1-4. Bei Petrescu-Dîmboviţa (1978, Taf. 1) liegt das Exemplar von Satu Mare unter den "Archaischen Sicheln III".

[12]Petrescu-Dîmboviţa 1978, 14 ff. und 24-25. Von den fast 90 dort erwähnten Knopfsicheln ist ungefähr die Hälfte der BD-Stufe zuzuschreiben, was auf eine große Mehrheit hindeutet, weil die obengenannte Stufe nicht nur rein quantitativ, sondern auch chronologisch beträchtlich weniger als die Hälfte der Urnenfelderzeit in Siebenbürgen repräsentiert. Obwohl die Kartierung des Typs Panticeu in chronologischer Hinsicht keine schlüssigen Ergebnisse bietet (a. a. O., Taf. 291 A), ist doch nennenswert, daß die Zone der Hauptkonzentration der Ha B-Depotfunde (zwischen Mureş und Olt) nicht so viele Panticeu-Exemplare lieferte. Die Erhöhung am Blattende der Stücke Nr. 35-36 ist nicht genug profiliert, um weitere Varianten absondern zu können (wie z.B. Vîlcele II, siehe Soroceanu 1981, Abb. 4,8). Eine andere Variante (aufgrund der geknickten Klinge, siehe das Exemplar Nr. 28) ist dem Typ Cenadu Mare - Şpălnaca I ähnlich, also eventuell ein wenig

rumänischen Analogien sind im allgemeinen früher ansetzbar[13]. Verhältnismäßig weniger zahlreich sind auch in diesem Falle die Zungensicheln, die durch klassische, in Ha A datierbare Exemplare vertreten sind[14]. Eine Ausnahme bildet die Miniatursichel (Nr. 27)[15], die nicht als alltägliches Arbeitsgerät benutzt werden konnte[16].

Die geschnäbelten Tüllenbeile sind mit vier Exemplaren (Nr. 5-8) vertreten; der Schnabel ist unterschiedlich hochgezogen, was lediglich auf verschiedene Untervarianten schließen lassen könnte; aufgrund der repräsentativsten Entsprechungen aus den Perioden BD[17], Ha A[18] und Ha B[19] sowie der mitteldonauländischen Analogien[20] kann nur gesagt werden, daß der chronologische Wert der geschnäbelten Tüllenbeile gering ist[21]. Mit Ausnahme der Fragmente (Nr. 9-12), die nicht sicher einer bestimmten Variante zugeschrieben

---

später (etwa Ha A 2) ansetzbar.

[13]Neuere Knopfsicheln: Țigău - BD (Marinescu 1979 c, 39 ff. Taf. 17-19); Perișor - BD (vgl. Anm. 11); Vîlcele II - Ha A (vgl. Anm. 12); Gîrbău - Ha A (vgl. den vorliegenden Band); Ciceu Corabia - Ha B 1 (Marinescu 1979 b, 53 Taf. I,10-11). Obwohl nicht alle unmittelbare Vergleichsstücke für Galoșpetreu darstellen, ist doch interessant zu beobachten, daß die Neuentdeckungen im großen und ganzen mit dem schon festgestellten Schema chronologisch und geographisch übereinstimmen.

[14]Der Einteilung von Petrescu-Dîmbovița gemäß, kann das Stück Nr. 25 dem Typ Uioara 3 (dort ist auf Taf. 5 auch das Exemplar von Galoșpetreu genannt) zugewiesen werden. Nicht einfach ist die typologische Eingliederung des Stückes Nr. 26, besonders da die Verzierungs- und Formenvielfalt der Zungensicheln - sehr oft nur Fragmente davon - die Vervollständigung einer Typologie beträchtlich erschwert, was auch in der Arbeit Petrescu-Dîmbovițas zu erkennen ist. Jedenfalls scheint eine Ha A-Datierung (siehe vor allem Petrescu-Dîmbovița 1978, Taf. 2,4.6) gesichert zu sein. Allgemeines zu den mitteleuropäischen Griffzungensicheln bei Hampel 1896, 55-56; v. Brunn 1968, 151; Mozsolics 1973, 44-45; Rusu 1972 b, 25 ff.; Bader 1978, 88; neuerdings Goldmann 1979, 42 ff.; Kemenczei 1984 passim.

[15]In der ersten Veröffentlichung von Petrescu-Dîmbovița 1977, 94, 243 Taf. 145,8 ist sie richtig wiedergegeben, während sie 1978, 120, Nr. 139, Taf. 101,26 als normalgroßes Stück veröffentlicht wurde. Mit der Ausnahme einer einzigen katalogartigen Erwähnung (a. a. O., 20, Nr. 191-193 - Värd I und Transsilvanien -) dreier Knopfsicheln ist die Gattung der Miniatursicheln nicht als solche behandelt worden.

[16]Dagegen v. Brunn 1968, 151: "Hierdurch ist ihr praktischer Gebrauch ziemlich gesichert" (vgl. ders. 1959, 52 f., mit Katalog). Im Allgemeinen wurden die Miniatursicheln nur tangential berücksichtigt - eine Sachlage, die die zeitliche Zuordnung des Exemplares von Galoșpetreu kaum erleichtert - umso mehr, da die Kategorie vorwiegend durch Miniaturknopfsicheln (Hampel 1886, Taf. 114,5-10.37; Deshayes 1960, I, Allgemeines, 335; II, 144 ff. mit Taf. 47; v. Brunn 1968, 151; Mozsolics 1973, 42 und Anm. 62; Petrescu-Dîmbovița 1978, 20) vetreten ist.

[17]Siehe z.B. die Exemplare von Aleșd, Bătarci, Beltiug, Coștiui, Domănești I, Ileanda, Lăpuș, Panticeu, Rozavlea III, Seleușu, Uriu, Drajna de Jos. Die Arbeiten von J. Hampel, I. Andrieșescu, M. Roska, I. Nestor, F. Holste, W.A. v. Brunn, B. Hänsel, A. Vulpe, M. Macrea, C. Kacsó, I. Mitrea, A. Mozsolics, T. Bader, A. Alexandrescu sind bei Petrescu-Dîmbovița 1977, 51 ff. zitiert.

[18]Z.B. Bîrsana, Căuaș III, Dipșa, Gușterița, Petroșani II, Popești, Satu Mare, Sfăraș, Sighetul Marmației I, Uioara, Valea lui Mihai I, Dîrja, Prejmer, Variaș, Zlatna II. Die Arbeiten von L. Reissenberger, F. Rómer, G. Tocilescu, C. Gooß, J. Teusch, J. Hampel, M. Roska, L. Zoltai, M. Petrescu-Dîmbovița, A. Mozsolics, A. Vulpe, M. Rusu, F. Holste, St. Foltiny, T. Bader, L. Mărghitan, E. Dörner, V. Pintea sind bei Petrescu-Dîmbovița 1977, 84 ff. zitiert.

[19]Z.B. Brăduț, Cetea, Cetea II, Cornești, Fizeșul Gherlii I, Iara II, Josani, Moigrad I, Nou Săsesc, Porumbenii Mari, Săcuieni, Suatu, Șoarș, Șpălnaca I, Tăuteu, Värd I, Visuia, Zagon II, Sîmbăta Nouă I, Blăjenii de Jos, Borșa, Tg. Mureș, Tg. Secuiesc I-II, Turia III, Crizbav. Die Arbeiten von E. Kenner, C. Gooß, F. Müller, J. Hampel, Gr. Tocilescu, V. Pârvan, M. Roska, T. Sulimirski, I. Nestor, F. Holste, I. Kiss, K. Horedt, V. Dumitrescu, M. Petrescu-Dîmbovița, A. Aricescu, A. D. Alexandrescu, I. Ordentlich, T. Bader, Ș. Dănilă, E. Dörner, V. Pintea sind bei Petrescu-Dîmbovița 1977, 125 ff. zitiert.

[20]Die Verbreitungskarten der geschnäbelten Tüllenbeile (Foltiny 1955, 91-92; v. Brunn 1968, 32, 84; Podborský 1970, 102-103; Mozsolics 1973, 38-39; Kemenczei 1984, 24, 32-33, 50, 74, 83), aber bes. Novotná 1970 a, 46-47 und die rumänische Fachliteratur, vgl. Anm. 21) weisen auf ein nordwestlich-siebenbürgisches-nordostungarisches-slowakisches Entstehungsgebiet hin.

[21]Da eine Gesamtbehandlung dieses Themas bisher in der rumänischen Fachliteratur fehlt, stützt sich unsere Behauptung nur auf gelegentlich gemachte Beobachtungen. Der bedeutendste Versuch, eine chronologische Differenzierung aufgrund der unterschiedlichen Querschnitte herauszustellen, ist Petrescu-Dîmbovița 1944, 271 ff. zu verdanken. Weitere Betrachtungen zu diesem Thema bei Nestor 1932, 131; Moga 1943, 269 ff.; Rusu 1960 b, 489; Kacsó/Mitrea 1976, 541 mit Anm. 7; Bader 1978, 86; neue Entdeckungen dieses Typs bei Marinescu 1979 c, Taf. 19 (Țigău); Soroceanu 1981, 257 mit Anm. 13.

werden können, bleibt nur ein Tüllenbeil, das gut erhalten und damit typologisch, sogar chronologisch aussagekräftig ist. Die Größe von über 16 cm und das Gewicht von mehr als einem halben Kilogramm deuten auf ein wuchtiges Exemplar hin, dessen "Verzierung" zu einer Ha A-Datierung beitragen kann[22].

Einen anderen Beiltyp bilden die Lappenbeile. Es handelt sich in diesem Hort um ein fast gänzlich erhaltenes Stück; es fehlt nur die eigentliche Schneide, was nicht die Feststellung der Länge beeinträchtigen kann. Es wird als Beil mit mittelständigen Lappen bezeichnet, eine Zuweisung, die vom chronologischen Standpunkt jedoch wertlos ist[23]. Zwei andere Bruchstücke gehören wahrscheinlich nicht nur zu einem weiteren Lappenbeil, sondern gleichfalls zu derselben Variante.

Nur wenige Funde von Angelhaken wurden im innerkarpatischen Raum bisher gemacht[24]. Mit ihren einfachen Formen unterscheiden sich die innerkarpatischen Angelhaken nicht zu sehr von ähnlichen Gegenständen aus anderen Regionen Europas[25].

Das Sägeblattbruchstück ist schlecht erhalten und typologisch unbedeutend (Nr. 54), doch ist sein Vorkommen in einem Ha A-Depotfund, wenn nicht charakteristisch, so immerhin nicht ungewöhnlich[26].

Obwohl die Schmuckgegenstände nur die Hälfte des Gewichts der Werkzeuge ausmachen, sind sie - besonders die Untervarianten - viel zahlreicher. Die meisten Armringe sind dem Typ mit offenen Enden zuzuweisen. Einige Varianten haben einen dünneren, runden Querschnitt und sind entweder unverziert[27] oder verziert. Im letzten Fall handelt es sich um ein Exemplar, das strahlenförmig grippt ist (Nr. 40; vgl. Anm. 27), bei einem anderen ist die Rippung von fünf doppelten, schrägen Einritzungen unterbrochen (Nr. 41)[28]; der Armring in

---

[22]Es scheint uns nicht angemessen, zahlreiche Entsprechungen vorzulegen, um eine klare Sachlage zu demonstrieren; deshalb reicht es aus, die Tüllenbeile von Aiud (Petrescu-Dîmboviţa 1977, 221 Taf. 102,12; Rusu 1981, 383 Abb. 3); Berzasca (Moga 1941, 263 Abb. 2 a-b; Petrescu-Dîmboviţa 1977, 229 Taf. 117,3; bei Holste 1951 nicht abgebildet); Guşteriţa II (Petrescu-Dîmboviţa 1977, 245 Taf. 149,2-5); Şpălnaca II (ders., ebd. 269 Taf. 194,7.12); Uioara de Sus (Holste 1951, Taf. 45,3.5; Petrescu-Dîmboviţa, ebd. Taf. 218,1-2) zu erwähnen. Es sei noch bemerkt, daß diese wuchtigen, ösenlosen, nur mit einer Mündungsrippe versehenen Exemplare in Siebenbürgen nicht früher, aber auch nicht später als Ha A 1 anzusetzen sind. Die Analogien aus Ungarn (Hampel 1886, Taf. 10,6; ders. 1892, Taf. 98,12 a-b; ders. 1896, Taf. 214,11 = Foltiny 1955, Taf. 58,9; Patek 1968, Taf. 51,13; Kemenczei 1974, 49 ff.; ders. 1984, 115 mit Taf. 27,1), Kroatien (Vinski-Gasparini 1973, Taf. 30 A 1; 62,6.11.12; 67,2.4; 69,5); Slowenien (Müller-Karpe 1959, 108 Taf. 131,3; 134,7), aber besonders Serbien (Garašanin 1975, Taf. 25,13; 53,1; Tasić 1975, Taf. 28,2.4; Popović 1975, Taf. 41,4; Rašajski 1975, Taf. 51,3) weisen im großen und ganzen auf eine Ha A-Datierung hin.

[23]Dafür sprechen die typologischen Betrachtungen und Tabellen von Foltiny 1955, 83; Bernjakovič 1960, 332; v. Brunn 1968, 79 ff.; Hänsel 1968, 70-71; Mozsolics 1973, 36 f.; Kemenczei 1984, passim, alle mit älterer Literatur. Außer den vielen in Rumänien entdeckten und von Petrescu-Dîmboviţa (1977; 1978) zusammengefaßten Lappenbeilen, müssen auch die Exemplare von Salonta (Lazin 1969, 35 ff.) und aus dem Nordwesten Siebenbürgens (Bader 1978, 87 mit Anm. 295) genannt werden. Allgemeines bei Rusu 1972 a, 24.

[24]Soweit uns bekannt ist, wurden Angelhaken in den folgenden Depotfunden entdeckt: Aluniş (Roska 1942, 254 Abb. 314,16; Moga 1943, 269 Taf. I,19; Petrescu-Dîmboviţa 1977, Taf. 114,8); Cetatea de Baltă (Pepelea 1973, 518, Nr. 9-11; 521 Abb. 1,1-3; Petrescu-Dîmboviţa 1977, Taf. 127,12-13); Guşteriţa II (ders., ebd. Taf. 150,6); Şpălnaca II (ders., ebd. Taf. 210,26-27; ders. 1978, Taf. 156,564.565.628 ?); Uioara de Sus (ders., ebd. Taf. 207,1410 ?); Peştera Mişidului (Chidioşan/Emödi 1981, 165 mit Abb. 5,3). Erstaunlicherweise verhilft uns diese Gattung zu einer präzieseren Datierung, weil sie **in Siebenbürgen** ausschließlich in Ha A-Depotfunden entdeckt worden ist.

[25]Weit verbreitet und in verschiedenen kulturgeschichtlichen und chronologischen Milieus vertreten, z.B. Mozsolics 1967, 68; dies. 1973, 47; Dušek 1969, 12 Abb. 1,9 = Taf. II,8; Vinski-Gasparini 1973, Taf. 57,47-48; 63,18; 109,5; Popović 1975, 43 Taf. 38,8; Plesl 1961, Taf. 55,1; Müller-Karpe 1959, Taf. 64 G 6; 65 F 6-9; Rychner 1979, Taf. 126,30-48; 127,1-69; Déchelette 1924, 277-278.

[26]Petrescu-Dîmboviţa 1977, 99 Taf. 163,4; 164,15-34; Bader 1978, 89; vgl. auch Déchelette 1924 II,1, 273-274; Bernjakovič 1960, 333-334; v. Brunn 1968, 149; Kemenczei 1984, Taf. 187,20; 189,23-26.

[27]Zur Entwicklung dieser Variante vgl. die ältere Literatur (Hachmann, Hänsel, Kemenczei, Mozsolics, Bader, Trogmayer, Kovács, Nistor und Vulpe), die bei Soroceanu 1981, 256-257 angeführt ist.

[28]Da in Siebenbürgen die meisten Analogien aus der BD-Periode (drei Stück aus Agrieş [vgl. Marinescu 1979 a, 92 Taf. I,3-5]; zwei Stück aus Cireşoaia II [vgl. Arch. Ért. 15, 1895, 166; Petrescu-Dîmboviţa 1977, Taf. 34,5]; zwei Stück aus Cornuţel [vgl. Stratan 1964, 523 ff. Abb. 2,3,5; Petrescu-Dîmboviţa, ebd. Taf. 35,2-3]; zwei Stück aus Uriu [vgl. Roska 1942, 87 Abb. 107,16-17; Petrescu-Dîmboviţa, ebd. Taf. 69,20]) und beträchtlich weniger aus der Ha A-Periode (Aluniş [vgl. Moga 1943, Taf. 1; Petrescu-Dîmboviţa, ebd. Taf. 114,12]; ein Fragment aus Uioara [vgl. ders., ebd. 303 Taf.

seiner Gesamtheit trägt fünf solcher Einritzungen. Was das Bruchstück Nr. 43 betrifft, so muß es gänzlich mit schrägen Einritzungen bedeckt gewesen sein, umsomehr, als die Analogien auf eine solche Verzierung hinweisen[29]. Die Varianten, die einen größeren, unregelmäßig ovalen Querschnitt haben, sind je durch ein Exemplar vertreten. Unbedeutend sind die Verzierungsunterschiede, die nicht auf zwei Perioden hindeuten[30]. Die Merkmale der dritten Variante sind gerade abgeschnittene Enden sowie ein halbkreisförmiger Querschnitt, dessen Durchmesser ein wenig nach innen gebogen ist. Viele, gleichfalls unverzierte Armringe aus Rumänien[31] oder aus dem mittleren Donaubecken[32] stützen eine Ha A-, eventuell Ha B-Datierung.

Ein weiterer Armringtyp von Galoşpetreu ist jener mit Spiralenden, dessen Tradition bis in die Mittelbronzezeit zurückgeht[33]. Ha A-B-zeitliche Stücke[34] stellen den Niedergang[35] einer früheren Tradition dar. Von der typologisch-chronologischen Bedeutung des Fingerringes kann nichts Wesentliches gesagt werden[36], weil es sich um eine unverändert langlebige Form handelt[37].

Als Ausdruck einer hundertjährigen Entwicklung[38] ist die Ha A-zeitliche Armschutzspirale eine Endform[39], denn die Drahtspirale war während der Ha B-Periode Ausgangspunkt für die Entwicklung neuer Schmuckfor-

---

260,21]) stammen, kann wohl das Stück von Galoşpetreu als BD-Erbe in einem Ha A-Depotfund betrachtet werden. Siehe dazu auch Mozsolics 1973, 54 ff.; Kemenczei 1984, 114.

[29]Băleni (Dragomir 1967, R 18 f, ff.; Petrescu-Dîmboviţa 1977, Taf. 75-77); Balşa (Rusu 1966, 19 Taf. I,1a-b; Petrescu-Dîmboviţa, ebd. Taf. 24,2); Caransebeş (Petrescu-Dîmboviţa, ebd. Taf. 126,1, mit älterer Literatur); Sălaj (Dumitrescu 1937, 133 ff. Abb. 4,5; anders bei Petrescu-Dîmboviţa, ebd. Taf. 183,8); siehe dazu auch Podborský 1970, Taf. 38 B 1-3.5-6; Abb. 16,9; Mozsolics 1973, 57; Kemenczei 1984, 117 Abb. 9,1.4; 260 Taf. 50 e,1a-b.

[30]Bicaci (Holste 1951, Taf. 49,26; Petrescu-Dîmboviţa, ebd. Taf. 28,3.5); Domăneşti I (Hampel 1886, Taf. 122,55 ff.; Petrescu-Dîmboviţa, ebd. 192 Taf. 45,7); Domăneşti II (Bader 1971, Taf. 24 c,11); Cehăluţ I (Bader 1978, 221 Taf. 72,10, unterschiedlich sowohl bei Petrescu-Dîmboviţa 1977 als auch bei ders. 1978 wiedergegeben. Manche Entdeckungen (Chidioşan/Emödi 1982, 79 ff.; Kemenczei 1984, 113 Abb. 6,4) erlauben auch eine kulturgeschichtliche Einreihung der Variante. Allgemeines bei Foltiny 1955, 25 ff.; v. Brunn 1968, 34; Bader 1978, 101.

[31]Cincu (Petrescu-Dîmboviţa 1977, Taf. 131,2); Dumbrava (ders., ebd. Taf. 141,14); Şpălnaca II (ders., ebd. Taf. 205,12.13.15; 209,2.4); Sălard (Hampel 1896, Taf. 204,20-24, unter Puszta-Bodolyó; Holste 1951, Taf. 47,37-38; Ordentlich 1964, 480 Abb. 3,4-5.7-9; Petrescu-Dîmboviţa 1977, Taf. 317,6-7); Şpălnaca I (ders., ebd. Taf. 328,11) um nur einige Beispiele zu erwähnen.

[32]Z.B. Garašanin 1975, Taf. IV,1-3; Todorović 1975, Taf. 70,13; Kemenczei 1984, 387 Taf. 177a,3; Taf. 198,1.8.20; 427 Taf. 217,11.

[33]Hachmann 1957, 107, 112 f.; Mozsolics 1967, 81; Hänsel 1968, 211, Liste 98; Richter 1970, Taf. 96; Gedl 1975, 40 ff., 210-211; Říhovský 1982, 138 Taf. 40,24.31. Mittelbronzezeitliche Exemplare aus Siebenbürgen: Rimetea (Popescu/Rusu 1966, R 6,2; Petrescu-Dîmboviţa 1977, Taf. 7,8); Sînnicolau Român I (Popescu/Rusu 1966 R 13,4-6; Petrescu-Dîmboviţa, ebd. Taf. 11,8). Hier sind auch die BD-Exemplare von Cornuţel zu nennen (Stratan 1964, 523 ff.; Petrescu-Dîmboviţa, ebd. Taf. 35,4-6).

[34]Cherghes (Andriţoiu 1971 a, 84 ff., wo für die Variante eine im allgemeinen zu späte Datierung vorgeschlagen worden ist; Petrescu-Dîmboviţa 1977, Taf. 127,25); Tg. Mureş (Holste 1951, Taf. 29,24 - die Zugehörigkeit des Stückes zum Depotfund ist nicht gesichert; Petrescu-Dîmboviţa, ebd. 144 Taf. 355,12, wo auch eine ältere Zeitstellung für den betreffenden Armring vorgeschlagen wird).

[35]Rusu 1972 a, 37-38. Weil fragmentarisch erhalten, besteht auch die Möglichkeit, daß das Bruchstück von Galoşpetreu einer Armstulpe angehörte; so dürfen die Beispiele von Mozsolics (1967, Taf. 41,11; 44,3.8) und Petrescu-Dîmboviţa (1977, Taf. 173-174) nicht außer acht gelassen werden.

[36]Analogien aus den Ha A-Depotfunden: Petrescu-Dîmboviţa 1977, Taf. 143,17; 209,8.

[37]Foltiny 1955, 22; v. Brunn 1968, 190; Mozsolics 1973, 51-52; Bader 1978, 104; Kemenczei 1984, 21.

[38] Foltiny 1955, 31-32; Kemenczei 1965, 105 ff.; Mozsolics 1967, 73-74; v. Brunn 1968, 33, wo in der Anm. 5 auch die Stücke von Galoşpetreu erwähnt sind; Hänsel 1968, 102-104; Patay 1969, 194-198; Novotná 1970 a, Taf. I; IV; IX ff.; Bader 1972, 93-95; ders. 1978, 102-104 (in den beiden Arbeiten sind die Stücke von Galoşpetreu abgebildet); Kemenczei 1984, passim.

[39]Z.B. Aiud (Petrescu-Dîmboviţa 1977, Taf. 109-110; Rusu 1981, 391 Abb. 8,2-5); Şpălnaca II (Petrescu-Dîmboviţa, ebd. Taf. 211,1); Tăut (Holste 1951, Taf. 31,3-3a; Petrescu-Dîmboviţa, ebd. Taf. 213,16). Neuerscheinungen: Blaj-"Veza" (Blăjan u.a. 1982, 97-99, 115 ff.); Ticvaniul Mare (Săcărin 1981).

men[40].

Bronzetypen älterer Herkunft sind auch die Anhänger. Die dreieck- bzw. trapezförmige Variante und die damit verbundene Symbolik wurden schon mehrmals erörtert[41], darunter auch in Rumänien[42], so daß wir uns eine weitere Untersuchung ersparen können. Obwohl der halbmondförmige, aus je drei Rippen bestehende Anhänger Gegenstand mehrerer Untersuchungen war[43], ist es bis heute noch nicht geklärt, ob diese Art Anhänger ein rein dekorativer Schmuck war, oder ob er auch eine magisch-symbolische Rolle spielte[44].

Das Bronzegefäß und das Rasiermesser stellen möglicherweise Sonderanfertigungen dar, denn sowohl die Tasse - wahrscheinlich einem nicht häufig vetretenen Typ zuzuschreiben[45] - als auch das Rasiermesser[46] sind wohl nicht im alltäglichen Leben verwendet worden.

Die Waffen bilden die drittgrößte Fundkategorie. Am zahlreichsten - sieben Stück - sind die Lanzenspitzen, die ihrerseits in zwei Hauptvarianten eingeteilt werden können. Die eine Variante ist durch ein längliches, etwas größeres Exemplar (Nr. 24)[47], die andere durch sechs kleinere, mit breiterem Blatt versehene Lanzenspitzen (Nr. 18-23) vertreten. Aufgrund der unterschiedlichen Blutrinnen wäre auch die Gliederung in mehrere Untervarianten möglich (Bader 1978, 96). Da eine zusammenfassende Arbeit über die in Rumänien entdeckten Lanzenspitzen vor der Vollendung steht (ders., PBF V), scheint es uns nicht nötig, eine eingehendere Analyse durchzuführen.

Im Depotfund von Galoşpetreu wurden drei Dolche (Nr. 13-15) entdeckt, die je eine Variante verkörpern[48]. Obwohl sie nur bruchstückhaft erhalten sind, bereitet die chronologische Einordnung keine Schwierigkeiten[49].

Es wären noch die zwei Schwertfragmente (Nr. 16, 17) zu erwähnen, die höchstwahrscheinlich zu einem

---

[40]Petrescu-Dîmbovita 1977, passim (vorwiegend Fibeln).

[41]Kossack 1954, 16 ff.; Foltiny 1955, 18; Kemenczei 1965, 127-128; v. Brunn 1968, 34. In einem allgemeineren Rahmen vgl. Müller-Karpe 1979, 9 ff.; ders. 1980, 584 ff.

[42]Chidioşan 1977, 55 ff. (mit Katalog und älterer Literatur), wo auch ein Exemplar von Galoşpetreu erwähnt und der Variante C (ebd. 62) zugeschrieben ist.

[43]Rusu 1960 b, 169 ff.; v. Brunn 1968, 72; Bader 1978, 107 Taf. 86,4-7, weiter auch Paulík 1975, 58 Abb. 1 A 5-6; B 2; Vinski-Gasparini 1973, Taf. 52,48-49; Petrescu-Dîmboviţa 1977, 89 ff., wo in den Ha A 1-zeitlichen Depotfunden von Cioclovina, Cubulcut, Deva III, Dipşa, Frîncenii de Piatră, Giula, Pecica II, Răbăgani, Sînnicolau de Munte, Uioara (dort auch die älteren Literaturhinweise) zahlreiche Entsprechungen für das Stück von Galoşpetreu zu finden sind.

[44]Rusu 1960 b, 169 ff.; Müller-Karpe 1979, 9 ff.

[45]Leider sind die örtlichen Analogien (vgl. dazu Hampel, 1896, Taf. 230,16; v. Brunn 1968, 43 Anm. 4; Petrescu-Dîmboviţa 1977, Taf. 139,19; 160,35; 200,18; 241,13; Zeichnungen des Verf.) nicht nur etwas größer und anders gestaltet, also zu anderen Varianten von Metallgefäßen gehörig, sondern auch zu bruchstückhaft erhalten, so daß die betreffenden Typen von Behältern aus den minimalen Resten sehr ungenau zu bestimmen sind. Längsgerippte Henkel mit je einem Niet am Rand und am Bauch, an der äußeren Gefäßwand anmontiert, weisen auf größere Tassen, wie z.B. auf diejenige von Vester Borsting (Thrane 1962, 118-119 und 121 Abb. 10 = Periode III) hin. Ähnliche, aber nicht längsgerippte Henkel (Richter 1970, Taf. 86,16) sind im innerkarpatischen Raum nicht sicher nachzuweisen.

[46]Anstatt der gewöhnlichen drei Längsrippen auf dem Blatt kommen bei den böhmischen, süddeutschen und österreichischen Exemplaren (Jockenhövel 1971, Taf. 6 ff.) auch oft Ringgriffe vor, die unmittelbar nach der Klinge folgen (Müller-Karpe 1959, Taf. 7,24; 124 D 21; Jockenhövel 1971, Taf. 26,333). Ein Exemplar, bei dem beide Merkmale zusammen vorkommen, ist uns bisher unbekannt, so daß das Stück von Galoşpetreu - trotz der fragmentarisch erhaltenen Klinge - als Variante bzw. als Untervariante Galoşpetreu bezeichnet werden kann. Da im innerkarpatischen Raum derartige Rasiermesser kaum bekannt sind, soll die Variante Galoşpetreu an die mitteleuropäischen angeknüpft werden.

[47]Ha A-zeitliche, gute Entsprechungen kommen auch ziemlich selten im innerkarpatischen Raum vor (Petrescu-Dîmboviţa 1977, Taf. 167,15; 183,4; 250,21; Kemenczei 1984, Taf. 58 b, 1).

[48]Vgl. dazu Müller-Karpe 1959, Taf. 105-107 (im Depotfund von Peschiera); zusammenfassend siehe auch Hänsel 1968, Beilage I, SD I.

[49]Peroni 1956, 69-92; Foltiny 1955, 56-57; Mozsolics 1973, 31-32; Bader 1978, 95 (wo auch die Dolche von Galoşpetreu berücksichtigt sind). Die drei Dolche müssen also wiederum als BD-Erbschaft im Rahmen des Depotfundes von Galoşpetreu angesehen werden.

Exemplar gehörten[50]. Zieht man die charakteristischsten Entsprechungen in Betracht, so ist die Zuweisung zu den Zungenschwertern eine der wahrscheinlichsten (Bader 1978, 94).

Die letzte Fundgruppe besteht aus den Gußkuchen[51], Gußzapfen[52] und aus einer Stange[53]; es sind alles Dinge, die einstweilen keine chronologischen Hinweise bieten können.

Als mittelgroßer Depotfund der Ha A-Periode stellt der Fund von Galoşpetreu eine gewöhnliche Erscheinung dar, sowohl was das Gewicht als auch den Formenschatz betrifft. Es reicht aus, nur einige der berühmtesten Depotfunde, wie z.B. Berzasca I, Caransebeş, Cincu, Gad, Rapoltu Mare, Suseni, Vîlcele II, zu nennen, um die "Familie" dieser Ha A-zeitlichen Entdeckungen besser zu umreißen.

Untersuchen wir das Gewicht der einzelnen Fundgattungen eingehender, so bietet der Depotfund von Galoşpetreu ein ziemlich ausgeglichenes Bild: fünf Typen von Werkzeugen (36 Stück) wiegen 2903 g, sechs von Schmuckgegenständen, inbegriffen das Metallgefäß und das Rasiermesser, (16 Stück) 1458 g, drei von Waffen (11 Stück) 845 g und schließlich die Gußreste (8 Stück) 1235 g. Aufgrund der Gewichtsangaben ist es schwer, den Charakter des vorliegenden Depots zu bezeichnen, sei es zum Beispiel als Werkzeug- oder als Waffendepotfund usw., denn keine Fundkategorie überwiegt nach dem Gewicht wesentlich. Gehen wir dieser Frage weiter nach, so ist das ungefähre Gleichgewicht der einzelnen Fundgattungen auch ein Hindernis bei der Ermittlung eines ehemaligen Besitzers. Außer der inhaltlichen Zusammensetzung können allein die Fundumstände Aufschluß über den Charakter des Depots geben. Die Hypothese, wir hätten es in Galoşpetreu mit einem Mooropferfund zu tun, wird sowohl durch die Fundumstände als auch durch die Fundzusammenstellung untermauert (vgl. Anm. 7). Daß diese Kategorie von Depotfunden auch in Rumänien als solche erkannt werden kann, ist nur anhand einer ausführlichen Analyse der Fundumstände endgültig zu erreichen[54].

Was den Erhaltungszustand der Gegenstände anbelangt, ist es schwer, gründliche Schlußfolgerungen daraus zu ziehen, umsomehr, da die Entdecker einige Stücke (z.B. die Armschutzspirale) unwissenschaftlich behandelt haben. Welchen Zweck die Opfernden auch beabsichtigt haben[55], für die Ursachen der Deponierung sind weder der Erhaltungszustand noch das Gewicht aufschlußreich.

Wann wurden die Bronzen in Galoşpetreu vergraben oder, genauer gesagt, versenkt ? Da die Gegenstände, die am spätesten anzusetzen sind, auf die Ha A-, eher auf die Ha A 1-Periode hinweisen, fand die Deponierung der akkumulierten Gegenstände im Laufe der Unterstufe der Ha A-Periode statt. Ohne weiteres ist es beim heutigen Forschungsstand nicht einfach, das BD-Erbe von Galoşpetreu, und zwar die BD-Erzeugnisse und die BD-Tradition, zu erkennen[56].

---

[50]So Bader 1978, Taf. 74,1. Bei Petrescu-Dîmboviţa 1977, 94 ist nur ein Bruchstück erwähnt und keines abgebildet; ders. 1978, 120 nennt ebenfalls nur ein "Schwertklingenstück", es sind aber beide schematisch wiedergegeben, darunter das erste (ebd. 120, Stück Nr. 30) als Dolchklinge. Zuletzt reiht Bader 1991, 95, Nr. 207-208 das Exemplar in die Gruppe der Reutlingen-Schwerter ein.

[51]Die sehr vielen Entsprechungen aus Rumänien und aus dem übrigen Europa wurden nicht zu oft behandelt; eine von uns bekannte Ausnahme bildet die Arbeit von Stein 1976, 22, 184.

[52]Auch die Gußreste wurden bis jetzt nicht typologisch bearbeitet, demnach kann nicht auf eine spezielle Arbeit, sondern nur auf die Abhandlungen, die metallurgische Probleme behandeln, hingewiesen werden.

[53]Wir beschränken uns darauf, die Ha A-zeitlichen Entsprechungen von Cugir (Petrescu-Dîmboviţa 1977, Taf. 135,11), Şpălnaca II (ebd. Taf. 212,28), Uioara de Sus (ebd., Taf. 271-272) anzuführen.

[54]Zu einer weiteren Klassifizierung der Depotfunde in Rumänien, siehe im vorliegenden Band die Studie: "Die Fundumstände...".

[55]Allgemeines zur Deutung der Depotfunde bei Hundt 1955, 95 ff.; Aner 1956, 31 ff.; Geißlinger 1967; Stein 1976; v. Brunn 1980, 91 ff., alle mit vielen Literaturhinweisen.

[56]Das vor kurzem erschienene Buch von Schumacher-Matthäus 1985 war uns noch nicht zugänglich, um es berücksichtigen zu können.

Konkordanztabelle zum Inhalt des Depotfundes von Galoşpetreu - die abgebildeten Stücke

1. vorliegender Aufsatz; **2.** ältere Photographien im Museum Oradea; **3.** M. Rusus Skizzensammlung; **4.** M. Rusus photographisches Archiv; **5.** Petrescu-Dîmboviţa 1977, Tafelnummer; **6.** Petrescu-Dîmboviţa 1978, Tafelnummer; **7.** Bader 1978, Tafelnummer

	1	2	3	4	5	6	7
Lappenbeil	1 (1042)	1042	1042	1042	144,16	101,9	73,2
Lappenbeil	2 (1043)	1043	1043	1043	-	101,10	73,1
Lappenbeil	3 (1044)	1044	1044	1044	-	-	73,1
Tüllenbeil	4 (1045)	1045	1045	1045	144,15	100,5	73,4
Tüllenbeil	5 (1046)	1046	1046	1046	144,14	100,1	-
Tüllenbeil	6 (1047)	1047	1047	1047	-	100,2	73,7
Tüllenbeil	7 (1048)	1048	1048	1048	144,13	100,3	73,5
Tüllenbeil	8 (1049)	1049	1049	1049	-	100,4	73,8
Tüllenbeil	9 (1050)	-	1050	1050	-	100,8	73,10
Tüllenbeil	10 (1051)	1051	1051	1051	-	100,6	-
Tüllenbeil	11 (1052)	1052	-	1052	-	-	73,9
Tüllenbeil	12 (1053)	1053	1053	1053	-	100,7	-
Dolch	13 (1087)	1087	1087	1087	145,12	101,28	74,3
Dolch	14 (1085)	1085	1085	1085	145,13	101,29	74,2
Dolch	15 (1088)	1088	1088	1088	145,11	101,27	74,4
Schwert	16 (1084)	1084	1084	1084	-	101,30	74,1
Schwert	17 (1085)	1086	1086	1086	-	101,31	-
Lanzenspitze	18 (1094)	1094	1094	1094	146,1	102,35	74,9
Lanzenspitze	19 (1095)	1095	1095	1095	-	102,36	74,8
Lanzenspitze	20 (1096)	1096	1096	1096	-	102,38	74,11
Lanzenspitze	21 (1097)	1097	1097	1097	146,4	102,37	74,10
Lanzenspitze	22 (1098)	1098	1098	1098	146,2	102,39	74,7
Lanzenspitze	23 (1099)	1099	1099	1099	-	102,41	74,5
Lanzenspitze	24 (1100)	1100	1100	1100	146,3	102,40	74,6
Sichel	25 (1054+1056)	1054+1056	1054+1056	1054+1056	145,7	101,24	73,12+14
Sichel	26 (1068)	1068	1068	1068	145,9	101,25	73,6+15
Sichel	27 (1060)	1060	1060	1060	145,8	101,26	73,19
Sichel	28 (1061)	1061	1061	1061	145,5	101,19	73,16
Sichel	29 (1062)	1062	1062	1062	145,3	101,13	73,17
Sichel	30 (1059)	1059	1059	1059	145,2	101,12	73,20
Sichel	31 (1058)	1058	1058	1058	145,6	101,11	73,23
Sichel	32 (1064a)	1064a	1064a	1064a	-	101,16	73,21
Sichel	33 (1064b)	1064b	1064b	1064b	-	101,15	73,25
Sichel	34 (1067)	1067	1067	1067	-	101,14	73,22
Sichel	35 (1069)	1069	1069	1069	145,1	101,20	73,29
Sichel	36 (1057)	1057	1057	1057	-	101,21	73,11
Sichel	37 (1063)	1063	1063	1063	145,4	101,23	73,28
Armring	38 (1070)	1070	1070	1070	146,16	102,44	-
Armring	39 (1071)	1071	1071	1071	146,15	102,45	74,13
Armring	40 (1073)	1073	1073	1073	146,14	102,47	-
Armring	41 (1074)	1074	1074	1074	146,17	102,48	74,14
Armring	42 (1075)	1075	1075	1075	146,8	102,49	-
Armring	43 (1076)	1076	1076	1076	146,10	102,51	74,19
Armring	44 (1077)	1077	1077	1077	146,7	102,57	-
Armring	45 (1072)	1072	1072	1072	146,12	102,46	74,12
Armring	46 (1079)	1079	1079	1079	146,13	102,50	-
Armschutzspirale	47 (1102)	1102 ?	1102	-	-	74,16	-
Armschutzspirale	48 (1101)	1101	-	1101	-	-	74,17
Fingerring	49 (1078)	1078	1078	1078	146,9	102,52	-

Anhänger	50 (1089)	1089	1089	1089	146,19	102,56	73,3+34
"Nadelschoner"	51 (1103)	1103	1103	1103	146,5	102,43	-
Angelhaken	52 (1080)	1080	1080	1080	145,10	101,33	73,33
Rasiermesser	53 (1082)	-	1082	1082	146,6	101,34	73,35
Bronzeblech	54 (1081)	-	1081	1081	-	101,32	73,30
Tassenhenkel	55 (1083)	1083	1083	1083	146,11	102,42	73,26
Stange	56 (1092)	1092	1092	1092	146,20	102,55	73,32
Stange	57 (1093)	1093	1093	1093	-	102,54	73,32
Gußreste	58 (1090)	-	1090	1090	-	102,58	73,31
Gußreste	59 (1091)	1091	-	1091	-	102,59	73,36
Gußfladen	60 (2091)	-	-	-	-	102,60	-
Gußfladen	61 (2092)	-	-	-	-	102,61	-
Gußfladen	62 (555)	555	-	-	-	102,63	-
Gußfladen	63 (1804)	-	-	-	-	102,62	-
Sichelfragment	- -	1055	1055	1055	-	101,17	73,24
Sichelfragment	- -	1065	1065	1065	-	101,22	73,27
Sichelfragment	- -	1066	1066	1066	-	101,18	73,18
Sichelfragment	- -	-	-	-	-	-	73,13=73,14
"Nadelschoner"	- -	1104	1104	-	-	-	-
Drahtspirale	- -	-	-	-	146,18	102,53	-

(vielleicht zu Petrescu-Dîmbovița 1977, Taf. 146,13; ders. 1978, Taf. 102 A 53)

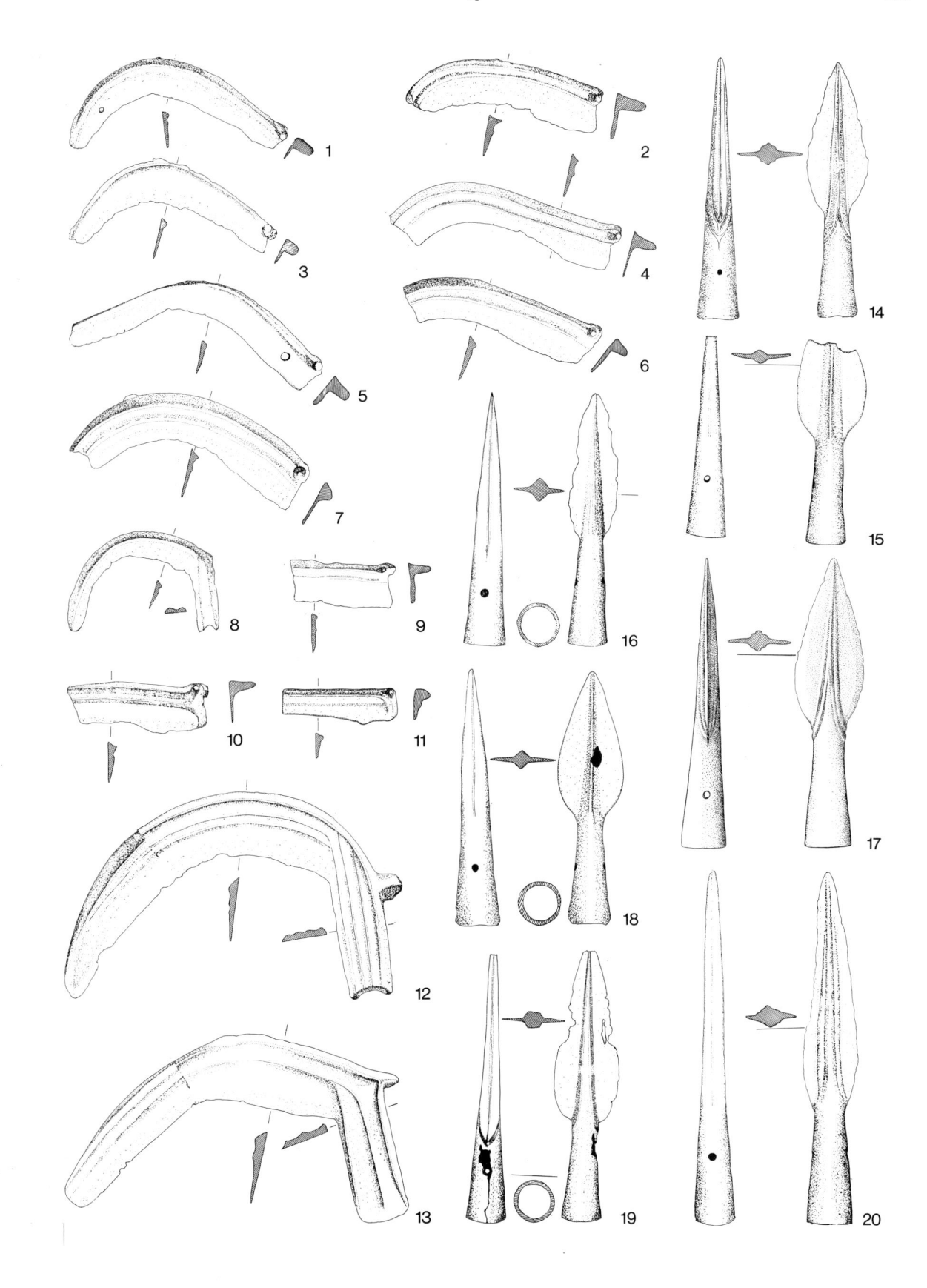

Abb. 1. 1-20 Depotfund von Galoşpetreu. M. 1:3

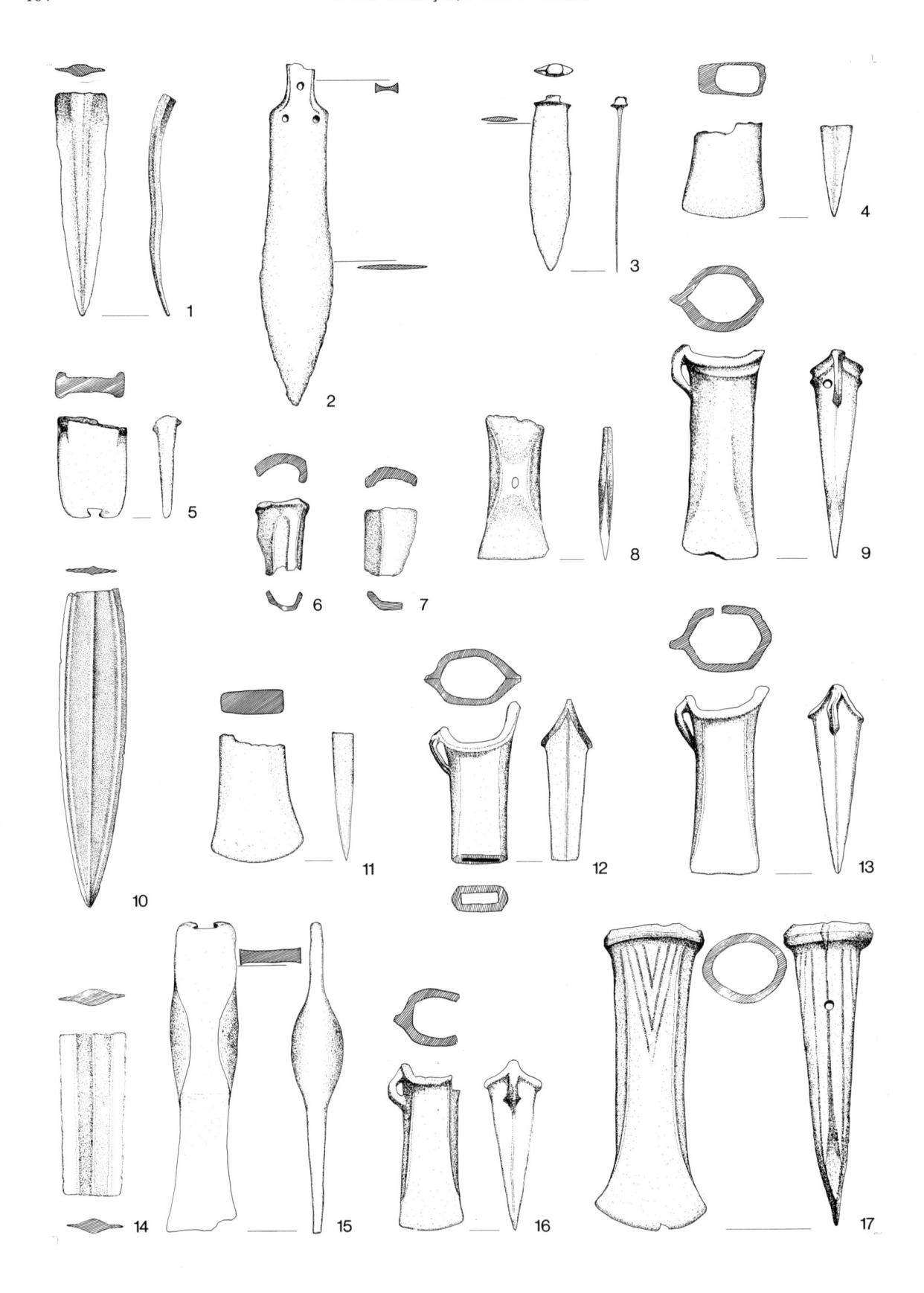

Abb. 2. 1-17 Depotfund von Galoşpetreu. M. 1:3

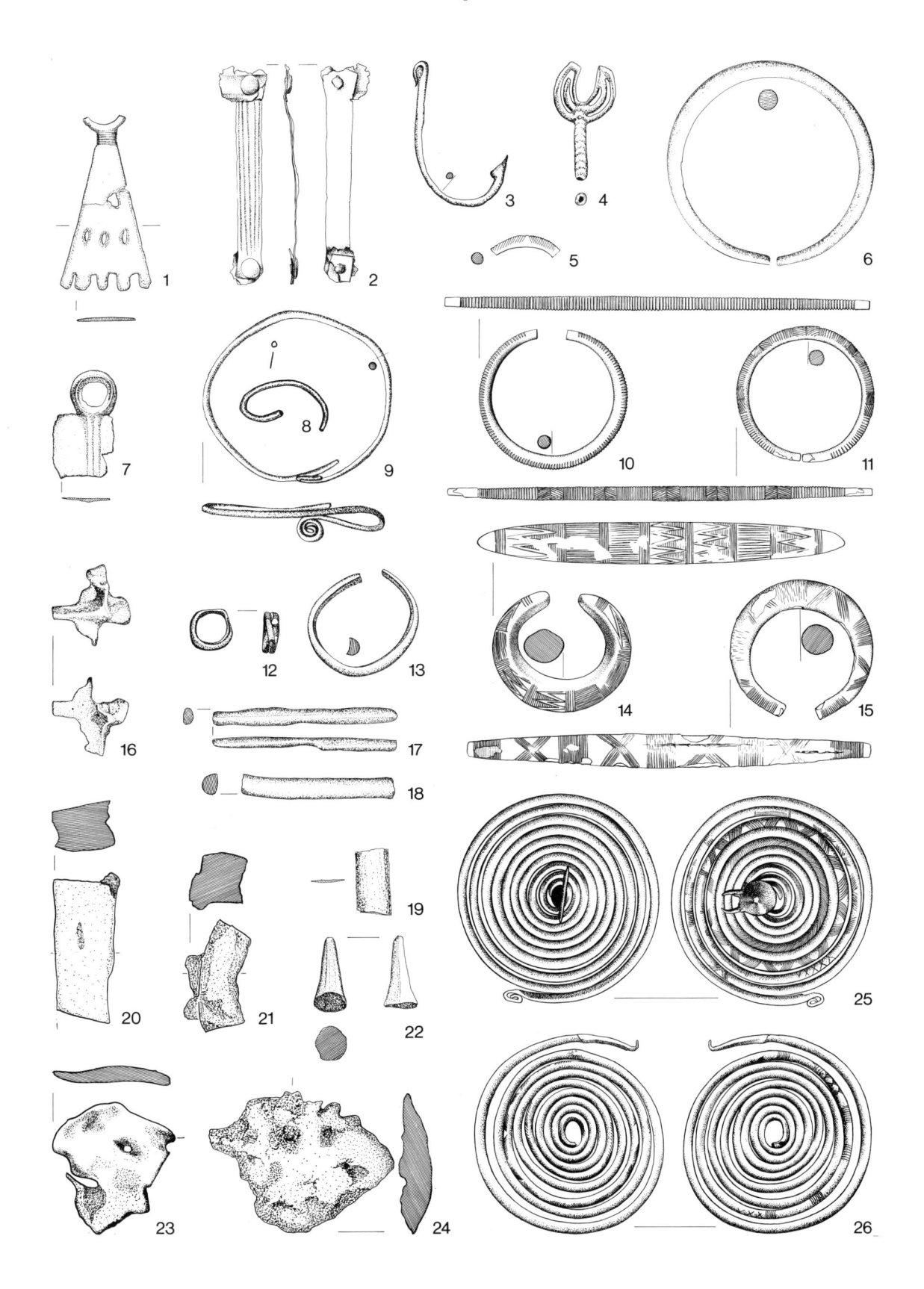

Abb. 3. 1-26 Depotfund von Galoşpetreu. M. 1:3

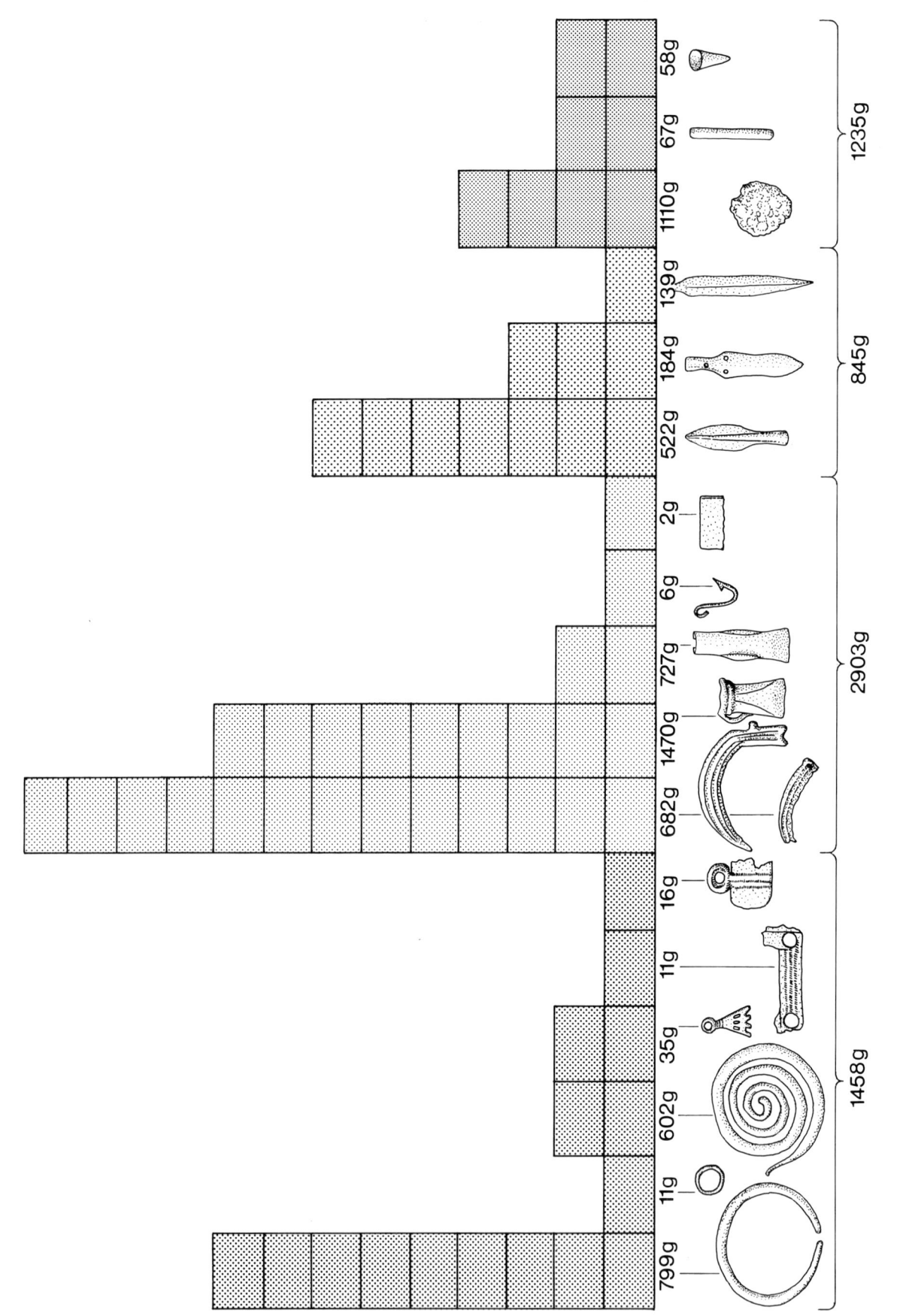

Abb. 4. Depotfund von Galospetreu: Tabellarische Darstellung der Fundkategorien und der Gewichte

Der zweite Depotfund von Dragu, Kr. Sălaj.
Zu den Tüllenbeildepotfunden in Rumänien[1]

Tudor Soroceanu, Berlin und Éva Lakó, Zalău

Der "Părăscuţa" genannte Ort liegt südlich der Gemeinde Dragu, Kr. Sălaj, ungefähr 200 m von den letzten Dorfhäusern entfernt (Abb. 1). Dort wurde am 16. Juni 1983 beim Graben eines Brunnens, in einer Tiefe von 1,5 m, drei Tüllenbeile entdeckt[2]. Die anscheinend vollzählig sichergestellten Bronzebeile waren alle in einem nicht mehr restaurierbaren, übrigens schließlich verlorengegangenen Tongefäß deponiert, und zwar alle mit der Schneide nach unten.

Es läßt sich heute nur noch schwer feststellen, ob die Gegenstände ursprünglich streng vertikal oder ein wenig schräg angeordnet wurden, klar ist aber, daß die Tüllenbeile unter dem Erddruck eine unregelmäßige, rosettenähnliche Form bildeten.

Beschreibung der Funde[3]

1. Tüllenbeil (Abb. 1,4; Taf. VIII,5), mit leicht konkavem Mund und verdicktem Randwulst. Die Öse ist kaum hochgezogen, teilweise durch Erhaltung eines Gußzapfens. Die Bahn ist an der Seite, wo sie der Tülle entspricht, leicht gebogen. Der volle Unterteil besitzt schon einen rechteckigen Querschnitt und endet in einer verbreiterten und geraden Schneide. Die Verzierung besteht anscheinend aus senkrechten, gebogenen Rippen. In der Tat haben wir es mit kleinen Schwellen zu tun. Die waagerechten Rippen, die sich unter dem Randwulst befinden, sind unpaarig, und zwar vier auf der Vorderseite und drei auf der Rückseite. Aus ähnlichen Rippen bestehen die drei hängenden, ineinandergefügten Winkel; lediglich auf der Vorderseite sind zwei schräge Rippen, die wohl als Gußfehler (siehe Tüllenbeil Nr. 2) zu betrachten sind. Was die Technologie betrifft, sind winzige Gußblasen zu verzeichnen, deren Farbe innen heller und lebhafter ist. Die mittelgrüne Patina ist nur innerhalb der Tülle durch kleine blaue Flecken ersetzt. Verwendungsspuren können mit dem Auge nur an der Schneide beobachtet werden.
L. 10,9; B. 5,6; Gew. 260.

2. Tüllenbeil (Abb. 1,5; Taf. VIII,4), höchstwahrscheinlich in derselben Gußform wie das vorangehende gegossen, nur waren die Rippen des zweiten Stückes anfangs flacher. Das Beil scheint unbenutzt zu sein. Ein Loch unter der Öse ist als Gußfehler anzusehen. Die Patina ist jener des ersten Stückes ähnlich. Der Erhaltungszustand kann nicht als zufriedenstellend betrachtet werden, zumal moderne Bearbeitungsspuren festzustellen sind. Neben dem Randwulst bzw. der Öse findet man dieselben winzigen Gußblasen wie beim Beil Nr. 1. Lediglich mittels einer Lupe sind darin rote Farbspuren - wahrscheinlich aus der Erde stammende Eisen- oder Bleioxyde - zu beobachten.
L. 11,1; B. 5,6; Gew. 265.

3. Tüllenbeil (Abb. 1,6; Taf. VIII,1), mit geradem Mund, einfachem Randwulst und etwa parallelseitiger Bahn. Das letzte untere Drittel des Beiles läuft trapezförmig aus. Die verbreiterte Schneide war schon im Altertum beschädigt, vielleicht infolge der Benutzung. Die Rippen sind entweder waagerecht (drei aufeinander) angeordnet

---

[1] Der vorliegende Depotfund von Dragu muß Dragu II genannt werden, obwohl der seit Jahrzehnten bekannte BD-Depotfund (Roska 1942, 69 f., Nr. 66; Hänsel 1968, 192; Vulpe 1970 a, 84; Mozsolics 1973, 129; Petrescu-Dîmboviţa 1977, 155; ders. 1978, 156) inhaltlich nicht als "sicher" betrachtet wird; vgl. Roska 1938, 155, Nr. 13. Der Depotfund Dragu II wird im Muzeul de Istorie şi Artă Zalău aufbewahrt. Eine stark abgekürzte rumänische Fassung des vorliegenden Beitrages erschien in Acta Mus. Porolissensis 8, 1984, 125-127 (nur Photographien).

[2] Daß die Entdeckung so rasch den Archäologen zur Kenntnis gebracht wurde, ist dem Bürgermeister Iuliu Lazăr und dem Sekretär Leontin Briciu Cîmpean zu verdanken.

[3] Hier ist nicht der Platz, terminologische Fragen eingehend zu besprechen; es sei nur erwähnt, daß die einzelnen Seiten der Gegenstände fast nie identisch sind und daß sie, bei Gelegenheit, getrennt beschrieben werden müssen. Demzufolge möchten wir auch z.B. numismatische Fachausdrücke (wie Vorder- oder Rückseite) für die Beschreibung der Tüllenbeile versuchsweise einführen.

oder bilden hängende Winkel, deren Seiten nach innen gebogen sind. Auf der Rückseite ist die Verzierung abgeschliffen. Das Hochziehen des Randes auf die Öse und das Zäpfchen an der Außenseite der Öse können als Gußreste betrachtet werden. Die grüne, mitunter hellgrüne Patina wird in der eigentlichen Tülle bläulich. L. 11; B. 5,1; Gew. 220.

Die zeitliche Einordnung des kleinen Tüllenbeildepotfundes läßt sich verhältnismäßig leicht klären. Wir sind der Meinung, daß die BD-Stufe von Anfang an ausgeschlossen werden kann, weil die Tüllenbeile dieser Zeitspanne keine morphologischen oder ornamentalen Ähnlichkeiten mit denen aus dem Depotfund von Dragu haben.

Die Verzierungsarten werden in der Ha A-Zeit immer einseitiger, so daß zwar zahlreiche Varianten von hängenden Winkeln häufiger vorkommen[4], für gewöhnlich aber nur ein einfacher Randwulst mit einer direkt untereinanderfolgenden eckigen Verzierung die Beile schmückt.

Die wahrscheinlichste Datierung ist wohl die Einordnung in die Ha B-Stufe, wobei eine genauere zeitliche Bestimmung innerhalb dieser Stufe nicht möglich ist, da der zweite Depotfund von Dragu nur einen Beiltyp enthält und dieser auch noch arm an Varianten ist. Fassen wir jedoch die Formen- und Zierelemente, die die Beile von Dragu zeigen, zusammen, so glauben wir klarere Argumente für eine Ha B-Datierung vorlegen zu können, besonders, wenn wir diese Elemente mit denen der Tüllenbeile anderer Depots vergleichen[5]. Die charakteristischen Merkmale sind: 1. Der Randwulst und die mehr als zwei, parallel laufenden Rippen sind ziemlich gut voneinander getrennt[6]. 2. Die hängenden Winkel, einige davon mit gebogenen Seiten, beginnen an den länglichen Beilrändern und nicht unter den parallel laufenden Rippen[7]. 3. Der Unterteil (gegen die Schneide) besitzt schon einen profiliert viereckigen Querschnitt[8].

An dieser Stelle scheint es uns angebracht, auch einige zeitgleiche Einzel- und Streufunde, die die Diskussion zur Typologie der Tüllenbeile doch bereichern können, bekannt zu machen.

Obreja, Kr. Alba (ohne Inv. Nr.; Abb. 1,3). Während der Ausgrabungen in der dakisch-römischen Siedlung wurde deren Leiter, D. Protase, ein Tüllenbeil gezeigt, das angeblich auf der Gemeindegemarkung gefunden wurde[9]. Es handelt sich um ein schmales, längliches Beil, dessen "Verzierung" aus fünf egal erhabenen Wülsten besteht, die eindeutig vor allem der Verstärkung des Mundteiles dienen, was aber die Morphologie des Exemplares beeinträchtigt. Die ein wenig verbreiterte und leicht gerundete Schneide scheint, der Zeichnung nach, geschliffen gewesen zu sein. Ob das in vorgeschichtlicher oder in moderner Zeit geschah, ist schwer

---

[4]Siehe z.B. die Tüllenbeile in den großen Depotfunden von Aiud, Guşteriţa, Şpălnaca II, Uioara (zusammengefaßt bei Petrescu-Dîmboviţa 1977, 80 ff. Taf. 101 ff., mit der umfangreichen älteren Literatur). Nähere Entsprechungen sind in Ha A 2 zu suchen (Cenad: Mitt. M. Moga bei Petrescu-Dîmboviţa 1977, Taf. 286,24; Dîrja: Rusu u.a. 1977, R 44 = Petrescu-Dîmboviţa 1977, Taf. 290,2; Zlatna II: Petrescu-Dîmboviţa 1977, Taf. 293,12; 294,1; mit älteren Hinweisen - M. Roska, M. Rusu, A. Vulpe), ohne aber daß ständig Stücke auftauchen, die einen etwa viereckigen Querschnitt in der unteren Hälfte, gegen die Schneide, zeigen.

[5]Beispiele könnten wir aus den typischsten Depotfunden wählen: z.B. Bancu (Ásatások 1910, 63-64; Roska 1942, 58-59, Nr. 44, Abb. 62; Petrescu-Dîmboviţa 1977, 126 Taf. 298,10); Josani (ders., ebd. 131, mit älteren Literaturhinweisen - Cseplő, Hampel, Pârvan, Rusu, Ordentlich, v. Brunn - und Erklärungen zum Inhalt und Taf. 308,14); Plăieşti (Mitt. Milea bei Petrescu-Dîmboviţa 1977, 132-133 Taf. 314,9); Sig (Mitt. Rusu und Lucăcel bei Petrescu-Dîmboviţa, ebd. 134 Taf. 318,10; Soroceanu/Lakó 1981, 164 Abb. 8,5); Ţelna (vgl. unten, Kat. Nr. 35); Zagon II (Roska 1942, 309-310, Nr. 10, Abb. 373,9; Petrescu-Dîmboviţa 1977, 139 Taf. 338,7, beide mit Literaturhinweisen); Fizeşul Gherlei II (ders., ebd. Taf. 346,3.4.6-9; von der umfangreichen zitierten Literatur ist für die Tüllenbeile nur Hampel 1896, Taf. 218 wiederholungswürdig).

[6]Gegenüber der großen Zahl der siebenbürgischen Ha A 1-Tüllenbeile kommt diese "Verzierung" recht selten vor; die Ha A 2-, aber vorwiegend die Ha B-Periode liefern die meisten Exemplare; siehe dazu Petrescu-Dîmboviţa 1977 passim; vgl. auch Holste 1936, 1-23; Foltiny 1955, 88.

[7]Im allgemeinen sind die hängenden Winkel bereits in Ha A1 sehr verbreitet, doch weist die unterschiedliche Position auf dem Tüllenbeil auf chronologisch differenzierte Perioden hin; vgl. Petrescu-Dîmboviţa 1977 passim (für das Material).

[8]Da die meisten Tüllenbeile in dieser Hinsicht unzufriedenstellend veröffentlicht sind, bleibt diese Feststellung lediglich komplementär.

[9]Leider ist es heute nicht mehr möglich, die Fundumstände sowie den ehemaligen oder heutigen Aufbewahrungsort bzw. die Sammlung genau zu nennen. In diesem Beitrag veröffentlichen wir eine von K. Keresztes vor Jahren hergestellte Zeichnung, die uns D. Protase freundlicherweise zur Verfügung stellte. Da die Zeichnung keinerlei Beschreibung hatte, sind wir nicht in der Lage, Konkretes über Patina, Verwendungsspuren usw. mitteilen zu können.

feststellbar. Ähnliche Fundstücke deuten vorwiegend auf eine Datierung in Ha B hin[10].
L. 12,5; B. 4,5.

Panic, Kr. Sălaj (MGS, Inv. Nr. P 75088; Abb. 1,1; Taf. VIII,3). Im Bereich der dakisch-römischen Siedlung wurde 1978 von den Dorfschülern ein Tüllenbeil gefunden und Herrn A. Matei und dem Verf. im August desselben Jahres zum Verkauf angeboten. Einzelheiten über die Fundumstände sind nicht bekannt.
Das Tüllenbeil ist verhältnismäßig klein, mit fast geradem Mund und einfachem Randwulst. Die obere, der Tülle entsprechende Hälfte ist im Querschnitt oval, die untere abgeflacht. Unter dem Randwulst laufen parallel zwei Rippen. Vier halbkreisförmige Rippen bilden auf den schmalen Seiten zwei Kreise in verschiedenen Höhen. Die Schneide wurde in moderner Zeit stark geschliffen, wobei die mittelgrüne Patina teilweise entfernt wurde. Weil Beile kleinerer Dimensionen und eine derartige "Verzierung" häufiger in der Stufe Ha B vorkommen[11], halten wir diese Datierung für korrekt[12].
L. 6,7; B. 4,45; Gew. 55.

Florești, Kr. Cluj (MGS, Inv. Nr. P 75089; Abb. 1,9; Taf. VIII,2). Das Beil kam beim Ausheben eines Grabens am östlichen Dorfrand, in der Nähe der Europastraße 15, ans Tageslicht[13]. Das mittelgroße Stück ist ziemlich schlecht erhalten und zeigt einen dicken Randwulst, teilweise beschädigt. Ebenfalls beschädigt ist die vormals leicht gerundete Schneide sowie das trapezförmige Unterteil. Eine Verzierung fehlt gänzlich. Die nicht so ganz guten Analogien sprechen für eine chronologische Ansetzung in Ha B[14].
L. 9,9; B. 6; Gew. 110.

Cluj oder Umgebung (ohne Inv. Nr.; Abb. 1,10). Herr Dr. A.A. Rusu (damals Universitätsbibliothek Cluj) machte uns freundlicherweise auf ein geschnäbeltes Tüllenbeil aufmerksam, das in einer Klausenburgerer

---

[10]Es sind ungefähr zwei Drittel der Entsprechungen dieser Periode - jedenfalls nicht früher als Ha A - zuzuschreiben: Bancu (Petrescu-Dîmbovița 1978, Taf. 225 C 3-5; vgl. auch Anm. 5); Iara II (vgl. Kat. Nr. 15); Nou Săsesc (ders., ebd. Taf. 236 B 7, mit älteren Literaturhinweisen); Pianu de Sus (ders., ebd. Taf. 237 B 2; vgl. auch Kat. Nr. 25); Porumbenii Mari (vgl. Kat. Nr. 28); Suatu (Rusu u.a. 1977 R 45 = Petrescu-Dîmbovița 1978, Taf. 237 D 17.19.21); Țelna (vgl. Kat. Nr. 35); Boldești (ebd. Nr. 3); Blăjenii de Jos (Petrescu-Dîmbovița 1954, 277 ff. = ders. 1978, Taf. 254 B 2-4); Cămin (Holste 1951, Taf. 33,25; Petrescu-Dîmbovița, ebd. Taf. 254 D 5); Fizeșul Gherlii II (Hampel 1896, Taf. 218; Petrescu-Dîmbovița, ebd. Taf. 257,31-33, mit vielen älteren Literaturhinweisen); Hunedoara II (vgl. Kat. Nr. 13); Sîngeorgiu de Pădure I (Roska 1929, 34 ff.; Mozsolics 1941, 101 Abb. 1, bes. 1,7; Petrescu-Dîmbovița, ebd. 149-150 Taf. 263, bes. 14,16): Girișu Român (Mitt. M. Rusu bei Petrescu-Dîmbovița, ebd. Taf. 266 A 1); Mintiul Gherlii II (vgl. Kat. Nr. 18); Ruși (ebd., Nr. 30); Unguraș (Petrescu-Dîmbovița, ebd. Taf. 267 D 1, mit älterer Literatur. Die Ha A-zeitlichen Exemplare dieser Variante sind weniger zahlreich (Cetatea de Baltă, Ormeniș, Țășad, Uioara, Valea lui Mihai I, Sîmbăta Nouă II, Techirghiol, Căpușul de Cîmpie, Dezmir, Suseni; vgl. Petrescu-Dîmbovița 1977, s. v.). Eine ösenlose Untervariante ist ausschließlich in Ha A anzusetzen (Aluniș, Rapoltu Mare, Suseni, Socu; vgl. ebd.). Ebenfalls früher ist die Hauptvariante aus den benachbarten Gebieten zu datieren; vgl. dazu Josa/Kemenczei 1964, Taf. 55,30; Kemenczei 1969, 41; Novotná 1970 a, Taf. 38 Mitte links; Ostave 1975, Taf. 7,1; 8,7; 9,1 (Tüllenmeißel); 27,13 (alle ausschließlich ösenlos); Vinski-Gasparini 1973, Taf. 46,10; 50,13; 61,15. Nicht uninteressant ist - was die Verstärkungsrippen betrifft - das Exemplar von Maduria (Müller-Karpe 1959, Taf. 15,6).

[11]Die besten Entsprechungen sind in den Depotfunden von Arad II (Rusu u.a. 1977 R 68 a,9; 68 c, 19-22 mit Vergleichsstücken; Petrescu-Dîmbovița 1978, Taf. 223,13-16); Brad (Hampel 1896, Taf. 249,3; Roska 1942, 50 Abb. 47; Petrescu-Dîmbovița, ebd. Taf. 226 C 1); Suatu (vgl. oben Anm. 10); Șpălnaca I (Holste 1951, Taf. 47,1; Petrescu-Dîmbovița, ebd. Taf. 245,25.28, mit älterer Literatur); Sîmbăta Nouă I (Aricescu 1965, 28 ff.; Petrescu-Dîmbovița, ebd. Taf. 253,17); Cireșoaia II (Hampel 1896, Taf. 248,3; Petrescu-Dîmbovița, ebd. Taf. 255 B 1); Hida (Szabó 1943, 124 Abb. 1,10; Holste, ebd. Taf. 49,2; Petrescu-Dîmbovița, ebd. Taf. 259 C 6); Hășag (vgl. Kat. Nr. 12); Sîngeorgiu de Pădure I (vgl. oben Anm. 10); Mintiu Gherlii II (vgl. Kat. Nr. 18); Maramureș (Kacsó 1977, Abb. 3,3).

[12]Auch die mitteleuropäischen Analogien sprechen im wesentlichen für dieselbe Datierung (Holste 1951, Taf. 35,11.12; Josa/Kemenczei 1964, Taf. 42,5; 62,3; Kemenczei 1969, 42, 62 Taf. 15,6 -Ha A 2); Müller-Karpe 1959, Taf. 142 A 4; 172 B 3; 173 A 1; 199 B 12; Podborský 1970, Taf. 1,4; 31,5; 33,9).

[13]Für die Erlaubnis, das Tüllenbeil zu veröffentlichen, sind wir dem verstorbenen N. Vlassa zu Dank verpflichtet. Als Streufund siehe ein weiteres Stück aus Florești bei Roska 1942, 258 Abb. 316.

[14]Vărd I (Petrescu-Dîmbovița 1978, Taf. 249 B 4, mit vielen älteren Literaturhinweisen, die aber keine Abb. enthalten); Sîmbăta Nouă I (vgl. Anm. 10); Sîngeorgiu de Pădure (ebd.). Für andere Entdeckungen, darunter auch ein Tüllenbeil aus der Gemarkung des Dorfes Florești, vgl. Roska 1942, 258, Nr. 66. Eine Mischvariante zwischen den Exemplaren aus Panic und Florești bei Marinescu/Dănilă 1974, 74, 79 Taf. I,4 = 84 Taf. VI,4. Wenige Entsprechungen vom "Auslande" sind nicht ganz aufschlußreich (Holste 1951, Taf. 35,19; 41,20 - Ha B-; Müller-Karpe 1959, Taf. 135 A 1; Vinski-Gasparini 1973, Taf. 30 A 3; 61,8 - BD-Ha A 1).

Schulsammlung aufbewahrt wird. Über die Fundumstände ist nichts bekannt. Hammerspuren sind fast überall, Verwendungsspuren dagegen nur an der Schneide sichtbar. In moderner Zeit wurde die gute, hellgrüne Patina fast völlig "gereinigt", so daß nur wenige kleine Flecken am Schnabel und an der Öse erhalten blieben. Auf den Schmalseiten ist je ein längliches, sehr wenig erhabenes Schild zu vermerken.
L. 10; B. 5,2; Gew. 125.

Urluieni, Kr. Argeş (ohne Inv. Nr.; Abb. 1,2). Frau Dr. Ioana Bogdan-Cătăniciu teilte uns freundlicherweise mit, daß ein Schüler auf einer hohen Terrasse am westlichen Ufer des Flusses Cotmeana 1984 ein kleines, ösenloses Tüllenbeil fand. Die genaue Fundstelle ist nicht mehr bestimmbar, sie liegt jedoch westlich des römischen Lagers B. Der verdickte Rand des Beiles zeigt zwei kleine, gegenüberstehende Zapfen, die als Spuren des Gießens zu betrachten sind. Die Bahn läuft fast parallel; die Gußnähte sowie die Schneide und andere eckige Kanten sind abgeschliffen und zeigen antike Benutzungsspuren, aber auch moderne Versuche, die Patina zu entfernen. Die letzteren können an einem der erhabenen, arkadenförmigen Schilder bemerkt werden. Unter dem verdickten Randwulst befindet sich ein längliches kleines Loch, das infolge des ungeschickten Gießens entstand. Hell- bis mittelgrüne Patina.
L. 6; B. 3,1.
Der Fund scheint ein Einzelstück zu sein und kann aufgrund der Analogien aus Drajna und Oinac in diese BD-zeitliche Fundgruppe eingereiht werden.

Valea Mare, gehört zu Negreşti, Kr. Vaslui (ohne Inv. Nr.; Abb. 1,8). Das im März 1988 von Studienrat Tephenhart bekanntgemachte Beil ist ein Streufund. Im allgemeinen handelt es sich um eine dem oben beschriebenen Tüllenbeil von Obreja ähnliche Variante. Beschädigungen sind an der Öse sowie neben der Ansatzstelle der gänzlich fehlenden Schneide zu vermerken. Mittelgrüne, normale Patina.
Erhaltene L. 8,5; Mündungsweite samt Öse 4,1.

Cîrlomăneşti, Gde. Verneşti, Kr. Buzău (Abb. 1,7). Das Fundstück wurde 1978 von Alexandru Babeş in einem abgestürzten Erdreich der älteren Ausgrabungen entdeckt, wobei auch Spätmonteoru-Scherben auftauchten. I. Chicideanu, der uns freundlicherweise das Tüllenbeil zur Veröffentlichung anbot, teilte uns mit, daß die Patina entfernt wurde und daß die jetzige Farbe gelb-gold ist. 1981 hat I. Chicideanu auch stratigraphisch eine Spätmonteoru-Schicht erkannt, und die Vermutung, daß das Tüllenbeil dieser Periode entspricht, liegt nahe. Es gehört in die ziemlich wenig vertretene Kategorie der Tüllenbeile mit ovalen Löchern (nach östlichem Vorbild), doch mit einer Öse, die den siebenbürgischen Exemplaren nahe steht. Hämmerungsspuren sind nur auf den breiten Seiten zu sehen, und zwar innerhalb der Arkaden (vgl. im vorliegenden Band den Beitrag I. Motzoi-Chicideanu und D. Lichiardopol, Der Depotfund von Străoşti).
L. 10,4; Mündungsweite samt Öse 4,6.

Die Veröffentlichung des Depotfundes von Dragu sowie einiger Einzelfunde ist Anlaß, den Begriff **Tüllenbeildepotfund** eingehender als bisher zu analysieren[15]. Es ist seit langem bekannt, daß die Tüllenbeile häufig in den urnenfelderzeitlichen Depotfunden im Karpatenbecken vorkommen und daß sie, als Gegenstände an sich und als Bestandteile der Depotfunde, öfter in der Literatur besprochen wurden[16].

Bevor wir unsere Ausführungen fortsetzen, möchten wir betonen, daß im Laufe der Forschungsgeschichte die Ursachen des Vergrabens der bronzenen Gegenstände unterschiedlich beurteilt wurden, was selbstverständlich zu unterschiedlichen Meinungen führen mußte[17]. Da die meisten Fundumstände nicht registriert oder mitgeteilt wurden, ist eine gründliche Analyse leider auch nicht lückenlos durchführbar. Wir glauben aber, daß in bestimmten Fällen eine Erörterung der Frage auch beim heutigen Forschungsniveau nicht überflüssig ist, obwohl eine feinere Abgrenzung der verschiedenen Kategorien und Unterkategorien von Depotfunden noch schwer zu realisieren ist.

---

[15] Es ist uns bisher keine Arbeit bekannt, die die gänzlich oder vorwiegend aus Tüllenbeilen bestehenden Depotfunde als Sondergattung der Depotfunde definiert und analysiert hat. Nicht uninteressant sind aber die Betrachtungen von Aner 1962, 165 ff.; v. Brunn 1968, 82 ff.; Novotná 1970 a, 44 ff.; methodische Hinweise sind bei Stein 1976, 19 ff. zu finden. Eine umfangreiche Literatur zu den Tüllenbeilen ist bei Wanzek 1989a zu finden.

[16] Hampel 1896, 42 ff.; Rusu 1966, 23 ff.; Mozsolics 1973, 37 ff.; Bader 1978, 85 ff., mit weiteren Literaturhinweisen.

[17] Vgl. zusammenfassend dazu in diesem Band T. Soroceanu, Zu den Fundumständen..., Anm. 6 ff.

Analysieren wir die konkrete Lage der Tüllenbeile in einem allgemeinen Rahmen[18], so ergibt sich daraus die folgende Tabelle[19].

Tabelle 1: Der Anteil der Tüllenbeile an den urnenfelderzeitlichen Depotfunden (Dptfde) im heutigen rumänischen Raum

Gesamtzahl d. datierbaren Dptfde	Dptfde ohne Tüllenbeile	Dptfde m. weniger als 50% Tüllenbeilen	Dptfde m. Gleichgewicht	Dptfde m. mehr als 50 % Tüllenbeilen	Tüllenbeil-dpfde
BD 152=100%	70=46%	60=39,5%	6=3,9%	9=5,9%	7=4,6%
Ha A 139=100%	33=23,7%	86=61,8%	4=2,8%	8=5,7%	8=5,7%
Ha B 90=100%	12=13,3%	35=38,8%	-	26=28,8%	17=18,8%

Wir glauben also, daß aufgrund dieser Statistik die Tüllenbeildepotfunde in Rumänien, besonders in ihrem Werdegang, als Sondergruppe definiert werden können. Es handelt sich um kleine (meistens 6-9 Beile, bisher höchstens 18 Stück) Depots, die anscheinend einen Votivcharakter haben[20]. Die Fundumstände und damit auch die ursprüngliche Zahl der Gegenstände sind meistens nicht mehr genau zu ermitteln, so daß keine Sicherheit über den präzisen Inhalt vieler Depotfunde besteht. Diese Unsicherheit betrifft aber im gleichen Maße die drei Hauptperioden der Urnenfelderzeit.

Die verhältnismäßig große Zahl der Ha B-Tüllenbeildepotfunde gegenüber den früheren Perioden beweist u.E. ziemlich klar, daß diese Art der Depots besonders für diese Entwicklungsphase charakteristisch ist. Es kann auch nicht zufällig sein, daß sich die Verbreitung der Ha B-Tüllenbeildepotfunde fast genau mit den allgemeinen Verbreitungszonen (vgl. die Karte, Abb. 3) der Ha B-Depotfunde, einschließlich des "Korridors", der die Beziehungen der siebenbürgischen metallurgischen Zone zum Zentrum an der oberen Theiß ermöglichte[21], deckt. Demzufolge kann auch die Kartierung als Hilfsmittel für die chronologische Einordnung benutzt werden, umsomehr als die Zahl der Ha B-Tüllenbeildepotfunde in den Karpaten gegenüber den vorangehenden Perioden mehr als doppelt so hoch ist (siehe Tabelle 1).

Zusammenfassend kann gesagt werden, daß die Tüllenbeildepotfunde in den Karpaten als selbständige Depotfundgattung zu betrachten sind. Obwohl einige Depots bereits in der BD- und Ha A-Zeit vorkommen, ist die Deponierung ausschließlich von Tüllenbeilen vorwiegend für die Ha B-Periode eigentümlich, was sich nicht nur anhand der beträchtlich höheren Zahl der Tüllenbeildepotfunde, sondern auch anhand der Überlagerung der Ha B- und der Tüllenbeildepotfunde (siehe Karte, Abb. 3) demonstrieren läßt.

---

[18]Für Rumänien ist nur die Urnenfelderzeit in Betracht zu ziehen, weil die frühesten Tüllenbeile nach der mittleren Bronzezeit auftauchen und die sehr wenigen, vorwiegend aus Eisen hergestellten, Ha C-Exemplare eine selbständige Gattung bilden.

[19]Mehrere neue Depotfunde (z.B. der Ha B-Depotfund von Groșii Tibleșului, Kr. Maramureș) wurden nicht in diese Rechnung einbezogen, doch ändern sie kaum das Gesamtbild.

[20]Vgl. Anm. 17 und Stein 1976, 111 ff., mit vollständigen Literaturhinweisen.

[21]Soroceanu 1982, Abb. 5, zuletzt durch neue Entdeckungen (Kemenczei 1982, Abb. 7,10-16; ders. 1983, 61) bestätigt. Die aus den Karpatenländern stammenden Tüllenbeile sind auch als Handelsprodukt anzusehen; vgl. Thrane 1975, 111-115.

ANHANG

Katalog der urnenfelderzeitlichen Tüllenbeildepotfunde aus Rumänien (siehe Verbreitungskarte Abb. 3)

Die Katalognummern entsprechen den Zahlen auf der Karte. Die Depotfunde, die nicht mit Sicherheit datiert werden können, wurden nicht kartiert. Außerdem wurde das folgende Schema verwendet:

Fundort - (Kreis) - Zahl der Tüllenbeile - (Datierung) - Literatur.

1. **Aşchileu Mare** (CJ) 2 (unsicher). Mitt. V. Zirra bei Petrescu-Dîmboviţa 1977, 153; 2. **Boian** (SB) 2 + 1 (Ha B 1 ?). Roska 1942, 17, Nr. 35; Rusu 1963, 208, Nr. 5 = Ha B 1; Petrescu-Dîmboviţa 1977, 154; 3. **Boldeşti** (PH) 9 (Ha B 1). Mitt. V. Teodorescu bei Petrescu-Dîmboviţa 1977, 139; 4. **Cadea** (BH) 2 (Ha B). Bader 1978, 121, Nr. 16; 5. **Călăraşi** (CJ) 3 ? (BD). Roska 1942, 104, Nr. 9; Rusu 1963, 205, Nr. 14. 6; **Crişana I** (ehem. Region) 4 (Ha A 2). Roşu 1960, 354; Rusu, 1963, 207, Nr. 22 = Ha A 1; Petrescu-Dîmboviţa 1977, 122; 7. **Delniţa** (HR) 3 + 2 (Ha B 2). Mitt. P. János und T. Bader, über M. Rusu bei Petrescu-Dîmboviţa 1977, 141; 8. **Dragu II** (SJ) 3 (Ha B 1). Siehe vorliegenden Aufsatz; 9. **Făgăraş** (BV) ? (Ha B 2). Rusu 1963, 209, Nr. 8; 10. **Firtuşu** (HR) 2 ? (unsicher, evtl. BD oder Ha A). Roska, 1942, 93 f.; Rusu 1966, 36, Nr. 59; Petrescu-Dîmboviţa 1977, 155-156; 11. **Halînga** (MH) 2 (BD). Bărcăcilă 1924, 295 Abb. 262-263; Berciu 1939, 138 Abb. 172,7-8; 12. **Haşag** (SB) 2 + 1 ? (Ha B 2). Roska 1942, 105, Nr. 20, mit älteren, widersprüchlichen Literaturhinweisen; Rusu 1963, 209, Nr. 11; Petrescu-Dîmboviţa 1977, 142; 13. **Hunedoara II** (HD) 3 + 1 ? (Ha B 2). Rusu 1963, 209, Nr. 12; Petrescu-Dîmboviţa 1977, 143; 14. **Iablaniţa II** (CS) 18 + 1 + 1 ? (Ha A 1). Roska 1942, 39, Nr. 103; Rusu 1963, 207, Nr. 34; Petrescu-Dîmboviţa 1977, 98; 15. **Iara II** (CJ) 5 + 1 (Ha B 1). Roska 1942, 19, Nr. 54; Rusu 1963, 208, Nr. 17; Petrescu-Dîmboviţa 1977, 130; 16. **Iara III** (CJ) 2 (Ha B 3). Rusu 1963, 209, Nr. 8; Petrescu-Dîmboviţa 1977, 145; 17. **Logreşti-Moşteni** (GJ) 3 Gußformen (BD). Moisil 1911, 84; Berciu 1939, 138; Petrescu-Dîmboviţa 1977, 79; 18. **Mintiul Gherlii II** (CJ) 7 (Ha B 3). Şteiu 1955, 277 ff.; Rusu 1963, 210, Nr. 9; Mitt. M. Macrea bei Petrescu-Dîmboviţa 1977, 145; 19. **Ocniţa** (DB) 2 (Ha A). Chicideanu 1979, 607-611; 20. **Ocna Mureş** (AB) 3 (unsicher ob Ha A oder B). Mitt. I. Aldea bei Petrescu-Dîmboviţa 1977, 156; 21. **Oinacu** (IF) 15 (BD). Marinescu-Bîlcu 1963, 517-526; Petrescu-Dîmboviţa 1977, 79; 22. **Pescari II** (CS) 3 (Ha A). Săcărin 1977, 111-115; 23. **Petroşani II** (HD) 4 (Ha A). Rusu 1963, 206, Nr. 55; Mărghitan 1968, 23-30 (die Zugehörigkeit der Lanzenspitze ist fraglich); Petrescu-Dîmboviţa 1977, 102; 24. **Petroşani III** (HD) 4 (unsicher). Mitt. Bordan, Floca, Rusu, Andriţoiu bei Petrescu-Dîmboviţa 1977, 157; vgl. auch Stanca 1972, 385; 25. **Pianu de Sus** (AB) 2 ? (Ha B 1). Roska 1942, 209-210, mit älterer Literatur (Gooß, Müller, Hampel); Mitt. M. Rusu bei Petrescu-Dîmboviţa 1977, 132; 26. **Pietrosu** (BZ) 3 (Ha B 1). Mitt. V. Teodorescu bei Petrescu-Dîmboviţa 1977, 139; 27. **Pleniţa** (DJ) mindestens 7 (Ha A 2). Berciu 1939, 138; Petrescu-Dîmboviţa 1977, 125; 28. **Porumbenii Mari** (HR) 2 + 2 + 2 ? (Ha B 1). Roska 1942, 192, Nr. 31; Rusu 1963, 209, Nr. 21; Petrescu-Dîmboviţa 1977, 133; 29. **Rozavlea I** (MM) 2 (unsicher). Petrescu-Dîmboviţa 1977, 157; 30. **Ruşi** (SB) 3, im Inventarbuch; die Zugehörigkeit des Armringes bleibt fraglich (Ha B 3). Petrescu-Dîmboviţa 1977, 146, mit vielen Literaturhinweisen; 31. **Sărăţeni** (MS) 3 + 4 (Ha A 2). Székely 1961, 186 Abb. 10,7.9.10; Rusu 1963, 208, Nr. 10; Mitt. M. Rusu bei Petrescu-Dîmboviţa 1977, 124; 32. **Sîngeorgiu de Pădure II** (MS) 2 (unsicher, aber doch in Ha B zu datieren). Mitt. Şt. Molnar bei Petrescu-Dîmboviţa 1977, 158; 33. **Sîntimreu** (BH) 9 (Ha B). Emödi 1978 a, 525-530; 34. **Suciu de Jos I** (MM) 2 (BD). Petrescu-Dîmboviţa 1977, 69, mit älteren Literaturhinweisen (Orosz, Marţian, Roska); 35. **Ţelna** (AB) 8 + 1 ? (Ha B 1). Roska 1942, 52, Nr. 5; Holste 1951, Taf. 34,1-8; Rusu 1963, 209, Nr. 35; v. Brunn 1968, 294; Petrescu-Dîmboviţa 1977, 137; 36. **Tîrgu Secuiesc I** (CV) 6 (Ha B 2). Petrescu-Dîmboviţa 1977, 144, mit älteren, teilweise irrtümlich zitierten Hinweisen; 37. **Transilvania I** 15 (unsicher). Rusu 1963, 209, Nr. 17 (Ha B 2); Petrescu-Dîmboviţa 1977, 159; 38. **Uroi** (HD) 2 - inhaltlich nicht sicher (BD). Roska 1942, 27, Nr. 101; Rusu 1963, 206; Petrescu-Dîmboviţa 1977, 72, mit weiterer Literatur; 39. **Vadu Crişului IV** (BH). wahrscheinlich 3 (Ha B 1 oder B 2). Petrescu-Dîmboviţa 1977, 160.

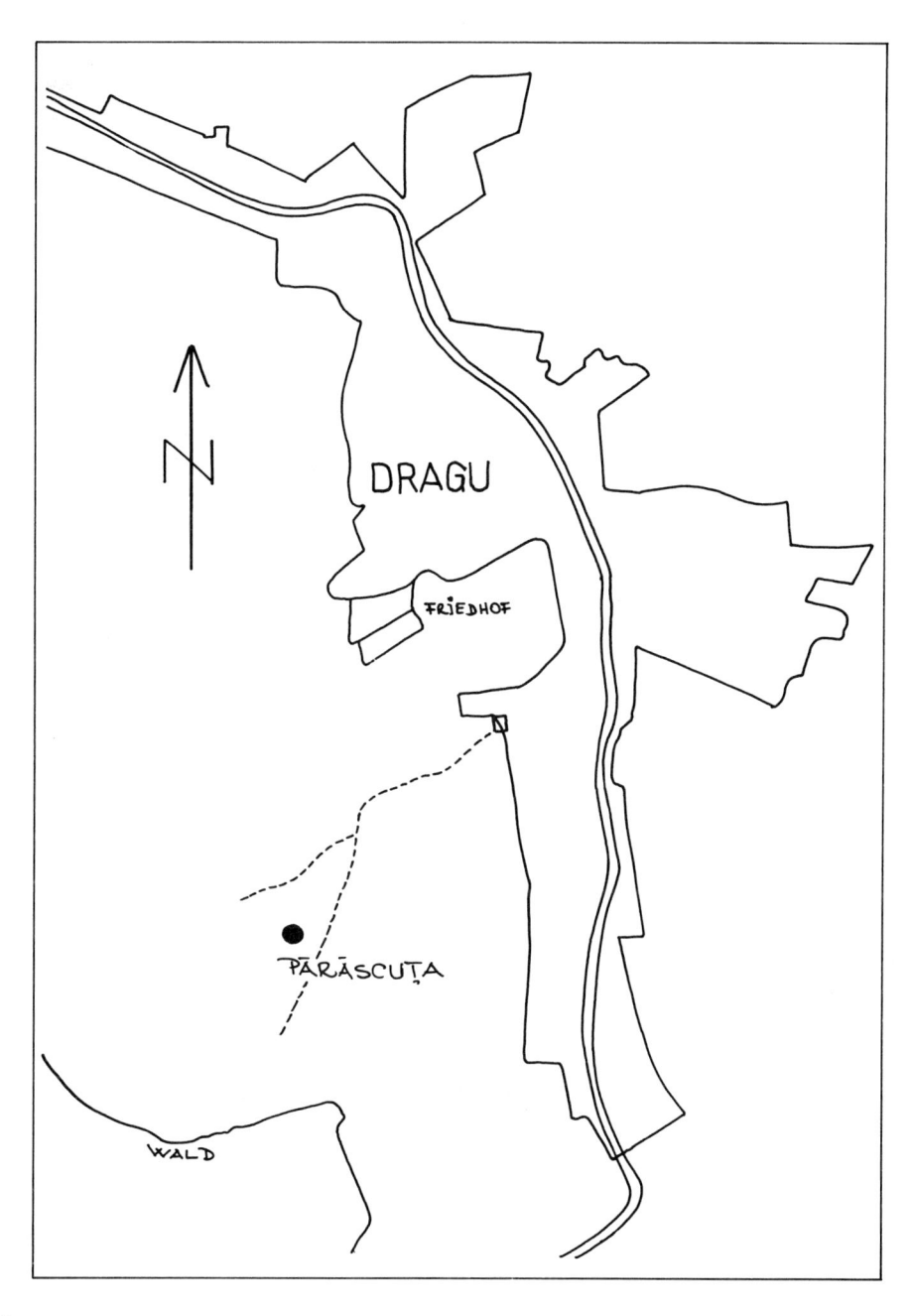

Abb. 1. Lageplan

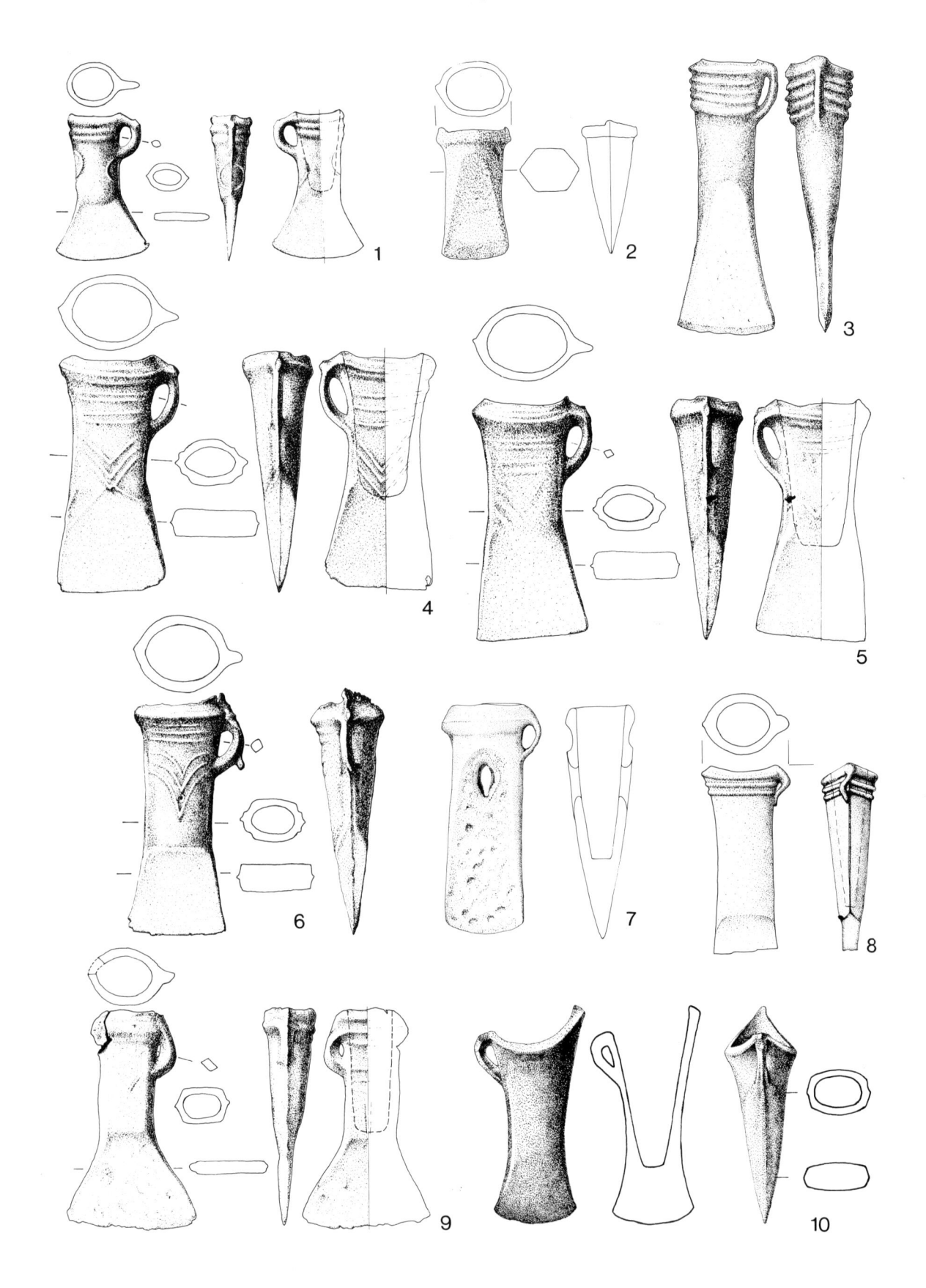

Abb. 2. 1 Panic; 2 Urluieni; 3 Obreja; 4-6 Dragu II; 7 Cîrlomăneşti; 8 Valea Mare; 9 Floreşti; 10 Umgebungen von Cluj. M. 1:2,5

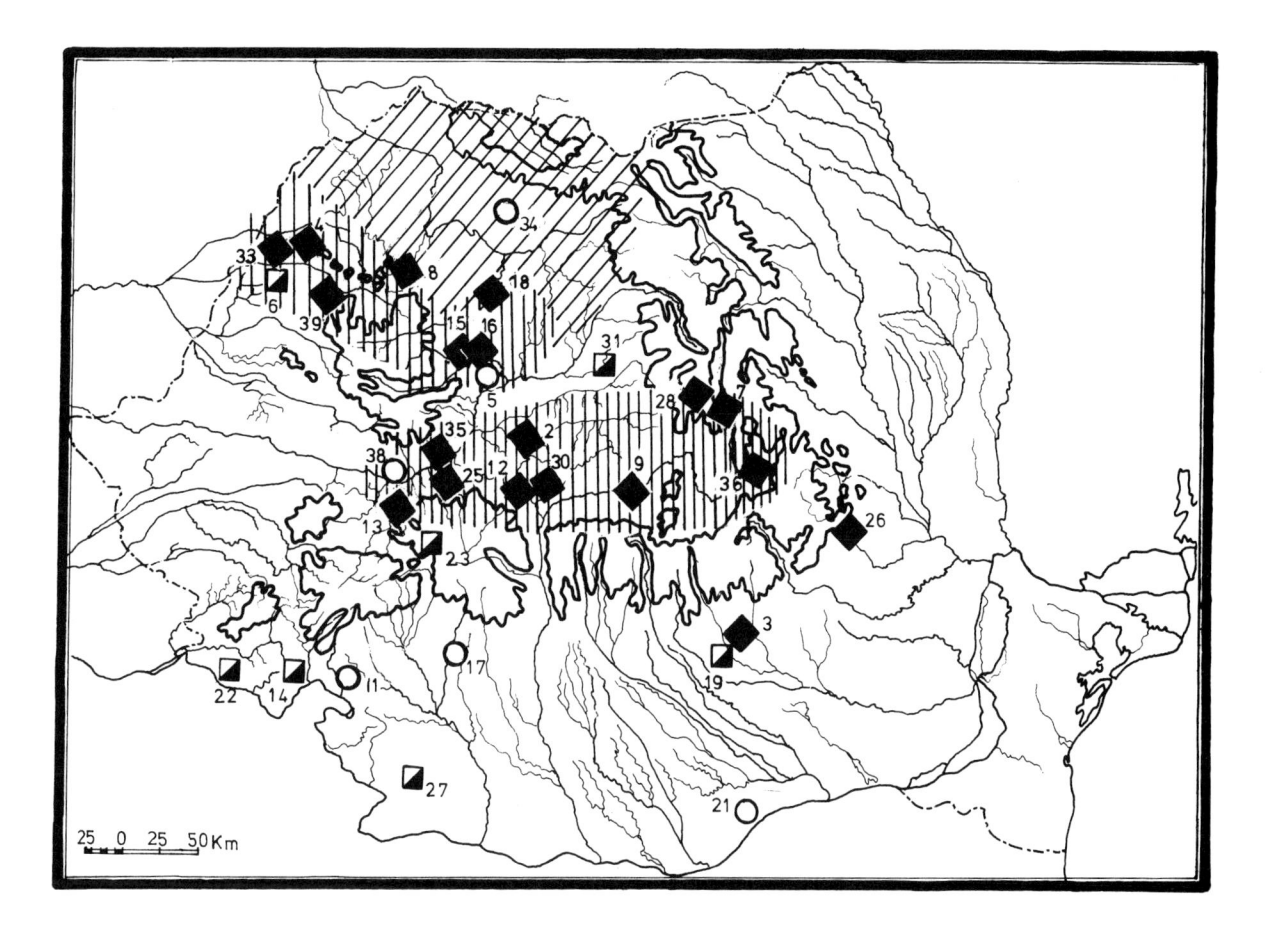

Abb. 3. Verbreitungskarte der Tüllenbeildepotfunde in Rumänien (siehe Katalog 1-39). ///// Hauptareal der BD-Depotfunde; |||| Hauptareal der Ha B-Depotfunde

Der Bronzefund von Gîrbău, Kr. Cluj

Tudor Soroceanu, Berlin

Das moderne Schicksal des Depotfundes von Gîrbău ist eng mit den unermüdlichen Geländeforschungen des Epigraphikers I.I. Russu verbunden. Von den vielen geplanten, aber aus verschiedenen Gründen gescheiterten Veröffentlichungen blieb lediglich ein sich auf die Fundumstände beziehender Text, der vor Jahren von I.I. Russu redigiert wurde. Sein Tod im September 1985 verhinderte die weitere Bearbeitung dieses Textes. Nichtsdestoweniger sind wir als Übersetzer dem rumänischen Originaltext treu geblieben.

Die Fundumstände

"Einer der interessantesten und originellsten spätbronzezeitlichen, in der letzten Zeit in Siebenbürgen aufgefundenen Depotfunde ist die Entdeckung, die 1947 bei der Gemeinde Gîrbău (Gîrbăul Unguresc, Magyargorbó), 20 km westlich von Cluj (Karte, Abb. 1) gemacht wurde. Die bronzenen Gegenstände kamen auf der "Chioroş" (Tyoros) genannten Dorfflur zutage (Lageplan, Abb. 2), ein Acker, der sich nordwestlich von Gîrbău befindet.[1]

Wie so häufig bei archäologischen Zufallsfunden, die durch Bauern, Hirten, Kinder oder Zigeuner geborgen wurden, denen ihr Leben und Umherreisen in der Natur ebenso wie die Landwirtschafts-, Forst-, Haushalts- und Hirtenarbeiten oder auch Zufall eher Gelegenheit bieten, Gegenstände oder wertvolle Antiquitäten zu finden, die von den alten Bewohnern verloren bzw. eingegraben wurden, so haben wir auch in diesem Falle nur vage, annähernde, nach Jahren vom Entdecker, dem Bauer Ion Pîrvu Păcurariu aus Gîrbău, vermittelte Auskünfte: Im Herbst des Jahres 1947 (das Jahr kann nicht mit absoluter Sicherheit bestimmt werden) habe er beim Pflügen seines Grundbesitzes in Chioroş, einem Acker, der seit mehreren Jahren bestellt worden war, beim Ziehen einer Furche bemerkt, daß die Spitze der Pflugschar einen bronzenen Ring aus der Erde herausgebracht hatte. Gleich danach seien mehrere große Ringe, kleine Äxte und "ein großes bronzenes Gefäß" ans Tageslicht gekommen, Gegenstände, welche vom Entdecker sorgfältig gesammelt und nach Hause gebracht worden waren. Der Topf sei völlig zerbrochen und die Bruchstücke wurden auf dem Acker verstreut. Da der I. Pîrvu-Păcurariu kein Fragment mitgenommen hat, gilt das tönerne Gefäß als spurlos verloren. Zuhause habe er alle Fundstücke, die er als nutzlose "alte Sachen" betrachtete, in eine entlegene Zimmerecke seines Gehöftes, in einen Raum, der als Schmiede und auch als Hühnerstall diente, gepackt. Einige "Ringe" wurden später als Spielsachen von den Kindern aus der Nachbarschaft mitgenommen und verschwanden spurlos. Die übrigen Objekte blieben versteckt, bis wir sie auf eine Mitteilung des Pfarrers aus Gîrbău hin am 6. Mai 1951 erworben haben. Wir konnten nicht ohne persönliche Mühe alle in I. Pîrvu-Păcurariu's Scheune verbliebenen Funde sammeln.

Der ganze Depotfund wurde demnach nicht besonders tief unter der Erdoberfläche in einem großen Topf, dessen Verlust bedauerlich ist, vergraben. Nach der Beschreibung, die anzuzweifeln es keinen Grund gibt, handelt es sich um einen ..[unlesbar].. Depotfund, dessen von uns erworbene Fundstücke in fünf Kategorien eingeteilt werden können:

1. Eine große, beschädigte "Röhre" mit Ritzverzierungen, 216 mm hoch und mit einem Gewicht von 1620 g; das Stück scheint eine Radnabe von einem Wagen gewesen zu sein: vgl. dazu Mozsolics, Acta Arch. Hung. 7, 1956.

2. Fünf Tüllenbeile, darunter zwei große (eines davon geschnäbelt) und drei kleine; alle bruchstückhaft erhalten; Gesamtgewicht 970 g.

3. Drei kleine Knopfsicheln, fragmentarisch überliefert; Gesamtgewicht 150 g.

---

[1] *Die Flur trägt denselben (ungarischen) Namen und stellt die östliche Fortsetzung der Flurwiese "Körös" dar (zum Dorf Măcău gehörend), die sich südlich der Eisenbahnlinie Cluj-Oradea befindet, wo sich die Dorfgrenzen der Ortschaften Gîrbău, Măcău und Turea berühren. Einzelheiten darüber in Szabó T.A., Kalotaszeg helynevei (Die Toponymie der Călata-Zone), Kolozsvár-Cluj, 1942, 220-221, Nr. 35; 238-239, Nr.149.*

198   Tudor Soroceanu

4. 43 Armringe, unterschiedlicher Formen: 16 Armringe mit offenen Enden (große, mittlere und kleine), 23 mit geschlossenen Enden (kleine und mittlere), drei kleine, in Form einer Kette aneinander geheftet; die Hälfte eines Armringes (vielleicht mit offenen Enden); ein kleineres Fragment; Gesamtgewicht 2300 g.

5. Bronzegußkuchen. Es ist wahrscheinlich, daß mehrere solche Rohmaterialfragmente entdeckt worden sind, die aber entweder vom Finder nicht gesammelt wurden oder von uns in seiner Wohnung nicht mehr gefunden werden konnten; Gesamtgewicht 2550 g.

Das Gesamtgewicht der von uns erworbenen Fundstücke beträgt 7590 g."

Soweit der Text von I.I. Russu. Wir werden im folgenden die einzelnen Stücke beschreiben. Sie werden seit wenigen Jahren im Museum Bistriţa unter den Inv. Nr. 14801-14851 aufbewahrt.

Beschreibung der Funde

1. Der Gegenstand (Inv. Nr. 14801; Abb. 1,9-9b; Taf. IX,12-12 f) zeigt die Form eines Kegelstumpfes und ist am kleineren Ende profiliert. Eine Bordüre befindet sich 0,2 cm unter dem oberen, beschädigten Rand; sie ist dünn und wurde ungefähr zur Hälfte durch Brand vernichtet; die zweite ist dicker und hohl. In diesem Hohlraum befand sich ein Ring, leider sehr bruchstückhaft erhalten, der einen spitzovalen Querschnitt zeigt. Die Wände sind leicht gebogen; am größeren Ende wurden vier halbovalförmige Wandstücke ausgeschnitten. Die Verzierung besteht aus kurzen Schrägkerben, welche die dickere Bordüre schmücken, und aus schmalen Rillen, die die äußere Oberfläche des Kegelstumpfes zieren. Es handelt sich um drei Gruppen von je drei waagerecht herumlaufenden Rillen. Darunter umrahmen vier dreifache Arkaden aus Rillen die ausgeschnittenen Partien. Es ist unklar, ob die Rillen vor der Ausführung skizziert wurden; der Gedanke bietet sich an, weil sehr wenige Fehler (siehe Taf. IX,12) bei den Rillen zu bemerken sind. Diese wurden anscheinend mit einem sägeartigen Werkzeug hergestellt, was auch Nachbesserungen erlaubte. Die Beschädigungen erfolgten unmittelbar durch Brand, wobei auch die innere Fläche Feuerspuren bzw. eine schwärzliche Farbe zeigt. Meistens ist die Patina dunkelgrün, an manchen Stellen ist sie mittel-, sogar hellgrün.
H. 20,7; kleinster Dm. 9,7; größte D. der Wand 5; Gew. 1620.

2. Tüllenbeil (Inv. Nr. 14802; Abb. 4,3; Taf. IX,11). Es handelt sich um ein wuchtiges, ösenloses Exemplar mit geradem Mund. Zwei kleine, fast symmetrische, nicht hochgezogene Schnäbel sind eher als seitliche Vorsprünge des verdickten Randwulstes zu betrachten. Die Bahn ist gebogen, die Schneide gerade. Obwohl das Stück nicht vollendet wurde (so die nicht abgeschliffene Gußnaht oder die Oberfläche um den Mund), sind klare Verwendungsspuren an der Schneide sichtbar (Taf. 5,11). Als Sondermerkmale sind auf einer der Breitseiten unregelmäßig verteilte Furchen, ungefähr wie Gehirnwindungen, zu bemerken. Kleine Löcher und Eindellungen kommen ziemlich oft vor. Moderne Feilspuren und die damit von Patina befreiten Flächen sind mühelos mit einer Lupe bemerkbar. Dunkelgrüne Patina mit helleren Flecken.
L. 12,8; größte Mündungsweite 4,6; L. der Schneide 4,3; Gew. 320.

3. Tüllenbeil (Inv. Nr. 14803; Abb. 4,4). Ein mittelgroßes, bruchstückhaft erhaltenes Exemplar mit geradem Mund. Die Öse kann nur wegen eines nicht entfernten Gußzapfens als "hochgezogen" bezeichnet werden. Die Bahn ist leicht gebogen. Unter dem verdickten Randwulst laufen zwei untereinander angeordnete Rippen herum. Vier andere, leicht gebogene, bilden auf den Schmalseiten zwei längsovale, erhabene Schilder. Normale Verwendungs- und Polierungsspuren auf der Oberfläche sind auf den Breitseiten zu bemerken. Auffallend sind ein fast senkrechter Kratzer in der unteren Hälfte und ein unregelmäßig ovales Loch in Höhe der untersten waagerechten Rippe. Verschiedene Nuancen grüner (teilweise Edel-)Patina.
Erhaltene L. 7,15; größte B. 4,25 (einschließlich Öse); Gew. 95.

4. Tüllenbeil (Inv. Nr. 14804; Abb. 4,2; Taf. IX,10). Ungefähr das oberste Viertel eines Exemplares mit geradem Mund blieb erhalten; der verdickte Randwulst läuft in eine einfache Öse aus. Unter dem verdickten Randwulst befinden sich zwei waagerechte Rippen; weiter darunter wurden zwei weitere halbkreisförmige und konzentrische Rippen angefügt. Ovalängliche, erhabene Schilder zieren die Schmalseiten. Bröckelige bronzene Ablagerungen sind sowohl außen wie auch auf der Innenwand zu vermerken. Die Kante des Mundes ist an zwei symmetrischen Stellen ein wenig beschädigt, als ob das Tüllenbeil mit einer Klinge (?) geschlagen worden wäre. Unterhalb der Öse bohrte man ein rundes Befestigungsloch; die Gußformenschalen paßten nicht genau aufeinander, so daß die waagerechten Rippen an der Gußnaht nicht übereinstimmen. Dunkelgrüne Patina.
Erhaltene L. 4,03; größte B. 4,25, einschließlich Öse; Gew. 50.

5. Tüllenbeil (Inv. Nr. 14805; Abb. 4,1), bruchstückhaft erhalten. Die Bahn läuft parallel bis zur verbreiterten, sehr stark beschädigten Schneide. Lediglich auf einer der Breitseiten ist eine vereinzelte Längsrille sichtbar. Fast

die ganze Oberfläche (inbegriffen die innere) ist von bröckeligen Ablagerungen bedeckt. Dunkelgrüne Patina.
Erhaltene L. 8,5; erhaltene B. 4,1; Gew. 130.

5 a. Tüllenbeil (Inv. Nr. 14805 a; Abb. 4,5). Das geschnäbelte Exemplar hat eine hochgezogene, beschädigte Öse. An der Schneide sind Verwendungsspuren sichtbar. Nach der Beendigung des vorliegenden Textes hat man zufällig das Originalstück wiedergefunden. Zur Beschreibung wäre nur hinzuzufügen, daß die Patina normalgrün ist.
L. 13,4; B. 5,9.

6. Knopfsichel (Inv. Nr. 14806; Abb. 3,1; Taf. IX,8-8 a). Die äußere Verstärkungsrippe wird von einer kürzeren und weniger hervorgehobenen Rippe begleitet. Von der Querrippe sind nur etwa 6 mm erhalten. Die Sichel wurde benutzt, was aus Verwendungsspuren und Beschädigungen sowie wiederholtem Hämmern der Klinge ersichtlich ist; wiederholtes Schleifen hat zu einer Abnutzung der Klinge geführt. Feuerspuren zeigt die beschädigte Spitze, von der ein Teil fehlt; bemerkenswert ist, daß diese Feuerspuren nur auf der Vorderseite zu erkennen sind. Als Sondermerkmale können zwei Löcher, wohl Gußfehler, genannt werden. Grün-aschgraue Patina.
Erhaltene L. 14,5; größte B. 2,8; H. des Knopfes 1,55; Gew. 60.

7. Knopfsichel (Inv. Nr. 14807; Abb. 3,2; Taf. IX,9). Nachlässig gearbeitet, zeigt das Exemplar viele Ablagerungen (aus Bronze ?) und Unebenheiten. Die Schneide am Blattende läßt noch einige Zähnchen erkennen (Taf. 5,9), die vermutlich an der ganzen Schneide vorhanden waren. Dunkelgrüne Patina.
L. 7,46; größte B. 3,15; Gew. 45.

8. Knopfsichel (Inv. Nr. 14808; Abb. 3,3). Die Spitze wurde im Altertum abgebrochen, so daß das übrige Fragment ein wenig gebogen ist. Ungleich hervorgehoben sind die zwei Längsrippen. Auf beiden Seiten findet man um den Bruch herum bröckelige Ablagerungen. Besonders am Blattende wurden die Gußreste nicht entfernt. Auch die Beschädigungen an der Schneide sind eher als Gußfehler zu betrachten. Man kann nur vermuten, daß die Klinge mit Zähnchen versehen war. Ungleichgrüne Patina.
Erhaltene L. 11; erhaltene B. 3,2; Gew. 60.

9. Unverzierter Armring (Inv. Nr. 14809; Abb. 3,24) mit offenen, sich verjüngenden Enden, dessen Querschnitt unregelmäßig rechteckig ist. Die ursprünglich runde Form ist einer leichten Verformung wegen oval geworden. Einige unbedeutende, dunkler verfärbte Ablagerungen beeinträchtigen die hellgrüne Edelpatina nicht.
Größter Dm. 11,85; Gew. 45.

10. Unverzierter Armring (Inv. Nr. 14810; Abb. 1,7), dem vorangehenden ähnlich. An einem Ende sind Hammer- bzw. Amboßspuren sichtbar. Dunkelgrüne Edelpatina.
Größter Dm. 11,3; Gew. 50.

11. Unverzierter Armring (Inv. Nr. 14811; Abb. 1,3), den vorangehenden ähnlich. Die Enden sind wahrscheinlich mit einer Säge getrennt worden (vgl. Exkurs II). Dunkelgrüne Patina mit helleren, bröckeligen Flecken.
Größter Dm. 11,7; Gew. 60.

12. Unverzierter Armring (Inv. Nr. 14812; Abb. 1,5), den vorangehenden ähnlich, nur die Stange ist etwas dünner und mit einer Längsrille versehen. Da an vielen Stellen der Ablagerungs- bzw. Abblätterungsprozeß fortgeschritten ist, kann die ursprüngliche dunkelgrüne Edelpatina kaum noch erkannt werden.
Größter Dm. 11,6; Gew. 30.

13. Unverzierter Armring (Inv. Nr. 14813; Abb. 1,1), den vorangehenden ähnlich, nur massiver. Außer den vier Hauptseiten können mehrere unregelmäßige "Facettierungen" beobachtet werden. An einem Ende sind im Abstand von 3-4 cm bröckelige Feuerspuren zu vermerken. Ansonsten ist die dunkelgrüne Edelpatina gut erhalten.
Größter Dm. 11,8; Gew. 100.

14. Unverzierter Armring (Inv. Nr. 14814; Abb. 1,6), dem vorangehenden ähnlich. Einige Bearbeitungsspuren sowie die besonders an der Außenseite befindlichen dünnen Ablagerungen beeinträchtigen die schöne dunkelgrüne Edelpatina nicht.
Größter Dm. 11,3; Gew. 100.

15. Unverzierter Armring (Inv. Nr. 14815; Abb. 1,4), dem vorangehenden ähnlich, nur die Stange ist dünner. Längliche Abblätterungen und Ablagerungen haben die dunkelgrüne Edelpatina größtenteils beschädigt.
Größter Dm. 10,5; Gew. 45.

16. Unverzierter Armring (Inv. Nr. 14816; Abb. 1,8; Taf. IX,4), den vorangehenden ähnlich. Bei den offenen Enden ist deutlich eine unvollständige (Ab)sägung der Stange bemerkbar; an einem Ende ist als Rest dieser Absägung ein Zapfen übriggeblieben, der später nicht mehr abgefeilt wurde (Taf. IX,4). Die dunkelgrüne Edelpatina ist durch Abblätterungen bzw. Ablagerungen größtenteils beschädigt. Darüber hinaus haben auch

Feilspuren zur Vernichtung der Patina beigetragen.
Größter Dm. 11,4; Gew. 65.

17. Unverzierter Armring (Inv. Nr. 14817; Abb. 1,2), den vorangehenden ähnlich. Die dunkelgrüne Edelpatina ist an wenigen Stellen durch Ablagerungen beschädigt.
Größter Dm. 12,7; Gew. 80.

18. Verzierter Armring (Inv. Nr. 14818; Abb. 2,1), mit offenen, sich verjüngenden Enden. Sie wurden offensichtlich durch Sägen getrennt, wobei das dünnere Ende umgebogen wurde. Die Verzierung besteht aus sechs radial eingesägten Liniengruppen, die an der Innenseite des Armringes unterbrochen sind. Die dunkelgrüne Patina weist eine poröse Oberfläche auf.
Größter Dm. 8,8; Gew. 55.

19. Verzierter Armring (Inv. Nr. 14819; Abb. 2,2), höchstwahrscheinlich ein halbfertiges Produkt. Die Enden wurden mit einem Meißelschlag getrennt. Das Exemplar wurde nicht vollendet, Spuren der Behandlung mit abrasiven Substanzen, winzige Gußfehler und die innere Gußnaht sind sichtbar. Die Verzierung besteht aus vier radial angeordneten Liniengruppen, die lediglich skizziert scheinen. Die dunkelgrüne Edelpatina ist nun größtenteils von bösartiger, hellgrüner Patina überdeckt, die sogar die Verzierung teilweise beeinträchtigt hat.
Dm. 8; Gew. 55.

20. Verzierter Armring (Inv. Nr. 14820; Abb. 2,3), dem vorangehenden ähnlich. Die schlecht erhaltene Verzierung läßt heute nur noch drei gut sichtbare Liniengruppen erkennen; Spuren einer vierten sind lediglich zu vermuten. Auch die Reste eines Gußzapfens können vermerkt werden. Der Erhaltungszustand erlaubt keine genaue Beschreibung der Ornamente; jedenfalls wurden sie mittels einer Säge erzeugt (vgl. Exkurs II). Ungleichgrüne (hell- bis normalgrün) Patina.
Dm. 7,8; Gew. 50.

21. Verzierter Armring (Inv. Nr. 14821; Abb. 2,4), den vorangehenden ähnlich, aber die Enden wurden noch nicht getrennt. Von den vier Liniengruppen sind lediglich zwei gut sichtbar; die anderen wurden durch moderne Beschädigungen beeinträchtigt. Patina wie Nr. 20.
Dm. 7,8; Gew. 55.

22. Verzierter Armring (Inv. Nr. 14822; Abb. 2,5). Die Stange verjüngt sich, aber die Enden wurden nicht getrennt. Sechs eingeritzte Liniengruppen (eine davon nicht zu Ende gebracht) bilden die Verzierung. Dunkelgrüne Patina, teilweise leicht beschädigt.
Dm. 7,9; Gew. 50.

23. Verzierter Armring (Inv. Nr. 14823; Abb. 2,6), dem vorangehenden ähnlich. Die Spuren des Gußzapfens sowie ziemlich viele Gußfehler (meistens Löcher) sind gut sichtbar. Die acht Liniengruppen wurden unterschiedlich sorgfältig ausgeführt, wobei auch viele "Herstellungsfehler" (Taf. IX,7 b) zu bemerken sind. Man könnte sagen, man hat auf diesem Armring geübt. Die ursprünglich dunkelgrüne Patina ist größtenteils von einer hellgrünen, teilweise bröckeligen bedeckt.
Dm. 7,9; Gew. 50.

24. Verzierter Armring (Inv. Nr. 14824; Abb. 2,7), dem vorangehenden ähnlich. Die Verzierung besteht aus drei Liniengruppen, die teilweise von dickeren, dunkelgrünen Bronzeablagerungen vollkommen bedeckt sind; die dünneren lassen die Linien noch erkennen. Eine längliche Vertiefung, dessen Inneres nur sehr oberflächlich bei der Herstellung der Verzierung berührt wurde, zeigt uns abermals, daß ein klingenartiges Werkzeug (wohl Säge) benutzt wurde. Weil ganz unangetastet, ist die innere Gußnaht gut sichtbar. Das Exemplar zeigt im allgemeinen eine hellgrüne Patina, wobei trotzdem vier weitere Nuancen von Grün zu vermerken sind.
Dm. 8,6; Gew. 60.

25. Verzierter Armring (Inv. Nr. 14825; Abb. 2,8). Das sich verjüngende Exemplar zeigt einen rhombischen Querschnitt und zwei Gußnähte, von denen die innere völlig unbearbeitet blieb. Die äußeren Seiten wurden mit abschleifenden Substanzen abgearbeitet. Die Verzierung besteht aus fünf radial gestellten Liniengruppen, die lediglich auf den äußeren Flächen ausgeführt worden sind. In der Mitte des unverzierten Teilstücks ist die Spur des Schlages, mit dem der Handwerker die Durchtrennung des Reifens beabsichtigte, zu erkennen. Die Patina ist teilweise hellgrün und matt, teilweise dunkelgrün, glänzend und von sehr guter Qualität.
Dm. 8,6; Gew. 60.

26. Verzierter Armring (Inv. Nr. 14826; Abb. 2,9), dem vorangehenden ähnlich; die äußeren Seiten sind sorgfältig vollendet und verziert, die inneren dagegen sind nur nachlässig bearbeitet. Die gestempelte Verzierung (siehe Exkurs II) besteht aus vier radial gestellten Liniengruppen und aus den dazwischen liegenden halbkreisförmigen Stempelungen. Es scheint so, als ob das Stück vor Jahren restauriert wurde. Dunkelgrüne Edelpatina.
Dm. 8,3; Gew. 80.

27. Unverzierter Armring (Inv. Nr. 14827; Abb. 3,16). In der Zone des schmalsten Querschnittes sind die fast abgeschliffenen Reste des Gußzapfens zu bemerken. Die innere, unberührte Gußnaht ist gut sichtbar. Winzige Gußfehler können nur mit einer Lupe gesehen werden. Normalgrüne Patina mit dunkleren und helleren Flecken.
Dm. 8,1; Gew. 55.

28. Unverzierter Armring (Inv. Nr. 14828; Abb. 3,14). Das rohe Exemplar sieht so aus, als ob es direkt aus der Gußschale käme. Beide Gußnähte sind gut sichtbar, aber der Gußzapfen ist fast völlig abgebrochen. Dunkel- bis normalgrüne Patina, größtenteils guter Qualität.
Dm. 8; Gew. 60.

29. Unverzierter Armring (Inv. Nr. 14829; Abb. 3,23), dem vorangehenden ähnlich. Nur eine kleine Fläche wurde poliert. Die Gußformenschalen haben sich im Laufe des Gußes bewegt, was leicht der Querschnittsform zu entnehmen ist. Dunkelgrüne Patina guter Qualität.
Dm. 9; Gew. 65.

30. Unverzierter Armring (Inv. Nr. 14830; Abb. 3,20), dem vorangehenden ähnlich. Die Patina wurde (vom Finder ?) völlig entfernt.
Dm. 7,6; Gew. 35.

31. Unverzierter Armring (Inv. Nr. 14831; Abb. 3,6; Taf. IX,3), besonders dem Stück Nr. 29 ähnlich.
Dm. 8,1; Gew. 60.

32. Unverzierter Armring (Inv. Nr. 14832; Abb. 3,5), mit ungleich großem Querschnitt; beide Gußnähte wurden offensichtlich nicht weggefeilt. Teilweise dunkel-, teilweise hellgrüne Patina guter Qualität.
Dm. 7,9; Gew. 60.

33. Unverzierter Armring (Inv. Nr. 14833; Abb. 3,12), dem vorangehenden ähnlich. Die Gußschalen paßten nicht perfekt aufeinander. Das Exemplar hat zwei Gußzapfen. Hellgrüne Patina mittlerer Qualität mit bräunlichen Flecken, die besonders der Gußnaht entlang sichtbar sind.
Dm. 8,1; Gew. 45.

34. Unverzierter Armring (Inv. Nr. 14834; Abb. 3,18), mit rhombischem, ungleich großem Querschnitt. Obwohl poliert, wurde das Stück nicht vollendet und scheinbar auch nicht verwendet. Wohl in modernen Zeiten wurde die innere Gußnaht abgebrochen. Dunkelgrüne Patina sehr guter Qualität, mit dünnen Ablagerungen bedeckt.
Dm. 8,4; Gew. 55.

35. Unverzierter Armring (Inv. Nr. 14835; Abb. 3,8). Während die beiden Gußnähte unberührt blieben, wurde der Gußzapfen fast völlig abgebrochen. Buntfarbige Patina.
Dm. 8; Gew. 60.

36. Unverzierter Armring (Inv. Nr. 14836; Abb. 3,19), dem vorangehenden ähnlich, nur viel flacher. Der Gußzapfen wurde noch nicht abgebrochen, die Polierungsarbeit kaum begonnen.
Dm. 8,1; Gew. 45.

37. Unverzierter Armring (Inv. Nr. 14837; Abb. 3,22), den vorangehenden ähnlich; gut, aber unvollständig poliert. Die innere Gußnaht ist ziemlich erhaben. Dunkelgrüne Patina mit helleren Flecken.
Dm. 8,7; Gew. 55.

38. Unverzierter Armring (Inv. Nr. 14838; Abb. 3,11), besonders dem Stück Nr. 28 ähnlich. Halb dunkel-, halb hellgrüne Patina.
Dm. 8; Gew. 55.

39. Unverzierter Armring (Inv. Nr. 14839; Abb. 3,15), besonders den Stücken Nr. 28 und 38 ähnlich. Der Gußzapfen ist teilweise erhalten. Hellgrüne Patina schlechter Qualität, mit verschiedenen Ablagerungen bedeckt.
Dm. 7,9; Gew. 60.

40. Unverzierter Armring (Inv. Nr. 14840; Abb. 3,13), den vorangehenden ähnlich. Das Stück ist kaum poliert und der Gußzapfen länger als bei den anderen Exemplaren. Dunkelgrüne Patina guter Qualität.
Dm. 8; Gew. 60.

41. Unverzierter Armring (Inv. Nr. 14841; Abb. 2,10). Schlechter Erhaltungszustand. Am schmalsten Querschnitt erfolgte die Trennung des Reifens. Die Oberfläche ist bröckelig und spricht dafür, daß das Exemplar überhaupt nicht gereinigt wurde. Normalgrüne Patina schlechter Qualität.
Dm. 8,4; Gew. 50.

42. Unverzierter Armring (Inv. Nr. 14842; Abb. 3,9). Obwohl fragmentarisch erhalten, kann er typologisch den vorangehenden zugeschrieben werden. Nach dem Guß wurde das Stück kaum weiter bearbeitet. Die dunkelgrüne Patina, unterschiedlicher Qualität, wurde von Ablagerungen bedeckt.
Dm. 8,4; Gew. 60.

43. Unverzierter Armring (Inv. Nr. 14843; Abb. 3,17), bruchstückhaft erhalten. Ein Ende wurde im Altertum,

das andere in moderner Zeit abgebrochen. Wegen der falschen Position der Gußschalen beim Gießen ist der Querschnitt unterschiedlich. Dunkelgrüne Patina mit helleren Flecken.
Dm. 8,3; Gew. 43.

44. Unverzierter Armring (Inv. Nr. 14844; Abb. 3,4), bruchstückhaft erhalten, aber den vorangehenden ähnlich. Dunkelgrüne Patina guter Qualität.
Dm. 8,5; Gew. 35.

45. Unverzierter Armring (Inv.Nr. 14845; Abb. 3,21), fragmentarisch erhalten, den vorangehenden ähnlich. Die Gußschalen waren ungenau zusammengepaßt. Dunkel- bis hellgrüne Patina.
Dm. 8,4; Gew. 40.

46. Unverzierter Armring (Inv. Nr. 14846; Abb. 3,7), mit offenen, sich verjüngenden, übereinandergelegten Enden. Die dunkelgrüne Edelpatina, hervorragender Qualität, ist teilweise mit einer helleren, bröckeligen Ablagerung bedeckt.
Dm. 6,7; Gew. 40.

46 a. Unverzierter Armring (Inv. Nr. 14846 a; Abb. 3,6), mit offenen, sich verjüngenden Enden; bruchstückhaft erhalten, ist sicherlich ein halbfertiges Produkt. Das Exemplar wurde nachträglich im Nachlaß von I.I. Russu gefunden. Normalgrüne Patina.
Dm. 7,7.

46 b. Drei Armringe (Abb. 2,11), kettenförmig gegossen. Sie gingen unter ungeklärten Umständen nach der Anfertigung der Zeichnung verloren, so daß wir hier lediglich die Zeichnung K. Keresztes (†) vorlegen können.
Dm. 7; 6; 7.

47. Gußfladen (Inv. Nr. 14847; Abb. 4,8). Eine Basis ist gerade, die andere bröckelig und schief. Dunkelgrüne Patina.
L. 6,9; Gew. 230.

48. Gußfladen (Inv. Nr. 14848; Abb. 4,7) unbestimmbarer Form; lediglich an einem Ende ist eine Schnittspur sichtbar, allem Anschein nach erzeugt, als die Masse noch weich war. Die Patina weist unterschiedliche Nuancen von Grün auf.
L. 10,9; Gew. 900.

49. Gußfladen (Inv. Nr. 14849; Abb. 4,6), bruchstückhaft erhalten. Die Basis ist fast gerade, ihre Fläche bröckelig. Viele Gußlöcher unterschiedlicher Größe. Die Patina zeigt viele Nuancen von Grün.
L. 9; Gew. 450.

50. Gußfladen (Inv. Nr. 14850; Abb. 4,10), sehr abgeflacht und im allgemeinen bröckelig; ein Teil wurde abgeschnitten, wobei auch die Spur eines spitzigen Werkzeuges noch gut sichtbar ist.
L. 11,8; Gew. 460.

51. Gußfladen (Inv. Nr. 14851; Abb. 4,9), eigentlich die übriggebliebene Mitte, nachdem rundherum mehrere Stücke abgeschnitten worden sind. Die große Basis ist ungefähr gerade, die obere bröckelig. Es wäre nicht ausgeschlossen, daß die Gegenstände Nr. 49 und 51 Bruchstücke von einem größeren Gußfladen darstellen.
L. 7,8; Gew. 520.

Das bei weitem interessanteste Fundstück von Gîrbău ist der kegelstumpfförmige Gegenstand, der darüber hinaus zu den besterhaltenen Exemplaren seiner Art zählt.[2]

Für das Karpatenbecken geht die Auswertung solcher Gegenstände auf die Studie von A. Mozsolics (1956, 1-14) zurück. Dieser Untersuchung der durchbrochenen[3] Wagenbeschläge soll nun eine zweite, die sich besonders auf die Fundstücke von Gîrbău und Nádudvar[4] konzentriert, hinzugefügt werden. Danach steht nun fest, daß eine deutliche typologische Grenze nicht mehr zu erkennen ist. Man kann also künftig nicht mehr von der einheitlichen Gattung der durchbrochenen oder der nicht durchbrochenen "Wagenbeschläge" sprechen.

Leider können die anderen, als vermutliche oder sichere Radbekleidung veröffentlichen Fundstücke aus dem

---

[2] Zu größtem Dank sind wir Herrn Kollege Dr. C. Kacsó für die Großzügigkeit, uns allein die Veröffentlichung des Depotfundes von Gîrbău zu überlassen, verpflichtet. Zahlreiche Ratschläge und bibliographische Hinweise haben uns bei der Arbeit außerdem sehr geholfen.

[3] Zur Guß- bzw. Herstellungstechnik derartiger Gegenstände vgl. Szegedy 1956, 15-16.

[4] Obwohl bruchstückhaft, stellt das Stück von Nádudvar (Máthé 1972, 411 ff. mit Abb. 6,1-2) die beste Analogie für die Verzierung und für den Körperaufbau des Fundes von Gîrbău dar. Das profilierte Ende findet dagegen bei den Fundstücken von Tarcal und teilweise Viștea die nächsten Parallelen.

heutigen Rumänien[5] nicht grundlegend zur Lösung der typologischen Fragen und der nach ihrer Verwendung beitragen. Dasselbe gilt - soweit uns zugänglich - für die außerhalb des Karpatenbeckens zutage geförderten Funde (Zaccagnini 1977, 21 ff.; Wojtowitsch 1978), mit Ausnahme der Funde von Hart[6], die übrigens nur die Arkaden am breiteren Ende als Ziermerkmal mit unserem Exemplar gemeinsam haben.

Unserer Meinung nach ist es beim vorhandenen Material noch verfrüht, Typen oder Varianten der "Wagenbeschläge" im Karpatenbecken zu definieren. Man könnte freilich einen Tarcal-Gîrbău-Typ erfinden, der durchbrochene (Tarcal-Viştea) und nicht durchbrochene (Nádudvar-Gîrbău) Varianten beinhalten würde. Sowohl die geringe Zahl der Stücke als auch deren fragmentarischer Erhaltungszustand lassen aber heute eine typologische Gliederung noch nicht zu. Auch die beträchtlichen chronologischen Unterschiede der bisher bekannten Fundstücke erschweren zur Zeit eine Gliederung.

Exkurs I

Wenn aufgrund des Verbreitungsgebietes und der Fundzusammenhänge eine örtliche Herstellung des sog. Tarcal-Gîrbău-Typus als unbestritten gelten darf, scheint die Zweckbestimmung bei weitem nicht so einfach zu sein, wie es sich auf dem ersten Blick ergeben könnte.

Obwohl die meisten Fachleute dazu neigen, die hier besprochenen Stücke als Radnaben bzw. -verkleidungen zu betrachten (Mozsolics 1956, 1 ff.; neuerdings auch C. Kacsó, mündliche Mitt.), kann eine solche Interpretation doch angezweifelt werden. Zwei Hauptfragen bestimmen unsere Zweifel: a) Was spricht gegen die meistens angenommene Definition als Radnabe? b) Welche anderen Gebrauchsbestimmungen können berücksichtigt werden?

a) Die bisher im Karpatenbecken ans Tageslicht gekommenen Fundstücke stammen ausschließlich aus Depotfunden oder sind Einzelstücke[7]. Kein Wagengrab, keine anderen einzelnen Wagenbestandteile, keine klaren Fundumstände lassen irgendwelche Beziehungen zwischen den Fundstücken des sog. Tarcal-Gîrbău-Typs und dem Wagenaufbau beweisen. Darüber hinaus wurden im Arbeitsgebiet - mit Ausnahme der mittelhallstattzeitlichen Räder von Arcalia - immer jeweils nur ein Teilstück oder Reste davon pro Fund (also die Hälfte einer Radnabenverkleidung) entdeckt. Das spiegelt keine eindeutige Situation wider, im Vergleich z.B. mit den Fundplätzen, wo sicherlich zwei- oder vierrädrige Wagen, oder auch nur Bruchstücke davon, deponiert worden sind (z.B. Müller-Karpe 1955, 46 ff.; Jacob-Friesen 1969, 122 ff., bes. 151 mit Anm. 107). Auch die Zerbrechlichkeit einer gegossenen Radnabe sollte nicht außer acht gelassen werden[8], besonders im Falle eines Kampfwagens. Weiterhin fehlen die Befestigungslöcher am breiteren Ende des Stückes (wie z.B. bei Müller-Karpe 1955, 64 Abb. 6,7), was die Hypothese einer Radnabenverkleidung nicht gerade untermauert.

Schließlich sind noch die Ergebnisse der chemischen Analysen anzuführen. Als man im Laboratorium nach eventuellen Holzspuren im Inneren des Gegenstandes suchte, hat man, außer den Resten eines bronzenen

---

[5]Aiud (Petrescu-Dîmboviţa 1977, Taf. 107,5-7); Caransebeş (ungenaue Zeichnung bei Petrescu-Dîmboviţa, ebd. Taf. 126,37, mit älterer Literatur: Milleker, Hampel, Roska, Holste, Rusu, Alexandrescu, v. Brunn; freundliche Mitt., Zeichnung und Photographie von R. Rašajski (Vršac); Archiud (Dănilă 1970, 435; Petrescu-Dîmboviţa, ebd. 126 mit Taf. 298,5); Vurpăr (Horedt 1944, 189 ff.; Petrescu-Dîmboviţa, ebd. 138 mit Taf. 336,4-5); Arcalia (ders. ebd. 161 mit Taf. 383, 1-2, mit älterer Literatur).

[6]Müller-Karpe 1955, 64 Abb. 6,2.7 und Taf. 8,8. Obwohl beträchtlich später ansetzbar (6. Jh. v.Chr.), muß doch auch die zweiteilige eiserne Radnabe von Castellina in Chianti, Italien, erwähnt werden (Woytowitsch 1978, 44-45, Nr. 68).

[7]In Tarcal wären Gräber um die Fundstelle der Radnabe herum entdeckt worden (Mitt. I. Bóna bei Mozsolics 1956, 8 Anm. 18; 13-14), doch sind die Fundverhältnisse unklar.

[8]Besonders im Gegensatz zu einer aus Blech hergestellten hallstattzeitlichen Radnabe; vgl. z.B. Schiek 1981, 287 Anm. 9. Man darf auch nicht die formale Ähnlichkeit mit den von Drack (1958, Abb. 25 c, Taf. 2,1.2) veröffentlichten Stücken vergessen, obwohl die vielen Unterschiede eine gemeinsame Zweckbestimmung kaum zu vermuten zulassen. In diesem Zusammenhang soll auch eine Unstimmigkeit erwähnt werden, die zwischen der Zeichnung (Müller-Karpe 1955, 64 Abb. 6,7) und der Photographie (ebd. Taf. 8,8) der Radnabe von Hart wohl aus Versehen entstand. Es geht um die Rippen, die in Zeichnung und Photographie (gegossen und getrieben) unterschiedlich dargestellt sind. Das kleine Stück (ebd. 64 Abb. 6,2) scheint dagegen richtig gezeichnet zu sein.

Ringes, Spuren von abgetropftem Koniferenharz entdeckt. Dieses konnte aber keinesfalls von einer unmittelbaren, andauernden Berührung von Koniferenholz mit der Innenwand der angeblichen Radnabe stammen[9]. Auch die hypothetische Vermutung einer Achse aus Koniferenholz kann wegen der schwachen Festigkeit des Materials nicht akzeptiert werden.

b) Die Vermutung M.Sz. Máthés (1972, 413), wonach die Gegenstände vom Typ Nádudvar als Untersätze (besonders für Metallgefäße) benutzt worden wären, darf nicht unterschätzt werden. Obwohl wir keinen derartigen Fundkomplex kennen, soll vermerkt werden, daß die omphaloiden Böden der normalgroßen Kreuzattaschenbecken ganz gut mit dem profilierten Rand unseres Gegenstandes zusammenpassen. Ferner ließe diese Verwendungsmöglichkeit auch den bronzenen Ring nicht als sinnlosen Bestandteil erscheinen. Dieser Ring wurde im Inneren der hohlen, dickeren Bordüre entdeckt.

Noch kurz zu besprechen sind die durchbrochenen Exemplare von Tarcal (Mitt. I. Bóna bei Mozsolics 1956, 8 Anm. 18 und Abb. 4), Viştea (Roska 1937 b, 195, 185 Abb. 26; ders. 1942, 155 Abb. 179) und Şimleul Silvaniei (Mozsolics 1956, 14, 7 Abb. 3,2 a-c), die zusammenfassend als Radnabenverkleidungen vorgelegt wurden (Mozsolics 1956, 1-14). Ohne die von ihr festgestellten Beziehungen herabsetzen zu wollen, möchten wir aber auch auf andere Analogien verweisen: es handelt sich sowohl um tönerne (Müller-Karpe 1962, 123 [protogeometrisches Grab 48] mit Abb. 15,16; zusammenfassend bei Jażdżewski 1981, 325-354) als auch um bronzene[10] durchbrochene "Untersätze", die etwa zeitgleich sind und von gleicher Größe und Masse.

Eher als formales Vergleichsstück kann ein Möbelstück aus den nordpontischen Steppen erwähnt werden. Es ist ein silberner, in die Zeitspanne vom 8. bis zum 6. Jh. v. Chr. datierbarer Fußuntersatz[11].

Abschließend soll unterstrichen werden, daß eine endgültige Lösung der Zweckbestimmung dieser Tarcal-Gîrbău-Fundstücke noch verfrüht scheint. So lange keine eindeutigen Fundumstände vorliegen, müssen wir weiter im Bereich der Vermutungen bleiben.

Die übrigen Gegenstände des Depotfundes von Gîrbău (Sicheln, Tüllenbeile, Armringe, Gußfladen) gehören zu den gewöhnlichen Fundkategorien der innerkarpatischen Urnenfelderzeit.

Die Sicheln von Gîrbău sind Knopfsicheln und das einzige vollständig erhaltene Exemplar (Nr. 6) kann den Sonderformen (Variante Transsilvanien 1) zugerechnet werden[12]. Es muß noch erwähnt werden, daß das kleine Knopfsichelfragment (Nr. 7) von einer "falci denticulatae" stammen könnte[13] (vgl. Taf. IX,9).

Wichtiger in typologischer und chronologischer Hinsicht scheinen die Tüllenbeile zu sein. Es erübrigt sich, die Problematik der geschnäbelten Tüllenbeile zu wiederholen, solange neue Entdeckungen die grundlegenden Schlußfolgerungen der Studien von M. Petrescu-Dîmboviţa, A. Mozsolics, C. Kacsó, I. Mitrea und T. Bader (Genaueres bei Soroceanu 1981, 257 Anm. 13) nicht ändern können. Für die ösenlose, unverzierte Variante von Gîrbău (Nr. 2) ist augenblicklich keine genaue Entsprechung zu finden, weil der verdickte Mündungsrand gewöhnlich ein doppelkegelstumpfförmiges Aussehen hat[14]. Auch ihre Datierung bietet keine genauen Anhaltspunkte (Foltiny 1955, 86; Mozsolics 1985, Taf. 244,17; 245,8-9; 250,14; 269,12), um Wichtiges zur

---

[9]Freundliche Mitt. Prof. Dr. Justin Petrescu, Fakultät für Geologie und Geographie der Universität Cluj, der die Untersuchung der Reste übernahm.

[10]Hencken 1968, Bd. I, 399 Abb. 385 B,a. Sogar für das Stück von Sajóvámos besteht die Möglichkeit, daß es von einem größeren Untersatz stammt (Hencken 1968, Abb. 366 u. 433).

[11]Mantzevitch 1958, 197 Abb. 1,6; 199 Abb. 3. Auch die Behauptung von M. Roska (1937 b, 185 Abb. 26; 195), das Stück wäre als Zeltstangenspitze verwendet worden, ist nicht a priori auszuschließen.

[12]Petrescu-Dîmboviţa 1978, 19 Taf. 1. Da die sieben Exemplare dieser Variante Einzelfunde sind, darf die BD-Datierung nicht absolutiert werden, umsomehr da in der Nähe, bei Rohod, die Variante in einem späteren, geschlossenen Fund vertreten ist (Kemenczei 1984, Taf. 218,11, dort auch die ältere Literatur).

[13]Rusu 1972 b, 26-28 (wiederholt bei Rusu o. J., 7-12) mit Hinweisen auf die antiken Quellen. In dieser Hinsicht sind die Arbeiten von Petrescu-Dîmboviţa (1977; 1978) kaum behilflich. Ein Exemplar wäre doch in Aiud (ders. 1977, 81, nicht abgebildet) gefunden worden.

[14]Die nächsten Analogien sind die Tüllenbeile aus Lăpuş (Petrescu-Dîmboviţa 1977, Taf. 51,3; Kacsó 1981, Taf. 1,4); Guşteriţa II (Petrescu-Dîmboviţa 1977, Taf. 149,8); Dipşa (ders., ebd. Taf. 138,1-2); Domăneşti I (Hampel 1886; Petrescu-Dîmboviţa, ebd. Taf. 42,13).

chronologischen Ansetzung des Depotfundes beizutragen.

Es bleiben die kleinen Tüllenbeile (Nr. 3 und 4), die besonders durch ihre U-förmige Verzierung nicht nur die Annahme eines Ha-B-zeitlichen Vergrabens des Depotfundes[15], sondern auch die des innerkarpatischen Ursprungs dieses Ziermusters[16] unterstützen.

Höchstwahrscheinlich sind die Armringe von Gîrbău Erzeugnisse einer Werkstatt, deren Tätigkeit aus unbekannten Gründen unterbrochen wurde. Die verschiedenen Arbeitsgänge, die anhand der vorhandenen Ringe festzustellen sind, machen eine typologische Analyse, im klassischen Sinne des Wortes, kaum möglich. Die zahlreichen Varianten (größere unverzierte und kleinere, meist verzierte usw.), die sich unterscheiden lassen, weisen in der Tat eher auf Arbeitsetappen hin. In nicht mehr als zwei bis drei Gußformen wurden die Ringe von Gîrbău hergestellt. Die möglichen Endprodukte hätten vielleicht in eine größere unverzierte[17] und in eine kleinere verzierte Hauptvariante eingeteilt werden können. Überraschend zahlreich vertreten ist die mit radialen Liniengruppen verzierte Variante, die im innerkarpatischen Raum vorwiegend in der BD-Zeit vorkommt (zusammenfassend bei Soroceanu 1981, 256-7). Eine Mischvariante (Nr. 26), für die wir kein genaues Vergleichsstück finden konnten, weist dennoch auf eine frühere Tradition hin. So sind z.B. die aus einfachen Halbkreisen bestehende Reihe auf der Schmalseite einer Nackenscheibenaxt von Rimavské Jánovce (Hänsel 1968, Taf. 4,1) oder eine ähnliche Verzierung, die winkelförmig auf Dolchklingen vom Sögeler Typ dargestellt ist (Hachmann 1957, Taf. 38,11,13, mit älterer Lit.: Lissauer, Dittmann, Piesker) sowie ähnliche Verzierungen auf einem mittelbronzezeitlichen Armring aus Österreich (Willvonseder 1937, Taf. 40,6) zu nennen. Im innerkarpatischen Raum sind es besonders doppelte oder dreifache Reihen von Halbkreisen (Mozsolics 1967; Petrescu-Dîmboviţa 1977), die überwiegend während der Mittelbronze- oder der BD-Zeit bevorzugt worden sind[18].

Kettenförmig eingegossene Armringe sind keine Seltenheit, obwohl sie nicht allzu häufig vorkommen (Uenze 1949, 211 Taf. 15 a-c, 217-219 mit Analogien; Kemenczei 1984, 390 Taf. 180 d,4; Enăchiuc, Dridu, im vorliegenden Band).

Exkurs II

Die Armringe von Gîrbău geben Anlaß, einige Fragen zur Gußtechnik, zu den nötigen Feinarbeiten nach dem Guß sowie zu den Verzierungstechniken dieser Schmuckringe eingehender zu erörtern. Wichtig ist nicht nur die absolute (41) oder die relative (74,54 %) Anzahl der Stücke, sondern vielmehr die Tatsache, daß der Bearbeitungsprozeß zu unterschiedlichen Zeitpunkten abgebrochen wurde, so daß seine verschiedenen Etappen nachvollzogen werden können.

Versuchen wir nun, anhand der Ringe aus Gîrbău die Hauptelemente dieses Fertigungsablaufes festzustellen. Der Handwerker benutzte ständig zwei Gußschalen (siehe bes. Nr. 40, 45), um einen Armring herzustellen. Manchmal waren sie nicht vollkommen korrekt zusammengefügt worden, was zu einem falschen Angießen (Nr. 31) führte. Nach dem eigentlichen Einguß und der notwendigen Abkühlung nahm man den gegossenen Rohling aus der Gußform heraus und brach den Gußzapfen (z.B. Nr. 35, 40) und andere Gußreste ab. Für die Endfertigung der Ringe waren dann die folgenden Arbeitsgänge nötig: a) Polierung der sichtbaren Oberflächen;

---

[15]Foltiny 1955, Taf. 61,8.10 (eine ältere Variante); Novotná 1970 a, Taf. 36,14; 46,14; Podborský 1970, 99 Abb. 19,12, Taf. 39,7; Kemenczei 1984, Taf. 194 a, 1-2; 196,16-18; 199,2; 201,2.6; 219 a,4; 219 b,9; Mozsolics 1985, Taf. 1,21; 90,15; 116,7 (eine ältere Variante); 224,17; 264,11; 271 A,5 (die jüngere Variante).

[16]Bereits von Podborský 1970, 100 bemerkt. Die Hypothese wird auch anhand der oben erwähnten Vergleichsstücke (Anm. 16) untermauert.

[17]Die Ha B-zeitlichen Entsprechungen für die größere Variante wurden schon anläßlich der Veröffentlichung des Depotfundes von Sîg erwähnt; es geht um die Funde von Arad II, Moigrad I, Sălard, die von M. Rusu, E. Dörner, I. Nestor, J. Hampel, I. Ordentlich, M. Petrescu-Dîmboviţa veröffentlicht wurden (genauere bibliographische Hinweise bei Soroceanu/Lakó 1981, 152). Es seien hier auch die Depotfunde von Biatorbágy und Lovasberény (Mozsolics 1985, Taf. 238,8-23; 246,18-20) genannt.

[18]Späteres Auftreten der einfachen Halbkreise kann höchstens bis Ha B 1 auf Blattbügelfibeln, Metallgefäßen usw. vermerkt werden, was sowohl für die Datierung als auch für die Ähnlichkeit der Ziertechnik nicht unwichtig ist.

b) Durchtrennung des Ringes; c) Ausführung der verschiedenen Verzierungen[19]. Es gab dabei keine feste Reihenfolge der einzelnen Arbeitsgänge. So hat z.B. das Stück Nr. 19 eine fast vollendete Verzierung, während der Ring kaum durchgetrennt ist. Es kann nicht genau festgestellt werden, ob es ein bestimmtes Verhältnis zwischen dem Abfeilen des Ringes und seiner Durchtrennung gab.[20]

Obwohl wir einstweilen aus dem Arbeitsgebiet keine Gußform zur Herstellung der Armringe mit offenen, sich verjüngenden Enden (wie z.B. für den mit verdickten Enden aus Soltvadkert, vgl. Gazdapusztai 1959, Taf. VI,7) kennen, ist eine zukünftige Auffindung nicht auszuschließen.

Nicht unwichtig schien uns die Untersuchung der Oberfläche zu sein. Sie wurde mittels einer starken Lupe (zehnmal) sorgfältig durchgeführt[21].

Die erste wichtige Feststellung war, daß bei der Verzierungsarbeit mindestens zwei Hauptkategorien von Werkzeugen verwendet wurden. Es handelte sich zweifellos um verschiedene Arten von Meißeln und Sägen. Die Anwendung der ersteren wird dadurch bestätigt, daß die Verzierungen z.T. aus einzelnen Schlagspuren bestehen (Stück Nr. 26; Taf. IX,7 d). Sie wurden jeweils auf die beiden äußeren Flächen des Armringes mit rhombischem Querschnitt angebracht. Auch die Überprüfung des Furcheninneren spricht für die Verwendung eines Meißels; darüber hinaus sind die Arbeitsfehler in diesem Falle wohl **Schlag**fehler. Auch die halbkreisförmigen Ornamente wurden mit Hilfe eines Meißels[22], deren krumme Schneide entsprechende Zierarten ermöglichte (Taf. IX,7.7 d), erzeugt[23]. An manchen Stellen haben wir es sogar mit "Ergänzungen" zu tun, weil z.B. die Meißelschneide nicht breit genug war oder die erste Stempelung nicht ganz korrekt durchgeführt wurde.

Im Gegensatz zu den "gestempelten" Verzierungen wurden die meisten radial gelegenen Liniengruppen wohl mit einer Art Säge realisiert, obwohl die Ornamente eigentlich zu gerade und gleichtief ausgeführt wurden, ganz zu schweigen davon, daß die inneren Spuren längsgefeilt aussehen.

Es gibt auch eingeritzte Liniengruppen, die offensichtlich mit einem völlig anderen Werkzeug geschaffen wurden. Man muß an eine Art Dorn oder Stichnadel denken, weil die Tiefe und die Breite beträchtlich kleiner sind (z.B. Nr. 22, 23) als bei den gesägten Ornamenten. Die Linien wurden irgendwie linkisch traciert, auch wenn sie als Vorarbeiten angesehen würden. Die Abstände sind ebenfalls zu klein, um mit den oben erwähnten Methoden vervollständigt werden zu können (Taf. IX,7-7 d).

Der vorliegende Exkurs muß unvollendet veröffentlicht werden, weil wir keine Möglichkeit für eine praktische Durchführung der verschiedenen Ziertechniken hatten. Allein zukünftige Experimente und neue Entdeckungen werden vielleicht zeigen, inwieweit der bronzezeitliche Handwerker auch teilverzierte Halbfabrikate ständig zur Verfügung haben sollte, um die Nachfrage nach verschiedenen Ausführungen schneller erfüllen zu können. Die Ringe des Depotfundes von Gîrbău stellen wahrscheinlich eine solche Vorratssammlung dar. Warum sie in die Erde kam, ist eine Frage, die aufgrund der bekannten Fundumstände nicht befriedigend beantwortet werden kann.

---

[19] Ein theoretisches Bindeglied für die in Gîrbău bewiesenen Arbeitsgänge bildet der Armring von Groß-Winternheim (Rheinland-Pfalz); vgl. Richter 1970, 85, Nr. 511, Taf. 31,511. Gute Analogien sowohl für die einzelnen Stücke als auch für das Ganze bieten im Arbeitsgebiet die Funde von Keresztéte, Biatorbágy und Lovasberény (Mozsolics 1985, 64, 135 Taf. 151,1-16; 238,6-7; 246,21, mit älterer Literatur).

[20] Die Durchtrennung des Ringes konnte auch durch Sägen erfolgen. Was die abfeilenden Substanzen betrifft, womit man die Enden verjüngte, so sind sie heute nur zu vermuten (vgl. dazu Szegedy 1956, 15-16).

[21] Sowohl die Lupen, die weniger als zehnmal vergrößern, als auch die Mikroskope sind u. E. nicht geeignet, um eben diejenigen Merkmale aufzuspüren, die Einzelheiten über die Arbeitsgänge, Arbeitsgeräte usw. erkennen lassen.

[22] Es steht außer Zweifel, daß die genaue Wiederholung der Halbkreise - obwohl ungleich tief - nicht durch Einritzung realisiert werden konnte.

[23] Aus dem Arbeitsgebiet kennen wir lediglich größere Exemplare, z.B. diejenigen von Moigrad (Nestor 1935, Abb. 2,1; 3,6) und Augustin (Roska 1937 a, 141 Abb. 83,4). Weder aus dem Text noch aus dem Abbildungsteil von Petrescu-Dîmbovița 1977 sind solche Merkmale ersichtlich.

Bis eine Gesamtbearbeitung der Gußfladen im Arbeitsgebiet unternommen wird[24], bleiben die verschiedenen Formen von Gußfladen ganz willkürlich; die Spuren einer im Altertum gemachten Abscheidung (Nr. 48) ist das einzige Besondere, was an dem Material beobachtet werden kann.

---

[24]Der Aufsatz von Mozsolics 1984, 35 ff. ist die letzte uns bekannte Bearbeitung des Themas.

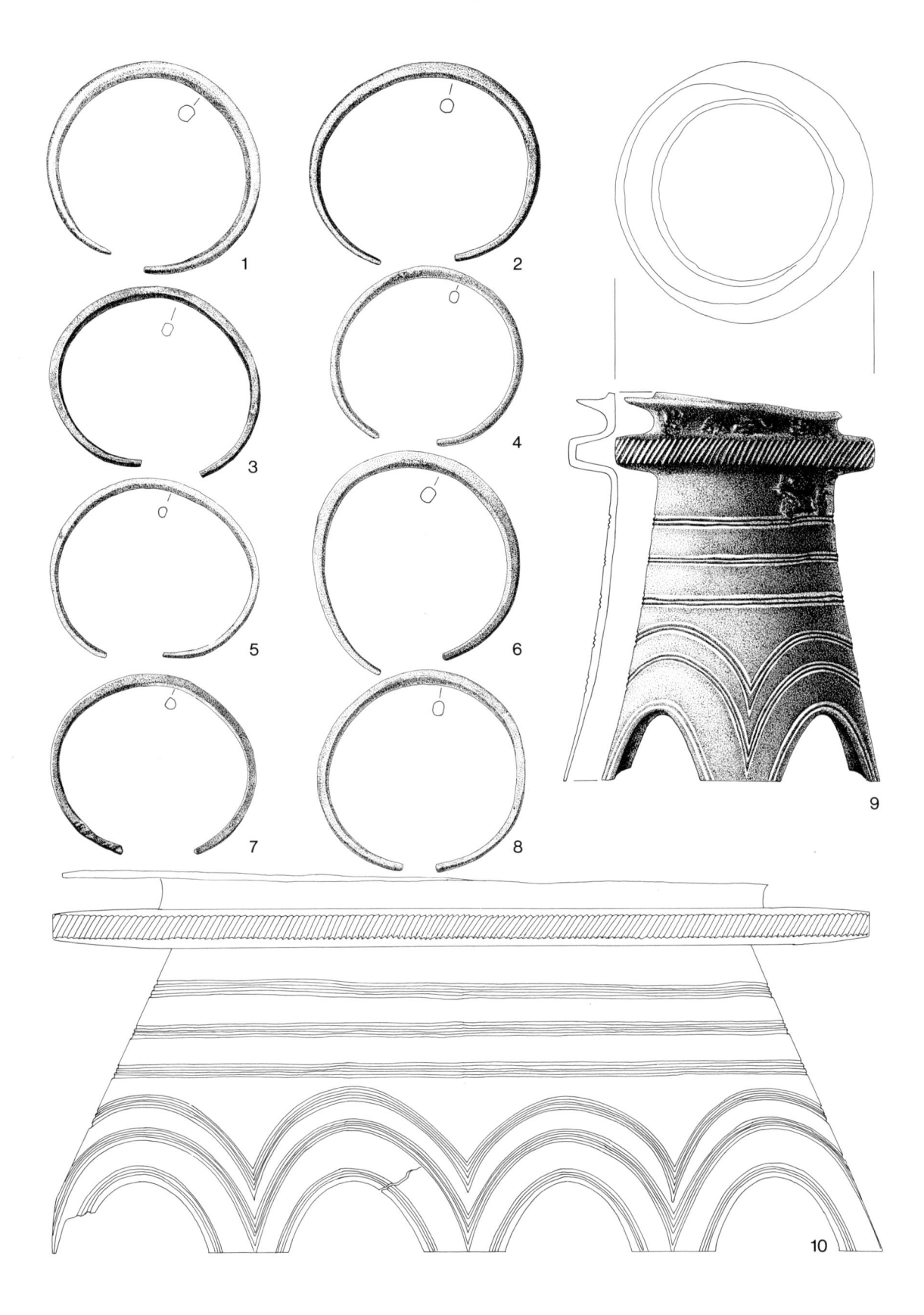

Abb. 1. 1-10 Depotfund von Gîrbău. M. 1:3

Gîrbău

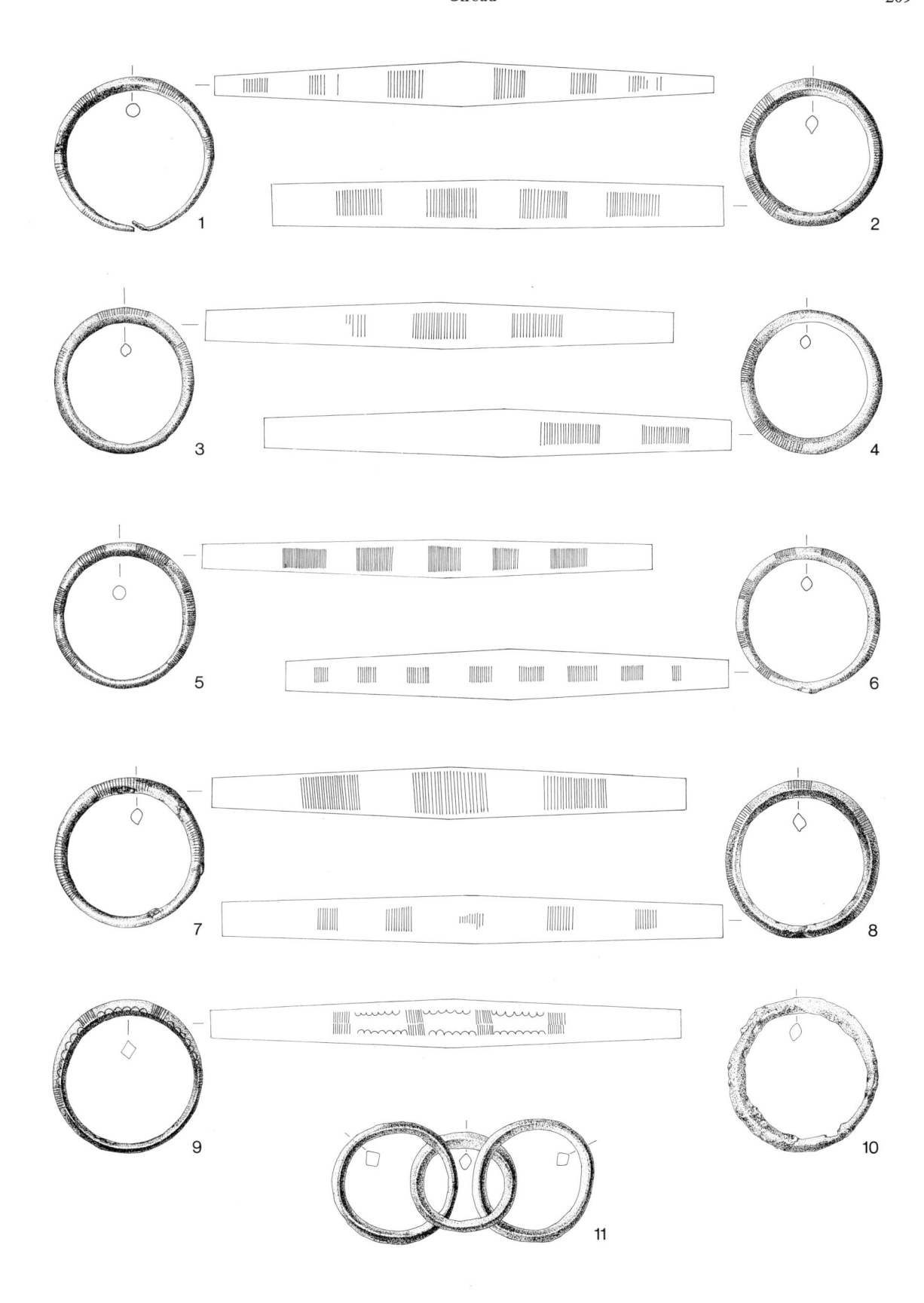

Abb. 2. 1-11 Depotfund von Gîrbău. M. 1:3

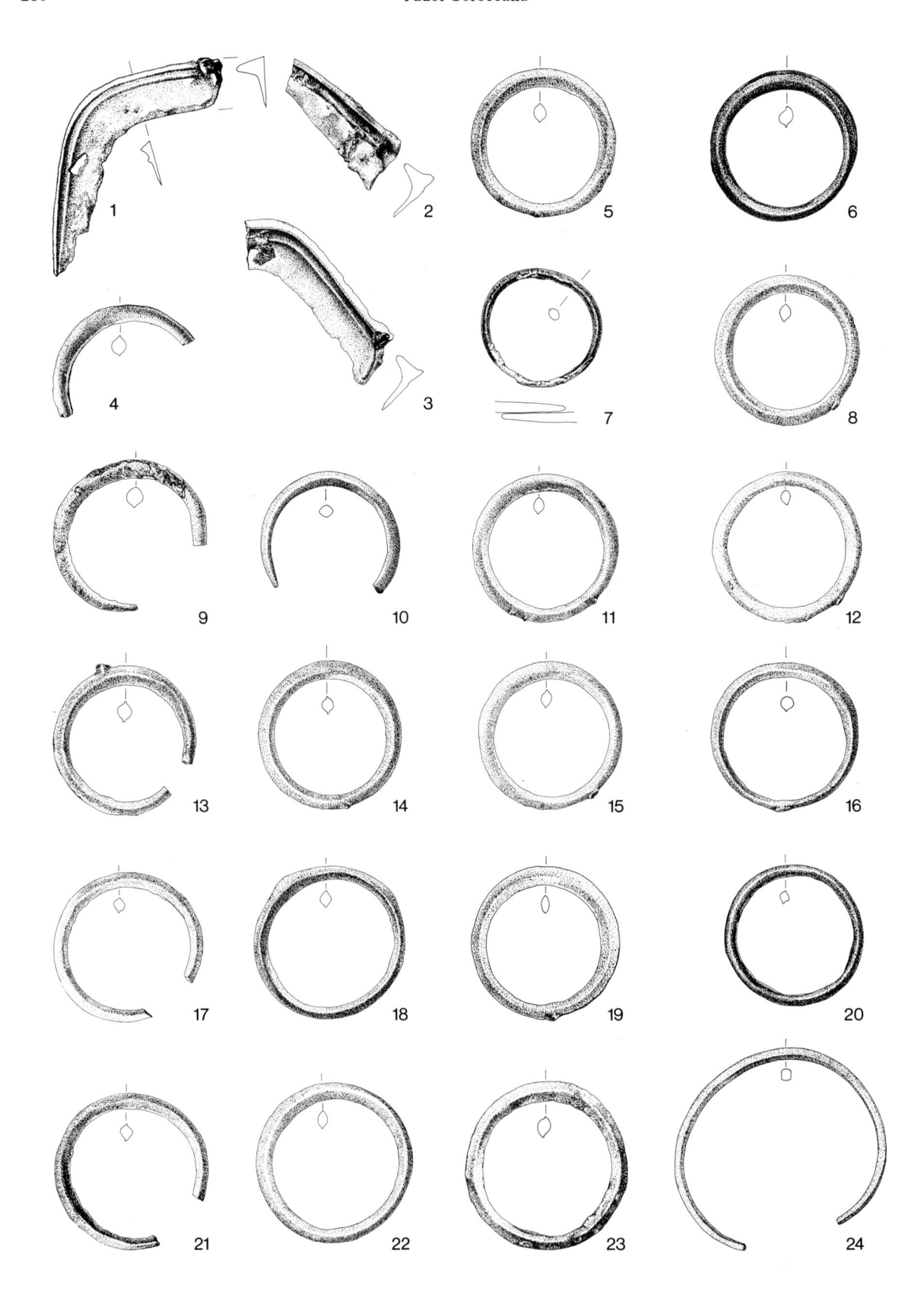

Abb. 3. 1-24 Depotfund von Gîrbău. M. 1:3

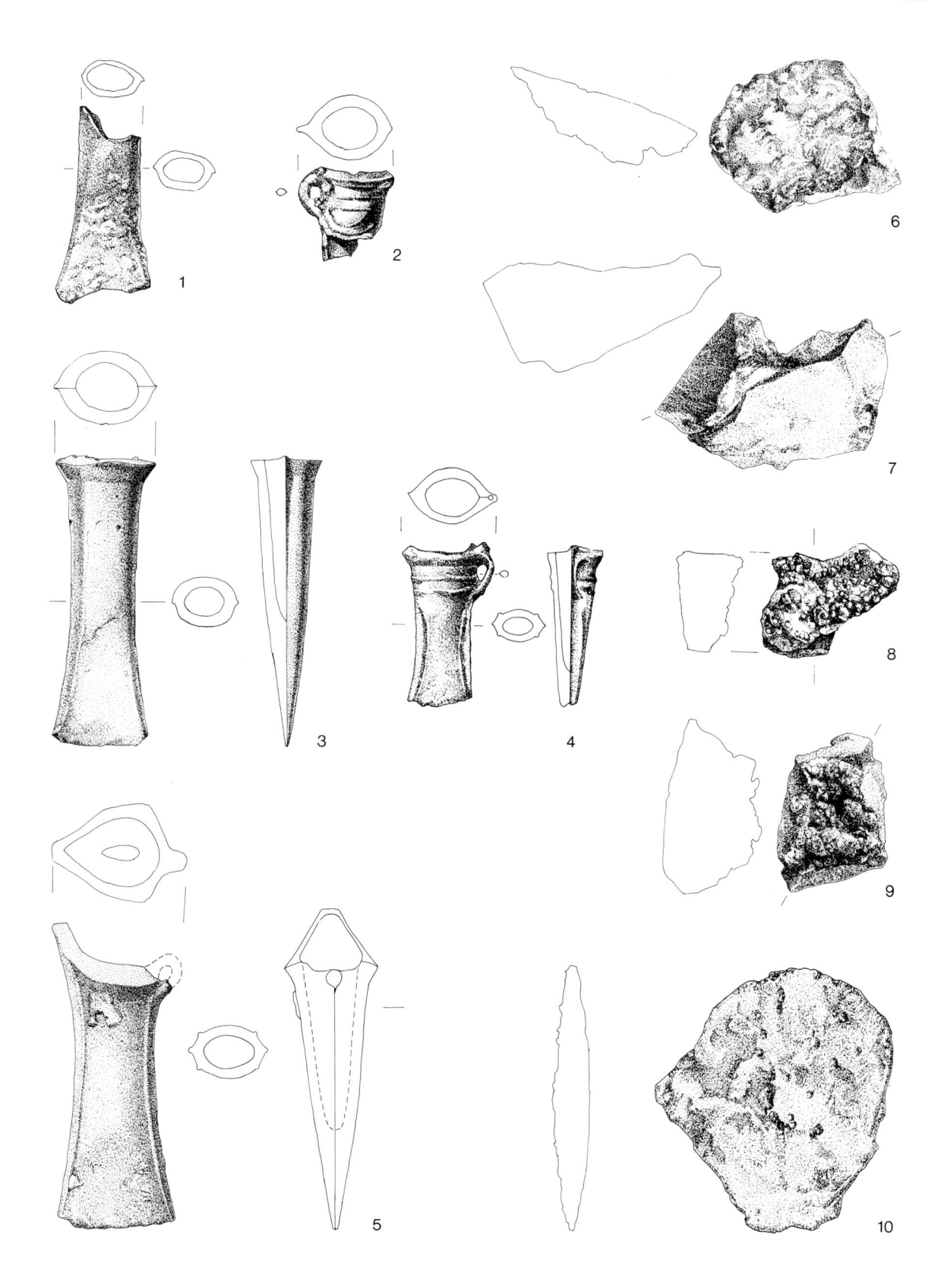

Abb. 4. 1-10 Depotfund von Gîrbău. M. 1:2,5

Der dritte hallstattzeitliche Depotfund von Vințu de Jos, Kr. Alba, Siebenbürgen[1]

Ioan Al. **Aldea** und **Horia Ciugudean**, Alba Iulia

Beim Tiefpflügen eines Brachlandes, das mit Obstbäumen bepflanzt werden sollte, wurde im März 1984 auf der sog. "Groape"-Flurwiese ein interessanter Depotfund - aus hallstattzeitlichen Bronze- und Eisengegenständen bestehend - entdeckt.

Die Fundstelle liegt auf dem nordöstlichen Abhang eines Hügels, der sich in unmittelbarer Nähe der Straße Vințu de Jos - Sebeș befindet, 4 km von Vințu de Jos und ca. 5 km nordöstlich von der Fundstelle eines anderen, 1962 entdeckten hallstattzeitlichen Depotfundes[2] entfernt. Die an Ort und Stelle gemachten Beobachtungen lassen eine Vergrabungstiefe bis 0,70 m vermuten, was aber schwer genau feststellbar war, da durch das Pflügen die Gegenstände auf einer Fläche von rund 100 m^2 zerstreut worden waren. Sie wurden von den Arbeitern sichergestellt und dem Museum von Alba Iulia übergeben.

Der Depotfund besteht aus 23 bronzenen und eisernen Gegenständen: neun Fibeln, fünf bruchstückhafte Armringe, eine Phalere, ein Lockenring, eine Trense, eine Lanzenspitze oder ein Dolch, zwei bruchstückhafte Ringe, wozu drei Stücke unsicherer Bestimmung hinzugefügt werden müssen.

Nach der Beschreibung der Gegenstände (Gewichtsangaben liegen leider nicht vor) werden einige Betrachtungen über die typologische und chronologische Zuweisung sowie über das kulturgeschichtliche Milieu gemacht.

Beschreibung der Funde

1. Brillenfibel (Inv. Nr. P.6601; Abb. 1,4), aus einem einzigen Bronzedraht mit rundem Querschnitt hergestellt. Die Spiralscheiben sind ungleich groß: die eine zeigt vier dicht eingerollte Windungen, die als, heute abgebrochene, Nadel endeten; die andere besteht aus einem unregelmäßig und mit Überlagerungen gewundenen Draht, wobei das umgeschlagene Ende den Fibelfuß bildet.
L. 12; Dm. der Spiralscheiben 3,5; 7.

2. Brillenfibel (Inv. Nr. P.6350; Abb. 1,11), aus einem bronzenen Draht mit rundem Querschnitt und mit sich verjüngenden Enden hergestellt. Zwischen den beiden Spiralscheiben - wobei in der Mitte der einen ein abgeflachter konischer Tutulus erhalten ist - befindet sich eine Spirale in Form einer Acht, die aus einem Draht mit rhombischem Querschnitt gearbeitet wurde.
L. 18,8; Dm. der Spiralscheiben 8,5; L. der Nadel 13,5.

3. Brillenfibel (Inv. Nr. P.6349; Abb. 1,9), typologisch der vorangehenden ähnlich, nur die zwei konischen Tutuli in der Mitte der Spiralscheiben fehlen.
L. 19,3; Dm. der Spiralscheiben 8,4; 8,7.

4. Brillenfibel (Inv. Nr. P.6353; Abb. 1,10), aus mehreren Teilen. Sowohl die beiden Scheiben als auch die sie verbindende achtförmige Spirale wurden aus einem einzigen Bronzedraht, der im Querschnitt rund bzw. rhombisch ist, gefertigt. Die Nadel und der Nadelhalter, beide abgebrochen, wurden aus Eisen hergestellt, wobei dicke Rostspuren an den beiden konischen Tutuli, die sich in der Mitte der Spiralscheiben befinden, festzustellen sind.
L. 18,9; Dm. der Scheiben 8,5; 8,7.

5. Brillenfibel (Inv. Nr. P.6351; Abb. 1,8), typologisch dem vorangehenden Exemplar ähnlich. Die Nadel und

---

[1] Gekürzte Fassung erschien in rumänischer Sprache 1987; vgl. I. Al. Aldea/H. Ciugudean, Depozitul hallstattian Vințu de Jos III. Apulum 24, 1987, 79-89; dies. 1988, 71-82. Die Übersetzung ins Deutsche der erweiterten rumänischen Variante übernahm T. Soroceanu.

[2] Popa/Berciu 1965, 51-70. Auf der Gemarkung der Gemeinde Vințu de Jos wurde vor Jahren ein Depotfund entdeckt, der bronzene Armringe mit offenen Enden und flach-konvexem Querschnitt beinhaltete; ursprünglich gehörte dieser Depotfund in die ehemalige Slg. Kovács und wurde dadurch in die Slg. des Museums Tg. Mureș übernommen; vgl. Rusu 1967, 85 ff., bes. Anm. 14 (freundlicher Hinweis T. Soroceanu). Zur Ha C-Zuweisung vgl. Rusu 1963, 199, 210.

der Nadelhalter, beide aus Eisen, sind abgebrochen. Die beiden Tutuli zeigen eine Diskusform mit mittelständigem Dorn.
L. 16,5; Dm. der Scheiben 7,3; 7,4.

6. Brillenfibel (Inv. Nr. P.6352; Abb. 1,6). Sie gehört demselben Typ an wie Nr. 4-5. Die eiserne Nadel ist teilweise erhalten und hat einen runden Querschnitt, wobei das übriggebliebene Ende abgeflacht und mit einer ebenfalls eisernen Niete befestigt wurde. Höchstwahrscheinlich wurde die achtförmige Mittelspirale im Laufe der Herstellung beschädigt, was das grobe Zusammenlöten des bronzenen Drahtes erklären würde. Die beiden Tutuli sind diskusförmig und haben mittelständige Dornen.
L. 17; Dm. der Scheiben 7,3; 7,5.

7. Brillenfibel (Inv. Nr. P.6354; Abb. 1,12), den Exemplaren Nr. 4-6 gleichartig. Die heute abgebrochene Nadel war aus einem eisernen Stift mit rechteckigem Querschnitt gearbeitet, während das Befestigungsende ringförmig gestaltet war. Das Exemplar hatte keine Tutuli.
L. 18,8; Dm. der Scheiben 8,2; 8,3.

8. Brillenfibel (Inv. Nr. P.6355/1-2; Abb. 1,2-3.5), heute in zwei Teile zerbrochen, die Spiralscheiben sind außerdem entrollt. Ursprünglich bestand die Fibel aus mehreren Teilen, von denen Reste der eisernen Nadel und ein konischer Tutulus in der Mitte der einen Spiralscheibe erhalten sind.

9. Spiralscheibe (Inv. Nr. P.6347; Abb. 1,1), aus einem Bronzedraht mit rundem Querschnitt hergestellt; in der Mitte befindet sich ein massiver Niet. Die Spiralscheibe könnte eventuell einer Fibel von unbestimmbarem Typ angehören.
Dm. 6,7.

10. Fibel (Inv. Nr. P. 6344; Abb. 2,13). Der fünfknotige Bügel wurde aus Bronze, wahrscheinlich mit einem Eisenkern, hergestellt. Der Nadelhalter ist trapezförmig, wobei das freie Ende eingerollt ist. Die Nadel war vielleicht ebenfalls aus Eisen gearbeitet, ist nun aber abgebrochen.
L. 8,3; größter Dm. des Knotens 1,3.

11. Brillenförmiger Anhänger (?) (Inv. Nr. P.6348/1-2; Abb. 1,7), aus einem einzigen Bronzedraht mit rundem Querschnitt hergestellt. Durch einfaches, wiederholtes Aufwickeln entstand zwischen den beiden Spiralscheiben ein Spiralröhrchen. Dieses hat einen rhombischen Querschnitt und wurde nach der Entdeckung abgebrochen.
L. 16,4; Dm. der Scheiben 6,2; 6,3.

12. Phalere (Inv. Nr. P.6335; Abb. 2,15), aus einem runden Bronzeblechstück gearbeitet. Der leichten Wölbung in der Mitte der Vorderseite entspricht auf der Rückseite eine Höhlung mit konzentrischen, eingeritzten Kreisen in einem Abstand von 0,8-0,9 cm. Die Öse in der Mitte der Höhlung diente zur Befestigung dieses Zierstückes.
Dm. 20.

13. Schälchenförmiger Gegenstand (Inv. Nr. P.6346; Abb.2,14), aus Bronze hergestellt und mit einem eisernen Kern versehen, mit dem ein anderer, heute abgebrochener Teil des Schälchens verbunden war. Das Stück zeigt eine profilierte Bordüre sowie eine ringartige Rippe im Innenraum. Die gewölbte Mitte ist außen mit radial gestellten Einritzungen verziert.
Dm. 8,7; B. der Bordüre 0,8; Dm. der ringartigen Rippe 4,2.

14. Bronzearmring (Inv. Nr. P.6339; Abb. 2,9-10), mit übereinander gelegten Enden. Vielleicht beim Pflügen oder bei der Fundbergung wurde der im Querschnitt D-förmige Bronzereif in drei Teile zerbrochen.
Dm. 10; D. Bronzereif 0,8.

15. Bronzearmring (Inv. Nr. P.6340: Abb. 2,4), bruchstückhaft erhalten, der Querschnitt des Bronzeringes ist D-förmig.
Dm. ca. 10; D. der Stange 0,7.

16. Bronzearmring (Inv. Nr. P.6341; Abb. 2,3), wie Nr. 15.
Dm. 9,3; D. Bronzereif 0,8.

17. Bronzearmring (Inv. Nr. P.6342; Abb. 2,5), wie Nr. 15.
D. Armreif 0,9-1.

18. Bruchstückhafter Armring (?) aus Bronze (Inv. Nr. P.6343/1-2; Abb. 2,6-7), bei der Bergung in zwei Teile zerbrochen.
Dm. 3,8; D. Bronzereif 0,9.

19. Lockenring (Inv. Nr. P.6345; Abb. 2,8), aus rundem Bronzedraht hergestellt; der doppelte Draht wurde eineinhalbmal gewunden. Das umgebogene Ende wurde zu einer Acht umgeformt. Der Draht hat einen rhombischen Querschnitt.
Dm. 3,6; B. 2,6; D. Draht 0,2.

20. Spitze einer Lanze oder eines Dolches (Inv. Nr. P.6336; Abb. 2,11). Das eiserne Bruchstück zeigt eine trianguläre Form mit mittelständiger Rippe und hat einen rhombischen, sehr verflachten Querschnitt.

L. 7; B. 3,2.

21. Eisentrense (Inv. Nr. P.6356; Abb. 2,12). Das Stück wurde aus zwei Doppelstangen hergestellt, deren Mitte gedreht ist, wobei je zwei Ösen entstanden.
L. 8,5; Dm. der Öse 0,8.

22. Ring (Inv. Nr. P.6337; Abb. 2,1), bruchstückhaft erhalten, aus einer im Querschnitt runden Stange hergestellt.
Dm. 9,5; D. Stange 0,9.

23. Ring (Inv. Nr. P.6338; Abb. 2,2), bruchstückhaft erhalten. Die eiserne Stange zeigt einen flach-konvexen Querschnitt.
Dm. 10; D. Stange 0,9.

Es fällt auf, daß die Fibeln fast die Hälfte der Gesamtzahl der Fundstücke des dritten Depotfundes von Vinţu de Jos ausmachen. Mit einer einzigen Ausnahme gehören alle Fibeln zu den Brillenfibeln, wobei innerhalb der Brillenfibeln drei Typen unterschieden werden können[3].

a) Typ Santa Lucia. Ein einziges Exemplar, die Nr. 1, ist diesem Typ zuzuschreiben. Auf dem Gebiet Rumäniens wurden die Brillenfibeln vom Typ Santa Lucia lange Zeit verwendet, wobei die frühesten, Ha A 1-zeitlichen Exemplare größere Dimensionen haben als die Ha D-zeitlichen, die in skythischen Gräbern gefunden wurden (Bader 1983, Taf. 11,86-90,92-93; 12,94-96; 13,107-108). Unser Fundstück von Vinţu de Jos III weicht von den klassischen Exemplaren mit zwei symmetrischen Spiralscheiben ab, so daß das nächste Vergleichsstück eine der Fibeln von Suseni bildet (Bader 1983, Taf. 12,95), zumal die nachlässige Herstellungsart beider Exemplare einen Vergleich unterstützt.

b) Der Typ Halsau-Regelsbrünn ist durch zwei Brillenfibeln (Nr. 2-3) vertreten, deren Spiralscheiben durch eine achtförmige Spirale verbunden sind; die Nadel, der Nadelhalter und der übrige Körper wurden aus demselben Bronzedraht hergestellt. Im karpatisch-danubischen Raum tauchen ähnliche Exemplare in den Depotfunden von Fizeşul Gherlei (Ha B 3), Alba Iulia-Partoş und Vaidei (Ha C) oder Iernut sowie im Gräberfeld von Gogoşu (Ha D; Bader 1983, 60-67 Taf. 13,102-102 A; 14,101-106; 15,107-108) auf.

c) Die im westlichen Verbreitungsgebiet als Typ Schrotzhofen bekannten mehrteiligen Brillenfibeln sind im Depotfund von Vinţu de Jos III am häufigsten vertreten (fünf Exemplare, Nr. 4-8). Nur die Spiralscheiben und die achtförmige Verbindung sind in diesem Falle aus einem einzigen Bronzedraht, wie beim Typ Halsau-Regelsbrünn, gefertigt worden; dagegen sind die eisernen Nadeln und Nadelhalter getrennt gearbeitet und erst durch zwei Dorntutuli in der Mitte der Spiralscheiben befestigt worden. Identische Fibeln stammen aus den Depotfunden von Vinţu de Jos II, Blandiana, Alba Iulia-Partoş, Bîlvăneşti (Ha C) sowie aus dem Hügelgräberfeld von Balta Verde (Bader 1983, 68-70 Taf. 16-22), das mindestens teilweise in dieselbe Periode datiert werden kann.

Obwohl Brillenfibeln auch im Norden Europas bis weit zur baltischen Küste hin entdeckt wurden, bilden sie jedoch eine vorwiegend in Mittel- und Südosteuropa beheimatete Fundgattung (Bader 1983, Taf. 44-45). Besonders im Falle des Santa Lucia-Typs, der während der ganzen Hallstattzeit verwendet wurde, ist die leider nur relative Chronologie der Brillenfibeln hervorzuheben. Lediglich für den Typ C, bei dem Nadel und Nadelhalter einzeln aus Eisen gefertigt sind, kann eine besser einzugrenzende Verwendungszeit (Ha C-D 1) angegeben werden. Da er auch der vorherrschende Fibeltyp in unserem Depotfund ist, bietet er sich als Beweis für eine Ha C-zeitliche Datierung des Depots an.

Außer den Brillenfibeln enthält der Depotfund von Vinţu de Jos auch eine zweischleifige Knotenfibel, ein leicht beschädigtes Exemplar, bei dem die Nadel fehlt (Nr. 10). Zieht man das typologische Schema von S. Gabrovec in Betracht (Gabrovec 1970, 27-29, Karte 8), so läßt sich das Stück mit trapezförmiger Fußplatte in den Typ 5 a einreihen. Auf dem Gebiet des heutigen Rumäniens kamen nur Bruchstücke solcher Fibeln zum Vorschein, somit ist keine präzisere typologische Zuweisung möglich. Zwei Fibeln stammen aus Ha C-zeitlichen Depotfunden (Bîlvăneşti und Alba Iulia-Partoş), während die anderen wohl Streufunde sind (Bader 1983, 91-92 Taf. 31,241-250). In diesen beiden Depotfunden ist die Fundzusammenstellung der des Hortes von Vinţu de

---

[3]Die typologischen Zuweisungskriterien sind die von T. Bader 1983.

Jos ähnlich: Brillenfibel, bei der Nadel und Nadelhalter einzeln aus Eisen gearbeitet sind, und Knotenfibeln. Als Verbreitungsgebiet der zweischleifigen Knotenfibeln sind Bosnien, Slowenien, Westbulgarien sowie Rumänien bekannt (Gabrovec 1970, Karte 8).

Die bruchstückhaften Armringe aus dem Depotfund von Vinţu de Jos III (Nr. 14-18) gehören zum Typ mit offenen Enden, dessen Reif im Querschnitt flach-konvex ist. Die gerade abgeschnittenen Enden waren vielleicht nahe zueinander- und einmal wohl übereinandergelegt. Da der Typ während der ganzen Hallstattzeit vorkommt, kann die Datierung aufgrund der Beifunde präzisiert werden. Es scheint dennoch angebracht, auf die häufige Vergesellschaftung dieses Armringtyps mit anderen Schmuckformen (Brillenfibeln, Knotenfibeln) hinzuweisen, wobei gute Beispiele in den Depotfunden von Bîlvăneşti, Alba Iulia-Partoş, Vinţu de Jos II (Petrescu-Dîmboviţa 1977, 364-371 Taf. 381,8-10; 382,1-5; 391,2-10; 397) oder im Gräberfeld von Balta Verde (Berciu/Comşa 1956, Taf. 66,2; 87,1-2; 89,6; 91,1-2; 94,3-4; 105,1-4) zu finden sind.

Die bronzene Phalere (Nr. 12) gehört dem einfachsten Typ an, zumal sie groß, unverziert und mit einer inneren Öse versehen ist. Seit der Spätbronzezeit werden die Phaleren in ganz Europa verbreitet, sie sind allerdings - was die Zweckbestimmung betrifft - bis heute ein umstrittenes Thema (v. Merhart 1956, 28 f.; v. Brunn 1960, 84-85 Abb. 13). In Rumänien tauchen sie bereits in BD-zeitlichen Depotfunden, öfter aber in den Ha A-B-zeitlichen (Petrescu-Dîmboviţa 1977, Taf. 22,13-18; 30,10-12; 31,1-9; 160,14-16; 211,7 usw.) auf. Auch spätere Fundstücke (Ha D), vorwiegend in den Grabinventaren der skythischen siebenbürgischen Gruppe, sind bekannt (Vasiliev 1980 93-94; Parducz 1965, 105-113).

Ein Fundstück, das bisweilen als typologisches Unikum im Rahmen der rumänischen Depotfunde angesehen wird, ist der doppelte Ring mit achtförmiger Spirale an einem Ende (Nr. 19). Identische Ringe kamen in zwei hallstattzeitlichen Siedlungen (Teleac[4] und Siniţa; Gumă 1983, 71, Nr. 23 und Anm. 35-36) zum Vorschein, aber auch in einem hallstattzeitlichen Skelettgrab von Deva, wo derartige Stücke im Bereich des Schädels entdeckt wurden (Freundliche Mitt. I. Andriţoiu, Deva). Ebenfalls zu einem Grabinventar gehört das Exemplar von Basarabi (Dumitrescu 1968, 216 Abb. 23,6), das sich von den anderen Vergleichsstücken durch die größere Zahl der Spiralen sowie deren präzise Ausführung unterscheidet. Ursprung dieser Art Ringe bilden die ähnlich gearbeiteten bronzezeitlichen Goldspiralen (Hänsel 1968, 107-108), die entweder als Streufunde oder als Bestandteile der Depotfunde in beträchtlicher Anzahl in Ungarn und Jugoslawien zu finden sind (ders., ebd. 216 Liste 109, mit Literatur, Taf. 14,14-21). Dieser frühen Serie könnte wahrscheinlich auch die Goldspirale aus Carani, in der Nähe von Timişoara, zugewiesen werden (Dörner 1960, 475 Abb. 5). Während der Hallstattzeit sind die Ringe vorwiegend aus Bronze hergestellt worden, wobei die Windungen weniger zahlreich und in größeren Abständen erscheinen; die Zahl der achtförmigen Spiralen bleibt weiter variabel. In die Unterphasen Ha B 2-3 können die Fundstücke aus den Nekropolen von Bologna-San Vitale = Benacci I (Müller-Karpe 1959, Taf. 61-O,2; 62-A,5; E,3; G; O,2; S,1; 64-A,4; C,6; E,10; 69-K,2) und Mokronog (Gabrovec 1973, 378 Taf. 5,21-25) datiert werden. Was die Zeitstellung der im rumänischen Verbreitungsgebiet gefundenen Exemplare angeht, so sind diese für gewöhnlich mit Basarabi-Keramik vergesellschaftet, und damit darf ihre Ha C-Ansetzung als gesichert gelten. Zur Zweckbestimmung dieser Schmuckgattung hat man viel Unklares geäußert, was zur Entstehung vieler Benennungen führte. Mit Bezug auf die frühen Goldstücke schließt sie B. Hänsel aus der Gattung der Arm- oder Fingerringe aus und stellt eine Beziehung zu den frühbronzezeitlichen Noppenringen fest (Hänsel 1968, 107). Wenn wir die Fundlage links und rechts des Schädels im Skelettgrab von Deva in Betracht ziehen, dann ist die Verwendung als Haarschmuck am wahrscheinlichsten und identisch mit derjenigen der Noppenringe.

Ein anderes bronzenes Schmuckstück, das den Typenschatz des Depotfundes von Vinţu de Jos III bereichert, ist der brillenförmige Anhänger (Nr. 11), dessen zwei Spiralscheiben mittels eines Spiralröhrchens miteinander verbunden wurden. Obwohl unterschiedlicher Dimension und vielleicht auch Zweckbestimmung, kommen ähnliche Stücke sowohl im Depotfund "Crişana II" (Ha A 1; Petrescu-Dîmboviţa 1978, 156 Taf. 272-D,11) als auch auf dem Gebiet Jugoslawiens bei Mokronog (Ha B 2-3; Gabrovec 1973, 383 Taf. 10,3), Trcele und Capici

---

[4]Es handelt sich um in der Slg. des Museums Alba Iulia aufbewahrte Fundstücke, die aus den Ausgrabungen von V. Vasiliev, I. Al. Aldea und H. Ciugudean stammen.

(Ha B 3-C; Čović 1970, 93-94 Abb. 7-8; ders. 1975, Taf. V,3) vor.

Unter den eisernen Gegenständen, die gegenüber den bronzenen weniger zahlreich sind, kann als wichtigster Fund die zweiteilige Trense (Nr. 21) genannt werden. Auf dem Gebiet Rumäniens kommen identische Stücke nur in der Nekropole von Ferigile vor (Vulpe 1967, Taf. 21,3; 22, 1a,3). Auch unter den Produkten der Statzendorf-Gemeinlebarn-Gruppe im Nordwesten Österreichs (Ha C; Pittioni 1954, 575 Abb. 404), bei Wiesenacker in Bayern (Ha C-D; Åberg 1936, Taf. 20,2.3) oder in der Nekropole von Bologna-San Vitale (Ha B 3; H. Müller-Karpe 1959, Taf. 65-D,5-6) sind gleichartige Exemplare bekannt. Die bruchstückhafte eiserne Spitze (Nr. 20), mit dem Querschnitt in Form eines verflachten Rhombus, könnte sowohl einer Lanzenspitze als auch einem Dolch zugeschrieben werden. Die eisernen weidenblattförmigen Tüllenlanzenspitzen - mit oder ohne Längsrippe - sind ab Ha C häufig im illyrischen und thrakischen Milieu vertreten und sogar von den skythischen Völkerschaften während der Ha D-Zeit benutzt worden. Solche Stücke sind aus den Gräberfeldern von Basarabi (Dumitrescu 1968, 204-207 Abb. 15,3.6.10-11) Balta Verde, Gogoşu (Berciu/Comşa 1956, 394-395 Abb. 120,1; 124,4), Ferigile (Vulpe 1967, 64 Taf. 203-4,10) oder aus den Gräbern der skythischen siebenbürgischen Gruppe (Vasiliev 1980, 91-92 Taf. 9,20.22) bekannt.

Die Eisendolche kommen in der Zeit vor dem 6. Jh. bzw. vor der Verbreitung der Akinakes-Dolche beiderseits der Karpaten selten vor. Uns sind nur die Entdeckungen von Deva (Andriţoiu 1983, 46 Abb. 3,6), Mirăslău (Herepei 1897, 66-67 Abb. 7; Boroffka 1987) und Teleac (Ciugudean 1980, 61-65) bekannt; bei dem letzteren sind die Breite und der Querschnitt der Klinge dem Fragment von Vinţu de Jos III ähnlich. Da aber die häufige Vergesellschaftung der eisernen Lanzenspitzen mit Brillen- und Knotenfibeln in Gräberfeldern wie Balta Verde und Gogoşu, wo die Eisendolche einem ganz anderen Typ angehören (Berciu/Comşa 1956, 394-399), in Betracht gezogen werden muß, neigen wir dazu, die fragmentarische Eisenspitze aus unserem Depotfund einer Lanzenspitze zuzuschreiben.

Die beiden bruchstückhaften Eisenringe (Nr. 22-23) sind höchstwahrscheinlich Fußringe, wie die aus dem Gräberfeld von Balta Verde (Berciu/Comşa 1956, 343 Abb. 70,1-2; 358 Abb. 88,2-5).

Zwei Fundstücke von Vinţu de Jos III verursachen wegen ihres fragmentarischen Erhaltungszustandes bei der Zweckbestimmung Schwierigkeiten. Es handelt sich um die mit einem massiven Niet in der Mitte versehene Spiralscheibe aus Bronzedraht (Nr. 9) und um die radial verzierte Scheibe mit vielen Eisenspuren um die zentrale Durchbrechung herum (Nr. 13). Sie können beide Bestandteile desselben Gegenstandes sein, oder zu zwei verschiedenen Stücken (Fibel oder Anhänger ?) gehören.

Wenn wir die Brillenfibeln mit eiserner Nadel und Nadelhalter, die Knotenfibel sowie den Ring mit S-förmigem Ende, also die Fundstücke mit großem chronologischem Wert in Betracht ziehen, liegt eine Ha C-Datierung des Depotfundes von Vinţu de Jos III der Wahrheit sehr nahe. Durch die meisten seiner Inventarstücke läßt sich der bisher zuletzt entdeckte Depotfund in Vinţu de Jos in die Bîlvăneşti-Vinţu-Serie des 7. Jhs. einreihen (Rusu 1963, 199-203; Petrescu-Dîmboviţa 1977, 33-36).

Die Entdeckung des dritten Depotfundes von Vinţu de Jos verdichtet das Netz der Ha C-zeitlichen Depotfunde an der mittleren Mureş (Vinţu de Jos I-III, Alba Iulia-Partoş, Blandiana, Vaidei; vgl. Petrescu-Dîmboviţa 1977, 384, Karte 10). Die Feststellung einer Korrelation dieser Depotfundgruppe zum dortigen kulturgeschichtlichen Milieu ist selbstverständlich notwendig, sie zeigt aber beim heutigen Forschungsstand einen ziemlich verwickelten Charakter. Wohl sind am Mittellauf der Mureş zwei gut ausgeprägte Ha C-zeitliche Kulturgruppen zu unterscheiden; die eine ist durch Basarabi-Funde (Ciugudean 1976, 11 Abb. 2; Vulpe 1986, Abb. 19) vertreten, die andere geht auf die Lokaltradition des hallstattzeitlichen Horizontes mit kannelierter Keramik zurück, einem Kulturphänomen, das in der befestigten Siedlung von Teleac[5] reichlich belegt ist. Der jüngst ausgeführte Versuch, den Beginn der Ciumbrud-Gruppe gleichfalls im 7. Jh. anzusetzen (Vulpe 1984, 36-63), kann einer kritischen Überprüfung nicht widerstehen, da die gesicherte Datierung der skythischen Gräberfelder aus Siebenbürgen ab dem 6. Jh. (Vasiliev 1980, 125-133) durch die archäologischen Befunde in dieser Gegend gegeben ist. Einige Gefäße oder Tonbruchstücke, die aus der letzten, ins 7. Jh. ansetzbaren Siedlungsschicht

---

[5]Berciu/Popa 1965, 71-91; Mitrofan 1967, 431-438; Ciugudean 1979, 79-85 Abb. 13-14; ders. 1980, 61-65; Vasiliev u.a. 1983, 155-158; Vasiliev/Aldea 1984, 49-61.

von Teleac stammen[6], lassen mindestens an eine teilweise Gleichzeitigkeit des innerkarpatischen Horizonts mit kannelierter Keramik und der längs dem Mureş-Tal bis in die siebenbürgische Hochebene eingedrungenen Basarabi-Stämme denken. Wie bereits behauptet (Rusu 1963, 201), soll mit diesem Penetrationsprozeß auch die Entstehung der Depotfundgruppe am Mittellauf der Mureş in Verbindung gebracht werden, umsomehr, da die Mehrheit der Bronze- und Eisengegenstände weitgehend in die Kategorien gehören, die für die thrakisch-illyrische Welt an der mittleren Donau (dem Ursprungsgebiet der Basarabi-Kultur; Gumă 1983, 91-93) charakteristisch waren. In dieser Hinsicht halten wir die von M. Rusu hervorgehobene Unterscheidung zwischen den Depotfunden am Mittellauf der Mureş und an der kleinwalachischen Donau einerseits und denjenigen aus dem Someş-Tal andererseits für gerechtfertigt (Rusu 1963, 203).

Es kann ebenfalls beobachtet werden, daß einige sehr häufig in den Depotfunden der vorangehenden Zeitstufe vertretenen Gegenstandsformen - wie z.B. die bronzenen Tüllenbeile und die Sicheln - im Rahmen der Bîlvăneşti-Vinţu-Stufe fehlen. Die Ausbreitung der Eisenmetallurgie kann dieses Phänomen nur teilweise erklären, das den Ha C-zeitlichen Depotfunden eine irgendwie "ungewöhnliche" Färbung verleiht.

Anhang

Kürzlich entdeckte Kupfer- und Bronzegegenstände in der Umgebung von Alba Iulia

In einem ziemlich engen Umkreis der Stadt Alba Iulia wurden in den letzten Jahren mehrere kupferne und bronzene prähistorische Gegenstände entdeckt. Mit einer einzigen Ausnahme, die sich in einer Schulsammlung befindet, werden alle anderen Funde im Museum Alba Iulia aufbewahrt. Vom chronologischen Standpunkt aus sind diese Zufallsfunde von der Kupferzeit bis in die Späthallstattzeit zu datieren.

Beschreibung der Funde

1. Kupferaxt (Inv. Nr. P.5628; Abb. 3,1), bruchstückhaft erhalten. Die "Sub vii" ("Unter den Weinbergen") genannte Fundstelle liegt in der Nähe einer von uns 1972 untersuchten Wietenberg-Siedlung (Aldea 1975, 25-33), auf der Gemarkung des Dorfes Ghirbom, Gem. Berghin. Da aber das Fundstück nicht in die mittlere Bronzezeit datiert werden kann, und darüber hinaus die Fundstelle nur 300-400 m weit von einer von uns untersuchten kupferzeitlichen Petreşti-Siedlung liegt, in der einige Kupfergegenstände - darunter die vertikale Schneide einer Hammeraxt - ans Tageslicht kamen, kann man annehmen, daß die Kupferaxt wohl der letzten Schicht dieser Petreşti-Siedlung entstammt.
Leider läßt der fragmentarische Erhaltungszustand keine sichere typologische Bestimmung zu. Gleichfalls ist schwer feststellbar, ob das Bruchstück von einer Hammeraxt oder von einer kreuzschneidigen Axt herrührt. Grünliche Patina (Aldea 1979, 25-29 Abb. 1,1; Vulpe 1975, 53 Taf. 31,244 A).
L. 5,5; B. der Schneide 3,5.
2. Kupferaxt mit Schaftloch (Inv. Nr. P.6598; Abb. 3,3), die in Sîntimbru in einer Kiesgrube am Mureş-Bett gefunden wurde. Sie hat einen ziemlich wuchtigen Körper und einen abgerundeten und facettierten Nacken, wodurch eine Zuweisung zum Typ Dumbrăvioara gesichert ist; in diesem Zusammenhang kann das sehr ähnliche Exemplar von Sf. Gheorghe-Örkö erwähnt werden, das in einer Schicht der dortigen Endphase der Glina III-Schneckenberg-Kultur auftauchte (Székely 1957, 157 Abb. 9,11; Vulpe 1970 a, 31, Nr. 52; 32 u. Taf. 4,52).
Sehr guter Erhaltungszustand. Braun-grünliche Patina.
L. 14,3; B. der Schneide 5,2; Dm. des Schaftloches 2,6.
3. Bronzeaxt mit Schaftloch und verlängertem Nacken (Abb. 3,2), die von einem Schüler im Bett des Ighiel-Baches im Dorfe Ighiel, Gem. Ighiu, gefunden wurde. Heute wird das Stück in der Schulsammlung Ighiu aufbewahrt. Der Form sowie den guten mittelbronzezeitlichen Analogien von Ţapu[7], Slimnic und Craiova (Vulpe 1970 a, 51-52, Nr. 219) nach, kann die Axt von Ighiel dem Typ Balşa zugeschrieben werden. Es ist gar nicht ausgeschlossen, daß das vorliegende Stück mit dem 1938 entdeckten Depotfund in Verbindung gebracht werden kann, der aufgrund seines Inventars (verzierte Nackenscheibenäxte, Armschutzspiralen) in dieselbe Zeit

---

[6]Ciugudean 1980, 65; Vasiliev u.a. 1983, 157, 158; Vasiliev/Aldea 1984, 53-54.
[7]Popescu 1944, Taf. 15,3; Vulpe 1970 a, 51, Nr. 213, Taf. 14,213.

datiert wurde[8]. Die Nackenverlängerung wurde leicht abgeflacht, übrigens gut erhalten. Braun-grünliche Patina.
L. 12,7; B. der Schneide 4,3; Dm. des Schaftloches 2,4.

4. Bronzetüllenbeil (Inv. Nr. P.6357; Abb. 3,7), vom siebenbürgischen Typ, auf der "Hamboc-Ciorcobară" genannten Dorfflur bei Ghirbom, Gem. Berghin, entdeckt. Das Stück hat einen wuchtigen Körper, einen geraden Mund und eine gerade Schneide. Der Randwulst ist verdickt und leicht ausladend, aus ihm bildet sich die Öse, die zur Festigung des Schaftes diente. Zwei Rippen laufen von der Mitte der Schmalseiten bis zum Randwulst. Gute Vergleichsstücke sind unter den Funden von Doștat (Petrescu-Dîmbovița 1977, 59 u. Taf. 46,24), Corund (ebd. 55-56 Taf. 36,3), Beltiug[9], Uroi, Simeria (Petrescu-Dîmbovița 1977, 72 Taf. 70,1) und Valea lui Mihai (Vulpe 1970 a, 58, Nr. 257; Petrescu-Dîmbovița 1977, 72 Taf. 72,1) zu finden, wodurch eine spätbronzezeitliche (BD = 13. Jh. v. Chr.) Datierung gesichert ist. Folglich kann unser später angesetztes Exemplar keinesfalls mit der Wietenberg II-III-Siedlung, die in Ghirbom während einiger Probegrabungen freigelegt wurde (Aldea u.a. 1979, 261), korreliert werden. Nur zukünftige Ausgrabungen in der erwähnten Siedlung könnten eventuell eine Fortsetzung der Wietenberg-Kultur bis in die Spätbronzezeit beweisen, was dann eine etwaige Zuweisung des Tüllenbeiles zu dieser Kultur erlauben würde. Stark oxydiert, grüne Patina.
L. 14,4; B. der Schneide 4,4; größter Dm. der Tülle 3,5; T. der Tülle 7,7.

5. Bronzetüllenbeil mit geschnäbeltem Mund (Inv. Nr. P.6322; Abb. 3,10). Fundort Bucerdea Vinoasă, Gem. Ighiu. Die leicht gekrümmte Schneide wurde an zwei Stellen durch je einen Schlag mit einem harten Gegenstand schartig gemacht. Dieser Beiltyp kommt bereits während der Spätbronzezeit vor, er ist aber bis in die Periode Ha B verwendet worden. Das Beil von Bucerdea findet seine Analogien in den entsprechenden Stücken von Uriu (Vulpe 1970 a, Taf. 77,35-36) (BD), Dipșa (Petrescu-Dîmbovița 1977, 92-93 Taf. 137,10), Galoșpetreu (ebd. 94-95 Taf. 144,13), Gușterița II (ebd. 95-97 Taf. 148,20), Petroșani II (ebd. 102-103 Taf. 178,4) (Ha A 1), Fînațe (ebd. 123 Taf. 290,11) (Ha A 2), Suatu (ebd. 135 Taf. 322,1-2) und Șpălnaca I (ebd. 135-137 Taf. 324,12; 325,1). Grüne Patina.
L. 11,6; B. der Schneide 5,3; Dm. der Tülle 3,9; T. der Tülle 5,8.

6. Bronzetüllenbeil (Inv. Nr. P.6226; Abb. 3,12), siebenbürgischen Typs, im Mureș-Bett, bei der Kiesgrube, die in der Nähe des Dorfes Pîclișa (Alba Iulia) in Betrieb ist, gefunden. Der wuchtige Körper endet an der Tülle mit einem verdickten Randwulst, aus dem die Öse entsteht. Der Mund ist gerade, während die breite Schneide eine leichte Krümmung zeigt. Die besten Entsprechungen können in den spätbronzezeitlichen Depotfunden von Lozna (Roska 1932 a, 356-358; ders. 1942, 195, Nr. 50, Abb. 236) und Uriu (Vulpe 1970 a, Taf. 77,33) sowie in den großen Ha A 1-zeitlichen Depotfunden von Gușterița II (Petrescu-Dîmbovița 1977, 95-97 Taf. 147,8-11,13-14; 148,2), Șpălnaca II (ebd. 108-112 Taf. 193,1.3-4.7) und Uioara de Sus (ebd. 114-117 Taf. 216,5.7) gesucht werden. Das Beil zeichnet sich durch einen sehr guten Erhaltungszustand aus. Keine Patina.
L. 14,8; B. der Schneide 4,7; Dm. der Tülle 3,3; T. der Tülle 7,4.

7. Bronzetüllenbeil (Inv. Nr. P.4552; Abb. 3,6), unter unbekannten Umständen im Dorf Blandiana, Gem. Vințu de Jos, entdeckt. Unter dem verdickten Randwulst befinden sich zwei leicht erhabene, waagerechte Rippen sowie - diesmal auf der Schmalseite - die Öse. Ähnliche Exemplare sind in den Ha B 1-zeitlichen Depotfunden von Bancu (Petrescu-Dîmbovița 1977, 126 Taf. 298,7), Noul Săsesc (ebd. 132 Taf. 313,13), Țelna (Roska 1942, 52, Nr. 5; Petrescu-Dîmbovița 1977, 133 Taf. 332,5) wie auch im Ha B 2-zeitlichen von Sîngeorgiu de Pădure (Roska 1942, 75, Nr. 23, Abb. 90,5) vertreten. Sehr schlecht erhalten. Grüne Patina.
L. 9; B. der Schneide 4,3; Dm. der Tülle 2,9; T. der Tülle 5,7.

8. Bronzetüllenbeil (Inv. Nr. P.6328; Abb. 3,8), neben der LPG-Tierzuchtfarm im Dorf Lancrăm entdeckt. Die Verzierung besteht aus geraden, gebogenen und halbkreisförmigen Rippen sowie aus erhabenen Punkten. Die Bahn ist leicht gekrümmt, wie auch die verbreiterte Schneide. Der gerade Mund ist mit einem Wulst versehen, aus dem eine Festigungsöse entsteht. Obwohl schon aus der Ha A 1-Zeit ähnliche Stücke (Șpălnaca II, Petrescu-Dîmbovița 1977, 108-112 Taf. 194,8; 195,1) gefunden wurden, liegen diejenigen aus der Ha B 1-Zeit von Cetea (ebd. 127-128 Taf. 303,3-5) und Șpălnaca I (ebd. 135-137 Taf. 326,6) am nächsten. Die Patina wurde vom Entdecker völlig entfernt; guter Erhaltungszustand.
L. 11,2; B. der Schneide 5,4; Dm. der Tülle 2,7; T. der Tülle 8,1.

9. Bronzetüllenbeil (Inv. Nr. P.6318; Abb. 3,9), unter unbekannten Fundumständen im Dorf Dumitra, Gem. Sîntimbru, ans Tageslicht gekommen. Der ziemlich schlanke Körper ist mit geraden, gebogenen und halbkreisförmigen Rippen verziert. Die Schneide ist ein wenig verbreitert. Aus dem verdickten Randwulst

---

[8]Berciu 1942, 24 f; Popescu 1944, 112; Vulpe 1970 a, 72, Nr. 315-316, Taf. 22,315-316.
[9]Vulpe 1970 a, 82 f., Nr. 317; 93, Nr. 513; Petrescu-Dîmbovița 1977, 53 Taf. 27,8.

entsteht die Festigungsöse. Vom typologischen Standpunkt kann das Tüllenbeil von Dumitra mit denen von Bădeni (ebd. 126 Taf. 299,13-14), aber besonders von Săcuieni (ebd. 133 Taf. 315,8) aus der Ha B 1-Zeit verglichen werden. Stark oxydiert, grüne Patina.
L. 10,5; B. der Schneide 4,3; Dm. der Tülle; T. der Tülle 5,6.

10. Bronzetüllenbeil (Inv. Nr. P.6278; Abb. 3,11), auf der Flurwiese "La Poieni" des Dorfes Blandiana, Gem. Vinţu de Jos, entdeckt. Die breiten Seiten sind mit waagerechten und senkrechten, kaum sichtbaren Rippen verziert. Die Festigungsöse geht von einem sehr wenig verdickten Randwulst aus, während die Schneide leicht verbreitert ist. Was die Form und die Verzierung betrifft, können Vergleichsexemplare aus den Ha B 2-zeitlichen Depotfunden von Guşteriţa I (ebd. 142 Taf. 348,1), Hida (ebd. 142 Taf. 348,9) und Hunedoara II (ebd. 143 Taf. 350,9) genannt werden. Mittelmäßiger Erhaltungszustand, grüne Patina, teilweise entfernt.
L. 11,6; B. der Schneide 5; Dm. der Tülle 3,7; T. der Tülle 6,5.

11. Bronzetüllenmeißel (Inv. Nr. P.6332; Abb. 3,4), im Mureş-Bett beim Dorf Ciugud, Gem. Alba Iulia, entdeckt. Unter dem verdickten Randwulst befindet sich ein unregelmäßiges Loch, wohl eine antike Beschädigung. Obwohl der Meißeltyp bereits in der Spätbronzezeit (z.B. das Stück von Ruginoasa; Petrescu-Dîmboviţa 1977, 77 Taf. 85,10) erscheint, sind wir der Meinung, daß die Ha A 1-Exemplare von Şpălnaca II (ebd. 100-112 Taf. 195,21.30) und Uioara de Sus (ebd. 114-117 Taf. 220,7) oder das Ha A 2-zeitliche von Căpuşu de Cîmpie (ebd. 121 Taf. 286,6) dem Meißel Nr. 11 näher liegen. Da in dem betreffenden Gebiet von Ciugud Spuren einer noch nicht näher einstufbaren hallstattzeitlichen Siedlung bekannt sind, schließen wir die Möglichkeit nicht aus, daß der Tüllenmeißel aus Ciugud von den Bewohnern dieser Siedlung angefertigt oder verwendet wurde. Im allgemeinen guter Erhaltungszustand, dunkelgrüne Patina.
L. 10,9; Dm. der Tülle 1,7; T. der Tülle 4,1.

12. Bronzenadel (Inv. Nr. P.6310; Abb. 3,5), bruchstückhaft erhalten. Sie wurde in Ghirbom während der auf der "Faţa" genannten Dorfwiese durchgeführten Ausgrabungen, die die Freilegung einer Petreşti-Siedlung und des völkerwanderungszeitlichen Gräberfeldes zum Ziel hatten, gefunden. Was von dem langen Stift erhalten blieb - lediglich an einem Ende - ist mit mehreren parallellaufenden Einritzungen verziert. Es ist schwer, eine typologische Zuweisung vorzunehmen. Die einzige Hilfe könnte von Ausgrabungsergebnissen einer in unmittelbarer Nähe liegenden Ha D-Siedlung erwartet werden. Grüne Patina.
L. 18,5; Dm. 0,3.

Wie bereits am Anfang bemerkt, sind die hier vorgelegten Gegenstände über eine lange Zeitspanne verteilt, wodurch die folgenden Zeitzuweisungen zu erkennen sind: Kupferzeit - 1 Stück; Frühbronzezeit - 1 Stück; Mittelbronzezeit - 1 Stück; Spätbronzezeit - 1 Stück; Frühhallstattzeit (Ha A 1-B 2) - 5 Stücke; Späthallstattzeit (Ha D) - 1 Stück. Zwei Fundstücke - das Tüllenbeil von Pîclişa und der Tüllenmeißel - sind in ihrer Datierung unsicher, zumal die Analogien sowohl eine BD- als auch eine Ha A-Ansetzung ermöglichen. Da aber die hier veröffentlichten Gegenstände wohl Streu- und Einzelfunde darstellen, sind demzufolge die Informationen zu den Funden summarisch und ungenau, was keine präzisere Datierung gestattet. In dieser Hinsicht stützen sich unsere Datierungsversuche nur auf Vergleiche mit sicher datierbaren Depotfunden. Die Fortdauer einiger Fundgattungen, besonders jener der Tüllenbeile, macht die zeitliche Bestimmung der Streufunde noch schwieriger.

Die Statistik der hier vorgelegten Funde entspricht etwa der allgemeinen Entwicklung des herausragenden metallurgischen Zentrums in Siebenbürgen. Nicht zuletzt darf die Gegend um Alba Iulia genannt werden, es seien nur die großen Gießereifunde von Uioara, Şpălnaca, Guşteriţa und neuerdings Aiud erwähnt, als Beleg dafür, daß die Bronzebearbeitung an der mittleren Mureş am Ende der Bronzezeit und Anfang der Hallstattzeit eine Blütezeit erlebte (Rusu 1963, 184; Petrescu-Dîmboviţa 1977, 36-37).

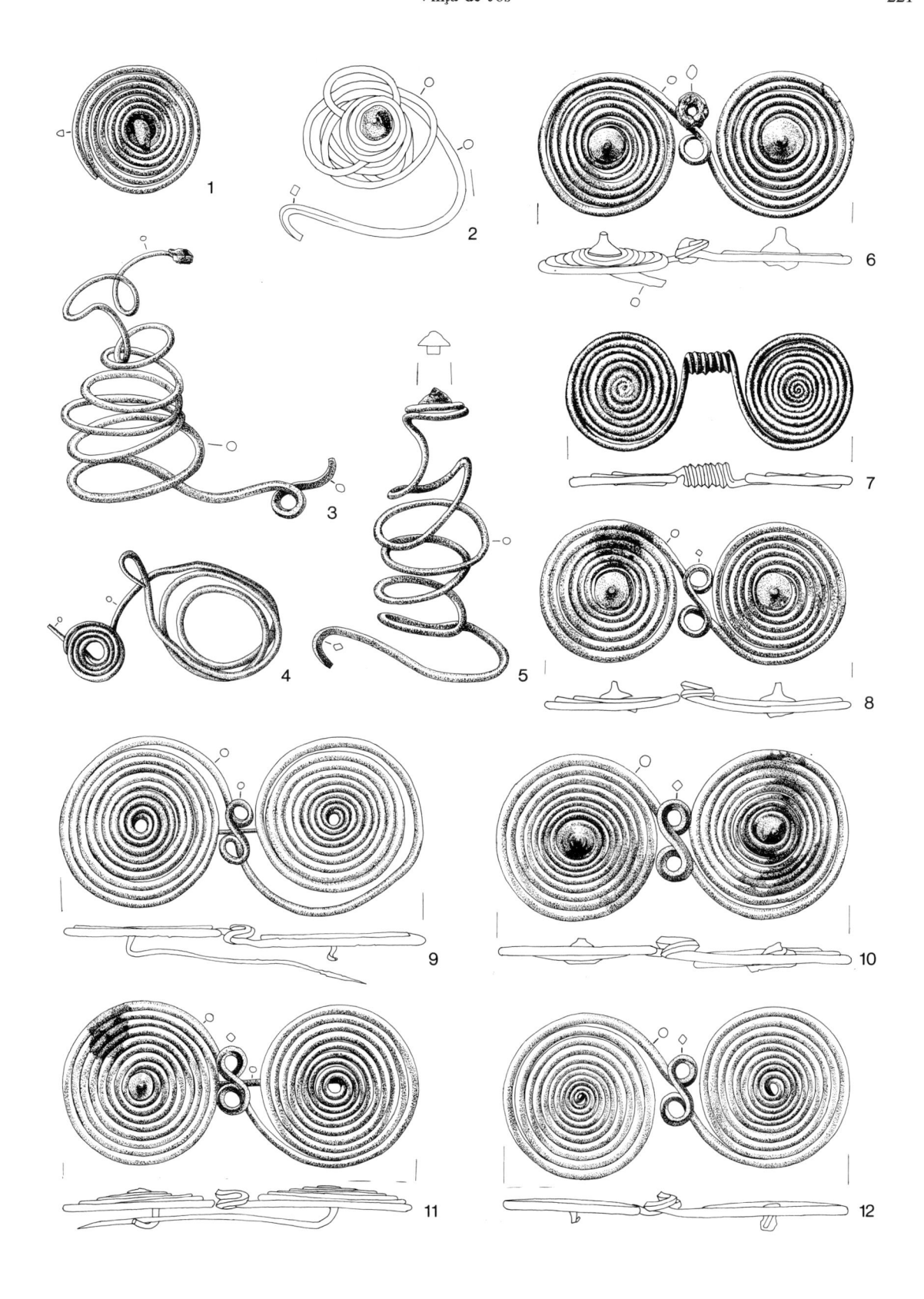

Abb. 1. 1-12 Depotfund von Vinţu de Jos III. M. 1:3

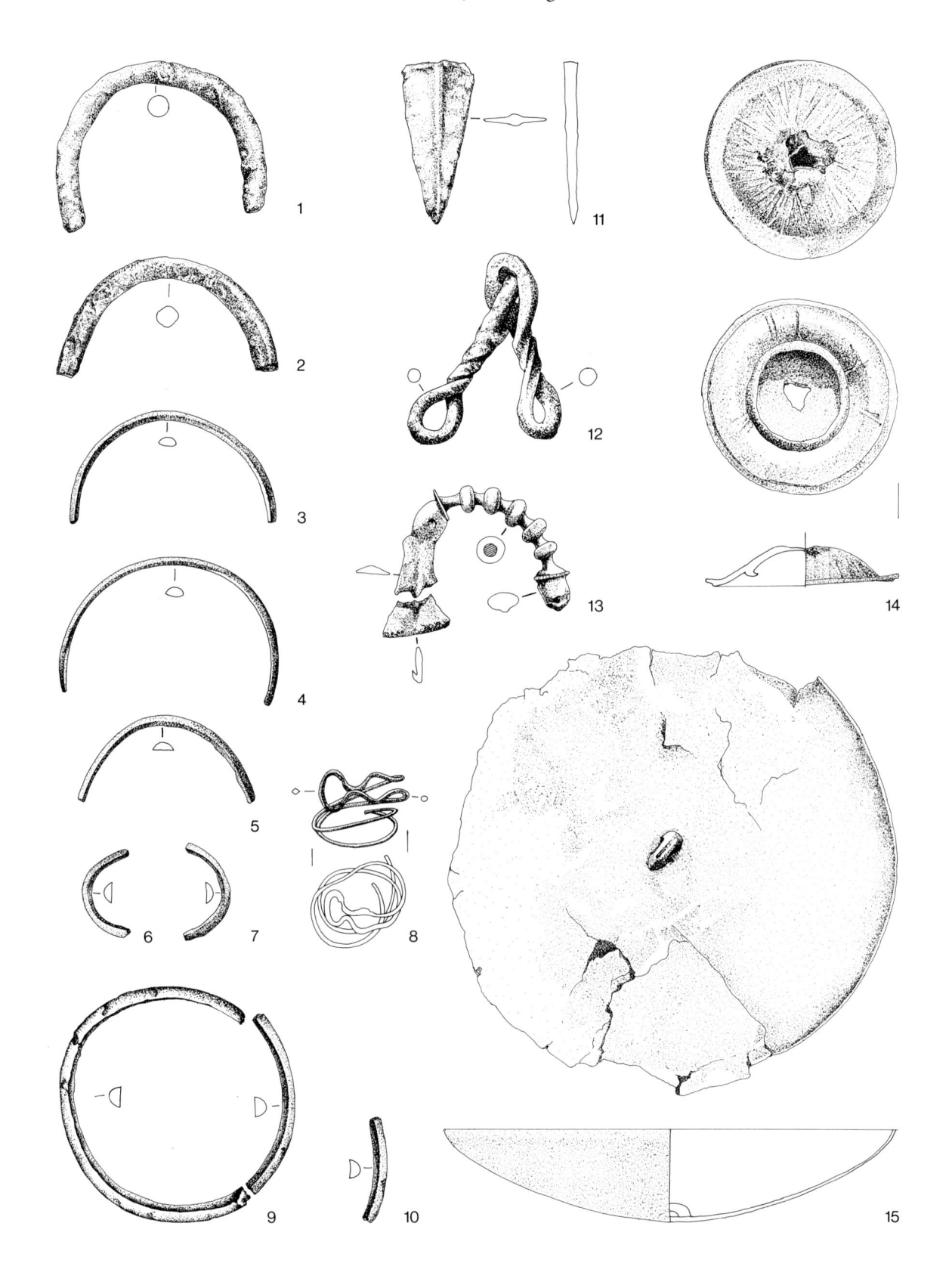

Abb. 2. 1-15 Depotfund von Vinţu de Jos III. M. 1:2,5

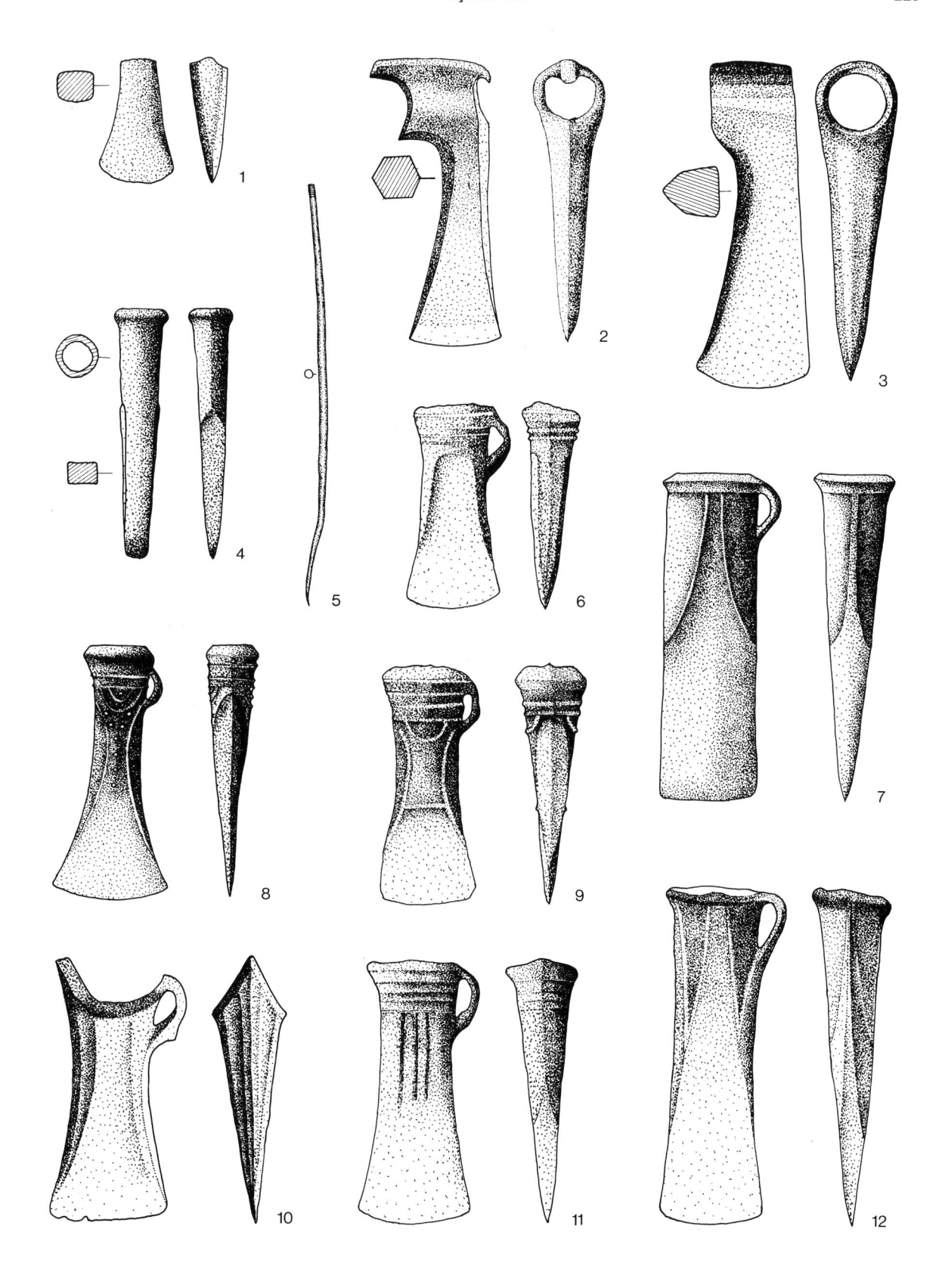

Abb. 3. 1-12 Streufunde: 1 Ghirbom; 2 Ighiel; 3 Sîntimbru; 4 Ciugud; 5 Ghirbom; 6 Blandiana; 7 Ghirbom; 8 Lancrăm; 9 Dumitra; 10 Bucerdea Vinoasă; 11 Blandiana; 12 Pîclişa. M. 1:2,5

Archäologische Metallfunde aus der Schulsammlung Beliu, Kr. Arad

Nikolaus Boroffka, Berlin und **Sabin A. Luca**, Hermannstadt/Sibiu

In der Şcoala generală Beliu, Kr. Arad, werden einige urgeschichtliche Metallfunde aufbewahrt, die im vorliegenden Beitrag vorgelegt werden sollen. Die Fundstücke konnten im Mai 1989 von S.A. Luca dokumentiert werden[1]. Da es sich unter anderem um einen neu entdeckten Depotfund handelt, halten wir es für nützlich, die Fundgegenstände der Wissenschaft zugänglich zu machen. Zwei weitere Einzelfunde aus der Schulsammlung veröffentlichen wir bei dieser Gelegenheit ebenfalls.

Die Fundorte und die Funde

1. Beliu, Ortsflur "Trei cuci = La Ghina".
Die Fundstelle befindet sich auf einem von drei Hügeln[2], die wohl natürlichen Ursprungs sind. Bei Ebnungsarbeiten (1988/1989) wurde ein kleiner Depotfund entdeckt, der aus zwei Armringen, drei kleinen Ringlein und neun Phaleren besteht. Bei einer Besichtigung des Ortes durch S.A. Luca im Mai 1989 konnten keine weiteren Funde geborgen und keine archäologischen Befunde mehr beobachtet werden. Eine der Phaleren (Abb. 1,3) gelangte etwas später in die Schulsammlung als die übrigen Stücke, gehört aber mit Sicherheit zu dem Depotfund. Die Fundgegenstände haben alle eine grün-bläuliche Patina und sind vermutlich aus Bronze.
a) Drei Phaleren von 6,5 bis 6,6 cm Durchmesser (Abb. 1,1-3). Die Ränder sind bei allen Phaleren beschädigt und auf der Rückseite etwas abgeflacht. Alle drei haben auf der Schauseite einen zentralen Buckel bzw. Dorn. Zwei Exemplare haben auf der Rückseite mitgegossene ringförmige Ösen (Abb. 1,1-2), während die dritte, später in die Sammlung gekommene, einen mitgegossenen geraden Steg zur Befestigung aufweist (Abb. 1,3) (Abb. 1,1 = Inv. Nr. 270; Abb. 1,2 = Inv. Nr. 263).
b) Drei Phaleren von 5,5 bis 5,6 cm Durchmesser. Sie entsprechen, mit Ausnahme der kleineren Dimensionen, im Erhaltungszustand und Typ den vorhergehenden Exemplaren. Alle drei haben auf der Rückseite Ringösen (Abb. 1,4-6) (Abb. 1,4 = Inv. Nr. 269; Abb. 1,5 = Inv. Nr. 265; Abb. 1,6 = Inv. Nr. 264).
c) Drei kleine Phaleren von 4,3 cm, 4,6 cm und 4,7 cm Durchmesser. Sie entsprechen wiederum demselben Typ wie die vorangehenden und sind alle mit Ringösen versehen (Abb. 1,7-9). (Abb. 1,7 = Inv. Nr. 266; Abb. 1,8 = Inv. Nr. 267; Abb. 1,9 = Inv. Nr. 268).
d) Drei kleine Ringe von 3 cm, 2,6 cm und 2,5 cm Außendurchmesser. Sie haben alle einen rhombischen Querschnitt und sind am dünneren Teil offen, aber dicht zusammengebogen (Abb. 1,10-12).
e) Glatter Armring mit D-förmigem Querschnitt und verjüngten Enden. Außenmaße: 5,5 x 6,4 x 0,45 cm (Abb. 1,13).
f) Verzierter Armring mit rhombischem Querschnitt und verjüngten Enden. Außenmaße: 5,3 x 6,0 x 0,8 cm. Die Verzierung aus eingeritzten Strichbündeln befindet sich nur auf den beiden Außenfacetten. Das Ornament besteht aus einer Kombination von senkrechten und schrägen (bzw. winkligen) Linien, die nicht ganz gleichmäßig auf den Außenfacetten angebracht sind. Das Motiv selbst ist aus einer zentralen Gruppe von 14 senkrechten Linien gebildet, an die sich beidseits, mit der Spitze zur Mitte hin, Gruppen von 6 und 7 Winkeln anschließen. Es folgen zu den Enden nochmals 9 und 10 senkrechte Linien, 6 und 5 Winkel, wieder mit der Spitze zur Mitte, und als Abschluß 7 und 11 senkrechte Linien (Abb. 1,14).
2. Beliu, Ortsbereich.

---

[1] Die Funde konnten gezeichnet werden und es wurden Einzelheiten über die Fundumstände notiert, wofür an dieser Stelle dem Curator des Schulmuseums gedankt sei. Die im Text angegebenen Inventarnummern sind die Inventarnummern der Schulsammlung. Eine Feinwaage konnte im Ort nicht besorgt werden, so daß keine Gewichtsangaben zu den Stücken möglich sind. Es konnten auch keine Metallanalysen durchgeführt werden, so daß die Bezeichnungen "Bronze" und "Kupfer" eher als Vermutungen anzusehen sind.

[2] Die drei Hügel liegen dicht beieinander, einer etwas abseits von den anderen. Offenbar wurde der Depotfund auf letzterem gefunden.

Aus dem Ortsbereich, ohne nähere Lokalisierung, stammt ein bronzenes Tüllenbeil (Abb. 1,15). Das Stück hat eine schöne grüne Patina. Unter dem Rand trägt das Beil eine einzelne horizontale Rippe als Verzierung. Im Inneren der Öse befindet sich eine kleine Öffnung zur Tülle hin, bei der es sich möglicherweise um einen Gußfehler oder um die Spur eines verlorengegangenen Haltestiftes für den Tüllenkern handelt. Das Stück ist 9,2 cm lang, an der Schneide 3,4 cm breit, an der Tülle (mit Öse) 4,1 cm breit und 2,9 cm dick. Das Innere der Tülle weist keine Besonderheiten auf.

3. Tăgădău (Kr. Arad), Ortsflur "Sălănaş = Păşunea cu cireşi". Von diesem Ort stammt eine kreuzschneidige Kupferaxt (Abb. 1,16). Nähere Angaben zu den Fundumständen fehlen. Die Oberfläche der Axt ist unter der Patina stark korrodiert. Auf einer Seite ist das Schaftloch gebrochen. Das Stück ist 20,9 cm lang und am Schaftloch 4,8 cm breit und 2,1 cm dick.

Der kleine Depotfund ist ohne Zweifel in den Horizont Uriu-Domăneşti zu datieren, ohne daß hier lange Listen mit Parallelen angeführt werden müssen. Interessanter erscheint uns, daß er zu einer Gruppe von Hortfunden innerhalb dieses Horizontes gehört, die ausschließlich oder überwiegend aus Schmuck- oder Trachtbestandteilen bestehen[3]. So enthalten jene von Balc[4], Cehăluţ I[5] und Cornuţel[6] ausschließlich Schmuck, wobei Phaleren und Armringe, wie im vorliegenden Fall, vorherrschen. Hinzugefügt werden können noch die Funde von Domăneşti II[7], Guruslău[8], Oradea IV[9] und Felsődobsza (Mozsolics 1973, 134 f. Taf. 47). Sie sind keine reinen Schmuckhorte, sondern beinhalten auch einige wenige Waffen. Es herrschen auch in diesen Depots die Trachtbestandteile, darunter Armringe und Phaleren, vor. In dem älteren Horizont Koszyderpadlas erscheint eine ganz ähnliche Zusammensetzung in dem Depotfund von Bodajk (Mozsolics 1967, 130 Taf. 29,28-34). Aus dem späteren Horthorizont Cincu-Suseni ist der reine Schmuckhort als Typ etwa durch den Fund von Otomani[10] repräsentiert, wieder vorwiegend aus Phaleren, allerdings ohne Armringe, zusammengesetzt. Die erwähnten Schmuckhorte verteilen sich im wesentlichen in dem Gebiet zwischen Tisza (Theiß) im Westen, dem Siebenbürgischen Erzgebirge (Westkarpaten) im Osten, der Donau im Süden und den Slowakischen Karpaten im Norden. Der Fund von Beliu liegt dabei etwa im südlichen Zentrum dieses Raumes.

Von Interesse ist auch die numerische Verteilung der Stücke im Depot von Beliu. Es handelt sich um drei mal drei Größen von Phaleren, drei kleine Ringe und zwei Armringe (sofern nicht einer fehlt). Der Fund von Bodajk enthält einen Armring und sechs Knöpfe, der von Balc besteht aus 30 Phaleren, zwei Knöpfen, sechs Tutuli, zwei Armringen und drei Fragmenten von einem oder mehreren Armringen. In diesen Horten ist also wiederholt die Zahl Drei oder ein Mehrfaches davon zu beobachten. Der Depotfund von Domăneşti II weist ein Vorherrschen der Zahl Vier oder des Mehrfachen davon auf. Er enthält 1 Meißel, 4 Äxte, 8 Apliken, 4 halbrunde Knöpfe, 1 Trensenknopf, 4 Ringe, 15 Phaleren, 35 Armringe und Ringe und 1 Anhänger, soweit das Inventar bekannt ist.

Jener von Cornuţel besteht aus 2 Armringen, 3 Spiralarmringen, 2 Phaleren, 2 Tutuli, 1 Nadel und 1 Locken-

---

[3]Ein Gedanke, der auch schon von A. Mozsolics (1973, 69) ausgedrückt wurde. Ob es sich dabei tatsächlich um Händlerhorte handelt, bleibt zu bezweifeln, da der beschränkte Typenschatz auch im Sinne einer Votivdeponierung durch eine bestimmte Bevölkerungsgruppe (etwa Frauen) interpretiert werden könnte. Auch die offenbar überlegte Zusammenstellung von je drei Stücken (mit Ausnahme der Armringe, sofern tatsächlich noch alle Stücke vorhanden sind) im Hort von Beliu deutet eher auf eine andere Interpretation als die rein profane. Weitere Überlegungen zu dieser Depotfundgattung sind bei Schumacher-Matthäus 1985a und Kacsó, Der Depotfund von Arpăşel (im vorliegendem Band) zu finden.

[4]Holste 1951, 16; Mozsolics 1973, 69 (nur erwähnt unter Bályok); Petrescu-Dîmboviţa 1977, 52, mit älterer Literatur, 181 Taf. 22,13-20.

[5]Hampel 1886a, 82-83; Mozsolics 1973, 154-155 Taf. 49; Petrescu-Dîmboviţa 1977, 54, mit älterer Literatur, 185-186 Taf. 30,10-12; 31-32.

[6]Stratan 1964, 523-528; Petrescu-Dîmboviţa 1977, 55, mit älterer Literatur, 187-188 Taf. 35; 36,1-2.

[7]Bader 1971, R 24; Petrescu-Dîmboviţa 1977, 59, mit älterer Literatur, 192-193 Taf. 45,9-20; 46.

[8]Moga 1947, 257 ff.; Petrescu-Dîmboviţa 1977, 60, mit älterer Literatur, 194 Taf. 48,3-18.

[9]Roska 1942, 181 Abb. 219; Chidioşan 1977, 55 ff.; Petrescu-Dîmboviţa 1977, 64 (irrtümlich als Mişca), mit älterer Literatur, 198 Taf. 55,12-25; 56,1-20. Im vorliegenden Band behandelt C. Kacsó, Der Depotfund von Arpăşel, eingehend diesen Depotfund, einschließlich die Lokalisierung.

[10]Ordentlich 1968, 397 ff.; Petrescu-Dîmboviţa 1977, 101, mit älterer Literatur, 255 Taf. 168.

ring, fügt sich also nicht in ein bestimmtes Zahlensystem ein. Ebenso der Hort von Otomani (17 Phaleren, 7 Tutuli, 4 Knöpfe, 2 Nadeln und 69 Saltaleoni). Die übrigen erwähnten Depotfunde (Cehăluţ I, Guruslău, Mişca, Felsődobsza) sind in ihrer erhaltenen Zusammensetzung zu unsicher, um herangezogen zu werden. Insgesamt deutet sich eine Regelhaftigkeit, zumindest bei einigen Horten, an, ohne daß diese jedoch vorläufig sicher zu belegen wäre. Hier werden nur zukünftige, gut dokumentierte Funde weiterhelfen.

Das Tüllenbeil von Beliu gehört von der Form her zum Typ B3 nach M. Rusu (1966, 25 f.) und ist in den Horizont Uriu-Domăneşti zu datieren. Das Stück ist insofern von besonderem Interesse, weil es unter dem Rand eine einzelne Horizontalrippe als Verzierung trägt. Diese Art von Ornament an Tüllenbeilen ist eher selten, allgemein später zu datieren und weiter westlich verbreitet[11]. Da es sich bei dem vorliegenden Tüllenbeil um einen Einzelfund handelt, möchten wir uns darauf beschränken zu bemerken, daß sich unter den Typen bei M. Rusu ein weiteres Tüllenbeil mit einer Horizontalrippe, vermutlich aus Rumänien[12], befindet und damit die Fundorte der beiden Gußmodel für diese Art von Beilen nicht mehr östlich des Verbreitungsgebietes liegen, sondern in der Mitte (Wanzek 1989 a, 88 u. Taf. 34, Typ 2.b.1.a.).

Die kreuzschneidige Kupferaxt gehört zum Typ Jászladány, Variante Petreşti nach Vulpe (1975, 41f.). Das Stück füllt zum Teil eine Lücke zwischen den Konzentrationen dieses Typs in der Crişana und dem Siebenbürgischen Erzgebirge (südliche Westkarpaten) (Vulpe 1975, Taf. 52B). Zeitlich kann es, Vulpe (1975, 46f.) folgend, in die Periode der Bodrogkeresztur-Kultur datiert werden.

---

[11]Wanzek 1989 a, 88, Typ 2.b.1.a, mit weiterer Literatur und einer späturnenfelderzeitlichen Datierung des Typs.

[12]Rusu 1966, 27, Typ C7. Es ist bei dem Artikel von Rusu leider nicht klar, ob die Abbildungen nach realen Vorlagen entstanden sind, oder rein theoretische Zeichnungen sind.

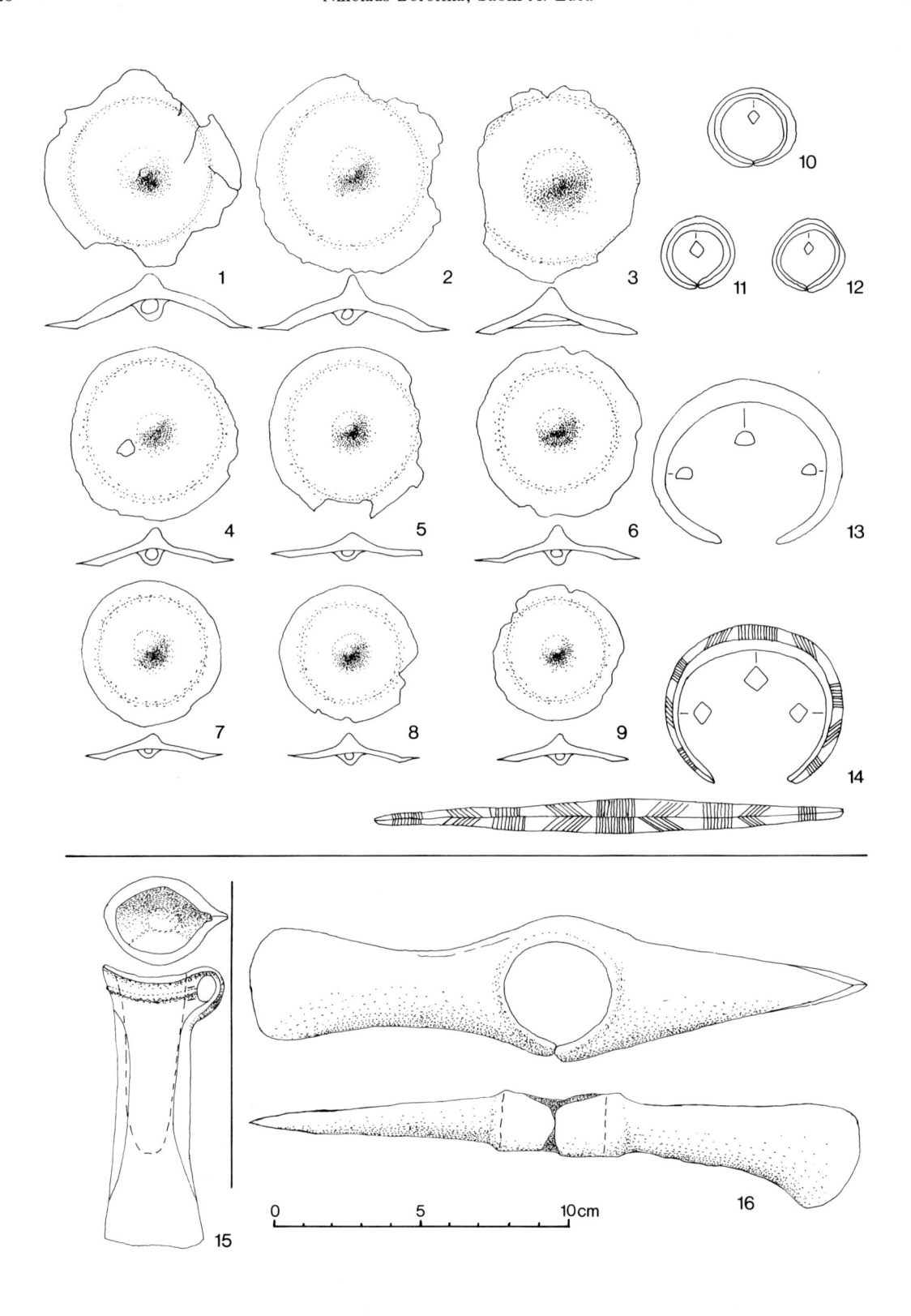

Abb. 1. 1-14 Depotfund von Beliu; 15-16 metallene Streufunde. M. 1:2

Ein urnenfelderzeitlicher Depotfund von bronzenen Werkzeugen in Fratelia, bei Timişoara, Kr. Timiş[1]

Florin Medeleţ, Timişoara

1972 wurden am Südrand des Stadtviertels Fratelia, nicht weit von der Autostraße Timişoara - Beograd, auf dem Gebiet der dortigen Ziegelei drei bronzene Gegenstände entdeckt. Diese zufällig ans Tageslicht gekommenen Fundstücke wurden 1973 dank der Großzügigkeit der Entdecker dem Museum des Banats überreicht.

Wenn auch die identische Patina der Bronzegegenstände die Schlußfolgerung nahe legt, daß es sich bei ihnen um einen Depotfund handelt, schließen die unklaren Fundumstände[2] jedoch nicht aus, daß zu diesem Depot mehr als die drei geborgenen Bronzen gehörten.

Beschreibung der Funde

1. Tüllenmeißel (Inv. Nr. 7143; Abb. 1; Taf. X,1). Er besitzt eine einfache, fast parallelepipedische Form, wobei lediglich die Breitseiten je mit zwei aus Rippen gebildeten hängenden, ineinandergeschachtelten Winkeln versehen sind; der kleinere ist durch eine Winkelhalbierende geteilt. Diese Verstärkungsrippen dienen - wie üblich - auch zur Verzierung. Auf den Schmalseiten sind gut sichtbare Gußnähte. Der neuzeitliche Abbruch an der Schneide ist wahrscheinlich die Folge der Beschädigung in der Knetmaschine.
Erhaltene L. 7,8; B. beim Bruch 2,9; D. beim Bruch 1,2; die inneren Maße der Tülle 1,9 x 1; Gew. 245.

2. Schaftlochhammer (Inv. Nr. 7142; Abb. 2; Taf. X,2). Das eine Ende des Hammers hat eine leicht gewölbte, fast quadratische Schlagfläche, während das andere - ebenfalls gewölbt - schmaler und viereckig ist. Das Schaftloch hat die Form eines Pyramidenstumpfes; der Querschnitt des Hammers ist in Höhe des Schaftloches beträchtlich breiter und quadratischer. Je fünf ungleich hervorgehobene Verstärkungsrippen auf den beiden Breitseiten bilden gleichzeitig eine Art Verzierung. Die Gußnaht auf den Schmalseiten ist deutlich sichtbar. Eine dieser Seiten wurde fehlerhaft gegossen, so daß die Oberfläche porös ist. Die Arbeiter in den Lehmgruben haben größtenteils die dunkelgrüne Patina abgefeilt.
L. 9,8; die Enden: 3,4 x 2,5; 5,9 x 1,2; der größte Querschnitt 32 x 3,9; Gew. 535.

3. Amboß (Inv. Nr. 7141; Abb. 3; Taf. X,3). Die vier Seitenflächen zeigen eine leichte Einbiegung; vier bzw. sechs runde Dellen wurden jeweils auf den Flächen eingearbeitet. Die sechs, halbkreisförmig plazierten Kreisdellen haben ungleiche Durchmesser von 0,6; 0,5; 0,5; 0,5; 0,4 und 0,4 cm; die Abstände zwischen den einzelnen Punktmitten sind 0,11; 0,12; 0,12; 0,10 und 0,9 cm. Ebenfalls kreisbogenförmig angebracht, haben die vier Löcher fast gleiche Durchmesser (0,6; 0,6; 0,6 und 0,65 cm); die Punktmitten befinden sich in Abständen von 0,9, 0,12 und 0,12 cm. An manchen Stellen wurde die dunkelgrüne Patina von den Entdeckern weggefeilt; was noch erhalten ist, weist auf eine gute Qualität hin.
L. 8,9; die kleine Basis 2,4 x 2; die große Basis 4,5 x 3,7; Gew. 660.

Obwohl uns derartige Funde aus anderen Ländern Europas nur lückenhaft bekannt und zugänglich sind, kann dennoch angenommen werden, daß der Werkzeugdepotfund von Timişoara-Fratelia außergewöhnlich ist (Déchelette 1924, 276; Coles 1964, 154; Jockenhövel 1982, 459 ff., mit älteren Literaturhinweisen). Selbst wenn er lediglich teilweise sichergestellt werden konnte, so bildet der Inhalt unseres Fundes das Inventar einer

---

[1]Obwohl die Fundorte "Pădurea Verde" und "Fratelia" ziemlich weit voneinander entfernt liegen, gehören sie verwaltungsmäßig schon seit langem der Stadt Timişoara an, und demzufolge schlagen wir vor, daß die beiden Depotfunde auch als Timişoara I bzw. Timişoara II bezeichnet und zitiert werden. Übersetzung des rumänischen Textes: Tudor Soroceanu; Durchsicht des deutschen Textes: Franz Hodjak und Paul Alaci. Eine abgekürzte rumänische Variante erschien in: Studii de Istorie a Banatului 13 (Timişoara 1987).

[2]Die Gegenstände wurden aus der Schaufel der Knetmaschine für Lehm gerettet und von den Herren A. Fota und E. Resch ins Museum gebracht, wofür wir ihnen hier unseren Dank aussprechen möchten. Es muß auch die gleichzeitige Sicherstellung zweier Tüllenbeile, deren Patina unterschiedlich ist, erwähnt werden; sie kamen in derselben Ziegelei, aber vielleicht an einer anderen Stelle ans Tageslicht.

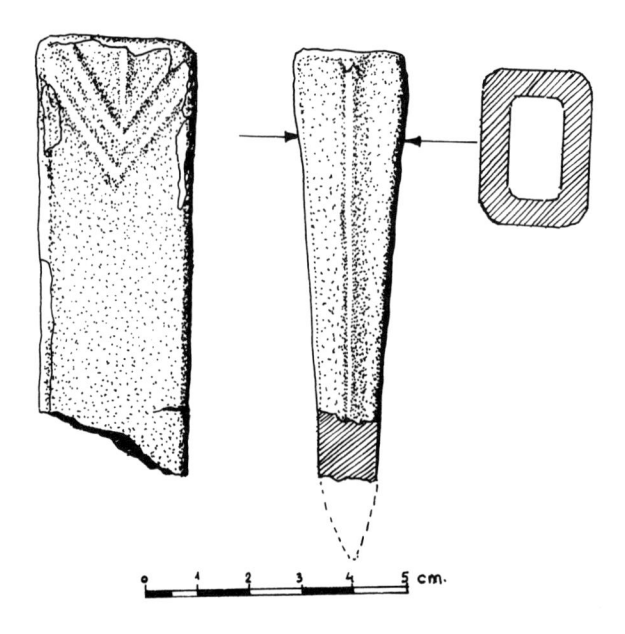

Abb. 1. Fratelia. Meißel

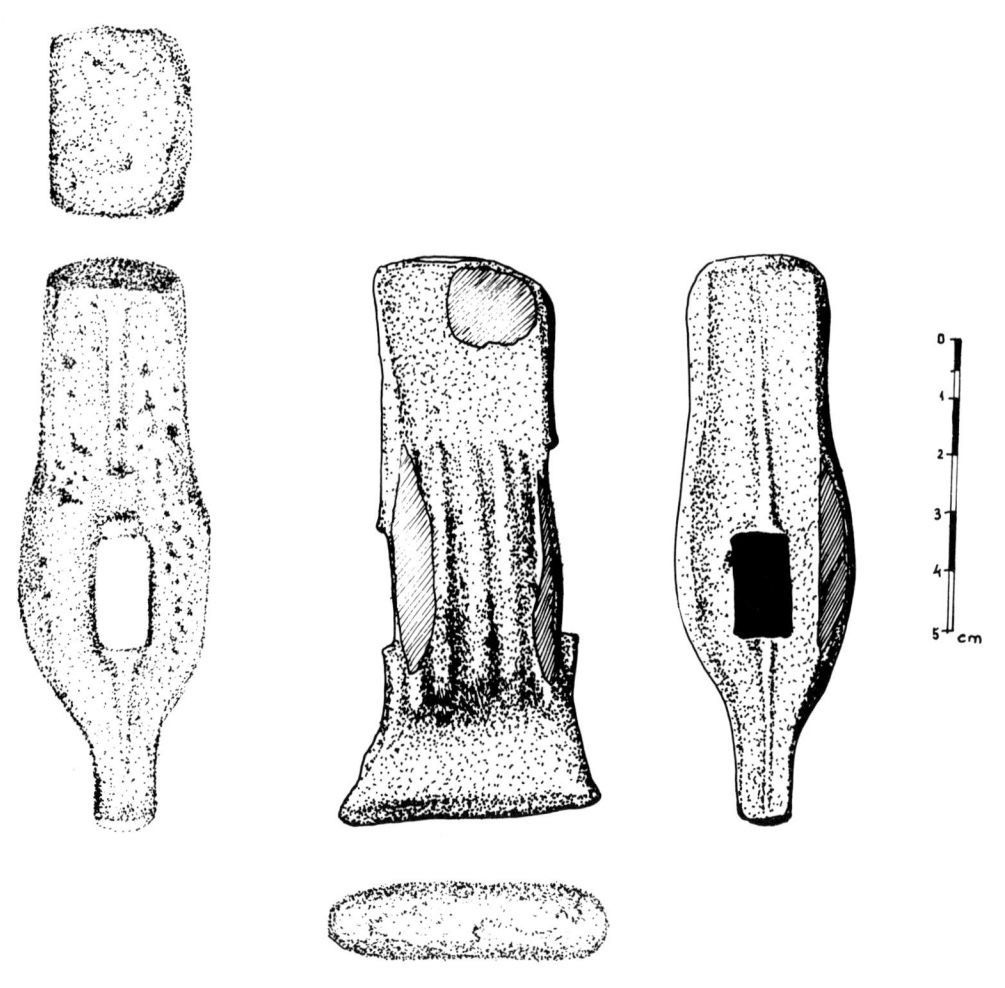

Abb. 2. Fratelia. Hammer

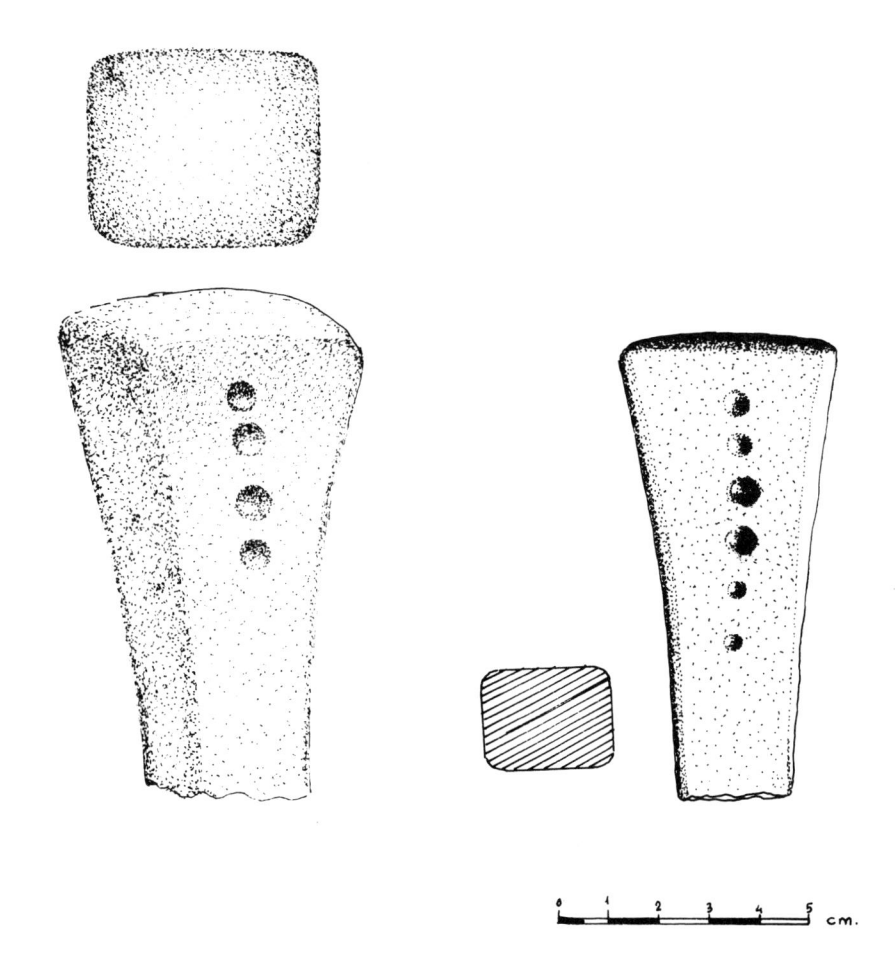

Abb. 3. Fratelia. Amboß

kleinen Werkstatt, in der man vorwiegend bronzenes oder kupfernes Blech zur Herstellung von Metallgefäßen erzeugte. Als wir uns mit dem Bronzeeimer von Remetea Mare (12 km östlich von Timişoara) beschäftigt haben (Medeleţ 1974, 95 ff.), ergriffen wir die Gelegenheit, die verschiedenen nötigen Arbeitsgänge zur Herstellung von Situlen und anderen Metallgefäßen zusammenzufassen, und man kann ohne weiteres einen Zusammenhang zwischen den treibverzierten, aus Bronzeblech hergestellten Behältern und den Werkzeugen aus Fratelia erkennen. Vom typologischen Standpunkt her sind uns für die aus dem zweiten Depot von Timişoara stammenden Fundstücke keine identischen oder ähnlichen Entsprechungen bekannt.

Eine summarische Übersicht der Bronzefunde aus Rumänien, die durch die Arbeit von M. Petrescu-Dîmboviţa erleichtert wird, läßt keine endgültigen Schlußfolgerungen zu; sie kann nur dazu dienen, die Existenz zahlreicher Meißel und Hämmer unterschiedlicher Typen zu belegen. Es fehlen bis jetzt Funde von Ambossen.

Die Meißel[3] - für die viele Entsprechungen angeführt werden können - sind in ihrer Gesamtheit in zwei Hauptkategorien einzuteilen: Tüllenmeißel und massive Meißel; die ersteren können noch einmal aufgegliedert werden.

a) Einfache, unverzierte Tüllenmeißel, deren Tüllen für gewöhnlich einen runden Querschnitt und leicht verdickte Randwülste zeigen

Wendet man die allgemein anerkannte Stufengliederung auf die karpatenländische metallurgische Produktion an (Petrescu-Dîmboviţa 1977, 15 ff; ders. 1978, 85, mit älterer Literatur), so ist das erste Auftreten dieser Variante

---

[3]Wir werden nur jene älteren Studien zitieren, die entweder Abbildungen oder wichtige Meinungen über die betreffenden Funde enthalten.

in den Depotfunden der Mittelbronzezeit anzusetzen (Rimetea, vgl. Popescu/Rusu 1966, R 6, Nr. 1, mit mittelbronzezeitlichen Vergleichsstücken; Petrescu-Dîmboviţa 1977, 42-43, 173 Taf. 7,6), häufig aber erscheinen sie unter den Metallfunden der BD-Periode (Augustin, vgl. Roska 1937 a, 141 Abb. 83; ders. 1942, 29, Nr. 5; Petrescu-Dîmboviţa 1977, 51-52, 188 Taf. 22,9; Băleni, vgl. Dragomir 1966, 689; ders. 1967, Taf. R 18; Petrescu-Dîmboviţa 1977, 73, nicht abgebildet; Fodora, vgl. ders., ebd. 59-60, mit Literatur, 194 Taf. 47,10; Ghermăneşti, vgl. ders. u. Florescu 1971, Taf. R 35 a, Nr. 5; Melinte 1975, 309 ff.; Petrescu-Dîmboviţa 1977, 75, 211 Taf. 81,5, wahrscheinlich Lăpuş[4], Rădeni[5], Rîşeşti, vgl. Petrescu-Dîmboviţa 1953, 461-462; ders. 1960, 155 Abb. 10,5; ders. u. Florescu 1971, Taf. R 35, Nr. 5; ders. 1977, 76, 213 Taf. 85,10; Ruginoasa, vgl. Ursachi 1968, 27-34; Petrescu-Dîmboviţa/Florescu 1971, Taf. R 40 a, Nr. 3; Petrescu-Dîmboviţa 1977, 77, 213 Taf. 85,10 und vielleicht Vînători, vgl. Hampel 1896, 168; Petrescu-Dîmboviţa 1977, 73, mit älterer Literatur). Dieser Zusammenstellung sollte vermutlich auch eine Gußformenschale von Logreşti[6] sowie das Stück von Panticeu[7] hinzugefügt werden. Die Variante taucht auch unter den mitteleuropäischen (Gödnitz, vgl. v. Brunn 1968, Taf. 74,1; Quedlinburg, vgl. ders., ebd. Taf. 129,5) sowie unter den aus der Alpenzone bekannten Bronzefunden (Offenbach[8], Haidach, vgl. Müller-Karpe 1959, Taf. 128 A 3; Celldömölk, ebd. Taf. 141 A 15; Cermozisce, ebd. Taf. 133,17; Linz, ebd. Taf. 137,9 oder Pullach, ebd. Taf. 167 B 2) auf, obwohl Parallelen zwischen den dortigen typologischen Varianten und denen im karpatischen Raum nur mit Vorbehalt gezogen werden können.

In den Ha A 1-zeitlichen Depotfunden Rumäniens kommen die Tüllenmeißel überaus häufig vor: wahrscheinlich Aiud (Mitt. Rusu, Chiţu, Takács bei Petrescu-Dîmboviţa 1977, 81; Rusu 1981, 376), Baia Mare[9], Band[10], Căuaş III[11], Cetatea de Baltă (Pepelea 1973, 517-518, 521 Abb. 1,11; Petrescu-Dîmboviţa 1977, 88 Taf. 127,8), Cincu[12], Cluj-Napoca IV (ders., ebd. 155 Taf. 370,5), Deva III[13], Dumeşti[14], Guşteriţa II[15], wahrscheinlich Hunedoara I[16], Socu[17], Suseni (Filimon 1924, 346 Abb. 15; Petrescu-Dîmboviţa 1977,

---

[4]Petrescu-Dîmboviţa 1977, 62, mit älterer Literatur. Es ist nicht ausgeschlossen, daß das einfache Tüllenbeil (ebd. 196 Taf. 51,3) ebenfalls als Tüllenmeißel betrachtet werden kann.

[5]Mitt. A.C. Florescu bei Petrescu-Dîmboviţa 1977, 76, 212 Taf. 84,11. Das Stück bildet eine nicht übliche Variante dieses Typs.

[6]Moisil 1911, 84; Berciu 1939, 138; Petrescu-Dîmboviţa 1977, 79. Sie wurden als Gußformen zur Herstellung der Tüllenbeile siebenbürgischen Typs angesehen. Eine davon (ebd. Taf. 96, 6-6 a) könnte eventuell auch zum Gießen eines Meißels und anderer Arbeitsgeräte (Dorn ?) verwendet worden sein, die zur Herstellung der Treibornamente dienten.

[7]Hampel 1892, 112 Taf. 143,10; Mozsolics 1973, 167-168; Petrescu-Dîmboviţa 1977, 65, 199 Taf. 57,7 (als Kern vom Gießen eines Meißels angesehen).

[8]Müller-Karpe 1959, Taf. 178 C 2, mit einem Tüllenhammer vergesellschaftet.

[9]Petrescu-Dîmboviţa 1977, 153 Taf. 367,5. Es handelt sich um zwei Exemplare, wenn das gezeichnete auch nicht als Dorn betrachtet werden sollte. Zur Ha A 1-Ansetzung, vgl. Rusu 1963, 207, Nr. 6.

[10]Mitt. A. Zrinyi und M. Rusu bei Petrescu-Dîmboviţa 1977, 82 , wo aus Versehen vier anstatt zwei (Tüllen?)meißel angeführt sind.

[11]Mitt. I. Németi bei Petrescu-Dîmboviţa 1977, 88 Taf. 127,3, mit älterer Literatur. Es handelt sich um eine dem Stück von Remetea Mare ähnliche Variante.

[12]Petrescu-Dîmboviţa 1977, 88-89 Taf. 129,1 (dort auch die ältere Literatur) mit einem Meißel mit rechteckigem Querschnitt vergesellschaftet.

[13]Mitt I. Nestor und O. Floca bei Petrescu-Dîmboviţa 1977, 91 Taf. 135,5.24 (ein Exemplar nicht abgebildet); dort auch die ältere Literatur.

[14]Petrescu-Dîmboviţa 1977, 93 Taf. 142,4 (dort sind ältere Literaturhinweise angegeben und in Kürze die inhaltlichen Unklarheiten besprochen).

[15]Petrescu-Dîmboviţa 1977, 95-97 Taf. 149,6.10.12.14; erwähnt sind aber sieben Stück. Es wäre nicht ausgeschlossen, daß die als Tüllenbeile betrachteten Stücke (Taf. 148,12.19) tatsächlich Tüllenmeißel sind. Ebd. 97 sind viele ältere Literaturhinweise.

[16]Mitt. M. Rusu bei Petrescu-Dîmboviţa 1977, 98, mit älterer Literatur. Da es sich um ein Bruchstück handelte, konnte der Typ nicht mehr genau bestimmt werden.

[17]Berciu 1939, 138; Petrescu-Dîmboviţa 1977, 120 Taf. 284,3, selbst wenn es als ein Tüllenbeilfragment angesehen wird.

107-108 Taf. 192,15-16, eher Tüllenmeißel als -beile), Şpălnaca II[18] und Uioara de Sus[19]. Sie fehlen auch in den wenigen, in die Ha A 2-Zeit eingeordneten Bronzefunden nicht, z.B. in Căpuşul de Cîmpie[20] oder in dem kleinwalachischen Depot von Pleniţa (Berciu 1939, 138; Petrescu-Dîmboviţa 1977, 125 Taf. 245,5), wo eine Gußform fast sicher für die Herstellung der Tüllenmeißel diente. Die darauffolgenden Ha B 1-Funde, die einer Zeit entsprechen, in der Hajdú-Böszörmény-Situlen verwendet wurden, lieferten auch Tüllenmeißel, so in Cetea[21], Corneşti[22], Săcuieni (Hampel 1896, Taf. 226,11; Petrescu-Dîmboviţa 1977, 133 Taf. 315,9), Moigrad I (Nestor 1935, 29 Abb. 2,1; 31 Abb. 3,6; Petrescu-Dîmboviţa 1977, 131-132 Taf. 310,12) und Şpălnaca I (ders., ebd. 135-136 Taf. 326,10). Dem selben Meißeltyp begegnet man noch später, sowohl in der Ha B 2- (Tîrgu Mureş[23] und Tîrgu Secuiesc II[24]) als auch in der Ha B 3-Zeit (Ghirişu Român, vgl. Rusu u.a. 1977, Taf. R 69 a,7; Petrescu-Dîmboviţa 1977, 145 Taf. 358,12 und Şomartin, vgl. Horedt 1945, 8 Abb. 1,20; Petrescu-Dîmboviţa 1977, 146 Taf. 360,15 - auch als Tüllenmeißel verwendbar).

b) Manchmal verzierte massive Meißel mit rundem oder rechteckigem Querschnitt

Einige derartige Stücke konnten auch als Keil zur Schaftbefestigung bei Bronzehämmern oder -pickeln verwendet werden. Um im Rahmen desselben chronologischen Schemas zu bleiben (Petrescu-Dîmboviţa 1977, 15 ff.; ders. 1978, 85 ff., beide mit älterer Literatur), sind vor allem die BD-Exemplare von Fodora[25], Miercurea Ciuc[26], Rădeni[27] und Ulmi[28] zu nennen. Selbst wenn in den Ha A 1-Depotfunden nur einige Stücke vorkommen (Moldova Veche[29], Bocşa-Colţani[30], Cincu[31], wahrscheinlich Cugir[32], Dipşa [vgl. Petrescu-Dîmboviţa 1978, 92 f., drei Stück, Taf. 139,11-12], Guşteriţa II [vgl. Hampel 1892, 143 ff.; Petrescu-Dîmboviţa 1977, 95-97 Taf. 149,13], wahrscheinlich Mintiul Gherlei I [ders., ebd. 156], Pecica IV[33], Strei-Sîngeorgiu[34], Şpălnaca II[35], Uioara de Sus[36], Vărd I[37], Caransebeş[38]), ist die Gesamtzahl im

---

[18]Hampel 1892, Taf. 145,19.23; Dumitrescu 1936, 213; Petrescu-Dîmboviţa 1977, 108-112, wo 17 erwähnt, aber lediglich fünf (Taf. 195,18.22.26.27.30) abgebildet sind. Zwei weitere (Taf. 195,20.29) können ebenfalls als Meißel betrachtet werden. Ebd. sind auch viele Literaturhinweise zu finden.

[19]Holste 1951, Taf. 45,20-22; Petrescu-Dîmboviţa 1977, 114-117, wo elf erwähnt, aber nur zehn diesem Typ zuzuschreiben sind. Vgl. auch Taf. 220,5-9 und eventuell 217,11-12, die vom Verf. als Tüllenbeile betrachtet werden. Ältere Bibliographie bei den beiden Verfassern.

[20]Nestor 1932, 134 Abb. 26,13; Roska 1942, 177, Nr. 183, Abb. 210,3; Petrescu-Dîmboviţa 1977, 121 Taf. 286,6, alle mit älterer Literatur.

[21]Petrescu-Dîmboviţa 1977, 127-128, wo zwei Exemplare erwähnt, aber nur eines (Taf. 303,8) abgebildet ist. Vgl. auch Rusu 1963, 208, Nr. 4; ders. 1967, 88 Anm. 8, alle mit Literatur.

[22]Roska 1942, 248-249, Nr. 59; Petrescu-Dîmboviţa 1977, 128-129, wo zwei Exemplare erwähnt, aber nur eines (Taf. 305,10) abgebildet ist.

[23]Holste 1951, Taf. 29,5; Petrescu-Dîmboviţa 1977, 144 Taf. 355,11, beide mit Literaturhinweisen.

[24]Sulimirski 1937, 335-336 Abb. 12 g; Petrescu-Dîmboviţa 1977, Taf. 356,6.

[25]Petrescu-Dîmboviţa 1977, 59-60 (dort auch die ältere Literatur), Taf. 47,11, mit einem Tüllenmeißel vergesellschaftet.

[26]Székely 1970, 475 Abb. 2,1; 477 Abb. 4,3; Petrescu-Dîmboviţa 1977, 63-64 Taf. 54,5.

[27]Mitt. A.C. Florescu bei Petrescu-Dîmboviţa 1977, 76 Taf. 84,9, mit einem Tüllenmeißel vergesellschaftet.

[28]Florescu 1961, 118-120 Abb. 3,8-9; 4,12.14; Petrescu-Dîmboviţa 1960, 153 Anm. 49, 156 Abb. 11,2-3; ders. 1964, 257-258 Abb. 5,2-3; ders. u. Florescu 1971, Taf. R 41, Nr. 2-3; ders. 1977, 77-78 Taf. 88,5-6.

[29]Milleker 1940, 25; Mitt. R. Rašajski bei Petrescu-Dîmboviţa 1977, 99 Taf. 164,14.

[30]Halavács 1887, 51 Abb. 14 a-b; Hampel 1892, 102 Taf. 164,14; Milleker 1897, 24-26; ders. 1940, 21; 22 Taf. 16,14; Petrescu-Dîmboviţa 1977, 85 Taf. 120,4 (mit Wahrscheinlichkeit).

[31]Petrescu-Dîmboviţa 1977, 88-89 Taf. 129,2, mit älterer Literatur; das Stück ist mit einem Tüllenmeißel vergesellschaftet.

[32]Mitt. I. Aldea bei Petrescu-Dîmboviţa 1977, 91 Taf. 135,11. Das als Stange angesehene Stück könnte vielleicht auch als massiver Meißel betrachtet werden.

[33]Mitt. E. Dörner bei Petrescu-Dîmboviţa 1977, 102 Taf. 176, 33. Das Stück stellt gleichzeitig einen kleinen Dorn dar, der zur Einritzung der Ornamente verwendet wurde.

[34]Mitt. I. Nestor, O. Floca, M. Rusu bei Petrescu-Dîmboviţa 1977, 158-159 (mit älteren Literaturhinweisen), der die Zugehörigkeit zum Depotfund für unsicher hält. Vgl. auch Andriţoiu 1975, 405 Taf. III,3.

Ansteigen. Soweit bekannt, ist die hier besprochene Variante ungefähr nach dieser Zeit nicht mehr hergestellt und benutzt worden; wenn man das Fehlen solcher Meißel in den Ha A 2- und Ha B-Depotfunden unbedingt zu erklären wünscht, wäre ihre Ersetzung durch ähnliche, eiserne Werkzeuge kleinerer Dimensionen denkbar, umsomehr, da für andere Arbeitsgeräte und für spätere Stufen der Früheisenzeit diese Möglichkeit schon erwähnt wurde[39]. Die Präsenz eines aus Eisen gefertigten kleinen Meißels in dem in die Ha C-Stufe datierbaren Depotfund von Vaidei[40] könnte unsere Hypothese untermauern, umsomehr, da der Prozeß der allmählichen Ersetzung der bronzenen Äxte durch eiserne Beile schon früher einsetzen konnte. Nehmen wir an, daß einige derartige Meißelchen als Befestigungskeil dienten, ist die Behauptung noch haltbarer. Schließlich konnte der mit rechtwinkligem Querschnitt versehene Meißel leichter aus Eisen hergestellt werden als die Tüllenmeißel.

c) Verzierte, den Tüllenbeilen ähnliche Tüllenmeißel

Obwohl sie sehr selten vorkommt, fehlt diese Variante nicht völlig in den rumänischen Depotfunden. Domănești II[41] und Gîrbou[42] sind zwei Beispiele aus der ausgehenden Bronzezeit, die - besonders der Querschnitt des letzten Meißels - gute Entsprechungen für das Stück von Fratelia bieten. Dasselbe gilt für die Ha A 1-Depotfunde von Pîncota (Petrescu-Dîmbovița 1977, 157, mit älterer Literatur), Rîmeț (ebd.), Uioara de Sus (vgl. Anm. 36 und Petrescu-Dîmbovița 1977, Taf. 220,15) und Vadul Crișului II[43]. Zwei weitere Analogien bilden die Ha A 2-Gußformen von Ciumești. Die beiden Gußschalen mit rechteckigem Querschnitt - obwohl denen ähnlich, die zum Gießen der Tüllenbeile bestimmt waren - stellen gute Vergleichsstücke zu den Meißeln aus Fratelia[44] dar, umsomehr, da Ciumești in einer Zone liegt, wo die meisten Hajdúböszörmény-Situlen entdeckt wurden.

Das in die Ha B 1-Stufe datierbare Exemplar aus dem Depotfund von Arad II (Rusu u.a. 1977, Taf. R 68 b, Nr. 10; Petrescu-Dîmbovița 1977, 125 Taf. 296,15) hat deutliche Ähnlichkeiten mit dem Meißel von Fratelia, obwohl der Querschnitt des Arader Stückes oval ist. Schließlich müssen der Meißel von Sîngeorgiu de Pădure (Ha B 2)[45] und der früher ansetzbare Fund aus der Alpenzone von Ottenstall (Müller-Karpe 1959, Taf. 173 A 4) erwähnt werden. Damit endet diese knappe Vorstellung der drei Meißeltypen[46].

Im Karpatenbecken sind nähere Entsprechungen für den Hammer von Timișoara II-Fratelia kaum vorhanden. Im Gegensatz dazu sind die Tüllenhämmer unterschiedlicher Dimensionen aus den jungbronzezeitlichen Depotfunden zahlreich, so z.B. Corund (Szabó 1942, 78-80; Petrescu-Dîmbovița 1977, 55 Taf. 36,5), wahrscheinlich Domănești I[47], Drajna de Jos[48], Seleuș[49], Cluj-Napoca III[50], aber besonders jene aus der

---

[35] Dumitrescu 1936, 213; Petrescu-Dîmbovița 1977, 108-112 (zehn Stück) Taf. 195,15.21. Beide Autoren führen zahlreiche ältere Literatur an.

[36] Petrescu-Dîmbovița 1977, 114-117 (neun Stück) Taf. 220,9 (verziert). 11, dort auch die ältere Literatur.

[37] Mitt. I. Paul bei Petrescu-Dîmbovița 1977, 137 Taf. 323,4, mit älteren bibliographischen Hinweisen.

[38] Mitt. R. Rašajski bei Petrescu-Dîmbovița 1977, 87 Taf. 124,9, mit älterer Literatur.

[39] Rusu 1974, 349 ff. Allgemeines zu den Anfängen der Eisenmetallurgie im östlichen Karpatenbecken bei László 1977, 53 ff.

[40] Berciu 1942, 80-97, bes. 81; Rusu 1967, 88 Anm. 18; Petrescu-Dîmbovița 1977, 163-164 Taf. 390,4, mit älteren Literaturhinweisen.

[41] Bader 1969, 74 Taf. 27,3; ders. 1971, Taf. R 24 h, Nr. 50; Petrescu-Dîmbovița 1977, 59 Taf. 45,9; Bader 1978, 219 Taf. 70,5.

[42] Petrescu-Dîmbovița 1977, 60 Taf. 48,1, wo das Stück unter den Tüllenmeißeln Typ a aufgezählt ist. Annehmbarer scheint uns aber eine Zuschreibung zum Typ c, besonders wegen des rechteckigen Querschnittes; damit sind sie den Stücken von Gîrbou und Fratelia typologisch näher gerückt.

[43] Roska 1942, 237, Nr. 31; Mozsolics 1973, 171; Petrescu-Dîmbovița 1877, 160 Taf. 379,7.

[44] Mitt. E. Kovács und M. Rusu bei Petrescu-Dîmbovița 1977, 90 Taf. 132,13.14, mit älterer Literatur.

[45] Roska 1929, 34-35; Mozsolics 1941, 101 Abb. I,23; Petrescu-Dîmbovița 1977, 143 Taf. 352,3, mit weiterer Literatur.

[46] Da Einzelfunde und andere Stücke aus unveröffentlichten Depotfunden oder aus der unzugänglichen Fachliteratur nicht berücksichtigt werden konnten, ist die Fundliste der Meißel weit davon entfernt, vollständig zu sein.

[47] Pulszky 1897 I, 32-36; Mozsolics 1973, 128; Vulpe 1970 a, Taf. 84,30; Petrescu-Dîmbovița 1977, 57-58 Taf. 42,13, mit älterer Literatur.

Ha A 1-Stufe von Aiud[51], Cluj-Napoca IV (vgl. ders., ebd. 154-155), Dipşa (ders. 1977, 92-93 [vier Stück], Taf. 138,1-2, mit älterer Literatur), Ocna Sibiului[52], Guşteriţa II[53], Şpălnaca II[54] und Uioara de Sus[55]. Auch in Ha B 1 fehlen Tüllenhämmer nicht (Corneşti[56] und Noul Săsesc[57]). Für den Tüllenhammer von Ocna Sibiului ist eine gute Analogie von Offenbach (Müller-Karpe 1959, Taf. 178 C,1) zu nennen. Da viele Entsprechungen von Tüllenhämmern rund um die Salzgruben gefunden wurden, ist die Behauptung gerechtfertigt, daß die Mehrzahl der Tüllenhämmer zum Zermalmen des Salzes verwendet worden sind (vgl. dazu Jockenhövel 1982, 464). Die Möglichkeit, daß mindestens einige Tüllenhämmer in umgekehrter Position auf einer hölzernen Unterlage auch als Amboß sui generis benutzt worden sind, ist nicht auszuschließen.

Obwohl nicht so häufig, waren in den ersten Stufen der Früheisenzeit neben den Tüllenhämmern auch die Schaftlochhämmer in Gebrauch (Şpălnaca II in Ha A 1[58], mit mehr oder weniger guten Analogien bei Mottola [vgl. Müller-Karpe 1959, Taf. 12 B,5; Stockheim, ebd. Taf. 157,11], Augsdorf[59] oder Hallstatt [vgl. Kromer 1959, Gr. 131, Taf. 13,12]). Von Săcuieni[60] sind zwei in Ha B 1 datierte Hämmer und von Şomartin ein Eisenexemplar (Ha B 3)[61] zu nennen.

Die Amboßvariante von Timişoara II-Fratelia scheint - soweit bekannt - eine Rarität im Rahmen derartiger Werkzeugfunde darzustellen[62]. Als Amboß dienten sie nicht nur beim Flachhämmern der Gußkuchen, um Bronzeblech herzustellen, sondern auch beim Zusammennieten der Metallfolien; es ist einstweilen schwer zu entscheiden, ob das Stück von Fratelia auch zur Ausführung von Treibornamenten geeignet war.

Man muß nicht auf die Hypothese verzichten, daß einige Meißel in der Tat von den bronzezeitlichen Meistern, die Metallgefäße herstellten und ausschmückten, als Dorn verwendet worden sind, so Baia Mare, Pecica, Uioara de Sus (Petrescu-Dîmboviţa 1977, Taf. 271,32), wahrscheinlich Suseni[63], Băleni[64] oder Fodora[65]. Daß die Bronzenieten in mehreren Depotfunden (wahrscheinlich Baia Mare[66], Frîncenii de Piatră[67], Şpălnaca II [vgl. Petrescu-Dîmboviţa 1977, 112 Taf. 210,23] oder Ungureni II[68]) entdeckt wurden, ist nur eine weitere Möglichkeit, die Verbreitung der Technik, Metallgefäße durch Zusammennieten herzustellen, nachzuweisen.

---

[48]Andrieşescu 1925, 345; Nestor 1932, Taf. 16,9; Alexandrescu 1966 b, Taf. R 15 d, Nr. 29; Petrescu-Dîmboviţa 1977, 78-79 Taf. 89,4.6, mit weiteren Literaturhinweisen.

[49]Mitt. M. Rusu bei Petrescu-Dîmboviţa 1977, 68 Taf. 63,7, mit älteren Literaturhinweisen.

[50]Roska 1942, 135, Nr. 231; Petrescu-Dîmboviţa 1977, 147.

[51]Mitt. M. Rusu, L. Chiţu, M. Takács bei Petrescu-Dîmboviţa 1977, 80-81 (6 Stück) Taf. 103,1; Rusu 1981, 375 f. erwähnt keine Tüllenhämmer von Aiud. Es bleibt fraglich, ob das Stück Rusu, ebd. 387 Abb. 5,4 (ohne Texterklärung) = Petrescu-Dîmboviţa 1977, Taf. 102,14 (Tüllenbeil), trotzdem als Tüllenhammer angesehen werden darf.

[52]Roska 1942, 305, Nr. 85, Abb. 369; Mitt. M. Rusu bei Petrescu-Dîmboviţa 1977, 100 Taf. 167,7.

[53]Vgl. Anm 15; Petrescu-Dîmboviţa 1977, 95-97 (drei Stück) Taf. 149,7-8.

[54]Petrescu-Dîmboviţa 1977, 108-112 (zehn Exemplare) Taf. 195,12-14.

[55]Petrescu-Dîmboviţa 1977, 114-117 (zehn Stück) Taf. 220,1-4, dort auch ältere Literatur.

[56]Petrescu-Dîmboviţa 1977, 128-129 Taf. 305,11, dort auch ältere Literatur.

[57]Mitt. M. Rusu bei Petrescu-Dîmboviţa 1977, 132 Taf. 313,17, mit älteren bibliographischen Hinweisen.

[58]Petrescu-Dîmboviţa 1977, Taf. 197,18, mit älteren Literaturhinweisen.

[59]Müller-Karpe 1959, Taf. 129,21, wahrscheinlich auch als Amboß verwendbar.

[60]Petrescu-Dîmboviţa 1977, 133 Taf. 315,10-11, mit älterer Literatur.

[61]Petrescu-Dîmboviţa 1977, 146 Taf. 360,16, mit älterer Literatur.

[62]Vor allem als Form. Allgemeines zu den bronze- und frühhallstattzeitlichen Ambossen bei Déchelette 1924 II, 276; Eogan 1964, 275; Jockenhövel 1982, 464 ff., alle mit weiteren Literaturhinweisen.

[63]Petrescu-Dîmboviţa 1977, Taf. 192,3, als scheibenförmiger Nadelkopf betrachtet.

[64]Petrescu-Dîmboviţa 1977, Taf. 73,26-28, wo sie alle als Ahlen angesehen werden.

[65]Petrescu-Dîmboviţa 1977, Taf. 47,11, als Meißel angesehen.

[66]Petrescu-Dîmboviţa 1977, 153-154 (die sog. Nägel), mit älteren Literaturhinweisen.

[67]Petrescu-Dîmboviţa 1977, 94 Taf. 143,12, tatsächlich ein Niet.

[68]Roska 1944, 47 Abb. 5,7-8; Petrescu-Dîmboviţa 1977, 117-118 Taf. 274,9-13.

Wenn wir einen möglichst vollständigen Überblick über die von den Handwerkern vom 13. bis 7. Jh. verwendeten Arbeitsgeräte geben wollen, darf nicht vergessen werden, daß die Fertigstellung und Verzierung der endbronze- bzw. früheisenzeitlichen Metallgefäße eine Reihe von Arbeitsgängen verlangten, die nur mittels spezieller Geräte durchzuführen waren, die archäologisch aber noch nicht belegt werden konnten. Wir denken vor allem an Holzhämmer, aber auch an abrasive Substanzen, mit denen eine perfekte Glättung der Nieten und der Gefäßoberfläche zu erreichen war, an Herdaufsätze oder kleine Schmelztiegel, in denen man das Blei schmolz, um es in den kleinen Graben, der durch das Einrollen des Gefäßmundes entstand, zu gießen; vorher war der kleine Graben mit einem im Querschnitt runden Draht befestigt worden, wie man im Falle der Eimer von Remetea Mare und Sîg sehen konnte[69]. Ein interessantes Unterkapitel sind auch die einzelnen Schritte bei der Ausführung der Verzierung[70]. Skizzenhaft vorgezeichnete Muster, z.B. noch erkennbar auf den Innenwänden der Situla von Remetea Mare, machen die Existenz des Zirkels (zuletzt dazu Jockenhövel 1974, 16 ff.) und des Dornes wahrscheinlich. In diesem Zusammenhang müssen weiterhin die Säge, einige Arten von Zangen, besonders zur Bearbeitung des heißen Metalls, die Feile (deren größere Vergleichsstücke in der Nekropole von Hallstatt zu suchen sind) sowie die Geräte, mit denen der Draht ausgezogen wurde, erwähnt werden. Leider wurde ein komplettes "Set" von Arbeitsgeräten, d.h. entweder eine Werkstatt in situ oder ein Handwerkergrab, in Siebenbürgen bislang noch nicht gefunden[71]; der Zufallsfund von Timişoara II-Fratelia trägt zweifelsohne zu einer besseren Kenntnis dieser Problematik bei.

Was die Verbreitung der Hajdúböszörmény-Situlen in weitere Gebiete anbelangt, so glauben wir auch weiterhin (Medeleţ 1974), daß die reisenden Handwerker - das Wort scheint uns nicht übertrieben - die die Eimer an Ort und Stelle herstellten, die Hauptrolle dabei spielten. Daß der Inhalt der kleinen Werkstatt nicht innerhalb einer zeitgenössischen Niederlassung entdeckt wurde, scheint ein weiterer Beleg zugunsten unserer Meinung zu sein.

Eindeutige Vergleichsmöglichkeiten für den Fund von Timişoara II-Fratelia fehlen bisher, wodurch auch die chronologische Ansetzung erschwert wird. Ziehen wir den Gebrauchswert sowie die Form und die Verzierung der Gegenstände von Fratelia in Betracht, ist wahrscheinlich eine Ha B 1-Datierung nicht unwahrscheinlich, umsomehr, da im Laufe dieser Periode auch Hajdúböszörmény-Situlen geographisch weit verbreitet waren.

Manuskript abgeschlossen: 20. Februar 1981

---

[69] Patay 1969, 167 ff.; Medeleţ 1974, 95; Soroceanu/Lakó 1981, 145, 159.

[70] Eine schon von G. v. Merhart vorgelegte Idee.

[71] Viele interessante Beiträge zu unserem Thema wurden anläßlich der internationalen archäologischen Konferenz über "Kupfer- und Bronzemetallurgie in Mitteleuropa im 2. und in der 1. Hälfte des 1. Jahrtausends v. u. Z." (Legnica, 13.-17. 11. 1979) geliefert; vgl. die Bände Pamietnik Muzeum Miedzi 1 (Legnica 1982) und Archeologia Polski 27, 2, 1982.

Der Hortfund von Gioseni, Kr. Bacău, in der Moldau

Alexandru Vulpe, București, und Viorel Căpitanu, Bacău

Der Hort wurde bei Feldarbeiten im Februar 1989 zutage gebracht. Der Fundplatz befindet sich im südöstlichen Teil des Dorfes Gioseni, Gem. Tamași, Kr. Bacău, im Kartoffelhof des Einwohners Mihai Andrei, etwa 20 m von der Landstraße Bacău-Parincea entfernt, auf der hohen, linken Terrasse des Flusses Siret, in einer Zone, wo mehrmals Erdrutsche stattfanden. Es ist demnach anzunehmen, daß die Bronzen höchstwahrscheinlich in sekundärer Position gefunden wurden, und zwar etwa 40-50 m von der ursprünglichen Deponierungsstelle entfernt. V. Căpitanu begab sich an Ort und Stelle und führte eine begrenzte Sondage (1 m², bis zu 60 cm Tiefe) durch, wobei die Drahtfragmente Nr. 29 und 30 gefunden wurden, jedoch konnte er keine Grubenspuren ermitteln. Der Fund bestand angeblich aus mindestens 35 Bronzen, wovon der Finder zwölf Stück dem Museum Bacău übergab, während die anderen in den Besitz verschiedener Dorfeinwohner geraten sind. Es besteht also die Möglichkeit, daß künftig weitere Gegenstände auftauchen werden. Das Material wird im Museum Bacău unter Inv. Nr. 32272-32306 aufbewahrt.

Beschreibung der Funde

1. Tüllenbeil (Inv. Nr. 32272; Abb. 2,8) mit vertikaler Rippenzier, am Rand ansetzend. Sechs Rippen auf einer Seite, sieben auf der anderen. Gegen die Schneide zu sich verbreiternde Klinge. Sauberer Zustand: Gußnaht nur auf der Ösenkante sichtbar. Rezente Schleifspuren auf der Schneide; diese scheint jedoch auch in der Antike geschärft gewesen zu sein. Hellgrüne Patina.
L. 10,8; Gew. 225.

2-20. Tüllenbeile vom siebenbürgischen Typ (Inv. Nr. 32273-32291). Auffallend gleiche Gestaltung und Ausmaße; es scheint, als ob alle 19 Stücke in derselben Gußform gegossen wären (vgl. bei den Querschnitten den Unterschied zwischen linken und rechten Seiten). Kein Exemplar weist Gebrauchsspuren auf: die Schneiden sind ungeschliffen (Nr. 9,12,18 wurden vom Finder geschliffen) und auf der Mitte des Schneidenrandes sieht man bei den Beilen Nr. 4,5,10,15-17,20 und vielleicht auch bei Nr. 7,8,14,18 eine 5 bis 10 mm lange, kaum fühlbare Rippe, die sehr wahrscheinlich den Rest des Zapfens des Entgasungskanals darstellt. Auf dem Tüllenbeilrand der Nr. 4,5,10,15-18 sind kleine Erhebungen bemerkbar, die als Reste des Einguß- bzw. des Steigekanals interpretiert werden könnten. Es ist anzunehmen, daß alle Stücke durch dasselbe Verfahren hergestellt wurden. Gußnähte sind bei allen Exemplaren deutlich, besonders hervorragend bei Nr. 3,5,17. Die Klingenbahn der Beile Nr. 2,6,10,12,13,17,18 ist von der Tüllenpartie leicht abgesetzt, ein Merkmal, das auf das Eingußverfahren zurückzuführen ist bzw. eine leichte Bewegung des Kernes während des Eingusses belegt. Mit Ausnahme der Stücke Nr. 13,17,18, die eine braun-grüne Patina aufweisen, zeigen die übrigen Exemplare eine grüne, zum Teil hellgrüne Oberfläche. Moderne Schleifspuren und Ritzungen sind vor allem auf den Beilen Nr. 9,11,12,18 sichtbar. Die Länge variiert zwischen 10,3 und 10,8 cm; zieht man aber nur den Abstand vom Schaft- zum Schneidenrand in Betracht, so ist die Einheit der Längen sehr auffallend: zwischen 10 u. 10,1 cm.

Nr.	Gesamtlänge	Länge vom Schaft- zum Schneidenrand	Gewicht	Inv. Nr.	Abb.
2	10,8	10	179	32273	1,5
3	10,5	10,1	194	32274	1,1
4	10,7	10,1	187	32275	1,6
5	10,7	10	186	32276	1,3
6	10,5	10	188	32277	2,4
7	10,3	10,1	195	32278	1,4
8	10,5	10,1	183	32279	1,11
9	10,2	rezent geschliffen	182	32280	2,3
10	10,8	10,1	190	32281	2,5
11	8,7	fragmentarisch	169	32282	2,7
12	10	rezent geschliffen	184	32283	1,10

13	10,4	10	184	32284	1,7
14	10,4	10,1	187	32285	1,8
15	10,6	10	177	32286	2,2
16	10,7	10,1	200	32287	1,12
17	10,6	10,1	199	32288	1,2
18	10,6	10,1	200	32289	2,6
19	10,4	10,1	190	32290	2,1
20	10,5	10,1	195	32291	1,9

21-24. Hakensicheln (Inv. Nr. 32292-32296). Dunkelgrüne Patina. Nr. 21 und 22 sind auffallend ähnlich. Die Blattbiegung zum Griff ist abgerundet. Gußzapfen am Blattrücken und am unteren Griffrand (die allgemein glatte Rückseite ist an diesen Stellen etwas geschwollen). Beide Stücke weisen Spuren von Hämmerung auf der vorderen Blattseite auf, auch auf der Rückseite sichtbar; sie wurden mit einem stumpfen Gegenstand ausgeführt und dienten zur Verdünnung des Blattes. Der Schneidenbereich wurde nachträglich geschliffen. Auf beiden Exemplaren bemerkt man eine kleine, kreisförmige Vertiefung (größer bei Nr. 21) auf der Rückseite des Hakens. Nr. 23 weist zwei Gußzapfen auf dem Blattrücken auf. Schneide nachträglich gehämmert und geschliffen. Aderförmige Gußunreinheiten sind auf der Rückseite des Blattes sichtbar. Bei der Sichel Nr. 24 ist der Griff vom Blatt fast rechteckig abgebogen. Dieses Stück wurde sorgfältig bearbeitet (der Gußzapfen auf dem Blattrücken ist kaum noch bemerkbar), hat aber auf dem Griffende einen mächtigen Gußzapfen, der vielleicht um eine bequemere Handhabung zu erzielen, nicht abgebrochen wurde. Das Blatt wurde gehämmert und nachträglich geschliffen. Alle Stücke waren gebrauchsfertig.

Nr.	Länge	Gewicht	Inv. Nr.	Abb.
21	16,8	100	32292	3,6
22	17,3	107	32294	3,8
23	18,3	114	32295	3,9
24	17,9	174	32296	3,10

25. Zungensichel (Inv. Nr. 32293; Abb. 3,7). Hellgrüne Patina. Der Griff ist mit drei senkrechten Rippen versehen, wobei die innere und die äußere mit Dellen besetzt sind (die letztere geht abbiegend in die Blattrückenverdickung über). Gußzapfen auf dem Blattrücken. Schneidenrand geschliffen.
L. 16,5; Gew. 103.

26. Glockenförmiger Gegenstand (Fransenbesatzstück?) (Inv. Nr. 32297; Abb. 3,1) mit einer kalottenförmigen Basis und einer langen, angeschmolzenen Röhre. Diese ist leicht facettiert und durchdringt die Kalotte nicht (an dieser Stelle, auf der Innenseite, wurde eine Blechplatte angeschmolzen [b]). Der Rand der kalottenförmigen Partie ist leicht ausladend. Auf der Innenseite ist eine Reparatur zu erkennen: eine schmale angeschmolzene Platte stopft ein kleines Loch zu [a]). Dunkelgrüne Patina.
H. 9; Gew. 122.

27. Massiver Armring (Inv. Nr. 32298; Abb. 2,13) mit schräg- und querangesetzten Kanneluren, die von fein eingravierten Linien durchzogen sind, verziert. Der Dekor befindet sich nur auf den Endpartien. D-förmiger Querschnitt. Das Stück wurde äußerst sauber gefertigt (vermutlich in verlorener Form) und weist eine bläulich-grüne, glänzende Patina auf.
D. 7,8; Gew. 143.

28. Armring (Inv. Nr. 32299; Abb. 2,12) mit verjüngten Enden. Runder Querschnitt. Deformiert. Hellgrüne Patina.
L.(Abstand zwischen Endspitzen) 8,5; Gew. 22.

29. Drahtspirale (Inv. Nr. 32300; Abb. 2,9) mit rechteckigem Querschnitt. Wahrscheinlich Seitenspirale einer Posamenteriefibel. Grasgrüne Patina.
D. 3,2; Gew. 9.

30. Drahtfragment (Inv. Nr. 32302; Abb. 2,10) mit rechteckigem Querschnitt. Vermutlich Teil von Nr. 29. Gleiche Patina wie Nr. 29.
D. 3,2; Gew. 2,5.

31. Henkelfragment eines Gefäßes (Inv. Nr. 32301; Abb. 2,11). Rechteckiger Querschnitt. Das Stück wurde durch je ein Niet am Gefäßkörper (bzw. -rand) befestigt, wie es die Spur eines Kreises um das erhaltene Loch beweist. Hellgrüne Patina.
L. 7,2; Gew. 12.

32. Klingenfragment eines Schwertes (Inv. Nr.32303; Abb. 3,4). Zwei gegen die Spitze zu sich verjüngende Riefen flankieren die Schneide. Dunkelgrüne Patina.
L. 9,2; Gew. 84.

33. Klingenfragment eines Schwertes oder Speeres (Inv. Nr. 32304; Abb. 3,2). Hervorragende Mittelrippe. Gravierte Linien parallel zur Schneide laufend und gegen die Spitze zu sich verjüngend. Gußschalen während des Gusses ein wenig verschoben. Bläulich-grüne Patina.
L. 11,6; Gew. 62.

34. Blattfragment eines Speeres (Inv. Nr. 32305; Abb. 3,3). Mächtige Mittelröhre. Je zwei zur Schneide hin laufende eingravierte Linien. Dunkelgrüne Patina auf einer Seite, heller auf der anderen.
L. 9,8; Gew. 175.

35. Dünne Bronzestange (Inv. Nr. 32306; Abb. 3,5). Das zugespitzte Ende diente als Ahle, das verbreiterte als Meißel. Das Stück wurde wahrscheinlich in offener Form gegossen und durch Hämmern im warmen Zustand bearbeitet. Patina rezent entfernt.
L. 14,8; Gew. 22.

Die 20 Tüllenbeile sind alle vom sog. siebenbürgischen Typ. Nr. 2-20 gehören nach der Definition von M. Rusu der Hauptvariante B an, während Nr. 1 annähernd der Variante B5 entspricht (Rusu 1966, 23 ff.). Mangels einer grundsätzlichen, eingehenden Typologie der südosteuropäischen Tüllenbeile[1] sei hervorgehoben, daß bei den Stücken Nr. 2-20 die plastisch erhabene dreieckige, nicht spitzzulaufende Mittelpartie gerade verlaufende Linien aufweist, nicht leicht eingezogene, wie es der Fall bei vielen Exemplaren der siebenbürgischen Art ist; dieses Merkmal kennzeichnet die Variante B4 (Rusu). Ohne hier auf die Verbreitung dieser Variante einzugehen, sei jedoch bemerkt, daß die meisten Analogien in Ostsiebenbürgen und in der Moldau zu finden sind[2]. Das Beil Nr. 1 unterscheidet sich von der von M. Rusu bestimmten B5-Variante durch die gleiche Länge der am Tüllenrand ansetzenden vertikalen Rippen. Beim gegenwärtigen Stand der Forschung kann man nichts Prinzipielles gegen die von M. Rusu vorgeschlagene Zeitstellung für die Varianten B4 und B5 - d.h. Hortstufe Cincu-Suseni - einwenden (Rusu 1966, 26; ders. 1963, 84 ff.).

Die Hakensicheln Nr. 21-23 können dem von Petrescu-Dîmboviţa bestimmten Typ Cristian-Drajna zugeschrieben werden. Sie kommen sowohl in Horten der Stufe Uriu als auch in denen der Gruppe Cincu-Suseni vor (Petrescu-Dîmboviţa 1978, 60 Taf. 16 B). Ihre Verbreitung umfaßt hauptsächlich Mittel- und Ostsiebenbürgen, aber auch stellenweise die Moldau (ebd. 61 Taf. 295 B). Für das letztgenannte Gebiet seien hier die unseren Sicheln sehr ähnlich gestalteten Exemplare aus dem etwa 50 km südlich von Gioseni, gleichfalls im Siret-Tal liegenden Depotfund von Ciorani, Kr. Vrancea, erwähnt[3]. Die Sichel Nr. 24 ist, betrachtet man die betont rechteckige Abbiegung des Griffes vom Blatt, dem Typ Micăsasa-Drajna zuzuweisen (Petrescu-Dîmboviţa 1978, 58 Taf. 16 A). Die Zungensichel Nr. 25 gehört zum Typ Uioara 1 und begegnet häufig in den Horten der Stufe Cincu-Suseni[4]. Bemerkenswert ist, daß Zungensicheln vom erwähnten Typ selten im außerkarpatischen Bereich anzutreffen sind, in der Moldau bislang sogar unbekannt sind (ebd. 56 Taf. 292 A).

Nr. 26 stellt sehr wahrscheinlich ein in der Fachliteratur als Fransenbesatzstück bezeichneten Gegenstand dar (Mozsolics 1985, 73). Seine reale Funktion bleibt jedoch weiterhin fraglich; im vorliegendem Fall besteht der Zweifel in der Tatsache, daß die Röhre zur Kalotte keine Öffnung hat (ob der Zugang Röhre-Kalotte nachträglich zugestopft wurde, wie es etwa das angelötete Blechstück andeuten könnte [Abb. 3,1], kann

---

[1] Neuerdings siehe Wanzek 1989 a, 96, 138. Einige Details der technischen Beschreibung unserer Tüllenbeile verdanken wir der Lektüre dieses Werkes.

[2] So: Bozia, Kr. Vaslui (Petrescu-Dîmboviţa 1978, 109 Taf. 57 B,7); Doljeşti, Kr. Iaşi (ebd. 109 Taf. 59 B,1); Negreşti, Kr. Vaslui (ebd. 110 Taf. 63 A,3); Guşteriţa II, Kr. Sibiu (ebd. 120 Taf. 104,19.20.22); Ormeniş, Kr. Braşov (ebd. 123 Taf. 123 A,5); Popeşti, Kr. Cluj (ebd. 124 Taf. 129 C,5); Şpălnaca II, Kr. Alba (ebd. 127 ff. Taf. 140 B,16); Ilişeni, Kr. Botoşani (ebd. 136 Taf. 211 B,1.2); Socu, Kr. Gorj (ebd. 136 Taf. 214 A,1.2); Firtuşu, Kr. Harghita (ebd. 156 Taf. 273 C,1). Im RGZM befindet sich ein ähnliches Exemplar, das aus einer Privatsammlung herrührt (Kibbert 1984, 122 Taf. 43, 556); mit Recht wurde eine Provenienz aus dem Karpatenraum angedeutet.

[3] Petrescu-Dîmboviţa 1964, 255 ff. Abb. 3,2-7 und ders. 1978, 109 Taf. 58 A (der Fund wurde der Hortstufe Băleni zugeschrieben, die z.T. der Stufe Uriu entspricht, jedoch sehr wahrscheinlich noch später fortdauert).

[4] Petrescu-Dîmboviţa 1978, 26 Taf. 2 A (siehe insbesondere Nr. 380 aus dem Hort von Cincu) und 53 (Zeitstellung).

vielleicht künftig durch eine Röntgenaufnahme geklärt werden). Als Fransenbesatzstück könnte die vorliegende Bronze zur Verzierung des Pferdegeschirrs (etwa auf Lederschalanken oder als Stirnornament) gedient haben, wohl aber auch als Federhalter auf der Spitze eines Lederhelms. Ähnliche Exemplare kommen in den Horten der Stufe Kurd (= Cincu-Suseni) von Rétközberencs, Tibolddaroc und Vajdácska vor[5].

Das Armband Nr. 27 gehört zu den massiven Armbänder, die meist reich verziert (eingraviert oder gerippt), aber auch undekoriert, bereits aus Horten der älteren Urnenfelderzeit, vor allem aber aus der Stufe Cincu-Suseni (Ha A) bekannt sind. Da wir für unser Exemplar keine genau entsprechende Parallele anführen können, so seien in der Anmerkung einige förmenmäßig analoge Stücke erwähnt, die alle aus Depots der Stufe Cincu-Suseni stammen[6].

Die Drahtfragmente Nr. 29 und 30 stellen wahrscheinlich Seitenspiralen von Posamenteriefibeln vom Typ Rimavská Sobota dar[7]. In der Moldau sind bisher zwei Funde bekannt, in denen auch paarweise solche Fibeln vertreten sind: Rafaila und Bîrlad (Bader 1983, Nr. 32-35,Taf. 7,32-34; 8,35); es besteht also auch in unserem Falle die Möglichkeit, daß die Fibeln dieser Art ursprünglich zu zweit deponiert wurden. Ihre Datierung in die Zeitspanne der Hortstufen Cincu-Suseni bis Moigrad-Tăuteu (Ha B 1) läßt sich durch den Zusammenhang der angeführten zwei Horte andeuten (ebd. 49 ff.).

Das Henkelbruchstück Nr. 31 stammt sicherlich von einer Tasse vom Typ Blatnica[8], dessen Verbreitungsgebiet hauptsächlich die Slowakei, Ostungarn und Siebenbürgen umfaßt; der Typ ist aber stellenweise auch in Mitteleuropa vertreten (Müller-Karpe 1959, 157 f.).

Das Klingenfragment Nr. 32 stammt vielleicht von einem Griffzungenschwert, dessen genauer Typ unmöglich zu bestimmen ist (Alexandrescu 1966, 134 Taf. 14-21). Andererseits wird man wohl das Fragment Nr. 33, zieht man den stark profilierten Querschnitt in Betracht[9], eher als Lanzenspitze denn als Klingenspitze eines Schwertes bestimmen.

Abschließend sei bemerkt, daß alle typologischen Merkmale der Bronzen von Gioseni auf die Hortstufe Cincu-Suseni hinweisen, die in ihrer Gesamtheit die erste Periode der älteren rumänischen Hallstattzeit überdeckt. Es wurde schon betont, daß sich Depots der Suseni-Gruppe auf eine längere Zeitspanne ausdehnen, die sehr wahrscheinlich die ganze Ha A-Periode umfaßt. Dieser Fakt wird erst evident im Falle der wenigen Horte der sog. Jupalnic-Gruppe (das gleiche gilt für Ungarn mit der Gyermely-Stufe; Mozsolics 1985, 76 ff.), die der Ha A2-Unterstufe zugewiesen wurden und die vielleicht tatsächlich etwas später als viele Horte vom Typ Suseni anzusetzen sind, nicht aber unbedingt eine bestimmte Zeitstufe charakterisieren, da manche Bronzeformen (z.B. Sicheltypen u.a.) eben in dieser vermeintlichen Hortstufe fehlen (Vulpe 1981, 429). Das

---

[5]Mozsolics 1985, 182 Taf. 193,9; 202 Taf. 148,6; 210 Taf. 207,3; weitere drei Exemplare stammen aus einem angeblichen Bronzehort, vielleicht aus "Crişana"; die Fundumstände sind mir unbekannt. Die Funde wurden mir vor etwa 20 Jahren gezeigt, und bei dieser Gelegenheit konnte ich sie auch zeichnen (Privatslg.; Aufbewahrungsort unbekannt); vgl. Petrescu-Dîmboviţa 1978, Taf. 156 D,1-3, der von mir (A. Vulpe) die Angaben bekam, zitiert irrtümlicherweise auch Mitt. M. Rusu.

[6]Dumbrava, Kr. Timiş (Petrescu-Dîmboviţa 1978, 119 Taf. 99 A,3; die nächste Analogie); Berzasca, Kr. Caraş-Severin (ebd. Taf. 81 B,1); "Hunedoara" I (ebd. 122 Taf. 118 C,4); Şpălnaca II, Kr. Alba (ebd. 127 ff. Taf. 154,505.507; 155, 532.533; 156,538); Uioara, Kr.Alba (ebd. 132 ff. Taf. 203,1159.1161.1162).

[7]Bader 1983, 41 ff.; vgl. auch Rezension Vulpe 1987, 477.

[8]Patay 1990, 51 ff. Taf. 37,74.75; 38; 39.79; vgl. auch Mozsolics 1985, 48 (datiert den Typ in den Horizont Kurd). Patay zufolge umfaßt die Zeitstellung der Tassen vom Typ Blatnica auch die letzte bronzezeitliche Stufe, obwohl die Mehrheit der Exemplare aus Horten der Stufe Ha A herrührt. Aus Rumänien seien hier die Tassenfragmente aus den Horten von Suseni (Petrescu-Dîmboviţa 1978, 127 Taf. 136,28) und Uioara (ebd. Taf. 189,699) angeführt.

[9]Vgl. ähnlich profilierte Lanzenspitzen: Cincu, Kr. Braşov (Petrescu-Dîmboviţa 1978, 117 Taf. 89,30.31); Guşteriţa II, Kr. Sibiu (ebd. 120 Taf. 115,269-271); Pecica II, Kr. Arad. (ebd. 124 Taf. 125,36); Suseni, Kr. Mureş (ebd. 127 Taf. 136,31) Şpălnaca II, Kr. Alba (ebd. 127 ff. Taf. 152,405); Uioara, Kr. Alba (ebd. 132 ff. Taf. 197,993); alle angeführten Exemplare stammen aus Horten der Stufe Cincu-Suseni. Aus Ungarn seien hier beispielsweise Stücke aus den Depots von Bükkaranyos I (Mozsolics 1985, Taf. 1,12) und Bükkaranyos II (ebd. Taf. 3,9 u. f.) zitiert, die dem Horizont Aranyos zugeteilt wurden; andere Exemplare aus dem Horizont Kurd: Bonyhád (ebd. Taf. 36,10.11), Palotbozsoh (ebd. Taf. 74,5), Márok (ebd. Taf. 91,34) und viele andere.

Problem scheint gelöst, wenn man einen Sakralcharakter bei den meisten Depots annähme: sie bilden keine Fundhorizonte (wie etwa später die Münzhorte), sondern sind mehrere Jahrhunderte lang nach und nach deponiert worden; die Depots (wohl auch viele Einzelfunde) folgen fließend eins auf das andere, da sie bei bestimmten, immer wiederkehrenden Gelegenheiten der Erde anvertraut worden sind[10]. Dies ist also der Grund, weshalb wir den Hort von Gioseni nicht präzise datieren möchten, sondern innerhalb einer etwa zwei Jahrhunderte dauernden Zeitspanne ansetzen.

Der hier behandelte Hort von Gioseni wiegt im gegenwärtigen Zustand 5,046 kg, wovon 3,794 kg den Tüllenbeilen, 0,598 kg den Sicheln und 0,654 kg den übrigen Bronzefragmenten zukommt. Leider, wie eingangs betont wurde, gestattet die vermutlich unvollständige Zusammensetzung des Depots keine Beurteilung der ideellen Bedeutung dieses Gewichtes. Man könnte höchstens annehmen, daß es sich um einen hauptsächlich aus Tüllenbeilen und Sicheln gebildeten Hort handelt, während die fragmentarischen Stücke - mit Ausnahme des Armbandes Nr. 27 - hinzugetan wurden, um ein bestimmtes Gewicht zu erreichen, das bei der Deponierungszeremonie verlangt wurde[11].

Nachtrag

Unlängst wurde von einem Einwohner aus Gioseni ein weiterer Gegenstand, der zusammen mit den vorgelegten Bronzen gefunden wurde, vom Museum Bacău erworben.

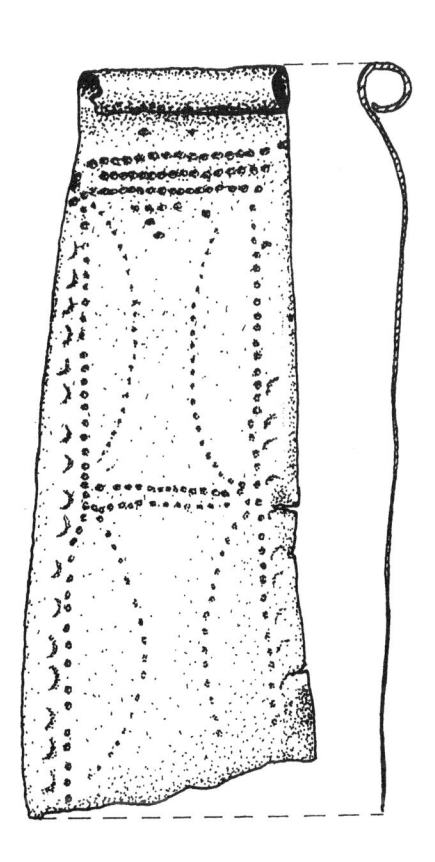

36. Fragmentarische Gürtelplatte (Inv. Nr. 133.055, Abb. 3) aus dünnem, aber sehr festem Bronzeblech; an einem Ende eingerollt. Die Verzierung auf der Oberseite besteht aus fein gravierten Linien und Punzierungen. Das in der mittleren Partie dargestellte doppelaxtförmige Dekor besteht aus oberflächlich ausgeführten Punkten, die jeweils von einer gravierten Linie begleitet sind. Das Stück wurde vom Finder gereinigt und aufgerieben, die ursprünglich angeblich grasgrüne Patina entfernt. Dadurch wurde die Verzierung zum Teil verwischt. Die mit a notierte gravierte Linie ist nicht sicher antik.

L. 9,8; Gew. 26.

---

[10]Diese Meinung wurde von demselben Autor auch andernorts vertreten: Nistor/Vulpe 1974, 16; Căpitanu/Vulpe 1985, 499 und kürzlich Vulpe 1988, 194.

[11]Ein vorläufiger Bericht über das Depot von Gioseni wurde von V. Căpitanu während des XIII. Symposiums für Thrakologie (Satu Mare 1990) vorgetragen und erschien in: Symposia Thracologica 8, 1990, 137 ff.; zu der Zeit bestand aber der Fund nur aus 27 Bronzen. Eine rumänische Variante des vorliegenden Aufsatzes erschien in Carpica 20, 1989, 69-81 (nur mit Photographien abgebildet).

Abb. 1. 1-12 Depotfund von Gioseni. M. 1:3

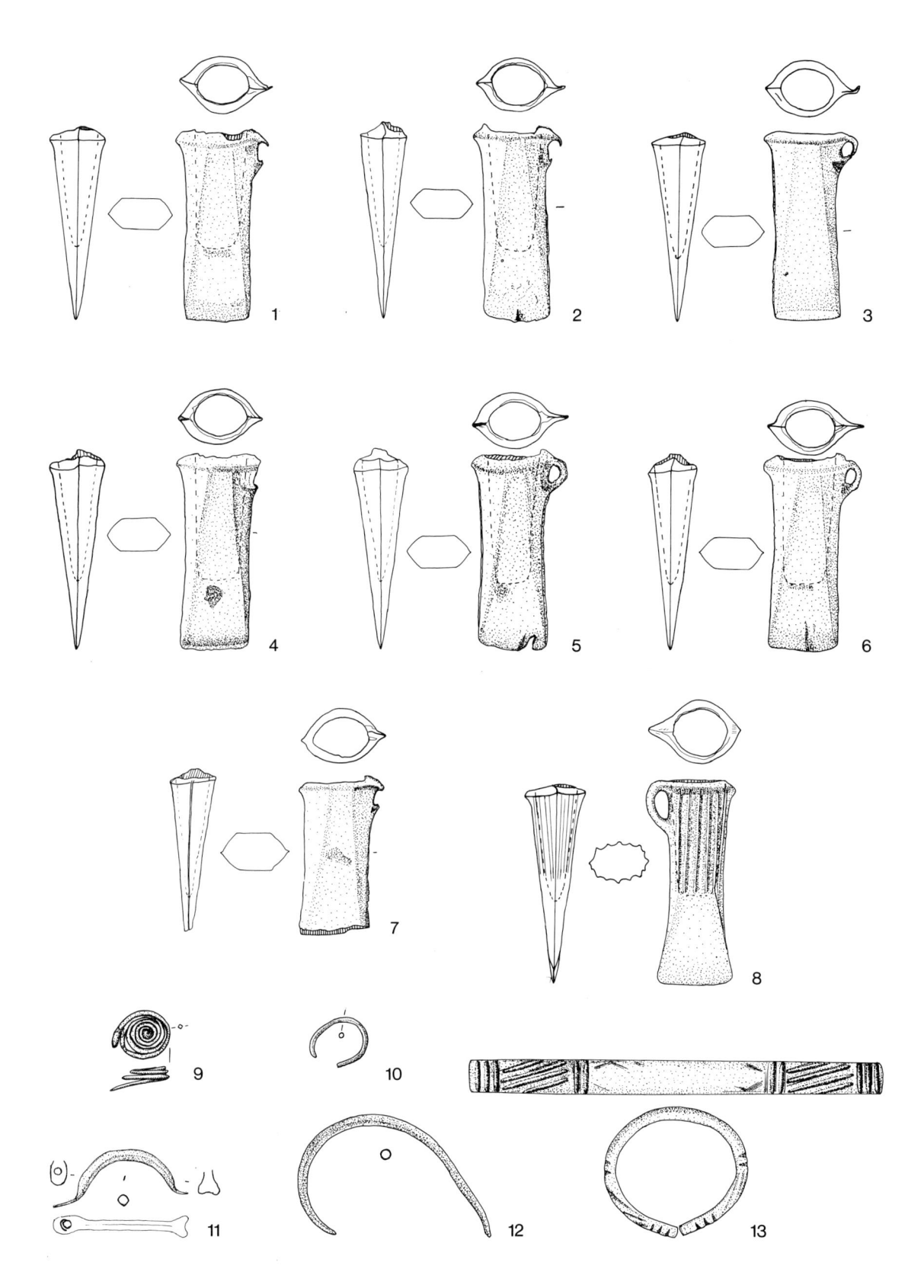

Abb. 2. 1-13 Depotfund von Gioseni. M. 1:3

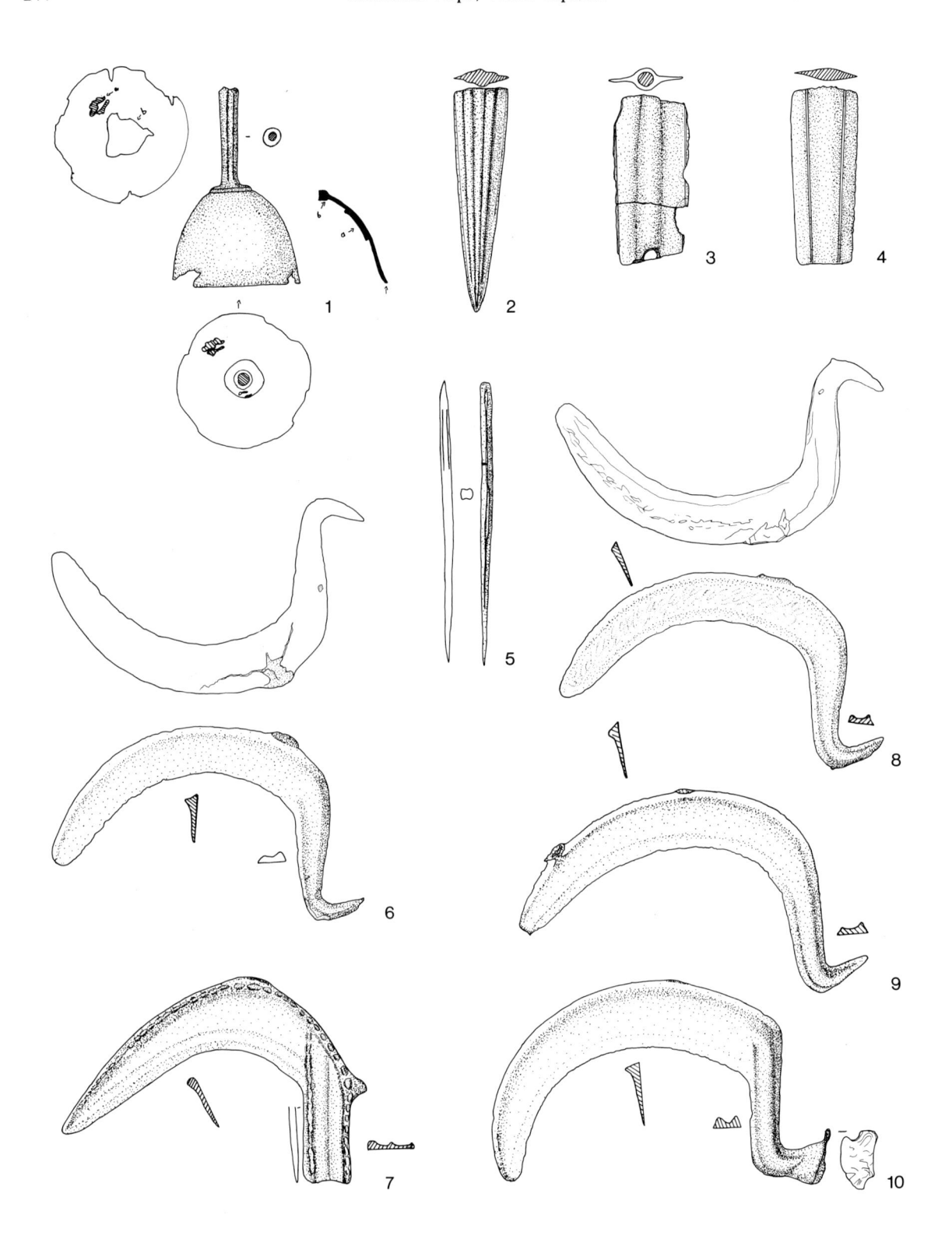

Abb. 3. 1-10 Depotfund von Gioseni. M. 1:3

Archäologische Funde aus Brădiceşti, Kreis Iaşi (I)[1]

Constantin Iconomu, Iaşi

Im Rahmen der archäologischen Ausgrabungen, die 1977 bis 1980 auf der Ortsflur "Odaie" des Dorfes Brădiceşti, Gem. Dolheşti, Kr. Iaşi, (Taf. XI,1-3) unternommen wurden, kam - außer den Siedlungskomplexen, die der Eisenzeit, dem 2.-4. Jh. oder der Răducani-Kultur zugeschrieben werden können - auch eine Reihe von Funden ans Tageslicht, die wegen ihrer besonderen Wichtigkeit eine getrennte Behandlung verlangen. An dieser Stelle möchten wir einen im Sommer 1980 entdeckten Depotfund vorstellen; er besteht aus Steingußformen, die zum Gießen von Fibeltypen, Tüllenbeilen, Knöpfen und anderen Bronzegegenständen dienten[2].

Mit Ausnahme der Gußformen Nr. 7 und 8 (laut unserer Bezifferung) wurden die übrigen Stücke mit der Vorderseite nach unten, in einer Tiefe von 0,40 m entdeckt; da diese Schicht häufig durch Feldarbeiten gestört wurde, war es im Laufe der Ausgrabungen nicht möglich, den Umriß der Grube, in der die Gegenstände niedergelegt worden waren, deutlich zu erkennen. Infolge einiger moderner oder älterer Störungen wurden zwei Stücke (Nr. 13 und 8) um 1 bzw. 1,5 m und ein drittes (Nr. 9) um 0,10 m von dem Niederlegungspunkt verschoben (Abb. 1)[3].

In demselben Schnitt fand man in der Nähe der Gußformen auch einen vollständig erhaltenen Tonseiher, der lediglich hypothetisch mit den oben erwähnten Funden in Zusammenhang gebracht werden kann. Um die Gußformen herum wurden mehrere zerstreute Steine und Hüttenlehmfragmente gefunden, die nicht zu diesem Befund gehören

Berücksichtigen wir auch die drei verstreuten Fundstücke mit, besteht der Depotfund aus folgenden Gegenständen: zehn Gußschalen aus Sandstein, eine auf einer Seite geebnete Steinplatte, auf die nur ein Einguß graviert wurde, ein Reibstein (?), ein Schleifstein, der gleichfalls als Reibstein benutzt wurde, und ein Tonseiher[4]. Von den vierzehn Fundstücken sind die zehn Steingußschalen die wichtigsten.

Bevor wir mit der Beschreibung der Gegenstände beginnen, soll erwähnt werden, daß in die ganz erhaltenen Gußformen Gips gegossen wurde; auf diese Weise wurden Abgüsse hergestellt, die die Beschreibung und die entsprechende Abbildung der anhand dieser Gußformen in der Vergangenheit gegossenen Gegenstände erlauben.

Beschreibung der Funde

1. Gußform (Abb. 2,16; Taf. XII,5; Abguß). Es ist eine annähernd rechteckige Sandsteinplatte; die kurzen Seiten wurden schief gekantet und eine der langen etwas abgerundet, so daß das Stück eine asymmetrische Form hat, wobei die kurzen Seiten 8,8 bzw. 9,1 und die langen 12,3 bzw. 10,7 cm messen; die größte Dicke der Platte mißt 2,3 cm. Auf der sorgfältig geglätteten Vorderseite hat man eine Form ausgemeißelt, die zum Gießen einer bogenförmigen Bronzefibel mit dreieckigem Querschnitt diente. Auf dem Bogen der Fibel befinden sich symmetrisch angeordnete Rippen; an den Bogenenden sind sie doppelt, während sie sich am breitesten Teil des

---

[1] Die rumänische Fassung der vorliegenden Studie erschien in Cercetări Istorice 14-15, 1983-1984. Die Übersetzung des rumänischen Textes wurde von Tudor Soroceanu übernommen.

[2] Für wertvolle Ratschläge und bibliographische Hinweise ist Verf. den Herren Al. Vulpe, T. Bader, Em. Moscalu und A. László zu großem Dank verpflichtet.

[3] Die Gußform Nr. 2 ist weder photographisch noch zeichnerisch (Abb. 1) wiedergegeben, weil sie zufälligerweise aus dem **in situ** ausgehoben wurde.

[4] Die Gußformen wurden aus einem vorwiegend grobkörnigen (oolithischen) und mittelharten Sandstein - um das Ausmeißeln zu erleichtern - gearbeitet, während der Schleifstein (Nr. 12) aus härterem Sandstein hergestellt wurde. Auch an dieser Stelle sei Prof. Dr. Viorel Erhan, Leiter des Lehrstuhls für Geologie an der "Al. I. Cuza-Universität", wegen der Bestimmung der Gesteine dankend erwähnt.

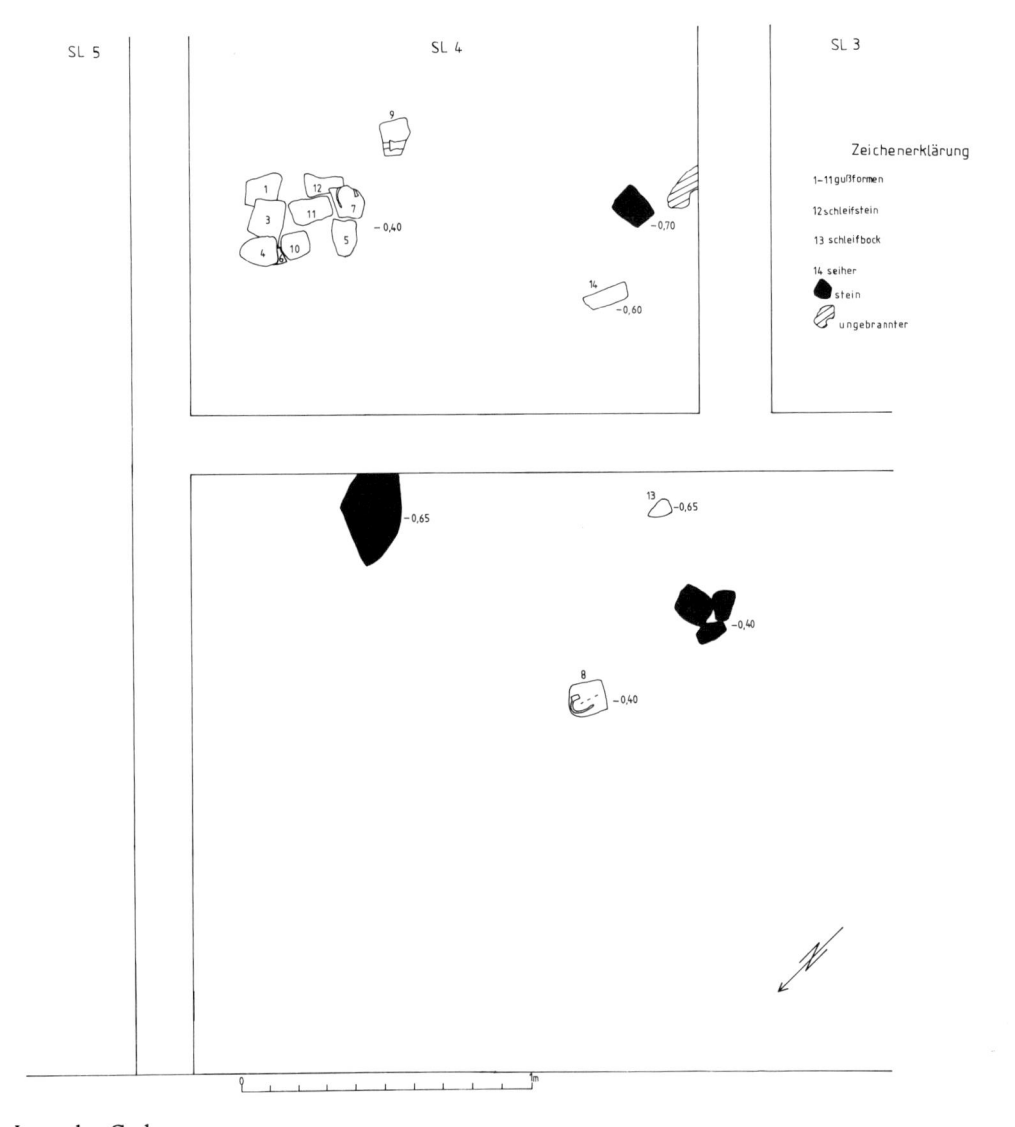

Abb. 1. Lage der Grabung

Bogens zu einer Rippe vereinen. Bei den doppelten Rippen kann festgestellt werden, daß die eine erhabener als die andere ist. Der längliche, trapezförmige Fuß zeigt einen dünnen, rechteckigen Querschnitt. Nach dem Gießens bekam man eine unvollendete Fibel, deren Länge 6,9 cm betrug, während die Höhe (die Länge der Nadel ausgeschlossen) 5,5 cm maß. Die dem Guß folgenden Arbeitsgänge bestanden aus dem Biegen der Nadel und aus der Einrollung des Fußendes, was zur Vervollständigung der Feder führte; dabei verminderte sich die mögliche Höhe der Fibel auf 4,5 cm.

Die Gußschale zeigt einen eingravierten, dreieckigen Einguß an der Mittelrippe. Graue Flecken auf der ausgemeißelten Fläche sowie - weniger zahlreich - auf der Rückseite lassen eine Verwendung des Stückes vor der Niederlegung vermuten. Die hervorragende Glättung der Platte sowie die Genauigkeit, mit der die Höhlungen eingetieft wurden, weisen auf die Sorgfalt der Handwerker hin.

2. Gußform (Abb. 2,17; Taf. XII,6; Abguß). Sie wurde aus einer annähernd rechteckigen Platte mit unregelmäßigen Seiten hergestellt. Drei Ecken sind abgerundet, eine ist spitz. Die kurzen Seiten messen 9,9 bzw. 8,4, die langen 12,2 bzw. 10,1 cm. Die größte Dicke der Platte beträgt 2,2 cm. Die Fibel, die in dieser Form gegossen wurde, ist der aus Form 1 ähnlich. Ihre Länge mißt 5,6 und die Höhe - ohne die Länge der Nadel zu berücksichtigen - 4,6 cm. Als vollendetes Stück wäre die Höhe etwa 4 cm, abhängig von der Einrollung des trapezförmigen Fußendes. Nicht nur durch die Masse unterscheidet sich das vorliegende Stück vom vorangehenden: die Fibel hat auch drei einfache Rippen, die symmetrisch auf dem Bogen angebracht sind. Der annähernd halbzylindrische, nach außen leicht getrichterte konische Einguß wurde an der Mittelrippe ausgemeißelt. Beide Breitseiten zeigen schwarze und graue Flecken sowie oberflächliche Hitzerisse. Auch diese

Gußform wurde sorgfältig hergestellt.

3. Gußform (Abb. 2,20; Taf. XII,8; Abguß). Sie wurde aus einer annähernd trapezförmigen Sandsteinplatte hergestellt; die Ecken sind entweder abgeschnitten, abgerundet oder spitz; drei Seiten sind unregelmäßig behauen (10,2 x 9,8; 9,7 x 8,7; größte D. 1,5 cm). Die Fibellänge mißt 5,8 und die Höhe (ohne Nadel) 4,8 cm. Nach der Vollendung verminderte sich die Höhe auf ungefähr 4 cm. An der Mittelrippe wurde ein trichterförmiger, wenig vertiefter Einguß ausgemeißelt. Die Oberfläche der Gußschale zeigt braune und rosa Flecken, der rechte Teil hat Risse, die entweder beim Gießen oder bei der nachlässigen Abtrennung des Stückes von einer größeren Steinplatte entstanden.

4. Gußform (Abb. 2,15; Taf. XII,7; Abguß). Es ist eine annähernd dreieckige Platte, deren Länge 12,3 und deren Breite 7 cm beträgt. Die Ecken sind abgerundet und die Kanten bekamen eine unregelmäßige Form. Die größte Dicke der Platte ist 1,8 cm. Links vom Einguß kann noch ein kurzes Stück einer geraden Einritzung beobachtet werden, was deutlich darauf hinweist, daß die nicht genau entlang der Einritzung abgebrochene Platte von einer größeren abgetrennt wurde. Auf der geebneten Oberfläche wurde eine den vorangehenden ähnliche Fibel, jedoch mit kleineren Maßen, ausgemeißelt (L. 5,8; H. ohne Nadel 3,9; endgültige H. 3,2 cm). Von den drei auf dem Fibelbogen symmetrisch eingravierten Rippen ist die mittlere grob und unvollständig eingemeißelt. An der Windung der zukünftigen Feder zeigt die Nadel eine oberflächlich eingeritzte Rippe; bei der Mittelrippe befindet sich der trichterförmige Einguß. Kleine ovale Vertiefungen sind eher natürlichen Ursprungs und keine Paßmarken der Gußschalen. Die Gußform zeigt im Inneren des Eingusses Hitzerisse, während auf der Oberfläche graue Flecken zu bemerken sind.

5. Gußform (Abb. 2,22; Taf. XII,4). Sie hat dieselbe unregelmäßige Form wie die vorangehenden; die Kanten sind teilweise abgerundet, teilweise eckig. Die Länge mißt 11, die größte Breite 9 und die größte Dicke 2,3 cm. Auf der abgeflachten Vorderseite wurde eine den vorangehenden sehr ähnliche Fibel eingraviert (L. 5,8; H. ohne Nadel 5 cm). Als vollendetes Stück verminderte sich die Höhe auf 4 cm. Bei dieser Gußschale ist außer den drei auf den Bogen angeordneten Rippen noch eine vierte vorhanden, die die zukünftige Feder markiert. Die Vertiefung der Mittelrippe verlängert sich bis zum Ende des trichterförmigen Eingusses. Die hellgraue Platte zeigt keine grauen Flecken, was einen Hinweis dafür bieten könnte, daß sie nicht verwendet worden ist.

6. Gußform (Abb. 2,12; Taf. XII,3). Sie wurde aus einer annähernd trapezförmigen Platte hergestellt, deren größte Maße folgende sind: L. 9,9; B. 4,1 und D. 2,2 cm. In der Platte hat man eine den vorangehenden ähnliche Fibel eingraviert (L. 2,5; H. ohne Nadel 3,5; endgültige H. 2,7 cm). Außer den drei symmetrisch auf dem Fibelbogen angeordneten Rippen, ist noch eine vierte, abgebrochene auf der Platte zu erkennen, was durch die schwarzgrauen Flecken auf der Rückseite der Platte und die Risse am Oberteil bestätigt wird.

7. Gußform (Abb. 2,21; Taf. XII,2). Es ist eine annähernd rechteckige Steinplatte, bei der zwei Seiten gebogen und die Ecken abgerundet sind (L. 9,7; B. 9,2 bzw. 5,6; größte D. 1,8 cm). Wie die Hitzerisse und die grauen Flecken zeigen, ist die Platte beim Gießen am oberen Teil (am Boden) abgebrochen. Die mittels dieser Gußform hergestellte Fibel ist 5,1 lang und etwa 4 cm hoch (ohne Nadel); endgültige Höhe 3,7 cm. Auch in diesem Falle wurde die zusätzliche Rippe an der Nadel eingraviert; darüber hinaus ist eine Eigentümlichkeit festzuhalten, und zwar hat die Fußplatte die Form eines länglichen Dreiecks, das mit einem krallenförmigen Seitenvorsprung versehen ist. Die Gußform ist nachlässig ausgearbeitet worden, besonders die Vorderseite, die nicht sorgfältig geebnet wurde, wobei auch die Höhlungen ungenau ausgemeißelt worden sind.

8. Gußform (Abb. 2,19; Taf. XII,1). Sie kam 1,5 m von den anderen Gegenständen entfernt, in einer Tiefe von 0,40 m ans Tageslicht. Die Gußform wurde aus einer ursprünglich rechteckigen Sandsteinplatte, die durch eine Beschädigung des Oberteils eine fünfeckige Form erhielt (größte L. 10,6; B. 9,6; 8,7; größte D. 2,4 cm), herausgemeißelt. Die Schmal- und Rückseiten sind mit einer Sinterschicht von fast 1 mm Dicke bedeckt. Die Ablagerungen wurden von der Vorderseite entfernt, doch sind noch einige weiße Flecken übriggeblieben.

Die in die Platte eingetiefte Fibelform gehört zum selben Typ wie die ersten sieben (L. 5,9; H. ohne Nadel 4; endgültige H. 3,4 cm). An der Stelle der zukünftigen Feder wurde eine Zusatzrippe eingraviert; der Bogen ist noch stärker gekrümmt als bei den vorangehenden Fibeln. Eine besondere Eigentümlichkeit bildet der mit abgerundeten Ecken versehene Fuß. Die verhältnismäßig hohe Temperatur des eingegossenen Metalls verursachte sowohl den Abbruch des Oberteils der Gußschale als auch die Entstehung einiger braun-rötlicher Flecken. Nach der Beschädigung versuchte der Gießer, ein anderes Negativ einzuschneiden. Ein solches ist auch auf der Gußform Nr. 10 gut erhalten; das auf Gußform 8 blieb jedoch unvollendet.

9. Gußform (Abb. 2,11a-b; Taf. XII,9a-b). Sie besteht aus einer ursprünglich viereckigen Sandsteinplatte, die aber wegen einer Beschädigung, die beim Gießen entstand, eine fünfeckige Form erhielt (L. 11,7; B. 8,6; 5,2; größte D. 3,5 cm). Auf der Rückseite ist das Negativ für ein ösenloses Tüllenbeil eingearbeitet, dessen Mündungsdurchmesser 3,6 cm beträgt; die erhaltene Länge beträgt 5,3 cm und war wohl nicht viel größer (ca. 6,4 cm nach der jetzigen Größe der Platte zu schätzen). Mit dieser Form konnte man ein Tüllenbeil herstellen,

dessen Verzierung aus kurzen schrägen Rippen an der äußeren Mündung und aus drei senkrechten Rippen auf der unteren Hälfte der Breitseite besteht. Eine davon ist durch einen Riß vernichtet. An der Tülle ist auch der halbzylindrische Einguß zu vermerken. Die hohe Temperatur und die große eingegossene Bronzemenge verursachten das Spalten sowie die Entstehung der Risse und der braun-grauen Flecken. Außerdem ist eine Schicht von ca. 5 mm Dicke von der Rückseite abgesplittert, so daß die übriggebliebene Höhlung nicht sehr tief ist und die betreffende Seite eine bröckelige und unebene Oberfläche bekam. Nach dem Spalten der Form hat der Handwerker die Vorderseite benutzt, indem er auf der geebneten Fläche die Form eines annähernd runden Knopfes ausgemeißelt hat (größter D. 7,3; T. der Höhlung 0,3 cm). Auch auf dieser Seite wurde ein breiter und kurzer, trichterförmiger Einguß eingraviert. Infolge der Verwendung entstanden an der Oberfläche der Gußform graue Flecken und Risse. Ein kleines rundes und tiefes Loch unterhalb des Knopfes könnte eher ein Zufall, als eine technische Notwendigkeit sein.

10. Gußform (Abb. 2,14; Taf. XII,12). Es ist eine annähernd rechteckige Sandsteinplatte, deren Ecken verrundet und deren kurze Seiten gebogen sind (erhaltene L. 8,5; B. 7,7; 6,7; größte D. 1,6 cm). Auf der geebneten Vorderseite wurden zwei Reihen von je drei Negativformen für Knöpfe eingraviert (L. 6; 6,2 cm). Jede Reihe ist durch einen dünnen Kanal verbunden. Die Knöpfe sind in der Mitte jeweils mit einem Dorn versehen. Da die Knöpfe eine unregelmäßige Form haben, variiert der Durchmesser zwischen 1,8 und 2,2 cm. Auf einer der kurzen Seiten kann eine Vertiefung beobachtet werden, die als Einguß angesehen werden muß. Die Verwendung dieser Gußschale ist durch mehrere graue Flecken sowie Risse und Beschädigungen gesichert.

11. Sandsteinplatte (Abb. 2,18; Taf. XII,14). Sie ist länglich rechteckig. Zwei Kanten, eine kurze und eine lange, sind gerade abgeschnitten, die anderen dagegen nur grob zugeschlagen worden. Eine der Flächen wurde sorgfältig geglättet und an einem schmalen Ende mit einem flachen Einguß versehen. Auf beiden Seiten zeigt die Platte graue und braun-rötliche Flecken (L. 14,5; 13,7; B. 7,6; 5; größte D. 2,4 cm).

12. Schleif-Reibstein (Abb. 2,10; Taf. XII,13). Es ist ein Werkzeug mit mehreren Verwendungsmöglichkeiten. Das leistenförmige Stück zeigt eine länglich-ovale Basis und eine leicht eingebogene, scharfe Kante, was darauf hinweist, daß das Gerät als Schleif- und Reibstein zur Glättung der Sandsteinplatten und der aus den Gußformen herausgenommenen Bronzegegenstände benutzt wurde. Die Risse und die grauen Flecken, die durch eine starke Erhitzung entstanden, deuten auf die Wiederverwendung einer beschädigten ehemaligen Gußform hin. An der Basis sowie an einer der Kanten können Kerben beobachtet werden, die vom Schleifen von Metallgeräten herrühren. Wahrscheinlich ist das dünne Ende des Gerätes abgebrochen (H. 11,1; B. 8,6; 5,4; D. 3,7; 1,7 cm).

13. Ovale Sandsteinplatte (Abb. 2,13; Taf. XII,10). Sie lag in einem Abstand von 1 m von den anderen Funden in einer Tiefe von 0,65 m. Es handelt sich um eine ovale Sandsteinplatte, deren Querschnitt unregelmäßig trapezoid ist. Da der Stein auf einer Seite geglättet ist, kann es sich um eine unvollendete Gußschale oder um einen Schleifstein handeln. Die letztere Möglichkeit erscheint wahrscheinlicher, denn die glatte Fläche ist leicht konvex. Einige Risse und kleine Vertiefungen auf dieser Seite würden auch dafür sprechen. Jedenfalls zeigt die Platte keine Spuren von Hitzeeinwirkung. (L. 9,1; größte B. 6,1; größte D. 2,6 cm).

14. Siebgefäß (Abb. 2,9; Taf. XII,11), das nur hypothetisch zum Depot gehört. Es ist in 1 m Entfernung vom Depot in 0,60 m Tiefe geborgen worden. Das handgearbeitete Gefäß ist aus ziegelrotem Ton mit grauen Flecken. Die Wände sind leicht nach außen geneigt, und der Boden ist ein wenig nach außen gewölbt. (Mündungsdm. 10,8; Bodendm. 9,8; H. 3,9; Wandd. 0,7-0,8; Löcherdm. innen 0,3-0,5; außen 0,2-0,5 cm).

Mit Bezug auf die Gußformen sowie auf die anderen in Brădicești-"Odaie" entdeckten Stücke, die wohl einem einheitlichen und geschlossenen archäologischen Komplex angehören, sollen einige Deutungen und Bemerkungen technischer Natur, aber auch im Zusammenhang mit der kulturgeschichtlichen und chronologischen Einordnung angeführt werden.

Vor allem sind einige rein technische Feststellungen zu den Gußformen von Brădicești anzumerken[5]. Mit Ausnahme der Tüllenbeilgußform (Nr. 9) gehören alle übrigen Gußformen in die Kategorie der geschlossenen, einschaligen Form. Der ziemlich großen Ausmaße wegen ist es möglich, daß eine davon (Nr. 11) als Abdeckplatte für mindestens die Hälfte der vorhandenen Gußschalen dieses Fundes diente. Weiter ist zu bemerken, daß die gegossenen Fibeln und Knöpfe eine flache (Rückseite) und eine erhabene (Vorderseite) Fläche haben, demnach waren zu ihrer Herstellung nur bedeckte einschalige Gußformen nötig. Unbeantwortet bleibt die Frage, wie Tüllenbeile mittels der Form Nr. 9 gegossen werden konnten. Da normalerweise zum

---

[5] Allgemeines zur Gußtechnik der Bronzen bei Drescher 1958; Forbes 1964; Wyss 1967.

Gießen der Tüllenbeile zweischalige Gußformen[6] verwendet wurden, ist daran zu denken, daß im vorliegenden Fall eine Hälfte bei der Arbeit jeweils zerstört worden ist, während die auf uns gelangte, weniger beschädigte Gußschale zur Herstellung der großen Knöpfe wiederverwendet wurde. Die Oberfläche dieser Gußschale zeigt wegen des geschmolzenen Metalls wiederholte Abblätterungen, so daß sich gegenüberstehende Dellen und Warzen, die in der Regel bei zweischaligen Gußformen zu bemerken sind, nicht mehr beobachtet werden können. Es wäre auch nicht ausgeschlossen, daß zur Herstellung der Tüllenbeile eine einschalige Gußform verwendet wurde und anschließend die beiden Beilhälften zusammengelötet wurden. Diese Methode hätte den Vorteil eines müheloseren Gießens angeboten sowie einer leichteren Herstellung der Tülle; andererseits wäre das auf diese Weise erzeugte Tüllenbeil weniger widerstandsfähig gewesen.

Wichtig für den bronzezeitlichen Handwerker war die Verwendung solcher Steinplatten, in die mühelos Negativformen eingearbeitet werden konnten, die jedoch hinreichend hitzebeständig zum Gießen waren, ganz zu schweigen von der Durchlässigkeit, die die Entweichung der Gase erlaubte. Es war also nur natürlich, daß der Fachmann meistens einen grobkörnigen (oolithischen), porösen Sandstein benutzte. Einerseits ermöglichten die daraus absichtlich dünn abgetrennten Platten das Entweichen der Gase, andererseits wurde die Entstehung großer Temperaturunterschiede innerhalb desselben Steinstückes vermieden. Auf technische Schwierigkeiten weisen nicht nur die Risse und die grauen oder rötlichen Flecken hin, sondern auch hinreichend vorhandene große Brüche, die manche Gußformen unbrauchbar machten (Nr. 6-9).

Da der Abbau des Sandsteins sowie das Abtrennen und Schleifen der Platten mühsame Arbeit verlangten, wurden beschädigte Gußformen erneut bearbeitet und zum Gießen anderer Gegenstände (Nr. 9) bestimmt, eine Umarbeitung, die manchmal unvollendet blieb (Nr. 8); darüber hinaus sind andere beschädigte, aber noch nicht wiederausgemeißelte Gußformen neben den anderen gelagert worden (Nr. 6-7). Bei den Gußformen für Fibeln muß noch bemerkt werden, daß die Risse und Brüche für gewöhnlich in der Nähe des Eingusses oder der breiteren Teile des Bogens oder des Fußes festzustellen sind, d.h. an den Teilen, wo mehr glühendes Metall floß oder sich akkumulierte. Was die Negativformen betrifft, in denen Fibeln gegossen wurden, so ist die Bevorzugung dreieckiger Querschnitte für Bogen und Nadel zu beobachten. Diese waren durch einfache Facettierung (wie in Brădiceşti) zu schaffen, während das Ausmeißeln eines halbkreisförmigen Querschnittes mühsamere Arbeit gefordert hätte bzw. das Gießen eines runden oder rhombischen Querschnittes eine zweischalige Gußform erfordert hätte.

Einige Bemerkungen sind auch im Zusammenhang mit der Qualität der Eingravierung der Gußformen nötig. Stellt das Stück Nr. 1 ein hervorragendes Produkt dar, so sind die Gußschalen Nr. 2, 5, 8 lediglich guter Qualität, und schließlich können die Gußformen Nr. 3, 4, 6, 7, 9, 10 als mittelmäßig oder schlecht gearbeitete Exemplare betrachtet werden. Daraus könnte man eventuell schlußfolgern, daß die Gußformen von Brădiceşti von mehreren, unterschiedlich ausgebildeten und erfahrenen Handwerkern hergestellt worden sind.

Es versteht sich von selbst, daß nach dem Gießen noch kein komplett fertiges Metallprodukt vorlag. Nach dem Entfernen des Gußzapfens mußte man bei den Fibeln die Fußplatte einrollen, um der Nadel Halt zu geben. Besonders schwierig war aber die Schaffung der Spirale durch mindestens eine Windung der Nadel, die für gewöhnlich 0,4-0,5 cm dick war und einen dreieckigen Querschnitt hatte. Bei diesem Arbeitsgang wurde der Gegenstand entweder warm- oder kaltgeschmiedet. Bei anderen Metallgegenständen war z.B. nur die Entfernung des Gußzapfens oder eventuell das Anlöten eines Befestigungsdrahtes oder -bandes erforderlich. Der letzte Arbeitsgang bestand darin, daß die rauhen Oberflächen mit einem Schleifstein (Nr. 12) poliert wurden[7].

Betrachten wir das Siebgefäß als Bestandteil dieses Depotfundes, so glaubt Verf., daß das Stück zur Erzaufbereitung verwendet worden ist.

---

[6]Logreşti (Moisil 1911, 84; Berciu 1939, 138; Petrescu-Dîmboviţa 1977, Taf. 96,6-8); Ciumeşti (Mitt. E. Kovács und M. Rusu bei Petrescu-Dîmboviţa, ebd., Taf. 132,11-14; Bader 1978, Taf. 64); Pleniţa (Berciu 1939, 138; Petrescu-Dîmboviţa, ebd., Taf. 295,4-10).

[7]Das Stück Nr. 12 könnte auch zum Schleifen der Sandsteinplatten verwendet worden sein, nachdem es als Gußform unbrauchbar geworden war. Vgl. auch Anm. 4.

Vom typologischen Standpunkt her können die in den Gußformen von Brădiceşti gegossenen Fibeln in zwei Gruppen gegliedert werden. Die erste, die man mittels der Gußformen Nr. 1-6, 8 herstellte, ist durch einen gebogenen, in der Mitte breiteren Körper, auf den symmetrische Rippen angeordnet wurden, gekennzeichnet. Die Spirale hat eine einzige Windung, und die Fußplatte zeigt eine trapezoide Form. Da wir für diese Form weder im heutigen Rumänien noch anderswo eine unmittelbare Entsprechung finden konnten, schlägt Verf. für die in den Gußformen Nr. 1-6, 8 hergestellten Fibeln die Bezeichnung "Fibel vom Typ Brădiceşti" vor. Im Rahmen dieses Typs kann eine weitere Untergliederung durchgeführt werden, und zwar der Größe nach: es gibt also große Fibeln, deren größte Länge 6,9 cm mißt (Nr. 1), Fibeln von mittleren Dimensionen, deren größte Länge zwischen 5,9 und 5,6 cm variiert (Nr. 2-5,8), und schließlich kleine Fibeln, deren größte Länge 5 cm beträgt (Nr. 6). Es ist noch hervorzuheben, daß die Gußform Nr. 8 von Brădiceşti zur Herstellung einer außergewöhnlichen Fibel diente, und zwar einer Fibel, deren untere Fußecken verrundet waren und deren Bogen gekrümmter gestaltet war als üblich.

Der zweite Fibeltyp, der in einer einschaligen Gußform hergestellt wurde, ist dem vorangehenden sehr ähnlich. Der Unterschied besteht nur darin, daß der Fuß eine verlängerte dreieckige Platte darstellt; sie ist mit einem Seitenvorsprung versehen und den sog. Fibeln vom "Typ Poiana"[8] verwandt. Suchen wir nach der Herkunft der Brădiceşti-Fibel, scheinen die südlichen Gebiete, besonders die griechische Welt, das Ursprungsgebiet zu sein, von dem aus sie nach Norden, in die thrakischen Areale, gebracht wurde; hier sind dann manche Änderungen und Vereinfachungen des ursprünglichen Typs festzustellen.

Die typologische Ausgangsbasis der Fibel vom "Typ Brădiceşti" stellen die sog. Fibeln "von den Inseln" dar, eine Gattung der submykenischen Fibeln, die in die IV. Gruppe von C. Blinkenberg (1926, 17) eingeordnet und in das 12.-10. Jh. datiert wurden.

Die Fibeln vom Typ Brădiceşti sind auch denen ähnlich, die in Thessalien von K. Kilian den Typen D Ib (1975, 34, Nr. 237, Taf. 6), D VIa (ebd. 67-68, Nr. 73, Taf. 27) und C IIIa (ebd. 31, Nr. 197,Taf. 5) zugeschrieben und in das 8. und an den Anfang des 7. Jhs. gesetzt wurden.

Was die von E. Sapouna-Sakkelarakis (1978, 77) in die IV c Gruppe eingeordneten Fibeln betrifft, bietet diese spätgeometrische Gruppe lediglich annähernde Parallelen zu den Brădiceşti-Fibeln. Die Stücke, die dem Typ IV c zugeschrieben werden können, sind viel reicher als die unseren verziert und auf den ägäischen Inseln weit verbreitet; nördliche Ausstrahlungen sind aus Makedonien und Thrakien bekannt (ebd. 73-77)

Die in Bulgarien von G. Tončeva in die V. Gruppe eingestuften Fibeln sind den Exemplaren von Brădiceşti durch die Form und die einfache Verzierung viel näher als die ägäischen. Vor allem durch die Funde von Altimir und Beli Izvor vertreten, zeigen diese Fibeln manchmal an der Bogenmitte, aber ständig am Fibelfuß ringförmige Verdickungen; an einem Ende ist der rechtwinklige Fuß mit einem Knopf versehen. Die sog. "thessalischen" Stücke wurden von der Verfasserin in das 7. Jh. datiert[9].

Für die Fibeln vom Brădiceşti-Typ sind bisweilen keine Entsprechungen auf dem Gebiet Rumäniens bekannt, doch sind die von den ägäischen Typen beeinflußten Fibeln in der Moldau, bei Brad in einem Vor-Basarabi-Horizont durch ein Exemplar vertreten, dessen verdickter Bogen mit einer rektangulären Platte als Verlängerung der Spirale versehen ist (Vulpe 1965, 119, 121 Abb. 8).

Eine Gußform aus dem Depot von Brădiceşti (Nr. 7) bezeugt auch die Präsenz der Fibel vom Typ Poiana, eine im 10. Jh. in der Ägäis entstandene Form, die sich nach Makedonien und Thrakien ausbreitete (Bader 1983 a, 98-101); dort wurde sie bis in das 7. Jh. verwendet. Dagegen ist die älteste Fibel dieses Typs auf dem Gebiet Rumäniens aus Poiana bekannt, ein Exemplar, das in die Zeit vom Ende des 8. Jh. und in die erste Hälfte des 7. Jh. gehört und der ersten Phase der Basarabi-Kultur zugeteilt wurde[10]. Die Funde von Crăciunel, Bîrseşti, Trestiana-Bîrlad und Gîmbaş weisen auf den Umlauf dieses Typs auch während der zweiten Hälfte des 7. und

---

[8]Vulpe 1951, 184 Abb. 9,3; Vulpe 1965, 119 Abb. 5,10 ("Fibel mit Seitenvorsprung"); Bader 1983 a, 99-100 ("Einschleifige Bogenfibeln mit hoher trapezförmiger Fußplatte vom Typ Poiana"); Bader 1983 b, 21 ("Fibeln vom Typ Poiana").

[9]Tončeva 1980, 97-98 Taf. 34; Zlatkovskaia/Šelov 1971, 56-59 Abb. 2,2.4.6.

[10]Vulpe 1965, 119 Abb. 5,10; Bader 1983 a, 98-100; Bader 1983 b, 21.

bis in das 6. Jh. hin[11]. Der Fibel von Brădiceşti steht lediglich das mit einer im Querschnitt dreieckigen Spirale versehene Exemplar von Poiana näher, das bisher als ältestes Stück von den insgesamt fünf in Rumänien bekannten Fibeln dieses Typs betrachtet wird. Die Aneignung dieser beiden in der griechischen und thessalischen Welt entstandenen Typen erfolgte über Makedonien und Thrakien, wobei die fachlichen Möglichkeiten der weniger erfahrenen örtlichen Handwerker häufig zu einer Vereinfachung der Formen sowie der Verzierungen der griechischen Vorbilder beitrugen. Dabei entwickelten sich hybride Formen. Das beste Beispiel bildet die Fibel vom Typ Brădiceşti, indem ihre beschränkte Verbreitung, bisher ohne genaue Vergleichsstücke nördlich der Donau, die Bemühungen örtlicher Handwerker belegt.

Unter den Gußformen aus Brădiceşti befindet sich eine Gußschale, die beim Gießen abgebrochen ist (Nr. 9). Sie diente zur Herstellung von Tüllenbeilen. Obwohl eine zweite Gußschale nicht gefunden wurde - wenn sie überhaupt vergraben wurde - scheint die vorhandene (trotz aller Risse und Abblätterungen) auszureichen, um den damit hergestellten Tüllenbeiltyp zu erkennen. Das ösenlose Tüllenbeil zeigt auf der äußeren Seite der verdickten Mündung eine Reihe von kurzen, schräg gestellten Rippen. An der unteren Hälfte der Breitseiten befinden sich - von einer waagerechten Rippe herunterhängend - drei fast senkrechte Rippen. Eine davon wurde im Verlauf des Arbeitsprozesses, und zwar in dem Moment, als man das glühende Metall eingoß, durch einen tiefen Riß beschädigt. Obwohl sehr ähnliche typologische Entsprechungen bisher fehlen, müssen doch einige Stücke erwähnt werden, die durch die Art ihrer Verzierung dem Tüllenbeil bzw. der Gußschale von Brădiceşti nahe kommen. So ist ein Stück aus dem Depotfund von Pietrosu (Buzău) unserem Tüllenbeil in der Verzierung verwandt: die annähernd senkrechten Rippen am Unterteil der Breitseiten sowie die kurzen, schrägen Rippen auf der äußeren Seite der Mündung. Solche kurzen Rippen tauchen nur auf spätdatierbaren Tüllenbeilen auf[12], so auf dem Exemplar von Sîmbăta Nouă I (Tulcea), das gleichfalls der Ha B 1-Zeit zugeschrieben wurde[13]. Dem Tüllenbeil von Brădiceşti ist auch ein anderes Beil von Sîmbăta Nouă vergleichbar, auf dem dieselbe Verzierung der Breitseiten vorkommt[14]. Auch später, in der Ha B 2-Stufe, begegnen wir auf einem Tüllenbeil aus dem Depotfund von Fizeşul Gherlii II einer ähnlichen Zierweise (Hampel 1896, Taf. 218-219; Petrescu-Dîmboviţa 1977, 142 Taf. 346,5). Es muß aber hervorgehoben werden, daß das Vorhandensein einer Öse bei allen oben erwähnten Analogien sie vom Beil aus Brădiceşti unterscheidet.

Dem Depotfund von Brădiceşti gehört auch eine Gußform für kleine, dreifache Knöpfe an. Die hier entdeckte Gußschale (Nr. 10) erlaubte das gleichzeitige Gießen zweier verschiedener Gegenstände aus je drei miteinander vereinigten Knöpfen. Der Handwerker bemühte sich auch, in der Gußform Nr. 8, die beim ersten Gußversuch gespalten wurde, ähnliche Gußförmchen auszumeißeln, ein Arbeitsgang, der nicht beendet wurde. Man kann nicht feststellen, ob diese Knöpfe ein Endprodukt darstellten, oder Zubehör eines anderen Gegenstandes waren. In den Depotfunden aus Rumänien sind bisher keine Analogien bekannt; nur in Ungarn, bei Aszód (Hampel 1886, 137 Taf. 5,5) ist ein Vergleichsstück - diesmal mit vier Knöpfen - zu finden, wobei es sich leider um einen Zufallsfund handelt, ein Umstand, der uns keineswegs bei einer engeren chronologischen und kulturgeschichtlichen Einordnung der dreifachen Knöpfe von Brădiceşti hilft. Es sei betont, daß bisher nur Gußformen als Parallelen genannt werden können.

Als letztes sei die Gußform für einen großen (Dm. 7,3 cm), flachen, annähernd runden Knopf erwähnt, die auf der rückseitigen Oberfläche der Gußform für Tüllenbeile ausgemeißelt wurde. Da aber derartige unterschiedlich große diskusförmige Knöpfe am Ende der Bronzezeit und am Anfang der Hallstattzeit weit verbreitet waren, können sie kaum eine präzisere Chronologie des Gußformdepotfundes von Brădiceşti unterstützen.

Die bisherige Untersuchung hat unseres Erachtens deutlich darauf hingewiesen, daß die einzigen, chronologisch verwertbaren Gußformen diejenigen für Fibeln und Tüllenbeile sind. Obwohl uns unmittelbare Vergleichsstücke

---

[11]Bader 1983 a, 98-101; die Fibel von Poiana wurde der Variante B, mit im Querschnitt dreieckigem Bogen, zugeordnet.

[12]Es handelt sich um die großwalachische Boldeşti-Stufe, die in die Ha B 1-Zeit datiert wurde; vgl. Mitt. V. Teodorescu bei Petrescu-Dîmboviţa 1977, 139 Taf. 340,10.

[13]Aricescu 1965, 28 ff.; ders. 1970, 37 ff.; Petrescu-Dîmboviţa 1977, 140 Taf. 341,11-12.

[14]Vgl. Anm. 12. Eine ähnliche Verzierung kommt auf einem in Jijia (Botoşani) entdeckten Tüllenbeil vor, welches pauschal in die Spätbronze- und Frühhallstattzeit datiert wurde; vgl. Păunescu/Şadurschi 1983, 231 Abb. 18,2.

für die Fibel vom Brădiceşti-Typ nicht bekannt sind, kann diese durch sieben Gußschalen (Nr. 1-6,8) vertretene Fibelgruppe von den griechischen, genauer von den thessalischen Typen hergeleitet werden; schon im 8.-7. Jh. begann die Verbreitung nach Makedonien und Thrakien, von wo sie auch die Gebiete nördlich der Donau erreichten. Die einzige Gußschale (Nr. 7), mit der eine mit dreieckigem Fuß und Seitenvorsprung versehene Fibel erzeugt wurde, ähnelt durch die Verzierung und den dreieckigen Querschnitt der Fibel von Poiana; das Exemplar von Poiana ist der ersten Phase der Basarabi-Kultur zuzuschreiben, also einer Periode, die in die erste Hälfte oder an das Ende des 8. bzw. in das 7. Jh. datiert werden darf[15].

Die mit der Gußschale Nr. 9 von Brădiceşti gefertigten Tüllenbeile haben Analogien, die in der Ha B 1-B 2-Zeit anzusetzen sind, obwohl sie wegen ihrer kleineren Masse und dem Fehlen der Öse eine entartete spätere Variante darstellen könnten. Aufgrund der Analogien sind die Gußformen sowie die anderen Funde aus Brădiceşti also im großen und ganzen in die Ha B-Periode zu datieren.

Im Laufe der Ausgrabungen in Brădiceşti-"Odaie" kamen wenige früheisenzeitliche Tonscherben ans Tageslicht, die keiner genauen Schicht zugeordnet werden konnten. Die ältesten wurden der Stoicani-Cozia-Gruppe zugeschrieben, die mit der zweiten Phase der in Dobrogea beheimateten Babadag-Kultur parallelisiert werden kann.

Eine gewisse Zahl von keramischen Fragmenten ist eventuell später, also in die Babadag III-Zeit zu datieren; hierbei sind Form- und Verzierung, ähnlich denen der von M. Irimia der Babadag III-Phase zugeschriebenen Materialien aus Rasova-Malu Roşu (Irimia 1974, 100-111), hilfreich.

Ohne daß das Typische vertreten ist, finden wir schließlich auf einigen Scherben von Brădiceşti doch Ziermuster, die an die Verzierungsart der Basarabi-Kultur erinnern. Da aber die Gußformen des Depotfundes aus Brădiceşti nicht unmittelbar in Vergesellschaftung mit hallstattzeitlicher Keramik entdeckt wurden, können sie nur schwerlich einer der oben erwähnten hallstattzeitlichen Gruppen, die man auf der Flur "Odaie" registrieren konnte, zugeschrieben werden. Die Kulturgruppe Stoicani-Cozia-Brad[16] wurde in die ersten zwei Unterstufen der Ha B-Zeit datiert, was absolutchronologisch mit dem 10.-9. Jh. parallelisiert werden kann.

Einer späteren Unterstufe wurde die Flachnekropole mit Skelettgräbern von Stoicani zugeschrieben; zeitlich würde diese Unterstufe der Phase Babadag III, aus der Dobrogea[17], entsprechen; eine Datierung in das 8. Jh. würde sogar vom chronologischen Standpunkt aus auch die beginnende Basarabi-Kultur abdecken. Obwohl bestritten (László 1980, 186), wäre die Existenz dieser späten Unterstufe in der Moldau, eben aufgrund der Entdeckungen in Brădiceşti[18], fundierter zu verteidigen. Nur einige Fundorte bestätigen die Verbreitung der Basarabi-Kultur im Südosten der Moldau[19], es ist aber durchaus möglich, daß weitere Entdeckungen gemacht werden können, weil diese Kultur auch nördlicher, im Pruth-Dnestr-Raum, z.B. bei Şoldăneşti[20], vertreten ist. Infolgedessen erlauben die oben erwähnten Vergleichsstücke sowie die Keramik aus Brădiceşti-"Odaie" die Datierung des Gußformendepotfundes in eine Zeitspanne, deren untere Grenze die Stoicani-Cozia-Etappe bildet, bzw. deren obere Grenze die erste Phase der Basarabi-Kultur nicht überschreitet. In der in die Babadag III-Zeit gehörenden Flachnekropole von Stoicani wurden Bruchstücke einer eisernen Fibel entdeckt: die Spirale und der rechteckige hohe Nadelhalter[21]. Diese, der Fibel vom Brădiceşti-Typ ähnliche Fibel, könnte die Datierungszeit unseres Depotfundes eingrenzen. Außerdem muß in Betracht gezogen werden, daß in Brădiceşti eine Fibel vom Poiana-Typ, die aus der ersten Phase der Basarabi-Kultur datiert, entdeckt wurde. Die Tüllenbeile, die in Brădiceşti gefertigt wurden, könnten eine spätere Form bilden als jene, die in die ersten zwei Unterstufen der

---

[15]Vulpe 1965, 119-124 Abb. 5,10; ders. 1970 b, 184; Bader 1983 a, 98-101; ders. 1983 b, 21; vgl. auch Berciu 1966, 236-243, mit anderer Periodisierung und Chronologie.

[16]László 1976 a, 71-72; ders. 1976 b, 98; ders. 1980, 185; Hänsel 1976, 141-143; Ciocea/Chicideanu 1984, 341.

[17]Petrescu-Dîmboviţa/Dinu 1974, 91; Ciocea/Chicideanu 1984, 341.

[18]Das früheisenzeitliche Keramikmaterial ist in Cercetări istorice 1985-1986 publiziert.

[19]László 1976 b, 98 Anm. 73; ders. 1980, 186; Al. Vulpe erkennt auf der Burg bei Stoicani einige Keramikbruchstücke, die zur Basarabi-Kultur gehören können; vgl. dazu Vulpe 1979 a, 238; ders. 1979 b, 211.

[20]Meljukova 1972, 64-66; Lăpuşnean u.a. 1974, 8 Abb. 1; László 1976 b, 90 Abb. 1.

[21]Petrescu-Dîmboviţa/Dinu 1974, 90-91, Gr. 58, Taf. 6,8-9.

Ha B-Zeit eingruppiert werden können. Wir schlagen demzufolge vor, daß für den Depotfund von Brădiceşti eine Datierung, die der Babadag III-Phase und dem Anfang der Basarabi-Kultur entspricht, die wahrscheinlichste ist. In der absoluten Chronologie muß der Depotfund von Brădiceşti in das 8. Jh. und noch an den Anfang des folgenden Jahrhunderts datiert werden.

Als geschlossener Komplex gestattet der Gußformenfund von Brădiceşti-"Odaie" nicht nur eine bessere kulturgeschichtliche und chronologische Einordnung seiner grundlegenden Gattungen, sondern belegt auch die Beziehungen der örtlichen Bevölkerung zur griechischen und südthrakischen Welt sowie die Fähigkeiten der autochthonen Handwerker, sich fremde Formen, in Abhängigkeit von ihren Möglichkeiten und Bedürfnissen, anzueignen und zu adaptieren. Daneben müssen die anderen Gegenstände, wie z.B. die Tüllenbeile und die Knöpfe, erwähnt werden, deren ältere typologische Beschaffenheit auf eine Weiterentwicklung der traditionellen, obwohl z.T. veränderten Metallurgie hindeutet. Wenn auch noch manche chronologischen und kulturgeschichtlichen Belege erforderlich sind, bleibt der Depotfund von Brădiceşti doch eine bedeutende Entdeckung in einem Land, wo derartige archäologische Funde aus dieser Zeit nicht so häufig sind.

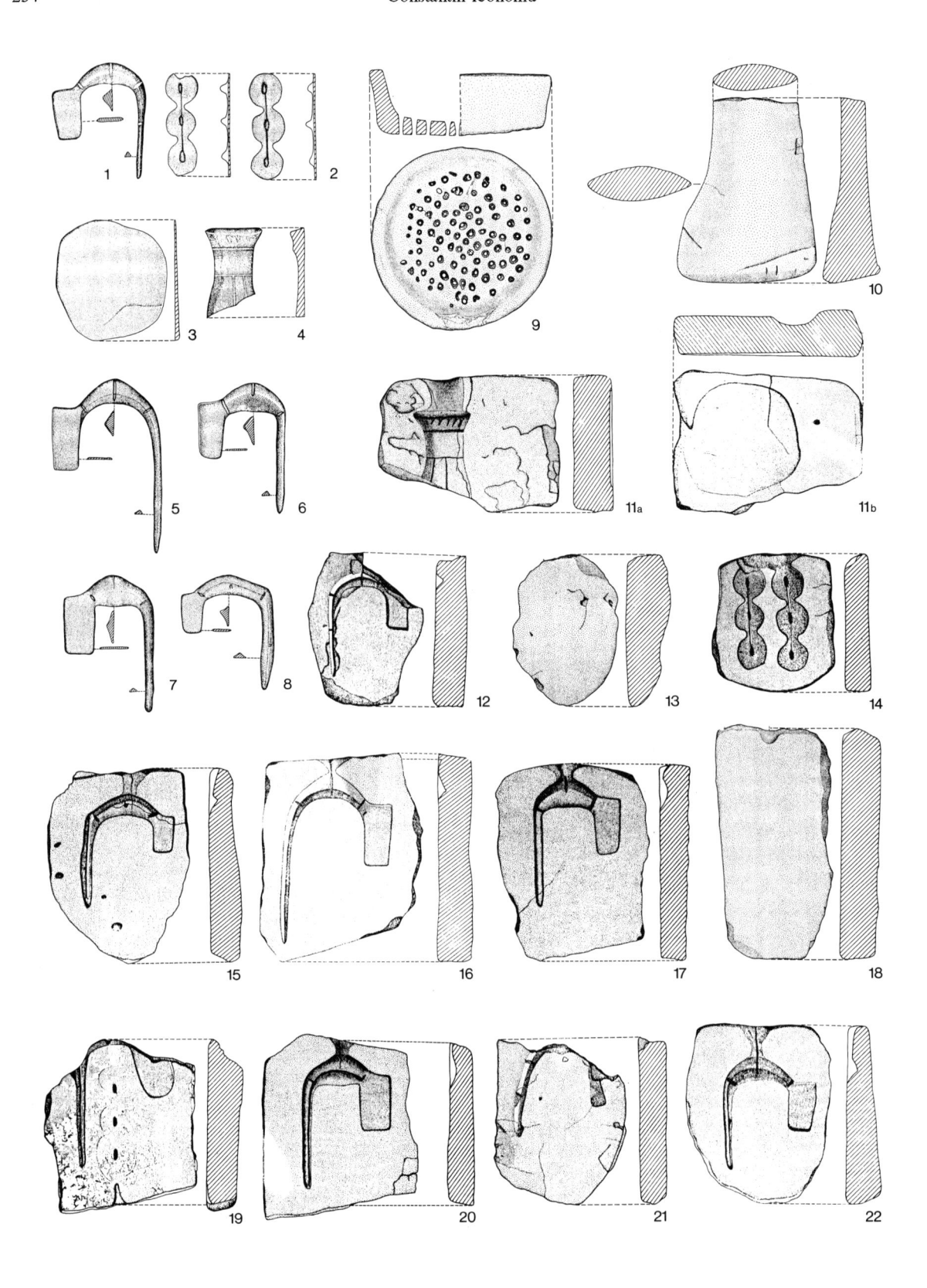

Abb. 2. 1-22 - Gußformenfund von Brădicești. M 1:3,5

Bronzene Einzelfunde aus der Moldau und Siebenbürgen

Ion Ioniţă, Iaşi, und **Octavian Liviu Şovan**, Botoşani

In den achtziger und zu Beginn der neunziger Jahre wurden in die Sammlungen des Instituts für Archäologie in Iaşi und des Museums für Geschichte in Botoşani zehn neue verschiedene Bronzefunde und drei Knochenfunde aus der Moldau eingeliefert, die noch nicht publiziert sind. Ein Tüllenbeil befindet sich in einer Privatsammlung in Botoşani. Ebenso liegt seit 1937 im Helmsmuseum in Hamburg ein noch unveröffentlichtes Tüllenbeil aus Siebenbürgen. Alle diese Funde werden hier kurz vorgestellt.

Şcheia, Kr. Iaşi (Moldau)

1. Im Jahre 1980 brachte ein Schüler aus Şcheia eine Tüllenlanzenspitze in das örtliche Lyzeum. Sanda Ioniţă, Lehrerin an diesem Lyzeum, hat den Fund an das Institut für Archäologie in Iaşi weitergegeben. Die Lanzenspitze wurde schon vor längerer Zeit auf dem Gebiet der Gemeinde aufgefunden, und es war nicht mehr möglich, das Funddatum und die genaue Fundstelle zu erfahren.

Die Tüllenlanzenspitze (Inv. Nr. 1801; Abb. 1,13) ist aus Bronze und weist eindeutige Merkmale von modernem Gebrauch auf. So ist die Blattspitze gestumpft und die Tüllenschäftung teilweise abgebrochen. Das Fundstück ist kurz und hat ein verhältnismäßig breites Blatt sowie eine kegelförmige Blattülle. Die Tüllenschäftung ist leicht kegelstumpfförmig und weist auf einen ziemlich großen Durchmesser. Die Kategorie der kurzen Lanzenspitzen mit breiterer kegelstumpfförmiger Tüllenschäftung und breitem Blatt, zu der das Exemplar von Şcheia gehört, kommt in verschiedenen Varianten seit der ersten Jungbronzezeitstufe vor, wie die Vergleichsstücke von Bătarci (Petrescu-Dîmboviţa 1978, 98 Taf. 21 A,27), Panticeu (ebd. 105 Taf. 41 B,17) und Drajna de Jos (ebd. 111 Taf. 73 A,94) zeigen. Diese Tüllenlanzenspitzen gibt es bis in die erste Spätbronzezeitstufe, wie die Funde von Bancu (ebd. 139-140 Taf. 226 A,14), Cetea (ebd. 140 Taf. 228 A,13), Pruneni und Săcuieni (ebd. 143-144 Taf. 238 A,2; 238 B,18-19) beweisen.

L. 8,6; L. des Blattes 5; B. des Blattes 2,9; Gew. 42,52.

Mihălăşeni, Kr. Botoşani (Moldau)

In der Nähe des Dorfes Mihălăşeni wurde in den Jahren 1982-1987 eine große Nekropole der Sîntana-de-Mureş-Kultur ausgegraben. Die Fundstelle "Şesul Başeului" ("Başeu-Ebene") liegt 1 km südsüdöstlich von Mihălăşeni auf dem linken Ufer des kleinen Flusses Başeu (Şovan 1986, 51-52 und die topographische Skizze nach der Seite 60; ders. 1987, 227-234). Während der Grabungen sind mehrere verstreute Gegenstände aus Bronze, Bein und Geweih sowie auch viele Fragmente von Tongefäßen in der oberen Schicht gefunden worden, die der spätbronzezeitlichen Noua-Kultur zuzuschreiben sind. Auf dem Gräberfeldareal wurden ansonsten keine Reste von Bauten oder von anderen Siedlungseinrichtungen aus der Bronzezeit entdeckt. Allerdings liegt eine Siedlung der Noua-Kultur, in der in den Jahren 1992/1993 Grabungen durchgeführt wurden, nur etwa 100 m östlich vom Gräberfeld der Sîntana-de-Mureş-Kultur entfernt. Die Bronzefunde aus der Gräberfeldfläche sind höchstwahrscheinlich mit dieser Siedlung in Verbindung zu bringen. Merkwürdigerweise sind auf einer verhältnismäßig kleinen Fläche des späteren Gräberfeldes so viele bronzezeitliche Kleinfunde konzentriert.

Alle Funde von Mihălăşeni liegen im Muzeul de Istorie von Botoşani.

Beschreibung der Gegenstände

1. Hakensichel aus Bronze (Inv. Nr. 14681; Abb. 1,9) mit leicht gekrümmtem Blatt, das sich vom Griff durch eine deutliche Abbiegung trennt; Haken und ein Teil des Griffes sind alt abgebrochen. Das Exemplar ist dem Typ Micăsasa-Drajna 1 (besonders in Siebenbürgen, aber auch in der Moldau verbreitet) zuzuschreiben, der chronologisch von der Jungbronzezeit bis in die erste Stufe der Spätbronzezeit datiert (Petrescu-Dîmboviţa 1978, 57-60 Taf. 16 A). Da die Sichel in der Nähe einer Siedlung der Noua-Kultur aufgefunden wurde, wäre es möglich, das Fundstück in die erste Stufe der Spätbronzezeit zu datieren. Die Hakensicheln sind in diesem Kulturmilieu vertreten, wie die zwei zufällig wiederentdeckten Stücke von Ţigăneşti (Typ Cristian-Drajna 2)

beweisen (Florescu 1991, 136 Abb. 110,2,5).
Erhaltene L. 12,7; Gew. 57,25.

2. Beidseitige Säge (Inv. Nr. 14679; Abb. 1,12) aus Bronze mit gerundeten Enden. Das Sägeblatt ist stark umgebogen und in zwei Stücken gebrochen. Die beidseitigen Sägen kommen in den Hortfunden vom Anfang der Jungbronzezeit an (Petrescu-Dîmboviţa 1978, 102-103 Taf. 35 B,1-2) vor und sind bis in die dritte Spätbronzezeitstufe anzutreffen (ebd. 151 Taf. 266 A,11-17). Das Exemplar von Mihălăşeni ist wahrscheinlich spätbronzezeitlich.
L. 18,6; B. 2,8; Gew. 27,50.

3. Unverzierter dünnerer Bronzearmring (Inv. Nr. 14686; Abb. 1,8) mit scharf viereckigem Querschnitt und mit verjüngten und breit offenen Enden; die Querschnittform ist auch an den Enden beibehalten. Diese Form von unverzierten Armringen mit verschiedenen Varianten (viereckiger oder rhombischer Querschnitt) ist langlebig (Richter 1970, 77-78 Taf. 27,402-419; Pászthory 1985, 233-235 Taf. 163,1863-1893) und gibt es von der ersten Jungbronzezeitstufe (Dragomir 1967, R 18 l, 159-178; Petrescu-Dîmboviţa 1978, 109 Taf. 56,161-176) bis in die Spätbronzezeit (Petrescu-Dîmboviţa 1960, 146-147 Abb. 9,1-3,6-7; Meljukova 1961, 31 Abb. 12,12). Vermutlich ist der Armring von Mihălăşeni spätbronzezeitlich.
Dm. 5,8; Gew. 3,60.

4. Rollenkopfnadel (Inv. Nr. 8329; Abb. 1,1) mit breiter Rolle und geradem, im Querschnitt rundem Schaft aus Bronze, die in zwei Stücke zerbrochen ist. Dieser Nadeltyp kommt in einigen Varianten seit der älteren Bronzezeit bis in die Hallstattzeit vor (Říhovský 1979, 135-145 Taf. 40,886-912; 41-44,1035-156; ders. 1983, 29-32 Taf. 10,206-217; 11,218-250; 12,251-275; Novotná 1980, 29-40 Taf. 3-5; Gedl 1983, 109-112 Taf. 35,540-568; Essen 1985, 74-75 Taf. 18,424-433). Das Stück von Mihălăşeni ist höchstwahrscheinlich spätbronzezeitlich. Diese Datierung kann auch mit der benachbarten Siedlung der Noua-Kultur korreliert werden, in deren Milieu dieser Nadeltyp (manchmal mit viereckigem Querschnitt) oft vorkommt (Florescu 1964, 159 Abb. 23,7,13,17; ders. 1991, 52-53 [Nr. 148], 60 [Nr. 190], 69-73 [Nr. 244], 101 [Nr. 396], 104-105 [Nr. 415], 127-129 [Nr. 539], 131 [Nr. 548], 134-135 [Nr. 560], 139 [Nr. 576] Abb. 98,8; 99,1,7; 100,7-8; 103,1-2; 104,11; 106,1; 108,9,16).
L. 10,7; Gew. 4,50.

5. Bruchstück eines Nadelschaftes (Inv. Nr. 8972; Abb. 1,2) aus Bronze, der gegen die Kopfseite ziemlich dick ist.
Erhaltene L. 8; Gew. 5,50.

6. Bronzemeißel (Inv. Nr. 14682; Abb. 1,3) mit scharf zugeschliffener Schneide und sich verjüngendem Ende. Die Querschnittsform des dünnen und ziemlich langen Schaftes ist in der Mitte rund und viereckig sowohl gegen die Schneide zu und als auch zum verjüngten Ende. Das Kleingerät wurde sehr wahrscheinlich bei der Holz- oder Lederverarbeitung benutzt, da der Schaft zu dünn ist, um bei der Bearbeitung von Metall verwendet werden zu können (Drescher 1968, 131-142). Unterschiedliche Typen von Bronzemeißeln kommen seit dem Beginn der Jungbronzezeit bis in die Spätbronzezeit vor. Meistens hat der Schaft einen viereckigen Querschnitt von der Schneide bis zum gespitztem Ende, manchmal hat der verjüngte Schaftteil einen runden Querschnitt (Dragomir 1967, R 18 b, 20-28; Mayer 1977, 212-214 Taf. 86,1231-1256,1258-1261; Petrescu-Dîmboviţa 1978, 109 Taf. 52 E,23-31; Leskov 1981, 8-12 Taf. 3,19-36; zu Erbach 1985, Taf. 65,10; dies. 1986, 148-149; dies. 1989, 110). Es ist anzunehmen, daß der Bronzemeißel von Mihălăşeni mit der schon erwähnten Siedlung der Noua-Kultur in Verbindung gebracht werden kann. Vergleichbare, besonders größere, und auch typologisch verschiedenartige Gegenstücke sind in diesem Kulturmilieu häufig vertreten (Florescu 1991, 29-30 [Nr. 31], 44-45 [Nr. 111], 47 [Nr. 121], 60 [Nr. 190], 69-73 [Nr. 244], 97-98 [Nr. 376], 115-116 [Nr. 467], 117 [Nr. 484], 127-129 [Nr. 539], 134-136 [Nr. 560], 140-141 [Nr. 584], 144-145 [Nr. 608], 150-151 [Nr. 631] Abb. 98,1-2; 99,5-6; 100,2; 102,7-8; 104,5-8.12-13; 105,8; 106,2.4.7; 108,20; 109,21.24-25.27-28.30; 111,2-5.7; 112,3-4).
L. 8,8; Gew. 1,95.

7. Kleiner Bronzemeißel (Inv. Nr. 14683; Abb. 1,5) mit scharf zugeschliffener Schneide und verjüngtem Ende, der wahrscheinlich als Holz- oder Lederbearbeitungsgerät benutzt wurde. Der Querschnitt ist an der Schneide, in der Mitte und am gespitzten Ende verschiedenartig, aber entlang des Schaftes immer viereckig. In der Mitte ist der Schaft ein wenig verdickt, ohne aber zwischen dem Schneidenteil und dem verjüngten Abschnitt eine wahrnehmbare Abgrenzung aufzuweisen. Er ist beschädigt und im Mittelteil gebogen. Der Meißel ist wahrscheinlich in die Spätbronzezeit zu datieren.
L. 9; Gew. 5.

8. Bronzemeißel (Inv. Nr. 14680; Abb. 1,6) mit scharf zugeschliffener Schneide und gespitztem Ende. Der Schaft ist kürzer und er hat einen viereckigen Querschnitt und eine sichtbare Verdickung, die den Schneidenteil

vom gespitzten Ende deutlich abgrenzt. Das Fundstück ist wahrscheinlich in die Bronzezeit einzuordnen (Florescu 1991, 47 [Nr. 121], 60 [Nr. 190], 97-98 [Nr. 376], 150-151 [Nr. 631] Abb. 98,2; 106,7; 111,5; 112,3-4).
L. 3,7; Gew. 1,80.

9. Bronzemeißel (Inv. Nr. 14684; Abb. 1,4) mit scharf zugeschliffener Schneide und leicht verjüngtem und gestumpftem Ende. Der Querschnitt ist oval gegen die Schneide zu und rund am anderen Ende. Aller Wahrscheinlichkeit nach ist das Kleingerät in die Spätbronzezeit zu datieren.
L. 8,9; Gew. 12,07.

Es ist generell anzunehmen, daß die Meißel am gespitzten Ende immer einen Griff aus Knochen, Horn oder häufiger aus Holz hatten. Zwei Meißel mit Knochengriffen sind in der Siedlungen der Noua-Kultur von Gîrbovăț (Florescu 1991, 72 [Nr. 244] Abb. 109,21) und Tăvădărăști (Florescu/Căpitanu 1968, 38, 41 Abb. 6,3; Florescu 1991, 128 [Nr. 539], Abb. 104,13) gefunden worden. Knochen- oder Hornreste von Griffen wurden auf einigen Meißeln von Seewalchen und Feuersbrunn bemerkt (Mayer 1977, 212 [Nr. 1231, 1233-1234], 213 [Nr. 1246], 215).

10. Pyramidenförmiger Geweihstangenknebel (Inv. Nr. 14685; Abb. 1,10) mit symmetrisch-biplaner Einrichtung und einem flach abgeschnittenen Ende; ein länglich-runder Durchzug liegt zentral in einer Ebene, und zwei runde, kleinere Öffnungen, die durch runde, gekrümmte Kanäle an die offenen Stangenköpfe führen, befinden sich rechtwinklig an jeder Seite in der Nähe der Mittelöffnung. Die beiden Enden sind unterschiedlich stark (mehr das untere und weniger das obere) beschädigt und teilweise abgebrochen. Eine genaue Parallele ist uns bislang nicht bekannt geworden, aber nach der symmetrisch-biplanen Einrichtung und nach der Art und Weise der "bügelförmigen" Führungen an die offen Stangenköpfe scheint das Fundstück Mihălășeni dem Typ Füzesabony (Hüttel 1981, 66-78 Taf. 4,35-36; 5,37-46; 6,49-49A, mit weiterer Literatur) zu entsprechen. Da das besprochene Fundstück durch die allgemeine pyramidenförmige Form und durch die Art der seitlichen, gebohrten Durchzüge Abweichungen vom Typ Füzesabony zeigt, ist es als eine selbstständige Variante dieses Typs einzustufen, die als **Variante Mihălășeni** bezeichnet werden könnte. Der Stangenknebel von Mihălășeni ist möglicherweise ebenfalls in Verbindung mit der nahegelegenen Siedlung der Noua-Kultur, in Zusammenhang mit den übrigen Einzelbronzefunden aus dem Areal des viel später zu datierenden Gräberfeldes, zu setzen und in die Spätbronzezeit einzuordnen.
L. 8,8.

11. Unterteil eines Stangenknebels (Inv. Nr. 14678; Abb. 1,11), deren Seiten je einen Zahn tragen; es ist nicht mehr möglich, die ganze Form und das Einrichtungsmuster festzustellen. Gezahnte untere Enden in andersartiger Form findet man an verschiedenen Knebeltypen, wie z.B. bei den kontaminierten Scheibenknebeln und bei den Stangenknebeln vom Typ Spiš (mit Varianten) und vom Typ Vatin (Hüttel 1981, 57-64, 82-99 Taf. 4,27-33; 8; 9,92-94; 10,95-97). Das Knebelstück von Mihălășeni ist einem Stangenknebel vom Typ Vatin (obwohl mit zwei Zähnen auf jeder Seite) aus Tószeg (ebd. 95 Taf. 10,95) ziemlich ähnlich, so daß es dem Typ Vatin zugehören könnte.

Die Stangenknebel vom Typ Vatin werden besonders in die ältere, aber auch noch in die erste Hälfte der mittleren Bronzezeit datiert. Jedoch ist nur ein einziges Exemplar (Monteoru, II. Nekropole, Grab 35) von diesen Stangenknebeln in einem geschlossenen Befund entdeckt worden. Außerdem unterscheiden sich die Stangenknebel dieses Typs in der Form ziemlich stark untereinander. So steht z.B. der Stangenknebel von Tószeg, dem das Knebelfragment von Mihălășeni ähnelt, dem erwähnten Exemplar von Monteoru nicht so nahe. Es gibt also Abweichungen, deren typologische und wahrscheinlich chronologische Bedeutung aufgrund der heutigen Materialbasis nicht grundsätzlich festzustellen ist. Eine genaue Datierung nach den typologischen Merkmalen dieses Knebelfragmentes ist deshalb zur Zeit nicht möglich; eine spätere Datierung - eventuell in die Spätbronzezeit - muß jedoch nicht ganz ausgeschlossen werden.
L. des erhaltenen Teils 6,3.

12. Pfeilspitze mit Stielschäftung, aus Knochen (Inv. Nr. 9002; Abb. 1,7), die eine gute Parallele in der Noua-Kultur hat (Florescu 1991, 73 Abb. 140,3).
L. 5,9.

Burlești, Kr. Botoșani (Moldau)

Frühling 1993 wurde in der Umgebung des Dorfes Burlești (Gem. Unțeni) von Toader Stratulat, einem Techniker des landwirtschaftlichen Betriebes "S.C. Emagrocom-Cătămărăști", ein Tüllenbeil aus Bronze aufgefunden; es befindet sich im Besitz des Entdeckers. Die Fundstelle liegt etwa 10 km östlich von Botoșani, in dem Obstgarten des genannten Betriebes, auf der rechten Seite eines Landweges, der vom Dorf Victoria nach Burlești führt. Das Tüllenbeil ist vom siebenbürgischen Typ mit östlichen Elementen (Abb. 1,15) und

einem Exemplar der Stufe Suseni ähnlich (Petrescu-Dîmboviţa 1977, 104 Taf. 181,3; ders. 1978, 125-126, Taf. 131 C,2). Es wäre also in die zweite Jungbronzezeitstufe zu datieren.
L. 10,8; Gew. 245,3.

Cloaşterf (Klosdorf), Kr. Mureş (Siebenbürgen)

1937 hat ein ehemaliger Notar aus Cloaşterf (Klosdorf) bei Sighişoara (Schäßburg) dem Helmsmuseum in Hamburg mehrere archäologische Fundstücke verkauft. Seinem schriftlichen Angebot nach sind alle verkauften Gegenstände im Areal der Gemeinde Cloaşterf aufgefunden worden. Das Dorf liegt im Tal eines kleinen Nebenflusses namens "Scroafa" (= "Die Sau"), auf der linken Seite der Tîrnava Mare; die genaue Fundstelle sowie auch die genauen Fundumstände wurden nicht angegeben.

Zwischen den verkauften Gegenständen von Cloaşterf befand sich ein Tüllenbeil aus Bronze, das eine strenge T-förmige Verzierung hat (Abb. 1,14). Tüllenbeile mit ähnlicher Verzierung kommen ziemlich selten vor. So sind in ganz Rumänien nur drei weitere Exemplare aus zwei altentdeckten Depotfunden zu erwähnen; das erste Fundstück gehört dem Hortfund von Tăuteu (Petrescu-Dîmboviţa 1977, 136-137 Taf. 329,8; ders. 1978, 145-146 Taf. 247 B,9), die anderen zwei dem Hortfund von Zagon II (ders. 1977, 138-139 Taf. 338,11-12; ders. 1978, 147 Taf. 251 A,5-6) an. Beide Hortfunde stammen aus Siebenbürgen und können der frühen Eisenzeit (Ha B 1) zugewiesen werden. Zwei weitere Analogien sind die Tüllenbeile von Liborajdea (Gumă/Dragomir 1985, 107 ff.) und von Prăjeni (Buzdugan 1970, 487 ff.). Mayer 1977, 192-198 Taf. 76,1047-1056; 77-79; 80,1100-1113 zählt die Exemplare mit T-förmiger Verzierung zu der österreichischen Gruppe der "Tüllenbeile mit Winkel- oder Bogen". Nur fünf Exemplare (aus Halstatt, Mahrersdorf und Kleedorf) von insgesamt 166 Tüllenbeilen dieser Gruppe haben eine strenge T-förmige Verzierung (ebd. 193 [Nr. 1065-1069]). Unter welchen Fundumständen das Tüllenbeil von Hallstatt entdeckt wurde, ist nicht ganz klar, deshalb ist seine chronologische Einordnung etwas unsicher. Doch gehören die Exemplare von Kleedorf und Mahrersdorf den zwei sicheren Hortfunden an, die chronologisch in die jüngere Urnenfelderzeit einzuordnen sind. Gute Parallelen finden sich noch in anderen Gebieten Mitteleuropas. So ist ein Tüllenbeil mit T-förmiger Verzierung aus dem Hortfund der frühen Eisenzeit von Tiszaeslár (Josa/Kemenczei 1964, 25, 39, 43 Abb. 1,34, Taf. 59,15) in Ungarn zu erwähnen. Auch in der Slowakei wurden zwei Exemplare, und zwar im Depotfund der jüngeren Urnenfelderzeit von Somotor (Novotná 1970 b, 83 [584] Taf. 33,584) und als Einzelfund in Plieşovce (ebd. 84 [Nr. 602] Abb. 34,602), aufgefunden.
L. 11,9.

Die Gegenstände von Şcheia, Burleşti und Cloaşterf sind evident als Einzelfunde zu betrachten, so daß ihre typologischen Merkmale als einziges Kriterium bleiben, sie chronologisch einzuordnen.

In derselben Lage befinden sich auch die Fundstücke von Mihălăşeni. Ihre Verbindung mit der benachbarten Siedlung der Noua-Kultur ist selbstverständlich möglich und vielleicht richtig, aber das bleibt eine Vermutung, da die Nachbarschaftszone nicht gründlich untersucht wurde und wir daher nicht wissen, ob sich eventuell noch weitere ältere Siedlungen der Bronzezeit dort befinden. Die besprochenen Gegenstände tauchten nicht auf der Siedlungsfläche der Noua-Kultur auf, sondern auf einem benachbarten Areal, was auch andere Kulturverhältnisse vermuten läßt. Im Vergleich mit der anliegenden Zone der überschwemmbaren Uferwiese, liegt die Fundstelle etwas höher, so daß hier verschiedene Handwerksbetriebe angesiedelt gewesen sein konnten. Die relativ große Anzahl der Werkzeuge und der anderen Gegenstände (Sichel, Säge, 4 Meißel, Armring, zwei Nadeln und zwei Knochenknebel) könnte eine solche Hypothese unterstützen. Ob das einer bestimmten Organisierungsart der handwerklichen Tätigkeiten in manchen bronzezeitlichen Siedlungen entspricht, bleibt offen.

Was die zwei Knochenknebel betrifft ist interessant, daß östlich der Karpaten sowohl die neue Variante des Stangenknebels vom Typ Füzesabony als auch ein Exemplar vom Typ Vatin vorkommen.

Moldau

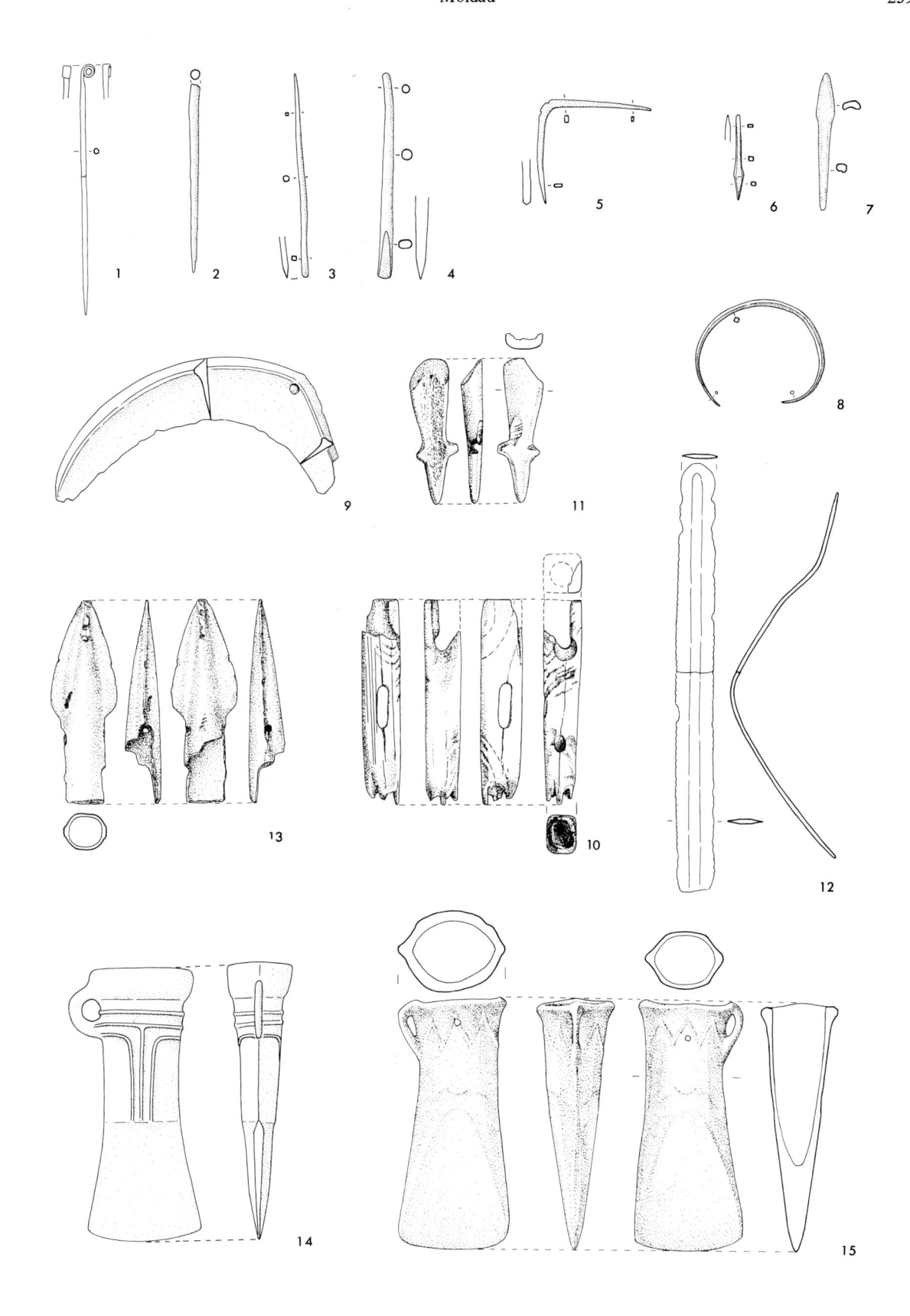

Abb. 1. Einzelfunde aus Şcheia, Mihălăşeni, Burleşti, Cloaşterf. M. 1:2,5

Der Bronzefund von Străoşti, Kr. Prahova

Ion Motzoi-Chicideanu, Bucureşti, und Dan Lichiardopol, Ploieşti

Bei landwirtschaftlichen Arbeiten in der Pflanzschule des Weingartens des Staatsgutes "Plavia" wurde im Sommer 1974 ein Bronzedepot entdeckt. Er wurde dem Kreismuseum für Geschichte in Ploieşti zur Kenntnis gebracht, dessen Fachleute eine Überprüfung der Fundumstände vornahmen. Es wurde festgestellt, daß die in einer Tiefe von 0,40 m eingegrabenen Bronzefunde die einzigen archäologischen Spuren waren. Auch aus dem Umfeld sind keine anderen prähistorischen Siedlungs- oder Grabspuren, die mit dem Depotfund in irgendeine Verbindung gebracht werden könnten, bekannt geworden. Die Fundstelle liegt auf dem rechten Ufer des Flusses Cricovul Sărat (=Salzcricov), und zwar auf der untersten Terrasse, in unmittelbarer Nähe des Dorfes Străoşti, Gem. Iordăcheanu. Geomorphologisch gehört die Gegend zum subkarpatischen Hügelland, das sich unmittelbar nördlich von "Câmpia Bărăganului" ausdehnt. Von Norden nach Süden wird das Gebiet von mehreren Wasserläufen durchflossen, und es gibt dort - wie auch der oben erwähnte Flußname bezeugt - zahlreiche natürliche Salzvorkommen; das bekannteste befindet sich im Teleajen-Tal, bei Slănic-Prahova.

Der Depotfund besteht aus 48 Fundstücken: 46 ganze und fragmentarische Sicheln, ein Bruchstück eines unbestimmbaren Gegenstandes und ein bruchstückhafter Gußfladen[1]. Nach der Auffindung wurden die nicht gänzlich mit Patina bedeckten Gegenstände mit Wasserstoffperoxyd gereinigt. Obwohl vor mehr als 15 Jahren entdeckt, blieb der Depotfund unediert: die einmalige Erwähnung (Morintz 1978, 174) enthält keine inhaltlichen Angaben und nur eine allgemeine Einstufung in die Spätbronzezeit.

Die Beschreibung der Funde

1. Sichel (Inv. Nr. 919704; Abb.1,1). Das ganz erhaltene Exemplar wurde in einer einschaligen, offenen Gußform erzeugt; nach dem Guß wurde es durch Hämmerung nachbearbeitet, wodurch drei durch falsche Rippen getrennte Facetten entstanden. Die Spitze ist abgerundet, während nur der obere Teil eine betonte Krümmung und eine abgeflachte Randrippe zeigt. Die alt gezähnte Schneide läßt keine Benutzungsspuren erkennen. Der untere Teil wurde infolge des Eingusses dicker, wobei ein kleiner Vorsprung entstand. 8 cm von der Spitze entfernt ist ein Loch, entstanden durch Fehlguß. Keine Patina.
L. 22,7; B. der Klinge 3,6; Gew. 148.
2. Sichel (Inv. Nr. 919715; Abb. 1,2). Ganz erhaltenes Stück, in einer einschaligen, offenen Gußform erzeugt; die Vollendung erfolgte durch Hämmerung, wobei zwei falsche Rippen und drei Facetten auf der Klinge entstanden. Die Krümmung ist betont, auch die Randrippe. Die Schneide infolge Korrosion alt gezähnt; der untere Teil ist dicker und der Gußzapfen wurde abgeschnitten. Im unteren Teil können zwei kleine Gußfehlerlöcher bemerkt werden. Keine Gebrauchsspuren. Keine Patina.
L. 19,1; B. 3,3; Gew. 187.
3. Sichel (Inv. Nr. 919709; Abb. 1,3). Ganz erhaltenes Stück, in einer einschaligen, offenen Gußform erzeugt. Das Metall wurde sowohl am unteren Teil als auch an der obersten Krümmung eingegossen, wo heute noch ein kleiner Gußzapfen zu bemerken ist. Das Stück wurde durch Hämmerung vollendet, wobei zwei falsche Rippen entstanden; die Spitze ist rund, die Krümmung betont; ziemlich abgeflachte Randrippe. Die wellenförmige Schneide zeigt keine Benutzungsspuren. Der Unterteil ist dicker und zeigt einen kleinen Vorsprung. 4 cm von der Spitze und 5,5 cm von der Basis befinden sich zwei Gußfehlerlöcher. Die Spitze wurde im Altertum leicht gekrümmt. Keine Patina.
L. 19,1; B. 3,1; Gew. 158.
4. Sichel (Inv. Nr. 919702; Abb. 1,4). Ganz erhaltenes Stück, in einer einschaligen, offenen Gußform erzeugt. Nach dem Guß wurde die Sichel durch Hämmerung vollendet, wobei an der Schneide eine Facette entstand.

---

[1] Die Sicherstellung aller Fundstücke und die Nachforschungen wurden von Victor Theodorescu (Kreismuseum für Geschichte, Ploieşti) vorgenommen; ihm verdanken wir auch die freundliche Überlassung der Veröffentlichung, wofür ihm auch hier gedankt sei. Die Übersetzung übernahm T. Soroceanu.

Die Spitze ist abgerundet, die Krümmung mittelstark und die Rückenrippe erhaben. Die Schneide zeigt keine Verwendungsspuren und ist durch Korrosion alt gezähnt. Der untere Teil ist gußgemäß dicker und ein wenig nach hinten gebogen. Die Oberfläche der Rückseite ist rauh gegossen und zeigt kleine Flecken von hellgrüner Patina.
L. 20,9; B. 3; Gew. 105.

5. Sichel (Inv. Nr. 919713; Abb. 1,5). Ganz erhaltenes Stück, in einer einschaligen, offenen Gußform erzeugt. Das Metall wurde sowohl am unteren Teil als auch an der obersten Krümmung eingegossen, wo noch ein Gußzapfen sichtbar ist. Vollendet wurde das Stück durch Hämmerung, wobei drei Facetten entstanden, die durch falsche Rippen getrennt sind. Die Spitze ist abgerundet, die Krümmung sowie die Randrippe sind nicht allzu stark. Die Schneide zeigt keine Benutzungsspuren, die Zähnchen entstanden durch Korrsion. Der untere Teil ist gußgemäß dicker, auch ein kleiner Gußzapfen ist sichtbar. In derselben Zone befindet sich auch ein Gußloch. Keine Patina.
L. 21,3; B. 3,5; Gew. 177.

6. Sichel (Inv. Nr. 919712; Abb. 1,6). Ganz erhaltenes Stück, in einer einschaligen, bedeckten Gußform erzeugt. Nach dem Guß wurde die Klinge gehämmert, wobei zwei Facetten - durch eine falsche Rippe getrennt - entstanden. Die Spitze ist wenig abgerundet und die Rundung wenig betont; die erhabene Rückenrippe wurde im oberen Teil durch Hämmerung abgeflacht; infolge Korrosion ist die Schneide gezähnt, tatsächliche Verwendungsspuren wurden nicht festgestellt. Der Griffteil ist gußgemäß dicker, der nach hinten gekrümmte Gußzapfen ist hervorgehoben. Die Oberfläche ist sehr porös und zeigt Flecken von hellgrüner Patina.
L. 23,1; B. 3,2; Gew. 195.

7. Sichel (Inv. Nr. 919705; Abb. 1,7). Ganz erhaltenes Exemplar, in einer einschaligen, bedeckten Gußform erzeugt; es wurde nur oberflächlich durch Hämmerung überarbeitet, wobei zwei Facetten und eine falsche Rippe entstanden sind. Die abgerundete Spitze wurde im Altertum ein wenig beschädigt. Die Rückenrippe ist wenig erhaben. Infolge Korrosion ist die sonst unbenutzte Schneide gezähnt; der Griffteil ist gußgemäß dicker und zeigt einen hervortretenden Gußzapfen als Fortsetzung des Stückes. Keine Patina.
L. 20,3; B. 2; Gew. 109.

8. Sichel (Inv. Nr. 919711; Abb. 1,8). Ganz erhaltenes Exemplar, in einer einschaligen, bedeckten Gußform erzeugt. Die durch Hämmerung nachgearbeitete Klinge ist facettiert und zeigt zwei falsche Rippen; die Spitze ist abgerundet, die Rückenkrümmung betont und die Rückenrippe erhaben. Die Schneide ist alt korrodiert und wurde nicht benutzt Der Griffteil ist gußgemäß dicker und zeigt einen hervortretenden Gußzapfen als Fortsetzung des Stückes. Auf der Oberfläche sind einige Gußunebenheiten zu spüren. Keine Patina.
L. 21,1; B. 2,9; Gew. 135.

9. Sichel (Inv. Nr. 919703; Abb. 1,9). Ganz erhaltenes Exemplar, in einer einschaligen, bedeckten Gußform erzeugt und oberflächlich durch Hämmerung nachgearbeitet. Das Ende ist gespitzt, die Rückenkrümmung betont und die Rückenrippe erhaben; die facettierte Schneide ist alt gezähnt und zeigt keine Benutzungsspuren. Der schlankere Griffteil ist gußgemäß dicker und hat einen wenig erhabenen Gußzapfen. 6 cm von der Spitze ist eine Schlagspur sichtbar, wodurch die Klinge leicht gebogen wurde. Die Rückseite, in der Höhe der Spitze, ist porös und zeigt viele Gußlöcher und winzige hellgrüne Patinaflecken.
L. 21; B. 2,9; Gew. 154.

10. Sichel (Inv. Nr. 919707; Abb. 1,10). Ganz erhaltenes Exemplar, in einer einschaligen, bedeckten Gußform erzeugt. Durch Hämmerung entstanden auf der Klinge drei Facetten, die durch zwei falsche Nervuren getrennt sind. Die Spitze ist abgerundet, die Rundung mittelstark betont und die Rückenrippe gut profiliert. Die infolge Korrosion gezähnte Schneide zeigt keine Benutzungsspuren. Der Griffteil ist gußgemäß dicker, während der Gußzapfen sehr wenig hervorgetreten ist. Keine Patina.
L. 20,4; B. 3,2; Gew. 134.

11. Sichel (Inv. Nr. 919700; Abb. 1,11). Ganz erhaltenes Exemplar, in einer einschaligen, bedeckten Gußform erzeugt. Das Stück wurde durch Hämmerung oberflächlich nachgearbeitet, wodurch auf der Klinge drei durch falsche Rippen getrennte Facetten entstanden. Das Metall wurde durch eine Öffnung am Rücken eingegossen; es ist nur ein kleiner Gußzapfen sichtbar. Die Spitze ist abgerundet, die Rückenkrümmung mittelstark betont und die Rückenrippe wenig profiliert. Die korrodierte Schneide wurde nicht benutzt. Der untere Teil ist gußgemäß dicker und ein wenig verlängert. Überall sind Hämmerungsspuren sichtbar, die von einem Werkzeug (Meißel ?) stammen, dessen aktiver Teil 3 x 1,7 mm gemessen hat. Keine Patina.
L. 21,6; B. 3,5; Gew. 155.

12. Sichel (Inv. Nr. 919714; Abb. 1,12). Ganz erhaltenes Exemplar, in einer einschaligen, bedeckten Gußform erzeugt. Die Nacharbeitung des Stückes erfolgte durch Hämmerung; eine solche Spur ist über einem kleinen Riß an der Schneide sichtbar. Im oberen Teil sind Flecken, die schillern, zu erkennen, wahrscheinlich infolge

der Erwärmung für die Hämmerung. Die Spitze ist abgerundet, zeigt eine betonte Rundung und eine profilierte Rückenrippe. Die Schneide hat eine dünne Facette und läßt keine Verwendungsspuren erkennen. Der Griffteil ist gußgemäß dicker und breiter und zeigt auch einen kleinen Vorsprung. Keine Patina.
L. 19; B. 2,6; Gew. 162.

13. Sichel (Inv. Nr. 919701; Abb. 1,13). Ganz erhaltenes Exemplar, in einer einschaligen, bedeckten Gußform erzeugt. Das Metall wurde sowohl am unteren Teil als auch am höchsten Punkt des Rückens (wo noch ein kleiner Gußzapfen erkennbar ist) eingegossen. Durch Hämmerung entstanden auf der Klinge drei Facetten, die durch zwei falsche Rippen getrennt sind. Die Spitze ist abgerundet, die Rückenkrümmung betont und die Rückenrippe profiliert. Die Schneide ist infolge Korrosion gezähnt, zeigt aber keine Benutzungsspuren. Der untere Teil ist gußgemäß dicker und nach hinten gekrümmt. An der Spitze und an der Basis können zwei Gußlöcher erkannt werden. Keine Patina.
L. 20,7; B. 2,8; Gew. 183.

14. Sichel (Inv. Nr. 919706; Abb. 1,14). Ganz erhaltenes Exemplar, in einer einschaligen, bedeckten Gußform erzeugt. Das Metall wurde am höchsten Punkt des Rückens eingegossen; der Guß erfolgte in nachlässiger Weise, so daß viele Gußblasen auf der Rückseite entstanden sind; eine davon ist zu einem Loch geworden. Die Spitze ist unregelmäßig beendet, die Rückenkrümmung betont und die Rückenrippe profiliert; auf der Klinge sind zwei falsche Rippen ausgehämmert. Die Schneide ist nicht geschärft. Der Griffteil ist gußgemäß dicker und zeigt eine geplatzte Gußblase. Keine Patina.
L. 20,3; B. 2,6; Gew. 167.

15-16. Sichel (Inv. Nr. 919710; 919744; Abb. 1,15). Das Exemplar wurde in einer einschaligen, bedeckten Gußform erzeugt; das Metall wurde durch eine Öffnung am höchsten Punkt des Rückens eingegossen, wo noch ein kleiner Gußzapfen sichtbar ist. Die Spitze ist unregelmäßig, die Rückenkrümmung betont, die Rückenrippe profiliert und durch Hämmerung abgestumpft. Durch die Hämmerung entstanden auf der Klinge zwei falsche Rippen. Die Schneide wurde nicht vollendet und auch nicht benutzt. Der Griffteil ist gußgemäß dicker. Im Altertum wurde die Spitze gebogen und abgebrochen. Keine Patina.
L. 18,6; 6,7; B. 2,6; 2,5; Gew. 143; 24.

17-18. Sichel (Inv. Nr. 919708; 919745; Abb. 1,16). Die schon im Altertum in zwei Stücken gebrochene Sichel wurde in einer einschaligen, bedeckten Gußform erzeugt; das Metall wurde durch eine Öffnung an der höchsten Rückenkrümmung eingegossen, wo noch ein Gußzapfen zu erkennen ist. Das Stück wurde eher in nachlässiger Weise hergestellt und ebenso nachgearbeitet. Durch Hämmerung entstanden zwei Facetten. Die Spitze ist abgerundet, die Rückenkrümmung betont, und die Rückenrippe wurde gehämmert. Die Schneide ist unvollendet und nicht benutzt. Der Griffteil ist gußgemäß dicker. Das Stück wurde alt gebogen und abgebrochen. Der Bruch läßt einen Riß erkennen, der vermutlich am Körper entlang läuft und der den Eindruck erweckt, als ob die Sichel zweischichtig gegossen wurde. Am Bruch hellgrüne Patina.
L. 19,6; 6,5; B. 2,6; 2,5; Gew. 140; 25.

19. Sichel (Inv. Nr. 919718; Abb. 2,1). Die Spitze wurde schon alt gebogen und abgebrochen, nicht mehr erhalten. Das Exemplar wurde in nachlässiger Weise in einer einschaligen, bedeckten Gußform erzeugt; der Guß erfolgte durch eine Öffnung an der betontesten Rückenkrümmung, wo ein Gußzapfen noch spürbar ist. Die Rückenkrümmung ist betont, die Rückenrippe profiliert und gehämmert. Ebenfalls durch Hämmerung wurde die Klinge facettiert, wobei zwei falsche Rippen entstanden. Die Schneide wurde nicht geschärft und nicht benutzt. Gußgemäß ist der Griffteil dicker. Keine Patina.
L. 20; B. 2,5; Gew. 165.

20-21. Sichel (Inv. Nr. 919735; 919740; Abb. 2,2). Schon im Altertum duch Biegen in zwei Stücke gebrochen. Das Exemplar wurde in einer einschaligen, bedeckten Gußform erzeugt; das Metall wurde sowohl am Unterteil als auch an der größten Rückenkrümmung - wo ein Gußzapfen erhalten ist - eingegossen. Es wurde oberflächlich vollendet. Gußnähte sind am Rande noch sichtbar. Die Spitze ist abgerundet, die Rundung ist mittelmäßig. Die Rückenrippe verlängert sich gegen den Griffteil, der weder dicker ist noch einen Gußzapfen erkennen läßt. Die infolge Korrosion gezähnte Schneide zeigt keine Benutzungsspuren. Die Rückseite ist stark porös und zeigt hellgrüne Patina.
L. 15,2; 3,2; B. 3,5; 2,8; Gew. 80; 9.

22. Sichel (Inv. Nr. 919716; Abb. 2,3). Schon im Altertum am Griff abgebrochen. In nachlässiger Weise in einer einschaligen, bedeckten Gußform erzeugt; unvollendet. Die Spitze ist nicht abgerundet, die Schneide ist - möglicherweise beim Guß - gezähnt. Die Rückenkrümmung ist betont, die Rückenrippe profiliert. Die Facettierung der Schneide ist steil, die Schneide selbst unvollendet und unbenutzt Die Form einer alt abgebrochenen Verlängerung am Griffteil kann heute nicht mehr festgestellt werden. Wenig hellgrüne Patina auf der Rückseite.

L. 14; B. 2,8; Gew. 90.

23. Sichel (Inv. Nr. 919719; Abb. 2,4). Das fragmentarisch erhaltene Exemplar wurde in einer einschaligen, bedeckten Gußform erzeugt. Die Rückenkrümmung ist mittelmäßig, die Rückenrippe wenig profiliert; der Griffteil ist gußgemäß dicker. Auf der Klinge entstanden durch Hämmerung drei Facetten und zwei falsche Rippen; die, infolge Korrosion, wenig gezähnte Schneide zeigt keine Verwendungsspuren. Ein Fehlgußloch befindet sich 6 cm weit vom Griffende. Der Sichelknopf wurde flachgehämmert. Das Stück wurde durch Biegung alt gebrochen. Keine Patina.
L. 18,3; B. 3,6; Gew. 122.

24. Sichel (Inv. Nr. 919723; Abb. 2,5). Von dem in einer einschaligen, bedeckten Gußform erzeugten Exemplar sind lediglich der Griffteil und teilweise die Klinge erhalten. Der Guß erfolgte nicht sehr sorgfältig, was auch für die Überarbeitung gilt. Zwei falsche Rippen wurden auf der facettierten Klinge ausgehämmert. Die Rückenkrümmung ist mittelmäßig; wenig profiliert ist die Rückenrippe. Am gußgemäß verdickten Griffteil ist eine Gußblase sichtbar. Durch Biegung alt gebrochen. Wenig hellgrüne Patina, vor allem auf der Rückseite.
L. 17,6; B. 3,2; Gew. 122.

25. Sichel (Inv. Nr. 919721; Abb. 2,6). Von dem in einer einschaligen, bedeckten Gußform erzeugten Exemplar sind lediglich der Griffteil und teilweise die Klinge erhalten. Nachlässig gegossen, wurde das Stück auch oberflächlich durch Hämmerung nachgearbeitet, wodurch eine facettierte Klinge entstand. Die Rückenkrümmung ist wenig betont und der Griffteil gußgemäß dicker. 9 cm vom Griffende wurde ein quasi rektanguläres Loch absichtlich gegossen. Die Rückenrippe ist wenig profiliert und die unbenutzte Schneide durch Korrosion gezähnt. Das Stück wurde in der Mitte alt gebogen und gebrochen. Keine Patina.
L. 16,5; B. 2,5; Gew. 76.

26. Sichel (Inv. Nr. 919720; Abb. 2,7). Von dem in einer einschaligen, bedeckten Gußform erzeugten Exemplar sind lediglich der Griffteil und teilweise die Klinge erhalten. Nachlässig gegossen und mit einem Werkzeug nachgearbeitet, dessen aktiver Teil rund war. Die Rückenkrümmung ist wenig betont. Der Griffteil ist dicker und nach hinten gebogen. Die zwei Facetten der Klinge sind durch eine sehr abgeflachte Rippe getrennt. Dagegen ist die Rückenrippe stark profiliert. Die nicht verwendete Klinge wurde infolge Korrosion gezähnt. 11,2 cm vom Griffende ist ein absichtlich gegossenes rektanguläres Loch sichtbar. Das Stück wurde durch Biegen alt gebrochen. Keine Patina.
L. 16,8; B. 2,7; Gew. 93.

27. Sichel (Inv. Nr. 919725; Abb. 2,8). Von dem in einer einschaligen, bedeckten Gußform erzeugten Exemplar sind lediglich der Griffteil und teilweise die Klinge erhalten. Etwas sorgfältiger gegossen als die zuvor genannten Sicheln und durch Hämmerung nachgearbeitet; Verwendungsspuren sind nicht sichtbar. Das Stück wurde durch Biegen alt gebrochen. Keine Patina.
L. 10,5; B. 2,6; Gew. 42.

28. Sichel (Inv. Nr. 919724; Abb. 2,8). Von dem in einer einschaligen, bedeckten Gußform erzeugten Exemplar sind lediglich der Griffteil und teilweise die Klinge erhalten; durch Hämmerung nachgearbeitet. Obwohl fragmentarisch, ist eine mittelmäßige Rückenkrümmung zu vermuten. Die Rückenrippe ist profiliert, der Griffteil gußgemäß dicker, wobei auch ein Gußzapfen sichtbar ist. Die Schneide wurde nicht geschärft. Die Sichel wurde durch Biegen alt gebrochen. Keine Patina.
L. 14,9; B. 2,7; Gew. 91.

29. Sichel (Inv. Nr. 919727; Abb. 2,10). Von dem in einer einschaligen, bedeckten Gußform erzeugten Exemplar sind lediglich der Griffteil und sehr wenig von der Klinge erhalten. Das nicht sehr sorgfältig gegossene Stück wurde durch Hämmerung oberflächlich nachgearbeitet. Die Rückenkrümmung scheint nicht sehr betont gewesen zu sein, die Rückenrippe ist profiliert. Gußgemäß ist der Griffteil dicker. Die infolge Korrosion gezähnte Schneide wurde nicht benutzt. Die Sichel wurde durch Biegen alt gebrochen. Keine Patina.
L. 10,3; B. 2,2; Gew. 49.

30. Sichel (Inv. Nr. 919722; Abb. 2,11). Von dem in einer einschaligen, bedeckten Gußform erzeugten Exemplar sind lediglich der Griffteil und teilweise die Klinge erhalten. Nachlässiger Guß und recht oberflächliche Nachbearbeitung. Die Klinge war sehr dünn und die Rückenrippe zeigt einen halbkreisförmigen Querschnitt. Keine Verwendungsspuren. Die Sichel wurde durch Biegen alt abgebrochen. Spuren von hellgrüner Patina.
L. 14,5; B. 3; Gew. 62.

31. Sichel (Inv. Nr. 919726; Abb. 2,12). Erhalten sind der Griffteil und ein Klingenfragment. Das unvollendete Stück wurde nachlässig in einer einschaligen, bedeckten Gußform hergestellt. Es hat eine sehr poröse Oberfläche. Die Rückenrippe reicht bis zur Spitze, wo sie sich zur Schneide biegt. Der Griffteil ist platt, ohne irgendeine Verdickung oder einen Gußzapfen. Die hellgrüne Patina ist tief in die Poren eingedrungen; das Stück

wurde durch Biegen alt gebrochen.
L. 12,2; B. 3; Gew. 53.

32. Sichel (Inv. Nr. 919728; Abb. 2,13). Es ist nur der Griffteil erhalten. Gußgemäß ist die Basis verdickt, ein Gußzapfen ist sichtbar. Die Randrippe ist stark profiliert. Das durch Biegen alt gebrochene Stück ist nachlässig vollendet und zeigt keine Patina.
L. 6,1; B. 2,6; Gew. 33.

33. Sichel (Inv. Nr. 919734; Abb. 2,14). Es sind nur die durch Biegen alt abgebrochene Klinge und die Spitze erhalten. Der sorgfältige Guß erfolgte in einer einschaligen, bedeckten Gußform. Durch Hämmerung vollendet. Es entstanden drei Facetten, die durch zwei falsche Rippen getrennt sind. Die Spitze ist abgerundet, die Krümmung betont und die Randrippe profiliert; diese ist an der Spitze ein wenig abgestumpft. Keine Benutzungsspuren. Keine Patina.
L. 17,1; B. 3; Gew. 102.

34. Sichel (Inv. Nr. 919717; Abb. 2,15). Es sind nur die alt abgebrochene Spitze und die Klinge erhalten. Die Sichel wurde nachlässig in einer einschaligen, bedeckten Gußform gegossen. Das Stück wurde oberflächlich durch Hämmerung vollendet, wobei eine falsche Rippe auf der Klinge entstand. Die Spitze ist abgerundet, die Rückenkrümmung mittelmäßig. Keine Benutzungsspuren. Die Sichel wurde durch Biegen alt abgebrochen. Keine Patina.
L. 15,4; B. 2,7; Gew. 67.

35. Sichel (Inv. Nr. 919732; Abb. 2,16). Erhalten sind die abgerundete Spitze und teilweise die Klinge. Der Guß erfolgte in einer einschaligen, bedeckten Gußform; das Stück wurde nachlässig vollendet. Betonte Rückenkrümmung, profilierte Rückenrippe. Keine Verwendungsspuren, durch Biegen alt abgebrochen. Keine Patina.
L. 13,6; B. 2,6; Gew. 67.

36. Sichel (Inv. Nr. 919730; Abb. 2,17). Erhalten ist nur die durch Biegen alt abgebrochene Spitze. Sorgfältig gegossen, wurde das Stück durch Hämmerung facettiert, wodurch eine falsche Rippe entstand. Hämmerungsspuren sind auch auf der wenig profilierten Rückenrippe erkennbar. Die Schneide durch Korrosion gezähnt. Keine Benutzungsspuren. Keine Patina.
L. 10,7; B. 3,3; Gew. 39.

37. Sichel (Inv. Nr. 919729; Abb. 2,18). Erhalten ist nur die durch Biegen alt abgebrochene Spitze. Der Guß war nachlässig und verursachte eine sehr poröse Rückseite; durch Hämmerung vollendet. Die Rückenrippe ist profiliert, die Schneide alt gezähnt. Wahrscheinlich unbenutzt. Auf der Rückseite ist hellgrüne Patina in den Poren akkumuliert.
L. 10,9; B. 3; Gew. 58.

38. Sichel (Inv. Nr. 919737; Abb. 2,19). Ein durch Biegen alt gebrochenes Klingenfragment. Nachlässiger Guß, durch Hämmerung nachgearbeitet. Auf der Klinge sind drei Facetten, durch falsche Rippen getrennt. Keine Benutzungsspuren. Keine Patina.
L. 7,5; B. 2,6; Gew. 30.

39. Sichel (Inv. Nr. 919736; Abb. 2,20). Ein durch Biegen alt gebrochenes Klingenfragment. Nachlässiger Guß und oberflächliche Überarbeitung. Die Rückenrippe ist profiliert. Keine Benutzungsspuren. Keine Patina.
L. 8; B. 2,6; Gew. 32.

40. Sichel (Inv. Nr. 919731; Abb. 2,24). Ein durch Biegen alt gebrochenes Klingenfragment. Ziemlich sorgfältiger Guß, aber oberflächlich überarbeitet. Die Krümmung ist ziemlich betont, die Randrippe wenig profiliert. Die Schneide wurde schon im Altertum gezähnt. Keine Benutzungsspuren. Keine Patina.
L. 11,2; B. 2,5; Gew. 46.

41. Sichel (Inv. Nr. 919742; Abb. 2,21). Nur die alt abgebrochene Spitze ist erhalten; wenig überarbeitet. Keine Benutzungsspuren. Keine Patina.
L. 3; B. 2,4; Gew. 6.

42. Sichel (Inv. Nr. 919738; Abb. 2,22). Nur ein durch Biegen alt abgebrochenes Klingenfragment ist erhalten. Nachlässiger Guß, oberflächliche Überarbeitung. Die Schneide ist gezähnt. Keine Benutzungsspuren. Spuren von hellgrüner Patina.
L. 6,3; B. 2,3; Gew. 19.

43. Sichel (Inv. Nr. 919739; Abb. 2,23). Nur ein durch Biegen alt abgebrochenes Fragment ist erhalten. Das unbenutzte Stück wurde oberflächlich überarbeitet. Keine Patina.
L. 2,4; B. 2,7; Gew. 14.

44. Sichel (Inv. Nr. 919735; Abb. 2,25). Erhalten ist nur ein durch Biegen alt abgebrochenes Klingenfragment. Nach dem nachlässigen Guß erfolgte eine oberflächliche Überarbeitung durch Hämmerung, wobei auf der

Klinge eine falsche Rippe entstand. Die Rückenrippe ist profiliert, die unbenutzte Schneide gezähnt. Keine Patina.

L. 3; B. 2,3; Gew. 9.

45. Sichel (Inv. Nr. 919746; Abb. 2,26). Erhalten ist nur ein durch Biegen alt abgebrochenes Klingenfragment, das durch Hämmerung facettiert wurde. Die Schneide zeigt keine Benutzungsspuren. Keine Patina.

L. 2,2; B. 3,3; Gew. 8.

46. Sichel (Inv. Nr. 919747; Abb. 2,27). Erhalten ist nur ein durch Biegen alt abgebrochenes Klingenfragment. Keine Patina.

L. 1,7; B. 2,1; Gew. 4.

47. Unbestimmbarer Gegenstand (Inv. Nr. 919741; Abb. 2,28), aus einer sehr dünnen Platte (eventuell ein Bruchstück einer Sichelklinge ?) hergestellt; alt abgebrochen und dadurch gebogen. Die rauhe Oberfläche ist praktisch völlig mit kleinen Flecken einer hellgrünen Patina bedeckt.

L. 2,7; B. 2; Gew. 3.

48. Gußfladen (Inv. Nr. 919743; Abb. 2,29), alt abgebrochen mit einem Meißel; bruchstückhaft erhalten. Er wurde auf einer freien Oberfläche gegossen, so daß die Form unregelmäßig ist. An der Oberfläche sind mehrere Meißelschläge sichtbar; der Gußfladen wurde nach dem Gießen mit dem Hammer behandelt. Keine Patina.

L. 6,4; B. 4,1; D. 1,2; Gew. 81.

Die typologisch relevanten Sicheln von Strãoşti können hinsichtlich ihrer Morphologie in drei Gruppen gegliedert werden. Nebenbei sind ein etwas eigenartiges Exemplar und die schwer bestimmbaren Bruchstücke zu erwähnen.

Die erste Gruppe besteht aus 23 ganz oder fragmentarisch erhaltenen Stücken (Kat. 1-8, 10-19, 23-24, 28-29, 32) und wird durch eine betontere Rückenkrümmung und einem breiten und, gußgemäß bedingten, verdickten "Griffteil" charakterisiert. Bei acht Exemplaren dieser Gruppe ist der Vorsprung am Griff betonter und bildet meistens eine Verlängerung des Körpers. Die Klinge ist verhältnismäßig breit und die Rückenrippe gut profiliert.

Unter den Exemplaren der ersten Gruppe sind vier (Kat. 14, 15-16, 17-18, 19) hervorzuheben, die in derselben Gußform hergestellt wurden, was durch die sehr nahestehenden Maße und besonders Gewichte bestätigt wird. Eine weitere Eigentümlichkeit sind die oft vertretenen Klingen mit drei, durch Hämmerung erzeugten Facetten, die durch falsche Rippen getrennt sind. Keine der Sicheln der ersten Gruppe zeigt absichtlich durch Gießen hergestellte Durchlochungen. Die Löcher, die oft auf den Fundstücken beobachtet werden können, sind durch nachlässiges Gießen entstanden. Ein wenig außergewöhnlich ist die erste Sichel (Kat. 1), deren Griffteil verbreiteter ist als bei den anderen und die einen konischen Vorsprung zeigt, von dem die Rückenrippe ausgeht. Diese Eigenschaft läßt die Sichel, unter den anderen Exemplaren dieser Gruppe, am ehesten mit den Knopfsicheln vergleichen. Darüber hinaus hat das Exemplar eine dünne und sehr breite Klinge.

Die zweite, aus fünf Fundstücken gebildete Gruppe (Kat. 9, 25-27, 30) wird durch eine Sichelvariante charakterisiert, die eine weniger betonte Krümmung zeigt; dazu sind die Klingen weniger breit, besonders vor der Gußverdickung sogar nach hinten gebogen. Die Exemplare der zweiten Gruppe haben profilierte Rückenrippen und eine einzige Facette, d.h., daß die Klinge eben ist. Bei zwei Exemplaren (Kat. 25-26) wurde beim Gießen absichtlich je eine annähernd rechteckige Durchlochung herbeigeführt.

Die dritte Gruppe enthält zwei Sicheln (Kat. 20-21, 31), eine davon ist aus zwei Bruchstücken wiederhergestellt worden. Die Krümmung ist mittelmäßig und der Griffteil einfach, ohne Verdickung und Gußzapfen oder irgendein anderes Merkmal. Die profilierte Rückenrippe ist bis zum Griffende verlängert, bei einem Exemplar (Kat. 31) ist sie sogar ein wenig zur Schneide gebogen. Die etwas breiteren Klingen sind viel dünner und zeigen keine Facettierungsspuren.

Aus der Gesamtheit der Sicheln ist ein Exemplar (Kat. 22) wegen seines besonderen Aussehens hervorzuheben. Die Spitze ist scharf und gezackt - vielleicht als Folge eines fehlerhaften Gusses oder einer besonderen Gußform -, der Sichelkörper ist gebogen und am Griffteil war ein Fortsatz oder ein Stiel, der allerdings schon alt abgebrochen ist. Das Stück wurde nicht überarbeitet und sicherlich auch nicht benutzt. Die Schneide ist im Verhältnis zu den anderen Fundstücken zu steil, die Sichel wurde trotzdem dem Depotfundgut zugeteilt.

Den morphologischen Charakteristika gemäß (die Krümmung, das Ende "des Griffes", die Facetten), können die übrigen Bruchstücke des Depotfundes den drei genannten Gruppen zugeschrieben werden, vorwiegend der ersten (Kat. 33-34, 36-38, 46) und der zweiten (Kat. 35, 39-40, 42) Gruppe. Im großen und ganzen wird damit auch der einheitliche Charakter des Depotfundes von Strãoşti unterstrichen, indem die große Mehrheit des Bestandes einer einzigen Kategorie, nämlich den Sicheln mit nicht abgeschlagenem Gußzapfen, angehört.

Den ersten Versuch, die Sicheln mit nicht abgeschlagenem Gußzapfen typologisch einzuordnen, verdanken wir I. Andrieşescu, der anläßlich der Veröffentlichung des Depotfundes von Drajna de Jos (1925, 379 ff.) den Begriff "faucilles à patte" oder "vom Typ Drajna" eingeführt hat. Einem anderen typologischen Schema zufolge, das vor verhältnismäßig kurzer Zeit vorgeschlagen wurde, wurden die Sicheln mit nicht abgeschlagenem Gußzapfen in mehrere Typen eingeteilt, die hauptsächlich von den Knopfsicheln (zwei Varianten) und von den Hakensicheln abgeleitet worden sind. Auch diese Typologie kann nicht zufriedenstellen, zunächst weil die Typen und die Varianten mit ungleicher Genauigkeit, teils willkürlich, festgelegt wurden, was zur Entstehung von kleinzahligen Typen und Varianten geführt hat. Beispiele dafür sind Negreşti- und Drajna 4-Typ oder die Variante Gura Dobrogei (Petrescu-Dîmboviţa 1978, 72-75). Außerdem wurden zahlreiche ähnliche Fundstücke, die südlich der Donau auftauchten, nicht berücksichtigt, was die Gültigkeit des Schemas einschränkt. Trotzdem kann dieses von Petrescu-Dîmboviţa vorgeschlagene Schema im großen und ganzen benutzt werden, und zwar provisorisch, bis ein anderes, alle Fundstücke und Verbreitungsareale berücksichtigendes ausgearbeitet ist. Das gilt umsomehr, weil Cernych's Typologie (1978, 207 ff.) mehr Ingenieurkriterien anwendet und demzufolge noch weniger akzeptabel scheint.

Die Sicheln der ersten Gruppe stehen der von den Knopfsicheln abgeleiteten Variante am nächsten, und zwar durch das Vorhandensein eines mehr oder weniger konischen Vorsprunges am Griffteil, der aber kein tatsächlicher Sichelknopf ist. Mit Ausnahme des ersten Fundstückes (Kat. 1), das sich dem Prototyp nähert, könnten die anderen Exemplare eventuell dem Typ Constanţa-Palas (Petrescu-Dîmboviţa 1978, 73) zugeschrieben werden, der besonders in Dobrudja bei Constanţa-Palas (Irimia 1968, 89 ff.) und Gura Dobrogei (Aricescu 1965, 21 ff.) verbreitet ist. Entsprechungen für die warmüberarbeiteten facettierten Klingen kommen auch südlich der Donau in den Depotfunden von Sokol-Dičevo (Hänsel 1973, 200 ff.; Cernych 1978, Taf. 44-47) und Suvorovo I (ebd. Taf. 46,6-7) vor. Die Facettierung der Klingen kann auch südlich der Karpaten dokumentiert werden. Zwar wurde über die Hakensicheln des Depotfundes von Drăguţeşti geäußert, daß diese eine "Untervariante" darstellen würden, die eben durch diese Facettierung charakterisiert und vorwiegend in den außerkarpatischen Zonen Rumäniens verbreitet sind (Oancea/Gherghe 1981, 268). Unter anderen wurde auch ein gleichartiges Exemplar aus dem Depotfund von Drajna de Jos (Alexandrescu 1966 b, 150,34) angeführt. Wie schon bemerkt meinen wir, daß die Facettierung eher eine Nachahmung der Rippen auf den Klingen der Zungensicheln darstellt, Rippen, die in diesem Falle durch Gießen hergestellt worden sind. Die Verbreitungskarte der facettierten Klingen stimmt mit der der Knopfsicheln und der Sicheln mit nicht abgeschlagenem Gußzapfen überein.

Die Sicheln der zweiten Gruppe von Strãoşti entsprechen am besten - gemäß dem erwähnten typologischen Schema - dem Typ Drajna 3, der von den Hakensicheln abgeleitet wurde (Petrescu-Dîmboviţa 1978, 75). Gute Analogien finden wir in den Depotfunden von Drajna de Jos (Alexandrescu 1966, 15 i), Olteni (ebd. 16,5) in der Walachei und Nicolae Bălcescu (Aricescu 1965, Abb. 10-17) in der Dobrudja. Südlich der Donau kommen Entsprechungen bei Dibič (Cernych 1978, Taf. 49,2), Suvorovo (ebd. Taf. 43,9.11) und in der "Umgebung von Ruse" (ebd. Taf. 46,4) vor.

Die zwei Sicheln, die die dritte Gruppe bilden, könnten den Griffzungensicheln vom Typ Heleşteni, der vermutlich östlicher Herkunft ist (Petrescu-Dîmboviţa 1978, 48-49), nahegestellt werden. Dafür sprächen das allgemeine Aussehen und besonders die Kontur des Griffes. Die weniger betonte Krümmung, das Fehlen der zweiten Rippe und der Grifflöcher erlauben aber keine unmittelbare Annäherung. Da aber eine gewisse morphologische Konkordanz nicht auszuschließen ist, stellen vielleicht die Exemplare der dritten Gruppe von Strãoşti eine hybridartige Sichelvariante dar. Gleichartige Fundstücke sind südlich der Donau in den Depotfunden von Isperich (Cernych 1978, Taf. 43,2-4) und Sokol-Dičevo (ebd. Taf. 45,2.12) zu finden.

Die "ungewöhnliche" Sichel (Kat. 22), deren ursprüngliche Form heute nicht mehr genau festgestellt werden kann, könnte auf den ersten Blick aufgrund jener Verlängerung als eine Variante der östlichen Hakensicheln, wie die beiden Exemplare aus Constanța-Palas (Petrescu-Dîmbovița 1978, 66, Nr. 1815-1816), betrachtet werden. In der Tat hat das Exemplar von Străoști eine Randrippe, die bei den Stücken aus Constanța-Palas fehlt; diese wurden in zweischaligen Gußformen erzeugt, wie der Querschnitt und die "Verlängerung", die sich an einer der Ecken des Griffteiles und nicht unmittelbar an der Klinge befindet, folgern lassen. Wir würden geneigt sein, das Exemplar aus Străoști als eine Art Abfall zu betrachten, der nur wegen seines Rohstoffwertes behalten wurde. In dem vor kurzem veröffentlichten Depotfund von Dancu (Republik Moldau) ist aber eine identische Sichel aufgetaucht (Dergacev 1991, Abb. 3,13), was allerdings die These von der zufälligen Form zweifelhaft macht.

Abgesehen von den wenigen Exemplaren aus der Moldau, aus Siebenbürgen oder sogar Kroatien - in den letzten beiden Fällen handelt es sich um Streufunde (Petrescu-Dîmbovița 1978, 76 u. Taf. 290 A; 296 B) -, ist die Hauptmasse der Sicheln mit nicht abgeschlagenem Gußzapfen beiderseits der unteren Donau verbreitet, wobei - grob geschätzt - zwei Gruppierungen festgestellt werden können: die eine im subkarpatischen Hügelland und in seiner unmittelbaren Nähe, und die andere im Donautal und in der Zentral- und Süddobrudja, mit einigen Versprengungen weiter südlich (Abb. 1).

In der südlichen Flach- und Hochebene sind Siedlungen der Coslogeni-Kultur bekannt, derer Spätphase (Radovanu) (Morintz/Șerbănescu 1985, 5-21) links der Donau in einigen Siedlungen und in der Nähe von Silistra, bei Nova Černa (Milčev/Anghelova 1969, 46), belegt ist. Siedlungen und Funde vom Typ Coslogeni sind auch entlang dem westlichen Ufer des Schwarzen Meeres bekannt, z.B. in der Nähe der Meereslagunen bei Limanu (Aricescu 1965, 15), Durankulak (Todorova 1982, 417 ff.) und in der Gegend um Varna (Tončeva 1977, 47). Es steht außer Zweifel, daß die Sicheln mit nicht abgeschlagenem Gußzapfen, die im Donaubereich entdeckt wurden, wozu auch die Sichel aus dem Depotfund von Mihai Bravu zählt (Harțuche/Constantinescu 1983, 41 ff.), der mitten in der Bărăgan-Ebene entdeckt wurde, den oben erwähnten Coslogeni-Gemeinden zugeschrieben werden können. Eine Sichel mit nicht abgeschlagenem Gußzapfen, die in der Nähe einer Coslogeni-Siedlung von Pietrosu, auf dem Ufer des Borcea-Flußarmes gefunden wurde (Irimia 1982, 340 Abb. 3,6), sowie ein weiteres Bruchstück aus der Umgebung der Ortschaft Coslogeni (Culică 1975, 521-522) bestätigen die obige Behauptung.

Im subkarpatischen Hügelland liegen die Depotfunde von Drajna, Olteni, Străoști sowie von Putreda (Isăcescu 1967), die alle Sicheln mit nicht abgeschlagenem Gußzapfen beinhalten, in unmittelbarer Nähe von Monteoru-Siedlungen. Es wurde behauptet, daß die Monteoru-Gemeinden nicht bis in die Spätbronzezeit andauerten, weil sie durch die des sog. "Kulturaspektes Petrișoru-Racovițeni" (abgeleitet vom Sabatinovka-Komplex, östlicher Prägung) ersetzt worden wären (Oancea 1981, 183 ff.). Im Laufe der Ausgrabungen von Cîrlomănești, in den Jahren 1979-1981, wurde aber eine Spätmonteoru-Wohnschicht erkannt, in der eingekerbte Schulterblätter und ein Tüllenbeil vom Typ Oinac[2] gefunden wurden. Im letzten Niveau von Năeni-Zănoaga Cetatea 1 (Burg Nr. 1) wurden eingekerbte Schulterblätter, Tei-Scherben der Phase Fundenii Doamnei und Gußschalen aus Sandstein für Ringe und wahrscheinlich eine für eine Sichel[3] gefunden, Fundstücke, die Entsprechungen im Spätsabatinovka-Milieu haben (Bočkarev/Leskov 1980). Alle diese Funde sind mit Spätmonteoru-Keramik, die auf Analogien im Gräberfeld von Balintești-Cioinagi hinweist (Zaharia 1963), vergesellschaftet. Die Funde von Berca, die dem archäologischen Aspekt Petrișoru-Racovițeni zugeschrieben wurde (Oancea 1981, 185), hat eine Monteoru-Schicht aus der Phase Balintești, in der u.a. auch einige Noua-Scherben und eine Nadel mit profiliertem Kopf ans Tageslicht kamen[4]. Westlich von Drajna und Olteni ist seit langem die Siedlung von Tinosu bekannt. Obwohl summarisch untersucht, hat sie Spätmonteoru-Materialien geliefert (Vulpe/Vulpe 1924, 186 f., 190 ff., Abb. 18-20). Wenn wir noch bedenken, daß in unmittelbarer Nähe der Depotfunde von Drajna

---

[2]Unveröffentlichte Ausgrabungen M. Babeș, I. Chicideanu (Institutul de Arheologie București) und M. Constantinescu (Kreismuseum für Geschichte Buzău). Das Tüllenbeil wurde 1978 von A. Babeș im abgestürzten Erdreich mit Spätmonteoru-Keramik zusammen gefunden. Das Material befindet sich im Kreismuseum für Geschichte Buzău.

[3]Unveröffentlichte Ausgrabungen 1982-1986 und 1988-1991 (I. Chicideanu). Die archäologischen Materialien (inbegriffen die sieben Gußformen) befinden sich im Kreismuseum für Geschichte Buzău.

[4]Unveröffentlichte Ausgrabungen 1975 und 1977 (I. Chicideanu). Das archäologische Material wird teilweise im Kreismuseum für Geschichte Buzău, teilweise im Nationalmuseum für Geschichte, Bukarest, aufbewahrt.

und Olteni, im Teleajen-Tal, zwei burgartige Monteoru-Siedlungen bei Homorîciu und Gura Vitioarei seit längerer Zeit (Petrescu-Sava/Nestor 1940) bekannt sind, haben wir gute Gründe dafür, die Gruppe der Sicheln mit nicht abgeschlagenem Gußzapfen aus dem subkarpatischen Hügelland den Trägern der Endphase der Monteoru-Kultur zuzuschreiben. Das Vorhandensein einiger Sicheln in den Depotfunden von Drajna und Strãoşti, die jeweils in denselben Gußformen erzeugt wurden, bestätigt ebenfalls ihre Herstellung in der genannten Zone.

Leider können uns nicht alle Sicheln mit nicht abgeschlagenem Gußzapfen für eine unmittelbare Analyse zur Verfügung stehen, und damit müssen wir unsererseits einen typologischen Versuch ablehnen; die veröffentlichten Abbildungen können diesen Mangel nicht ausgleichen. Es ist jedenfalls klar, daß diese Sicheln in zwei unterschiedlichen kulturellen Zentren, Monteoru und Coslogeni, gefertigt und verwendet worden sind. Im Lichte der oben angegebenen Fakten ist eine Zuordnung der Sicheln mit nicht abgeschlagenem Gußzapfen zur Zimnicea-Plovdiv- oder Tei-Kultur (Petrescu-Dîmboviţa 1978, 76-77) nicht mehr möglich. Die Fundstücke von Bucureşti (ders., ebd. 73 Taf. 287,1977) und Afumaţi (Leahu 1988, 223-225 Abb. 1,3) sind vereinzelt und eher im westlichen Teil des Verbreitungsareals der Tei-Kultur gelegen. Was die Sicheln von Frăteşti (Leahu 1988, Taf. 1,6) und Olteniţa-Gumelniţa (Şerbănescu/Trohani 1975, 535 Abb. 4,7) anbelangt, von denen behauptet wird, daß sie im "Areal" einiger Tei Fundeni-Siedlungen (Tei IV nach Leahu 1966, 41) ans Tageslicht kamen, können zwei Bemerkungen gemacht werden. Einerseits ist die Anwesenheit solcher Sicheln in dieser Tei-Phase verfrüht, andererseits muß untersucht werden, inwieweit das Verbreitungsareal der Spättei-Kultur wirklich auch die Zone um die Donau umfaßte, in einer Zeit, aus der entlang dem Fluß, von Zimnicea flußabwärts, mehrere Fundorte mit vermischtem Zimnicea-Plovdiv-Coslogeni-Material bekannt sind (Morintz/Şerbănescu 1985, 20). Beim heutigen Forschungsstand können lediglich die Exemplare von Bucureşti und Afumaţi dem Tei-Milieu zugeschrieben werden, und zwar sehr wahrscheinlich einem der Phase Fundenii Doamnei entsprechenden Horizont, wenn nicht sogar einem späteren, der einstweilen nur im Ialomiţa-Tal, bei Cătunu (Stoica 1989), dokumentiert ist. Wenn die Präsenz der Sicheln mit nicht abgeschlagenem Gußzapfen im Tei-Milieu durch die Verbreitung dieser Kultur zwischen den zwei Produktionszentren erklärbar ist, so muß die Lage in der Moldau anders gedeutet werden. Wir kennen einstweilen zwei Depotfunde aus der Moldau und aus der Zone jenseits des Pruths, wo Sicheln mit nicht abgeschlagenem Gußzapfen auftauchten. Es handelt sich um den Depotfund von Negreşti (Petrescu-Dîmboviţa 1978, 110 Taf. 63 A) und um den kürzlich entdeckten von Dancu (Dergacev 1991[5]) sowie um einen Einzelstückfund von Chişinău (Dergacev 1986, Abb. 48,19). Sie alle wurden im Verbreitungsareal der Noua-Kultur entdeckt, wo der übliche Sicheltyp die Hakensichel war (Petrescu-Dîmboviţa 1978, Taf. 295A-B; 296A), während die Sicheln mit Gußzapfen nur als Folge der weiträumigen Tauschtätigkeiten nach Norden gelangten[6]. Dieselbe Diffusionsrichtung wird für die Sicheln mit nicht abgeschlagenem Gußzapfen durch ein Exemplar des Depotfundes von Cîndeşti, der in einem Noua II-Zolniki entdeckt wurde[7], belegt.

Die chronologische Einordnung des Depotfundes von Strãoşti macht keine Schwierigkeiten. Die Entdeckungen von Drajna und Olteni werden an das Ende der Bronzezeit, ins 13. Jh., datiert (Petrescu-Dîmboviţa 1978, 27-97). Dieselbe Datierung wurde für die Depotfunde von Nicolae Bălcescu, Gura Dobrogei (Aricescu 1965, 21, 23) und Constanţa-Palas (Irimia 1968, 104) aus Dobrudja in Anspruch genommen. All diese Funde, zu denen auch der von Strãoşti zählt, gehören in die erste spätbronzezeitliche Deponierungsetappe, die besonders

---

[5]Der Depotfund wurde leider nicht in zufriedenstellender Weise veröffentlicht. Die Beschreibung und die Abbildungen sind unvollständig. Typologische Verwirrungen, wie z.B. die Zuweisung der Knopfsicheln und der Sicheln mit nicht abgeschlagenem Gußzapfen zu ein und derselben Fundkategorie, lassen viele Betrachtungen des Verfassers und die Verbreitungskarten als unbrauchbar erscheinen. Da der Verfasser den Fundumständen keine besondere Bedeutung zugemessen hat, hat er auch den offenkundigen Votivcharakter der Niederlegung übersehen.

[6]Diese Tauschbeziehungen werden, in Anbetracht der großen Anzahl solcher Sicheln aus dem Depotfund von Dancu, ziemlich intensiv gewesen sein; Dergacev 1991, 42 behauptet, es handele sich in diesem Fund um 51 Sicheln mit nicht abgeschlagenem Gußzapfen. In Wahrheit sind es lediglich 26. Der Verfasser hat auch die Knopfsicheln von Dancu mit berücksichtigt.

[7]Florescu/Florescu 1983, 119 Abb. 4. Im Text wird behauptet, daß es sich um zwei Haken- und um eine Knopfsichel handelt, aus der veröffentlichten Zeichnung geht aber deutlich hervor, daß die letztere eine Gußzapfensichel ist.

aufgrund des Depotfundes von Sokol-Dičevo definiert wurde (Hänsel 1973, 203) und die auch durch Sicheln mit abgeschlagenem Gußzapfen und Tüllenbeile vom Typ Oinac (Hänsel 1976, 30-36), die in das 13. Jh. datiert werden können, charakterisiert wird. Die nächste Etappe ist durch das Erscheinen neuer Typen, wie z.B. der Tüllenbeile der Depotfunde von Vrbiča (ders., ebd. 36-41), gekennzeichnet. Die Sicheln mit nicht abgeschlagenem Gußzapfen erscheinen in dieser Etappe kaum, wie das erwähnte Exemplar von Cîndești, aus einem Noua II-Niveau (Florescu/Florescu 1983), in das 12. Jh. datierbar (Hochstetter 1981), bestätigen kann.

Da er zum größten Teil aus Fragmenten besteht, könnte man den Depotfund von Străoști auf den ersten Blick sehr leicht den sog. "Gießerfunden" zuschreiben. Im Gegensatz zu dieser Fundgattung setzt sich der hier besprochene Depotfund zu 95,85 Prozent aus Sicheln zusammen. Es ist kaum anzunehmen, daß beim Sammeln von Bronzegegenständen zum Wiedereinschmelzen fast ausschließlich Sicheln, die zudem meistens typologisch sehr einheitlich sind, genommen wurden, noch dazu in einer Zeit, die sich durch Mannigfaltigkeit der Typen und Formen auszeichnet. Das Vorhandensein des Gußfladens und des kleinen unbestimmbaren Bruchstückes (das ebenfalls von einer Sichel stammen könnte) ändert nichts am einheitlichen Gepräge des Depots von Străoști und an seinem fast spezialisierten Charakter. Die Auswahl, die die Struktur des Depotfundes geprägt hat, läßt eine vorherrschende Idee erkennen, die überhaupt nicht zu einer streng profanen Motivierung für das Vergraben der Bronzen paßt. Die Anordnung der Bronzen des Depotfundes von Drajna zum Zeitpunkt ihrer Vergrabung ist bekannt (Andrieșescu 1925, 348). Eine identische Lagerung wurde auch in Dancu registriert, wo, in einer Tiefe von ca. 0,50-0,70 m von der Erdoberfläche, *"die Mehrheit der Stücke* [die Sicheln, u. Anm.] *im Kreis übereinander gelegt wurden, wobei in der Mitte ein schmaler zylindrischer Raum entstand, der die anderen Gegenstände: die Tüllenbeile, die Armringe, die Messer u.s.w. beinhaltete"* (Dergacev 1991, 39). Die beiden identischen Anordnungen sprechen für den allgemeinen rituellen Charakter der Deponierungen. In der letzten Zeit ist die Frage, ob profane oder religiöse Gründe den Deponierungen zugrunde liegen, immer mehr Gegenstand einer weiten Diskussion geworden, wobei immer mehr Meinungen zu einer ritual/religiösen Motivierung neigen (v. Brunn 1980; Bradley 1990; Hansen 1991). Im Rahmen dieses allgemeinen Zusammenhanges stellt sich natürlich auch die Frage nach der Bedeutung der inhaltsbildenden Fundstücke, besonders bei den Sicheln, wobei bekannt ist, daß ihre Hauptmasse aus den Entdeckungen stammt, die das gewöhnliche "Milieu" bilden (Sommerfeld 1987, 241). Es wurde behauptet, daß die Sicheln "eine sehr wichtige Rolle bei der Bestellung der Pflanzen gehabt haben" und daß einige Varianten auch als Messer oder bei Gartenarbeiten sowie beim Weinbau benutzt werden konnten. Es fehlten dagegen Hinweise für eine Votivdarbringung der Sicheln (Petrescu-Dîmbovița 1981, 130). Eine solche streng funktionelle Deutung der Sicheln muß aber der auffallenden Diskrepanz gegenübergestellt werden, die sich aus dem Vergleich zwischen der sehr großen Anzahl von Sicheln in Depotfunden und der sehr kleinen Anzahl von Sicheln aus anderen Kontexten, besonders aus Siedlungen, ergibt. Obwohl wenig zahlreich, kann man bei den Sicheln, die in Gräbern entdeckt worden sind, (Petrescu-Dîmbovița 1978, 10; Primas 1986, 17-20; Hansen 1991, 82) feststellen, daß sie schon zu einem Ausstattungselement geworden waren, das eine gewisse Symbolistik hatte, umsomehr als in den Gräbern scheinbar die Deponierung von Sichelfragmenten mit einem bestimmten Gewicht vorgezogen wurde (Primas 1986, Tab. 7-9; Sommerfeld 1987). Die symbolische Funktion der Sicheln ist eindeutig durch eine Entdeckung in Coroteni belegt. Es handelt sich um mehrere glockenförmige Gruben - übrigens übliche Erscheinungen -, die in der dortigen bronzezeitlichen, zur Monteoru-Kultur (Phase Balintești) gehörenden Siedlung entdeckt wurden. In einer dieser Gruben wurden neben einem Rinderschädel und einem Sockel aus größeren Steinen, einem Art Altar, sowie weiteren Siedlungsresten auch zwei Sicheln mit Gußzapfen entdeckt (Bobi 1981, 51-52, Abb. 17; 24,2-3; vgl. auch den Einzelstückfund von Iugani, ebd. Abb. 24,1)[8].

---

[8]Die glockenförmigen Gruben von Coroteni wurden von V. Bobi als Wohnstätten gedeutet Dem widersprechen jedoch die kleinen Dimensionen sowie die Entdeckung ähnlicher Gruben mit gestampftem Lehmboden und Herdplatten in der Nähe der Wohnhäuser in Berca und Cîrlomănești. Die Funde aus den Gruben in den beiden Siedlungen ähneln denen aus Coroteni, allerdings enthielten sie keine Metallgegenstände. Eine vergleichbare Lage ist auch in der Spätmonteoru-Siedlung von Petrișoru-Racovițeni (Oancea 1979, 39-41; ders. 1981, 185-186) zu verzeichnen; es sei hier erwähnt, daß der "Kulturaspekt" Petrișoru-Racovițeni in der Tat in die Phase Monteoru-Balintești gehört. Die archäologische Dokumentation und die Beschreibung der Wohnkomplexe von Coroteni können den Leser wegen der mangelnden Erfahrung des Ausgräbers irreführen, doch eine Analyse des Zusammenhanges zeigt uns, daß es sich um eine kultische Niederlegung handelt, wobei

Man kann eine praktische Verwendung der Sicheln natürlich nicht leugnen, es ist aber wohl möglich, daß im Laufe der Zeit eine symbolische Signifikanz an Wichtigkeit gewonnen hat (Hänsel 1981, 285), vielleicht als Attribut einer Gottheit (Sommerfeld 1988, 158). Zu dieser Schlußfolgerung führen auch Bemerkungen, die für die Ägäis gemacht wurden, wo die symbolische Funktion im Rahmen eines Übergangsritus hervorgehoben wurde (Jameson 1990, 213 ff.). Die Verdoppelung der utilitären Funktion durch eine symbolische/rituelle ist nicht einmalig, z.B. geschah dasselbe mit den Äxten (Bradley 1990, 119, 196; B. behauptet, daß die beiden Gattungen auch die Funktion eines Gewichtsstandards hatten). In der mykenischen Welt ist eine ähnliche Situation auch bei den Schwertern zu beobachten (Kilian-Dirlmeier 1990, 157 ff.), und man darf vermuten, daß auch bei den anderen Depotfundbronzen ähnliches Gedankengut zugrunde lag. In diesem Sinne kann die massive Deponierung von Sicheln - ein gut belegtes Phänomen seit dem Ende der Bronzezeit im europäischen Raum (Sommerfeld 1988) - das zunehmende Übergewicht der symbolischen Funktion im Vergleich zur praktischen dokumentieren. Die bekannte Vergesellschaftung von Beilen und Sicheln in Depotfunden kann eine Vergesellschaftung von gegensätzlichen und gleichzeitig komplementären Symbolen bedeuten, eine rituelle Formel also. Die Deutung des von der Sichel dargestellten Symbols ist schwer. Manche Hinweise könnten in diesem Sinne die Sicheln innerhalb der Grabinventare geben, doch haben sich die Bräuche der Deponierung von Sicheln in Gräbern in Zeit und Raum oft geändert (Primas 1986), so daß eine Stetigkeit in Abhängigkeit zu Geschlechtergruppen schwer herauszufinden ist. Etwas deutlicher ist das Bild im Gräberfeld von Radzovce (Slowakei), wo ganz oder fragmentarisch erhaltene Sicheln nur in einem Fall in einem Männergrab, aber in elf Fällen in Frauengräbern deponiert wurden (Furmánek/Stloukal 1986, 148), eine Situation, die auf ein symbolisches Verhältnis Sichel - Frau hindeuten könnte. Selbstverständlich müssen solche Beobachtungen noch auf weiteren Fundplätzen überprüft werden. In Rumänien kennen wir leider nur einen zweifelhaften Grabfund aus Breaza (Roska 1941, 15-19), der uns in diesem Zusammenhang leider nicht weiterhelfen kann.

Der Depotfund von Strãoşti kann inhaltlich als einheitlich betrachtet werden. Der Zustand der Gegenstände bei ihrer Deponierung ist nicht so einheitlich. Von den 48 Fundstücken sind 34 (70,83 %) als Bruchstücke und nur 14 (29,17 %) als ganz erhaltene Exemplare in die Erde gekommen. Aus sechs Bruchstücken konnten drei Sicheln (Kat. 15-16, 17-18, 20-21) rekonstruiert werden, womit sich das Verhältnis leicht ändert (28 Bruchstücke [62,22 %] zu 17 ganz erhaltenen Stücken [37,78%]), ohne aber das prozentuale Übergewicht der Bruchstücke zu bedrohen. Die ganzen Stücke wiegen 2,169 kg (51,97 %), die Fragmente 2,004 kg (48,03 %), was fast ein Gleichgewicht (ganze Stücke lediglich 3,94 % höher) bedeutet. Berücksichtigen wir wieder die ergänzbaren Sicheln, dann schlagen die Werte leicht zugunsten der vollständigen Sicheln aus: ganz erhaltene Stücke - 2,590 kg (62,07 %), Fragmente - 1,583 kg (37,93 %). Mangels großer Serien aus anderen Depotfunden haben wir keine Vergleichsmöglichkeit was die Depotzusammensetzungen betrifft.

Fast alle fragmentierten Stücke wurden durch Biegen zerbrochen. Bei einer der Sicheln (Kat. 9) sowie beim Gußfladenfragment können Spuren von Meißelschlägen beobachtet werden, die beim Gußfladen sogar zur Brechung des Stückes geführt haben. Dadurch wird bewiesen, daß die Stücke absichtlich und nicht infolge der Benutzung zerstört worden sind. Die Akkumulierungen von Metallfragmenten wurden häufig als Metallvorräte zum Wiedereinschmelzen gedeutet[9], doch diese Behauptung ist nur eine unzufriedenstellende Erklärung - zumindest für den Depotfund von Strãoşti mit seinem Anteil an ganz erhaltenen Stücken. Wir haben schon gesehen, daß auch die Auswahl der eigentlichen Depotstücke einer solchen Deutung widerspricht, wie z.B. auch die Deponierung von Bruchstücken in ganz offensichtlich votiven Depotfunden wie Drajna oder Dancu. Unter diesen Umständen hatte die absichtliche Fragmentierung der Bronzen wohl andere Ursachen. Es konnte auch festgestellt werden, daß sogar einige Sichelfragmente als solche im Umlauf waren, nur um später im Rahmen von Depotnierungen verwendet zu werden (Hansen 1991). Hingewiesen wurde auch auf die regelhafte Zerstörung - zumindest bei den Sicheln - von der Spitze zum Griff (Chicideanu/Iuga, Der Depotfund von Bogdan Vodã, in diesem Band), wobei zuerst der aktive Teil der Sichel unbrauchbar gemacht wurde. Es scheint uns nicht übertrieben, daß diese Regel, von der wir einstweilen keine Ausnahmen kennen, in Verbindung mit

---

die beiden Sicheln eine wichtige Rolle spielen.

[9] Rusu 1963; vgl. auch Bradley 1990, wo die ganze Problematik unter einem neuen Gesichtspunkt erörtert wird.

der symbolischen Funktion der Metallgegenstände gesetzt werden muß, indem dieser Brauch als eine Art rituelle Umwandlung angesehen werden kann. Er kann manchmal der Niederlegung zeitlich beträchtlich vorangegangen sein und ähnelt, da der Gebrauchswert der Gegenstände grundlegend geändert wurde, dem eigentlichen Opfer[10].

Die kumulative Kurve der Gewichte der 48 Depotfundstücke (Abb. 4) zeigt eine stetig steigende Linie, ohne besondere Treppenabsätze; eine Sechs-Stück-Gruppierung mit einem Gewichtsspielraum von 0-10 g kann doch vermerkt werden. Den Gewichtswerten könnte man entnehmen, daß eher ein bestimmtes Gesamtgewicht erzielt werden sollte, wobei die kleinen Fragmente allmählich hinzugefügt wurden - was auch ihre größere Anzahl erklären würde - bis das erwünschte Gewicht erreicht wurde. Leider stehen uns keine weiteren derartigen Angaben zur Verfügung, um unsere Hypothese überprüfen zu können.

Die 14 ganz erhaltenen Sicheln des Depotfundes von Strâoşti, wozu auch die drei wiederherstellbaren gezählt werden können, zeigen Gewichte zwischen 89 und 195 g. Die leichteste gehört - ihren charakteristischen Merkmalen nach - einem getrennten Typ an, während alle anderen, wie schon gesehen, der Gattung der Sicheln mit nicht abgeschlagenem Gußzapfen zuzurechnen sind. Die Gewichte sind nicht uniform verteilt: die leichtesten messen 105 und 107 g, die folgenden zwei 134 und 135 g, eine relativ kompakte Gruppe aus acht Stücken bestehend hat Gewichte zwischen 148 und 167 g, hierzu gehören die vier Exemplare, die in derselben Gußform hergestellt wurden. Schließlich haben die vier schwersten Funde Werte zwischen 177 und 195 g. Da die Sicheln von Strâoşti eine zu kleine Serie bilden, haben wir einen Vergleich mit den gleichartigen Fundstücken von Drajna, Dancu und Constanţa-Palas, von denen wir veröffentlichte Messungen besitzen, vorgenommen. Aus den beigefügten Histogrammen kann man einige Erkenntnisse herauslesen; sie sind selbstverständlich vorläufig, doch nicht zu unterschätzen (Abb. 5). Die Sicheln aus Dobrudja, im allgemeinen auch morphologisch unterschiedlich, sind leichter, während die Sicheln der anderen drei Depotfunde normalerweise größere Gewichte haben, was, wie auch die morphologischen Unterschiede, auf andere Produktionszentren schließen läßt. Obwohl die Serie Drajna durch ihre Größe (72 Sicheln, viele aus derselben Gußform; Alexandrescu 1966) die Kurve etwas verzerrt, sind auch in dieser größeren Gruppe bei Sicheln mit Gußzapfen einige Unterschiede festzustellen. Es sind fünf Gruppierungen auszusondern: die erste wird durch die Sicheln aus Drajna (Gewichte zwischen 80 und 90 g) beherrscht, die nächste (zwischen 100-110 g) wird, abgesehen von einigen Exemplaren aus Drajna, aus drei Sicheln aus Dancu und zwei aus Strâoşti gebildet. Die zahlenmäßig stärkste Gruppierung zeigt Gewichtswerte zwischen 120 und 140 g und wird bei weitem von den Sicheln aus Drajna dominiert, wobei auch zwei Stücke aus Strâoşti und vier aus Dancu dazugehören. Die vorletzte Gruppierung (Gewichte zwischen 150-170 g) ist aus Sicheln aus Drajna, Strâoşti und Dancu zusammengestellt, wobei die drei Depotfunde in ungefähr gleichem Maße vertreten sind. Die letzte Gruppierung, die Exemplare über 190 g enthält, ist etwas kleiner.

Sowohl im Fundkomplex von Drajna wie auch von Strâoşti wurden Sichelserien festgestellt, die jeweils in derselben Gußform hergestellt wurden, ohne zwischen ihnen Beziehungen feststellen zu können, was auf die Existenz von mindestens zwei Produktionszentren hinweist. Die Gewichtsgruppierungen, die in der Tabelle hervorgehoben sind, spiegeln unterschiedliche Herstellungsnormen wider, aber das Fehlen genauer Messungen (mit zwei Dezimalen) ermöglicht keine sehr genaue Einschränkung der Haupttypen oder eine Reduzierung der Zwischengruppierungen. Wie auch immer, bei den Gruppierungen II, III, IV ist auffällig, daß die betreffenden Herstellungsnormen gleichzeitig in mehreren Gießereien verwendet wurden. Weil genaue Messungen bislang fehlen, ist es schwer zu behaupten, daß bestimmte Gewichte für Sicheln - selbstverständlich in damaligen Meßeinheiten - gezielt angestrebt wurden. Solche Meßeinheiten konnten in einigen Fällen für Goldgegenstände beobachtet werden (Eiwanger 1989, 443 ff.), und es ist anzunehmen, daß auch für die Bronzegegenstände Ähnliches benutzt wurde. Es ist sehr wahrscheinlich, daß das Gewicht der Gegenstände, in direkter Verbindung mit der verwendeten Metallmasse, die Größe der Gußformen bestimmte. Die kleine Anzahl der Gewichtsgruppierungen (sogar neue Entdeckungen könnten keine beträchtlichen Änderungen der Werteskala verursachen) würde also auch auf eine beschränkte Palette der Gußformendimensionen hinweisen, was auch die Typologie bekräftigt. Das würde eine gewisse Standardisierung der Sichel-"Produktion" bedeuten, zumindest für die

---

[10]Ein gewissermaßen unterschiedlicher Standpunkt bei Bradley 1990, 32.

subkarpatische Region, sogar im Falle mehrerer Zentren. Die Fundstücke von Dancu stammen aufgrund ihrer Gewichte sicherlich aus der Nordwalachei; hervorzuheben ist auch die Tatsache, daß zwei Sicheln (eine davon nicht vollendet) in derselben Gußform erzeugt wurden (Dergacev 1991, 44, Abb. 5,6-7). Das Vorkommen mehrerer unterschiedlicher Gewichtsgruppierungen, sogar im Rahmen einer beschränkten Zahl von Sichelvarianten, macht die Idee, daß die Sicheln als Gewichtsnormen dienten, weniger annehmbar, weil das Symbol, das das Stück verkörperte, wichtiger war.

Sowohl durch Geländebegehungen als auch als Ergebnis systematischer Ausgrabungen sind in der Nordostwalachei mehrere bronzezeitliche "Burg"-Siedlungen bekannt, von denen die wichtigsten schon erwähnt wurden. Die Beziehungen zwischen diesen Siedlungen und den Depotfunden kann kein Zufall sein (Soroceanu 1982, 368), und die Gußformen aus der Burg 1 von Năeni-Zănoaga bestätigen die Herstellung von Bronzen in diesem Siedlungstyp, wie auch bereits für Mitteleuropa festgestellt (Jockenhövel 1982, 264-266; ders. 1986, 213 ff.). Auch der Reichtum an gediegenen Salzvorkommen in den Subkarpaten, wie auch in anderen siebenbürgischen Zonen, muß in Verbindung mit den "Burg"-Siedlungen, Depotfunden und den metallurgischen Zentren gebracht werden. Es fehlen die archäologischen Beweise für "Invasionen" oder "zwischenstämmige Kämpfe". Deshalb muß das in diesem Gebiet gut dokumentierte Phänomen der Deponierungen mit der vielfältigen Dynamik der sozialen Strukturen in Zusammenhang stehen. Neben den gemischten Depotfunden, wie die von Drajna oder Putreda, sind die Sicheldepotfunde (hinzuzufügen wären auch die von Izvorul Dulce [Oancea/Drâmbocianu 1975] und Cîrligu Mare [Petrescu-Dîmboviţa 1978]) eine der rituellen Ausdrucksformen dieser Vielfältigkeit).

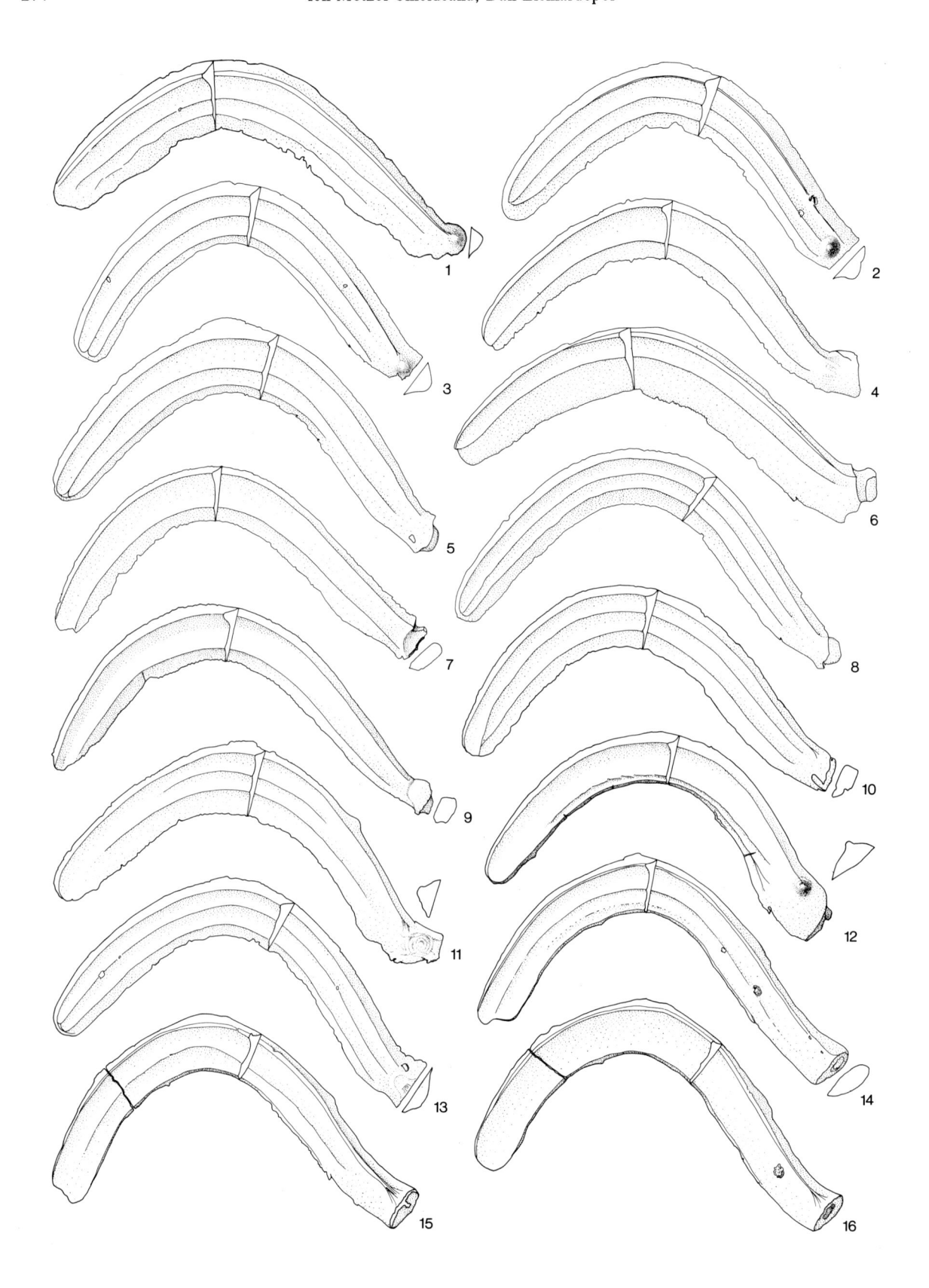

Abb. 1. 1–16 Depotfund von Străoşti. M. 1:3

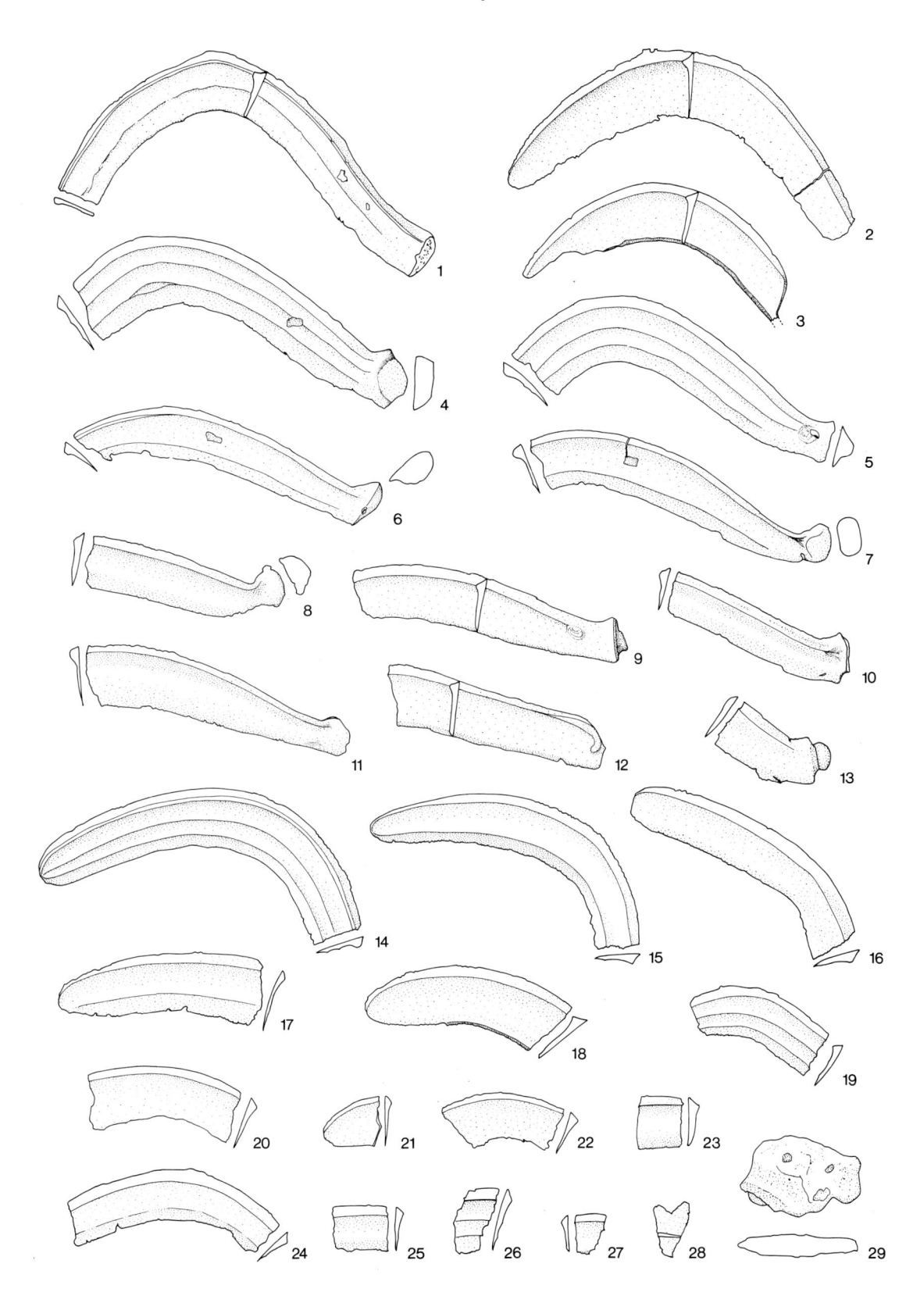

Abb. 2. 1-29 Depotfund von Străoşti. M. 1:3

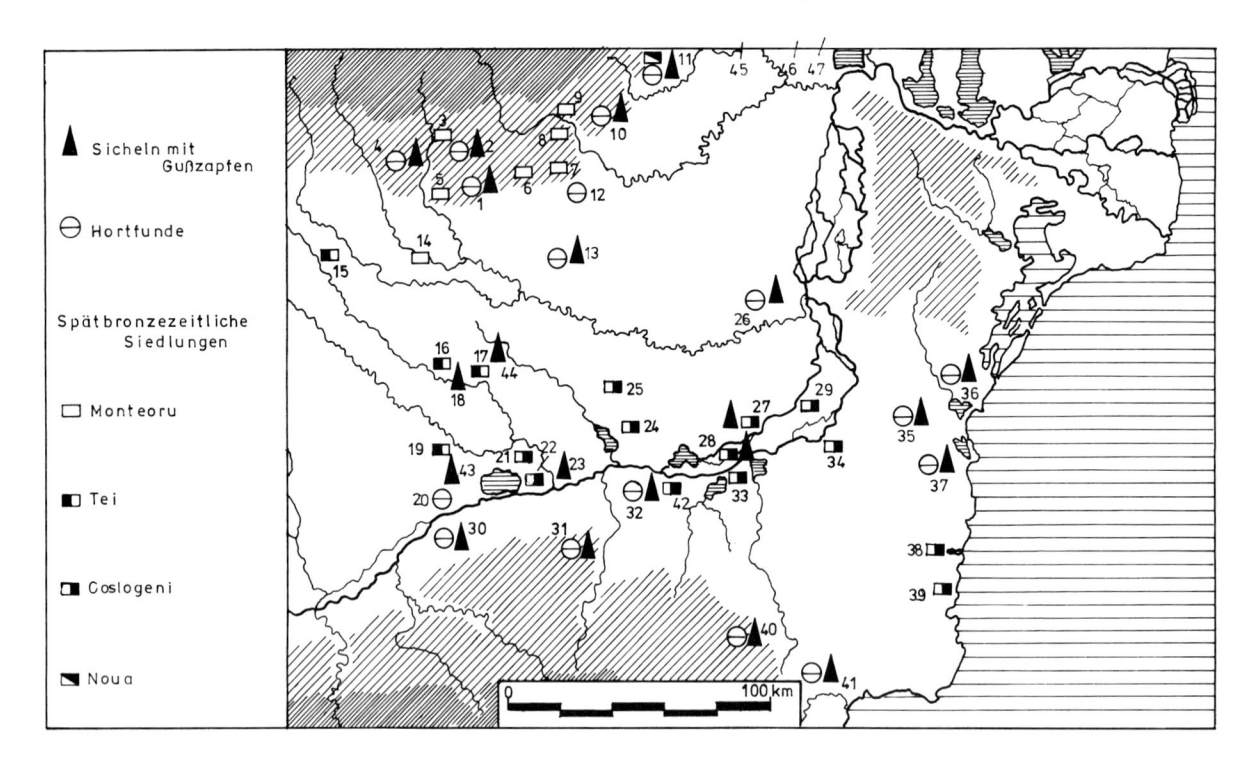

Abb. 3. Verbreitung der Sicheln mit nicht abgeschlagenem Gußzapfen und der archäologische spätbronzezeitliche Zusammenhang an der unteren Donau.

1 Străoşti (Depotfund); 2 Drajna (Depotfund); 3 Homorâciu ("Burg"-Siedlung); 4 Olteni (Depotfund); 5 Gura Vitioarei ("Burg"-Siedlung); 6 Năeni-Zănoaga ("Burg"-Siedlung); 7 Sărata Monteoru ("Burg"-Siedlung); 8 Cârlomăneşti ("Burg"-Siedlung); 9 Berca ("Burg"-Siedlung); 10 Putreda/Livada (Depotfund); 11 Cândeşti (Depotfund in einer Noua-Siedlung); 12 Izvorul Dulce (Depotfund); 13 Cîrligu Mare (Depotfund); 14 Tinosul ("Burg"-Siedlung); 15 Cătunu (Siedlung); 16 Otopeni (Siedlung); 17 Fundenii Doamnei (Siedlung); 18 "Bucureşti" (vereinzelte Sichel mit Gußzapfen); 19 Popeşti ("Burg"-Siedlung); 20 Oinac (Depotfund); 21 Radovanu ("Burg"-Siedlung); 22 Chirnogi (Siedlung); 23 Gumelniţa (vereinzelte Sichel mit Gußzapfen); 24 Ulmu (Siedlung); 25 Lupşanu (Siedlung); 26 Mihai Bravu (Depotfund); 27 Pietroiu (Siedlung u. vereinzelte Sichel); 28 Coslogeni (Siedlung u. vereinzelte Sichel mit Gußzapfen); 29 Stelnica (Siedlungen); 30 "Gegend von Russe" (Depotfund); 31 Isperich (Depotfund); 32 Sokol-Dičevo (Depotfund); 33 Bugeac (Siedlung); 34 Rasova (Siedlung); 35 Nicolae Bălcescu (Depotfund); 36 Gura Dobrogei (Depotfund); 37 Constanţa-Palas (Depotfund); 38 Limanu (Siedlung); 39 Durankulak ("Burg"-Siedlung); 40 Dibič (Depotfund); 41 Suvorovo (Depotfund); 42 Nova Černa (Siedlung); 43 Frăteşti (vereinzelte Sichel mit Gußzapfen); 44 Afumaţi (vereinzelte Sichel mit Gußzapfen); 45 Negreşti (Depotfund); 46 Dancu (Depotfund); 47 Chişinău (vereinzelte Sichel mit Gußzapfen); 48 Coroteni (Kultkomplex); 49 Iugani (vereinzelte Sichel mit Gußzapfen)

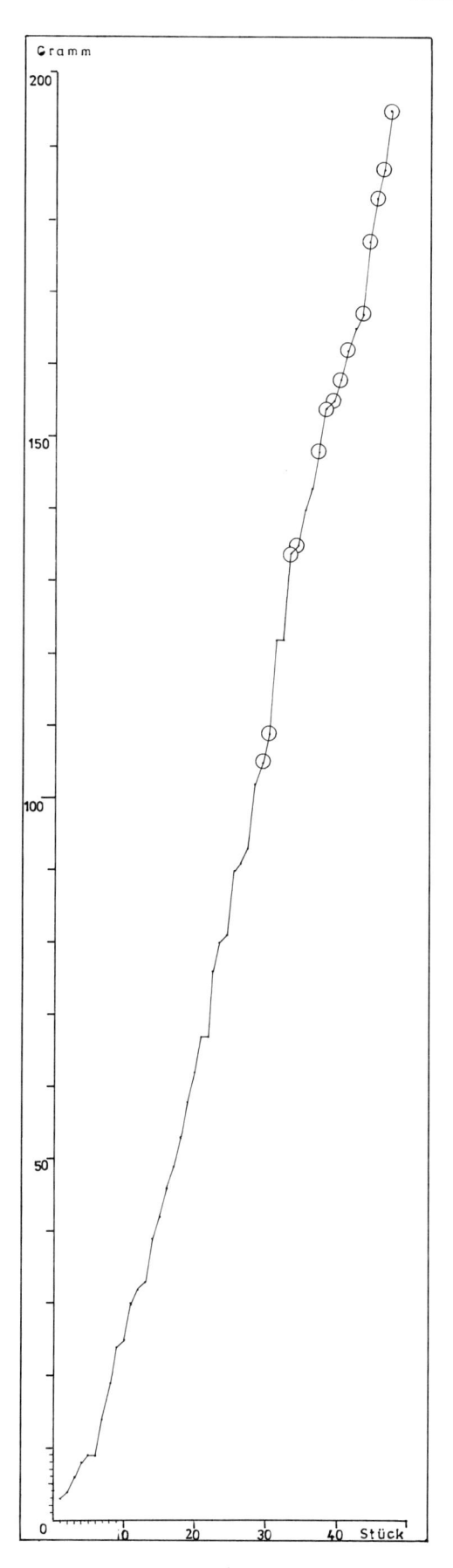

Abb. 4. Strǎoşti. Kurve der Gewichte der Depotfundstücke. Die umkreisten Punkte sind die Gewichte der ganzen Stücke

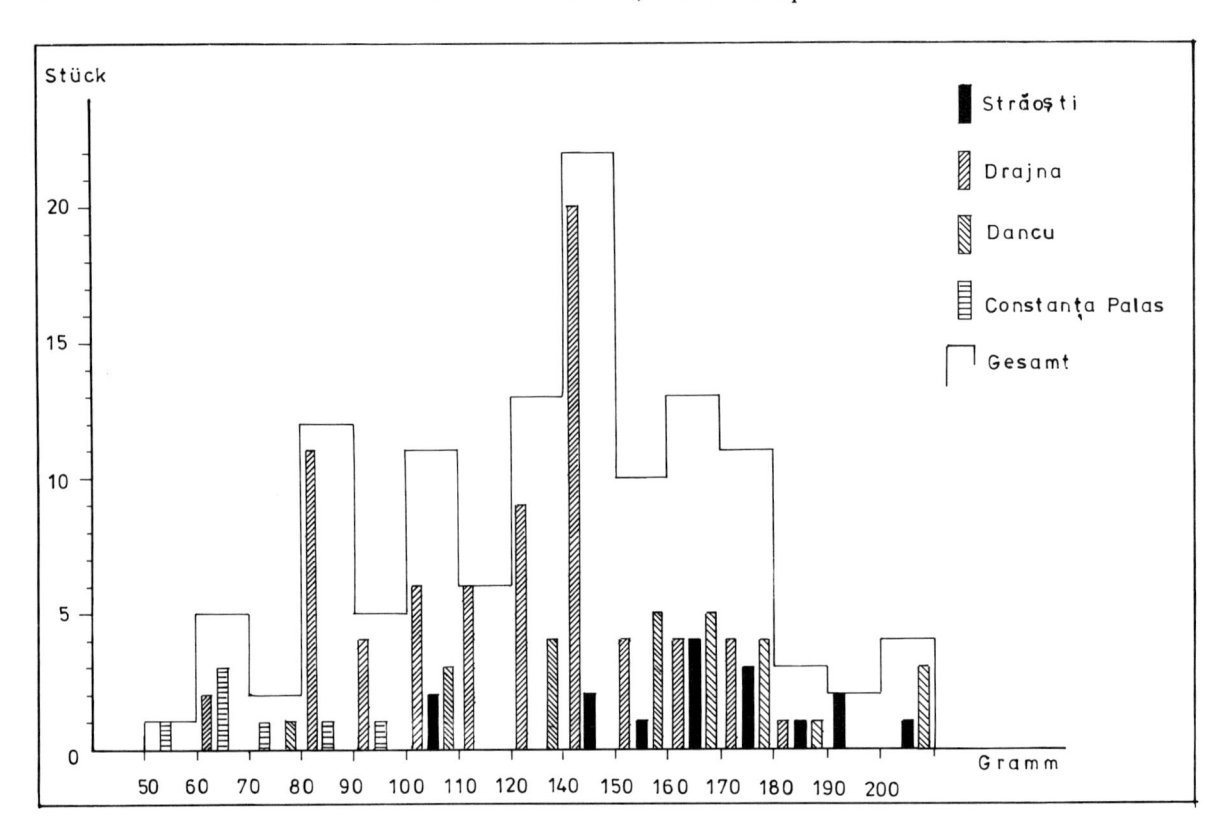

Abb. 5. Histogramme der Gewichte der Sicheln aus den Depotfunden von Constanţa-Palas, Drajna, Dancu und Străoşti

Der Bronzefund von Dridu, Kr. Ialomița

Viorica Enăchiuc, Giurgiu

Im Laufe der vierten Ausgrabungskampagne kam im Sommer 1982 in Dridu (Ortsflur "La Metereze"[1]) ein Depotfund ans Tageslicht. Die Entdeckung wurde in einem frühhallstattzeitlichen Wohnhaus gemacht. Der Fundkomplex besteht aus gut erhaltenen Bronzen sowie aus Gegenständen aus anderen Materialien. Das aus grauem Ton handgearbeitete Gefäß (Abb. 15), in dem das Deponierungsgut niedergelegt wurde, zeigt die Form eines doppelten Kegelstumpfes und war ursprünglich mit einer Schüssel bedeckt, deren Rand nach innen gebogen war. Der Gefäßhals, die Schüssel und 28 Gegenstände des Depotfundes wurden durch den Ackerbau um den Tonbehälter herum zerstreut.

Der Fundkomplex umfaßt 354 ganz oder bruchstückhaft erhaltene Gegenstände, darunter A) 28 Werkzeuge; B) 42 Trachtschmuckbestandteile; C) 117 Schmuckgegenstände; D) 3 Waffen; E) 144 Pferdgeschirrstücke; F) 9 Gußfladen, 1 Muschel, 1 Schnecke, die als Rohstoff bestimmt waren. Um eine feinere chronologische und typologische Ansetzung des Depotfundes zu sichern, scheint es uns vor allem notwendig, die Gegenstände monographisch vorzulegen[2].

Beschreibung der Funde
A. Werkzeuge
9 Tüllenbeile, 8 Sicheln, 4 Sägeblätter, 2 Meißel, 1 Messer, 3 Stichel und 1 Klingenschaber vertreten die Gattung der Werkzeuge.

1. Tüllenbeil (Inv. Nr. 1074; Abb. 1,3). Das Fehlen der Öse und die beiden Seitenlöcher sind Gußfehler.
L. 10,6; Mündungsweite 3,4; B. der Schneide 3,8; Gew. 170.
2. Tüllenbeil (Inv. Nr. 1075; Abb. 1,7). Das Fehlen der Öse und die beiden Seitenlöcher sind Gußfehler.
L. 11,2; Mündungsweite 3,8 x 2,6; B. der Schneide 4,1; Gew. 165.
3. Tüllenbeil (Inv. Nr. 1076; Abb. 1,4). Das Fehlen der Öse und die Beschädigung am Oberteil des Stückes sind Gußfehler. Die beiden Breitseiten zeigen erhabene Ornamente.
L. 13,4; Mündungsweite 4,7 x 4,05; Gew. 350.
4. Tüllenbeil (Inv. Nr. 720; Abb. 1,12; Taf. XIII,8). Die Öse ist voll gegossen. Erhabene Ornamente zieren die beiden Breitseiten. Das Stück befand sich im Vollendungsstadium.
L. 13,6; Mündungsweite 5,1 x 3,8; B. der Schneide 5,4: Gew. 430.
5. Tüllenbeil (Inv. Nr. 721; Abb. 1,11; Taf. XIII,7). Die bruchstückhafte Öse und die Risse am Beilkörper sind Gußfehler. Die beiden Breitseiten zeigen erhabene Ornamente.
L. 12,5; Mündungsweite 37 x 31; B. der Schneide 4,7; Gew. 200.
6. Tüllenbeil (Inv. Nr. 724; Abb. 1,8; Taf. XIII,10). Auf einer der Breitseiten ist ein Gußfehler. Die beiden Breitseiten zeigen erhabene Ornamente.
L. 13,5; Mündungsweite 4,5 x 3,8; B. der Schneide 4,6; Gew. 357.
7. Tüllenmeißel (Inv. Nr. 725; Abb. 1,5); im Querschnitt "U-förmige" Schneide (Hohlmeißel ?).
L. 7,65; Mündungsweite 2,1 x 1,9; Gew. 50.
8. Bruchstückhaftes Tüllenbeil (Inv. Nr. 722; Abb. 1,1).

---

[1] Die Untersuchungen an der Fundstelle "La Metereze" wurden 1979-1983 im Rahmen größerer Ausgrabungen in Dridu, unter der Leitung der Verfasserin, durchgeführt. Eine gekürzte Fassung der vorliegenden Studie erschien in rumänischer Sprache in Thraco-Dacica 8, 1987, 72-91.

[2] Der 1982 entdeckte Depotfund wird im Kreismuseum Ialomița (Stadt Slobozia) aufbewahrt und ist unter den im Text erwähnten Inventarnummern registriert. Die Bleistiftzeichnungen und die Photographien wurden von Alina Soroceanu, Tudor Soroceanu und V. Enăchiuc realisiert, die Tuschevorlagen von Alina Soroceanu angefertigt. Die Übersetzung des rumänischen Textes übernahm Tudor Soroceanu.
Anmerkung der Redaktion: In der Zeit zwischen der Anfertigung der Zeichnungen und Photographien durch V. Enăchiuc (ca. 1987) und durch A. und T. Soroceanu (Mai 1990) sind die Depotfundgegenstände offensichtlich von einem Nichtspezialisten bearbeitet worden, so daß viele Etiketten mit Inventarnummern sowie Teile von Gegenständen (z.B. kleine Ringe an den Ösenhalsringen) verwechselt worden sind. Trotz aller Bemühungen konnten alle Unklarheiten nicht beseitigt werden.

L. 9; Mündungsweite 3,8 x 2,6; B. der Schneide 4,5; Gew. 220.

9. Bruchstückhaftes Tüllenbeil (Inv. Nr. 723; Abb. 1,2; Taf. XIII,9). Die beiden Breitseiten sind mit erhabenen Ornamenten verziert.

L. 8,6; Mündungsweite 5 x 3,7; Gew. 200.

10. Knopfsichel (Inv. Nr. 726; Abb. 2,8). In einem Abstand von 8 mm von der geraden Basis befindet sich ein ziemlich spitzer Knopf; die Sichelspitze ist leicht nach außen gebogen. Zwei Rippen verstärken die Klinge, die äußere davon ist bis zu 5 mm dick.

L. 15,1; größte B. der Zunge 2,2; Gew. 55.

11. Zungensichel (Inv. Nr. 727; Abb. 2,1), mit gerader Basis und einem Gußzapfen; die äußerste Verstärkungsrippe ist 7 mm dick; eine andere verstärkt den inneren Rand des Griffes und mündet in die erste in Form eines Winkels gegenüber dem Gußzapfen ein.

L. 14,6; größte B. 3,3; Gew. 78.

12. Zungensichel (Inv. Nr. 730; Abb. 2,3; Taf. XIV,7), mit Winkelbasis und einem rechteckigen Gußzapfen versehen. Die äußere Verstärkungsrippe ist 6 mm dick, während eine kleinere, konzentrische nur die Sichelklinge verstärkt; eine dritte Rippe begleitet den inneren Rand des Griffes und bildet mit der äußeren einen spitzen Winkel, nicht weit vom Gußzapfen.

L. 17,7; größte B. 3,2; Gew. 130.

13. Zungensichel (Inv. Nr. 732; Abb. 2,6). Wie Nr. 12, lediglich die Sichelspitze ist verrundet und die Rippen am Griff mit kleinen Eindellungen versehen.

L. 17; größte B. 2,75; größte D. 0,7; Gew. 96.

14. Zungensichel (Inv. Nr. 731; Abb. 2,4; Taf. XIV,8). Den vorangehenden ähnlich; zum Unterschied befinden sich auf der Klinge zwei weitere Verstärkungsrippen.

L. 17,2; größte B. 2,8; größte D. 0,6; Gew. 100,5.

15. Zungensichel (Inv. Nr. 728; Abb. 2,7), mit Winkelbasis; die Spitze ist nach außen gebogen. Zwischen dem Griff und der Klinge befindet sich ein Gußzapfen und in einem Abstand von 36 mm von der Spitze ein weiterer, beschädigter Zapfen. Die 5 mm dicke Verstärkungsrippe wird von einer kleineren, bis zum Ende des Griffes laufenden Rippe begleitet, dazwischen kommen auf dem Griff mehrere senkrechte Rippchen vor.

L. 14,7; größte B. 3,2; Gew. 90.

16. Zungensichel (Inv. Nr. 729; Abb. 2,2), der vorangehenden ähnlich. Der zweite Gußzapfen wurde abgebrochen. Auf dem Griff sind mehrere, in einer bestimmten Ordnung gruppierte Rippen zu vermerken.

L. 15,6; größte B. 2,7; größte D. 0,6; Gew. 85.

17. Zungensichel (Inv. Nr. 733; Abb. 2,5; Taf. XIV,6), mit Winkelbasis. Von den zwei Gußzapfen ist einer abgebrochen. Die äußere Verstärkungsrippe ist bis 5 mm dick. Die Randrippen des Griffes sind mit kleinen Eindellungen versehen.

L. 13,6; größte B. 2,3; Gew. 47.

18. Sägeblatt (Inv. Nr. 734; Abb. 9,7). Die Mitte des weidenblattförmigen Stückes ist mit einer Längsrippe versehen. Die beiden Kanten sind gerändelt.

L. 19,7; größte B. 2; D. 0,2; Gew. 28.

19. Sägeblatt (Inv. Nr. 735; Abb. 9,8), typologisch dem vorangehenden ähnlich.

L. 25; größte B. 2; D. 0,2; Gew. 30.

20. Sägeblatt (Inv. Nr. 736; Abb. 9,9), typologisch dem vorangehenden ähnlich.

L. 20,8; größte B. 2; D. 0,2; Gew. 25.

21. Sägeblatt (Inv. Nr. 737; Abb. 9,6), typologisch dem vorangehenden ähnlich.

L. 18,7; größte B. 1,8; D. 2,5; Gew. 21.

22. Tüllenmeißel (Inv. Nr. 738; Abb. 1,9). Das Exemplar zeigt einen rechteckigen Körperquerschnitt, die Tülle dagegen einen runden; der Tüllenrand ist nach außen verdickt.

L. 12,3; Dm. 2; D. 1,45; Gew. 75.

23. Steinmeißel (Inv. Nr. 739; Abb. 8,7) aus von einem schweflígen Lager beeinflußten Kalkschiefer durch Ausschnitzen und Schleifen hergestellt. Die Breitseiten sind trapezförmig und die Schneide verrundet.

L. 2,1; B. der Schneide 2,4; D. 6,5.

24. Messer (Inv. Nr. 740; Abb. 1,6), aus Bronze gegossen.

L. (der Klinge) 10,8 (7,7); D. 0,2-0,5; Gew. 14.

25. Stichel (Inv. Nr. 741; Abb. 1,10). Das Werkzeug wurde aus einem bronzenen Barren hergestellt, der an einem Ende einen rechteckigen, an dem anderen einen runden Querschnitt hatte.

L. 15,7; L. des bronzenen Barren 13,3; B. des Griffes 2,15; Gew. 28.

26. Stichel (Inv. Nr. 742; Abb. 8,27), bruchstückhaft erhalten.

L. 6,4; B. 0,375; Gew. 3,2.

27. Bruchstückhafter Stichel (Inv. Nr. 743; Abb. 8,23), mit rundem Querschnitt.

L. 3,5; B. 0,6; Gew. 5.

28. Klingenschaber (Inv. Nr. 744; Abb. 8,13) aus Feuerstein.

L. 2; B. 2,5; D. 0,7.

B. Trachtausschmückungen

Sie bestehen aus 2 bruchstückhaften Gürtelblechen, aus 1 brillenförmigen und aus 23 kegelförmigen Anhängern und aus 16 Knöpfen.

29. Gürtelbruchstück (Inv. Nr. 749)[3], aus Bronzeblech hergestellt. Eine ringartige Stange sollte die Funktion einer Gürtelschnalle übernehmen, indem das fehlende Gürtelende daran angehängt werden konnte. Die Verzierung besteht aus schräg eingeritzten Liniengruppen.

L. 6,35; größte B. 1,5; D. 0,125; Gew. 10.

30. Gürtelbruchstück (Inv. Nr. 748; vgl. Anm. 3), aus Bronzeblech hergestellt; das erhaltene Ende war eingerollt und mit zwei Knöpfen befestigt, um die Hälfte einer Gürtelschnalle zu bilden; die beiden Knöpfe zeigen massive Kalotten und im Querschnitt runde Dorne. Längs der Medianachse und der Ränder sind Reihen von kurzen, schräg gestellten Einkerbungen zu bemerken.

L. 7,1; B. 1,55; D. 0,125; Gew. 15.

31. Brillenförmiger Anhänger (Inv. Nr. 750; Abb. 13,1). Das Stück wurde aus einem im Querschnitt runden Draht gefertigt, den man zweimal bog, wobei aus der Einrollung der beiden Enden die "Brillen" entstanden.

B. 2,9; H. 1,8; D. 0,1; Gew. 2,5.

32. Anhänger (Inv. Nr. 751; Abb. 13,6). Das Stück besteht aus einem trapezförmigen Bronzeblatt, deren große Basis leicht nach innen gebogen ist; aus dem eingerollten Blech entstand ein Kegelstumpf, wobei die kleine Basis zur Befestigung des Textil- bzw. Lederstoffes diente, um damit die Kleiderausschmückung mit "metallenen" Fransen zu versehen. Die kleine und die große Basis sind mit je zwei Reihen von getriebenen Punkten verziert.

H. 3,7; Dm. der großen Basis 0,9 x 0,65; Gew. 0,9.

33. Anhänger (Inv. Nr. 752; Abb. 13,5), typologisch mit Nr. 32 identisch, lediglich die große Basis ist mit zwei Reihen von getriebenen Punkten verziert.

H. 3,65; großer Dm. 0,76; Gew. 1.

34. Anhänger (Inv. Nr. 753; Abb. 13,3), typologisch mit Nr. 32 identisch. Die kleine und die große Basis sind mit je einer Reihe von getriebenen Punkten verziert.

H. 3,2; Dm. der großen Basis 0,9 x 0,7; Gew. 1,5.

35. Anhänger (Inv. Nr. 754; Abb. 13,4), dem vorangehenden ähnlich.

H. 3,13; Dm. der großen Basis 0,95 x 0,65; Gew. 1,5.

36. Anhänger (Inv. Nr. 755; Abb. 13,2), dem vorangehenden ähnlich.

H. 3,1; Dm. der großen Basis 0,9 x 0,6; Gew. 0,9.

37. Anhänger (Inv. Nr. 756; Abb. 13,19), typologisch mit Nr. 32 identisch. Zwei Reihen von getriebenen Punkten schmücken die große Basis, zwei andere sind schräg auf dem Körper angelegt worden.

H. 2,5; Dm. der großen Basis 1,15; Gew. 1,2.

38. Anhänger (Inv. Nr. 757; Abb. 13,20), typologisch mit Nr. 32 identisch. Die große Basis ist mit zwei Reihen von getriebenen Punkten verziert; weitergeführt wurde diese Verzierungsart vertikal bis zur Mitte des Stückes, danach schräg.

H. 2,3; Dm. der großen Basis 1 x 0,95; Gew. 0,8.

39. Anhänger (Inv. Nr. 758; Abb. 13,8), typologisch mit Nr. 32 identisch. Zwei Reihen von getriebenen Punkten sind schräg gestellt. Die kleine Basis ist auch mit zwei, vorwiegend aber mit einer einzigen Reihe von ähnlichen Punkten verziert.

H. 2,1; Dm. der kleinen Basis 0,28 x 0,15; Gew. 0,6.

40. Anhänger (Inv. Nr. 759; Abb. 12,49). Die beiden Basen sind mit je zwei Reihen von getriebenen Punkten verziert.

H. 2,35; Dm. der großen Basis 1,5 x 0,3; Gew. 1.

41. Anhänger (Inv. Nr. 760; Abb. 13,11), typologisch mit Nr. 32 identisch. Lediglich die große Basis ist mit zwei Reihen von getriebenen Punkten verziert.

H. 2,3; Dm. der großen Basis 1,1; Gew. 0,7.

---

[3]Vgl. das Fundstück Nr. 351 und die zugehörige Anmerkung.

42. Anhänger (Inv. Nr. 761; Abb. 13,10). Die große Basis ist teilweise mit einer, teilweise mit zwei Reihen von getriebenen Punkten geschmückt; die kleine Basis ist dagegen unverziert, wenn man nicht unbedingt die zwei untereinander gestellten Punkte (oben rechts) als nicht weiter geführter Beginn eines ähnlichen Ornamentes betrachten will.
H. 2,15; Dm. der großen Basis 1,2 x 0,9; Gew. 0,9.
43. Anhänger (Inv. Nr. 762; Abb. 13,9), wie Nr. 33 und 46 verziert.
H. 2,3; Dm. der großen Basis 1; Gew. 0,6.
44. Anhänger (Inv. Nr. 763; Abb. 13,17). Die kleine Basis ist nur seitlich mit zwei Reihen von getriebenen Punkten verziert.
H. 2,4; Dm. der großen Basis 1,25 x 1; Gew. 0,7.
45. Anhänger (Inv. Nr. 764; Abb. 13,18). Die kleine Basis ist mit zwei Reihen von getriebenen Punkten geschmückt; die große ist unverziert, nur die linke Ecke wurde mit einer schrägen Reihe von getriebenen Punkten als Dreieck bezeichnet.
H. 2,4; Dm. der großen Basis 1,5 x 1; Gew. 1.
46. Anhänger (Inv. Nr. 765; Abb. 13,13). Zwei Reihen von getriebenen Punkten verzieren die große Basis.
H. 2,2; Dm. der großen Basis 1,1 x 0,8; Gew. 0,5.
47. Anhänger (Inv. Nr. 766; Abb. 12,42), dem vorangehenden ähnlich.
H. 2,5; Dm. der großen Basis 0,9 x 0,4; Gew. 0,8.
48. Anhänger (Inv. Nr. 767; Abb. 12,28), dem vorangehenden ähnlich.
H. 2,5; Dm. der großen Basis 1 x 0,75; Gew. 0,6.
49. Anhänger (Inv. Nr. 768; Abb. 13,15), dem vorangehenden ähnlich.
H. 2,3; Dm. der großen Basis 0,65 x 5,5; Gew. 0,7.
50. Anhänger (Inv. Nr. 769; Abb. 13,16), dem vorangehenden ähnlich.
H. 2,3; Dm. der großen Basis 0,85 x 0,6; Gew. 0,8.
51. Anhänger (Inv. Nr. 770; Abb. 13,12), den vorangehenden ähnlich, nur die kleine Basis ist ebenfalls mit zwei Reihen von getriebenen Punkten verziert.
H. 2,4; Dm. der großen Basis 1 x 0,9; Gew. 1,2.
52. Anhänger (Inv. Nr. 771; Abb. 13,14) den vorangehenden ähnlich.
H. 2,3; Dm. der großen Basis 1,05 x 0,75; Gew. 1.
53. Anhänger (Inv. Nr. 772; Abb. 13,7) den vorangenden ähnlich.
H. 2,4; Dm. der großen Basis 0,8 x 0,65; Gew. 1.
54. Anhänger (Inv. Nr. 773; Abb. 12,35), den Stücken Nr. 46-50 ähnlich.
H. 2,1; Dm. der großen Basis 0,75 x 0,7; Gew. 0,5.
55. Knopf (Inv. Nr. 774; Abb. 8,20). Das kalottenförmige Stück ist innen mit einer rechteckigen, eingegossenen, heute ein wenig beschädigten Öse versehen.
H. 0,7; Dm. 2,15; Gew. 3,1.
56. Knopf (Inv. Nr. 775; Abb. 14,53), dem vorangehenden ähnlich.
H. 0,8; Dm. 2,4; Gew. 2,5.
57. Knopf (Inv. Nr. 776; Abb. 14,55), den vorangehenden ähnlich.
H. 0,55; Dm. 1,7 x 1,6; Gew. 1,2.
58. Knopf (Inv. Nr. 777; Abb. 14,47), den vorangehenden ähnlich.
H. 0,5; Dm. 1,7 x 1,6; Gew. 1,3.
59. Knopf (Inv. Nr. 778; Abb. 14,54), den vorangehenden ähnlich.
H. 0,6; Dm. 1,8 x 1,7; Gew. 1.
60. Knopf (Inv. Nr. 779; Abb. 8,21), den vorangehenden ähnlich.
H. 0,55; Dm. 2,25 x 2,15; Gew. 1,38.
61. Knopf (Inv. Nr. 780; Abb. 14,56), den vorangehenden ähnlich.
H. 0,55; Dm. 2,42 x 2,25; Gew. 2.
62. Knopf (Inv. Nr. 781; Abb. 8,24), den vorangehenden ähnlich, nur die Öse scheint ein wenig beschädigt zu sein.
H. 0,6; Dm. 2,5 x 2,3; Gew. 5,1.
63. Knopf (Inv. Nr. 782; Abb. 14,58), eigentlich ein Tutulus mit Dorn, der eingerollt ist.
H. 0,6; Dm. 2,65 x 2,57; Gew. 5,6.
64. Knopf (Inv. Nr. 783; Abb. 14,49), typologisch dem vorangehenden ähnlich.
H. 0,55; Dm. 1,9; Gew. 3.
65. Knopf (Inv. Nr. 784; Abb. 14,50), dem vorangehenden ähnlich; die Kalotte ist während des Eingießens

radial gespalten worden.
H. 0,55; Dm. 1,9; Gew. 1,6.
66. Knopf (Inv. Nr. 785; Abb. 14,51), typologisch den vorangehenden ähnlich, lediglich die Kalotte ist stark gewölbt.
H. 0,4; Dm. 1,6 x 1,25; Gew. 1,1.
67. Knopf (Inv. Nr. 786; Abb. 14,52), den vorangehenden ähnlich.
H. 0,4; Dm. 1,35; Gew. 1,5.
68. Knopf (Inv. Nr. 787; Abb. 14,48), den vorangehenden ähnlich.
H. 0,7; Dm. 1,87; Gew. 2,2.
69. Knopf (Inv. Nr. 788; Abb. 14,57). Die rechteckige Öse wurde zusammen mit der Kalotte gegossen.
H. 0,6; Dm. 2,3; Gew. 3,5.
70. Knopf (Inv. Nr. 789; Abb. 14,46), den Stücken Nr. 63-64 ähnlich.
H. 0,7; D. 1,9; Gew. 2,4.

C. Schmuckstücke

Sie bestehen aus verschiedenen Gegenstandstypen, teils ganz, teils bruchstückhaft erhalten: 2 Diademe, 3 einteilige Fibeln, 27 Armringe, 6 Ringe, 3 Haarringe, 2 Lockenringe, 15 Halsringe, 2 kleinere Ringe für die Halsringe, 57 Perlen. Sie wurden aus Bronze, Amber, Karneol, Knochen oder Muscheln gefertigt.

71. Diadem (Inv. Nr. 790; Abb. 3,4; Taf. XIII,2-3). Das Stück wurde mittels Treibtechnik geschmückt: die Längsseiten werden von je zwei Punktreihen begleitet; die kurzen Seiten sind dagegen mit spitzen Winkeln versehen, deren Spitzen weiter nach innen mit je einer Warze verziert sind. In der Mitte des Diadems wurde ein Rhombus gezeichnet, der beiderseits von zwei senkrecht gestellten Warzenlinien flankiert wird.
L. 56,35; B. 4,625; D. 0,06; Gew. 59,1.
72. Diadem (Inv. Nr. 791; Abb. 3,5; Taf. XIII,1). Dieses Exemplar ist schmaler als das vorangehende, die Längsseiten sind jedoch ähnlich geschmückt. An jedem Ende ist je eine runde Öffnung, die zur Befestigung des Diadems dienten.
L. 58,5; B. 3,7-3,575; D. 0,06; Gew. 68.
73. Einteilige Blattbügelfibel (Inv. Nr. 792; Abb. 7,11; Taf. XIV,3-4), aus einem einzigen, in der Mitte verdickten Draht hergestellt. Durch Hämmern wurde ein ovaler, 1 mm dicker Schild erzeugt. In eine Richtung wurde der Draht in Form einer Acht gedreht, dann folgen die dreifache Spirale und die Nadel. Das andere Ende besteht wieder aus einem achtförmigen Nadelhalter, der in eine Spiralscheibe (D. 3,9) ausgeht; das Blatt ist mit dreifachen, bogenförmigen Randeinritzungen verziert, die an den Enden durch mehrere kurze Einritzungen verbunden sind. In dem freigebliebenen Schild wurden drei Reihen von getriebenen Warzen ausgeführt.
D. der Nadel 0,25; D. des Spiralscheibendrahtes 0,11; L. 12,4; L. der Nadel 9,4; der Querschnitt des Drahtes ist oval; Gew. 30,4.
74. Einteilige Blattbügelfibel (Inv. Nr. 793; Abb. 7,12; Taf. XIV,1-2). Gehört demselben Typ wie Nr. 73 an, war aber für den rechten Teil der Kleider gedacht und gearbeitet.
Gesamtdicke 1; L. 12,4; L. der Nadel 9,9; L. des Bogens 1,4; D. der Nadel 0,2; D. des Blattes 0,11; Gew. 30,3.
75. Bogenfibel (Inv. Nr. 794; Abb. 7,8). Am Bogenteil ist der Draht etwas verdickt. Die Spirale besteht aus einer einzigen Windung; das leicht durch Hämmern verflachte Drahtende bzw. der Fibelfuß ist eingerollt und bildet demnach einen einfachen Nadelhalter.
L. 5,8; H. 2,9; D. 0,9; Gew. 5,2.
76. Armring (Inv. Nr. 795; Abb. 5,18) mit offenen, "abgesägten", nach außen verdickten Enden. Der Querschnitt zeigt eine verflachte D-Form.
Dm. 5,4; D. der Enden 0,4; 0,55; Gew. 20.
77. Armring (Inv. Nr. 796; Abb. 5,10), mit dem vorangehenden typologisch identisch.
Dm. 5,3; B. des Querschnittes 0,9; D. der Enden 0,33; 0,37; Gew. 20.
78. Armring (Inv. Nr. 797; Abb. 5,19), mit den vorangehenden typologisch identisch.
Dm. 5,6; B. des Querschnittes 0,9; D. der Enden 0,45; 0,6; Gew. 20.
79. Armring (Inv. Nr. 798; Abb. 5,11), mit den vorangehenden typologisch identisch.
Dm. 5,4; B. des Querschnittes 1; D. der Enden 0,5; Gew. 25.
80. Armring (Inv. Nr. 799; Abb. 5,12), mit den vorangehenden typologisch identisch.
Dm. 5,62; B. des Querschnittes 0,85; D. der Enden 0,45; 0,5; Gew. 35.
81. Armring (Inv. Nr. 800; Abb. 5,15), mit den vorangehenden typologisch identisch.
Dm. 5,4; B. des Querschnittes 0,9; D. der Enden 0,4; 0,5; Gew. 18.

82. Armring (Inv. Nr. 801; Abb. 5,17), typologisch identisch mit den vorangehenden, aber fragmentarisch erhalten. Das erhaltene Ende zeigt Gußfehler.
Dm. 5,1; B. des Querschnittes 0,6; D. der Enden 0,4; Gew. 7.
83. Armring (Inv. Nr. 804; Abb. 5,16), mit den vorangehenden typologisch identisch.
Dm. 5,5; B. des Querschnittes 0,75; D. der Enden 0,9; Gew. 21.
84. Armring (Inv. Nr. 802; Abb. 5,13), demselben Typ angehörend wie Nr. 83; ein Ende scheint beschädigt gewesen zu sein. Gruppen von radial gestellten Einritzungen waren noch nicht vollendet.
Dm. 4,8; B. des Querschnittes 0,9; D. des rechten Endes 0,325; Gew. 25.
85. Armring (Inv. Nr. 803; Abb. 5,14); gehört demselben Typ wie Nr. 84 an, aber die Enden verjüngen sich ein wenig, wobei nur ein Ende nach außen profiliert ist. Auch die Verzierung ähnelt der von Nr. 84, doch kommen die Gruppen öfter und an zwei Registern vor.
Dm. 5,1; B. des Querschnittes 0,9; Gew. 22.
86. Armring (Inv. Nr. 806; Abb. 5,2), typologisch dem vorangehenden ähnlich, nur sind die Enden doppelt profiliert.
D. 6,2; B. des Querschnittes 0,9; Dm. der Enden 4,9; Gew. 22.
87. Armring (Inv. Nr. 807; Abb. 5,7), den vorangehenden typologisch ähnlich.
D. 6; B. des Querschnittes 0,9; D. der Enden 0,3; 0,35; Gew. 20.
88. Armring (Inv. Nr. 808; Abb. 5,9), den vorangehenden typologisch ähnlich.
Dm. 5,6; B. des Querschnittes 0,85; D. der Enden 0,3; Gew. 18.
89. Armring (Inv. Nr. 805; Abb. 5,24). Die offenen, sich verjüngenden Enden laufen spitz aus; der Querschnitt der Stange ist D-förmig.
Dm. 6,3; Gew. 16,5.
90. Armring (Inv. Nr. 809; Abb. 5,23), dem vorangehenden typologisch ähnlich. Ein Ende ist abgebrochen.
Dm. 5,725; D. 0,33; Gew. 14.
91. Armring (Inv. Nr. 810; Abb. 5,6), den vorangehenden typologisch ähnlich.
Dm. 7,3; D. 0,4; Gew. 25.
92. Armring (Inv. Nr. 812; Abb. 5,25), den vorangehenden typologisch ähnlich.
Dm. 7,8; D. 0,4; Gew. 23.
93. Armring (Inv. Nr. 811; Abb. 5,20), dem vorangehenden typologisch ähnlich. Der Querschnitt ist oval.
Dm. 8,1; D. 0,4; Gew. 25.
94. Armring (Inv. Nr. 813; Abb. 5,1), dem vorangehenden typologisch ähnlich. Der Querschnitt ist rhombisch.
Dm. 7; D. 0,4; Gew. 19.
95. Armring (Inv. Nr. 814; Abb. 5,22) mit offenen, sich verjüngenden Enden. Das Stück ist nach außen mit radial gestellten Liniengruppen verziert, dazwischen kommen auch eingeritzte schräge Liniengruppen vor.
Dm. 7,2; D. 0,65; Gew. 51.
96. Armring (Inv. Nr. 815; Abb. 5,27), dem vorangehenden typologisch ähnlich.
Dm. 7,3; Gew. 50.
97. Armband (Inv. Nr. 816; Abb. 5,3) mit offenen, nach außen profilierten Enden, eines davon beschädigt. Drei Längsrippen kommen auf der Außenseite vor.
Dm. 6,2; B. 1,4; D. 0,225; D. der Enden 0,4; 0,9; Gew. 28.
98. Armband (Inv. Nr. 817; Abb. 5,5), dem vorangehenden typologisch ähnlich, nur mit vier Längsrippen.
Dm. 5,5; B. 1,275; D. 0,25; D. der Enden 0,4; Gew. 28.
99. Armband (Inv. Nr. 818; Abb. 5,4), dem vorangehenden ähnlich.
Dm. 5,9; B. 1,35; D. 0,21; D. der Enden 0,35; Gew. 24.
100. Armband (Inv. Nr. 819; Abb. 5,29), den vorangehenden ähnlich.
Dm. 5,3; B. 1,25; D. 0,2; D. der Enden 0,323; Gew. 28.
101. Armband (Inv. Nr. 820; Abb. 5,8), den vorangehenden ähnlich.
Dm. 5,3; B. 1,25; D. 0,2; D. der Enden 0,3; Gew. 26.
102. Fingerring (Inv. Nr. 821; Abb. 7,6) mit Spiralenden. Der im Querschnitt runde Draht ist zweimal gewunden, dann läuft er in zwei Spiralscheiben aus.
L. 2,9; Dm. 1,9; D. des Drahtes 0,1-0,3; Gew. 4.
103. Fingerring (Inv. Nr. 822; Abb. 7,4), typologisch mit Nr. 102 identisch.
L. 2,9; Dm. 1,9; D. des Drahtes 0,1-0,3; Gew. 3.
104. Fingerring (Inv. Nr. 823; Abb. 14,5), typologisch mit Nr. 102 identisch; nur eine Scheibe und ein Drahtfragment erhalten.
Dm. 2; 1,1; D. des Drahtes 0,1; Gew. 1,2.

105. Fingerring (Inv. Nr. 825; Abb. 7,5), typologisch mit Nr. 102 identisch.
L. 4; Dm. 1,9; D. des Drahtes 0,1; Gew. 5.
106. Fingerring (Inv.Nr. 826; Abb. 14,6), typologisch mit Nr. 102 identisch; nur die Scheibe und eine Fingerwindung erhalten.
L. 4; Dm. 2,25; D. des Drahtes 0,1; Gew. 3,5.
107. Fingerring (Inv. Nr. 824). Der eigentliche Ring besteht aus einem 0,5 cm breiten Band, das in die üblichen Spiralscheiben ausläuft.
L. 3,2; Dm. 2; D. des Drahtes 0,1; Gew. 5.
108. Haarring (Inv. Nr. 827; Abb. 7,2). Der im Querschnitt runde Draht wurde in der Mitte gebogen. Nachdem das Ende in Form eines S gewellt wurde, hat man den doppelten Draht dreimal gewunden. Durch das achtförmige Ende war vielleicht eine Nadel gesteckt worden, um den Ring festzuhalten.
Dm. 4,2; D. des Drahtes 0,1; Gew. 7.
109. Haarring (Inv. Nr. 828; Abb. 7,1), typologisch ähnlich wie Nr. 108, nur bei der Biegung ist der Draht tordiert.
Dm. 4; D. des Drahtes 0,1; Gew. 6.
110. Haarring (Inv. Nr. 829; Abb. 7,3), dem vorangehenden ähnlich.
Dm. 4; D. des Drahtes 0,1; Gew. 10.
111. Schläfenring (Inv. Nr. 830; Abb. 7,7), aus einer im Querschnitt runden Stange mit sich verjüngenden Enden gefertigt. Das eine Ende wurde durch Hämmern verflacht und nach außen eingerollt, um als Nadelhalter dienen zu können. Das Stück ist mit zwei Gruppen von radial gestellten Ritzlinien, dazwischen mit Fischblasenmustern verziert.
Dm. 5; D. 0,05-0,5; Gew. 8.
112. Ösenring (Inv. Nr. 831; Abb. 5,21), bruchstückhaft erhalten. Das übriggebliebene Fragment wurde vielleicht als Haar- oder Schläfenring wiederverwendet.
Dm. 5,2; D. der Stange 0,1-0,25; Gew. 5.
113. Ösenhalsring (Inv. Nr. 832; Abb. 3,1). Der ziemlich dicke, ovale Draht wurde größtenteils verflacht und zu einem im Querschnitt viereckigen Barren umgeformt (größte B. 0,7), der leicht tordiert war. Die Endteile sind dennoch im Querschnitt oval geblieben (D. 0,25), während die nach außen eingerollten Enden wieder abgeflacht wurden. Ein im Querschnitt D-förmiger Ring diente vielleicht zum Anhängen verschiedener weiterer Gehänge.
Dm. 15,4; Gew. 42.
114. Ösenhalsring (Inv. Nr. 841; Abb. 3,3), typologisch Nr. 113 ähnlich, nur ohne Ringlein.
Dm. 17,5; D. des Barrens 0,8; Gew. 40.
115. Ösenhalsring (Inv. Nr. 833; Abb. 3,2), bruchstückhaft erhalten.
Dm. 10,5; D. des Barrens 0,55; Gew. 7,2.
116. Ösenhalsring (Inv. Nr. 836; Abb. 3,8). Der Barren ist im Querschnitt oval und wurde stark tordiert; die Endteile blieben flach und die Enden wurden abgeflacht und nach außen eingerollt. Das Ringlein ist im Querschnitt rhombisch.
Dm. 14,6; D. 0,3-0,38; Dm. des Ringleins 2,9; D. desselben 0,6-0,7; Gew. 40.
117. Ösenhalsring (Inv. Nr. 842; Abb. 4,6), bruchstückhaft erhalten, typologisch dem vorangehenden ähnlich.
Dm. 16,2; D. 0,3; 0,35; Gew. 23.
118. Ösenhalsring (Inv. Nr. 834; Abb. 3,6), typologisch dem vorangehenden ähnlich. Bruchstückhaft erhalten.
Dm. 13,5; D. 0,3-0,4; Gew. 35.
119. Ösenhalsring (Inv. Nr. 835; Abb. 3,7), typologisch identisch mit Nr. 118; bruchstückhaft erhalten.
L. 16; D. 0,4; Gew. 20.
120. Ösenhalsring (Inv. Nr. 843; Abb. 4,5), typologisch identisch mit Nr. 118; bruchstückhaft erhalten.
L. 8,2; D. 0,375; Gew. 18.
121. Ösenhalsring (Inv. Nr. 844; Abb. 4,4), typologisch identisch mit Nr. 118; bruchstückhaft erhalten.
L. 13,8; D. 0,375; Gew. 25.
122. Ösenhalsring (Inv. Nr. 837; Abb. 4,7). Der sich verjüngende Barren ist im Querschnitt rund. Die äußersten Enden wurden durch Hämmern abgeflacht und nach außen eingerollt. Das Exemplar ist mit ungleich großen Ritzliniengruppen verziert, die radial angeordnet sind. Für das Ringlein, vgl. Kat. Nr. 113.
Dm. 15,8; D. 0,4; Dm. des Ringleins 3; Gew. 48.
123. Ösenhalsring (Inv. Nr. 839; Abb. 4,10), typologisch dem vorangehenden ähnlich, nur die Verzierung ist durch Fischblasenmustern und Zickzacklinien bereichert.
Dm. 18; D. 0,4; Dm. des Ringleins 2,45; D. des Ringleins 0,6; Gew. 55.

124. Ösenhalsring (Inv. Nr. 840; Abb. 4,9), bruchstückhaft erhalten; typologisch ähnlich verziert wie Kat. Nr. 123.
L. 20,3; D. 0,325; Gew. 35.
125. Ösenhalsring (Inv. Nr. 846; Abb. 4,8), typologisch ähnlich wie Nr. 123; bruchstückhaft erhalten.
L. 11,1; D. 0,25; 0,4; Gew. 15.
126. Ösenhalsring (Inv. Nr. 838; Abb. 4,1), typologisch dem vorangehenden ähnlich; bruchstückhaft erhalten.
L. 4,5; D. 0,4; Gew. 4.
127. Ösenhalsring (Inv. Nr. 847; Abb. 4,3), typologisch den vorangehenden ähnlich. Das Stück war noch nicht vollendet. So war ein Ende abgeflacht und eingerollt, während das andere noch unbearbeitet ist. Die Verzierung sollte vielleicht einem der oben erwähnten analog sein.
Dm. 24,7; D. 0,2; 0,375; Gew. 30.
128. Ringlein (Inv. Nr. 845; Abb. 8,12), für Ösenhalsring, aus Stange mit rhombischem Querschnitt.
Dm. 2,4; D. 0,5; 0,6; Gew. 10.
129. Ringlein (Inv. Nr. 848; Abb. 8,11), für Ösenhalsring, dem vorangehenden typologisch ähnlich.
Dm. 2,475; D. 0,525; 0,55; Gew. 7.

Amberperlen (130-158)

Lfd.Nr.	Inv.Nr.	Abb.	H.	Dm.	Gew.
130.	849	8,3	1,79	2,49	5,2
131.	854	14,40	0,9	2,1	1,5
132.	855	14,37	0,9	0,9	0,4
133.	856	14,38	0,6	1,0	0,28
134.	857	14,28	0,5	0,7	0,19
135.	869	14,41	0,95	0,8	0,3
136.	870	8,5	0,8	0,6	0,2
137.	871	-	0,8	0,6	0,2
138.	872	14,29	0,8	0,5	0,3
139.	875	-	0,8	0,6	3,4
140.	858	14,21	0,8	1,8	0,6
141.	850	8,2	1,1	2,45	4,5
142.	851	8,1	1,35	2,6	5,2
143.	852	14,36	0,75	2,25	2,4
144.	853	14,39	1,4	3,0	6,5
145.	859	8,10	0,55	1,05	0,45
146.	860	14,30	0,4	0,9	0,2
147.	861	8,6	0,3	0,55	0,1
148.	862	-	0,4	0,6	0,1
149.	863	-	0,25	0,7	0,15
150.	867	-	0,7	1,9	0,57
151.	868	-	0,3	0,7	0,1
152.	873	-	0,5	0,6	0,25
153.	875	14,35	0,75	2,8	3,4
154.	877	-	0,2	0,6	0,15
155.	864	14,43	0,675	1,9	2,3
156.	866	8,15	0,25	1,11	0,25
157.	865	14,24	1,2	0,5 ?	0,45
158.	876	14,44	1,8	0,25 ?	1,1

159. Amberperle (Inv. Nr. 874; Abb. 8,18); das Stück zeigt eine zylindrische Form mit etwa konischen Enden. Die Rippen entstanden durch Quersägung.
L. 5,25; B. 1,85; D. 1,4; Gew. 1,02.
160. Amberperle (Inv. Nr. 879; Abb. 14,45).
L. 2,6; B. 0,8; D. 0,75; Gew. 1.
161. Amberperle (Inv. Nr. 880; Abb. 8,19).
L. 2,75; B. 1; D. 0,8; Gew. 1,75.

Karneolperlen (162-181)

Lfd. Nr.	Inv.Nr.	Abb.	H.	D.
162.	881	8,9	0,175	0,85
163.	882	14,1	0,175	0,85
164.	883	14,2	0,15	0,8
165.	884	14,3	0,15	0,75
166.	885	14,18	0,2	0,75
167.	900	-	0,15	frg.
168.	886	14,7	0,15	0,75
169.	887	14,8	0,19	0,8
170.	888	14,9	0,15	0,75
171.	889	14,10	0,15	0,75
172.	890	-	0,15	0,65
173.	891 ?	-	0,15	0,65
174.	892	-	0,175	0,8
	Eine Seite zeigt eine kreisförmige Vertiefung			
175.	893	14,11	0,175	0,8
176.	894	14,12	0,15	0,75
177.	895	14,14	0,15	0,8
178.	896	14,17	0,15	0,75
179.	897	14,15	0,17	0,75
180.	898	14,16	0,1	0,71
181.	899	14,13	0,15	0,75

182. Perlmutterperle (Inv. Nr. 901; Abb. 8,8), in Form einer Röhre gearbeitet.
L. 1,1; D. 0,8.

183. Numulitperle (Inv. Nr. 902; Abb. 14,20). Das Tier ist in den kretazeischen Depots aus Dobrudja häufig vertreten. Das doppelkegelstumpfförmige Stück zeigt eine obere, quer gestellte Basis.
H. 0,5; D. 1.

184. Knochenröhre (Inv. Nr. 903; Abb. 8,4), als Perle verwendet.
L. 1,6; D. 0,45.

185. Bronzeperle (Inv. Nr. 904; Abb. 14,33), aus eingerolltem Bronzeblech hergestellt.
L. 1; D. 0,575.

186. Bronzeperle (Inv. Nr. 905; Abb. 14,32), typologisch identisch mit Nr. 185.
L. 1; D. 0,5.

187. Bronzeperle (Inv. Nr. 906; Abb. 14,31), typologisch identisch mit Nr. 185.
L. 1,1; D. 0,35.

D. Waffen

Drei Lanzenspitzen.

188. Lanzenspitze (Inv. Nr. 745; Abb. 2,9). Die Lanzentülle ist im Blatteil viereckig im Querschnitt, aber lediglich auf einer Seite mit drei Längsrippen verstärkt. Mehr als die Hälfte eines der Blattflügel ist gespalten.
L. 8,9; B. 3,6; D. der Tülle 2,6; Gew. 65.

189. Lanzenspitze (Inv. Nr. 746; Abb. 2,10). Die Verlängerung der Tülle, die eine Längsrippe bildet, ist im Querschnitt rund.
L. 11,9; B. 2,9; D. der Tülle 2,05; Gew. 60.

190. Lanzenspitze (Inv. Nr. 747; Abb. 2,11; Taf. XIV,5). Die im Querschnitt viereckige Mittelrippe ist auf beiden Seiten mit je drei Längsrippen verstärkt. Auf einer Seite der Tülle sind fünf Einkerbungen zu vermerken.
L. 17,5; B. 4,5; D. der Tülle 2,6; Gew. 180.

E. Zaumzeug

Diese Gattung besteht aus unterschiedlichen Typen, darunter 2 Knochenröhren als Beschlag des Metallteiles der Gebißstange; 2 Anhänger, die zum Schmücken der Scheuklappen dienten; 3 runde Kettenringe; 3 Knöpfe zur Festigung des Pferdegeschirres; 2 Kettenfragmente; 16 Beschläge zum Schmücken des Pferdegeschirres in der Kopfzone und 116 Ziernägel (-bleche ?) des gesamten Pferdegeschirres.

191. Knochenröhrchen (Inv. Nr. 907; Abb. 8,14), mit drei erhabenen Ringen verziert.

L. 1,9; D. 0,625.

192. Knochenröhrchen (Inv. Nr. 908; Abb. 14,27), dem vorangehenden ähnlich, nur nicht vollendet.
L. 1,4; D. 0,78.

193. Bronzeanhänger (Inv. Nr. 909; Abb. 8,29). Auf der Außenseite ist eine eingeschnittene Verzierung zu vermerken.
H. 4,45; B. 4,05; Gew. 8.

194. Bronzeanhänger (Inv. Nr. 910; Abb. 8,28), dem vorangehenden ähnlich.
H. 4,45; B. 4; Gew. 8.

195. Kettenring (Inv. Nr. 911; Abb. 5,26). Das bronzene Stück ist im Querschnitt rhombisch.
Dm. 5,7; D. 0,625; Gew. 33.

196. Kettenring (Inv. Nr. 912; Abb. 5,28), typologisch Nr. 195 ähnlich.
Dm. 5,7; D. 0,7; Gew. 33.

197. Ring (Inv. Nr. 913; Abb. 7,10; Taf. XIV,9). Die T-förmige Seitenstange zeigt an den Enden zwei weitere kleine Ringlein oder Ösen. Alle drei sind im Querschnitt rhombisch.
Dm. 4,9; H. 7,1; D. 0,8; Gew. 33.

198. Knopf (Inv. Nr. 914; Abb. 8,25). Die Knopfscheibe ist mit einem von zwei kreisförmigen, konzentrischen Rippen umränderten kleinen Dorn verziert. Die abgeflachte Basis des Füßchens zeigt eine ovale Form.
H. 1,45; Dm. 1,9; D. 0,5; Gew. 10.

199. Knopf (Inv. Nr. 915; Abb. 8,26). In der Mitte der Kalotte befindet sich eine kleine konische Warze.
H. 1,9; Dm. 1,8; D. 0,54; Gew. 5,94.

200. Knopf (Inv. Nr. 916; Abb. 8,16). Die annähernd konische Kalotte war mit einer verhältnismäßig großen, viereckigen Öse an eine Unterlage anmontiert.
H. 1,3; Dm. 2,1; Gew. 6.

201. Bruchstückhafte Kette (Inv. Nr. 917; Abb. 8,22), aus drei Kettenringen bestehend. Der erste (a) wurde aus einem im Querschnitt rhombischen Barren mit zusammengelöteten Enden gearbeitet; der zweite (b) - aus einem im Querschnitt D-förmigen Barren hergestellt - hatte lediglich übereinandergelegte Enden. Der dritte Ring (c) ist dem ersten (a) ähnlich.
a) Dm. 3,1; D. 0,4; b) Dm. 2,2; D. 0,2; c) Dm. 2,2; D. 0,15; Gesamtgew. 12.

202. Bruchstückhafte Kette (Inv. Nr. 918; Abb. 8,17). Alle drei Kettenringe zeigen einen rhombischen Querschnitt und haben zusammengelötete Enden.
a) Dm. 2,45; D. 0,3; b) Dm. 2,2; D. 0,2; c) Dm. 2,4; D. 0,3; Gesamtgew. 13.

203. Zierbeschlag (Inv. Nr. 919; Abb. 7,9; Taf. XIV,10). Die runde Scheibe ist in der Mitte mit einem "Umbo" versehen, der von zwei kreisförmigen Rippen umbördelt ist. Zwischen den Rippen sowie am äußersten Rand der Scheibe wurden noch zwei getriebene Punktkreise ausgeführt. Der Dorn war eingerollt.
H. 0,6; Dm. 5,1; D. 0,1; Gew. 5.

204. Tutulus mit Öse (Inv. Nr. 920; Abb. 6,13). Die Kalotte war durch eine rechtwinklige, miteingegossene Öse befestigt.
H. 0,7; Dm. 6,2; D. 0,1; Gew. 30.

Tutuli, dem vorangehenden ähnlich (205-218)

Lfde Nr.	Inv.Nr.	Abb.	H.	Dm.	Gew.
205.	921	6,15	0,675	6,1	31
206.	922	6,12	1,2	5,5	19
207.	923	6,9	0,7	5,9	28
208.	924	6,10	0,8	5,48	27
209.	925	6,3	0,8	5,4	28
210.	926	6,1	0,8	5,35	24
211.	927	6,7	0,75	5,15	18
212.	928	6,6	0,9	5,25	37
213.	929	6,4	0,85	4,4	21
214.	930	6,5	0,8	4,15	13
215.	931	6,8	0,8	4,15	20
216.	932	6,2	0,8	4,1	16
217.	933	6,11	0,8	4,15	21
218.	934	6,14	0,55	4,5	10

Die Zierbleche wurden von einem größeren Blatt, annähernd in Form eines Rhombus, ausgeschnitten; nachdem man jedes Exemplar ein wenig krümmte, bemühte sich der Handwerker, die spitzigen Enden einzurollen, um damit den Lederriemen "bekleiden" zu können. Es gibt einen einzigen Typ in unterschiedlichen Größen.

Zierbleche

Lfde. Nr.	Inv.Nr.	Abb.	H.	L.	B.	Gew.
219.	935	10,1	0,65	1,0	0,8	0,39
220.	936	10,2	0,7	1,2	0,95	0,41
221.	937	10,3	0,6	1,0	1,0	0,2
222.	938	10,4	0,65	1,05	1,0	0,33
223.	939	10,5	0,6	1,1	1,0	0,32
224.	940	10,6	0,8	1,375	0,9	0,5
225.	941	10,7	0,6	1,05	0,9	0,39
226.	942	10,8	0,6	1,1	0,9	0,4
227.	943	10,9	0,8	1,2	0,95	0,3
228.	944	10,10	0,61	1,15	0,92	0,34
229.	945	10,11	0,7	1,2	0,82	0,3
230.	946	10,12	0,7	1,0	1,02	0,27
231.	947	10,13	0,55	1,05	1,05	0,2
232.	948	10,14	0,65	1,15	0,85	0,49
233.	949	10,15	0,55	1,2	0,8	0,4
234.	950	10,16	0,6	1,05	1,05	0,36
235.	951	10,17	0,6	1,05	0,9	0,36
236.	952	10,18	0,55	1,15	0,95	0,4
237.	953	10,19	0,8	1,05	0,95	0,15
238.	954	10,20	0,66	1,2	0,85	0,5
239.	955	10,21	0,4	1,05	1,0	0,4
240.	956	10,22	0,55	1,1	0,9	0,35
241.	957	10,23	0,62	1,15	0,82	0,34
242.	958	10,24	0,5	1,05	1,0	0,25
243.	959	10,25	0,55	1,1	1,0	0,35
244.	960	10,26	0,6	1,05	0,95	0,35
245.	961	10,27	0,65	1,1	0,95	0,5
246.	962	10,28	0,6	1,05	1,0	0,35
247.	963	10,29	0,6	1,1	0,95	0,35
248.	964	10,30	0,65	1,15	0,9	0,45
249.	965	10,31	0,55	1,05	0,81	0,45
250.	966	10,32	0,55	1,1	1,0	0,23
251.	967	10,33	0,75	1,25	0,9	0,4
252.	968	10,34	0,7	1,05	1,0	0,35
253.	969	10,35	0,8	1,2	0,9	0,55
254.	970	11,1	0,65	1,15	1,0	0,37
255.	971	11,2	0,65	1,1	0,95	0,55
256.	972	11,3	0,7	1,15	0,95	0,43
257.	973	11,4	0,6	1,0	0,9	0,33
258.	974	11,5	0,6	1,1	1,0	0,34
259.	975	11,6	0,62	1,05	0,9	0,37
260.	976	11,7	0,7	1,1	1,05	0,37
261.	977	11,8	0,65	1,0	0,9	0,35
262.	978	11,9	0,65	1,0	0,9	0,45
263.	979	11,10	0,65	1,15	0,95	0,3
264.	980	11,11	0,7	1,1	1,0	0,49
265.	981	11,12	0,65	1,2	0,9	0,33
266.	982	11,13	0,65	1,1	0,9	0,25
267.	983	11,14	0,6	0,8	0,75	0,17
268.	984	11,15	0,7	1,0	1,0	0,29

269.	985	11,16	0,5	1,15	1,0	0,37
270.	986	11,17	0,65	1,1	1,0	0,37
271.	987	11,18	0,7	1,2	1,0	0,29
272.	988	11,19	0,7	1,1	1,0	0,31
273.	989	11,20	0,7	0,85	0,9	0,34
274.	990	11,21	0,7	1,1	0,85	0,3
275.	991	11,22	0,7	1,1	1,1	0,55
276.	992	11,23	0,7	1,1	1,1	0,49
277.	993	11,24	0,7	1,2	0,95	0,4
278.	994	11,25	0,65	1,0	0,8	0,4
279.	995	11,26	0,6	0,9	1,0	0,3
280.	996	11,27	0,6	0,8	0,95	0,35
281.	997	11,28	0,6	0,8	0,9	0,33
282.	998	11,29	0,65	0,75	0,9	0,3
283.	999	11,30	0,6	0,8	0,85	0,15
284.	1000	11,31	0,7	0,8	0,9	0,3
285.	1001	11,32	0,6	1,1	1,05	0,35
286.	1002	11,33	0,6	0,8	0,9	0,35
287.	1003	11,34	0,6	0,7	0,85	0,29
288.	1004	11,35	0,7	1,2	0,9	0,45
289.	1005	11,36	0,7	0,8	1,0	0,27
290.	1006	12,1	0,65	0,8	0,85	0,21
291.	1007	12,2	0,65	0,8	0,9	0,29
292.	1008	12,3	0,6	0,85	0,85	0,25
293.	1009	12,4	0,4	1,0	1,0	0,35
294.	1010	12,5	0,7	1,05	1,1	0,35
295.	1011	12,6	0,55	0,7	0,8	0,17
296.	1012	12,8	0,5	0,9	0,9	0,35
297.	1013	12,9	0,7	0,9	1,0	0,25
298.	1014	12,10	0,6	0,85	0,95	0,27
299.	1015	12,11	0,6	0,75	0,9	0,3
300.	1016	12,12	0,65	0,75	0,8	0,35
301.	1017	12,13	0,65	0,85	0,95	0,25
302.	1018	12,15	0,65	0,75	0,85	0,32
303.	1019	12,16	0,7	0,82	0,9	0,27
304.	1020	12,17	0,6	0,82	1,0	0,35
305.	1021	12,18	0,675	1,1	1,1	0,34
306.	1022	12,19	0,575	1,0	0,975	0,3
307.	1023	12,20	0,7	1,1	0,95	0,35
308.	1024	12,22	0,6	1,05	0,975	0,39
309.	1025	12,23	0,6	1,0	0,9	0,41
310.	1026	12,24	0,6	1,25	0,85	0,5
311.	1027	12,25	0,6	1,25	0,85	0,29
312.	1028	12,26	0,6	0,8	0,95	0,32
313.	1029	12,27	0,7	0,75	0,9	0,23
314.	1030	12,29	0,6	0,8	0,9	0,33
315.	1031	12,30	0,6	0,8	0,95	0,3
316.	1032	12,31	0,65	0,85	0,95	0,12
317.	1033	12,32	0,6	0,8	0,9	0,25
318.	1034	12,33	0,45	0,87	0,97	0,1
319.	1035	12,34	0,6	0,7	0,5	0,23
320.	1036	12,36	0,6	0,75	0,87	0,2
321.	1037	12,37	0,55	0,75	0,9	0,32
322.	1038	12,38	0,6	0,8	0,9	0,34
323.	1039	12,39	0,6	0,75	0,8	0,32

324.	1040	12,40	0,6	0,75	0,9	0,5
325.	1041	12,41	0,6	0,85	0,95	0,33
326.	1042	12,42	0,65	0,8	0,9	0,14
327.	1043	12,44	0,7	0,8	0,95	0,35
328.	1044	12,45	0,6	0,8	0,9	0,3
329.	1045	12,46	0,525	0,8	0,7	0,25
330.	1046	12,47	0,6	0,725	0,85	0,38
331.	1047	12,48	0,6	0,75	0,8	0,13
332.	1048	12,7	0,5	0,7	0,8	0,27
333.	1049	12,14	0,7	1,0	0,95	0,37
334.	1050	12,21	0,45	1,05	1,1	0,35

F. Verschiedene Gegenstände

9 bronzene Gußfladen; 1 Schnecke; 1 Kaurimuschel; 3 bronzene Barrenbruchstücke; 2 Fragmente von Knochenhandgriffen; winzige Amberbruchstücke von kleinen, vernichteten Perlen; winzige Fragmente von einem Tuch; Perlmutterbruchstücke, die wahrscheinlich als Rohstoff dienten; eine bronzene Schale.

335. Gußfladen (Inv. Nr. 1052; Abb. 9,18). Das Stück zeigt eine flachkonvexe Form.
L. 12; B. 7,8; D. 2,1; Gew. 619.
336. Gußfladen (Inv. Nr. 1053; Abb. 9,13). Das flachkonvexe Stück weist Unebenheiten am unteren Teil der gewölbten Seite auf.
L. 9,9; B. 7,1; D. 1,6; Gew. 373.
337. Gußfladen (Inv. Nr. 1054; Abb. 9,14). Das Stück hat eine flachkonvexe Form.
L. 6,8; B. 4,45; D. 1,3; Gew. 152.
338. Gußfladen (Inv. Nr. 1055; Abb. 9,10), dem vorangehenden ähnlich.
L. 6,5; B. 6,5; D. 4,2; Gew. 717.
339. Gußfladen (Inv. Nr. 1056; Abb. 9,12) mit dreieckigem Querschnitt.
L. 10,5; B. 5; D. 2,4; Gew. 655.
340. Gußfladen (Inv. Nr. 1057; Abb. 9,17; Taf. XIII,4-5) mit dreieckigem Querschnitt.
L. 8,2; B. 8,9; D. 2,8; Gew. 456.
341. Gußfladen (Inv. Nr. 1058; Abb. 9,15) mit dreieckigem Querschnitt.
L. 8,4; B. 6,6; D. 3,3; Gew. 435.
342. Gußfladen (Inv. Nr. 1059; Abb. 9,16; Taf. XIII,6) mit dreieckigem Querschnitt.
L. 8,8; B. 5,2; D. 3,7; Gew. 385.
343. Gußfladen (Inv. Nr. 1060; Abb. 9,11). Das Exemplar zeigt einen flachkonvexen Querschnitt mit Unebenheiten.
L. 3,3; B. 1,8; D. 1,8; Gew. 16.
344. Schnecke (Inv. Nr. 1062; Abb. 14,42).
L. 1; D. 0,4.
345. Kaurimuschel (Inv. Nr. 1063; Abb. 14,19).
H. 4,5; L. 2,4.
346. Barrenbruchstück (Inv. Nr. 1065; Abb. 14,22) mit rundem Querschnitt.
L. 1,5; D. 0,3; Gew. 0,4.
347. Barrenbruchstück (Inv. Nr. 1069; Abb. 14,26) mit rundem Querschnitt.
L. 1,11; D. 0,1; Gew. 0,2.
348. Barrenbruchstück (Inv. Nr. 1066; Abb. 14,34) mit rechteckigem Querschnitt.
L. 4,55; B. 0,6; D. 0,5.
349. Knochenhandgriff (Inv. Nr. 1067; Abb. 14,23), bruchstückhaft erhalten.
L. 0,9; B. 0,8.
350. Knochenhandgriff (Inv. Nr. 1068; Abb. 14,25), bruchstückhaft erhalten.
L. 0,85; B. 0,65.
351. Schale[4] (Inv. Nr. 1051; Abb. 4,2) aus Bronze, im großen und ganzen kegelstumpfförmig. Der Gefäßrand ist ein wenig nach innen gebogen, der Boden nach oben gewölbt.

---

[4]**Anmerkung der Redaktion:** Es handelt sich in der Tat um eine Henkelschale, wobei die "Gürtelbruchstücke" (Nr. 29-30) den Henkel bilden.

H. 4,8; Dm. Mündung 13,5; 10; Dm. Boden 3,5: Gew. 83.

352. Kleine atypische Amberbruchstücke (Inv. Nr. 1061).

353. Kleine Tuchreste (Inv. Nr. 1064).

354. Kleine Perlmutterfragmente (Inv. Nr. 1070).

Der Bronzefund von Dridu besteht aus 354 gänzlich oder fragmentarisch erhaltenen Gegenständen. 289 davon wurden aus Bronze hergestellt und wiegen zusammen 9245,36 g, 33 Stück aus Amber (Gesamtgew.: 53,69 g). Die übrigen Gegenstände sind aus Karneol, Kalkschiefer, Feuerstein usw. angefertigt worden. Bevor die Gegenstände in das Tongefäß gelegt wurden, hat man sie in ein Tuch eingehüllt, von dem lediglich einige Reste (Kat. Nr. 353; Inv. Nr. 1064) erhalten blieben.

Die Tüllenbeile sind schmal und zeigen einen verdickten Randwulst (Kat. 1-9). Manche Exemplare sind verziert. Schmale Tüllenbeile kommen in der Walachischen Ebene bei Oinacu, Kr. Giurgiu, schon im 13. Jh. (Marinescu-Bîlcu 1963, 517 ff.; Petrescu-Dîmboviţa 1977, Taf. 94,1-9; 95,1-4) vor. Die Tüllenbeile von Dridu sind entweder mit Fischblasenmustern (**Typ a**) oder mit Y-förmigen, seitlich und oben von Rippen begleiteten Verzierungen (**Typ b**) geschmückt. Die erste Verzierungsart tritt im mitteleuropäischen Raum auf Tüllenbeilen bei Lengyeltóti, Kom. Somogy, wo sie mit Halsringen aus runden Barren, Ösenknöpfen, Tüllenmeißeln, Messern mit dreieckigem Querschnitt und Zungensicheln vergesellschaftet sind, die den gleichnamigen Horizont charakterisieren (Kilian-Dirlmeier 1975, Taf. 63,16.19.29.31; 64 A,36-42.46.50), auf. Die Verzierung vom Typ a (Kat. 4, Inv. Nr. 720) ist auf Tüllenbeilen in Guşteriţa, Kr. Sibiu (Petrescu-Dîmboviţa 1977, Taf. 148,18 - 12. Jh.), in Dacia, Kr. Braşov (ders., ebd. Taf. 288,17 - 11. Jh.) und in Arad II, Kr. Arad (ders., ebd. Taf. 296,10 - 10. Jh.) vertreten. Was die Verzierung vom Typ **b** anbelangt, so sind die besten Analogien in Dezmir, Jupalnic und Pleniţa (11. Jh.), aber noch häufiger auf den Ha B 1-zeitlichen Fundstücken von Zagon II, Pietrosu, Sîmbăta Nouă, Corneşti, Cetea (10. Jh.) zu finden (ders., ebd. Taf. 288,17; 295,1-3; 291,3-4; 303,14; 305,6; 338,9; 340,9; 341,3.6.8). In Mitteleuropa kommt die Verzierung vom Typ **b** in der Slowakei bei Somotor, zusammen mit Possamenterie-Fibeln (Novotná 1970 b, Nr. 594), bei Kamennny Most und Brvniste (dies., ebd. Taf. 55 A,12-13; 54 B,11-12) sowie im Ha B 2-3-zeitlichen Depotfund von Marefy (Říhovský 1972, Taf. 33 B) vor.

Eines der Tüllenbeile (Abb. 1,5), das kleiner als die anderen ist - eher ein Tüllenmeißel -, besitzt unter dem üblichen Randwulst eine mit diesem parallel laufende Rippe. Da die Schneide an einer der Breitseiten stark gekrümmt ist, könnte man annehmen, daß das Werkzeug zur Holzbearbeitung bestimmt war. Benutzungsspuren konnte man auf den anderen Tüllenbeilen nicht feststellen, weil die Exemplare von Dridu entweder als Ausschuß oder als wiedereinschmelzbare Bruchstücke oder als unvollendet betrachtet werden müssen (Abb. 1,5.12).

Die acht Sicheln gehören zu zwei der Haupttypen: I. eine Knopfsichel; II. sieben Zungensicheln, die ihrerseits in vier Varianten untergliedert werden können.

I. Die Knopfsichel von Dridu ist mit einem ziemlich hohen und schmalen Knopf versehen, der in der Mitte und in einem Abstand von 1 cm vom Ende des Sichelblattes plaziert wurde (Abb. 2,8). Eine solche Variante ist bereits im 13. Jh. in Gura Dobrogei, Oşorhei und im 12. Jh. in Aiud, Şpălnaca II sowie Uioara de Sus (Petrescu-Dîmboviţa 1977, Taf. 57,1-3; 99,8-10) vertreten. Die mitteleuropäischen Funde (Vouvry, Kom. Valais; Grenchen, Kom. Solothurn, Waldshut) sprechen im allgemeinen für eine B C1-Datierung des Typs **a** (Abels 1972, Taf. 67 A,2-3; 67 C; 68 A,3-5).

II. Die erste Zungensichelvariante hat eine gerade Zungenbasis und einen oder zwei Gußzapfen (Abb. 2,1). Sie ist schon im 13. Jh. in der Uriu-Domăneşti-Stufe bei Aleşd I, Drajna de Jos (mit Hakensicheln vergesellschaftet), Beltiug, Căuaş II und Curtuiuşeni bekannt; die Sicheln von den letztgenannten Fundorten zeigen auf den Handgriffen mit Tupfen verzierte Rippen, die parallel und schräg gestellt sind (Petrescu-Dîmboviţa 1977, Taf. 21,6; 27,13.15; 30,5; 40,9-10; 90,12; für die ehemals jugoslawischen Gebiete siehe Todorović 1971, Taf. IX,13-14.16; für Mitteleuropa siehe Schauer 1971, Taf. 139,18-19.22.25-26). Bei einer zweiten Zungensichelvariante ist das Klingenende zum Griff hin in Form eines Schwalbenschwanzes ausgearbeitet, und auf dem Klingennacken befindet sich ein Gußzapfen; die Klingenspitze ist verrundet (Abb. 2,3.4.6). Die Depotfunde aus Cenad (11. Jh.), Sălard, Fizeşul Gherlei I (10. Jh.) und sogar aus Hida (9. Jh.) liefern gute Entsprechungen dafür (Petrescu-Dîmboviţa 1977, 142-143 Taf. 287,3.5-6; 307,3). Die dritte (Abb. 2,2.7) und die vierte (Abb.

2,5) Variante sind der vorangehenden ähnlich, nur sind es zwei Gußzapfen und die Klingenspitze ist bei der dritten Variante stark nach außen gebogen.

Es ist schwer, die Handgriffrippen einiger Sicheln (Abb. 2,2-3,7) als Verzierung zu erklären, denn die Handgriffschalen haben ehemals die Rippen bedeckt, so daß diese eher als Meisterzeichen der Handwerker in Dridu zu deuten sind. Da auch in Jupalnic und Fizeşul Gherlei ähnliche Rippenkombinationen vorkommen, könnte man für das Ende des 11. und für das 10. Jh. an Handelsbeziehungen zwischen den betreffenden Gebieten denken. Es ist noch einmal hervorzuheben, daß der Depotfund in einem ehemaligen Wohnhaus der letzten Phase der hallstattzeitlichen zweiphasigen Siedlung von Dridu gefunden wurde, die von der Mitte des 11. Jh. bis zur Mitte des folgenden andauerte (Enăchiuc 1981, 508).

Die Sägeblätter von Dridu (Abb. 9,6-9) finden ihre Analogien bei Moldova Veche in einem Depotfund, der in das 12. Jh. datierbar ist (Petrescu-Dîmboviţa 1977, Taf. 164,15-34), und in den serbischen Ha A-zeitlichen Funden von Zemun und Belgrad (Todorović 1971, Taf. 28,3-5; 29,1).

Die bronzenen Ahlen mit Knochengriff (Abb. 1,10; 8,23,27) und mit zwei nutzbaren Enden, das eine rund, das andere viereckig im Querschnitt, sind in der Urnenfelderzeit eine gut bekannte Gerätegattung (Todorović 1971, Taf. 29,4-6; 30,1).

Für den Tüllenmeißel (Abb. 1,5) können wir Entsprechungen schon vor und während des 13. Jh., (Rimetea, Domăneşti II) und über das 12. (Cincu) bis in das 10. Jh. (Corneşti) hinein (Petrescu-Dîmboviţa 1977, Taf. 7,6; 45,9; 129,1; 305,11) nennen. Der Meißeltyp ist auch in mehreren spätbronze- und frühhallstattzeitlichen Funden aus Mitteleuropa (Gran Gebiet - BD, Novotná 1970 b, Abb. 435; Čaka - BD-Ha A, Jockenhövel 1971, Taf. 59,5; Linz - Ha A 1-A 2, Müller-Karpe 1959, Taf. 137,9; Allendorf - Ha B 3, Jockenhövel 1971, Taf. 79 B,18) vertreten.

Aus einem schwefligen Kalkschiefer hergestellte Steinmeißel und Klingenschaber wurden vom Neolithikum bis in die Frühhallstattzeit verwendet; in Dridu dienten diese Werkzeuge vielleicht zur Ausführung der Einritzungen an den bronzenen Gegenständen.

Die Gürtelblechbruchstücke (vgl. Anm. 3) erinnern an Typen, die von der Mittelbronzezeit bis in die Frühhallstattzeit vorkommen (Benac/Čović 1956, Taf. 3,3; 13,6; 24,2; Dragomir 1966, 689-693 Abb. 1,17; Pârvan 1972, Abb. 1,5; ders. 1926, Abb. 217; Peroni 1973, 58-62 Abb. 17,22; Popescu 1956, 204 Abb. 121).

Brillenförmige Anhänger (Abb. 13,1) kommen sowohl in Rumänien (Băleni) als auch in Mitteleuropa (Szécseny-Benczúrfalva) von der Spätbronzezeit bis in die Frühhallstattzeit (Dragomir 1966, 689-693 Abb. 1,17; Benac/Čović 1956, Taf. 39,15) vor, sind aber auch häufig in der Ha B-Zeit des ehemaligen Jugoslawien und in der frühhallstattzeitlichen Vadena II B-Phase der italienischen Halbinsel (dies. 1957, Taf. 39,15; Peroni 1973, 58-62 Abb. 17,22) vertreten.

Kegelstumpfförmige Anhänger (Abb. 13,2) finden sich schon in BD-zeitlichen (13. Jh.) Depotfunden wie Poarta Albă, ferner in den Ha A 1-zeitlichen Entdeckungen von Pecica II und Hinova (Petrescu-Dîmboviţa 1977, Taf. 18,11-12; 170,2-6; Davidescu 1981, 9). Auf dem Gebiet Ungarns begegnen wir solchen Anhängern in dem späthügelgräberzeitlichen Fundkomplex von Felsődobzsa (Kemenczei 1984, Taf. 46,21). Im Gegensatz zu der früheren Meinung, wonach diese Anhänger Bestandteile von Halsketten waren, glauben wir, daß die in Form einer Quaste geformten Stücke - mit der kleinen Basis an den Enden der Fransen befestigt - als Schmuck der Kleidung verwendet wurden.

Die kalottenförmigen Knöpfe bilden zwei Varianten: **a)** mit rechtwinkliger Öse; **b)** mit Dorn. Die erste ist vor allem in dem BD-zeitlichen Fund von Balc und dem von Uioara de Sus (Ha A 1 - Petrescu-Dîmboviţa 1977, Taf. 22,13.16; 218,23.28.36) sowie durchgehend, d.h. von der Mittelbronzezeit bis in die Mittelhallstattzeit, auf dem Gebiet des ehemaligen Jugoslawien (Todorović 1971, Taf. 38,6-9; 49,1-13), schließlich während der Kisapáti-Lengyeltóti-Zeit in der namengebenden Entdeckung von Lengyeltóti (Kilian-Dirlmeier 1975, Taf. 63,29.31) vertreten. Die Variante **b** von Dridu kann mit entsprechenden Stücken von Băleni (13. Jh.), Uioara de Sus (12. Jh.) sowie mit Funden aus dem jugoslawischen Raum (Mittelbronze- bis Mittelhallstattzeit) verglichen werden (Petrescu-Dîmboviţa 1977, Taf. 218,14; Dragomir 1966, Abb. 2,17.19.21; Todorović 1971, Taf. 43,14).

Seit der Mittelbronzezeit bis spät in die Frühgeschichte kommen auf dem Gebiet Rumäniens häufig auch die mit getriebenen Punktlinien verzierten Diademe vor.

Die einteiligen Fibeln von Dridu können ebenfalls in zwei Typen gegliedert werden: **a)** Blattbügelfibeln; **b)** Variante einer Violinbogenfibel. Der erste Typ (Abb. 7,11-12) ist von den mitteleuropäischen Gebieten bis zum Dnepr, Griechenland, Italien verbreitet (Bader 1970, 209-219 Abb. 3; ders. 1984, Taf. 2,6; Betzler 1974, Taf. 90,102; Říhovský 1972, Taf. 32,8; Podborský 1970, Abb. 13,7) und kann in die Mittel- und Späturnenfelderzeit datiert werden. Der zweite Typ (Abb. 7,8) kann von einer Violinbogenfibel mit zusätzlicher Spirale (z.B. das Exemplar von Vibo Valentina, aus der Slg. Capialbi, Italien) hergeleitet werden (in Italien selbst kommt sie aber nicht häufig vor; Müller-Karpe 1959, Taf. 4, H 3; 58 C). Für das Stück von Dridu bietet der österreichische Raum gute, in die Ha B-Stufe datierte Analogien (Betzler 1974, Taf. 17,181.184). Mit der übertriebenen Verflachung des Nadelhalters wird dieser Fibeltyp zum Haupttyp der Ha B 3-C-Zeit im Gebiet des ehemaligen Jugoslawien (Benac/Čović 1957, Taf. 11,8; 12,18; Illyriens 1972, Taf. 9,14.17).

Die Armringe von Dridu sind mehreren Typen und Varianten zuzuschreiben: **a)** der Querschnitt ist D-förmig; offene und nach außen verdickte Enden (Kat. 76 ff.); **b)** eine Variante des vorangehenden Typs zeigt eine zweite Rippe an den Enden (Kat. 86 ff.); **c)** mit D-förmigem Querschnitt und mit offenen, sich verjüngenden Enden (Abb. 5,22); **d)** mit rundem, ovalem oder rhomboidalem Querschnitt und mit übereinandergelegten Enden (Abb. 5,1,20); **e)** massiver Armring mit rundem Querschnitt und offenen Enden; **f)** mit rechteckigem Querschnitt und mit offenen, leicht nach außen profilierten Enden; die Außenseite ist mit Längsrippen versehen (Abb.5,3-5,8,29).

Der Typ **a** kommt während der mittleren Bronzezeit in Mitteleuropa, aber auch in den BD-Ha A-zeitlichen Funden aus dem ehemaligen Jugoslawien vor (Richter 1970, Taf. 26,397-8; Benac/Čović 1956, Taf. 5,18; 6,3.10-11; 9,5.8; Todorović 1971, Taf. 3,12-13; 31,7: 32,4). Entsprechungen für den Typ **d** finden wir im Ha B 1-zeitlichen Depotfund von Arad II (Petrescu-Dîmbovița 1977, Taf. 297,8-10), während die BD-Depotfunde von Arcuş und Băleni sowie spätere Funde aus dem ehemaligen Jugoslawien Analogien für den Typ **e** bieten (ders., ebd. Taf. 21,10-11; Todorović 1971, Taf. 3,10-11; 4,14-17). In Mitteleuropa ist der Typ **f** schon seit der mittleren Bronzezeit (Richter 1970, Taf. 25,380.382; Laux 1976, Taf. 55 A,3-4) und in Rumänien durch den großen Depotfund von Uioara de Sus (12. Jh.) bekannt. In Dridu wurde dieser Armringtyp ca. im 10. Jh. in Gußformen aus Sandstein gegossen.

Die Fingerringe (Abb. 7,4-6; 14,5-6) stellen in der Tat Miniaturausführungen der Armringe mit Spiralenden dar, die häufig in der Mittelbronzezeit bzw. in der BD-Stufe (Săpînța, Rimetea, Cornuțel; vgl. Petrescu-Dîmbovița 1977, Taf. 7,8; 10,4-5; 35,4-6) vertreten sind. Auch mitteleuropäische Funde sind seit der mittleren Bronzezeit bekannt (Kemenczei 1984, Taf. 46,9-12.18).

Analogien für die Halsringe (Kat. 112-127) bieten die weiteren Ausgrabungen von Dridu sowie die von Izvorul Bîrzei (Mehedinți), wobei eine Datierung von der Früh- bis Späthallstattzeit zu vertreten ist (Untersuchungen der Verf. 1968, 1982).

Die Lockenringe können mit ähnlichen, Ha B 1-zeitlichen Fundstücken von Tăuteu verglichen werden (Petrescu-Dîmbovița 1977, Taf. 331,16). Die unverzierten oder die mit Einritzungen geschmückten Halsringe aus ovalen Stangen gibt es in Mitteleuropa, Rumänien und im ehemaligen Jugoslawien von der Mittelbronzezeit bis in die Hallstattzeit (Kilian-Dirlmeier 1975, Taf. 63,16.18.19; Todorović 1971, Taf. 5,18). Die tordierten Halsringe kommen in Europa von der Ha B- bis in die Latènezeit vor (Benac/Čović 1956; 1957, bes. die Typentafeln). Die den Halsringen ähnlichen Stücke von Zagon II (Petrescu-Dîmbovița 1977, Taf. 339,8) lassen eine Datierung in das 10. Jh. erschließen.

Amberperlen verschiedener Formen (Kat. 130-161) sowie Karneolperlen (Kat. 162-181) finden ihre besten Analogien in der Cioclovina-Höhle (Rumänien), für die eine Ha A 1-Datierung vorgeschlagen wurde (Petrescu-Dîmbovița 1977, Taf. 132).

Lanzenspitzen wie die Exemplare aus Dridu (Kat. 188-190) sind bereits während der Mittelbronzezeit (Vărşand, Păuliş), aber auch später, ab dem 11. Jh., z.B. aus Sălcioara (Petrescu-Dîmbovița 1977, Taf. 295,1-2; 347,3; 350,3-4) bekannt.

Die Entdeckungen aus Cubulcut (Petrescu-Dîmboviţa 1978, Taf. 92 B,16) und aus dem Burgwall Křepice (Podborský 1970, Abb. 14,29) lassen die Datierung der Anhänger von Dridu nicht genauer (Ha A oder B) bestimmen.

Einfache oder mit Seitenstange versehene Geschirringe (Kat. 195-197) sind in Rumänien auch in späteren Zeiten bekannt. Weil mitteleuropäische Entsprechungen in der Ha B 1-Zeit ansetzbar sind (Müller-Karpe 1959, Taf. 172 A), kann die zweite Variante zu einer solchen Datierung tendieren.

Die Beschläge sowie die Ketten, die Knöpfe und die Zierknöpfe sind in Europa von der Mittelbronzezeit bis in die Latènezeit häufig vertreten (Popescu 1956, Abb. 139,7-8).

Das Metallgefäß (Abb. 4,2) wird anhand der entsprechenden Stücke aus Sîngeorgiu de Pădure in die Ha B-Stufe datiert (Mozsolics 1941, Abb. 1; Petrescu-Dîmboviţa 1977, Taf. 352,8).

Schlußfolgerungen

Da der Depotfund von Dridu in einem geschlossenen Komplex, und zwar in einem Babadag II-Wohnhaus entdeckt wurde, kann man sicherere relativchronologische Datierungen erreichen als im Falle der Zufallsfunde. Mehrere Fundgattungen dieses Depotfundes (z.B. einteilige Blattbügelfibeln, Armringe, Lanzenspitzen, Ringe, die mit einer Seitenstange versehen sind, Sägeblätter, Amberperlen) wurden auch in anderen Wohnhäusern derselben Schicht freigelegt, und zwar mit Keramik vergesellschaftet. Darüber hinaus wurde im Südteil der Siedlung die eigentliche Werkstatt entdeckt, von der drei Gußformen sichergestellt wurden. Die erste - bruchstückhaft erhalten - bestand aus zwei Sandsteinfragmenten und diente zum Gießen der Lanzenspitzen mit runder Tülle; mit den zwei anderen, konnte man Armringe des Typs f von Dridu und einen anderen Armringtyp mit Vergleichsstücken in Hinova (Davidescu 1981, Abb. 10) herstellen.

Die Babadag-Kultur (Berciu 1966, 219-235; Zaharia/Morintz 1965, 451-458; Morintz 1964, 101-118) kann in der Dobrudscha während des 12.-8. Jh., in der Moldau (Stoicani und Pocreaca) dagegen nur während des 11.-10. Jh. verfolgt werden. Ihre Verbreitungskarte zeigt, daß sie nach Westen bis ins Gebiet von Bukarest zu belegen ist, wobei mit Ausstrahlungen zu rechnen ist, einerseits nach Siebenbürgen (Plăticel, Braşov, Reci, Porumbeni), andererseits entlang der Donau (Tangîru, Brăiliţa) ins Verbreitungsgebiet der Vîrtop-Plopşor-Kultur, und zwar in der Ha B-Stufe.

Die hallstattzeitliche Siedlung von Dridu (Enăchiuc-Mihai 1981, 509 und die Untersuchungen der Verf. von 1979-1983) kann in drei Stufen gegliedert werden: Babadag I-II (11.-10. Jh.), Babadag II (10.-9. Jh.) und Babadag III (9.-8. Jh.). Das Wohnhaus, in dem der Depotfund entdeckt wurde, stammt aus der zweiten, also aus der Ha B 1- bzw. Babadag II-Phase. Dafür spricht auch das gemeinsame Vorkommen der Fibel mit zusätzlicher Spirale mit den tordierten Halsringen, die häufig vor allem in der Ha C-Zeit vertreten sind.

Nachtrag der Redaktion: Nach Abschluß der redaktionellen Überarbeitung des Beitrages ist die seit langem versprochene Zeichnung des Tongefäßes, das den Depotfund von Dridu enthielt, angekommen. Sie wird reproduziert (Abb. 15) nach der monographischen Studie: V. Enăchiuc/M. Botzan/C. Rişcuţia/I. Rişcuţia/M. Udrescu, Săpăturile arheologice de salvare întreprinse la Dridu, Punctul "La Metereze" (1979-1983) - studiu monografic (o.O. 1989), Mss. Taf. 43 (= Das Gefäß mit dem Hort aus der Wohnstätte Nr. 55). N. Boroffka, der das Gefäß in Slobozia kurz gesehen hat, ließ den Ergänzungsvorschlag und die folgende Beschreibung machen: "Außen grau, poliert, innen rotbraun, geglättet; mittlere Magerung. Innen deutliche Spuren von Bronzeoxyden !".

Unklar ist die Lage der Gußformen: die wenigen, die uns zugänglich waren, entsprechen der Beschreibung der Verf. nicht, doch tragen den Vermerk: Dridu XXXI, S. 22, m 30, -155.

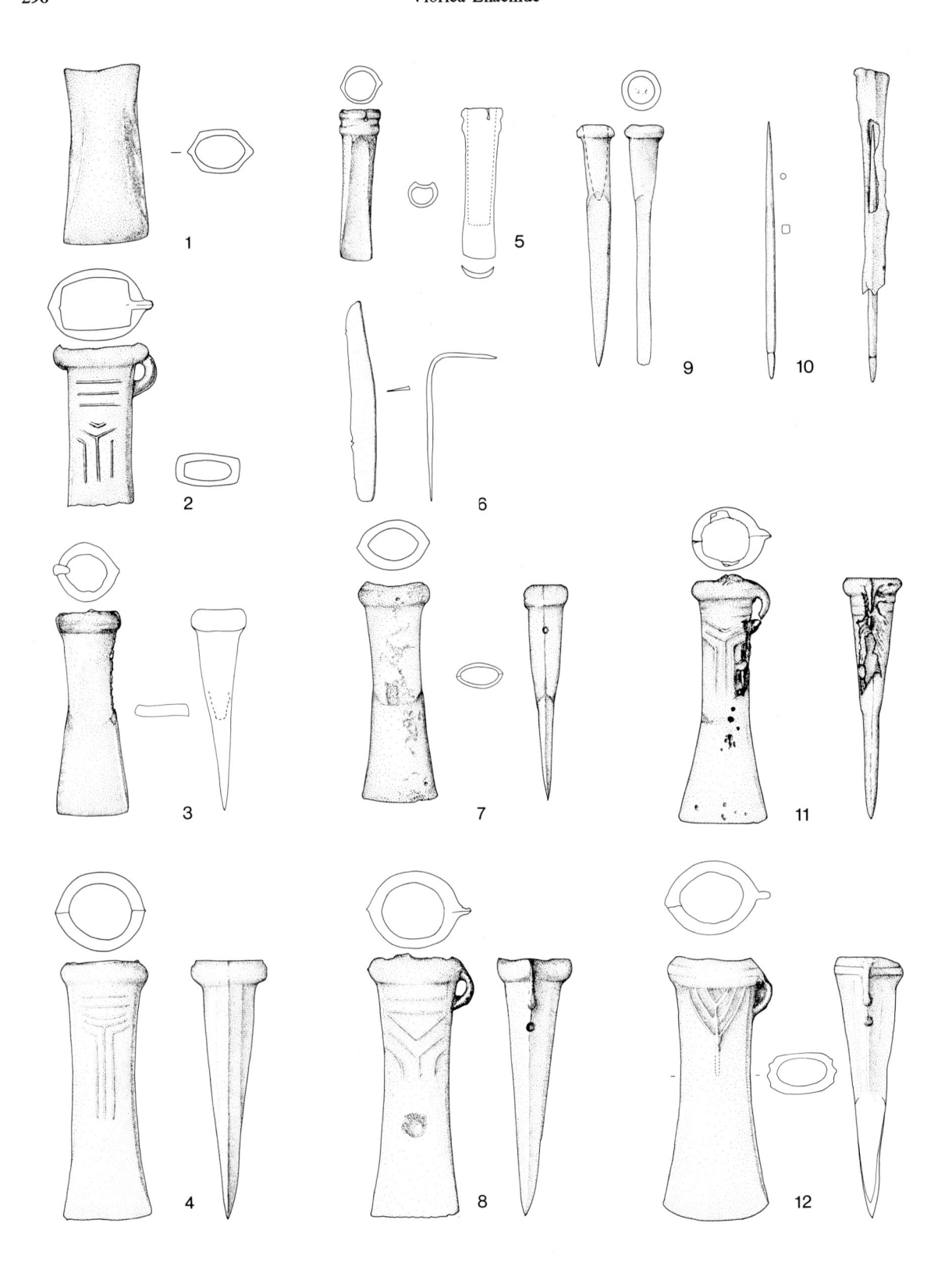

Abb. 1. 1-12 Depotfund von Dridu. M. 1:3

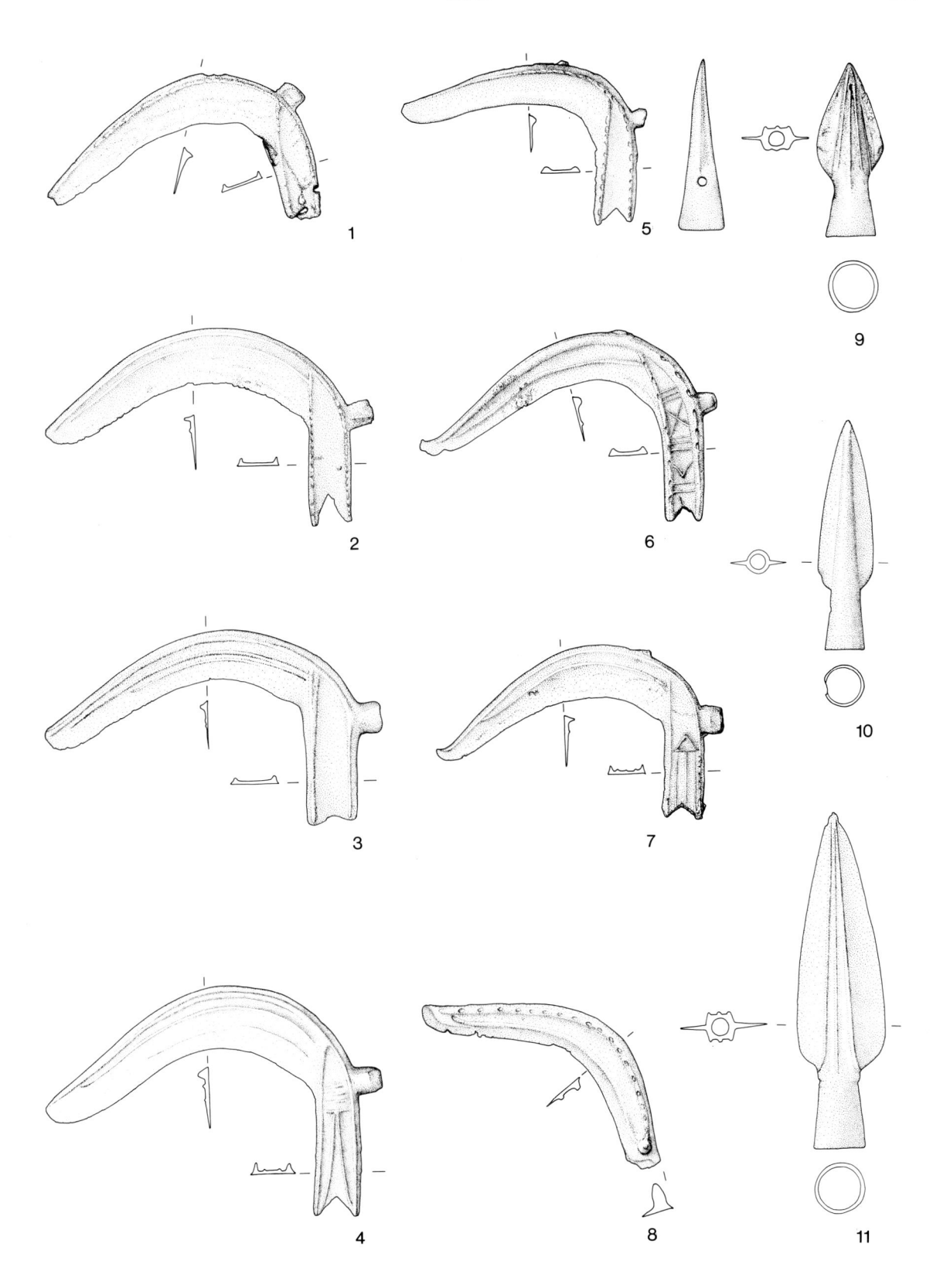

Abb. 2. 1-11 Depotfund von Dridu. M. 1:3

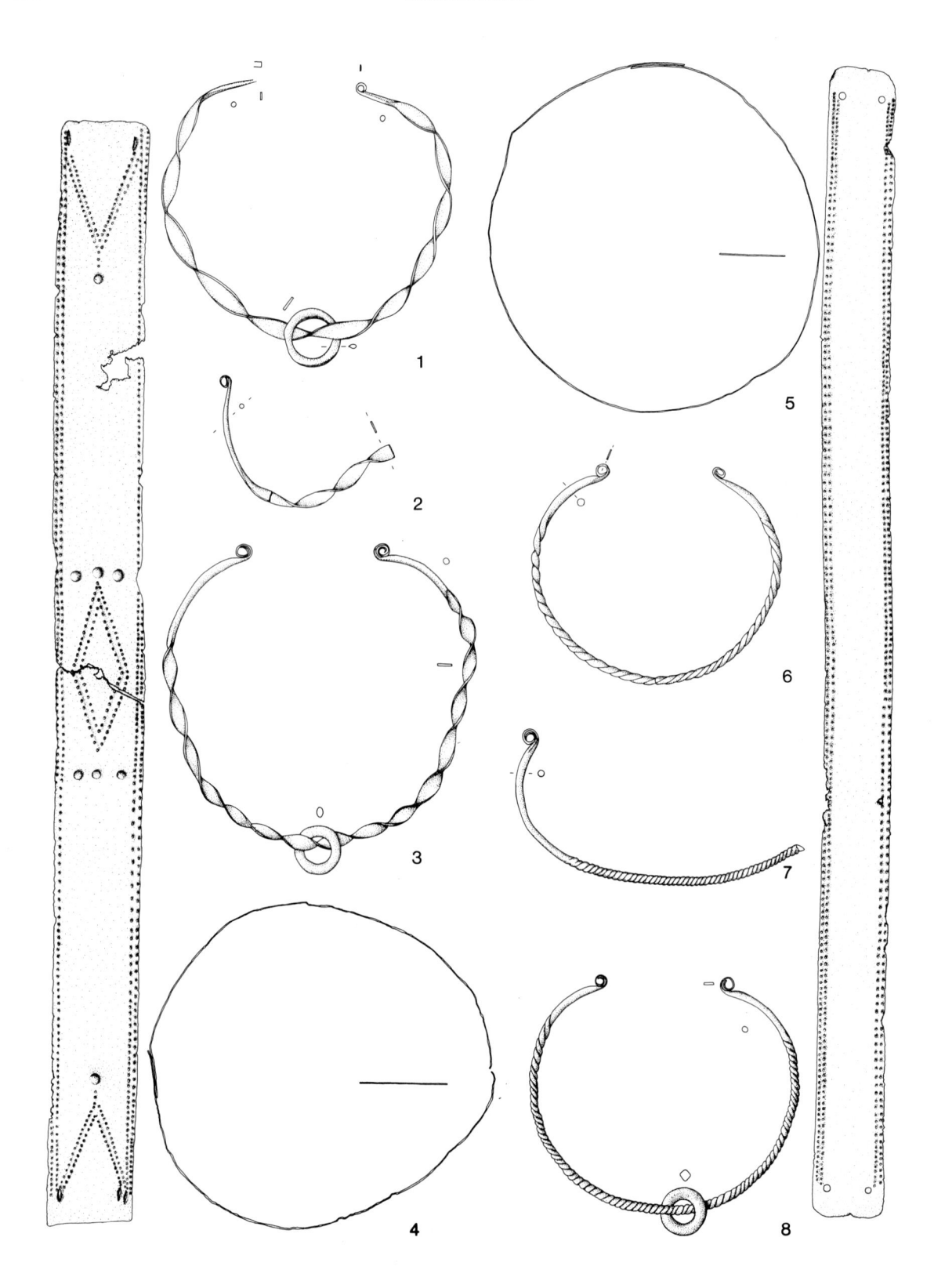

Abb. 3. 1-8 Depotfund von Dridu. M. 1:3

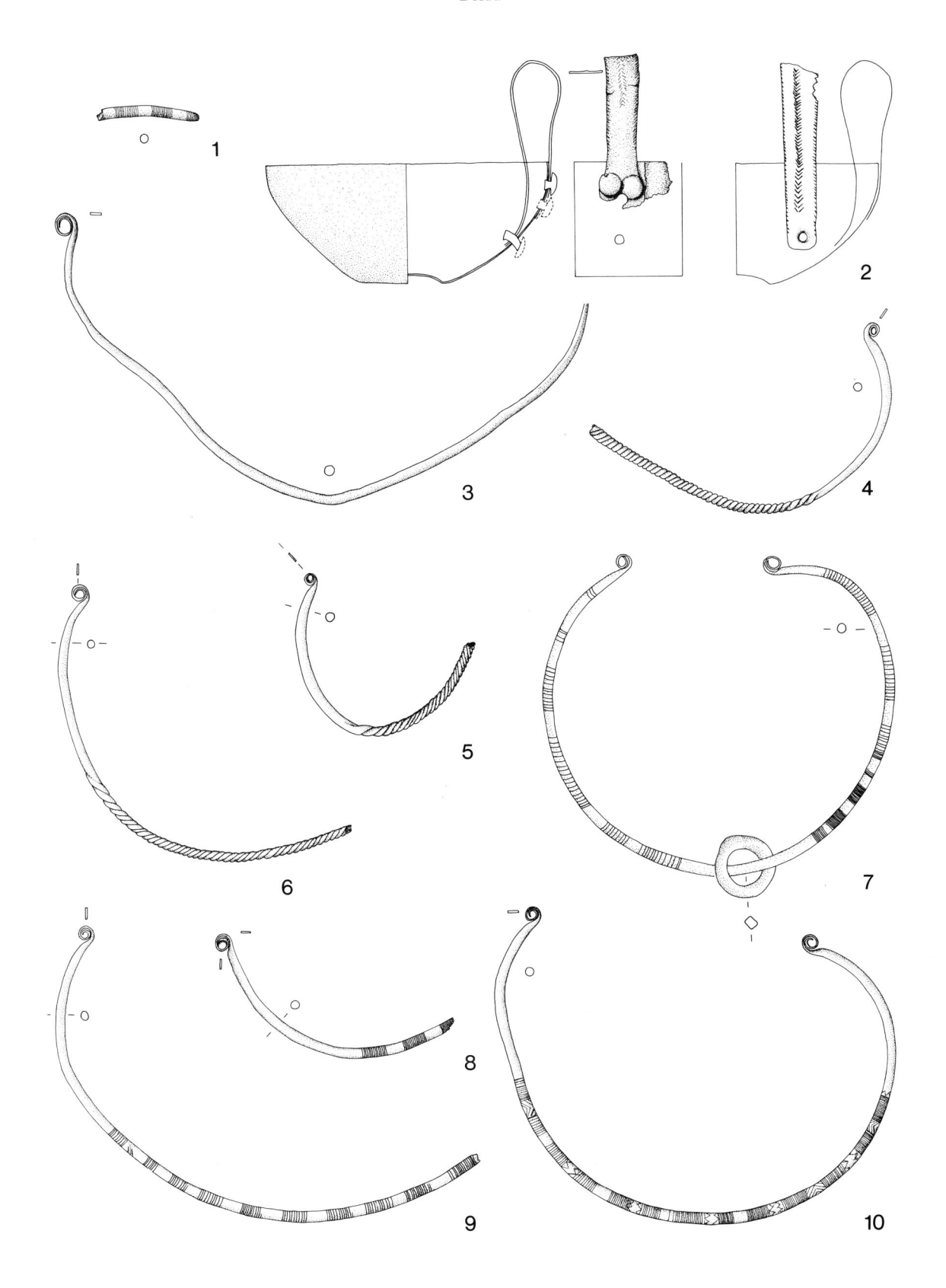

Abb. 4. 1-10 Depotfund von Dridu. M. 1:2,5

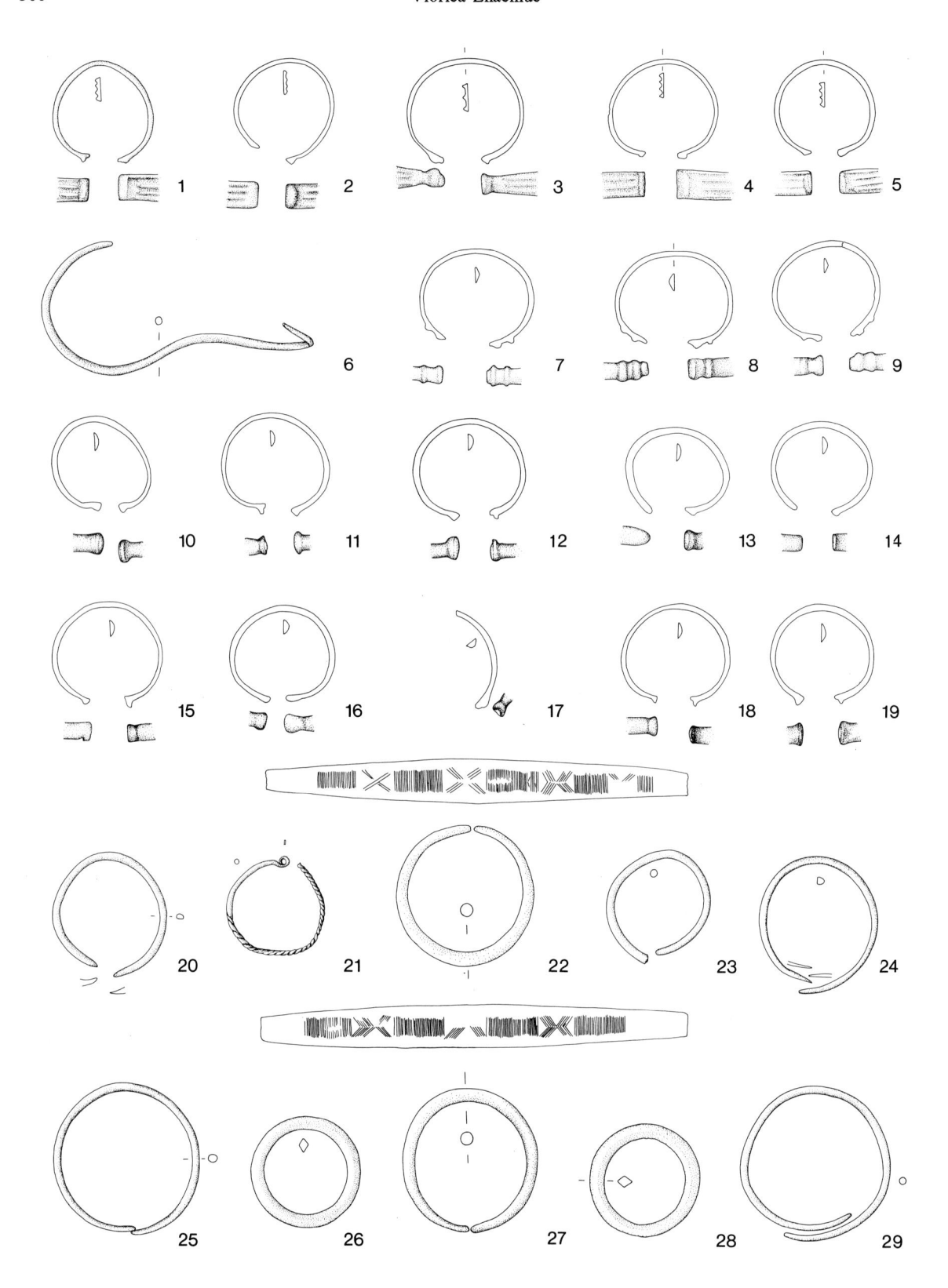

Abb. 5. 1-29 Depotfund von Dridu. M. 1:3

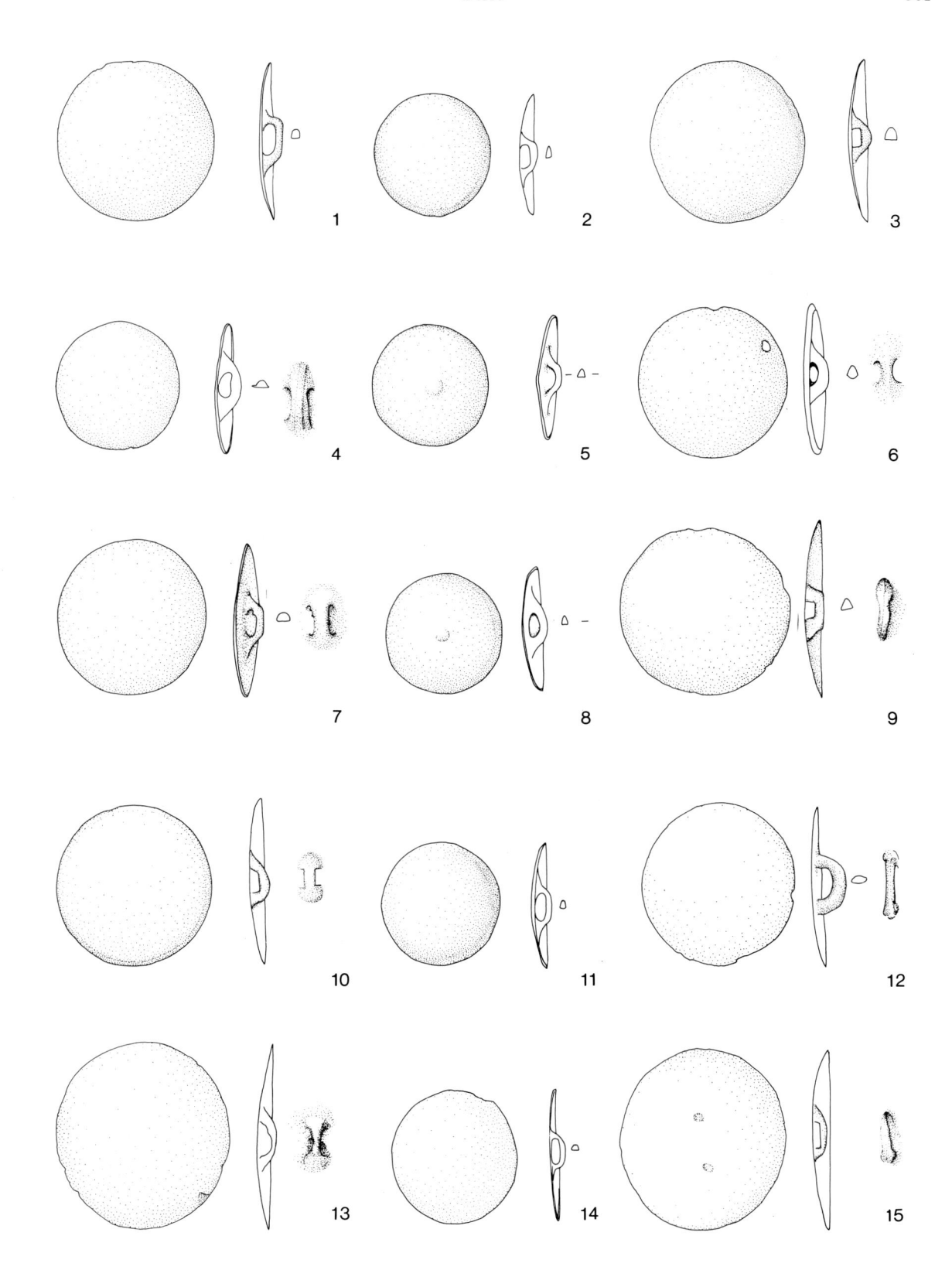

Abb. 6. 1-15 Depotfund von Dridu. M. 1:2

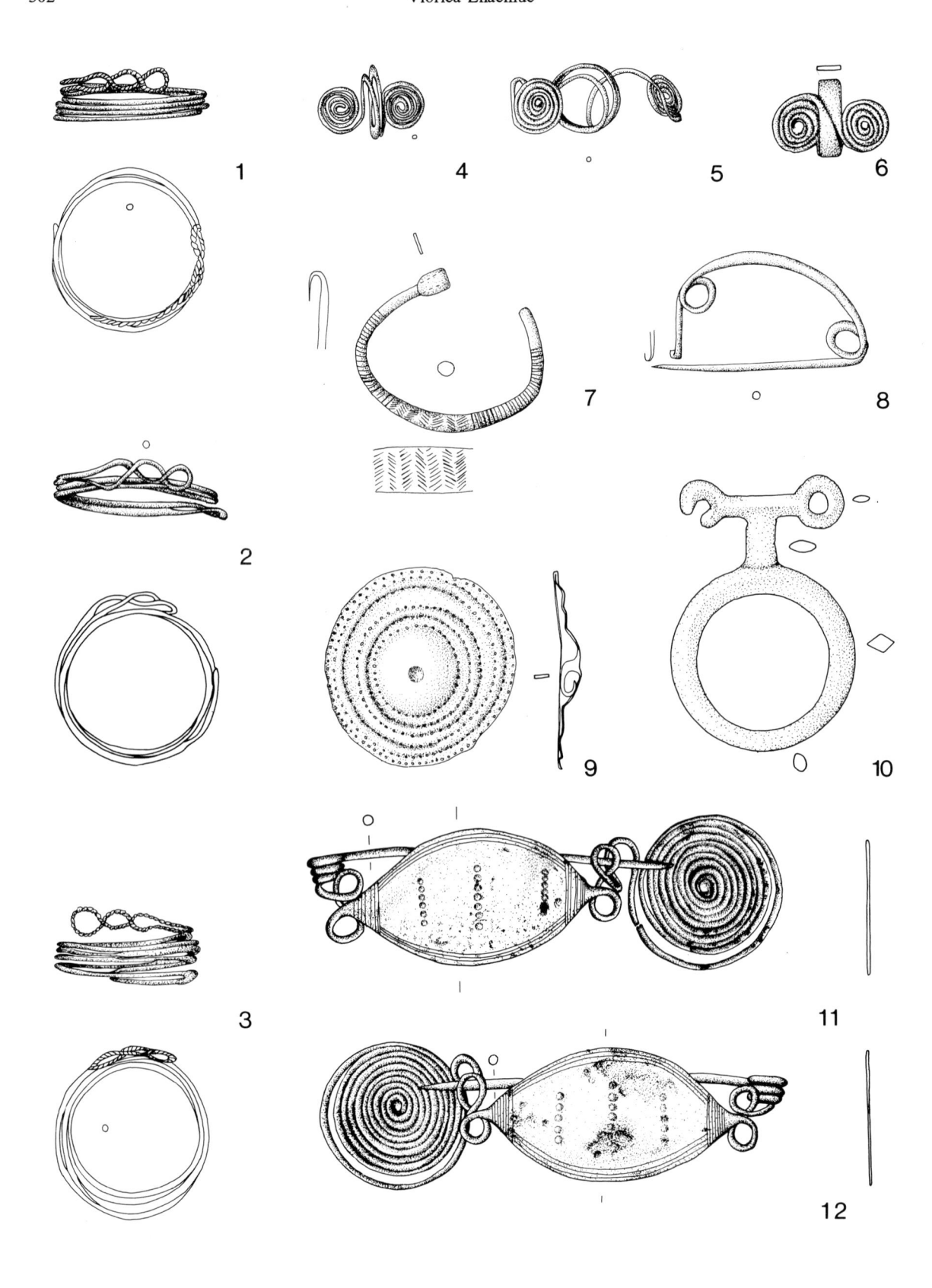

Abb. 7. 1-12 Depotfund von Dridu. M. 1:1,5

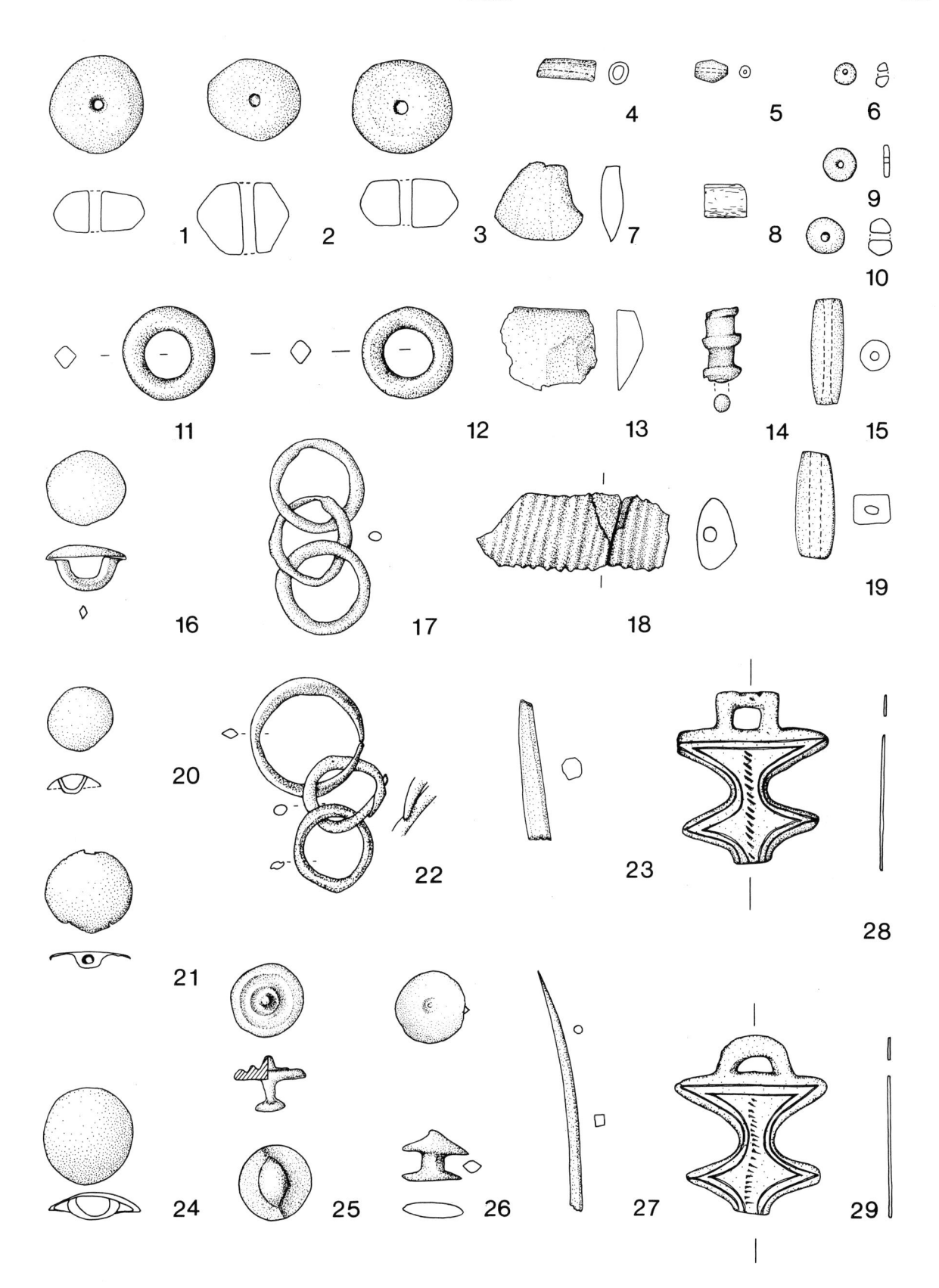

Abb. 8. 1-29 Depotfund von Dridu. M. 1:1,5

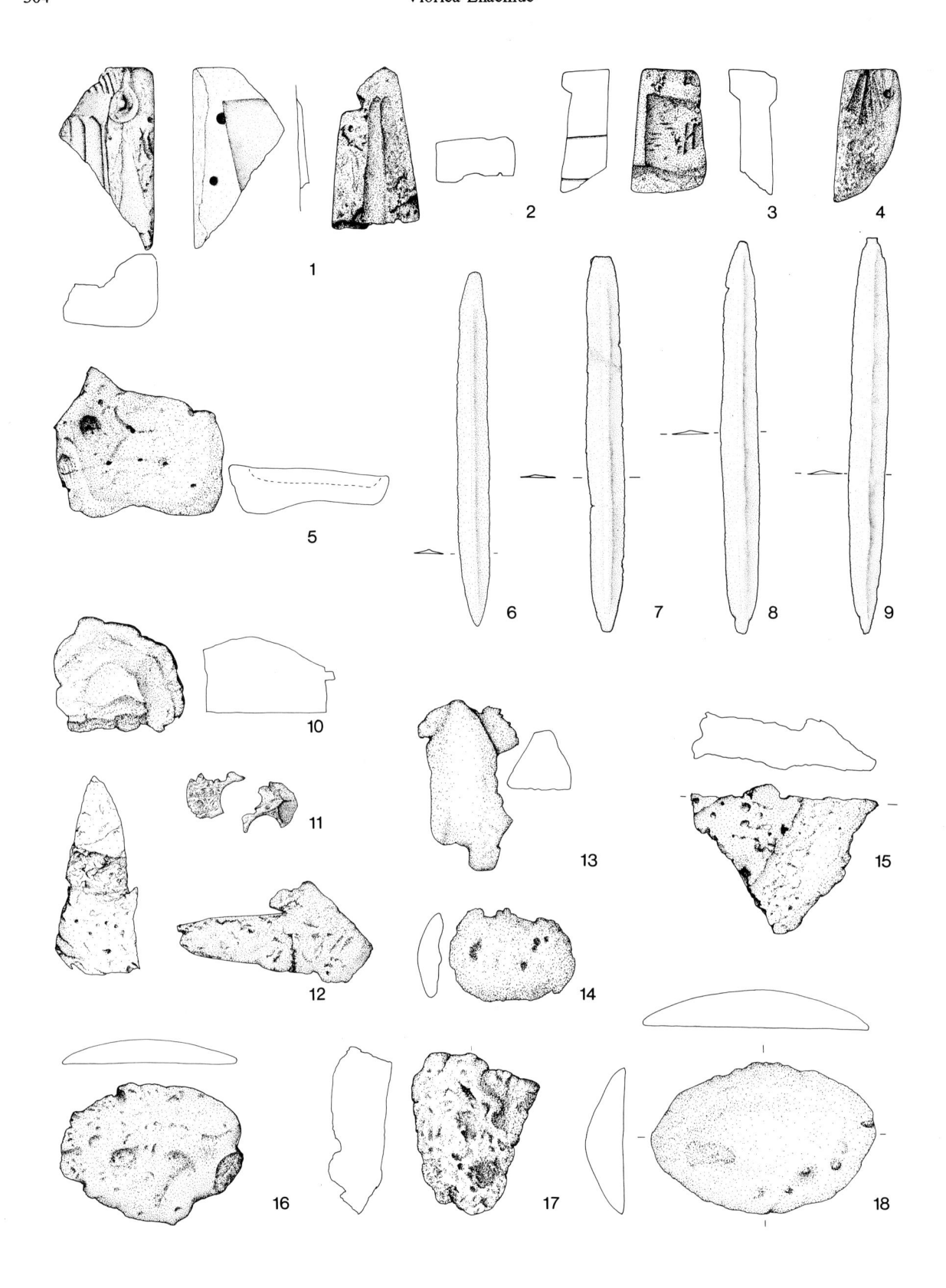

Abb. 9. 1-18 Depotfund von Dridu. M. 1:3

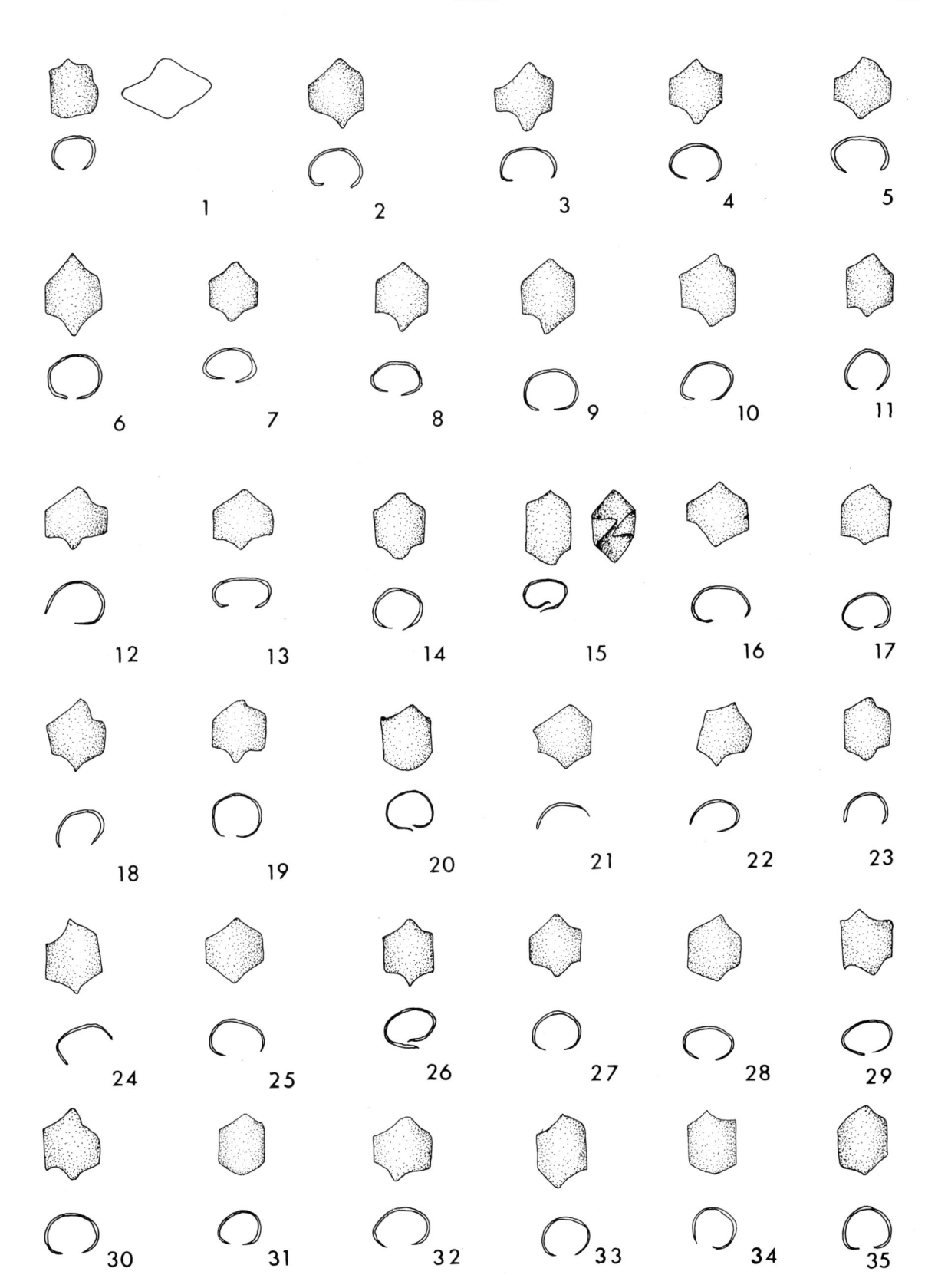

Abb. 10. 1-35 Depotfund von Dridu. M. 1:1

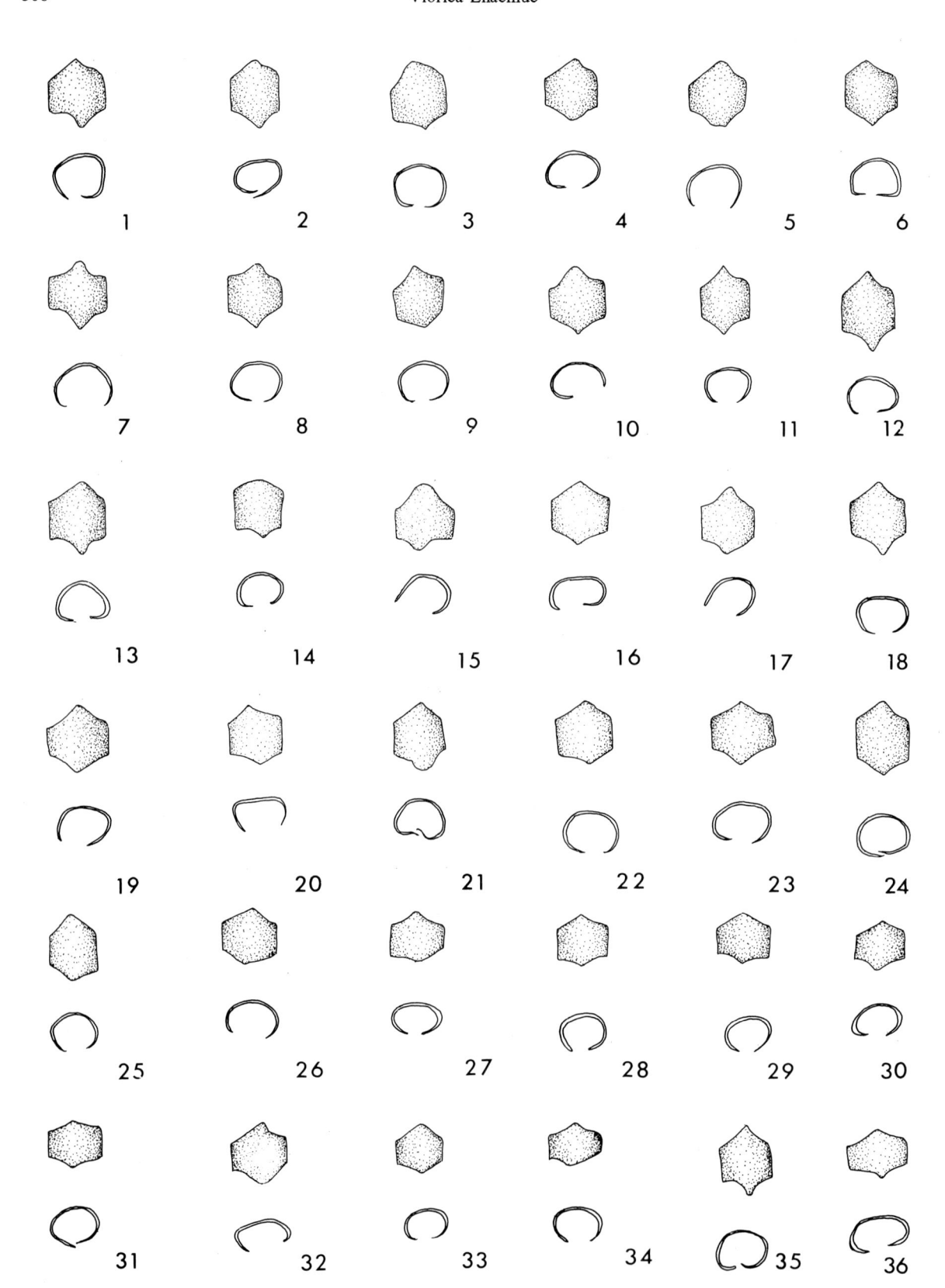

Abb. 11. 1-36 Depotfund von Dridu. M. 1:1

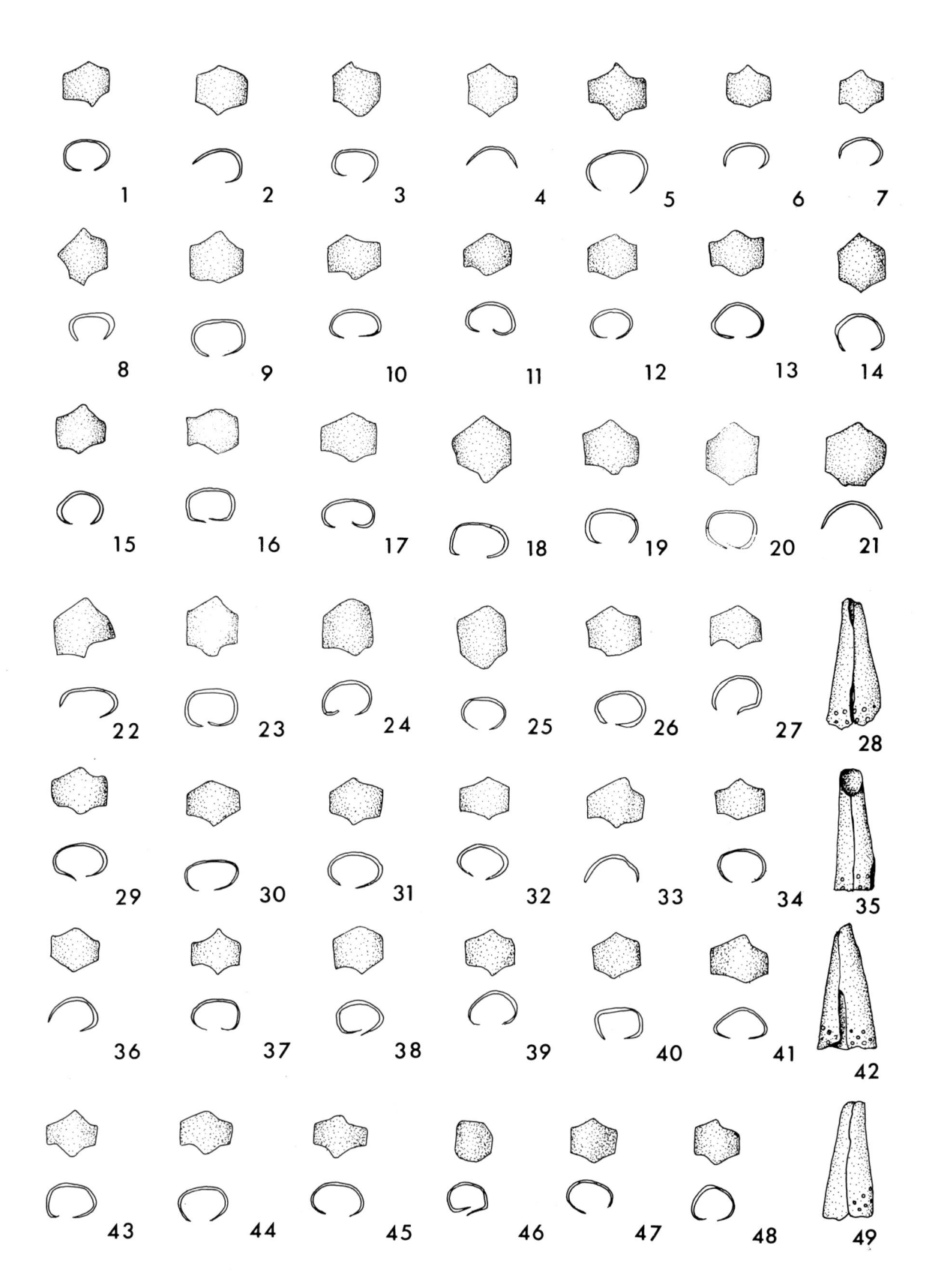

Abb. 12. 1-49 Depotfund von Dridu. M. 1:1

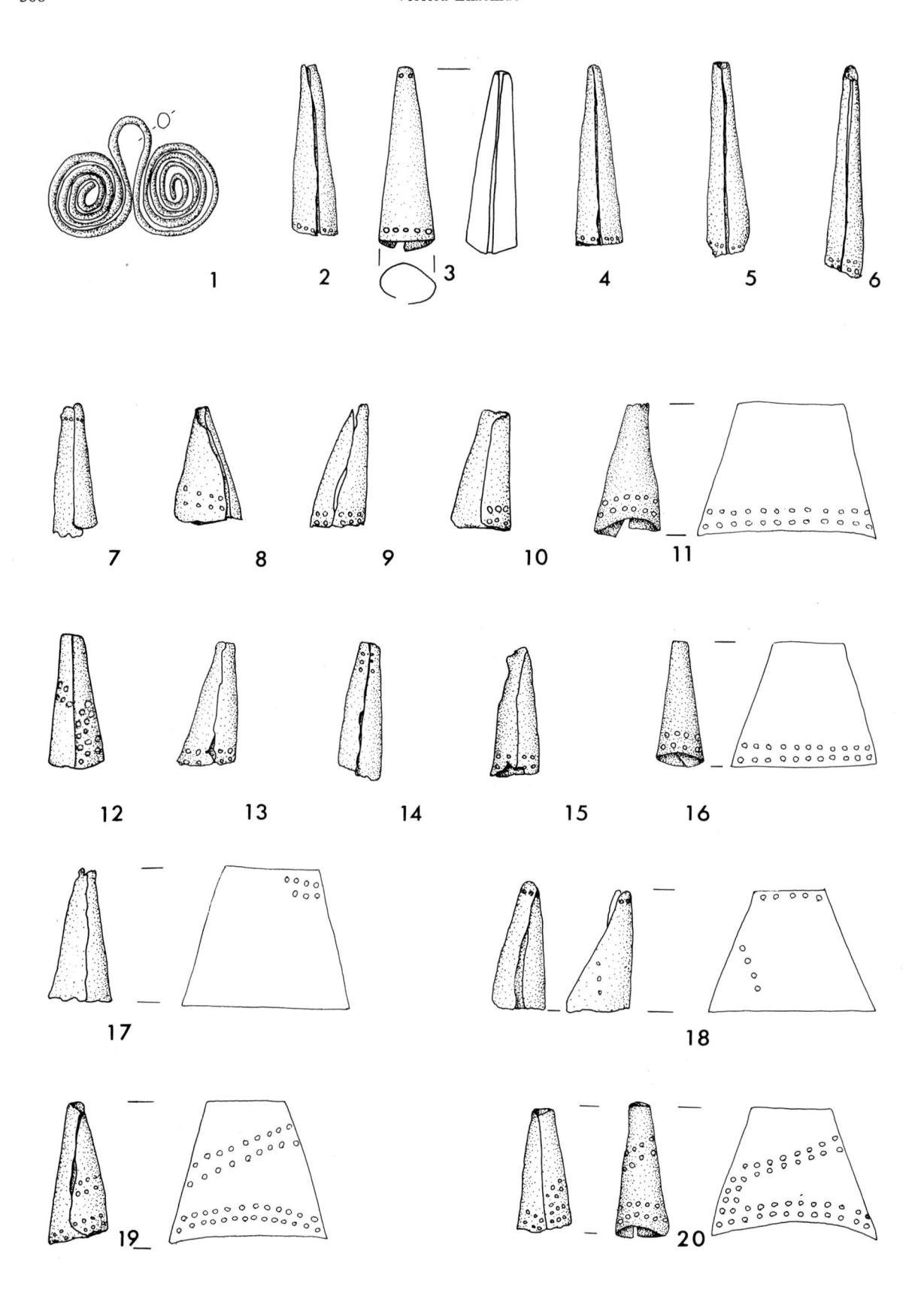

Abb. 13. 1-20 Depotfund von Dridu. M. 1:1

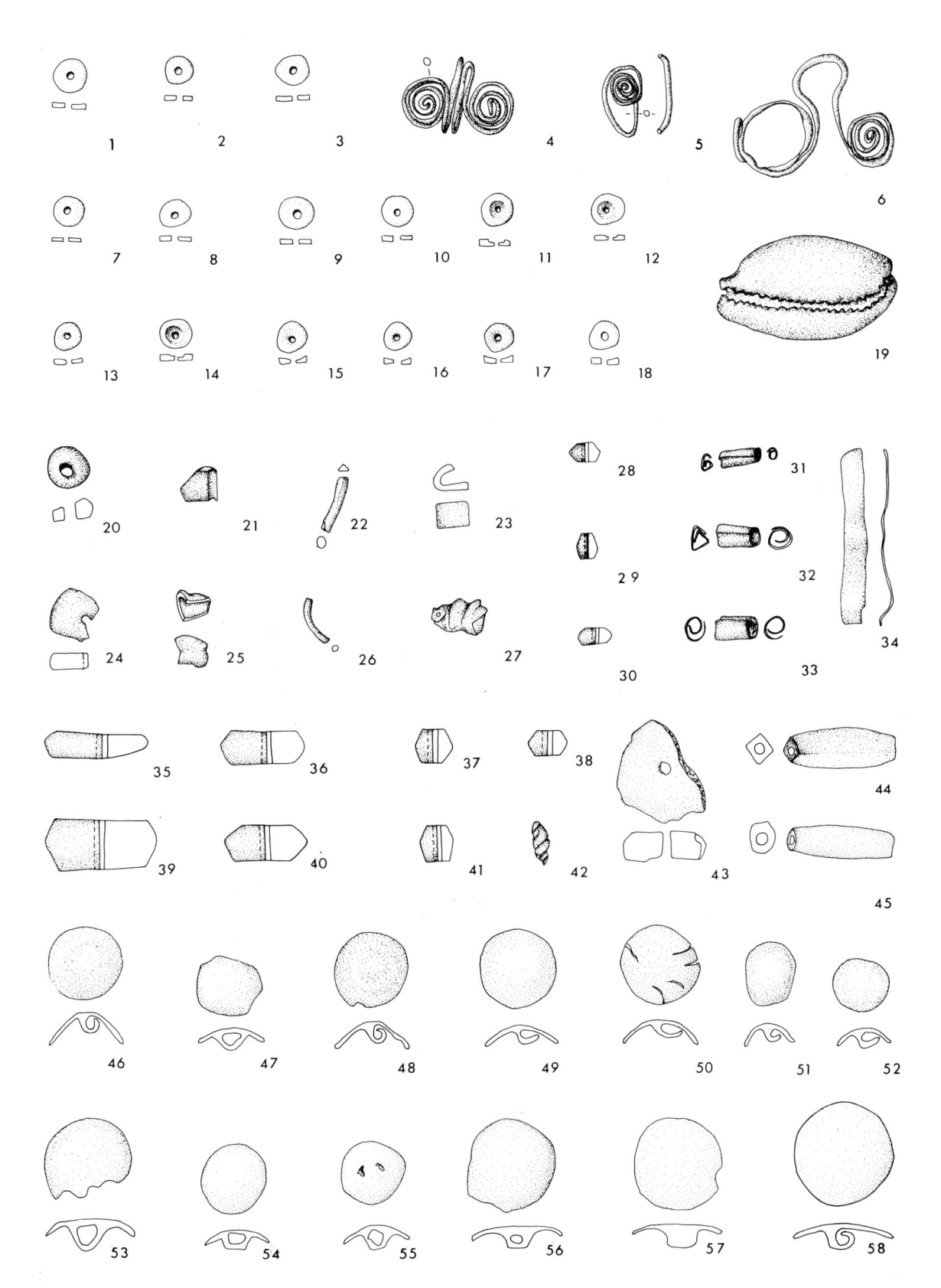

Abb. 14. 1–58 Depotfund von Dridu. M. 1:1,5

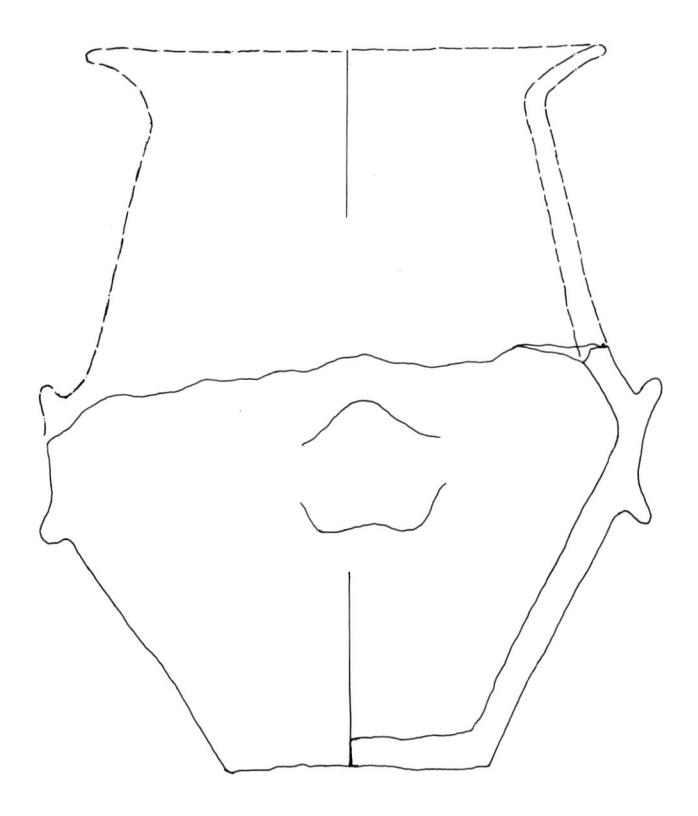

Abb. 15. Das Tongefäß des Depotfundes von Dridu. Gesammth. ca. 25 cm

Literaturverzeichnis

Abels 1972: B.-U. Abels, Die Randleistenbeile in Baden-Würtemberg, dem Elsaß, der Franche Comté und der Schweiz. PBF IX 4 (München 1972).
Åberg 1936: N. Åberg, Vorgeschichtliche Kulturkreise in Europa (Kopenhagen 1936).
Ackner 1851: M.J. Ackner, Auszug aus dem Tagebuche über neuentdeckte vaterländische, archäologische Gegenstände des letztverflossenen Decenniums 1836-1845. Archiv Ver. Siebenbürg. Landeskde. A.F. 4, 1851, 18-35.
- 1856 a: ders., Die römischen Althertümer und deutschen Burgen in Siebenbürgen. Jahrb. Central-Comm. 1, 1856, 3-50.
- 1856 b: ders., Decennal-Aufzeichnung der archäologischen Funde in Siebenbürgen vom Jahre 1845 bis 1855. Mitt. Central-Comm. 1, 1856, 126-132.
Aldea 1975: I.Al. Aldea, Şantierul arheologic Ghirbom (com. Berghin, jud. Alba). Apulum 13, 1975, 25-33.
- 1979: ders, Obiecte de cupru descoperite în aşezarea neo-eneolitică de la Ghirbom. Apulum 17, 1979, 25-29.
Aldea/Ciugudean 1988: I.Al. Aldea/H. Ciugudean, Obiecte din cupru şi bronz recent descoperite în jud. Alba. Apulum 25, 1988 (1989) 71-82.
Aldea u.a. 1979: I.Al. Aldea/V. Moga/H. Ciugudean, Săpăturile arheologice de la Ghirbom (Campania 1978). Raport preliminar. Mat. şi Cerc. Arh. 13 (Oradea 1979) 257-261.
Alexandrescu 1966 a: A.D. Alexandrescu, Die Bronzeschwerter aus Rumänien. Dacia 10, 1966, 117-189.
- 1966 b: dies., Dépôts de l'âge du bronze tardif. Inv. Arch., Roumanie, fasc. 2, R 15-16 (Bucarest 1966).
- 1968: dies., Spadele de bronz de pe teritoriul R. S. România. Rezumatul tezei de doctorat (Bucureşti 1968).
Allcroft 1927: A.H. Allcroft, The Circle and the Cross, I-II (London 1927-1930).
Alroth 1988: B. Alroth, The Positioning of Greek Votive Figurines. In: Hägg u.a. 1988, 195-203.
Andrássy 1943: E. Andrássy, Der Bronzefund von Penészlek (Kom. Szatmár). Közlemények-Kolozsvár 3, 1943, 84-85.
v. Andrian 1891: F. v. Andrian, Der Höhenkultus asiatischer und europäischer Völker. Eine ethnologische Studie (Wien 1891).
Andrieşescu 1915: I. Andrieşescu, Asupra epocei de bronz în România. 1. Un depou de bronz de la Sinaia. 2. Obiectele de bronz de la Predeal. Bulet. Comis. Monum. Ist. 8, 1915, 157-169 [1916 als Sonderheft erschienen].
- 1925: ders., Nouvelles contributions sur l'âge du bronze en Roumanie. Le dépôt en bronze de Drajna de Jos et l'épée de Bucium. Dacia 2, 1925, 345-384.
Andriţoiu 1971 a: I. Andriţoiu, Depozitul de bronzuri de la Cherghes. Apulum 9, 1971, 83-92.
- 1971 b: ders., Topoare de cupru cu braţele "în cruce" în colecţia muzeului din Deva. Sargetia 8, 1971, 37-44.
- 1975: ders., Mărturii ale dezvoltării societăţii omeneşti pe teritoriul Devei în vremurile strămoşeşti. Sargetia 11-12, 1974-1975, 393-405.
- 1979: ders., Contribuţii la repertoriul arheologic al judeţului Hunedoara. Sargetia 14, 1979, 15-34.
- 1983: ders., O nouă descoperire aparţinînd epocii bronzului de la Deva. Stud. Antiqu. et Arch. (Iaşi 1983) 44-51.
- 1984: ders., Epoca bronzului în sud-estul Transilvaniei. Rezumatul tezei de doctorat (Iaşi 1984) (ungedr.).
Aner 1956: E. Aner, Grab und Hort. Offa 15, 1956, 31-42.
Archeologija 1985: Archeologia Ukrainskoj SSR 1 (Kiev 1985).
Aricescu 1965: A. Aricescu, Depozitele de bronzuri din Dobrogea. Stud. Cerc. Ist. Veche 16, 1965, 17-42.
- 1970: ders., Depozite de unelte, arme şi podoabe de bronz din Dobrogea. Pontica 3, 1970, 25-76.
Ásatások 1910: Ásatások az 1911-ik évben, Jelent. Székely Nemz. Múz. 1910-11 (1912) 63-64.
Åström 1987: P. Åström, Inverted Vases in Old World. Journal of Prehist. Religion 1, 1987, 7-16.

Bader 1969: T. Bader, Depozitul de bronzuri de la Domăneşti. Satu Mare, Stud. şi Comunicări 1, 1969, 73-84.
- 1970: ders., Fibulele cu scut dintr-un singur fir. Stud. Cerc. Ist. Veche 21, 1970, 209-224.
- 1971: ders., Dépôts de l'âge du bronze tardif du nord-ouest de la Transylvanie. Inv. Arch. Roumanie 6 (Bucarest 1971).
- 1972: ders., Apărătorul de braţ în bazinul carpato-danubian. Satu Mare, Stud. şi Comunicări 1972, 85-100.
- 1978: ders., Epoca bronzului în nord-vestul Transilvaniei (Bucureşti 1978).
- 1983 a: ders., Die Fibeln in Rumänien. PBF XIV 6 (München 1983).
- 1983 b: ders., Evoluţia fibulelor pe teritoriul României de la sfîrşitul epocii bronzului pînă în perioada Hallstattului tîrziu. Thraco-Dacica IV, 1983, 12-29.
- 1991: ders., Die Schwerter in Rumänien. PBF IV 8 (Stuttgart 1991).
Balaguri 1968: E.A. Balaguri, Klad bronzovyh izdelij iz poselenia epohi pozdnej bronzy c Medvedevcy Munkačevskogo rajona Zakarpatskoj oblasti USSR. Acta Arch. Acad. Scien. Hungaricae 20, 1968, 149-152.

Balázs 1911: B. Balázs, Adatok a dévai Várhegy őstörténetéhez. Hunyad. Tört. Rég. Társ. Évk. 21, 1911 (1912) 43-60.
Bărcăcilă 1915: A. Bărcăcilă, Raportul d-lui A. B., Turnu-Severin. Anuarul Com. Mon. Ist. 2, 1915 (Bucureşti 1916) 170-175.
- 1924: ders., Antiquités pré- et protohistoriques des environs de Turnu Severin. Dacia 1, 1924, 280-296.
Barthos 1907: I. Barthos, Választmányi üles (összeallította I. B.). Hunyad. Tört. Rég. Társ. Évk. 17, 1907, 134-136.
Bastian 1868: A. Bastian, Der Steincultus in der Ethnographie. Archiv Anthr. 3, 1868, 1-18.
Beltz 1899: R. Beltz, Die Vorgeschichte von Mecklenburg (Berlin 1899).
Benac/Čović 1956/1957: A. Benac/B. Čović, Glasinac. 1. Bronzezeit; 2. Hallstattzeit (Sarajevo 1956; 1957).
Berciu 1939: D. Berciu, Arheologia preistorică a Olteniei (Craiova 1939).
- 1942: ders., Depozitul de bronz de la Orăştie. Apulum 1, 1939-1942, 80-97.
- 1966: ders., Zorile istoriei în Carpaţi şi la Dunăre (Bucureşti 1966).
- 1976: ders., Date noi privind sfîrşitul culturii Verbicioara. Stud. Cerc. Ist. Veche 27, 1976, 171-180.
Berciu/Comşa: D. Berciu/E. Comşa, Săpăturile 1956 arheologice de la Balta Verde şi Gogoşu (1949-1950). Mat. şi Cerc. Arh. 2, 1956, 251-489.
Berciu u.a. 1961: D. Berciu/P. Purcărescu/P. Roman, Săpături şi cercetări arheologice în raionul R. Vîlcea. Mat. şi Cerc. Arh. 7, 1961, 131-137.
Berciu 1942: I. Berciu, Depozitul de bronz de la Ighiel. Apulum 1, 1942, 24-38.
Berciu/Popa 1965: I. Berciu/Al. Popa, Aşezarea hallstattiană fortificată de la Drîmbar-Teleac. Apulum 5, 1965, 71-92.
Bernjakovič 1960: K. Bernjakovič, Bronzezeitliche Hortfunde vom rechten Ufergebiet des oberen Theißtales (Karpatoukraine USSR). Slovenská Arch. 8, 1960, 325-392.
Betzler 1974: P. Betzler, Die Fibeln in Süddeutschland, Österreich und der Schweiz I. PBF XIV 3 (München 1974).
Bianco-Peroni 1970: V. Bianco-Peroni, Die Schwerter in Italien - Le spade nell'Italia continentale. PBF IV 1 (München 1970).
- 1978: dies., Bronzene Gewässer- und Höhenfunde aus Italien. Jahresber. Inst. Vorgesch. Univ. Frankfurt/M. 1978-1979, 321-325.
Bill 1984: J. Bill, Das Schwertdepot von Oberillau. Helvetia Arch. 15, 1984 (Teil 2) 25-32.
- 1985: ders., Zur Fundsituation der frühbronzezeitlichen Horte Mels-Rossheld, Gams-Gasenzen und Salez im Kanton St. Gallen. Arch. Korrbl. 15, 1985, 25-30.
Blăjan u.a. 1982: M. Blăjan/E. Stoicovici/C. Tatai/I.Man, Studiul arheologic şi metalografic al unor obiecte de aramă şi bronz, descoperite în sudul Transilvaniei. Sargetia 16-17, 1982-1983, 95-124.
Blajer 1990: W. Blajer, Skarby z wczesnej epoki brązu na ziemiach polskich (Wrocław 1990).
Blinkenberg 1926: C. Blinkenberg, Fibules grècques et orientales (Kopenhagen 1926).
Bobi 1981: V. Bobi, Descoperiri arheologice din epoca bronzului în judeţul Vrancea. Vrancea 4, 1981, 47-78.
Bočkarev/Leskov 1980: V.S. Bočkarev/A.M. Leskov, Jung- und spätbronzezeitliche Gußformen im nördlichen Schwarzmeergebiet. PBF XIX 1 (München 1980).
Bocksberger 1964: O.-J. Bocksberger, Age du Bronze en Valais et dans le Chablais Vaudois (Lausanne 1964).
Böhm 1937: J. Böhm, Základy hallstattské periody v Čechách (Prag 1937).
Bönisch 1988: E. Bönisch, Archäologische Untersuchungen am Tagebau Greifenhain 1986. In: Geschichte und Gegenwart des Bezirkes Cottbus, (=Niederlausitzer Studien 22 [1988]) 140-146.
Bohm 1935: W. Bohm, Die ältere Bronzezeit in der Mark Brandenburg (Berlin, Leipzig 1935).
Bóna 1986: I. Bóna, Szabolcs-Szatmár megye régészeti emlékei I. In: Szabolcs Szatmár megye műemlékei I (Budapest 1986).
Boroffka 1987: N. Boroffka, Folosirea fierului în România de la începuturi pînă în secolul al VIII-lea î. e. n. Apulum 24, 1987, 55-77.
- 1991 a: ders., Die Wietenberg-Kultur. Ein Beitrag zur Erforschung der Bronzezeit in Südosteuropa (Berlin 1991). Ungedr. Diss.
- 1991 b: ders., Die Verwendung von Eisen in Rumänien, von den Anfängen bis in das 8. Jahrhundert v. Chr. In: Symp. Europe in the 1st Millenium B.C. (Oxford 1986) (Berlin 1991).
- 1992: ders., Consideraţii asupra unor obiceiuri de depunere în epocile premetalice din Europa. Stud. Cerc. Ist. Veche, 1992, 341-354.
Bouzek 1966: J. Bouzek, The Aegean and Central Europe. An introduction to the study of cultural interrelations. Památky Arch. 57, 1966, 242-276.
Bozu 1982: O. Bozu, Depozitul de bronzuri de la Fizeş (jud. Caraş-Severin). Studii Com. Caransebeş 4, 1982, 137-153.
Bradley 1982: R. Bradley, The Destruction of wealth in later prehistory. Man 17, 1982, 108-122.
- 1990: ders., The passage of arms (Cambridge 1990).
Briard 1965: J. Briard, Les dépôts bretons et l'âge du bronze atlantique (Rennes 1965).

- 1984: ders., Les tumulus d'Armorique (Paris 1984).
Brøndsted 1934: J. Brøndsted, Inedita aus dem Dänischen Nationalmuseum I. Nr. 7 - Ein Votivfund aus Hjorthede, Jutland. Nr. 8 - Ein Votivfund aus Tved, Fünen. Acta Arch. 5, 1934, 160-167.
- 1938: ders., Danmarks oldtid. Bd. I. Stenalderen (København 1938).
- 1962: ders., Nordische Vorzeit. Bd. 2. Bronzezeit in Dänemark (Neumünster 1962).
Bruckner u.a. 1974: B. Bruckner/B. Jovanović/N. Tasić, Praistorija Vojvodine (Novi Sad 1974).
v. Brunn 1954: W.A. v. Brunn, Bemerkungen zum Waffenfund von Spandau. In: Frühe Burgen und Städte (Festschr. Unverzagt) (Berlin 1954) 54-65.
- 1958: ders., Der Schatz von Frankleben und die mitteldeutschen Sichelfunde. Prähist. Zeitschr. 36, 1958, 1-70.
- 1959: ders., Bronzezeitliche Hortfunde. Teil 1. Die Hortfunde der frühen Bronzezeit aus Sachsen-Anhalt, Sachsen, Thüringen (Berlin 1959).
- 1960: ders., Zur Nordwestgrenze der Lausitzer-Kultur. Prähist. Zeitschr. 38, 1960, 72-89.
- 1968: ders., Mitteldeutsche Hortfunde der jüngeren Bronzezeit (Berlin 1968).
- 1980: ders., Eine Deutung spätbronzezeitlicher Hortfunde zwischen Elbe und Weichsel. Ber. RGK 61, 1980, 91-150.
Butescu 1928: D. Butescu, Contribution à l'étude métallurgique des bronzes antiques. Ann. des Mines et des Carburants, Mémoires 13, 1928, 177-191.
Butler/Sarfatij 1970: J.J. Butler/H. Sarfatij, Another Bronze Ceremonial Sword by the Plougrescant-Ommerschans Smith. Ber. Amersfoort 20-21, 1970-1971, 301-309.
Buzdugan 1970: C. Buzdugan, Cîteva celturi provenite din descoperiri fortuite. Memoria Antiqu. 2, 1970, 487-490.
- 1974: ders., Toporul de luptă de la Scărişoara (jud. Bacău). Stud. Cer. Ist. Veche 25, 1974, 431-434.

Caetani-Lovatelli 1896: E. Caetani-Lovatelli, Der Cultus des Wassers und seine abergläubischen Gebräuche. Allgemeine Zeitung 138-139 (München 1896).
Calotoiu 1987: G. Calotoiu, Unelte agricole antice aflate în colecţiile muzeului judeţean Gorj. Revista Muzeelor 24,10, 1987, 62-66.
Canarache 1950: V. Canarache, Unelte agricole pe teritoriul Republicii Populare Române în epoca veche. Stud. Cerc. Ist. Veche 1, 1950, 83-109.
Căpitanu 1990: V. Căpitanu, Depozitul de bronzuri de la Gioseni. Symp. Thracologica 8, 1990, 137.
Căpitanu/Vulpe 1977: V. Căpitanu/Al. Vulpe, Sabia de la Marvila. Mem. Antiqu. 9-11, 1977-1979 (1985) 497-502.
Cârciumaru 1987: M. Cârciumaru, Mărturii ale artei rupestre preistorice în România (Bucureşti 1987).
Cârciumaru/Brijan 1989: M. Cârciumaru/P. Brijan, Gravurile rupestre din "Peştera cu incizii". Stud. Cerc. Ist. Veche 40, 1989, 73-81.
Cârciumaru/Nedopaca 1988: M. Cârciumaru/M. Nedopaca, Gravurile rupestre din Peştera Cizmei. Thraco-Dacica 9, 1988, 181-196.
Cârciumaru, vgl. Naum u.a. 1988.
Černych 1976: E.N. Černych, Drevnjaja metalloobrabotka na jugozapade SSSR (Moskva 1976).
- 1978: ders., Gornoe delo i metallurgija v drevneišei Bolgarii (Sofia 1978).
Červinka 1902: I.L. Červinka, Morava za pravěku (Brno 1902).
Chevillot 1989: C. Chevillot, Sites et cultures de l'âge du bronze en Périgord I-II (Périgueux 1989).
Chicideanu 1979: I. Chicideanu, Depozitul de bronzuri de la Ocniţa (jud. Dîmboviţa). Stud. Cerc. Ist. Veche 30, 1979, 607-611.
- 1983: ders., Zur Typologie und Verbreitung der Schalenknaufschwerter. Dacia 27, 1983, 11-17.
- 1988: ders., Din nou despre spadele cu mîner în formă de cupă. Stud. Cerc. Ist. Veche 39, 1988, 159-168.
Chidioşan 1970: N. Chidioşan, Contribuţii la cunoşterea grupului Suciu de Sus în contextul epocii bronzului din Crişana. Stud. Cerc. Ist. Veche 21, 1970, 287-293.
- 1977: ders., Depozitul de bronzuri de la Mişca. Stud. Cerc. Ist. Veche 28, 1977, 55-70.
-1979: ders., Raport asupra săpăturilor arheologice întreprinse în anul 1978, în satul Tăşad, com. Drăgeşti, jud. Bihor. Mat. şi Cerc. Arh. 13, 1979, 85-90.
- 1981 a: ders., Contribuţii privind epoca bronzului pe teritoriul municipiului Oradea. Crisia 11, 1981, 59-67.
- 1981 b: ders., Note referitoare la prima epocă a fierului pe teritoriul municipiului Oradea. Crisia 11, 1981, 69-74.
- 1983: ders., Raport asupra săpăturilor arheologice întreprinse în satul Tăşad, com. Drăgeşti (jud. Bihor). Mat. şi Cerc. Arh. (Braşov) 15, 1983, 138-142.
Chidioşan/Emödi 1981: N. Chidioşan/I. Emödi, O descoperire de la sfîrşitul epocii bronzului şi începutul Hallstattului în peştera Mişidului, com. Şuncuiuş, jud. Bihor. Thraco-Dacica 2, 1981, 161-167.
-/- 1982: dies., Grupul cultural Igriţa de la sfîrşitul epocii bronzului. Crisia 12, 1982, 61-86.

-/- 1983: dies., Descoperirile arheologice din peştera Izbîndiş (com. Şuncuiuş) aparţinînd grupului cultural Igriţa. Crisia 13, 1983, 17-32.

Cimeliotheca 1825: Cimeliotheca Musei Nationalis Hungarici sive Catalogus historico-criticus antiquitatum, raritatum et pretiosorum cum Bibliotheca antiquaria et numaria eiusdem instituti (Budae MDCCCXXV).

Ciocea/Chicideanu 1984: E. Ciocea/I. Chicideanu, Observaţii asupra necropolei hallstattiene de la Stoicani. Stud. Cerc. Ist. Veche 35, 1984, 331-344.

Ciugudean 1976: H. Ciugudean, Cultura Basarabi pe teritoriul judeţului Alba. Apulum 14, 1976, 9-22.

- 1979: ders., Noi descoperiri arheologice pe teritoriul judeţului Alba. II. Apulum 17, 1979, 65-85.
- 1980: ders., Pumnalul hallstattian de la Teleac. Apulum 18, 1980, 61-65.

Claus 1964: M. Claus, Frühbronzezeitliche Funde aus der Rothesteinhöhle am Ith. In: Studien aus Alteuropa 1 (Festschr. Tackenberg) 1964, 153-165.

Closs 1952: A. Closs, Das Versenkungsopfer. Wiener Beitr. zur Kulturgesch. u. Linguistik 9, 1952, 66-107.

Coblenz 1963: W. Coblenz, Einige Urnenfelderbronzen in Gräbern der sächsisch-lausitzischen Gruppe. Alt-Thüringen 6, 1963, 274-291.

Coles 1962: J.M. Coles, European Bronze Age Shields. Proc. Prehist. Soc. 28, 1962, 156-190.

- 1964: ders., Scottish Middle Bronze Age Metal-work. Proc. Soc. Antiqu. Scotland 97, 1963-64, 82-156.

Colquhoun/Burgess 1988: I. Colquhoun/C. Burgess, The Swords of Britain. PBF IV 5 (München 1988).

Coman 1980: G. Coman, Statornicie, continuitate. Repertoriul arheologic al judeţului Vaslui (Bucureşti 1980).

Comşa 1965 a: E. Comşa, Descoperirea de la Poarta Albă. Stud. Cerc. Ist. Veche 16, 1965, 149-158.

- 1965 b: ders., Quelques données sur les aiguilles de cuivre découvertes dans l'aire de la civilisation de Gumelniţa. Dacia 9, 1965, 361-371.
- 1966: ders., Le dépôt en bronze de Ciovlovina (Carpates Méridionales). Acta Arch. Carpathica 8, 1966, 169-174.

Coulanges 1895: F. de Coulanges, La cité antique (Paris 1895).

Čović 1970: B. Čović, Vodeci arheoloski tipovi kasnog bronzanog doba na podrucin Delmata. Godisnjak 8 (Sarajevo 1970) 67-198.

- 1975: ders., Zwei spezifische Typen der westbalkanischen Bogenfibel. Wiss. Mitt. Bosnisch-Herzegow. Landesmus. 5 A (Sarajevo 1975) 19-39.

Cowen 1955: J.D. Cowen, Eine Einführung in die Geschichte der bronzenen Griffzungenschwerter in Süddeutschland und den angrenzenden Gebieten. Ber. RGK 36, 1955 (1956), 52-117.

Cronica 1927: Cronica anului şcolar 1927-28, 10. Mijloacele de învăţământ - Muzeul de arheologie. Raport despre institutele greco-catolice de învăţământ din Balázsfalva (Blaj)...pe anul scolastic 1927/28 (1928) 36.

Csányi 1980: R. M. Csányi, Árokkal körülvett sírok a halomsíros kultúra jánoshidai temetőjéből. Arch. Ért. 107, 1980, 153-165.

- 1982: dies., Bronzkor. In: Szolnok megye története a régészeti leletek tükrében (Szolnok 1982).

Cséplő 1900: P. Cséplő, Bronzkori leletről Nagyváradon. Arch. Ért. 20, 1900, 78-79.

Csóma 1885: J. Csóma, Zsujtai bronzlelet. Arch. Ért. 5, 1885, 9-16.

Cucoş 1970: Ş. Cucoş, Expoziţia permanentă a Muzeului Arheologic Piatra Neamţ. Mem. Antiqu. 2, 1970, 559-576.

Culică 1975: V. Culică, Contribuţii la cunoaşterea epocii bronzului în judeţul Ialomiţa. Stud. Cerc. Ist. Veche 26, 1975, 521-527.

Daicoviciu/Miloia 1930: C. Daicoviciu/I. Miloia, Cercetări arheologice în Banatul de Sud. Analele Banatului III,4, 1930, 10-25.

Dănilă 1970: Ş. Dănilă, Aşezări vechi descoperite în judeţul Bistriţa-Năsăud. Mat. şi Cerc. Arh. 9, 1970, 431-444.

Darnay 1897: K. Darnay, Sümeg vidéki leletekről. Arch. Ért. 17, 1897, 351-356.

Darnay-Dornyay 1958: B. Darnay-Dornyay, Koravaskori leletek Badacsony bazaltbányából. Arch. Ért. 85, 1958, 50-52.

Davidescu 1981: M. Davidescu, Un tezaur de podoabe tracice descoperit la Hinova-Mehedinţi. Thraco-Dacica 2, 1981, 7-22.

Davidescu/Vulpe 1968: M. Davidescu /Al. Vulpe, Un nou depozit de topoare la Ostrovul Corbului. Stud. Cerc. Ist. Veche 19, 1968, 505-511.

Déchelette 1924: J. Déchelette, Manuel d'archéologie préhistorique, celtique et gallo-romaine (Paris 1924).

Dehn 1952: W. Dehn, Ein Brucherzfund der Hügelgräberbronzezeit von Bühl, Ldkr. Nördlingen (Bayern). Germania 30, 1952, 174-187.

- 1981: ders., "Heilige" Felsen und Felsheiligtümer. Beitr. zur Ur- u. Frühgesch. I (Festschr. W. Coblenz) (Berlin 1981) 373-384.

Demeterová 1984: Soňa Demeterová, Influence de la culture de Suciu de Sus dans la plaine de la Slovaquie orientale.

Slovenská Arch. 32, 1984, 11-74.
Dergačev 1986: V.A. Dergačev, Moldavija i sosednie territorii v epochu bronzy (Kišinev 1986).
- 1991: ders., Depozitul de bronzuri din satul Dancu - raionul Hîncești (R. Moldova). Thraco-Dacica 12, 1991, 39-55.
Deshayes 1960: J. Deshayes, Les outils de bronze de l'Indus au Danube (IV-e au II II-e millénaire) I-II (Paris 1960).
Diemer 1985: G. Diemer, Urnenfelderzeitliche Depotfunde und neue Grabungsbefunde vom Bullenheimer Berg: Ein Vorbericht. Arch. Korrbl. 15, 1985, 55-66.
Dinu 1955: M. Dinu, Descoperirile arheologice de la Valea Lupului-Iași. Analele științifice ale Universității "Al. I. Cuza" din Iași. S. N., Șt. soc. I/1-2, 1955, 65-86.
Djurić u.a., vgl. Đurić u.a 1975.
Dömötör 1891: L. Dömötör, Aradvidéki bronzleletről. Arch. Ért. 11, 1891, 255-257.
- 1897: ders., Őskori leletek Arad és Temes megyében. Arch. Ért. 17, 1897, 261-264.
Dörner 1960: E. Dörner, Der Goldfund von Sîntana-Arad. Dacia 4, 1960, 471-479.
Dohnal 1961: V. Dohnal, Žavorý hrob z konce doby bronzové u Hodonin. Pravěk vych. Moravý 2, 1961, 53-77.
Drack 1958: W. Drack, Wagengräber und Wagenbestandteile aus Hallstattgrabhügeln der Schweiz. Zeitschr. Schweiz. Arch. u. Kunstgesch. 18, 1958, 1-67.
Dragomir 1966: I.T. Dragomir, Un nouveau dépôt d'objets en bronze, découvert dans la région Sud de la Moldavie. In: Actes Congr. Prague 1966 (Prag 1970) 689-694.
- 1967: ders., Le dépôt de l'âge du bronze tardif de Băleni. Inv. Arch. Roumanie 4 (Bucarest 1967).
- 1979: ders., Noi descoperiri arheologice de obiecte de aramă și de bronz în regiunea de sud a Moldovei. Stud. Cerc. Ist. Veche 30, 1979, 591-601.
Drescher 1958: H. Drescher, Der Überfangguß. Ein Beitrag zur vorgeschichtlichen Metallurgie (Mainz 1958).
- 1968: ders., Punzen der jüngeren Bronzezeit aus Altmaterial. Jahresschr. Mitteldt. Vorgesch. 52, 1968, 131-142.
Dumézil 1954: G. Dumézil, Rituels indoeuropéens à Rome (Paris 1954).
Dumitrașcu/Manea 1978: A. Dumitrașcu/G. Manea, Un topor de aramă descoperit la Dobriceni, jud. Vîlcea. Stud. Cerc. Ist. Veche 29, 1978, 433-435.
Dumitrașcu 1979: S. Dumitrașcu, Raport asupra săpăturilor arheologice din anul 1978 de la Biharea. Mat. Cerc. Arh. 13, 1979, 297-307.
- 1980: ders., Săpăturile arheologice de la Biharea. Mat. Cerc. Arh. 14, 1980, 137-145.
- 1983: ders., Raport asupra săpăturilor arheologice de la Biharea. Mat. Cerc. Arh. 15, 1983, 367-374.
- 1983 b: ders., O nouă cultură arheologică protoistorică recent descoperită și studiată: cultura Biharea (Br CD-Ha A 1). Carpica 15, 1983, 105-116.
Dumitrașcu/Crișan 1989: S. Dumitrașcu/I. Crișan, Depozitul de bronzuri de la Șuncuiuș, județul Bihor. Crisia 19, 1989, 17-118.
Dumitrașcu/Emödi 1980: S. Dumitrașcu/I. Emödi, Materiale arheologice de la sfîrșitul epocii bronzului și începutul epocii fierului descoperite la Biharea. Acta Mus. Porol. 4, 1980, 47-55.
-/- 1981: dies., Descoperiri arheologice hallstattiene de la Biharea. Ziridava 13, 1981, 75-109.
Dumitrescu 1936: H. Dumitrescu, Objets inédits du dépôt en bronze de Șpălnaca au Musée National des Antiquités de Bucarest. Dacia 5-6, 1935-1936, 195-224.
- 1937: dies., Quelques objets en bronze des collections du Musée National des Antiquités. Dacia 7-8, 1937-1940, 133-144.
Dumitrescu/Orghidan 1959: M. Dumitrescu/T. Orghidan, Călătorii în lumea subpămînteană (București 1959).
Dumitrescu 1968: V. Dumitrescu, La nécropole tumulaire du premier âge du fer de Basarabi (dép, de Dolj, Oltenie). Dacia 12, 1968,177-260.
Đurić u.a. 1975: N. Đurić/J. Glišić/J. Todorović, Praistorijska Romaja (Belgrad 1975).
Dušek 1969: M. Dušek, Bronzezeitliche Gräberfelder in der Südwestslowakei (Nitra 1969).

Ebert 1924: M. Ebert, Reallexikon der Vorgeschichte (Berlin 1924 ff.).
Einwanger 1989: J. Einwanger, Talanton. Ein bronzezeitlicher Goldstandard zwischen Ägäis und Mitteleuropa. Germania 67, 1989, 443-462.
Eliade 1959: M. Eliade, Traité d'histoire des religions (Paris 1959).
- 1976: ders., Histoire des croyances et des idées religieuses (Paris 1976).
- 1990: ders., Forgerons et alchimistes (Paris 1990).
- 1991: ders., Le sacré et le profane (Paris 1991). Die ursprüngliche Fassung erschien in Hamburg 1957 bei Rowohlt.
Emödi 1978 a: I. Emödi, Depozitul de celturi de la Sîntimreu. Crisia 8, 1978, 525-530.
- 1978 b: ders., Noi date privind depozitul de la Cioclovina. Stud. Cerc. Ist. Veche 29, 1978, 481-495.
- 1979 a: ders., O groapă rituală de la sfîrșitul epocii bronzului descoperită la Oradea. Crisia 9, 1979, 735-743.

- 1979 b: ders., O locuință de la sfîrșitul epocii bronzului descoperită la Oradea. Lucrări științifice Inst. Ped. Oradea 1979, 149-153.
- 1980: ders., Necropola de sfîrșitul epocii bronzului din peștera de la Igrița. Stud. Cerc. Ist. Veche 31, 1980, 229-273.
- 1984: ders., Descoperiri ale culturilor Coțofeni și Baden în peșterile Igrița și Izbîndiș. Acta Mus. Napocensis 21, 1984, 405-431.

Emödi/Hadnagy 1982: I. Emödi/Á. Hadnagy, Așezarea hallstattiană de la Șuncuiuș, județul Bihor. Crisia 12, 1982, 383-392.

Enăchiuc-Mihai 1981: V. Enăchiuc-Mihai, Cercetări arheologice pe teritoriul com. Dridu, punctul "La Metereze". Rev. ist. 34, 1981, 507-512.

Eogan 1964: G. Eogan, The Later Bronze Age in Ireland in the light of recent research. Proc. Prehist. Soc. 30, 1964, 268-351.

Eppel 1949: F. Eppel, Das urnenfelderzeitliche Gräberfeld von Unter-Radl, B-H. St. Pölten, NÖ. Arch. Austriaca 2, 1949, 33-63.

Erbach-Schönberg 1985: M.C. zu Erbach-Schönberg, Bemerkungen zu urnenfelderzeitlichen Deponierungen in Oberösterreich. Arch. Korrbl. 15, 1985, 163-178.

- 1985; 1986; 1989: dies., Die spätbronze- und urnenfelderzeitlichen Funde aus Linz und Oberösterreich. Linzer Arch. Forsch. 14, 1985 (Tafeln); 15, 1986 (Katalog); 17, 1989 (Auswertung).

Erman 1934: A. Erman, Die Religion der Ägypter (Berlin, Leipzig 1934).

Essen 1985: R. Essen, Die Nadeln in Polen II (Mittlere Bronzezeit). PBF XIII 9 (München 1985).

Fetzer 1897: J. Fetzer, Szilágysági leletekről. Arch. Ért. 17, 1897, 356-359.

Feustel 1958: R. Feustel, Bronzezeitliche Hügelgräberkultur im Gebiet von Schwarze (Südthüringen) (Weimar 1958).

Fiedler 1953: Z. Fiedler, K významu závěsek s prohnutými stěnami. Památky Arch. 44, 1953, 329-338.

Filimon 1924: A. Filimon, Le dépôt en bronze de Suseni. Dacia 1, 1924, 343-358.

Filip 1936: J. Filip, Popelnicová pole a počátky železné doby v Čechach (Prag 1936-1937).

Florescu 1964: A.C. Florescu, Contribuții la cunoașterea culturii Noua. Arh. Moldovei 2-3, 1964, 143-216.

- 1967: ders., Sur les problèmes du bronze tardif carpato-danubien et nord ouest pontique. Dacia 11, 1967, 59-94.
- 1991: ders., Repertoriul culturii Noua-Coslogeni din România. Așezări și necropole. Cultură și civilizație la Dunărea de Jos 9 (Călărași 1991).

Florescu 1961: M. Florescu, Depozitul de obiecte de bronz de la Ulmi Liteni (r. Hîrlău, reg. Iași). Arh. Moldovei 1, 1961, 115-127.

- 1979: -, Contribuții la cunoașterea concepțiilor despre lume și viață a comunităților tribale monteorene. Carpica 11, 1979, 57-134.

Florescu/Căpitanu 1968: M. Florescu/V. Căpitanu, Cîteva observații privitoare la sfîrșitul epocii bronzului în lumina ultimelor cercetări arheologice efectuate de Muzeul de Istorie din Bacău. Carpica 1, 1968, 35-47.

Florescu/Florescu 1983: M. Florescu/A.C. Florescu, Cercetările arheologice de la Cîndești-Coasta Banului, com. Dumbrăveni (jud. Vrancea), în perioada 1976-1980. Mat. și Cerc. Arh. 15, 1983, 112-123.

Fogel 1988: J. Fogel, Militaria kultury łużyckiej z dorzecza Odry i Wisły (źródła) (Poznań 1988).

Foltiny 1955: S. Foltiny, Zur Chronologie der Bronzezeit des Karpatenbeckens (Bonn 1955).

- 1960: ders., Ein Bronzefund von Csóka. Mitt. Anthr. Ges. Wien 90, 1960, 108-111.
- 1968: ders., Zum Problem der sogenannten "Pseudo-Protovillanovaurnen". Origini 2, 1968, 333-356.

Forbes 1964: R.J. Forbes, Studies in ancient technology (Leiden 1964).

Franz 1922: L. Franz, Ein frühhallstattzeitlicher Depotfund aus Siebenbürgen. Wiener Prähist. Zeitschr. 9, 1922, 67-68.

Furmánek 1977: V. Furmánek, Pilinyer Kultur. Slovenská Arch. 25, 1977, 251-370.

- 1980: ders., Die Anhänger in der Slowakei. PBF XI 3 (München 1980).
- 1992: ders., Reichtümer aus der slowakischen Bronzezeit. Altertum 38, 1992, 17-27.

Furmánek/Stloukal 1986: V. Furmánek/M. Stloukal, Einige Ergebnisse der archäologisch-anthropologischen Untersuchung des Gräberfeldes in Radzovce. In: Siedlung, Wirtschaft und Gesellschaft während der jüngeren Bronze- und Hallstattzeit in Mitteleuropa. Internationales Symposium Potsdam, 25 bis 29 April 1983. Veröff. Mus. Ur- und Frühgesch. Potsdam 20, 1986, 143-149.

Gábori-Csánk 1983: V. Gábori-Csánk, La grotte Remete "Felső" (supérieure) et le "Szeletien de Transdanubie". Acta Arch. Acad. Scien. Hungaricae 35, 1983, 249 ff.

Gabrovec 1970: S. Gabrovec, Dvozankaste locne fibule. Godisnjak 8 (Sarajevo 1970) 5-66.

- 1973: ders., Zacetek halstatskega obdobja v Sloveniji. Arheoloski Vestnik 24, 1973, 338-385.

Gallus/Horváth 1939: S. Gallus/T. Horváth, Un peuple cavalier préscythique en Hongrie. Diss. Pann., Ser. II,9 (Budapest 1939).

Garašanin 1958: M. Garašanin, Neolithikum und Bronzezeit in Serbien und Makedonien. Überblick über den Stand der Forschung. Ber. RGK 39, 1958 (1959) 1-130.

Garašanin 1975: vgl. Ostave 1975.

Gazdapusztai 1959 a: G. Gazdapusztai, Der Gußformfund von Soltvadkert. Acta Arch. Acad. Scien. Hungaricae 9, 1959, 229-305.

- 1959 b: ders., Religionsgeschichtliche Beziehungen des Schwertfundes von Gyopáros aus der frühen Eisenzeit. Az orosházi Szántó Kovács János Múzeum Évk. 1959, 13-29, 209-210 (ungarisch).

Gedl 1975: M. Gedl, Kultura Przedłużycka (Kraków 1975).

- 1978: ders., Bronze II-III (Mont.). Civilisation Lusacienne. Inv. Arch. Pologne 41, 1978, Taf. 254-263.

- 1983: ders., Die Nadeln in Polen I (Frühe und ältere Bronzezeit). PBF XIII 7 (München 1983).

Geißlinger 1967: H. Geißlinger, Horte als Geschichtsquelle (Neumünster 1967).

- 1984: ders., Depotfund, Hortfund. Reallexikon der Germanischen Altertumskunde, Bd. 5 (Berlin, New York 1984) 320-338.

Gerdsen 1986: H. Gerdsen, Studien zu den Schwertgräbern der älteren Hallstattzeit (Mainz 1986).

Geschwendt 1972: F. Geschwendt, Der vor- und frühgeschichtliche Mensch und die Heilquellen (Hildesheim 1972).

Głosik 1976: J. Głosik, Katalog pogotowia archeologicznego za rok 1972 (III). Wiad. Arch. 41, 1976, 225-240.

Gönyei 1871: G. Gönyei, Archaeologiai levelek (XXXVI). Arch. Ért. 4, 1871, 234.

Götze 1913: A. Götze, Die Technik gegossener Bronzeketten. In: Festschr. Montelius (Holmiae 1913) 155-176.

Goldmann 1979: K. Goldmann, Die Seriation chronologischer Leitfunde der Bronzezeit Europas (Berlin 1979).

Gooß 1876 a: C. Gooß, Chronik der archäologischen Funde Siebenbürgens (Hermannstadt [= Sibiu] 1876).

- 1876 b: ders., Skizzen zur vorrömischen Culturgeschichte der mittleren Donaugegend (Kap. I-IV). Arch. Ver. Siebenb. Landeskde. 13, 1876, 407-537.

- 1877: ders., Skizzen zur vorrömischen Culturgeschichte der mittleren Donaugegend (Kap. V-VIII). Arch. Ver. Siebenb. Landeskde. 14, 1877, 47-175.

Goran 1982: C. Goran, Catalogul sistematic al peşterilor din România (Bucureşti 1982).

Gumă 1982: M. Gumă, O nouă descoperire aparţinînd culturii Basarabi în sudul Banatului. Stud. Com. Caransebeş 4, 1982, 155-171.

- 1983: ders., Contribuţii la cunoaşterea culturii Basarabi în Banat. Banatica 7, 1983, 65-138.

Gumă/Dragomir 1985: M. Gumă/I. Dragomir, Un depozit de bronzuri din prima epocă a fierului descoperit la Liborajdea (com. Sicheviţa, jud. Caraş-Severin). Banatica 8, 1985, 107-122.

Hachmann 1957: R. Hachmann, Die frühe Bronzezeit im westlichen Ostseegebiet und ihre mittel- und südosteuropäischen Beziehungen (Hamburg 1957).

Hägg u.a. 1988: R. Hägg/N. Marinatos/G.C. Nordquist (Eds.), Early Greek Cult Practice. In: Proceedings of the Fifth International Symposium at the Swedish Institute at Athens, 26-29 June 1986 (Stockholm 1988).

Hägg/Nordquist 1990: R. Hägg/G.C. Nordquist (Eds.), Celebrations of Death and Divinity in the Bronze Age Argolid. In: Proceedings of the Sixth International Symposium at the Swedisch Institute at Athens, 11-13 June 1988 (Stockholm 1990).

Hänsel 1968: B. Hänsel, Beiträge zur Chronologie der mittleren Bronzezeit im Karpatenbecken (Bonn 1968).

- 1973: ders., Eine datierte Rapierklinge mykenischen Typs von der unteren Donau. Prähist. Zeitschr. 48, 1973, 200-206.

- 1976: ders., Beiträge zur regionalen und chronologischen Gliederung der älteren Hallstattzeit an der unteren Donau (Bonn 1976).

- 1981: ders., Rezension zu Petrescu-Dîmboviţa, Die Sicheln in Rumänien. PBF XVIII 1, 1978. Prähist. Zeitschr. 56, 1981, 284-286.

- 1982: ders., Südosteuropa zwischen 1600 und 1000 v. Chr. PAS 1 (Berlin 1982) 1-38.

Halavács 1887: G. Halavács, A Német-Bogsán őskori leletekről. Arch. Ért. 7, 1887, 49-52.

Hampel 1886 a: J. Hampel, Trouvailles de l'âge de bronze en Hongrie (Budapest 1886).

- 1886 b; 1896; 1892: ders., A bronzkor emlékei Magyarhonban. Bd. 1-3 (Budapest 1886; 1892; 1896).

Hansen 1990: S. Hansen, Eine westeuropäische Lanzenspitze aus dem Rhein bei Mainz. Arch. Korrbl. 20, 1990, 387-395.

- 1991 a: ders., Studien zu den Metalldeponierungen während der Urnenfelderzeit im Rhein-Main-Gebiet (Bonn 1991).

- 1991 b: ders., Studien zu den Metalldeponierungen der älteren Urnenfelderzeit zwischen Karpatenbecken und Rhônetal (Berlin 1991). Ungedr. Diss.

Harbison 1969: P. Harbison, The Axe of the Early Bronze Age in Ireland. PBF IX 1 (München 1969).

Harţuche/Constantinescu 1981: N. Harţuche/G. Constantinescu, Depozitul de bronzuri de la Mihai Bravu, com. Victoria, judeţul Brăila. Istros 2-3, 1981-1983 (1983) 41-47.

Heiderich 1910: Heiderich, Ausgrabung steinzeitlicher Wohngruben und Brandgräber in der Gegend von Hanau. Korrbl. Deutschen Ges. Anthrop., Ethn. u. Urgesch. 41, 1910, 9-13.

Heierli 1901: J. Heierli, Urgeschichte der Schweiz (Zürich 1901).

- 1907 a: ders., Die bronzezeitliche Quellfassung von St. Moritz. Arch. Anthrop. 34, 1907, 120-121.

- 1907 b: ders., Die bronzezeitliche Quellfassung von St. Moritz. Anz. Schweiz. Altkde. N.F. 9, 1907, 265-278.

- 1909: ders., Erster Jahresber. Schweiz. Gesell. Urgesch. 1909, 126ff.

Helck 1979: W. Helck, Die Beziehungen Ägyptens und Vorderasiens zur Ägäis bis ins 7. Jahrhundert v. Chr. (Darmstadt 1979).

Hellebrandt 1980: M. Hellebrandt, A mád-pádihegyi bronzlelet. Évkönyve Miskolc 19, 1980, 79-86.

Hencken 1968: H. Hencken, Tarquinia, Villanovans and Early Etruskans (Cambridge/Massachusetts 1968).

Hennig 1970: H. Hennig, Die Grab- und Hortfunde der Urnenfelderkultur aus Ober- und Mittelfranken (Kallmünz/Opf. 1970).

Herepei 1897: K. Herepei, A nagy-enyedi múzeum némely régiségeiről. Arch. Ért. 17, 1897, 63-68.

Hochstetter 1980: A. Hochstetter, Die Hügelgräberbronzezeit in Niederbayern (Kallmünz 1980).

- 1981: dies., Eine Nadel der Noua-Kultur aus Nordgriechenland. Germania 59, 1981, 239-259.

Höfer 1906: P. Höfer, Der Leubinger Grabhügel. Jahresschr. Vorgesch. Halle 5, 1906, 1-59.

Holste 1936: F. Holste, Der Bronzefund von Winklsass, B.-A. Mallersdorf, Niederbayern. Bayer. Vorgeschbl. 13, 1936, 1-23.

- 1940: ders., Frühbronzezeitliche Sicheln aus Süddeutschland. Germania 24, 1940, 6-11.

- 1951: ders., Hortfunde Südosteuropas (Marburg/Lahn 1951).

Horedt 1941: K. Horedt, Zwei keltische Grabfunde aus Siebenbürgen. Dacia 9-10, 1941-1944, 189-200.

- 1945: ders., Zur Enddatierung der Bronzezeit in Siebenbürgen. Ein skythenzeitlicher Verwahrfund aus Şomărtin. Dacia 11-12, 1945-1947 (1948) 7-16.

- 1947: ders., O contribuţie preistorică la păşunatul în Carpaţii Sudici. Rev. Ist. Română 17, 1947, 156-157.

- 1962: ders., Spada de bronz de la Livada. Stud. Cerc. Ist. Veche 13, 1962, 105-109.

- 1966: ders., Aşezarea fortificată din perioada tîrzie a bronzului de la Sighetul Marmaţiei (Baia Mare 1966).

- 1967: ders., Problemele epocii bronzului din perioada bronzului evoluat în Transilvania. Stud. Com. Sibiu 13, 1967, 137-156.

- 1976 a: ders., Eine befestigte Höhensiedlung der späten Bronzezeit bei Tuşnad in Siebenbürgen. In: Festschr. Pittioni (Wien 1976) 397-405.

- 1976 b: ders., Die ältesten neolithischen Kupferfunde Rumäniens. Jahresschr. mitteldt. Vorgesch. 60, 1976, 175-181.

- 1980: ders., Die Thraker und die Mittelmeerwelt. In: Actes du II-e Congr. Intern. de Thracologie, Bucarest 4-10- sept. 1976 (Bucureşti 1980) 113-119.

Horváth u.a. 1979: I. Horváth/H.M. Kelemen/I. Torma, Komárom megye régészeti topográfiája. Esztergom és dorogi járás, Magyarország régészeti topográfiája. 5. Bd. (Budapest 1979).

Hralá 1954: J. Hralá, Ze současné problematiky evropského pravěku. Arch. Rozhledy 6, 1954, 215-226.

- 1973: -, Knovizská kultura ve středních Čechách (Praha 1973).

Hüttel 1978: H.-G. Hüttel, Zur Enddatierung der Otomani- und Wietenberg-Kultur. Germania 56, 1978 (1979) 424-433.

- 1981: ders., Bronzezeitliche Trensen in Mittel- und Osteuropa. PBF XVI 2 (München 1981).

Hundt 1964: H.-J. Hundt, Katalog Straubing II. Die Funde der Hügelgräberbronzezeit und Urnenfelderzeit (Kallmünz/Opf. 1964).

Iconomu 1977: C. Iconomu, Depozitul de bronzuri de la Tătărani (comuna Dăneşti, jud. Vaslui). Cerc. Istor. 8, 1977, 213-229.

Ignat 1984: D. Ignat, Aşezarea de la sfîrşitul epocii bronzului de la Suplacu de Barcău (jud. Bihor). Crisia 14, 1984, 9-26.

Illyriens 1972: Illyriens et Daces. Ausstellungskatalog (Cluj 1972).

Irimia 1968: M. Irimia, Un nou depozit de bronzuri de la Constanţa. Pontica 1, 1968, 89-105.

- 1974: ders., Cercetările arheologice de la Rasova-Malul Roşu. Raport preliminar cu privire specială asupra Hallstattului în Dobrogea. Pontica 7, 1974, 75-137.

- 1982: ders., Die Bronzezeit in der Dobrudscha im Lichte neuerer Entdeckungen. In: Südosteuropa zwischen 1600 und 1000 v. Chr. (Berlin 1982) 329-351.

Isăcescu 1967: E. Isăcescu, Depozitul de obiecte de bronz de la Putreda (r. Rîmnicu Sărat, reg. Ploieşti). Arh. Moldovei 5, 1967, 327-330.

Jacob-Friesen 1969: G. Jacob-Friesen, Skjerne und Egemose. Wagenteile südlicher Provenienz in skandinavischen Funden. Acta Arch. 40, 1969, 122-158.

Jameson 1990: M. Jameson, Perseus, the Hero of Mykenai. In: Hägg/Nordquist 1990, 213-222.

Jankuhn 1958: H. Jankuhn, Moorfunde. Neue Ausgr. in Deutschland (Berlin 1958) 243-257.

Jażdżewski 1981: K. Jażdżewski, Über sogenannte Sieb- und Räuchergefäße aus Mitteleuropa. In: Beiträge zur Ur- und Frühgeschichte. Festschr. Coblenz (Berlin 1981) 325-354.

Jockenhövel 1971: A. Jockenhövel, Die Rasiermesser in Mitteleuropa. PBF VIII 1 (München 1971).

- 1974: ders., Eine Bronzeamphore des 8. Jahrhunderts v. Chr. von Gevelinghausen, Kr. Meschede (Sauerland). Germania 52, 1974, 16-54.
- 1982: ders., Zu den ältesten Tüllenhämmern aus Bronze. Germania 60, 1982, 459-467.
- 1982 a: ders., Zeugnisse der primären Metallurgie in Gräbern der Bronze- und Alteisenzeit Mitteleuropas. Arch. Polski 27, 1982, 293-301.
- 1984: ders., Jungbronzezeitlicher Burgenbau in Süddeutschland. In: Beiträge zum bronzezeitlichen Burgenbau...(Berlin, Nitra 1982 [1984]) 253-274.
- 1986: ders., Struktur und Organisation der Metallverarbeitung in urnenfelderzeitlichen Siedlungen Süddeutschlands. In: Siedlung, Wirtschaft und Gesellschaft während der jüngeren Bronze- und Hallstattzeit in Mitteleuropa. Internationales Symposium Potsdam, 25 bis 29 April 1983. Veröff. Mus. Ur- u. Frühgesch. Potsdam 20, 1986, 143-149.

Josa/Kemenczei 1964: A. Josa/T. Kemenczei, Bronzkori halmazleletek. Évkönyv Nyíregyháza 6-7, 1963-1964 (1965) 19-45.

Kacsó 1977 a: C. Kacsó, Contribuţii la cunoaşterea metalurgiei cuprului şi bronzului în nord-vestul României. Apulum 15, 1977, 131-154.

- 1977 b: ders., Descoperiri inedite de bronzuri din judeţul Maramureş. Marmatia 3, 1977, 27-36.
- 1980: ders., Date preliminare cu privire la descoperirile de bronzuri de la Bicaz (jud. Maramureş). Stud. Cerc. Ist. Veche 31, 1980, 295-303.
- 1981: ders., Depozitul de bronzuri de la Lăpuş. Marmatia 5-6, 1978-1981, 115-124.
- 1987 a: ders., Beiträge zur Kenntnis des Verbreitungsgebietes und Chronologie der Suciu de Sus-Kultur. Dacia 31, 1987, 51-75.
- 1987 b: ders., Pietrele de rîşniţă şi rîşnitul ritual în cadrul ceremonialelor de ofrandă din epoca bronzului transilvănean. In: Symposia Thracologica 5 (Miercurea Ciuc 1987) 82.
- 1990: ders., Contribuţii la cunoaşterea Bronzului tîrziu din nordul Transilvaniei. Cercetările de la Libotin. Thraco-Dacica 11, 1990, 79-98.
- 1991: ders., Bronzkori fémművesség Északerdélyben. Ausstellungskatalog (Százhalombattai 1991).
- i. Vorb.: ders., Bronze- und Goldfunde aus Maramureş (Baia Mare i. Vorb.).

Kacsó/Bura 1974: C. Kacsó/N. Bura, Piese inedite din depozitul de bronzuri de la Sarasău (jud. Maramureş). Acta Mus. Napocensis 11, 1974, 1-4.

Kacsó/Mitrea 1976: C. Kacsó/I. Mitrea, Depozitul de bronzuri de la Rozavlea (jud. Maramureş). Stud. Cerc. Ist. Veche 27, 1976, 537-548.

v. Károlyi 1968: L. v. Károlyi, Archäologische Funde aus Ungarn. Berliner Jahrb. Vor- u. Frühgesch. 8, 1968, 77-98.

Kemenczei 1965: T. Kemenczei, Die Chronologie der Hortfunde vom Typ Rimaszombat. Évkönyv Miskolc 5, 1964-1965 (1966), 105-175.

- 1967: ders., Die Zagyvapálfalva-Gruppe der Pilinyer Kultur. Acta Arch. Acad. Scien. Hungaricae 19, 1967, 229-305.
- 1968: ders., Adatok a kárpátmedencei halomsiros kultúra vándorlásának kérdéséhez. Arch. Ért. 95, 1968, 159-187.
- 1969: ders., Újabb bronzleletek Borsod megyéből. Évkönyv Miskolc 8, 1969, 27-68.
- 1974: ders., Zur Deutung der Depotfunde von Aranyos. Folia Arch. 25, 1974, 49-70.
- 1979: ders., A gyöngyössomlyos-kishegyi negyedik bronzlelet. Évkönyv Eger 16-17, 1978-1979, 137-155.
- 1981 a: ders., Der Bronzefund von Vajdácska. In: Studien zur Bronzezeit. Festschr. v. Brunn (Mainz 1981) 151-161.
- 1981 b: ders., Das spätbronzezeitliche Urnengräberfeld von Alsóberecki. Folia Arch. 32, 1981, 69-94.
- 1982: ders., Der spätbronzezeitliche Burgenbau in Nordungarn. In: Beiträge zum bronzezeitlichen Burgenbau in Mitteleuropa (Berlin, Nitra 1982).
- 1983: ders., A Tatabánya-Bánhidai bronzlelet. Arch. Ért. 110, 1983, 61-68.
- 1984: ders., Die Spätbronzezeit Nordostungarns. Arch. Hungarica, LI (Budapest 1984).

Kenner 1860: F. Kenner, Beiträge zu einer Chronik der archäologischen Funde in der österreichischen Monarchie (1856-1858). Archiv österr. Geschichtsquellen 24, 1860, 225-424.

- 1863: ders., Beiträge zu einer Chronik der archäologischen Funde in der österreichischen Monarchie (1859-1861). Archiv österr. Geschichtsquellen 29, 1863, 185-337.

Kersten 1951: K. Kersten, Vorgeschichte des Kreises Herzogtum Lauenburg (Neumünster 1951).
- 1958: ders., Die ältere Bronzezeit in Pommern (Hamburg 1958).
Kibbert 1984: K. Kibbert, Die Äxte und Beile im mittleren Westdeutschland II. PBF IX 13 (München 1984).
Kiekebusch 1928: A. Kiekebusch, Das Königsgrab von Seddin (Augsburg 1928).
Kilian 1975: K. Kilian, Fibeln in Thessalien von der mykenischen bis zur archaischen Zeit (München 1975).
Kilian-Dirlmeier 1975: I. Kilian-Dirlmeier, Gürtelhaken, Gürtelbleche und Blechgürtel der Bronzezeit in Mitteleuropa (Ostfrankreich, Schweiz, Süddeutschland, Österreich, Tschechoslowakei, Ungarn, Nordwest-Jugoslavien). PBF XII 2 (München 1975).
- 1979: dies., Anhänger in Griechenland von der mykenischen bis zur spätgeometrischen Zeit. PBF XI 2 (München 1979).
- 1990: dies., Remarks on the Non-military Functions of Swords in the Mycenaean Argolid. In: Hägg/Nordquist 1990, 157-161.
v. Kimakovicz 1913: M. v. Kimakovicz, Neolithischer Fund in der alpinen Region des Zibinsgebirges. Korrbl. Ver. Siebenb. Landeskde. 36, 1913, 15-16.
Kimmig 1955: W. Kimmig, Ein Hortfund der frühen Hügelgräberbronzezeit von Ackenbach (Kr. Überlingen). Jahrb. RGZM 2, 1955, 55-71.
Kleemann 1977: O. Kleemann, Die mittlere Bronzezeit in Schlesien (Bonn 1977).
Középesy 1901: Gy. Középesy, Régészeit kutatások Ér-Köbölkuton Biharvármegyében. Arch. Ért. 21, 1901, 363-368.
Kohlbach 1900: B. Kohlbach, A Simonfai bronzleletről a Kaposvári Állami Főgymnasium gyűjteményében. Arch. Ért. 20, 1900, 79-84.
Koós 1989: J.S. Koós, Der II. Bronzefund von Tiszaladány. Commun. Arch. Hungariae 1989, 31-43.
Korkuti 1971: M. Korkuti, Vendbanimi prehistoric i Trenit. Iliria 1, 1971, 31-47.
Koschick 1981: H. Koschick, Die Bronzezeit im südwestlichen Oberbayern. Materialh. bayer. Vorgesch. A, 50 (Kallmünz 1981).
- 1986: ders., Ein Keramikdepot der Hallstattzeit von Hartmannshof, Gde. Pommelsbrunn, Lkr. Nürnberger Land, Mittelfranken. Mainfränkische Stud. 37, 1986, 71-85.
Kossack 1954: G. Kossack, Studien zum Symbolgut der Urnenfelder- und Hallstattzeit Mitteleuropas (München 1954).
Koszańska 1947: A.H. Koszańska, Skarb naczyn brązowich z Biernacic w pow. Turieckiem. Przegląd Arch. 7, 1946-1947, 106-110.
Kovács 1967: T. Kovács, Eastern Connections of North Eastern Hungary in the late Bronze Age. Folia Arch. 18, 1966-1967, 27-58.
- 1970: ders., A hajdúbagosi bronzkori temető. Folia Arch. 21, 1970, 27-47.
- 1975: ders., Tumulus Culture Cemeteries of Tiszafüred (Budapest 1975).
Krämer 1966: W. Krämer, Prähistorische Brandopferplätze. In: Helvetia Antiqua. (Festschr. Vogt) 1966, 111-122.
Krauss 1968: A. Krauss, Skarb brazowy odkryty w Kleczanach, pow. Ropczyce. Mat. Arch. Kraków 9, 1968, 167-169.
Kroeger-Michel 1983: E. Kroeger-Michel, Les haches à disque du Bassin des Carpathes (Paris 1983).
Kromer 1959: K. Kromer, Das bronzezeitliche Gräberfeld von Hallstatt (Florenz 1959).
Kubach 1978: W. Kubach, Deponierungen in Mooren der südhessischen Oberrheinebene. Jahresber. Inst. Vorgesch. Univ. Frankfurt/M. 1978-1979, 189-310.
- 1985: ders., Einzel- und Mehrstückdeponierungen und ihre Fundplätze. Arch. Korrbl. 15, 1985, 179-185.
Kunkel 1931: O. Kunkel, Pommersche Urgeschichte in Bildern (Stettin 1931).
- 1932: ders., Fundnachrichten des staatlichen Vertrauensmannes für die kulturgeschichtlichen Bodenaltertümer in Pommern. Nachrbl. Dt. Vorzeit 8/4, 1932, 57-62.
Kuzsinsky 1888: B. Kuzsinsky, Délvidéki és erdélyi muzeumok. Arch. Ért. 8, 1888, 330-343.
Kýtlicova 1967: O. Kýtlicova, Die Beziehungen der jung- und spätbronzezeitlichen Hortfunde südwärts und nordwärts des Erzgebirges. Arbeits- u. Forschungsber. Sachsen 16/17, 1967, 139-177.

Lachowicz 1977: F.J. Lachowicz, Skarb brązowy z miejscowości Jelenie gm. Tuczno, woj. Piła. Mat. Szczecin 23, 1977 (1981) 39-58.
Laffineur 1977: R. Laffineur, Les vases en métal précieux à l'époque mycénienne (Göteborg 1977).
Laitin 1942: D. Laitin, Muzeul istoric al Gimnaziului. Anuarul Gimn. mixt din Orşova 24, 1942-1943, 3-12.
Lakó 1983: É. Lakó, Repertoriul topografic al epocii bronzului şi al Hallstattului timpuriu în judeţul Sălaj. Acta Mus. Porolissensis 7, 1983, 69-100.
- 1987: dies., Piese de bronz din aşezarea de cultură Otomani de la Crasna (jud. Sălaj). Acta Musei Porolissensis 11, 1987, 77-81.
Lăpuşnean u.a. 1974: V.L. Lăpuşnean/I.T. Niculiţă/M.A. Romanovskaja, Pamjatniki rannego železnogo veka (Kišinev

1974).

László 1976 a: A. László, Rezension zu A. Mozsolics, Bronze- und Goldfunde des Karpatenbeckens. Depotfundhorizont von Forró und Ópályi. Cercetări istorice 27, 1976, 121-133.

- 1976 b: ders., Über den Ursprung und die Entwicklung der frühhallstattzeitlichen Kulturen der Moldau. Thraco-Dacica 1, 1976, 89-98.

- 1977: ders., Anfänge der Benutzung und der Bearbeitung des Eisens auf dem Gebiete Rumäniens. Acta Arch. Acad. Scien. Hungaricae 29, 1977, 53-75.

- 1980: ders., La région extracarpatique orientale à la fin du II-e millénaire et dans la première moitié du I-e millénaire avant notre ère. In: Actes II. Congr. Internat. de Thracol. 1976, Bd. I (București 1980) 181-187.

- 1985: ders., Hallstattul timpuriu și mijlociu pe teritoriul Moldovei. Zusammenfassung der Dissertation (Iași 1985).

Laux 1976: F. Laux, Die Nadeln in Niedersachsen. PBF XIII 4 (München 1976).

Lazăr 1980: V. Lazăr, Importantă descoperire arheologică la Jabenița. Steaua Roșie XXXII, Nr. 130 (6890) (Tîrgu Mureș 1980) 3.

- 1987: ders., Depozitul de bronzuri de la Sîngeorgiu de Mureș (jud. Mureș). Apulum 24, 1987, 41-46.

Lazarovici 1975: G. Lazarovici, Despre eneoliticul timpuriu din Banat. Tibiscum 4, 1975, 9-31.

- 1977: ders., Gornea - Preistorie. Caiete Banatica - Archäologische Reihe (Reșița 1977).

Lazin 1969: G. Lazin, Un depozit din epoca bronzului de la Salonta. Studia Universit. Babeș-Bolyai 14,2, 1969, 33-41.

Leahu 1966: V. Leahu, Cultura Tei (București [1966]).

- 1988: ders., Obiecte de metal și mărturii ale practicării metalurgiei în aria culturii Tei. Stud. Cerc. Ist. Veche 39, 1988, 223-241.

Lebessi 1981: A. Lebessi, Continuity in Minoan-Mycenean cult; survivals and revivals. Arch. Ephem. 1981,1-24.

Le Rouzic 1932: Z. Le Rouzic, Carnac, Fouilles faites dans la Région. Tumulus du Mont St. Michel 1900-1906 (Vannes 1932).

Leskov 1981: A.M. Leskov, Jung- und spätbronzezeitliche Depotfunde im nördlichen Schwarzmeergebiet I. PBF XX 5 (München 1981).

Levy 1982: J.E. Levy, Social and Religious Organization in Bronze Age Denmark. An Analysis of Ritual Hoard Finds. BAR Internat. Series 124 (Oxford 1982).

Lichardus 1982: J. Lichardus, Handwerker und Handwerkerstand in der frühen Kupferzeit, am Beispiel des Karanovo-VI-Gumelnița-Verbandes. Interaction and Acculturation in the Mediterranean 2, 1982, Proc. of the Second Internat. Congr. of Mediterranean Pre- and Protohistory Amsterdam 1982 (Amsterdam 1984) 197 ff.

Lichardus-Itten 1991: M. Lichardus-Itten, Hortfunde als Quellen zum Verständnis der frühen Kupferzeit. In: Lichardus (Hrsg.), Die Kupferzeit als historische Epoche (Bonn 1991) 753-762.

Lipovan 1985: I. Lipovan, Topoare de piatră descoperite în satul Galați (oraș Zlatna, jud. Alba). Apulum 22, 1985, 17-21.

Mačala 1985: P. Mačala, Depot bronzových predmetov z Přestavík, okr. Přerov. Slovenská Arch. 33, 1985, 165-202.

Macrea/Kacsó 1972: M. Macrea/C. Kacsó, Depozitul de bronzuri de la Bătarci. Satu Mare. Stud. și comunicări 2, 1972, 101-112.

Magyar 1796: A' Magyar Nyelv-mivelő Tarsaság Munkainak elsö darabja (Hermannstadt [bei Hochmeister] 1796).

Maier 1964: R.A. Maier, Die jüngere Bronzezeit in Bayern. Jahresber. Bayer. Bodendenkmalpflege 5, 1964, 1-197.

- 1977: ders., Urgeschichtliche Opferreste aus einer Felsspalte und einer Schachthöhle der Fränkischen Alb. Germania 55, 1977, 21-32.

- 1984: ders., Schachthöhlen und Felstürme als urgeschichtliche Opferplätze. Führer zu arch. Denkmälern Deutschland 5, 1984, 204-211.

- 1988: ders., Frühbronzezeitliche Ösenhalsring-Sätze von gestaffelter Größe aus Quellbächen und Mooren Südbayerns. Germania 66, 1988, 150-154.

Mailand 1908: O. Mailand, Jelentés ... a múzeum 1907. évi állapotáról. Hun. Társ. Rég. Tört. Évk. 18, 1908, 59-62.

Makkay 1960: J. Makkay, Különös régészeti leletek a Jósa András Muzeumban. Évkönyve Nyíregyháza 3, 1960, 7-26.

- 1978: ders., Mahlstein und das rituale Mahlen in den prähistorischen Opferzeremonien. Acta Arch. Acad. Scien. Hungaricae 30, 1978, 13-36.

Mandera 1985: H.E. Mandera, Einige Bemerkungen zur Deutung bronzezeitlicher Horte. Arch. Korrbl. 15, 1985, 187-193.

Mantzevitch 1958: A.P. Mantzevitch, Golovka bîka iz kurgana VI. do n. e. na r. Kalitve. Sovetskaja Arch. 1958/2, 196-202.

Mărghitan 1968: L. Mărghitan, Despre o veche descoperire arheologică din sudul județului Hunedoara. Sargetia 5, 1968, 23-29.

Mariën 1964: M.E. Mariën, Découverte à la grotte de Han (Bruxelles 1964).

Marinescu 1979 a: G. Marinescu, Depozitul de bronzuri de la Agrieș (com. Tîrlișua, jud.Bistrița-Năsăud) și unele probleme ale bronzului tîrziu în Transilvania nord-estică. Apulum 17, 1979, 91-101.
- 1979 b: ders., Depozitul de bronzuri de la Ciceu Corabia. Acta Mus. Porolissensis 3, 1979, 51-57.
- 1979 c: ders., Depozitul de bronzuri de la Țigău (com. Lechința, jud. Bistrița-Năsăud). Marisia 9, 1979, 39-42.
- 1983: ders., Două noi spade de bronz descoperite în Transilvania. Apulum 21, 1983, 57-65.
Marinescu/Dănilă 1974: G. Marinescu/Ș. Dănilă, Obiecte de bronz descoperite pe teritoriul județului Bistrița-Năsăud. File de Istorie 3, 1974, 65-88.
-/- 1976: dies., Cercetări și descoperiri arheologice în județul Bistrița-Năsăud (II). File de Istorie 4, 1976, 24-56.
Marinescu/Retegan 1974: G. Marinescu/A. Retegan, Descoperiri arheologice pe teritoriul comunei Căianu Mic, județul Bistrița-Năsăud. File de Istorie 3, 1974, 443-451.
Marinescu-Bîlcu 1963: S. Marinescu-Bîlcu, Klad bronzovyh izdelenii v Oinake. Dacia 7, 1963, 517-526.
Maringer 1974: J. Maringer, Flußopfer und Flußverehrung in vorgeschichtlicher Zeit. Germania 52, 1974, 309-318.
Marțian 1920: I. Marțian, Repertoriu arheologic pentru Ardeal (Bistrița 1920).
Mătasă 1938: C. Mătasă, Cercetări din preistoria județului Neamț. Bulet. Comis. Monum. Ist. 31, H. 97, 1938, 97-133.
Máthé 1972: M.Sz. Máthé, Früheisenzeitlicher Bronze-Depotfund von Nádudvar. Acta Arch. Acad. Scien. Hungaricae 24, 1972, 399-414.
Matoga 1985: A. Matoga, Wstępne wyniki badań na cmentarzysku z III-V okresu epoki brązu w Bocheńcu, woj. Kielce. Spraw. Arch. 37, 1985, 81-109.
Mayer 1977: E.F. Mayer, Die Äxte und Beile in Österreich. PBF IX 9 (München 1977).
- 1978: ders., Bronzezeitliche Paßfunde im Alpenraum. Jahresber. Inst. Vorgesch. Frankfurt/M. 1978-1979 (1980) 179-187.
Medeleț 1974: F. Medeleț, Die Bronzesitula von Remetea Mare (Kreis Timiș). Dacia 18, 1974, 95-102.
Melinte 1975: G. Melinte, Depozitul de bronzuri de la Ghermănești (jud. Vaslui). Arh. Moldovei 8, 1975, 309-313.
Meljukova 1961: A.I. Meljukova, Kul'tury predskifkogo perioda v lesostepnoj Modavii. Mat. Issledov. Arch. SSSR 96 (Moskva 1961).
- 1972: dies., O datirovke i sootnošenii pamjatnikov načala železnogo veka v lesostepnoj Moldavii. Sovetskaja Arch. 1, 1972, 57-72.
Menghin 1921: O. Menghin, Urgeschichte Niederösterreichs (Wien 1921).
v. Merhart 1956: G. v. Merhart, Über blecherne Zierbuckel (Faleren). Festschr. E. Sprockhoff, 2. Teil. Jahrb. RGZM 3, 1956, 27-104.
Mertins 1896: O. Mertins, Depotfunde der Bronzezeit in Schlesien. Schlesiens Vorzeit in Bild und Schrift 6, 1896, 314-315.
Mihalik 1908: S. Mihalik, Orsova és környékének régiségei. Múz. Könyvt. Ért. 2, 1908, 8-20.
Milčev/Angelova 1969: A. Milčev/S. Angelova, Razkopki i proucvanija v m. Kaleto pri s. Nova Cerna, Silistrenski okrăg prez 1967 g. Arheologija 11, 1969, 41-56.
Milleker 1897; 1898; 1906: B. Milleker, Délmagyarország régiség leletei a honfoglalás előtti időkből (Temesvár 1897, 1898, 1906).
Milleker 1940: F. (=B.) Milleker, Vorgeschichte des Banats. Starinar 15, 1940, 3-42.
v. Miske 1908: K. v. Miske, Die prähistorische Ansiedlung Velem St. Vid (Wien 1908).
Mitrofan 1967: I. Mitrofan, Așezarea hallstattiană de la Teleac. Acta Mus. Napocensis 4, 1967, 431-438.
Moga 1941: M. Moga, Depozitul de bronz de la Berzasca. Anu. Instit. Stud. Clasice 4, 1941-1943 (1944) 262-266.
- 1943: ders., O precizare în legătură cu depozitul de bronz de la Săplac-Sălaj. Anu. Instit. Stud. Clasice 4, 1941-1943 (1944), 267-273.
- 1947: ders., Dépôt de Guruslău (dép. de Sălaj). Dacia 11-12, 1945-1947 (1948) 257-264.
Mohen 1991: J.-P. Mohen, Les sépultures de métallurgistes du début des âges des métaux en Europe. In: Découverte du métal (Picard 1991) 131-136.
Moisil 1910: C. Moisil, Privire asupra antichităților preistorice ale României. Bulet. Comis. Monum. Ist. 3, 1910, 115-124.
- 1911: ders., Priviri asupra antichităților preistorice din România. Bulet. Comis. Monum. Ist. 4, 1911, 83-94.
Montelius 1898: O. Montelius, Die Chronologie der ältesten Bronzezeit in Nord-Deutschland und Skandinavien. Archiv Anthrop. 25, 1898, 443-483.
Morintz 1964: S. Morintz, Quelques problèmes concernant la période ancienne du Hallstatt au Bas-Danube à la lumière des fouilles de Babadag. Dacia 8, 1964, 101-118.
- 1978: ders., Contribuții arheologice la istoria tracilor timpurii I. Epoca bronzului în spațiul carpato-balcanic (București 1978).
Morintz/Șerbănescu 1985: S. Morintz/D. Șerbănescu, Rezultatele cercetărilor de la Radovanu, punctul "Gorgana a doua" (jud. Călărași). Thraco-Dacica 6, 1985, 5-30.
Mozsolics 1941: A. Mozsolics, Der Bronzefund von Erdőszentgyörgy. Közlemények-Kolozsvár 1, 1941, 100-108.
- 1943: dies., Kútban talált őskori bronzbalta. Közlemények Kolozsvár 3, 1943, 84.

- 1956: dies., Spätbronzezeitliche durchbrochene Wagenbeschläge. Acta Arch. Acad. Scien. Hungaricae 7, 1956, 1-14.
- 1960: dies., Der Tumulus von Nyírkarász-Gyuláháza. Acta Arch. Acad. Scien. Hungaricae 12, 1960, 113-123.
- 1967: dies., Bronzefunde des Karpatenbeckens (Budapest 1967).
- 1973: dies., Bronze- und Goldfunde des Karpatenbeckens (Budapest 1973).
- 1975 a: dies., Somogy megyei bronzleletek I. Közlemények Somogy 2, 1975, 5-20.
- 1975 b: dies., Bronzkori kardok folyokból. Arch. Ért. 102, 1975, 3-24.
- 1984 a: dies., Ein Beitrag zum Metallhandwerk der ungarischen Bronzezeit. Ber. RGK 65, 1984, 19-72.
- 1984 b: dies., Rekonstruktion des Depots von Hajdúböszörmény. Prähist. Zeitschr. 59, 1984, 81-93.
- 1985: dies., Bronzefunde aus Ungarn. Depotfundhorizonte von Aranyos, Kurd und Gyermely (Budapest 1985).
- 1987: dies., Verwahr- oder Opferfunde? Bemerkungen zur Arbeit von K. H. Willroth 1985. Acta Arch. Acad. Scien. Hungaricae 39, 1987, 93-98.
- 1988: dies., Der Bronzefund aus der oberen Remete-Höhle. Acta Arch. Acad. Scien. Hungaricae 40, 1988, 27-64.

Much 1893: M. Much, Die Kupferzeit in Europa. 2. Aufl. (Wien 1893).

Müller 1964: A. v. Müller, Die jungbronzezeitliche Siedlung von Berlin-Lichterfelde (Berlin 1964).

Müller 1858: F. Müller, Die Bronzealterthümer, eine Quelle der älteren siebenbürgischen Geschichte. Archiv Ver. Siebenb. Landeskde. 3, 1858, 333-382.

Müller-Karpe 1955: H. Müller-Karpe, Das urnenfelderzeitliche Wagengrab von Hart a.d. Alz, Oberbayern. Bayer. Vorgeschbl. 21, 1955, 46-75.
- 1958: ders., Neues zur Urnenfelderkultur Bayerns. Bayer. Vorgeschbl. 23, 1958, 4-34.
- 1959: ders., Beiträge zur Chronologie der Urnenfelderzeit nördlich und südlich der Alpen (Berlin 1959).
- 1961: ders., Die Vollgriffschwerter der Urnenfelderzeit aus Bayern (München 1961).
- 1962: ders., Die Metallbeigaben der früheisenzeitlichen Kerameikos-Gräber. Jahrb. DAI 77, 1962 (1963) 59-129.
- 1979: ders., Bronzezeitliche Heilszeichen. Jahresber. Inst. Vorgesch. Univ. Frankfurt/M. 1978-79 (1980) 9-28.
- 1980: ders., Handbuch der Vorgeschichte. Bd. IV. Bronzezeit (München 1980).

Mureşan 1987: A. Mureşan, Două brăţări de bronz descoperite în cetatea de pămînt de la Sîntana, judeţul Arad. Crisia 17, 1987, 313-315.

Muthmann 1975: F. Muthmann, Mutter und Quelle. Studien zur Quellenverehrung im Altertum und im Mittelalter (Basel 1975).

Mylonas 1966: G.E. Mylonas, Mycene and the Mycenean Age (Princeton 1966).

Nagy 1955: S. Nagy, Bronzana ostava iz Novog Bečeja. Rad Vojvodj. Muz. 4, 1955, 43-61.

Nánási 1974: Z. Nánási, Repertoriul obiectelor de bronz din Muzeul de Istorie de la Săcuieni. Crisia 4, 1974, 177-184.

Naum u.a. 1988: T. Naum/M. Cârciumaru/E. Niţoi, Megalitul gravat de la Gura Haiţii, com. Şaru Dornei, jud. Suceava. Stud. Cerc. Ist. Veche 39, 1988, 143-157.

Needham i.D.: S. Needham, Middle Bronze Age ceremonial weapons: new finds from Oxborough, Norfolk, and Essex/Kent. Antiquaries Journal, i.D.

Nees 1933: M. Nees, A tibolddaroci kincslelet. Arch. Ért. 46, 1932-1933, 164-174.

Neigebaur 1851: J.F. Neigebaur, Dacien aus den Ueberresten des klassischen Altertums, mit besonderer Rücksicht auf Siebenbürgen (Kronstadt [=Braşov] 1851).

Nekvasil 1982: J. Nekvasil, Pohřebiště lužické kultury v Moravičanech (Brno 1982).

Németh/Torma 1965: P. Németh/I. Torma, A romándi későbronzkori raktárlelet. Közlemények Veszprém 1965 (1966) 59-90.

Németi 1978: I. Németi, Descoperiri de la sfîrşitul epocii bronzului în zona Careiului. Stud. Cerc. Ist. Veche 29, 1978, 99-122.

Nestor 1932: I. Nestor, Der Stand der Vorgeschichtsforschung in Rumänien. Ber. RGK 22, 1932 (1933) 11-181.
- 1935: ders., Ein Bronze-Depot aus Moigrad, Rumänien. Prähist. Zeitschr. 26, 1935, 23-57.
- 1941: ders., Étude sur l'exploitation préhistorique du cuivre en Roumanie. Le dépôt de barres colliers de Deva. Dacia 9-10, 1941-1944, 165-181.
- 1960: ders., Inceputurile societăţii gentilice patriarhale şi ale destrămării orînduirii comunei primitive. Epoca bronzului. In: Istoria României I (Bucureşti 1960) 90-113, 114-132.

Neugebauer 1985: Ch. u. J.-W. Neugebauer, Fundberichte 1985/1986, Bronzezeit. Fundber. Österr. 24/25, 1985/1986, 230-231.

Neustupný 1938: J. Neustupný, Poklad bronzů na dreveniku ve spiši. Sborník národ. mus. v Praze 1, 1938-1939-A, 201-220.

Nicholson 1980: S.M. Nicholson, Catalogue of the prehistoric Metalwork in Merseyside County Museum (Liverpool 1980).

Nicolescu-Otin 1913: C. Nicolescu-Otin, Contribuţiuni la metalurgia antică a cuprului în ţerile locuite azi de Români (Bucureşti 1913).
Nistor/Vulpe 1969: F. Nistor/Al. Vulpe, Bronzuri inedite din Maramureş în colecţia prof. Francisc Nistor din Sighetul Marmaţiei. Stud. Cerc. Ist. Veche 20, 1969, 181-194.
-/- 1970: dies., Depozitul de brăţări de bronz de la Vadul Izei. Stud. Cerc. Ist. Veche 21, 1970, 623-631.
-/- 1974: dies., Depozitul de bronzuri de la Crăciuneşti (Maramureş). Stud. Cerc. Ist. Veche 25, 1974, 5-18.
Notizzen 1871: Notizzen, Weißkirch bei Bistritz. Archiv Ver. Siebenbürg. Landeskde. 9,3, 1871, 498-499.
Novotná 1970 a: M. Novotná, Die Bronzehortfunde in der Slowakei. Spätbronzezeit (Bratislava 1970).
- 1970 b: dies., Die Äxte und Beile in der Slowakei. PBF IX 3 (München 1970).
- 1980: dies., Die Nadeln in der Slowakei. PBF XIII 6 (München 1980).
- 1981: dies., Ein Depotfund aus Liptovská Mara. Studien zur Bronzezeit. Festschr. v. Brunn (Mainz 1981) 309-314.
- 1987: dies., Bermerkungen zur Deutung der Bronzehortfunde mit Bronzegefäßen aus der Slowakei. In: Die Urnenfelderkulturen Mitteleuropas (Praha 1987) 325-330.

Oancea 1979: A. Oancea, Raport preliminar privind săpăturile arheologice de la Petrişoru, com. Racoviţeni, jud. Buzău. Cerc. Arh. Muz. Naţ. 3, 1979, 39-41.
- 1981: ders., Considérations sur l'étape finale de la culture de Monteoru. Dacia 25, 1981, 131-191.
Oancea/Drâmbocianu 1975: A. Oancea/V. Drâmbocianu, Un mic depozit de bronzuri descoperit la Izvorul Dulce. Stud. Cerc. Ist. Veche 26, 1975, 395-399.
Oancea/Gherghe 1981:A. Oancea/P. Gherghe, Depozitul de bronzuri de la Drăguţeşti, jud. Gorj. Stud. Cerc. Ist. Veche 32, 1981, 265-269.
Oancea 1973 a: L. Oancea, Descoperiri arheologice la Valea Voievozilor (com. Răzvad), judeţul Dîmboviţa. Scripta Valachica 4, 1973, 109-129.
- 1973 b: dies., Incă o spadă cu "limbă la mîner" la sud de Carpaţi. Chronica Valachica 5, 1973, 43-48.
Olshausen 1886: O. Olshausen, (spricht über) Spiralringe. Verhandl. Berl. Anthrop. Gesellsch. 1886, [433]-[487].
Oprinescu 1990: A. Oprinescu, Depozitul de bronzuri de la Pojejena (judeţul Caraş-Severin). Banatica 10, 1990, 81-87.
Ordentlich 1964: I. Ordentlich, Depozitul de bronzuri de la Sălard. Arh. Moldovei 2-3, 1964, 475-486.
- 1965: ders., Un depozit de vase de tip Otomani de la Valea lui Mihai (reg. Crişana). Stud. Com. Muz. Brukenthal 12, 1965, 181-197.
- 1968: ders., Depozitul de bronzuri de la Otomani. Acta Mus. Napocensis 5, 1968, 397-404.
- 1970: ders., Die chronologische Gliederung der Otomani-Kultur auf dem rumänischen Gebiet und ihre wichtigsten Merkmale. Dacia 14, 1970, 83-97.
- 1971: ders., Aria de răspîndire a culturii Otomani de pe teritoriul României. Marmatia 2, 1971, 19-35.
Orosz 1906: E. Orosz, Erdély bronzleletekről. Arch. Ért. 26, 1906, 368-375.
- 1907: ders., A papfalvi bronzleletről (Kolozs m.). Arch. Ért. 27, 1907, 73-76.
Ostave 1975: Praistorijske ostave u Srbiji i Vojvodini. Fontes Archaeologiae Serbiae, Ser. 1,1 (Belgrad 1975).

Pahič 1972: S. Pahič, Pobrežje (Ljubljana 1972).
Parducz 1965: M. Parducz, Hallstattzeitliche Phaleren im Museum von Aiud. Apulum 5, 1965, 105-113.
Pârvan 1926: V. Pârvan, Getica. O protoistorie a Daciei (Bucureşti 1926).
- 1972: ders., Dacia. Civilizaţiile antice din ţările carpato-danubiene. 5. Aufl. Übersetzung und Anmerkungen von R. Vulpe (Bucureşti 1972).
Paszthory 1985: K. Paszthory, Der bronzezeitliche Arm- und Beinschmuck in der Schweiz. PBF X 3 (München 1985).
Patay 1954: P. Patay, Előzetes jelentés a nagybátonyi temető ásatásának eredményeiről. Arch. Ért. 81, 1954, 33-49.
- 1966: ders., Der Bronzefund von Fancsika. Acta Antiqua et Arch. 10, 1966, 75-85.
- 1969: ders., Der Bronzefund von Mezőkövesd. Acta Arch. Acad. Scien. Hungaricae 21, 1969, 167-216.
- 1990: ders., Die Bronzegefäße in Ungarn. PBF II 10 (München 1990).
Patek 1968: E. Patek, Die Urnenfelderkultur in Transdanubien (Budapest 1968).
Pauli 1980: L. Pauli, Die Alpen in Frühzeit und Mittelalter (München 1980).
- 1985: ders., Einige Anmerkungen zum Problem der Hortfunde. Arch. Korrbl. 15, 1985, 195-206.
Paulík 1963: J. Paulík, K problematike čakanskej kultúry v karpatskej kotline. Slovenská Arch. 11, 1963, 269-338.
- 1965: ders., Nález štítových puklic z mladšej doby bronzovej vo Zvolene. Stud. Zvesti AUSAV 15, 1965, 17-32.
- 1966: ders., Mohyla čakanskej kultúry v Kolte. Slovenská Arch. 14, 1966, 357-396.
- 1969: ders., Mohyla z mladšej doby bronzovej v Lužanoch. Zbornik Slov. národného Múz. Bratislava 63, Historia 9, 1969, 3-51.

- 1975: ders., Ein Grabhügel der Čaka-Kultur von Dedinka. Jahresber. Inst. Vorgesch. Univ. Frankfurt/M. 1975, 57-60.
- 1984: ders., Čačianska mohyla v Dedinke, okres Nové Zámky (II). Zbornik Slov. národného Múz. Bratislava 78, Historia 24, 1984, 27-48.

Păunescu/Şadurschi 1983: A. Păunescu/P. Şadurschi, Repertoriul arheologic al României. Judeţul Botoşani. I. Comuna Albeşti. Hierasus 5, 1983 (1984) 221-270.

Pavelčík 1963: J. Pavelčík, Druhý depot bronzových předmetu z Drslavic. In: Přehled výzkumů 1963 (Brno 1964), 27ff.

Pepelea 1973: V. Pepelea, Depozitul de bronzuri de la Cetatea de Baltă. Acta Mus. Napocensis 10, 1973, 517-521.

Peroni 1956: R. Peroni, Zur Gruppierung mitteleuropäischer Griffzungendolche der späten Bronzezeit. Bad. Fundber. 20, 1956, 69-92.
- 1973: ders., Studi di cronologia hallstattiana (Roma 1973).

Petre 1976: G.I. Petre, Noi descoperiri de topoare de aramă în jud. Vîlcea. Stud. Cerc. Ist. Veche 27, 1976, 261-266.

Petre-Govora 1983: G.I. Petre-Govora, Noi topoare de aramă din nord-estul Olteniei (II). Stud. Cerc. Ist. Veche 34, 1983, 287-289.

Petres 1960: É. Petres, Székesfehérvári koravaskori kincslelet. Folia Arch. 12, 1960, 35-43.

Petrescu-Dîmboviţa 1944: M. Petrescu-Dîmboviţa, Depozitul de bronzuri de la Bîrsana Maramureş. Anu. Instit. Stud. Clasice 5, 1944-1948 (1949) 264-281.
- 1953: ders., Contribuţii la problema sfîrşitului epocii bronzului şi începuturile epocii fierului în Moldova. Stud. Cerc. Ist. Veche 4, 1953, 443-486.
- 1954: ders., Depozitul de obiecte de bronz de la Blăjenii de Jos (Raionul Bistriţa). Revista Univ. "Al.I. Cuza" şi a Instit. Polit. Iaşi I,1-2, 1954, 277-292.
- 1960: ders., Konec bronzovo i načalo ranneželeznovo veka v Moldove v svete poslednych archeologičeskich raskopok. Dacia 4, 1960, 139-159.
- 1964: ders., Date noi relativ la descoperirile de obiecte de bronz de la sfîrşitul epocii bronzului şi începutul Hallstatt-ului din Moldova. Arh. Moldovei 2-3, 1964, 251-272.
- 1971 a: ders., Les dépôts tardifs de bronzes sur le territoire de la Roumanie (de Bronze D au Hallstatt B inclusivemant). In: Actes du VIII-e Congr. Intern. Sciences Préhist. Protohist. 1 (Belgrad 1971), 175-192.
- 1971 b: ders., Quelques considérations concernant la fin de l'âge du bronze et le début du Hallstatt dans l'éspace carpatho-balkanique. Studia Balc. 5, 1971, 107-117.
- 1977: ders., Depozitele de bronzuri din România (Bucureşti 1977).
- 1978: ders., Die Sicheln in Rumänien mit Corpus der jung- und spätbronzezeitlichen Horte Rumäniens. PBF XVIII 1 (München 1978).
- 1981: ders., Unele consideraţii privitoare la funcţia secerilor de bronz la tracii din spaţiul carpato-ponto-dunărean. Thraco-Dacica 2, 1981, 125-131.
- 1986: ders., Les principaux problèmes concernant les dépots de bronzes chez Thraces de l'espace carpatho-danubien-pontique des XVI-e - XI-e siècles av. n. ère. Pulpuldeva 5, 1986, 161-183.
- 1987: ders., Metalurgia bronzului la tracii din spaţiul carpato-dunăreano-pontic în opera lui Vasile Pârvan. Arh. Moldovei 11, 1987, 11-20.
- 1990: ders., Unele consideraţii cu privire la brăţările şi verigile de picior de bronz din Dobrogea. Thraco-Dacica 11, 1990, 59-68.

Petrescu-Dîmboviţa/Dinu 1974: M. Petrescu-Dîmboviţa/M. Dinu, Noi cercetări arheologice la Stoicani (jud. Galaţi). Stud. Cerc. Ist. Veche 25, 1974, 71-97.

Petrescu-Dîmboviţa/Florescu 1971: M. Petrescu-Dîmboviţa/M. Florescu, Dépôts de l'âge du bronze tardif. Inv. Arch. R 31-41 (Bucarest 1971).

Petrescu-Sava/Nestor 1940: G. Petrescu-Sava/I. Nestor, Două localităţi preistorice pe Teleajen: Cetăţuia de la Homorîci şi movila de la Gura Vitioarei (jud. Prahova). Rev. de Preist. Antichit. Naţ. 2-4, 1940, 71-88.

Petrovszky 1979: R. Petrovszky, Peşteri din judeţul Caraş-Severin - Cercetări arheologice (I). Stud. Com. Caransebeş, III,2, 1979, 229-261.

Pettazzoni 1912: R. Pettazzoni, Religione primitiva in Sardegna (Piacenza 1912). Reprint: Carlo Delfino Editore (Sassari 1980).

Pfützenreiter 1931: F. Pfützenreiter, Zwei wichtige Grabfunde der Urnenfelderzeit. Altschlesien 3, 1931, 163-170.
- 1936: ders., Oberschlesische Bronzeschwerter. Altschlesien 6, 1936, 75-84.

Pič 1900; 1905: J.L. Pič, Starožitnosti zeme České I. Cechý predhistorické 1-2 (1899-1900); II. Čechy na úsvite dejin 3 (1905).

Picard 1948: Ch. Picard, Les religions préhelleniques (Paris 1948).

Pigorini 1908: L. Pigorini, Uso delle acque salutari nell'età del bronzo. Bull. paletn. ital. 34, 1908, 169ff.

Pittioni 1954: R. Pittioni, Urgeschichte des österreichischen Raumes (Wien 1954).

Pizchelauri 1984: K. Pizchelauri, Jungbronzezeitliche bis ältereisenzeitliche Heiligtümer in Ost-Georgien (München 1984).
Platon 1974: N. Platon, Kato Sakros (Athen 1974).
Plesl 1961: E. Plesl, Lužická kultura v severozápadních Čechách (Praha 1961).
Podborský 1970: V. Podborský, Mähren in der Spätbronzezeit und an der Schwelle der Eisenzeit (Brno 1970).
Popa/Berciu 1965: A. Popa/I. Berciu, Un depozit de obiecte hallstattienne de la Vinţu de Jos. Apulum 5, 1965, 51-70.
Popa/Zdroba 1966: R. Popa/M. Zdroba, Şantierul arheologic Cuhea (Baia Mare 1966).
Popescu 1940: D. Popescu, Bronzehort (?) von Şieu (Maramureş). Dacia 7-8, 1937-1940, 145-146.
- 1944: ders., Die frühe und mittlere Bronzezeit in Siebenbürgen (Bucureşti 1944).
- 1956: ders., Prelucrarea aurului în Transilvania înainte de cucerirea romană. Mat. şi Cerc. Arheol. 2, 1956, 196-250.
Popescu/Rusu 1966: D. Popescu/M. Rusu, Dépôts de l'âge 1966 du bronze moyen. Inv. Arch. Roumanie 1 (Bucarest 1966).
Popović 1975: vgl. Ostave 1975.
Poroszlai 1982: I. Poroszlai, Későbronzkori edénydepot lelet Debrecenből. Évkönyv Debrecen 1982 (1985) 75-100.
Posta 1899: B. Posta, Kurticsi őstelepek. Arch. Ért. 19, 1899, 18-28.
- 1918: ders., Kilényi Hugo régiség-gyüjteménye. Dolgozatok-Kolozsvár 9, 1918, 109-216.
Potušniak 1958: F.M. Potušniak, Arheologicny znahydki bronzogo ta zaliznogo biku na Zakarpatti (Užgorod 1958).
Praist. Vojv.: B. Brukner/B. Jovanović/N. Tasić, Praistorija Vojvodine (Novi Sad 1974).
Preller 1865: L. Preller, Römische Mythologie. 2. Aufl. (Berlin 1865).
Primas 1977: M. Primas, Zur Informationsausbreitung im südlichen Mitteleuropa. Jahresber. Inst. Vorgesch. Univ. Frankfurt/M. 1977 (1978) 164-184.
- 1986: dies., Die Sicheln in Mitteleuropa I. PBF XVIII 2 (München 1986).
Pulszky 1883: F. Pulszky, A rézkor Magyarországban (Budapest 1883).
- 1897: ders., Magyarország archaeologiája 1-2 (Budapest 1897).
Puš 1982: I. Puš, Prazgodovinsko žarno grobišče v Ljubljani (Ljubljana 1982).

Radimský/Szombathy 1885: V. Radimský/J. Szombathy, Urgeschichtliche Forschungen in der Umgegend von Wies in der Mittel-Steiermark. II Bericht. Mitt. Anthr. Ges. Wien 15, 1885, 117 ff.
Rajewski/Adamczak 1959: Z. Rajewski/S. Adamczak, Miecz brązowy z Wenecji koło Żnina. Wiad. Archeol. 26, 1959-1960, 261-265.
Rašajski 1973: R. Rašajski, Ostave vršačkog Gorja II. Rad Vojvodj. Muz. 21-22, 1972-1973, 19-28.
- 1975: vgl. Ostave 1975.
- 1988: ders., Le trésor des objets de bronze de Majdan près de Vršac. Starinar 39, 1988, 28-33.
Rech 1979: M. Rech, Studien zu Depotfunden der Trichterbecher- und Einzelgrabkultur des Nordens (Neumünster 1979).
Reim 1974: H. Reim, Die spätbronzezeitlichen Griffplatten-, Griffdorn- und Griffangelschwerter in Ostfrankreich. PBF IV 3 (München 1974).
- 1981: ders., Ein Brandgrab der älteren Urnenfelderzeit von Gammertingen, Kreis Sigmaringen. Fundber. aus Baden-Württemberg 6, 1981, 121-140.
Reinecke 1930: P. Reinecke, Die Bedeutung der Kupferbergwerke der Ostalpen für die Bronzezeit Mitteleuropas. In: Schumacher-Festschr. (Mainz 1930) 107-115.
- 1932: ders., Rezension zu Sprockhoff, Niedersächsische Depotfunde der jüngeren Bronzezeit (Hildesheim, Leipzig 1932). Germania 16, 1932, 320-323.
- 1941: ders., Zum altbronzezeitlichen Schatzfund von Heimhilgen im Chiemgau. Germania 25, 1941, 134-135.
Richlý 1894: H. Richlý, Die Bronzezeit in Böhmen (Wien 1894).
Richter 1970: I. Richter, Der Arm- und Beinschmuck der Bronze- und Urnenfelderzeit in Hessen und Rheinhessen. PBF X 1 (München 1970).
Říhovský 1972: J. Říhovský, Die Messer in Mähren und dem Ostalpengebiet. PBF VII 1 (München 1972).
- 1979: ders., Die Nadeln in Mähren und im Ostalpengebiet. PBF XIII 5 (München 1979).
- 1982: ders., Hospodářský a společenský život velatické osady v Lovčičkách. Památký Arch. 73, 1982, 5-56.
- 1983: ders., Die Nadeln in Westungarn I. PBF XIII 10 (München 1983).
Rittershofer 1983: K.-F. Rittershofer, Der Hortfund von Bühl und seine Beziehungen. Ber. RGK 64, 1983, 193-415.
Robert 1939: F. Robert, Thymélè. Recherches sur la signification et la destination des monuments circulaires dans l'architecture religieuse de la Grèce (Paris 1939).
Rómer 1868: F. Rómer, Magyar régészeti kronika. Arch. Közlem. 7, 1868, 76-82, 181-190.
Roska 1929: M. Roska, Székelyföld őskora. Die Vorgeschichte des Széklerlandes (Cluj-Kolozsvár 1929).
- 1932 a: ders., Le dépôt de bronze de Lozna Mare, dép. de Somes. Dacia 3-4, 1927-1932, 356-358.
- 1932 b: ders., Der Bronzedepotfund von Borév. Mannus 24, 1932, 540-547.

- 1937 a: ders., Adatok Erdély bronzkorához. Arch. Ért. 50, 1937, 141-145.
- 1937 b: ders., Der Bestand der skythischen Altertümer Siebenbürgens. Eur. Sept. Antiqua 11, 1937, 167-203.
- 1938: ders., Bihar-vármegye multja a legrégibb időktől a honfoglalásig. In: Bihar-vármegye (1938).
- 1939: ders., Sathmárvármegye múltja a legrégibb időktől a honfoglalásig. In: Magyarorsz. Város és Vármegye Monogr. Bd. 28 (1939) 34-53.
- 1941: ders., Adatok Erdély bronzkorához II. A beresztelki bronzlelet, Arch. Ért. Ser. III, 2, 1941, 15-19.
- 1942: ders., Erdély régészeti repertoriuma. I Őskor (Kolozsvár [=Cluj] 1942).
- 1943: ders., A kolozsgyulai (Kolozs Vm.) bronzlelet. Közlemények-Kolozsvár 3, 1943, 127-133.
- 1944: ders., Koravaskori lószerszámok az Erdélyi Nemzeti Múzeum Történeti Tárában. Közlemények-Kolozsvár 4, 1944, 43-52.

Roşu 1960: T. Roşu, Colecţia arheologică a Liceului Nr. 1 din Oradea. Revista Muzeelor 4/4, 1967, 354-55.

Rusu 1959: M. Rusu, Toporul de bronz de la Ernei (r. Tg. Mureş). Stud. Cerc. Ist. Veche 10, 1959, 277-284.
- 1960 a: ders., "Dokimmerijskie" detali konskoj sbrui iz Transil'vanii. Dacia 4, 1960, 161-180.
- 1960 b: ders., Depozitul de bronzuri de la Fînaţe. Omagiu C. Daicoviciu (Bucureşti 1960) 485-493.
- 1963: ders., Die Verbreitung der Bronzehorte in Transsilvanien vom Ende der Bronzezeit bis in die mittlere Hallstattzeit. Dacia 7, 1963, 177-210.
- 1964: ders., Depozitele de bronzuri de la Rebrişoara (raionul Năsăud, reg. Cluj). Arh. Moldovei 2-3, 1964, 237-250.
- 1965: ders., Fibule nordice în Transilvania. Stud. Com. Muz. Brukenthal 12, 1965, 199-204.
- 1966: ders., Depozitul de bronzuri de la Balşa. Sargetia 4, 1966, 17-40.
- 1967: ders., Depozitul de coliere de la Coldău. Apulum 6, 1967, 85-100.
- 1972 a: ders., Metalurgia bronzului din Transilvania la începutul Hallstattului. Rezumatul tezei de doctorat (Iaşi 1972).
- 1972 b: ders., Metalurgia bronzului din Transilvania la începutul Hallstattului. Teză de doctorat, [ungedr. Diss.] Univ. "Al.I. Cuza", I-II (Iaşi 1972).
- 1974: ders., Inceputurile metalurgiei fierului în Transilvania. In: In memoriam C. Daicoviciu (Cluj 1974) 349-360.
- 1981: ders., Bemerkungen zu den großen Werkstätten- und Gießereifunden aus Siebenbürgen. In: Studien zur Bronzezeit. Festschr. v. Brunn (Mainz 1981) 375-402.
- 1990: ders., Coifuri de bronz transilvănene din Hallstatt A-B. Thraco-Dacica 11, 1990, 69-78.
- o. J.: ders., Rolul funcţional şi tipologia uneltelor din epoca bronzului şi Hallstatt. Simpozion Sibiu (Sonderdruck o. J.) 7-12.

Rusu/Chiţu 1982: M. Rusu/L. Chiţu, Depozitul de la Aiud şi problema marilor ateliere de prelucrarea bronzului din Transilvania. Apulum 20, 1982, 33-51.

Rusu u.a. 1977: M. Rusu/E. Dörner/V. Pintea/T. Bader, Bronzehortfunde aus Transsilvanien. Inv. Arch. Heft 10, R 64-70 (Bucureşti 1977).

Rutkowski 1985: B. Rutkowski, Untersuchungen zu bronzezeitlichen Bergheiligtümern auf Kreta. Germania 63, 1985, 345-359.

Ruttkay 1983: E. Ruttkay, Zur Deutung der Depotfunde vom Typus Tolnanémedi im Zusammenhang mit dem Idol von Babska. Ann. Naturhist. Mus. Wien 85, 1983, 1-17.

Rychner 1979: V. Rychner, L'âge du Bronze final à Auvernier (Lausanne 1979).

Săcărin 1977: C. Săcărin, Trei celturi de la Pescari (judeţul Caraş-Severin). Banatica 4, 1977, 111-116.
- 1979: ders., Depozitul de bronzuri de la Cozla (jud. Caraş-Severin). Banatica 5, 1979, 107-114.
- 1981: ders., Depozitul de bronzuri de la Ticvaniul Mare (judeţul Caraş-Severin). Banatica 6, 1981, 97-106.
- 1985: ders., Depozitul de bronzuri de la Liubcova-"Ţiglărie". Banatica 8, 1985, 91-105.

Sági 1909: J. Sági, Őstelep a Balaton partján. Arch. Ért. 29, 1909, 342-354.

Salaš: M. Salaš, Der gegenwärtige Forschungsstand der Untersuchungen auf der jungbronzezeitlichen Höhenfundstelle Cezavy bei Blučina. In: Studia nad grodami..., 113-130.

Sapouna-Sakellarakis 1978: E. Sapouna-Sakellarakis, Die Fibeln der griechischen Inseln. PBF XIV 4 (München 1978).

Sarnowska 1969: W. Sarnowska, Kultura unietycka w Polsce, I (Wrocław, Warszawa, Kraków 1969).

Schauer 1971: P. Schauer, Die Schwerter in Süddeutschland, Österreich und der Schweiz I. PBF IV 2 (München 1971).
- 1981: ders., Urnenfelderzeitliche Opferplätze in Höhlen und Felsspalten. In: Studien zur Bronzezeit. Festschr. v. Brunn (Mainz 1981) 403 ff.

Schiek 1981: S. Schiek, Der "Heiligenbuck" bei Hügelsheim. Fundber. Baden-Württemberg 6, 1981, 273-310.

Schmidt 1904: H. Schmidt, Der Bronzesichelfund von Oberthau, Kr. Merseburg. Zeitschr. Ethn. 36, 1904, 425 ff.

Schmidt 1978: P.K. Schmidt, Beile als Ritualobjekte in der Altbronzezeit der Britischen Inseln. Jahresber. Inst. Vorgesch. Univ. Frankfurt/M. 1978-1979 (1980) 311-320.

Schránil 1919: J. Schránil, Dvě nová pohřebiště lužicko-slezského typu na Pardubicku. Památky Arch. 31, 1919, 134-139.

Schumacher-Matthäus 1985 a: G. Schumacher-Matthäus, Studien zu bronzezeitlichen Schmucktrachten im Karpatenbecken (Mainz 1985).

- 1985 b: dies., Rezension zu T. Bader, Die Fibeln in Rumänien. PBF XIV 6 (München 1983). Prähist. Zeitschr. 60, 1985, 102-104.

Schurtz 1898: H. Schurtz, Wertvernichtung durch den Totenkult. Zeitschr. Socialwissenschaft I, 1898, 41-52.

Seger 1922: H. Seger, Der Bronzeschatz von Pilsnitz, Kreis Breslau. Altschlesien 1, 1922, 8-13.

- 1936: ders., Schlesische Hortfunde aus der Bronze- und frühen Eisenzeit. Altschlesien 6, 1936, 85-202, 24 Taf.

Seidl 1854: J.G. Seidl, Beiträge zu einer Chronik der archäologischen Funde in der österreichischen Monarchie. Archiv österr. Geschichtsquellen 13, 1854, 71-143.

Şerbănescu/Trohani 1975: D. Şerbănescu/G. Trohani, Obiecte din cupru şi bronz descoperite în judeţul Ilfov. Stud. Cerc. Ist. Veche 26, 1975, 529-539.

Smirnow 1979: A.P. Smirnow, Die Skythen (Dresden 1979).

Smith 1921: R.A. Smith, Hoards of Neolithic Celts. Archaeologia 71, 1921, 113-124.

- 1926: ders., Antiquities of the bronze age from Hungary. The British Mus. Quart. 1, 1926-1927, Nr. 60.

Solberg 1905: O. Solberg, Über die Bāhos der Hopi. Archiv f. Anthr. 32, 1905 (1906) 48-74.

Sommerfeld 1987: C. Sommerfeld, Rezension zu Primas, Die Sicheln in Mitteleuropa I. PBF XVIII 2 (München 1986). Prähist. Zeitschr. 62, 1987, 240-242.

- 1988: ders., Der Sichelfund von Bösel, Kr. Lüchow-Dannenberg, und seine Stellung innerhalb der Lüneburger Bronzezeit. Prähist. Zeitschr. 63, 1988, 140-161.

Soroceanu 1974: T. Soroceanu, O contribuţie la cunoaşterea ceramicii din epoca bronzului în Transilvania. In: In memoriam C. Daicoviciu (Cluj 1974) 367-373.

- 1981: ders., Der zweite Depotfund von Vîlcele, Rumänien. Prähist. Zeitschr. 56, 1981, 249-261.

- 1982: ders., Hortfunde und befestigte Anlagen in Transsilvanien. Beiträge zum bronzezeitlichen Burgenbau in Mitteleuropa (Berlin-Nitra 1982) (1984) 363-376.

Soroceanu/Buda 1978: T. Soroceanu/V. Buda, Der Bronzegefäßhort von Buza, Kr. Cluj. Dacia 22, 1978, 99-106.

Soroceanu/Lakó 1981: T. Soroceanu/É. Lakó, Depozitul de bronzuri de la Sîg (jud. Sălaj). Acta Mus. Porolissensis 5, 1981, 145-168.

Soroceanu/Retegan 1981: T. Soroceanu/A. Retegan, Neue spätbronzezeitliche Funde im Norden Rumäniens. Dacia 25, 1981, 195-229.

Şovan 1986: O.L. Şovan, Necropola din sec. 4 e. n. de la Mihălăşeni, jud. Botoşani. Hierasus 6, 1986.

- 1987: ders., Un mormînt cu medalioane romane de sticlă din necropola de la Mihălăşeni, jud. Botoşani. Arh. Moldovei 11, 1987, 227-234.

Sperber 1992: L. Sperber, Bemerkungen zur sozialen Bewertung von goldenem Trachtschmuck und Schwert in der Urnenfelderkultur. Arch. Korrbl. 22, 1992, 63-77.

Spindler 1980: K. Spindler, Ein neues Knollenknaufschwert aus der Donau bei Regensburg. Germania 58, 1980, 105-116.

- 1984: ders., Gewässerfunde. Führer arch. Denkmäler Deutschland 5. Regensburg, Kehlheim, Straubing I (Stuttgart 1984) 212-223.

Sprockhoff 1931: E. Sprockhoff, Die germanischen Griffzungenschwerter der jüngeren Bronzezeit (Berlin, Leipzig 1931).

- 1932: ders., Niedersächsische Depotfunde der jüngeren Bronzezeit (Hildesheim, Leipzig 1932).

- 1934: ders., Die germanischen Vollgriffschwerter der jüngeren Bronzezeit (Berlin, Leipzig 1934).

- 1937: ders., Jungbronzezeitliche Hortfunde Norddeutschlands (Periode IV) (Mainz 1937).

- 1938: ders., Die Spindlersfelder Fibel. Marb. Studien 1938, 205-233.

- 1956: ders., Jungbronzezeitliche Hortfunde der Südzone des Nordischen Kreises (Periode V) (Mainz 1956).

Stanca 1972: S. Stanca, Descoperiri arheologice şi numismatice la Petroşeni. Acta Mus. Napocensis 9, 1972, 385-386.

Stare 1975: F. Stare, Dobova (Brežice 1975).

Stein 1976: F. Stein, Bronzezeitliche Hortfunde in Süddeutschland. Beiträge zur Interpretation einer Quellengattung (Bonn 1976).

- 1979: dies., Katalog der vorgeschichtlichen Hortfunde in Süddeutschland (Bonn 1979).

Şteiu 1955: N. Şteiu, Depozitul de bronz de la Mintiul Gherlei. Bulet. cercurilor ştiinţif. studenţeşti (Cluj 1955-1956) 277-283.

Stjernquist 1963: B. Stjernquist, Präliminarien zu einer Untersuchung von Opferfunden. Begriffsbestimmung und Theoriebildung. Meddelanden från Lunds Universitets Historiska Mus. 1962-1963, 5-64.

- 1970: dies., Germanische Quellenopfer. In: H. Jankuhn (Hrsg.), Vorgeschichtliche Heiligtümer und Opferplätze in Mittel- und Nordeuropa (Göttingen 1970) 78-99.

Stoica 1989: C. Stoica, Complexe de la sfîrşitul epocii bronzului descoperite la Cătunu (jud. Dîmboviţa). In: Symposia

Thracologica 7 (Tulcea 1989) 258-259.
Stratan 1964: I. Stratan, O nouă descoperire hallstattiană din Banat. Stud. Cerc. Ist. Veche 15, 1964, 523-528.
Stratan/Vulpe 1977: I. Stratan/Al. Vulpe, Der Hügel von Susani. Prähist. Zeitschr. 52, 1977, 28-60.
Studeniková 1978: E. Studeniková, Nálezy z doby bronzovej v Zohore, okres Bratislava-Vidiek. Zbornik Slov. národného Múz. Bratislava 72, Historia 18, 1978, 9-40.
Studeniková/Paulík 1983: E. Studeniková/J. Paulík, Osada z doby bronzovej v Pobedime (Bratislava 1983).
Suciu 1967: C. Suciu, Dicționar istoric al localităților din Transilvania I-II (București 1967; 1969).
Sulimirski 1937: T. Sulimirski, Einige rumänische Funde in polnischen Museen. Rev. Preist. Antichit. Naț. 1, 1937, 333-337.
Szabó 1942: G. Szabó, A korondi bronzlelet. Közlemények-Kolozsvár II, 1942, 78-80.
- 1943: ders., A hídalmási bronzlelet (Kolozs vm.). Közlemények-Kolozsvár 3, 1943, 123-126.
Szegedy 1956: E. Szegedy, Spektralanalytische Untersuchung spätbronzezeitlicher Radnabenverkleidungen. Acta Arch. Acad. Scien. Hungaricae 7, 1956, 15-16.
Székely 1953: Z. Székely, Cercetări arheologice în Regiunea Stalin şi Regiunea Autonomă Maghiară. Din activitatea ştiinţifică a muzeului raional Mediaş 2, 1953.
- 1957: ders., Cercetările şi săpăturile de salvare executate de Muzeul Regional Sf. Gheorghe în anul 1955. Mat. şi Cerc. Arh. 3, 1957, 149-159.
- 1961: ders., Săpăturile executate de Muzeul Regional din Sf. Gheorghe (Regiunea Aut. Magh.). Mat şi Cerc. Arh. 7, 1961, 179-190.
- 1966: ders., Beiträge zur Kenntnis der Frühhallstattzeit und zum Gebrauch des Eisens in Rumänien. Dacia 10, 1966, 209-219.
- 1970: ders., Depozitul de obiecte de bronz de la Miercurea Ciuc. Stud. Cerc. Ist. Veche 21, 1970, 473-479.
Szentmártoni-Darnay, vgl. Darnay-Dornyay 1958.
Szombathy 1929: J. Szombathy, Prähistorische Flachgräber bei Gemeinlebarn in Niederösterreich (Berlin, Leipzig 1929).
- 1937: ders., Altertumsfunde aus Höhlen bei St. Kanzian im österreichischen Küstenlande. Mitt. Prähist. Komm. Wien II,2, 1937, 127-190.

Tasić 1975: vgl. Ostave 1975.
Téglás 1886: G. Téglás, A potsági (Aranyosm.) bronzleletről. Arch. Ért. 6, 1886, 148-151.
- 1887: ders., Az erdélyi medence őstörténelméhez. OTTÉ 12, 1887, 55-87, 118-204, 299-312, 349-352.
- 1888: ders., Ujabb kő- és bronzkori-leletek az Erdélyi medencze területéről. OTTÉ 13, 1888, 67-74.
- 1889: ders., Hunyadmegye barbar fémleletei. Hunyad. Tört. Rég. Társ. Évk. 5, 1887-1888 (1889) 51-64.
- 1902: ders., Hunyadmegye őstelepeink vázlatos áttekintése (II. Kap.). In: Kuun/Torma/Téglás, Hunyadvármegye Története I (1902).
Terenožkin 1964: A.I. Terenožkin, Pohovannja epochi bronzi bilja s. Solonec'. Archeologija Kiev 16, 1964, 202-207.
Teutsch 1884: F. Teutsch, Archäologisches 4. Denndorf. Korrbl. Ver. Siebenbürg. Landeskde. 7, 1884, 125.
Teutsch 1880: G.D. Teutsch, in: Arch. Korrbl. Ver. Siebenbürg. Landeskde. 3, 1880, 109-111.
Thrane 1962: H. Thrane, The earliest bronze vesels in Denmark's Bronze Age. Acta Arch. 33, 1962, 109-163.
- 1975: ders., Europaeiske forbindelser. Bidrag til studiet af fremmde forbindelser i Danmarks yngre bronzealder (periode IV-V) (Kopenhagen 1975).
Točik 1981: A. Točik, Nitriansky Hrádok-Zámeček. Bronzezeitliche befestigte Ansiedlung der Mad'arovce Kultur 1-2 (Nitra 1981).
Točik/Paulík 1960: A. Točik/J. Paulík, Výskum mohyly v Čake v rokoch 1950-51. Slovenská Arch. 8, 1960, 59-124.
Tocilescu 1880: G. Tocilescu, Dacia înainte de Romani (București 1880).
Todorova 1982: H. Todorova, Die spätbronzezeitliche Siedlung auf der "Großen Insel" bei Durankulak. In: Beiträge zum bronzezeitlichen Burgenbau in Mitteleuropa (Berlin Nitra 1982 [1984]) 417-425.
Todorović 1971: J. Todorović, Katalog praistorijskih metalnih predmeta (Belgrad 1971).
- 1975: vgl. Ostave 1975.
Tončeva 1977: G. Tončeva, Fouilles d'une nécropole et d'un site de l'âge du bronze récent du village Yagnilo, dép. de Varna. Thracia 4, 1977, 147-164.
- 1980: dies., Chronologie du Hallstatt ancien dans la Bulgarie de nord-est (Sofia 1980).
Topál 1973: J. Topál, Bronzkori ékszerlelet Ócsáról. Arch. Ért. 100, 1973, 3-18.
Torbrügge 1959: W. Torbrügge, Die Bronzezeit in der Oberpfalz (Kallmünz/Opf. 1959).
- 1960: ders., Die bayerischen Inn-Funde. Bayer. Vorgeschbl. 25, 1960, 16-69.
- 1965: ders., Vollgriffschwerter der Urnenfelderzeit. Bayer. Vorgeschbl. 30, 1965, 71-105.

- 1970: ders., Vor- und frühgeschichtliche Flußfunde. Zur Ordnung und Bestimmung einer Denkmälergruppe. Ber. RGK 50-51, 1970-1971, 1-146.
- 1985: ders., Über Horte und Hortdeutung. Arch. Korrbl. 15, 1985, 17-23.

Tóth 1878: M. Tóth, Az okolisi lelet Erdélyben. Természettudományi Közlöny (Budapest) 10, 1878, 326, 405-406.

Townsend Vermeule 1974: E. Townsend Vermeule, Götterkult. Arch. Homerica, Bd. III, Kap. V (Göttingen 1974).

Trogmayer 1975: O. Trogmayer, Das bronzezeitliche Gräberfeld bei Tápé (Budapest 1975).

Uenze 1949: O. Uenze, Der Hortfund von Allendorf. Prähist. Zeitschr. 35-35, 1949-1950, 202-220.

Undset 1880: I. Undset, Études sur l'âge de bronze de la Hongrie (Christiania 1880).

Ursachi 1968: M. Ursachi, Depozitul de obiecte de bronz de la Ruginoasa. Carpica 1, 1968, 27-34.

Varsányi 1871: J. Varsányi, in: Arch. Ért. 4, 1871, 196.

Vasić 1982: R. Vasić, Spätbronzezeitliche und älterhallstattzeitliche Hortfunde im östlichen Jugoslawien. PAS 1 (Berlin 1982) 267-285.

Vasiliev 1980: V. Vasiliev, Sciţii agatîrşi pe teritoriul României (Cluj-Napoca 1980).
- 1985: ders., Descoperiri arheologice cu semnificaţie cultică în aşezarea din prima epocă a fierului de la Teleac (jud. Alba). Acta Mus. Napocensis 22-23, 1985-1986 (1987) 79-90.

Vasiliev/Aldea 1984: V. Vasiliev/I.Al. Aldea, Note despreaşezarea fortificată din prima epocă a fierului de la Teleac. Acta Mus. Napocensis 21, 1984, 49-61.

Vasiliev u.a. 1983: V. Vasiliev/I.Al. Aldea/H. Ciugudean, Cercetări în aşezarea fortificată din prima vîrstă a fierului de la Teleac. Mat. şi Cerc. Arh. 15, 1983, 155-158.

Vasiliev u.a. 1991: V. Vasiliev /I.Al. Aldea/H. Ciugudean, Civilizaţia dacică timpurie în aria intracarpatică a României. Contribuţii arheologice: aşezarea fortificată de la Teleac (Cluj-Napoca 1991).

Vinski 1958: Z. Vinski, Brončanodobne ostave Lovas i Vukovar. Vjesnik Arh. Muz. Zagrebu I 3 serije, 1958, 1-34.

Vinski-Gasparini 1973: K. Vinski-Gasparini, Kultura polja sa žarama u sjevernoj Hrvatskoj (Zadar 1973).

Vogt 1991: I. Vogt, Der Bronzefund von Spandau. In: Prähistorische Archäologie im Raum Berlin (Berlin 1991) 81-99.

Voloacă 1975: I. Voloacă, Cercetări arheologice de suprafaţă în zona nord-estică a judeţului Vaslui (Iaşi 1975) Ungedr. Magisterarbeit.

Vulpe 1965: A. Vulpe, Zur mittleren Hallstattzeit in Rumänien (Die Basarabikultur). Dacia 9, 1965, 105-132.
- 1967: ders., Necropola hallstattiană de la Ferigile (Bucureşti 1967).
- 1970 a: ders., Äxte und Beile in Rumänien I. PBF IX 2 (München 1970).
- 1970 b: ders., Archäologische Forschungen und historische Betrachtungen über das 7. bis 5. Jh. im Donau-Karpatenraum. Mem. Antiqu. 2, 1970, 115-182.
- 1971: ders., Cu privire la sistemul cronologic al lui B. Hänsel pentru epoca mijlocie a bronzului. Stud. Cerc. Ist. Veche 22, 1971, 301-312.
- 1974: ders., Probleme actuale privind metalurgia aramei şi a bronzului în epoca bronzuolui în România. Revista de Istorie 27, 1974, H. 2, 243-255.
- 1975: ders., Die Äxte und Beile in Rumänien II. PBF IX 5 (München 1975).
- 1979 a: ders., Puncte de vedere privind istoria Daciei preromane. Rev. Ist. 32/12, 1979, 2261-2284.
- 1979 b: ders., Rezension zu Hänsel, Beiträge zur regionalen und chronologischen Gliederung der älteren Hallstattzeit an der unteren Donau (Bonn 1976). Germania 57, 1979, 207-215.
- 1981: ders., Rezension zu M. Petrescu-Dîmboviţa, Die Sicheln in Rumänien. PBF XVIII 1 (München 1978). Germania 59, 1981, 427-430.
- 1984: ders., Descoperiri hallstattiene din zona Aiudului. Thraco-Dacica 5, 1984, 36-63.
- 1986: ders., Zur Entstehung der geto-dakischen Zivilisation. Die Basarabikultur. I Teil: Forschungsgeschichte, Definition, Fundstoff, Verbreitung. Dacia 30, 1986, 49-90.
- 1987: ders., Rezension zu Bader, Die Fibeln in Rumänien. PBF XIV 6 (München 1983). Germania 65, 1987, 477-483.
- 1988: ders., Rezension zu Schumacher-Matthäus, Studien zu bronzezeitlichen Schmucktrachten im Karpatenbecken (Mainz 1985). Germania 66, 1988, 191-194.

Vulpe/Lazăr 1989: A. Vulpe/V. Lazăr, Neue Bronzefunde aus Transsilvanien. Dacia 33, 1989, 235-246.

Vulpe 1951: R. Vulpe, Activitatea şantierului arheologic Poiana-Tecuci 1950. Stud. Cerc. Ist. Veche 2, 1951, 177-216.

Vulpe/Vulpe 1924: R. Vulpe/Ec. Vulpe, Les Fouilles de Tinosul. Dacia 1, 1924, 166-223.

Walter 1985: D. Walter, Thüringer Höhlen und ihre holozänen Bodenaltertümer (Weimar 1985).

Wamser 1984: L. Wamser, Ein bemerkenswerter Hortfund der Spätbronzezeit von Tauberbischofsheim-Hochhausen, Main-Tauber-Kreis. Fundber. Baden-Württemberg 9, 1984, 23-40.

Wanzek 1989 a: B. Wanzek, Die Gußmodel für Tüllenbeile im südöstlichen Europa. Universitätsforschungen zur prähistorischen Archäologie 2 (Bonn 1989).

- 1989 b: ders., Bemerkungen zu den älterurnenfelderzeitlichen Hortfunden Ungarns. Prähist. Zeitschr. 64, 1989, 74-85.

Weber 1905: O. Weber, Sanherib, König von Assyrien 705-681 (Leipzig 1905).

Weinhold 1898: K. Weinhold, Die Verehrung der Quellen in Deutschland. Abhandl. Preuß. Akad. Wiss. 1898.

Wegner 1976: G. Wegner, Die vorgeschichtlichen Flußfunde aus dem Main und aus dem Rhein bei Mainz (Kallmünz Opf. 1976).

Wels-Weyrauch 1978: U. Wels-Weyrauch, Die Anhänger und Halsringe in Südwestdeutschland und Nordbayern. PBF XI 1 (München 1978).

Werner 1931: B. Werner, in: Z Otchłani Wieków 6, 1931, 1-5.

Westendorf 1988: D. Westendorf, Studien zur bronzezeitlichen Besiedlung im Küstengebiet zwischen Trave und Recknitz (Berlin 1988). Ungedr. Diplomarbeit an der Humboldt-Universität.

Wiesner 1968: J. Wiesner, Fahren und Reiten. Arch. Homerica I, Kap. F (Göttingen 1968).

Willroth 1985 a: K.-H. Willroth, Die Hortfunde der älteren Bronzezeit in Südschweden und auf den dänischen Inseln (Neumünster 1985).

- 1985 b: ders., Aspekte älterbronzezeitlicher Deponierungen im südlichen Skandinavien. Germania 63, 1985, 361-400.

Willvonseder 1937: K. Willvonseder, Die mittlere Bronzezeit in Österreich (Wien, Leipzig 1937).

Winghart 1986: S. Winghart, Vorgeschichtliche Deponate im ostbayerischen Grenzgebirge und im Schwarzwald. Zu Horten und Einzelfunden in Mittelgebirgslandschaften. Ber. RGK 67, 1986, 90-201.

Wojtowitsch 1978: E. Wojtowitsch, Die Wagen der Bronze- und frühen Eisenzeit in Italien. PBF XVII 1 (München 1978).

Wosinsky 1896: M. Wosinsky, Tolnavármegye az łskortól a honfoglalásig (Budapest 1896).

Wyss 1967: R. Wyss, Bronzezeitliche Gußtechnik (Bern 1967).

- 1971: ders., Die Eroberung der Alpen durch den Bronzezeitmenschen. Zeitschr. Schweizer Arch. u. Kunstgesch. 28, 1971, 130-145.

Zaccagnini 1977: C. Zaccagnini, Pferde und Streitwagen in Nuzi. Bemerkungen zur Technologie. Jahresber. Inst. Vorgesch. Univ. Frankfurt/M. 1977 (1978) 21-38.

Zaharia 1963: E. Zaharia, Das Gräberfeld von Balinteşti-Cioinagi und einige Fragen der Bronzezeit in der Moldau. Dacia 7, 1963, 139-176.

Zaharia/Morintz 1965: E. Zaharia/S. Morintz, Cercetarea Hallstattului timpuriu în România. Stud. Cerc. Ist. Veche 16, 1965, 451-462.

Zápotocký 1969: M. Zápotocký, Zur Bedeutung der Elbe als Verbindungs- und Transportweg. Památky. Arch. 60, 1969, 277-366 (tschechisch).

Zimmermann 1970: W.H. Zimmermann, Urgeschichtliche Opferfunde aus Flüssen, Mooren, Quellen und Brunnen Südwestdeutschlands. Ein Beitrag zu den in Opferfunden vorherrschenden Fundkategorien. Neue Ausgr. u. Forsch. Niedersachsen 6, 1970, 53-92.

Zlatkovskaja/Šelov 1971: T.D. Zlatkovskaja/D.B. Šelov, Fibuly FrakiiVII-V do n. e. Sovetskaja Arch. 4, 1971, 50-70.

Żurowski 1948: K. Żurowski, Zabytki brązowe z młodszej epoki brązu i wczesnego okresu żelata z dorzecza górnego Dniestru. Przegląd Arch. 8, 1948-49, 155-247.

(Zusammengestellt von Tudor Soroceanu)

Tafeln

TAFEL I

Taf. I. 1-4 Fundlage und Fundstelle des Depotfundes von Buru

TAFEL II

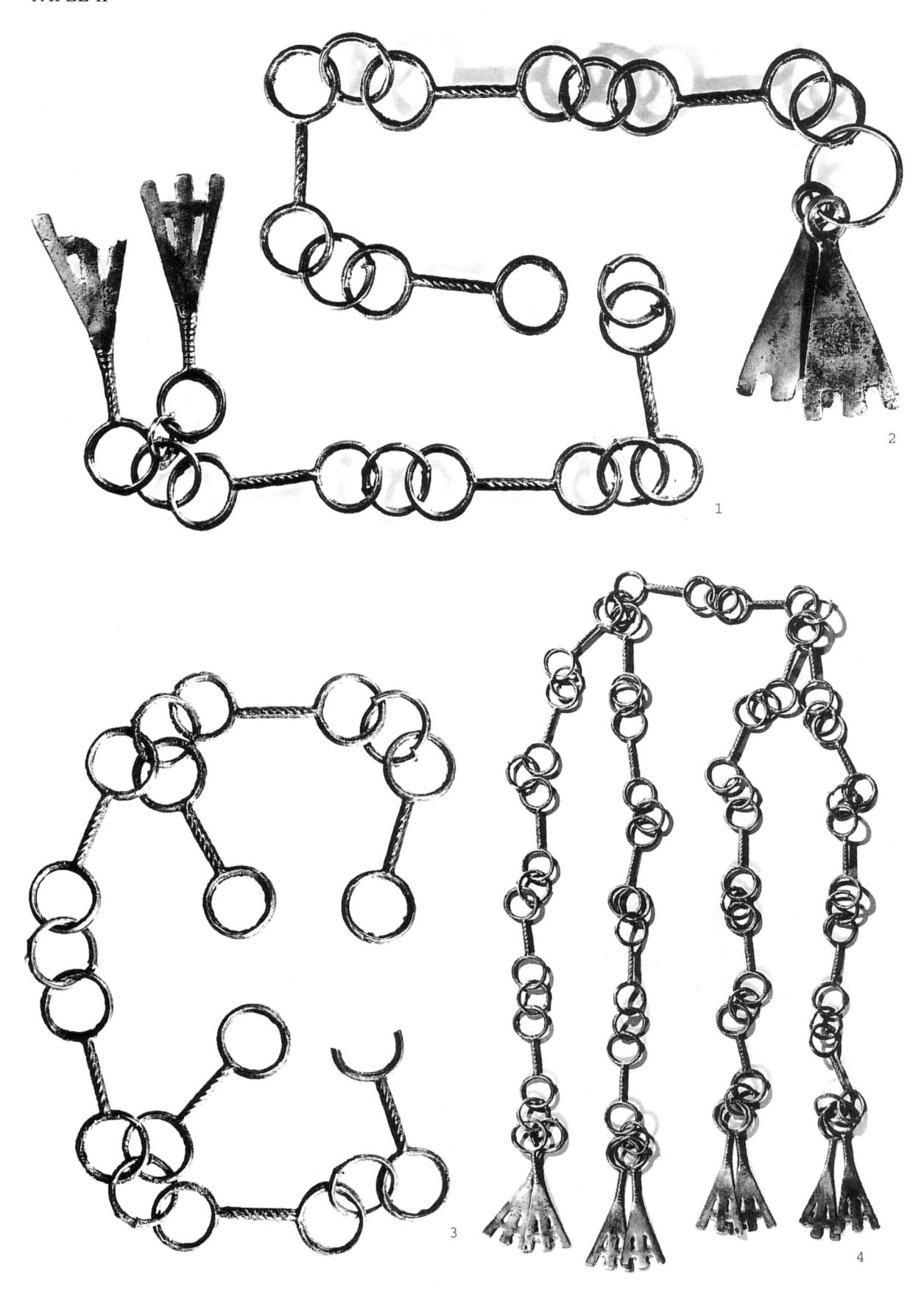

Taf. II. 1-4 Depotfund von Arpășel

TAFEL III

Taf. III. 1-14 Depotfund von Arpăşel

TAFEL IV

Taf. IV. 1-12 Depotfund von Oradea IV

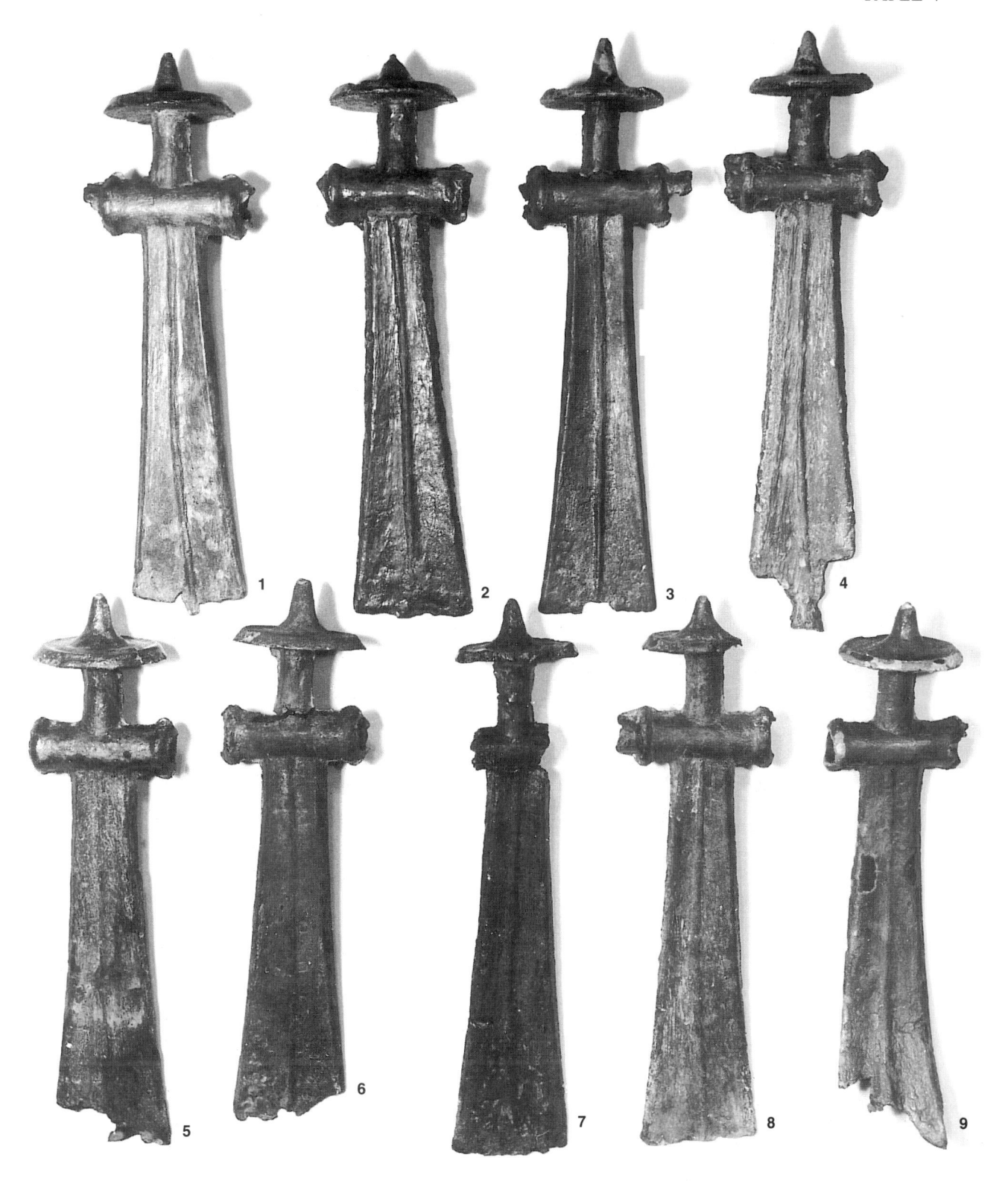

TAFEL V

Taf. V. 1-9 Depotfund von Lăschia

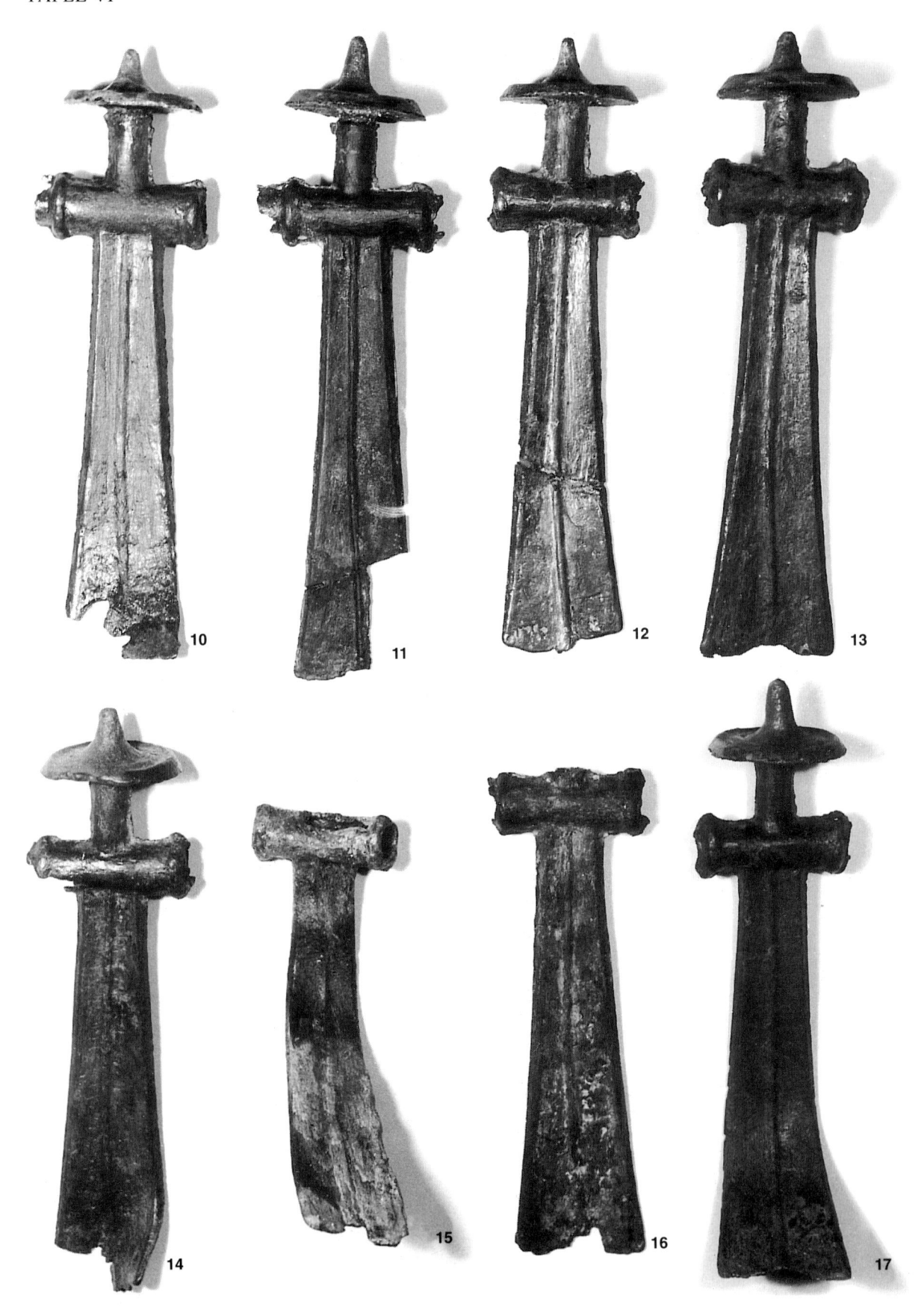

TAFEL VI

Taf. VI. 10-17 Depotfund von Lăschia

TAFEL VII

Taf. VII. a-b Fundstelle des Depotfundes von Bogdan Vodă

TAFEL VIII

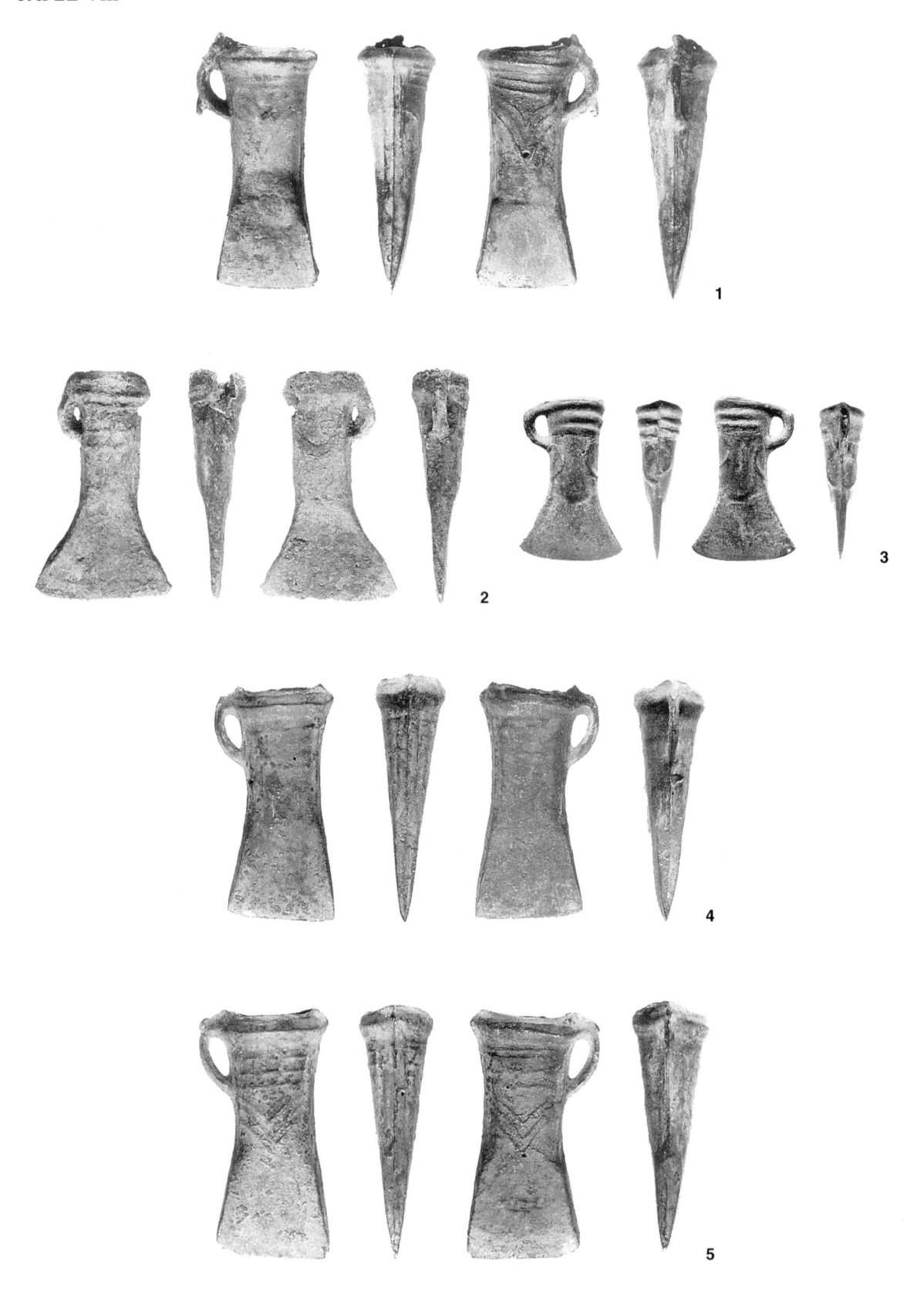

Taf. VIII. 1,4,5 Dragu II; 2 Floreşti; 3 Panic

TAFEL IX

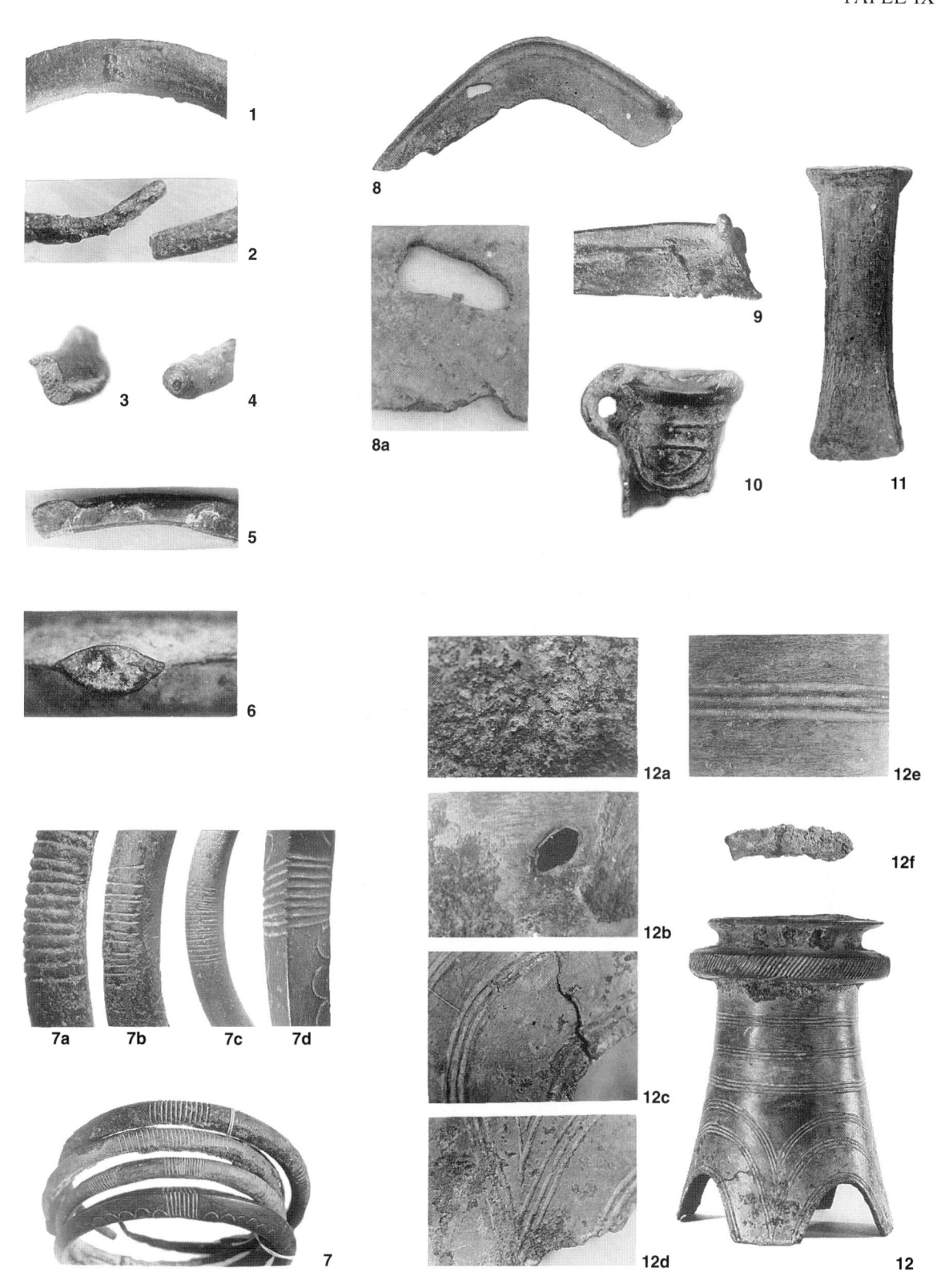

Taf. IX. 1-12 Gîrbău, Fundstücke und Detailaufnahmen

TAFEL X

Taf. X. 1-3 Depotfund von Fratelia

TAFEL XI

Taf. XI. 1-3 Fundlage und Fundstelle des Depotfundes von Brădicești

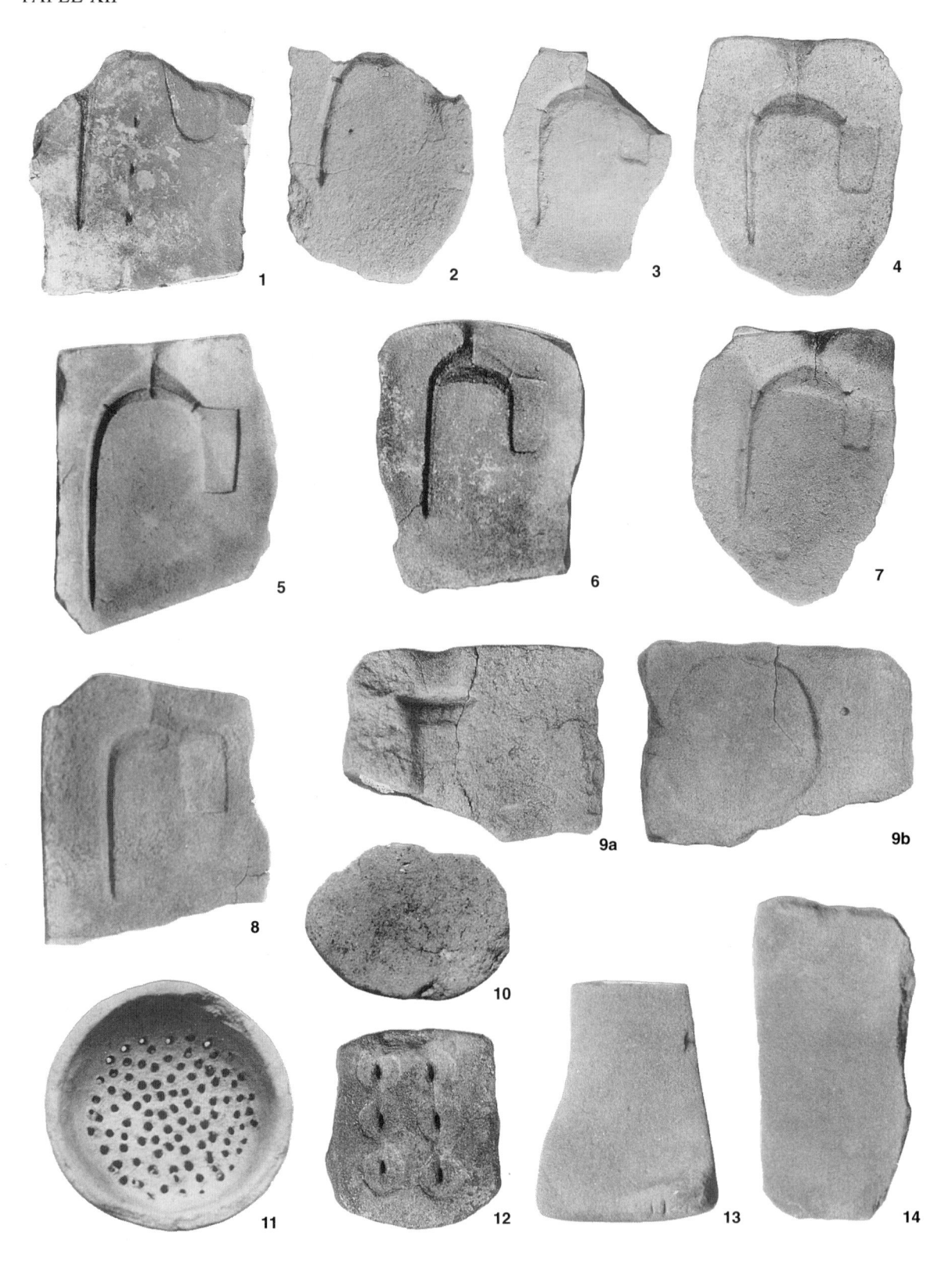

TAFEL XII

Taf. XII. 1-14 Depotfund von Brădicești

TAFEL XIII

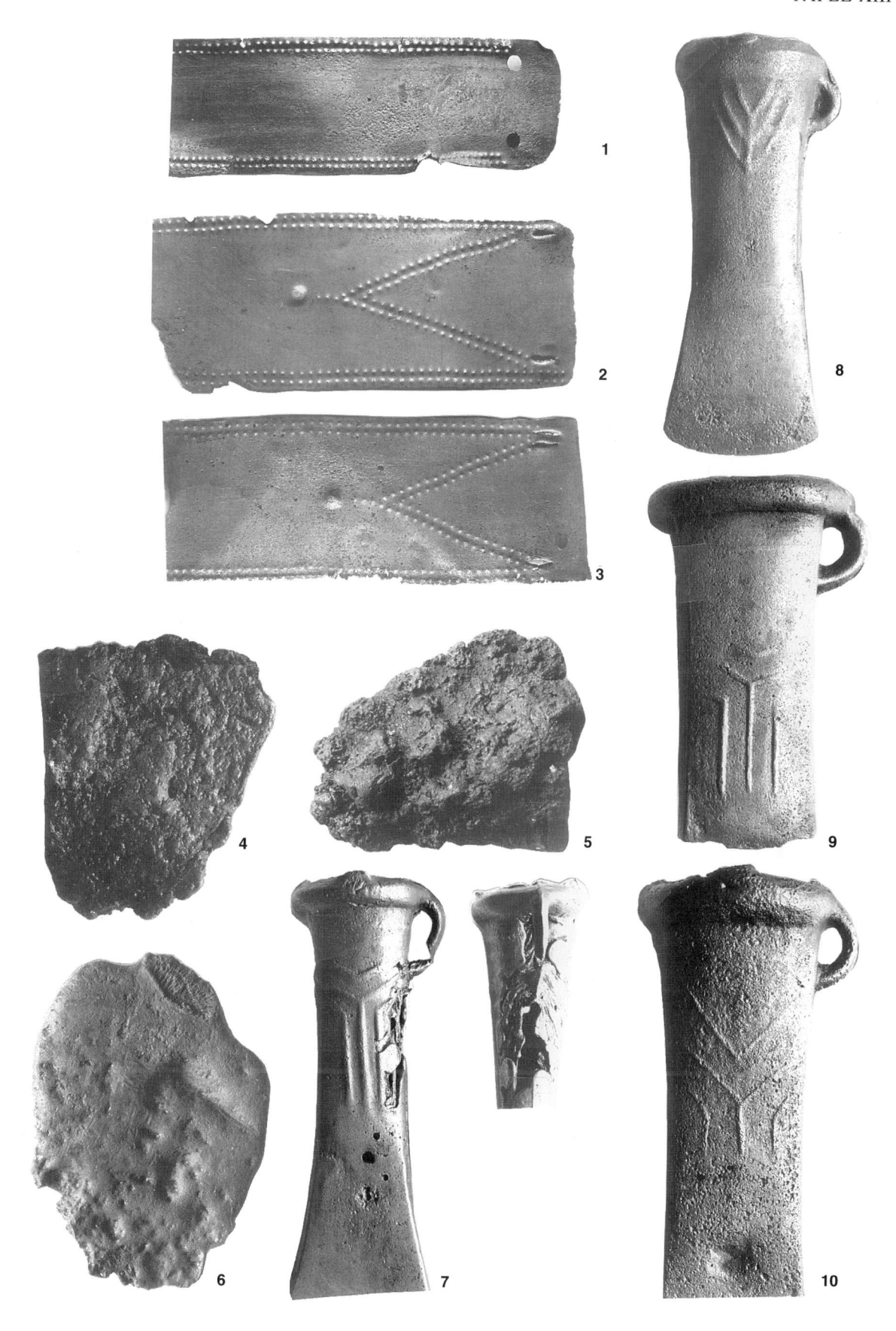

Taf. XIII. 1-10 Depotfund von Dridu

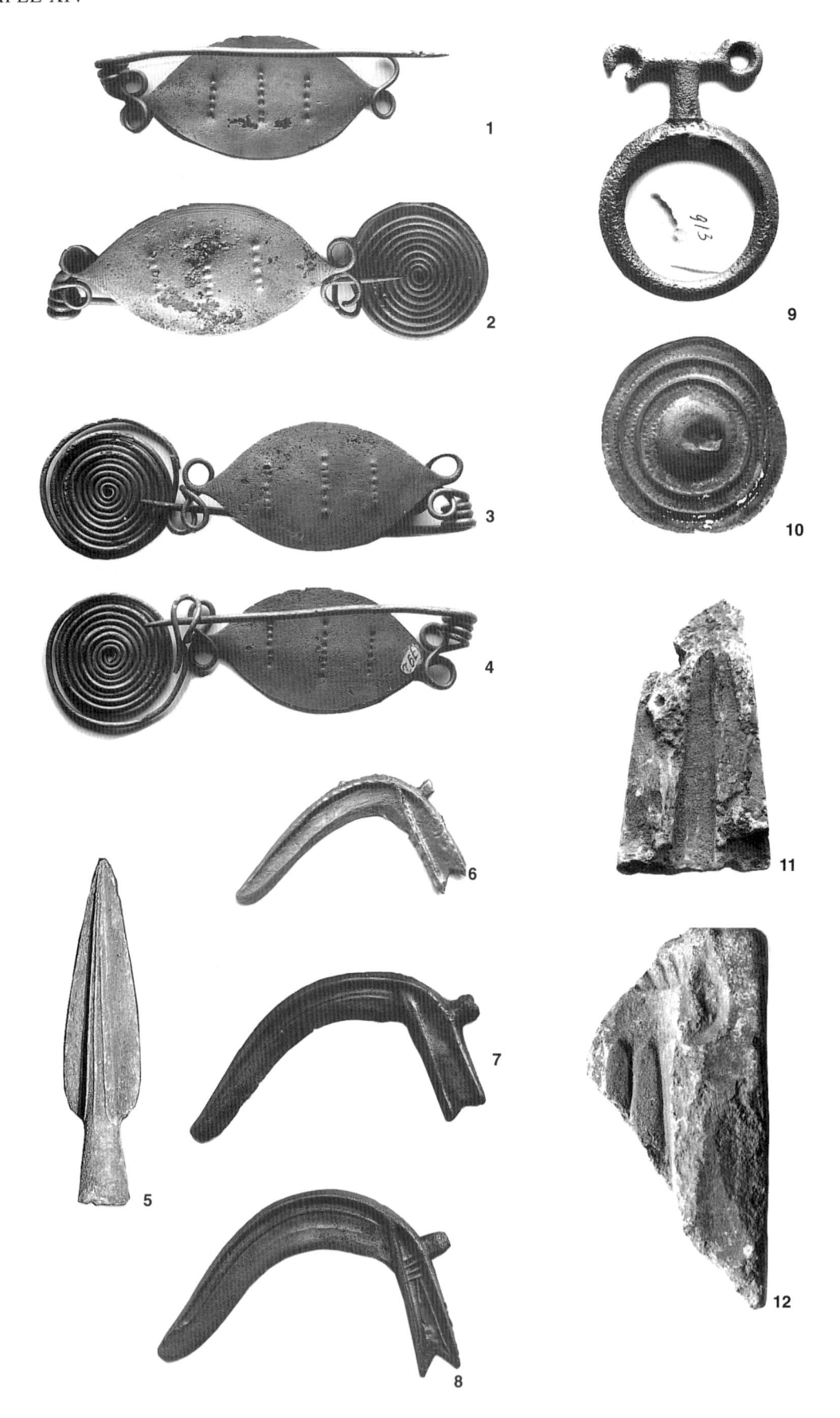

TAFEL XIV

Taf. XIV. 1-12 Depotfund von Dridu

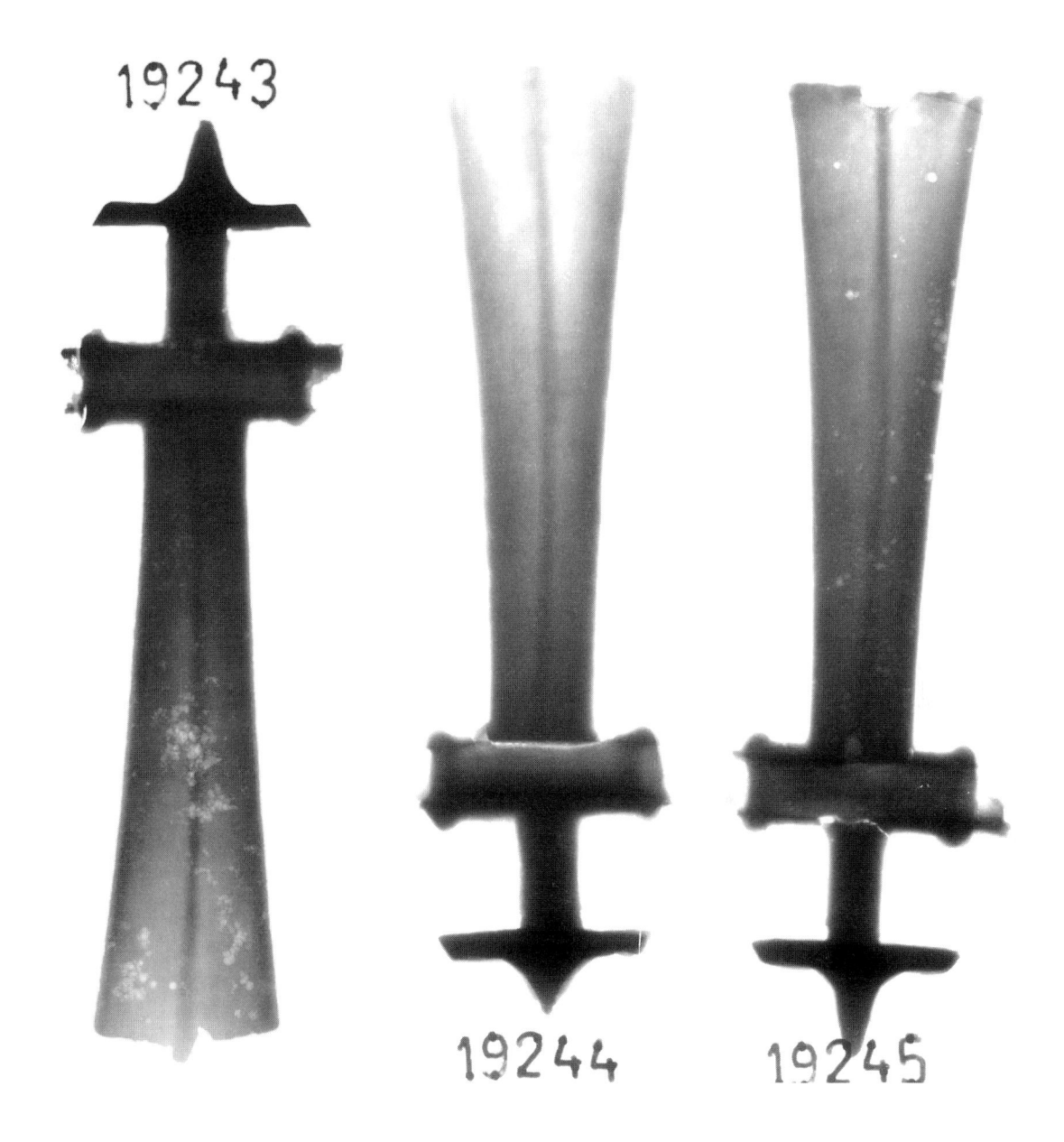

Taf. XV. Lăschia, Radiographien

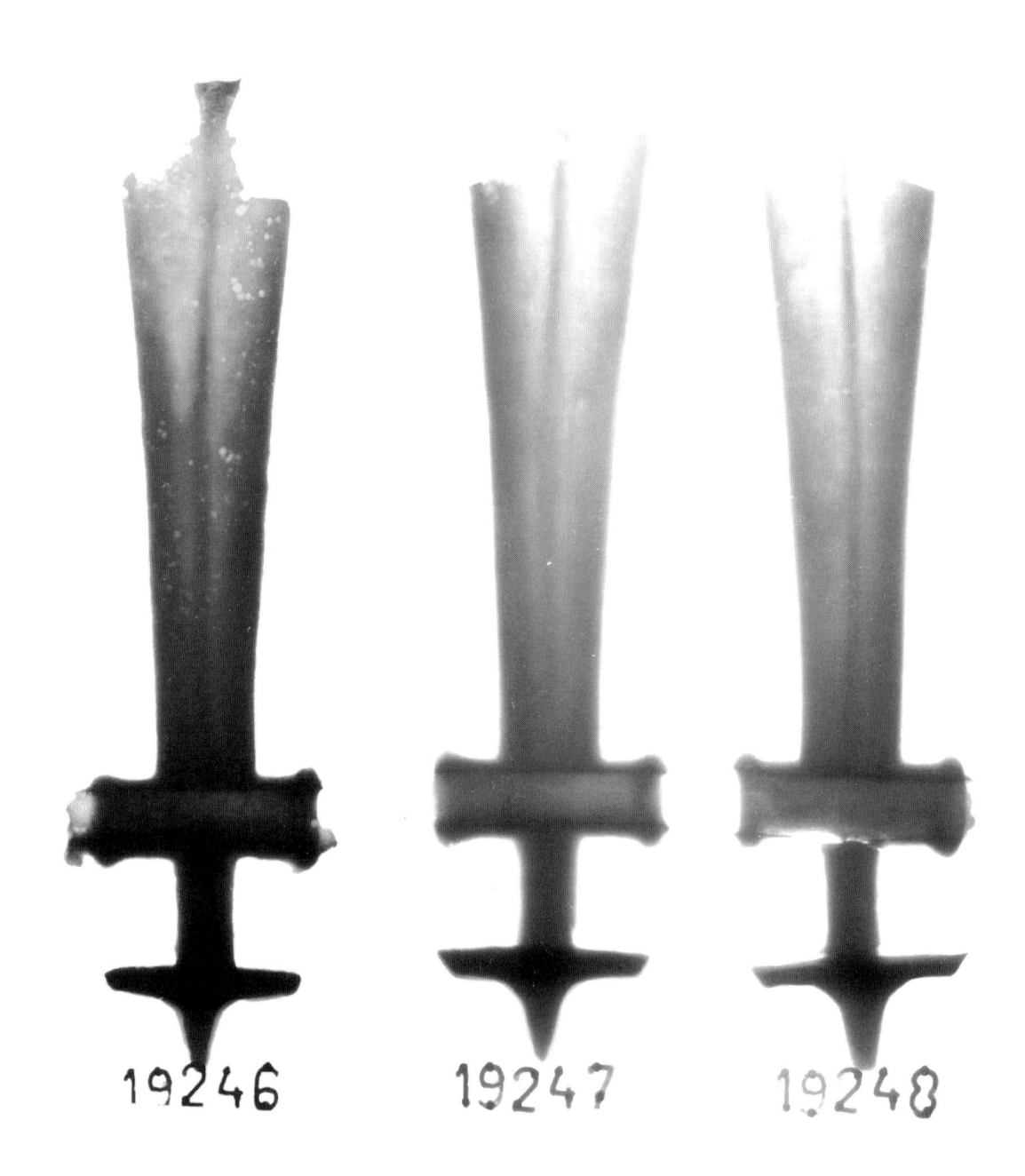

TAFEL XVI

Taf. XVI. Lăschia, Radiographien

TAFEL XVII

Taf. XVII. Lăschia, Radiographien

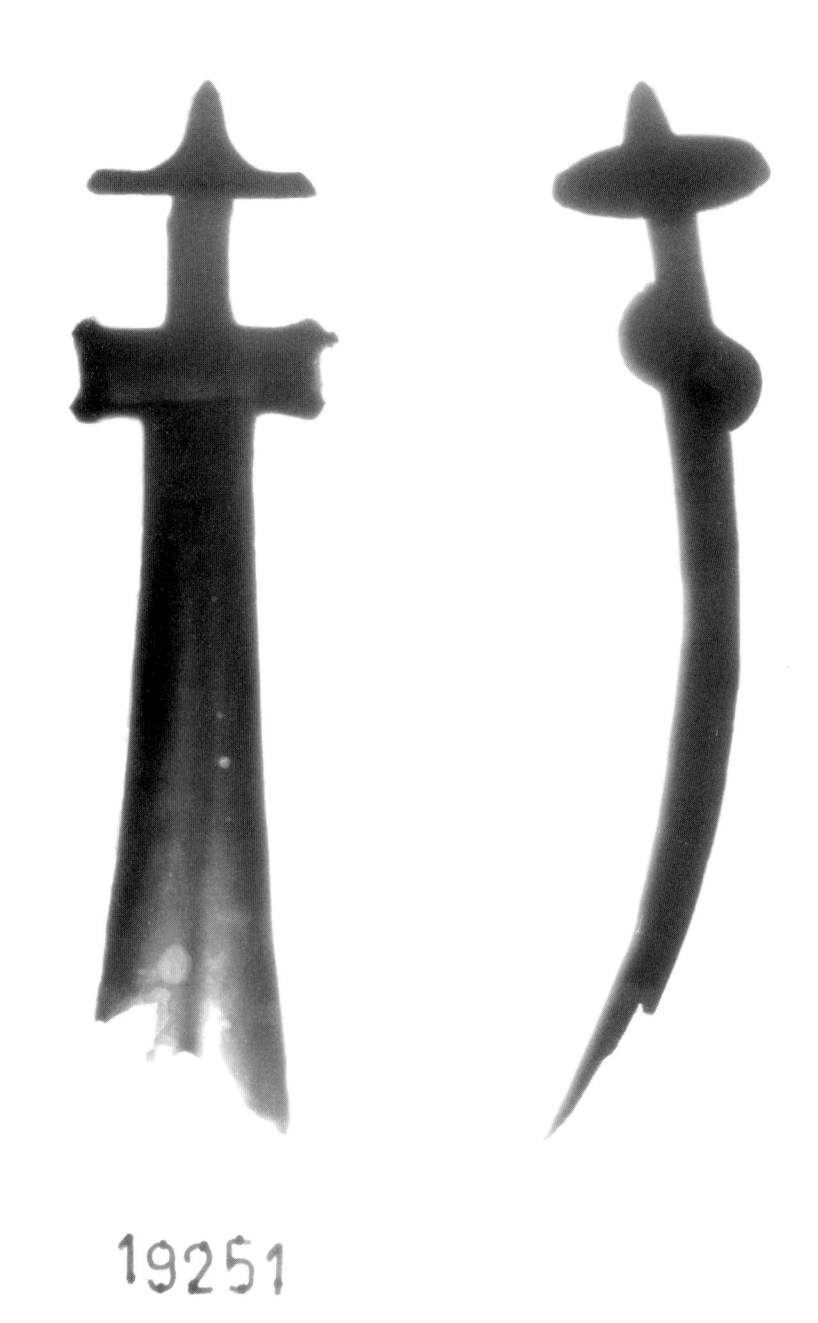

TAFEL XVIII

19251

Taf. XVIII. Lăschia, Radiographien

TAFEL XIX

Taf. XIX. Lăschia, Radiographien

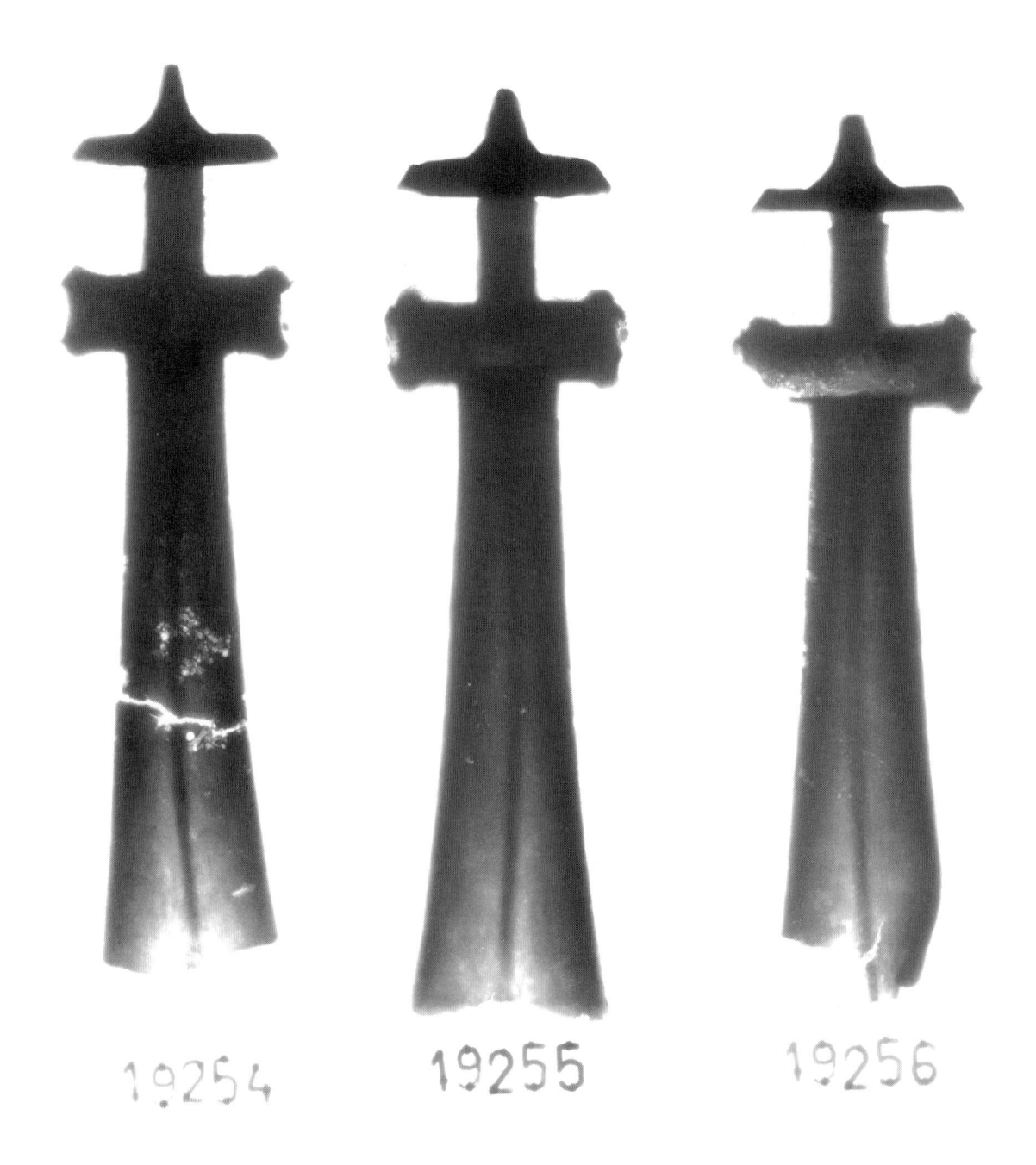

TAFEL XX

19254 19255 19256

Taf. XX. Lăschia, Radiographien

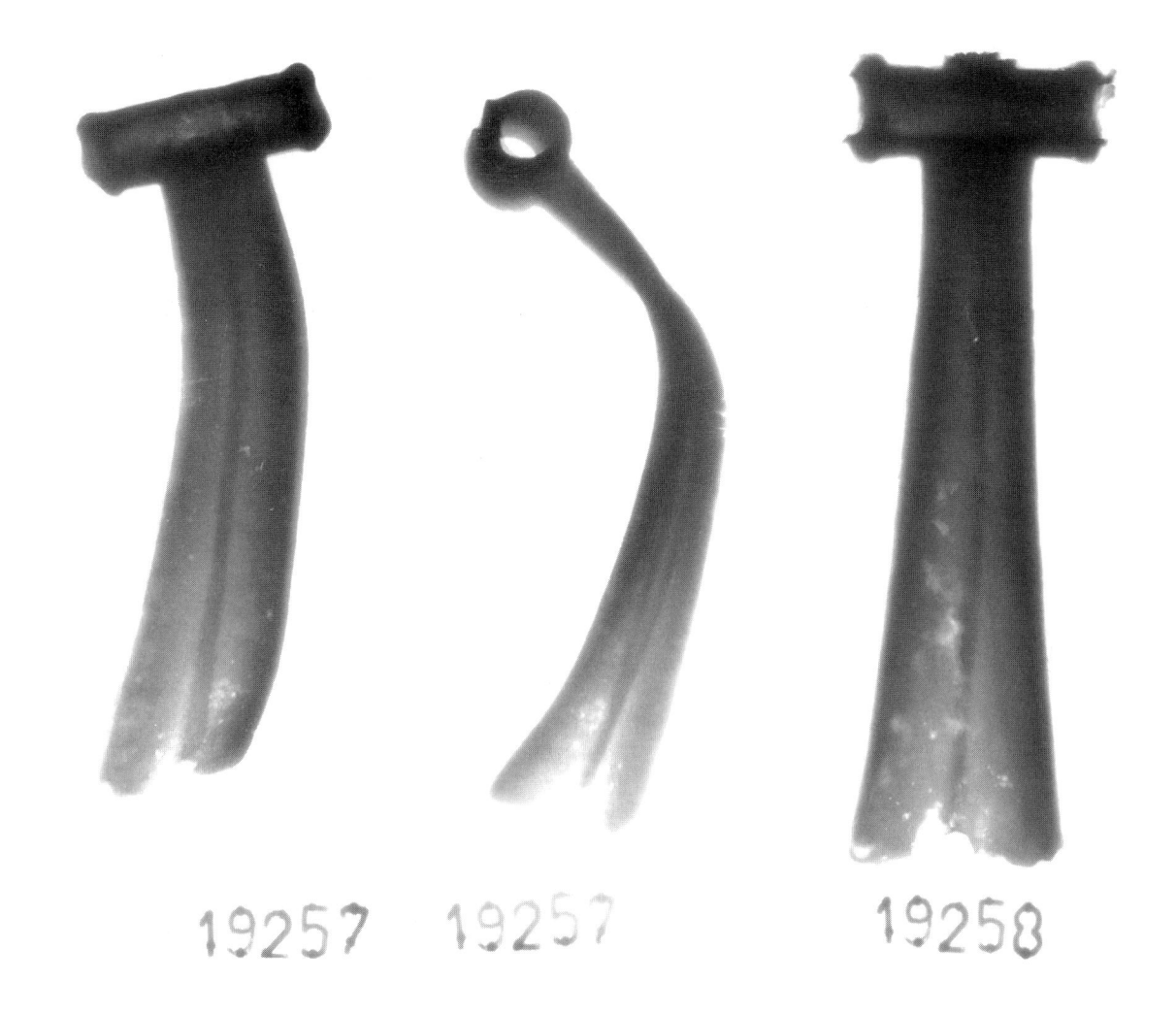

TAFEL XXI

19257   19257   19258

Taf. XXI. Lăschia, Radiographien

TAFEL XXII

19259   19259

Taf. XXII. Lăschia, Radiographien

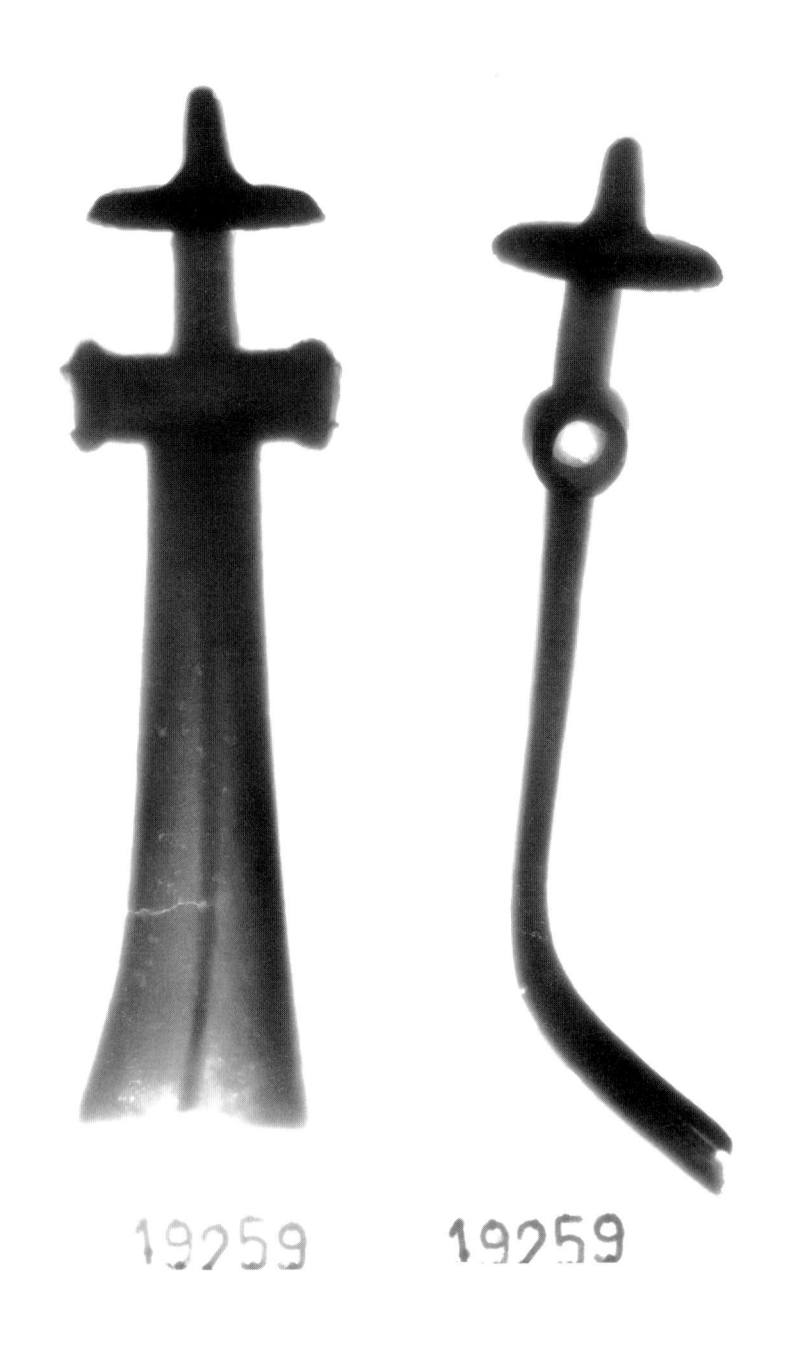